ACCESO GRATIS a la Lectura en la Nube

Para visualizar el libro electrónico en la nube de lectura envíe junto a su nombre y apellidos una fotografía del código de barras situado en la contraportada del libro y otra del ticket de compra a la dirección:

ebooktirant@tirant.com

En un máximo de 72 horas laborales le enviaremos el código de acceso con sus instrucciones.

La visualización del libro en **NUBE DE LECTURA** excluye los usos bibliotecarios y públicos que puedan poner el archivo electrónico a disposición de una comunidad de lectores. Se permite tan solo un uso individual y privado

EL TELETRABAJO
DESDE UNA PERSPECTIVA
JURÍDICO - LABORAL INTEGRAL

EL TELETRABAJO DESDE UNA PERSPECTIVA JURÍDICO - LABORAL INTEGRAL

Zhoujie Ma Zhou

tirant lo blanch
Valencia, 2025

En caso de erratas y actualizaciones, la Editorial Tirant lo Blanch publicará la pertinente corrección en la página web www.tirant.com.

EDITA: TIRANT LO BLANCH
C/ Artes Gráficas, 14 - 46010 - Valencia
TELFS.: 96/361 00 48 - 50
FAX: 96/369 41 51
Email: tlb@tirant.com
www.tirant.com
Librería virtual: www.tirant.es
DEPÓSITO LEGAL: V-4449-2025
ISBN: 979-13-7021-032-8

Si tiene alguna queja o sugerencia, envíenos un mail a: *atencioncliente@tirant.com*. En caso de no ser atendida su sugerencia, por favor, lea en *www.tirant.net/index.php/empresa/politicas-de-empresa* nuestro procedimiento de quejas.

Responsabilidad Social Corporativa: http://www.tirant.net/Docs/RSCTirant.pdf

Índice

Prólogo

Mª TERESA DÍAZ AZNARTE
Catedrática de Derecho del Trabajo y de la Seguridad Social
Universidad de Granada

La presente monografía se adentra en el estudio del teletrabajo, un instituto jurídico sumamente complejo que, a día de hoy, podemos aún calificar sin ambages como un edificio en permanente construcción. La implantación generalizada de las tecnologías de la información y la comunicación que permiten la realización de la prestación de servicios extramuros de las instalaciones de la empresa, se ha venido produciendo de manera sostenida en el tiempo, aunque hitos puntuales (en la mente de todos se encuentra la reciente crisis sanitaria causada por la pandemia) han provocado un incremento exponencial de esta modalidad de organización del trabajo para el que, indudablemente, no estábamos suficientemente preparados. El teletrabajo ha ido expandiendo su radio de acción de un modo notablemente atípico, planteando en su trayectoria serios desafíos tanto al legislador como a trabajadores y empresarios. El proceso de transición a la digitalización de los entornos laborales se ha venido implementando en un contexto de inseguridad jurídica, que se ha visto considerablemente atenuado por la entrada en vigor de la Ley 10/2021, de Trabajo a Distancia, si bien aún quedan abiertas demasiadas interrogantes.

Zhoujie Ma Zhou, el autor de la obra, nos conduce a reflexionar sobre el régimen jurídico del teletrabajo desde una óptica sumamente ambiciosa, valiente y propositiva. Su exitosa experiencia profesional (como profesor, consultor y abogado en ejercicio), le ha proporcionado un lugar privilegiado desde el cual observar con perspectiva las luces y sombras de esta modalidad de prestación de servicios. Dotado de unas extraordinarias cualidades para el análisis jurídico, un inquebrantable tesón y un enorme sentido de la responsabilidad, durante los años que ha durado el proceso de investigación para culminar la tesis doctoral que he tenido el honor de dirigir, su actitud me ha permitido constatar el crecimiento personal y académico que ha experimentado y que nos ha conducido a transitar unidos aprendiendo, reflexionando y proponiendo alternativas de *lege ferenda* (esto último, por desgracia, algo cada vez menos frecuente).

La trayectoria vital, académica y profesional de Zhoujie, merece un pequeño espacio en estas líneas. Pertenece a una generación que venció múltiples obstáculos para alcanzar sus metas. Con apenas diez años llegó a España, sin hablar nuestro idioma, para comenzar su etapa académica en la educación pública española. Resulta emocionante y a la vez inspirador escucharlo relatar su experiencia, cuando alude a la comprensión y apoyo que encontró en nuestro sistema público de enseñanza, al que muestra gratitud infinita siempre que tiene ocasión. Estudiante brillante, de manera temprana sintió una fuerte vocación por las Ciencias Jurídicas, obteniendo en 2015 el Título de Doble Grado en Derecho y Administración de Empresas en la Universidad Carlos III de Madrid. Con posterioridad, cursó el Máster en Consultoría de Negocios (2017) y el Máster de Abogacía (2020), siendo merecedor en este último del Premio extraordinario al mejor expediente académico en la Universidad Oberta de Catalunya.

Profesionalmente, su actividad se centró inicialmente en tareas de consultoría, aunque pronto decidió comenzar su andadura como abogado en ejercicio, cosechando numerosos éxitos en tan solo cuatro años. Constante, sereno, excelente estratega, comprometido, luchador... Zhoujie desconoce la palabra desánimo y contagia su pasión por las causas que emprende.

Su intensa actividad como Letrado, no le ha impedido reservar tiempo para la investigación. Autor de diferentes artículos en revistas especializadas con elevado índice de impacto, ha resultado vencedor en tres ocasiones del Premio Secciones otorgado por el Ilustre Colegio de Abogados de Madrid, en los años 2021 (Sección de Compliance), 2023 (Sección de Robótica, Inteligencia Artificial y Realidad Virtual y Aumentada) y 2024 (Sección de Extranjería). En paralelo, viene desarrollando una relevante labor docente y divulgadora, tanto en centros españoles como extranjeros, en los que ha impartido numerosos cursos y conferencias.

Quiero aprovechar la ocasión que se me brinda para, en estas líneas, al menos esbozar algunas de las impresiones que he tenido como directora de esta tesis doctoral. Ha sido un verdadero placer acompañar a Zhoujie durante los años en los que hemos estado inmersos en este proceso. Su gran capacidad para escuchar (y reformular) solo se ve superada por su estricta formalidad en el cumplimiento de los plazos que nos hemos venido marcando. Para alcanzar este nivel de excelencia, hay multitud de horas de trabajo solitario que se han asumido cuando su jornada laboral cotidiana como abogado finalizaba. Y es de justicia poner en valor en este momento un mérito de esta naturaleza. Compatibilizar el ejercicio de la Abogacía con la elaboración de una tesis doctoral, respetando fielmente los tiempos acordados, es un aspecto que no puedo dejar de subrayar. Confío igualmente en que los lectores de esta monografía valoren su cuidada redacción, sin perder de vista que el castellano no es la lengua materna del autor, que se ha esmerado incluso en los más pequeños detalles.

Adentrándonos ya en el contenido de la obra, la misma se estructura en torno a catorce capítulos, en los que se acomete un análisis crítico e integral de la figura del teletrabajo. Así, de manera sistemática y rigurosa, va identificando los elementos esenciales de esta modalidad laboral, siempre acompañado de la principal literatura científica sobre el tema y, por supuesto de la doctrina jurisprudencial. Zhoujie ha realizado un seguimiento exhaustivo de la jurisprudencia relacionada con su objeto de estudio, incorporando a su obra relevantes referencias a la doctrina del Tribunal de Justicia de la Unión Europea, del Tribunal

Europeo de Derechos Humanos, del Tribunal Constitucional, del Tribunal Supremo y de los órganos jurisdiccionales inferiores del orden social. Adicionalmente, ha dedicado tiempo y esfuerzo a examinar el tratamiento del teletrabajo en la negociación colectiva, identificando decenas de convenios que aluden a esta figura jurídica. Toca así los tres vértices que ineludiblemente deben estar presentes en cualquier investigación jurídica, otorgando a cada uno de ellos una relevancia ponderada y equilibrada.

Naturalmente, he de aludir al acto formal de defensa de la tesis doctoral. La Comisión estuvo compuesta por los prestigiosos Profesores Wilfredo Sanguineti Raymond (Presidente, y quizá el mayor especialista en este tema en nuestra doctrina), Raquel Vida Fernández (Secretaria) y Olimpia Molina Hermosilla (Vocal). Desde aquí, agradezco públicamente su buen hacer, materializado en excelentes y sugerentes intervenciones, en las que, con absoluta generosidad, estimularon al autor a publicar esta monografía, aportando una serie de reflexiones que han sido acogidas con el máximo respeto y cariño en la obra.

Para finalizar, me detendré en una de las principales fortalezas de esta tesis, merecedora de la máxima calificación (Sobresaliente *Cum Laude* por Unanimidad). Zhoujie, no solo nos toma de la mano para recorrer el régimen jurídico del teletrabajo en un análisis metódico y pedagógico, identificando los principales puntos que son objeto de debate doctrinal y jurisprudencial. El autor, mostrando una nada desdeñable dosis de valentía y coraje, formula toda una serie de propuestas de *lege ferenda*, llegando a plasmar en el texto la redacción alternativa que él daría a los artículos de la actual legislación que ofrecen importantes lagunas o sombras interpretativas. Es inusual que esto suceda en el contexto de una tesis doctoral y precisamente por ello, es digno de especial mención.

Nos encontramos por tanto frente a una obra sumamente interesante y sugestiva, cuya lectura no solo nos conducirá a profundizar en el conocimiento del teletrabajo, sino que nos obligará a posicionarnos intelectualmente sobre las propuestas del autor. Estoy convencida de que a Zhoujie le aguarda un espléndido futuro en nuestra disciplina. Conozco bien sus cualidades, la amplitud de su mirada y su capacidad para equilibrar los conocimientos teóricos y las enseñanzas proporcionadas por la práctica jurídica. Sus contribuciones científicas poseen además el valor adicional de su experiencia vital, que tiende puentes entre Oriente y Occidente, integrando lo mejor del mundo laboral en lugares muy distantes del planeta.

Resumen

En esta era de transformación digital, marcada por el rápido avance de las tecnologías de la información y la comunicación, hemos visto una profunda redefinición de las estructuras organizativas laborales en el ámbito empresarial. Un desarrollo significativo en este contexto es la consolidación del teletrabajo. Esta modalidad de trabajo, que implica la realización de actividades laborales fuera de las oficinas tradicionales, se apoya fundamentalmente en las tecnologías digitales.

El presente estudio constituye una investigación científico-jurídica que explora la dinámica y configuración del teletrabajo, una modalidad laboral que ha cobrado una relevancia sin precedentes en el panorama global, especialmente a raíz de la pandemia de COVID-19. Mediante un enfoque metódico, esta investigación desarrolla un marco teórico y jurídico sobre el teletrabajo, integrando de manera coherente la normativa internacional, comunitaria y nacional, y analizando la evolución normativa que ha experimentado esta modalidad de trabajo hasta llegar a su estado actual.

El análisis profundiza en las transformaciones que la regulación del teletrabajo ha impuesto en las relaciones jurídico-laborales, abarcando aspectos cruciales como la organización del tiempo de trabajo, las obligaciones relativas a la dotación de medios y la compensación de gastos, las oportunidades de desarrollo profesional, la conciliación de la vida laboral y personal, las prerrogativas de dirección y supervisión empresarial, la salvaguarda de los derechos colectivos y las medidas de prevención de riesgos laborales, así como la problemática del teletrabajo transnacional. Igualmente, el estudio se adentra en la interacción entre el teletrabajo y la Seguridad Social, explorando cómo esta forma de empleo impacta en las estructuras de cotización y protección social, y cómo se abordan desde la perspectiva del derecho laboral las contingencias profesionales derivadas del teletrabajo, incluido su tratamiento en contextos transnacionales. Adicionalmente, se presta especial atención al papel transformador de las tecnologías disruptivas en el ámbito del teletrabajo, indagando en cómo fenómenos emergentes como el metaverso y la inteligencia artificial están reconfigurando los entornos laborales virtuales y desafiando los marcos regulativos existentes para adaptarse a una realidad laboral en constante evolución.

En este contexto, se ha llevado a cabo una recopilación y análisis de la jurisprudencia más relevante emitida por tribunales tanto a nivel europeo como nacional, lo que permite una comprensión más profunda de cómo se está interpretando y aplicando la normativa del teletrabajo en los estrados judiciales. Este escrutinio jurisprudencial sirve de base para identificar las deficiencias y lagunas que aún persisten en la legislación actual, proponiendo, como resultado, una serie de recomendaciones dirigidas a reformar y mejorar el marco regulatorio del teletrabajo. El propósito último de este estudio es intentar contribuir a la evolución de los derechos digitales laborales, proponiendo soluciones que no solo incrementen la seguridad jurídica alrededor del teletrabajo, sino que también fomenten un equilibrio entre la flexibilidad laboral y la protección de los trabajadores en el entorno digital. A través de este estudio, se invita a una reflexión crítica sobre el futuro del teletrabajo, destacando la importancia de adaptar las prácticas laborales y la legislación a las realidades emergentes del mundo laboral virtualizado, en un esfuerzo por armonizar los intereses de empleadores y empleados en la era digital.

1. Introducción

En el contexto de la transformación digital, caracterizado por una evolución acelerada de las tecnologías de la información y la comunicación, se ha producido una redefinición significativa de las estructuras organizativas laborales en el ámbito empresarial. Entre los desarrollos más significativos se encuentra la consolidación del teletrabajo, que se define como una modalidad laboral en la que las actividades profesionales se realizan fuera de los límites físicos de las oficinas o espacios de trabajo tradicionales, apoyándose de forma predominante en las tecnologías digitales.

Ahora bien, es esencial reconocer que la adopción del teletrabajo, a pesar de su aparente surgimiento como respuesta a las dinámicas contemporáneas del mercado y la innovación tecnológica, no constituye un fenómeno meramente reciente. La práctica del trabajo a distancia tiene raíces que se extienden más allá del contexto actual de la revolución digital, situando su origen en periodos previos a la omnipresencia de las tecnologías de información y comunicación en la vida cotidiana. Este reconocimiento invita a una reflexión más profunda sobre la evolución del teletrabajo, sugiriendo que su expansión en el tejido empresarial moderno no solo responde a las capacidades habilitantes de las tecnologías digitales, sino también a una reconfiguración más amplia de los patrones de trabajo, los cuales han buscado, históricamente, adaptarse a las necesidades cambiantes de la sociedad, la economía y el propio individuo. Por tanto, la adopción del teletrabajo no debe interpretarse meramente como una consecuencia de la era digital, sino como un elemento integrante de la continua evolución del trabajo. Esta trayectoria se caracteriza por la persistente búsqueda de flexibilidad, eficacia y un balance armonioso entre las esferas profesional y personal.

Aunque tradicionalmente España se ha caracterizado por una incorporación contenida del teletrabajo, situándose entre los Estados Miembros de la Unión Europea con menor predisposición hacia esta modalidad laboral remota, la pandemia del Coronavirus en 2020 catalizó un cambio significativo en su percepción. Durante la crisis sanitaria, el teletrabajo se reveló no solo como una estrategia eficaz[1] para minimizar los impactos del confinamiento sino también como una clave esencial para asegurar la prosecución de las actividades económicas y la estabilidad del empleo. En este mismo sentido lo corrobora el estudio realizado por *CaixaBank Research*, en virtud del cual se alcanza la conclusión de que el teletrabajo ha adquirido tal importancia que, en tiempos de la pandemia de COVID-19, constituyó una pieza fundamental de la actividad económica, de manera que el sostenimiento de la capacidad productiva de las empresas dependió del nivel de implantación de esta modalidad del trabajo a distancia[2].

Sin embargo, a medida que la situación sanitaria se ha ido estabilizando, se ha observado un retorno progresivo al trabajo presencial. Así lo corroboran los últimos datos del teletrabajo publicados por el Observatorio Nacional de Tecnología y Sociedad[3], en los que se pone de manifiesto que la adopción del teletrabajo se ha ido reduciendo paulatinamente a medida que se estabilice la situación postpandemia. Esta situación se explica en cierta medida por la posibilidad de acceso al teletrabajo por parte de

---

1 Es importante subrayar, sin embargo, que la eficacia del teletrabajo en este contexto depende en gran medida del ámbito de aplicación y el sector de actividad.

2 Bras,A. y Schaefer.L. (2020). *La COVID-19 da un empujón al teletrabajo,* https://www.caixabankresearch.com/es/economia-y-mercados/mercado-laboral-y-demografia/covid-19-da-empujon-al-teletrabajo Recuperado el 21 de julio de 2024.

3 Observatorio Nacional de Tecnología y Sociedad (2022). *Datos de Teletrabajo. 2022.* https://www.ontsi.es/sites/ontsi/files/2023-04/flash-datos-de-teletrabajo-2022.pdf Recuperado el 03 de agosto de 2024.

la persona teletrabajadora. A este respecto, y de acuerdo con el informe publicado por el Observatorio Nacional de Tecnología y Sociedad, la posibilidad del teletrabajo no es la misma para todas las personas, ya que depende de una serie de condicionantes, tales como el sexo, la edad, los estudios, el nivel de ingresos y las propias características del sector o del puesto de trabajo[4]. Asimismo, esta modalidad de trabajo tan solo es accesible para un tercio de la población ocupada, y se trata de una opción de trabajo reservada mayoritariamente para personas trabajadoras con estudios superiores e ingresos brutos mensuales más altos[5].

A pesar de ello, es innegable que el teletrabajo ha llegado para quedarse y se está estandarizando en las empresas como una forma de organización laboral. Ahora bien, los datos del Observatorio Nacional de Tecnología y Sociedad señalan que se está ganando terreno el teletrabajo ocasional como una alternativa flexible para los trabajadores[6], al permitir a la persona trabajadora desempeñar sus funciones a distancia de manera puntual, sin que esto suponga un cambio permanente en su lugar de trabajo. Este tipo de teletrabajo puede ser útil para situaciones específicas, como jornadas de conciliación familiar, emergencias o necesidades personales de la persona trabajadora, así como para empresas que no pueden adoptar una modalidad de teletrabajo a tiempo completo. Por consiguiente, el teletrabajo se perfila como una herramienta clave para la conciliación y flexibilidad laboral en el futuro.

---

4 Entre los sectores con menos opciones de implementar el teletrabajo se encuentran la agricultura, la construcción y la hostelería; los que más, el sector de las tecnologías digitales, el financiero y las actividades profesionales, científicas y técnicas.

5 Observatorio Nacional de Tecnología y Sociedad (2022). *Radiografía del trabajo a distancia. Preferencias y posibilidades de la sociedad española.* https://www.ontsi.es/sites/ontsi/files/2022-05/flash_radiograf%C3%ADa_teletrabajo.pdf Recuperado el 3 de agosto de 2024.

6 Observatorio Nacional de Tecnología y Sociedad (2022). *Datos de Teletrabajo.*, *op.cit.*, p. 3.

Al margen de lo anterior, es crucial prestar atención a las tecnologías disruptivas que impactarán el desarrollo del trabajo a distancia y el teletrabajo en el futuro. La rápida evolución tecnológica seguirá transformando la manera en que trabajamos, y será imprescindible adaptarse a estos cambios para aprovechar al máximo los beneficios que ofrece esta modalidad de trabajo. Por ello, para afrontar los desafíos futuros del teletrabajo, será fundamental atender las tecnologías disruptivas y adaptar la normativa laboral en línea con las necesidades cambiantes de la sociedad. Ahora bien, nuestro Derecho no puede convertirse en un obstáculo que frene los cambios tecnológicos disruptivos que impulsan el progreso de nuestra sociedad. En cambio, debe adaptarse con agilidad y sabiduría a estos cambios, abrazándolos sin olvidar ni obviar los principios fundamentales que lo sustentan. De esta manera, podemos garantizar que la tecnología sea una fuerza transformadora, capaz de mejorar la vida de las personas y promover un futuro más humano, equitativo y sostenible[7].

En respuesta al incremento del teletrabajo, que se desarrollaba bajo un marco normativo no específicamente diseñado para su regulación[8], el Gobierno español promulgó el Real Decreto-ley 28/2020, de 22 de septiembre, sobre trabajo a distancia. Este acto legislativo buscó proporcionar un marco jurídico-laboral exhaustivo para esta modalidad de prestación de servicios. La posterior convalidación de dicha normativa por el Congreso, y su evolución

---

7 Fundación Europea para la mejora de las condiciones de vida y de trabajo (2023). *El futuro del teletrabajo y el trabajo híbrido*, 27-34. https://www.eurofound.europa.eu/es/publications/report/2023/the-future-of-telework-and-hybrid-work#tab-01 Recuperado el 03 de agosto de 2024.

8 En concreto, cabe señalar que el art. 13 del Estatuto de los Trabajadores, en su redacción originaria dada por la Ley 8/1980, de 10 de marzo, del Estatuto de los Trabajadores, ya esbozaba las directrices para el trabajo a domicilio, aunque enfocado en las condiciones de su época y sin prever las complejidades del teletrabajo en su forma actual.

a la Ley 10/2021, de 9 de julio, de trabajo a distancia (denominada a partir de ahora como Ley de trabajo a distancia), cristalizó un marco legal que se ajusta a las exigencias del teletrabajo contemporáneo, asegurando un progreso notable en la protección de los derechos de las personas que adoptan esta modalidad laboral.

Sin embargo, un sector de la doctrina científica sostiene que la nueva regulación del teletrabajo introduce elementos de confusión y padece de una falta de precisión técnica, evidenciada en sus numerosas ambigüedades e imperfecciones[9]. Además, critican que la normativa parece haberse redactado sin la debida reflexión, dejando múltiples aspectos sin resolver[10] y limitando su eficacia regulatoria al enfatizar más los principios generales que las reglas específicas[11]. Por su parte, la nueva Ley remite el desarrollo y concreción normativa a través de la negociación colectiva y/o el acuerdo entre la empresa y la persona trabajadora, cuyo mecanismo puede no resultar idóneo ni eficaz para garantizar la seguridad jurídica de los derechos de las personas teletrabajadoras y que, a su vez, puede dar lugar a una gran litigiosidad en el orden jurisdiccional social.

Contrario a esta perspectiva, considero que la apertura de la norma hacia la negociación colectiva y los acuerdos individuales entre empresa y trabajador representa una respuesta flexible y adaptativa a la diversidad de situaciones laborales y sectores económicos. Esta flexibilidad es esencial en un entorno laboral tan

9 García González, G. (2020). "La nueva regulación del trabajo a distancia y del teletrabajo entre lo simbólico y lo impreciso", *Trabajo y derecho: nueva revista de actualidad y relaciones laborales*, (72), 2.

10 Pérez de los Cobos Orihuel, F., "La modificación de las condiciones de trabajo en el contrato de trabajo a distancia", *El trabajo a distancia. Con particular análisis del Real Decreto-ley 28/2020, de 22 de septiembre*, LA LEY, 195.

11 García Murcia, J. (2021), "El nuevo marco legal del trabajo a distancia", *El trabajo a distancia. Con particular análisis del Real Decreto-ley 28/2020, de 22 de septiembre*, LA LEY, 52-53.

variado y en constante evolución como el actual, permitiendo adaptaciones específicas que una regulación demasiado rígida y detallista no podría ofrecer. Además, la percepción de imprecisión en la ley debería considerarse no como una deficiencia técnica, sino más bien como una ventana a la posibilidad de que las partes implicadas conformen sus vínculos laborales de forma más personalizada y eficaz, todo ello en el seno de un marco normativo amplio que garantiza los derechos esenciales. La seguridad jurídica de los teletrabajadores se encuentra, de esta forma, protegida no solo por la ley misma, sino también por el diálogo social y la capacidad de adaptación normativa ante situaciones particulares, lo cual puede reducir la litigiosidad al ofrecer soluciones más ajustadas a las necesidades de ambas partes.

El estudio que se expone busca examinar las consecuencias que la reciente normativa sobre el teletrabajo tiene en las relaciones laborales desde un prisma jurídico, así como determinar si su carácter abierto y ambiguo conduce a una mayor incertidumbre legal y a conflictos interpretativos. De ser así, se sugiere la necesidad de una modificación legislativa, proponiéndose ajustes específicos para reforzar la certeza legal de este ámbito jurídico. Este análisis se realiza consciente de que la evolución tecnológica y la digitalización laboral han originado lo que se conoce en la doctrina como "derechos digitales laborales", suscitando significativas interrogantes sobre la dimensión de derechos fundamentales tales como la privacidad, la dignidad, y la protección de la salud y bienestar físico y mental. Asimismo, se cuestionan los confines en el manejo de datos personales de los empleados y el derecho a la desconexión digital, introduciendo retos cruciales para la autoridad de gestión empresarial. Estas cuestiones serán exploradas en este estudio bajo un enfoque interdisciplinario.

Este estudio profundiza en el teletrabajo, desentrañando desde sus cimientos conceptuales hasta sus implicaciones en la esfera jurídica y laboral. Se inicia con una exploración de los orígenes, características y diferenciaciones del teletrabajo, poniendo especial énfasis en cómo las tecnologías de la información y comunicación han reconfigurado el escenario laboral. Se discuten las variadas formas que adopta esta modalidad de trabajo, considerando la conexión tecnológica, el entorno de ejecución, y la organización del tiempo de trabajo, junto a una evaluación de sus beneficios y retos para los involucrados y la sociedad. El estudio se adentra en la normativa que enmarca el teletrabajo, abarcando perspectivas internacionales, europeas y nacionales. Se destaca la evolución legislativa que culmina con la Ley 10/2021, examinando cómo los convenios colectivos complementan esta regulación. Se analiza la implementación práctica del teletrabajo, enfocándose en los principios de voluntariedad, reversibilidad e igualdad, la ordenación del tiempo de trabajo, los mecanismos de compensación y dotación de medios, y la importancia de equilibrar el derecho al control empresarial con la protección de los derechos de los trabajadores. Por último, el estudio aborda los desafíos específicos del teletrabajo transnacional, las repercusiones en la Seguridad Social y el impacto de las tecnologías disruptivas en el ámbito laboral. Concluye con una serie de propuestas orientadas a la evolución normativa del teletrabajo, buscando promover un entorno laboral equitativo, seguro y adaptado a los avances tecnológicos, apuntando hacia la necesidad de un marco jurídico transnacional en el futuro del trabajo a distancia.

Finalmente, es conveniente destacar que mi camino hacia la investigación sobre el teletrabajo comenzó con una experiencia profesional propia que transformó mi visión sobre el teletrabajo. Desempeñándome como consultor en una empresa de consultoría de negocios, me vi sumergido en un ambiente laboral retador y exigente. Sin embargo, la llegada inesperada de la pandemia de Coronavirus y el consecuente confinamiento nos llevaron a adoptar precipitadamente el teletrabajo como estrategia para mantener nuestras actividades. Aunque en principio esta transición prometía asegurar la continuidad operativa durante la crisis, pronto se manifestaron las carencias de mi empresa en ofrecer el apoyo necesario para una transición suave y efectiva hacia esta modalidad de trabajo. La falta de orientación clara y un sistema de gestión adaptado al contexto del teletrabajo dieron paso a un escenario lleno de incertidumbres y dificultades en mi día a día laboral. Esta situación se complicó aún más cuando se me exigió, de forma sistemática, rendir un informe diario detallado por teléfono al concluir el día, evidenciando así una falta de comprensión sobre la gestión del teletrabajo y la desconsideración hacia el bienestar emocional de los trabajadores.

Esta vivencia personal me motivó a reevaluar mi carrera profesional y a dedicarme al ejercicio de la Abogacía y a la investigación jurídica, con el fin de explorar cómo las leyes actuales encaran esta modalidad de trabajo y protegen a los trabajadores frente a prácticas empresariales deficientes. A través de este estudio, busco ofrecer una mirada crítica que resalte la importancia de un enfoque equilibrado y humano en el teletrabajo, que armonice las necesidades de la empresa con los derechos y bienestar de los trabajadores. Este interés personal por explorar el marco jurídico del teletrabajo subraya la urgencia de considerar a los trabajadores no solo como recursos laborales, sino como personas con necesidades y derechos, apuntando hacia la creación de entornos laborales más justos y respetuosos.

1.1. ANTECEDENTES

La forma de concebir el trabajo ha ido cambiando a lo largo de la historia, conforme van avanzando y evolucionando los distintos modelos de producción, económicos y sociales[12]. En las antiguas Grecia y Roma, la esclavitud era la forma predominante de organización del trabajo. En la Edad Media, la forma en que se organiza el trabajo ha pasado a ser la servidumbre. Desde el siglo XVIII se ha experimentado una transformación de los modelos

---

12 García Miguélez, M.P. (2021). *El teletrabajo: antes, durante y tras el coronavirus*. Aranzadi.

de organización de trabajo a medida que ha ido apareciendo los diferentes pensamientos económicos[13]. A finales del Siglo XX, el trabajo se concibe como un factor productivo orientado a la maximización de eficiencia y productividad y a la reducción de costes, para lo cual se precisa la flexibilidad laboral en términos de turnos, salarios, contrataciones y despidos. En este contexto se inserta el teletrabajo, que se configura como un mecanismo de flexibilidad laboral a través del cual una persona vuelve a su domicilio provisto de un ordenador, el acceso a Internet y unas herramientas tecnológicas que le hagan posible trabajar a distancia.

Sin embargo, retomando el origen del teletrabajo, es preciso remontarse a los años sesenta del Siglo XX, cuando Jack Nilles, comúnmente considerado como el padre del teletrabajo, comenzó a teletrabajar desde Los Ángeles a Washington, DC mientras trabajaba como científico consultor de cohetes para el Programa Espacial de las Fuerzas Aéreas de los Estados Unidos[14]. Inspirado en esta experiencia, Jack Nilles fue la primera persona en acuñar el término de teletrabajo y en promover el valor y la importancia de este concepto.

Cuando se produjo el estallido de la Crisis del petróleo en la década de 1970, el teletrabajo se presentó como una alternativa de ahorro energético, de modo que se permite reducir los des-

---

13 A modo ilustrativo y no exhaustivo, el liberalismo económico introdujo la división del trabajo; el taylorismo apuesta por la mecanización del trabajo para lograr el aumento de la productividad; el marxismo propuso la forma social de organización del trabajo; y el keynesianismo propugna por el intervencionismo estatal para mantener el funcionamiento del flujo circular de la economía. Martínez Sánchez, R. (2012). "El teletrabajo como tendencia del mercado laboral", *Retos: Revista de Ciencias de la Administración y Economía*, Vol. 2, (4), 144-145. https://dialnet.unirioja.es/servlet/articulo?codigo=5966986 Recuperado el 14 de enero de 2024.

14 Wendell, J. (2000). *The Evolution of Telework in the Federal Government*, https://rosap.ntl.bts.gov/view/dot/14140 Recuperado el 14 de enero de 2024.

plazamientos de los trabajadores hasta el centro de trabajo de la empresa, y con ello, paliar los efectos negativos de esta crisis[15]. De hecho, Frank Schiff, que era en aquel entonces el vicepresidente y economista jefe del Comité de Desarrollo Económico, apostaba por facilitar el trabajo a domicilio como mecanismo para mejorar la productividad, ahorrar costes y energía. Igualmente fue la persona que acuñó el término "*Flexiplace*" para abarcar no solo el trabajo a domicilio, sino también el trabajo en los centros satélite, en aras a esa idea de flexibilidad[16].

Entorno a los años ochenta, el teletrabajo ha tenido un gran protagonismo en los estudios de organización empresarial y de gestión de los recursos humanos[17], ya que es concebido como una estrategia para la reducción de costes empresariales[18] y, además, constituye una forma de acercamiento al cliente para mantener competitividad en el mercado[19]. A partir de los años noventa, y a medida que avanza la globalización, el teletrabajo se ha convertido en un instrumento de las empresas para adoptar e implementar estrategias de externalización internacional, a través de las cuales se consigue reducir los costes laborales y mejorar su competitividad en un mercado cada vez más global y altamente competitivo. En este sentido, el teletrabajo ha contribuido a la precarización del mercado laboral, dando lugar a contratos temporales, horas extras no retribuidas o, en su caso,

---

15 Thibault Aranda, J. (2001). *El teletrabajo: análisis jurídico-laboral.* 2ª ed. Actualizada, Consejo Económico y Social, 19.

16 Wendell, J. (2000). *The Evolution of Telework in the Federal Government, op.cit.*, 8.

17 Padilla Meléndez, A. (1998). *Teletrabajo: dirección y organización.* Ra-ma, 1-3.

18 En particular, los costes de estructura, tales como, los alquileres de oficinas, las instalaciones ofimáticas, los gastos de suministro de servicios, entre otros.

19 El teletrabajo actúa como un instrumento a través del cual la empresa puede estar más cerca del mercado, y sus empleados pueden desarrollar las tareas incluso en la localización de los clientes.

la externalización de servicios o del proceso de producción a países con bajo nivel de protección social[20].

Finalmente, y repasando la historia reciente, el teletrabajo ha cobrado un gran protagonismo debido la pandemia provocada por el COVID-19, ya que se ha convertido en el mecanismo por excelencia para compatibilizar el mantenimiento de las actividades productivas con la protección frente a esta enfermedad. Igualmente, la reciente crisis energética provocada por la guerra entre Rusia y Ucrania hace que el teletrabajo se convierta nuevamente como el mecanismo para paliar los efectos económicos negativos de dicha crisis, tal y como sucedió en la crisis del petróleo.

Aunque haya transcurrido medio siglo desde la aparición del teletrabajo, este concepto ha experimentado una continua evolución debido al desarrollo vertiginoso de las Nuevas Tecnologías de la Información y Comunicación (TICs) en las últimas décadas, pasando de computadoras grandes, voluminosas y costosas a dispositivos más pequeños y ligeros, más económicos y cada vez más conectados[21]. Por consiguiente, se puede establecer cierto paralelismo entre la evolución experimentada en las TICs y el desarrollo histórico del teletrabajo. A este respecto, en el estudio llevado a cabo por Messenger y Gschwind[22] se define un marco conceptual evolutivo del teletrabajo en base los tres elementos

---

20 Roig Berenger, R. y Pineda-Nebot, C. (2020). *"El teletrabajo y la conciliación: dos políticas públicas diferentes"*, *GIGAPP estudios*, vol. 7, (187), 595-596.

21 Gentilin, M. (2020). *Pasado, presente y futuro del Teletrabajo. Reflexiones teóricas sobre un concepto de 50 años.* https://www.researchgate.net/publication/340595406_Pasado_presente_y_futuro_del_Teletrabajo_Reflexiones_teoricas_sobre_un_concepto_de_50_anos Recuperado el 14 de enero de 2024.

22 Messenger, J. C. y Gschwind, L. (2016). "Three generations of Telework: New ICTs and the (R)evolution from Home Office to Virtual Office". *New Technology, Work and Employment,* 31(3), 195-208. https://doi.org/10.1111/ntwe.12073 Recuperado el 20 de enero de 2024.

clave (tecnología, ubicación y organización)[23], a partir de los cuales se distinguen tres generaciones del teletrabajo, cuyas principales características se plasman en el siguiente cuadro:

Figura 1. Las tres generaciones del teletrabajo.

		1ª GENERACIÓN	2ª GENERACIÓN	3ª GENERACIÓN
		Oficina en casa	**Oficina móvil**	**Oficina virtual**
Génesis		Reducción del tiempo y los gastos de desplazamiento entre el domicilio y el centro de trabajo.	La movilidad como nueva actitud hacia el trabajo, que puede realizarse en cualquier lugar y en cualquier momento.	La flexibilidad como nueva forma de trabajo, que es accesible desde cualquier lugar y en cualquier momento.
Salto tecnológico disruptivo		Extensión y uso de las telecomunicaciones	Transportabilidad de los dispositivos tecnológicos	Extensión del acceso a Internet de alta velocidad y de la computación en la nube
Elementos clave	Tecnología	Teléfonos y ordenadores	Móviles y Portátiles	*Smartphones* y *Tablets*
	Ubicación	Domicilio	Terceros espacios	Espacios intermedios
	Organización	Total	Parcial	Ocasional

Fuente: Elaboración propia a partir del estudio de Messenger y Gschwind (2016, p.203).

La primera generación del teletrabajo se inserta bajo la noción de oficina en casa y representa la modalidad más básica del mis-

---

23 La tecnología representa la fuerza que impulsa el proceso evolutivo del teletrabajo y que ha evolucionado rápidamente con el paso del tiempo. La ubicación se refiere al entorno donde se desarrolla el trabajo, que puede ser en el propio domicilio del trabajador, en los terceros espacios (por ejemplo, *coworkings*, salas de reuniones en los centros de negocios, instalaciones de los clientes, entre otros), así como en los espacios intermedios (por ejemplo, en las cafeterías y restaurantes, en el coche, o en las estaciones de trenes). La organización está relacionada con la forma en que se desarrolla el trabajo, que puede ser total (cuando se sustituye de forma total el trabajo realizado en una oficina tradicional), parcial (cuando se desarrolla el teletrabajo de forma parcial, tomando tan unos días a la semana o al mes para ello, y el tiempo restante se desempeña el trabajo en las instalaciones de la Empresa) u ocasional (cuando se desarrolla el teletrabajo de manera instantánea).

mo, en la que la persona trabajadora desarrolla su trabajo en su propio domicilio a través del uso de las antiguas tecnologías de la información y comunicación (principalmente, los ordenadores y los teléfonos fijos), consiguiendo reemplazar de este modo el trabajo presencial en la oficina tradicional. La génesis de esta primera generación del teletrabajo hay que situarla en los años setenta del siglo pasado y que es cuando se produjo la famosa crisis del petróleo. En este contexto, el teletrabajo nace con el objetivo de paliar los efectos negativos provocados por esta crisis, a través de la reducción del tiempo y los gastos de desplazamiento entre el domicilio del trabajador y el centro de trabajo. El salto tecnológico disruptivo que ha posibilitado la aparición del teletrabajo consiste en la extensión y uso de las telecomunicaciones básicas.

La segunda generación del teletrabajo se introduce en la concepción de oficina móvil, en la que se engendra una nueva actitud hacia el trabajo, esto es, la movilidad. Gracias a que los dispositivos tecnológicos son cada vez más pequeños y portátiles, se ha posibilitado que las personas trabajadoras puedan desarrollar sus actividades laborales en cualquier momento y desde cualquier lugar distinto del centro de trabajo, ya sea en centros de *coworking* o en las propias instalaciones de los clientes. Asimismo, se permite combinar el trabajo presencial y el teletrabajo, lo que a su vez ha favorecido el incremento del rendimiento laboral.

La tercera generación del teletrabajo nace en un contexto de surgimiento de la oficina virtual, debido a la proliferación del acceso a internet de alta velocidad y la expansión de la computación en la nube (*Cloud Computing*, en inglés), lo que ha favorecido el desarrollo del trabajo en la nube, realizable desde cualquier lugar y en cualquier momento. Asimismo, la aparición de los dispositivos cada vez más inteligentes (los *smartphones* y *tablets*) ha hecho posible realizar el trabajo en momentos ocasionales y en espacios intermedios, tales como esperando a autobuses, bajando en el ascensor, tomando el café en la terraza, o incluso viajando por el mundo. En este contexto, la flexibilidad laboral se ha convertido en una gran oportunidad para las empresas y un beneficio para los trabajadores.

Sin perjuicio de lo mencionado anteriormente, desde mi perspectiva, es posible hablar de una cuarta generación del teletrabajo, intrínsecamente ligada al sorprendente surgimiento del Metaverso. Aunque suene a ciencia ficción, la realidad es que estamos al borde de adentrarnos en universos virtuales. Muchas empresas, con Facebook a la vanguardia, están dedicadas al desarrollo del Metaverso, con el objetivo de hacer de la vida virtual una parte integral de nuestra rutina diaria. Por tanto, equipados con gafas de realidad virtual de última generación y sensores de movimiento, tendremos la capacidad de realizar actividades cotidianas en un entorno completamente virtual. Dentro del Metaverso, se podrán establecer diversos espacios de trabajo virtual, facilitando así la ejecución de tareas por parte de los empleados en este nuevo contexto[24]. Es más, el Metaverso promete ampliar las posibilidades de interacción social entre el personal, superando así algunos de los desafíos que presentaba el teletrabajo de generaciones anteriores.

En definitiva, nos encontramos ante un fenómeno sin precedentes de transformación general de la forma de trabajar en la actualidad. Esta metamorfosis invita a reflexionar sobre las implicaciones jurídico-laborales del teletrabajo, destacando la necesidad de analizar cómo se adapta la legislación a estas nuevas formas de trabajo y cómo se protegen los derechos de los trabajadores en un mundo laboral cada vez más virtualizado. Este análisis no solo abarca la concepción actual del teletrabajo, sino que también anticipa futuras direcciones, considerando el impacto emergente de realidades virtuales como el Metaverso en la estructura del teletrabajo.

---

24 Rojas, R. (2022). "El metaverso y las relaciones laborales. Una realidad del futuro presente". *Expansión*, 4 de abril. https://www.expansion.com/juridico/opinion/2022/04/04/624ac65de5fdeacd708b459a.html. Recuperado el 21 de enero de 2024.

1.2. OBJETIVOS

El presente trabajo de investigación persigue objetivos cuidadosamente articulados, detallados a continuación:

En primer lugar, como objetivos generales, es fundamental subrayar que el foco de este estudio se asienta en el examen profundo de cómo la reciente normativa sobre teletrabajo afecta las dinámicas del derecho laboral. Se busca determinar si estas nuevas disposiciones legales proporcionan un marco robusto para la protección de los derechos de quienes adoptan esta modalidad de trabajo o, por el contrario, si contribuyen a un incremento en las disputas legales debido a ambigüedades en su aplicación e interpretación.

En segundo término, como objetivos específicos, cabe señalar los siguientes:

- Conformación del marco teórico y jurídico del teletrabajo;
- Recopilación, sistematización y organización de la regulación tanto internacional como comunitaria y nacional del teletrabajo, así como el análisis de la evolución normativa experimentada;
- Estudio de las implicaciones de la nueva regulación del teletrabajo en los diferentes aspectos de las relaciones jurídico-laborales, tales como el tiempo de trabajo, la dotación de medios y compensación de gastos, el desarrollo profesional y la conciliación, las facultades de dirección y control empresarial, el ejercicio de los derechos colectivos, la prevención de los riesgos laborales, la transnacionalidad del teletrabajo, así como sus posibles impactos en materia de Seguridad Social;
- Recopilación, sistematización y análisis de la jurisprudencia del Tribunal de Justicia de la Unión Europea, Tribunal Europeo de Derechos Humanos, Tribunal Constitucional, Tribunal Supremo, Audiencia Nacional y los diferentes Tribunales Superiores de Justicia de las Comunidades Autónomas al respecto;

- Identificación de deficiencias y/o lagunas interpretativas que presenta la nueva regulación del teletrabajo, así como la proposición de una posible línea de reforma que supere las deficiencias y/o lagunas identificadas, que mejore su seguridad jurídica y que contribuya a la conformación de los nuevos derechos digitales laborales.

1.3. METODOLOGÍA

La metodología diseñada para llevar a cabo la presente investigación jurídica se basa en las siguientes fases:

- Fase de investigación sistematizadora, con foco en la recopilación, organización y explicación de las disposiciones legales y la doctrina jurisprudencial de los distintos Tribunales, la revisión bibliográfica de los estudios de la doctrina científica sobre el teletrabajo, así como la identificación, descripción y jerarquización de sus elementos y de sus relaciones con los diferentes aspectos de las relaciones jurídico-laborales.
- Fase de propuestas de *lege ferenda*, centrada en el desarrollo y presentación de iniciativas de reforma legislativa, emanadas de un examen crítico tanto de la doctrina científica como de la jurisprudencia relevante en materia de teletrabajo. Este análisis detallado persigue esclarecer y abordar las lagunas, ambigüedades y aspectos susceptibles de mejora identificados en la normativa vigente. Las recomendaciones de *lege ferenda* propuestas son fruto de una contribución original a la discusión académica sobre cómo fortalecer la seguridad jurídica y la protección de los derechos de los teletrabajadores. En aquellos casos donde las sugerencias se alinean con las perspectivas ya establecidas por otros autores, se hace explícito mediante la debida atribución, reflejando un consenso en la necesidad de evolución legislativa en este ámbito.

2. *Hacia la conceptualización del teletrabajo*

Hoy en día vivimos en un mundo digital gracias al desarrollo vertiginoso de las nuevas tecnologías de la información y de la comunicación en las últimas décadas, lo cual ha posibilitado la introducción de formas innovadoras de organización del trabajo en las empresas, entre las cuales destaca el teletrabajo. Los trabajadores ya no necesitan encontrarse en un espacio físico determinado para prestar sus servicios, sino que solo requieren contar con un dispositivo con conexión a Internet para poder acceder a entornos digitales de trabajo y realizar desde allí la actividad laboral.

Aunque el teletrabajo pueda parecer una forma novedosa de realización de la actividad laboral, su aparición se remonta hace más de medio siglo. Alvin Toffler, reconocido sociólogo, ya anticipaba en su renombrada obra "*La tercera ola*" que esta modalidad, ejecutada desde el hogar, marcaría un hito significativo en la evolución del trabajo a lo largo de la historia humana[25]. Con el paso del tiempo, este concepto ha ido evolucionando de manera constante, impulsado principalmente por los avances en las tecnologías de la información y la comunicación.

En cuanto al propio concepto del teletrabajo, es preciso destacar que existe cierta confusión con los conceptos de trabajo a domicilio, trabajo a distancia o el trabajo autónomo, al compartir una serie de rasgos comunes, por lo que resulta necesario analizar pormenorizadamente cada una de las notas características del teletrabajo, así como delimitar jurídicamente este concepto

---

25 Toffler, A. (1987). *La tercera ola.* Plaza & Janés, 125.

frente a las otras modalidades de trabajo. Por su parte, el teletrabajo es un concepto muy amplio y que comprende en la práctica un abanico de variantes y modalidades, lo cual implica la necesidad de llevar a cabo una clasificación del teletrabajo en función de diferentes criterios o parámetros a través de los cuales se pretende alcanzar un mejor entendimiento de esta noción y de sus distintas manifestaciones.

Finalmente, conviene señalar que el uso de las Nuevas Tecnologías de la Información y la Comunicación en la actividad laboral trae consigo numerosas ventajas de diversa índole tanto para las empresas como para las personas trabajadoras, e incluso para la sociedad en general, pero a la vez puede presentar una serie de inconvenientes. En este Capítulo se procede a realizar una exposición sistemática de las principales ventajas y desventajas del teletrabajo con el fin de poder sopesar unas y otras, así como orientar el desarrollo normativo a fin de paliar sus efectos negativos.

2.1. CONCEPTO DEL TELETRABAJO

El término teletrabajo fue acuñado por primera vez por Jack Nilles, quien lo definió como "*cualquier forma de sustitución de desplazamientos relacionados con la actividad laboral por tecnologías de la información*", a través de la cual se permite "*enviar el trabajo al trabajador, en lugar de enviar al trabajador al trabajo*" [26]. A este respecto, es preciso destacar que se trata de una concepción primitiva del teletrabajo, al considerarlo únicamente como un mecanismo de sustitución de los desplazamientos vinculados al trabajo a través del uso de la informática y las telecomunicaciones.

Con el paso del tiempo, han ido proliferando diferentes estudios e investigaciones científicas sobre la definición del

---

[26] Nilles, J. (1973). *The Telecommunications-transportation Tradeoff: Options for Tomorrow and Today*. Jala International.

teletrabajo[27], todos ellos con la finalidad de alcanzar una definición general y omnicomprensiva de este concepto, así como determinar sus rasgos configuradores y definitorios. Entre las principales definiciones del teletrabajo elaboradas por la doctrina científica caben destacar las siguientes:

- Para Manacorda, el teletrabajo es "*el nombre que se da a las formas de trabajo que se desarrollan a distancia de la unidad productiva y especialmente en el domicilio del trabajador mediante un terminal electrónico*" [28].
- Olson, defiende que el término teletrabajo "*se usa para referirse al trabajo de una organización realizado fuera de los límites organizacionales normales, espaciales y temporales, aumentados por las tecnologías informáticas y de comunicaciones*"[29] .
- Para Di Martino y Wirth, el teletrabajo se define como "*un trabajo efectuado en un lugar donde, apartado de las oficinas centrales o de los talleres de producción, el trabajador no mantiene contacto personal alguno con sus colegas, pero está en condiciones de comunicarse con ellos por medio de las nuevas tecnologías*"[30] .

---

27 *Vid.* Padilla Meléndez, A. (1998). *Teletrabajo: dirección y organización, op. cit.*, 9- 13.

28 Manacorda, P. M. (1991). "Las nuevas tecnologías electrónicas y el trabajo de las mujeres en Europa". En Castillo, J. J. (comp.) *La automación y el futuro del trabajo. Diseño del trabajo y cualificación de los trabajadores* (2.ª ed., pp. 421-458). Colección Informes, Serie General n.º 4. Centro de Publicaciones del Ministerio de Trabajo y Seguridad Social, Madrid, p. 440. (Reimpresión en castellano del original italiano de 1984: *Le nuove tecnologie elettroniche e il lavoro delle donne in Europa*, en G. Barile (a cura di), *Lavoro femminile, sviluppo tecnologico e segregazione occupazionale*, Milán, F. Angeli).

29 Olson, M. H. (1988). "Organizational barriers to telework", *Telework: Present Situation and Future Development of a New Form of Work Organization*, 77, North-Holland.

30 Di Martino, V. y Wirth, L. (1990). "Teletrabajo: Un nuevo modo de trabajo y de vida". *Revista Internacional del Trabajo*, 109, 6. http://www.

- En opinión de Weijers, Meijer y Spoelman, el teletrabajo se refiere al "*trabajo que, como resultado de la aplicación de la tecnología de la información y de la comunicación, está separado de la localización del empleado por lo menos el 20% de las horas de trabajo*"[31] .

- Carrasco y Salinas, entienden que el teletrabajo es "*trabajo a distancia*" y "*significa que la actividad profesional o empresarial se realiza en un lugar distante del que ocupa la organización o persona para la cual se realiza el trabajo*"[32] .

- Gray, Hodson y Gordon, consideran el teletrabajo como "*una forma flexible de organización del trabajo que consiste en el desempeño de la actividad profesional sin la presencia física del trabajador en la empresa durante una parte importante de su horario laboral. Engloba una amplia gama de actividades y puede realizarse a tiempo completo o parcial. La actividad profesional en el Teletrabajo implica el uso frecuente de métodos de procesamiento electrónico de información*"[33] .

- Según Sempere Navarro y San Martín Mazzucconi, el teletrabajo comprende "*aquellas actividades laborales prestadas total o mayoritariamente desde un lugar distinto del centro de trabajo o unidad productiva autónoma de la empresa, por medio del*

---

ilo.org/public/libdoc/ilo/P/09645/09645(1990-109-4)469-497.pdf. Recuperado el 2 de febrero de 2023.

31 Weijers, T., Meijer, R. y Spoelman, R. (1992). "Telework remains 'made to measure'. The large-scale introduction of telework in the Nederlands". *Futures*, 24(10), 1049.

32 Carrasco, R. y Salinas, J. M. (1994). *Teletrabajo.* Serie Monografías. Dirección General de Telecomunicaciones del Ministerio de Obras Públicas, Transportes y Medio Ambiente,11.

33 Gray, M., Hodson, N. y Gordon, G. (1995). *El teletrabajo. Aspectos generales.* Colección Fórum Universidad-Empresa. BT Telecomunicaciones, ECTF, Fundación Universidad-Empresa, 63.

uso intensivo de nuevas tecnologías, básicamente, herramientas informáticas y de las telecomunicaciones"[34].

- Martín Flórez, lo define como "*la prestación de servicios por cuenta ajena fuera del centro de trabajo, fundamentalmente en el domicilio del propio trabajador, y cuya realización se lleva a cabo mediante conexión telefónica e informática, excluyéndose de tal concepto, obviamente, los trabajadores autónomos*"[35].
- Para Sellas I Benvingut, el teletrabajo ha de entenderse como "*toda actividad laboral prestada desde un lugar distinto al centro de trabajo o unidad productiva autónoma de la empresa, por medio de un videoterminal informático conectado telemáticamente con la estación informática central de la empresa o con una estación satélite perteneciente o vinculada a la misma*"[36].
- Thibault Aranda, define el teletrabajo como "*una forma de organización y/o ejecución del trabajo realizado en gran parte o principalmente a distancia, y mediante el uso intensivo de las técnicas informáticas y/o de telecomunicación*"[37].

Asimismo, resulta conveniente señalar que el concepto del teletrabajo está íntimamente ligado a la noción de *eWork* acuñada por la Comisión Europea: todo tipo de trabajo realizado fuera de la sede de la empresa, pero coordinado con la misma mediante el empleo de las nuevas tecnologías de información y de comunicación para su recepción y entrega, con independencia de que sea realizada por trabajadores de esta o por el

---

34 Sempere Navarro, A. V. y San Martín Mazzuccconi, C. (2002). *Nuevas tecnologías y relaciones laborales*. Aranzadi, 113.

35 Martín Flórez, L. (1995). "Outsourcing y teletrabajo: Consideraciones jurídico-laborales sobre nuevos sistemas de organización del trabajo". *Revista Española de Derecho del Trabajo* (REDT), (71), 413.

36 Sellas i Benvingut, R. (2001). *El régimen jurídico del teletrabajo en España*. Aranzadi, 36.

37 Thibault Aranda, J. (2001). *El teletrabajo: análisis jurídico-laboral, op. cit*, 32.

personal subcontratado[38]. A este respecto, es preciso señalar que la concepción del *eWork* transciende del propio concepto de teletrabajo al referirse a las diversas formas de prestación de trabajo a distancia mediante el empleo de las nuevas tecnologías de información y de comunicación[39].

El concepto de teletrabajo también ha sido objeto de definición por parte de diferentes textos normativos, si bien ha quedado subsumido bajo el concepto de trabajo a domicilio o trabajo a distancia. El Acuerdo Marco Europeo sobre Teletrabajo de 16 de julio de 2002, en su apartado segundo, lo define como "*una forma de organización y/o de realización del trabajo, utilizando las tecnologías de la información en el marco de un contrato o de una relación de trabajo, en la cual un trabajo que podría ser realizado igualmente en los locales de la empresa se efectúa fuera de estos locales de forma regular.*" La positivización del concepto de teletrabajo dentro del ordenamiento jurídico español no ha llegado hasta la aprobación de la Ley 10/2021, de 9 de julio, de trabajo a distancia, que en su art. 2 b) lo define como "*aquel trabajo a distancia que se lleva a cabo mediante el uso exclusivo o prevalente de medios y sistemas informáticos, telemáticos y de telecomunicación.*". En paralelo, la Organización Internacional del Trabajo en su reciente informe sobre el trabajo a domicilio, lo define como aquella forma de trabajo en la que los trabajadores asalariados utilizan las tecnologías de la información y la comunicación (TIC) para realizar su trabajo a distancia de manera regular o permanente[40].

---

38 Sanguineti Raymond, W. (2005). "El derecho del trabajo frente al desafío de la transnacionalización del empleo: teletrabajo, nuevas tecnologías y *dumping* social". *Revista Valenciana de Economía y Hacienda,* (13), 110.

39 Sierra Benítez, E. M. (2011). *El contenido de la relación laboral en el teletrabajo.* Consejo Económico y Social de Andalucía, 88.

40 Organización Internacional del Trabajo. (2022). *El trabajo a domicilio: De la invisibilidad al trabajo decente.* OIT, 8. https://www.ilo.org/wcmsp5/groups/public/—ed_protect/—protrav/—travail/documents/publication/wcms_848363.pdf. Recuperado el 8 de febrero de 2024.

Por su parte, es preciso destacar que la doctrina jurisprudencial también ha esbozado una definición del teletrabajo, destacando la propuesta por el Tribunal Superior de Justicia de Madrid, que lo identifica como "*una relación laboral, propiciada por las nuevas tecnologías, que obviamente mejoran la calidad de vida de nuestra sociedad y permiten nuevas formas de relacionarse que desde luego deben de ser reguladas legalmente y [...] amparadas por la legislación vigente, [...] debiéndose asimilar a la presencia física la presencia virtual*"[41].

Igualmente, la Audiencia Nacional ha concretado las principales características que debe presentar el teletrabajo, resumiéndolas de la siguiente manera:

> *"1–El operario realiza un trabajo fuera de la empresa, normalmente en su domicilio particular.*
>
> *2.–Esto conlleva la modificación de la estructura organizativa tradicional del trabajo y de la empresa, tanto en los aspectos físicos como materiales.*
>
> *3.–La utilización de nuevos instrumentos de trabajo cuales pueden ser videoterminales, videoconferencia, telefax, etc.*
>
> *4.–Una red de telecomunicación que permita el contacto entre la sede de la empresa y el domicilio del trabajador"*[42].

Finalmente, es preciso destacar la reciente incorporación del término "*teletrabajar*" al Diccionario de la Lengua Española[43], presentada en la versión electrónica 23.8 por la Real Academia Española, que supone un reconocimiento formal a una realidad laboral que se ha consolidado en los últimos años. Definido como "*trabajar en régimen de teletrabajo*", entendiendo este último

---

41 STSJ Madrid 823/2014 de 23 de septiembre (TOL4.573.303).

42 SAN 42/2004 de 31 de mayo (TOL496.599).

43 Real Academia Española. (2024). "La RAE presenta las novedades del «Diccionario de la lengua española», junto a una nueva imagen, en su actualización 23.8". Nota de prensa, 10 de diciembre. https://www.rae.es/noticia/la-rae-presenta-las-novedades-del-diccionario-de-la-lengua-espanola-dle-junto-una-nueva. Recuperado el 11 de diciembre de 2024.

como "*trabajo que se realiza a distancia utilizando las redes de telecomunicación*", el término refleja una transformación significativa en el ámbito laboral, impulsada por el desarrollo tecnológico y los cambios sociales contemporáneos. Su inclusión en el Diccionario de la Lengua Española no solo legitima su uso en el lenguaje cotidiano, sino que también pone de manifiesto la creciente importancia del teletrabajo en las normativas laborales y en los debates sobre derechos laborales, conciliación familiar y organización empresarial. La decisión de la Real Academia Española subraya el impacto cultural y económico de esta nueva modalidad, consolidada como un elemento fundamental en la estructuración del trabajo en el siglo XXI.

En atención a lo expuesto hasta ahora, se puede apreciar que las distintas definiciones del teletrabajo han ido evolucionando a lo largo del tiempo, si bien han ido convergiendo entre las mismas, dando lugar a la identificación de un conjunto de rasgos definitorios y características del teletrabajo, tales como el trabajo a distancia; la localización del trabajador en un lugar alejado de la empresa para la que trabaja; así como, una utilización intensiva de las nuevas tecnologías de la información para el desempeño de la actividad laboral[44]. Al margen de lo anterior, es preciso destacar que el teletrabajo ha de ser llevado a cabo necesariamente por una persona física, sin que quepa en ningún caso que sea prestado por una empresa o una persona jurídica[45].

En definitiva, es fundamental analizar detalladamente cada una de estas características para configurar una concepción jurídico-laboral del teletrabajo. En este sentido, se ofrece a continuación un cuadro resumen que recopila los principales atributos del teletrabajo, basado en el esquema propuesto por Ortiz

---

44 Padilla Meléndez, A. (1998). *Teletrabajo: dirección y organización*, *op. cit.*, 13.

45 Escudero Rodríguez, R. (2000). "Teletrabajo"., *Descentralización productiva y nuevas formas organizativas del trabajo.* Ministerio de Trabajo y Asuntos Sociales, Subdirección General de Publicaciones, 764-765.

Chaparro[46], aunque enriquecido con aportaciones propias que añaden valor y originalidad al análisis:

Figura 2. Notas características del teletrabajo.

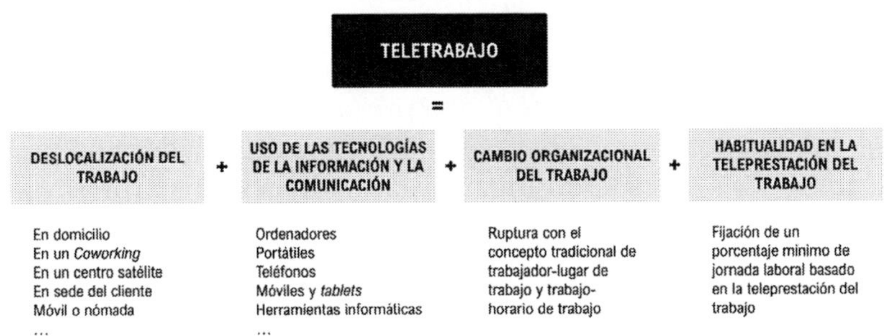

Fuente: Elaboración propia, estructurada sobre la base del esquema de Ortiz Chaparro (1995, p. 40), aunque ampliada y enriquecida con aportaciones propias que complementan y expanden el análisis inicial.

2.1.1. Deslocalización del trabajo

La primera característica elemental y definitoria del concepto de teletrabajo es la deslocalización del trabajo, en el sentido de que la actividad laboral desarrollada por la persona trabajadora se lleva a cabo sin acudir al establecimiento de la empresa y/o al centro de trabajo asignado. En palabras de Thibault Aranda, se trata de "*un tipo de trabajo prestado fuera de las instalaciones propias de la empresa, esto es, del centro de trabajo en la estricta acepción legal del término (art. 1.5 ET)*"[47]. Como consecuencia de ello, la empresa no puede vigilar presencialmente el desempeño y la ejecución del trabajo por parte de la persona trabajadora.

---

46 Ortiz Chaparro, F. (1995). *El teletrabajo: una nueva sociedad laboral en la era de la tecnología.* McGraw-Hill, 40.

47 Thibault Aranda, J. (2001). *El teletrabajo: análisis jurídico-laboral, op. cit,* 26.

Asimismo, esta característica es un elemento diferenciador importante a la hora de identificar la existencia o no del teletrabajo, pues existen muchas actividades que se desarrollan mediante el uso de las Nuevas Tecnologías de la Información y la Comunicación, tales como el telemarketing o la televenta, y, sin embargo, son realizadas en las sedes de la empresa[48]. En estos casos, no estaríamos ante una prestación de servicios bajo la modalidad de teletrabajo, ya que la persona trabajadora no presta sus servicios desde un lugar distante de la sede empresarial.

Es preciso destacar que la mera concurrencia de esta nota característica no es suficiente para calificar la situación como de teletrabajo, ya que la deslocalización del trabajo también está presente en otras prestaciones laborales, tales como aquellas desarrolladas por los transportistas o los agentes comerciales dependientes[49], y, sin embargo, no se desarrollan bajo la modalidad del teletrabajo, al no existir un uso exclusivo o prevalente de medios y sistemas informáticos, telemáticos y de telecomunicación.

En definitiva, al referirnos al teletrabajo, el concepto tradicional de centro de trabajo se diluye[50], siendo reemplazado por el lugar donde se prestan los servicios laborales. Así, el teletrabajo emerge como una modalidad organizativa en la que la persona trabajadora opera a distancia de la empresa, ejerciendo sus funciones desde ubicaciones diversas, tales como su domicilio, espacios de coworking o incluso lugares sin una localización fija y definida.

---

48 Sierra Benítez, E. M. (2011). *El contenido de la relación laboral en el teletrabajo, op. cit.*, 36.

49 Poquet Catalá, R. (2020). *El teletrabajo: análisis del nuevo marco jurídico.* Aranzadi, 29-30.

50 En atención a lo establecido en el art. 1.5 ET, se considera el centro de trabajo como la unidad productiva con una organización específica, que es dado de alta, como tal, ante la autoridad laboral.

2.1.2. Uso de las tecnologías de la información y la comunicación

La segunda característica del teletrabajo, y sin duda la más relevante, consiste en la utilización de las Nuevas Tecnologías de la Información y la Comunicación para el desempeño de la actividad laboral, a través de las cuales se permite lograr una separación física entre la persona trabajadora y la empresa. De hecho, así lo exige la propia Ley de trabajo a distancia, estableciendo que se requiere un uso exclusivo o prevalente de los medios y sistemas informáticos, telemáticos y de telecomunicación.

A este respecto, algunos autores consideran que no es suficiente el uso de cualquier tipo de tecnología, sino que necesariamente debe canalizarse a través de las telecomunicaciones[51]. Sin embargo, otros autores opinan justamente lo contrario, considerando innecesaria el uso exclusivo de las telecomunicaciones para el desarrollo de la actividad laboral, sino que puede llevarse a cabo a través de cualquier otra herramienta informática, incluso cuando el soporte en el que se contienen las indicaciones del trabajo o el resultado del mismo se envíe o se reciba por correo postal, mensajería o cualquier otro medio de transporte convencional[52]. Ahora bien, tal y como dice Poquet Catalá, dado el nivel de desarrollo tecnológico en los momentos actuales, la red de telecomunicaciones ha adquirido una importancia vital para poder llevar a cabo la prestación de servicios mediante esta modalidad de trabajo[53]. En este sentido, resultaría difícil de imaginar la realización del teletrabajo sin disponer de una conexión a internet.

---

51 Ortiz Chaparro, F. (1995). *El teletrabajo: una nueva sociedad laboral en la era de la tecnología, op. cit.*, 38.

52 Thibault Aranda, J. (2001). *El teletrabajo: análisis jurídico-laboral, op. cit*, 28.

53 Poquet Catalá, R. (2020). *El teletrabajo: análisis del nuevo marco jurídico, op. cit.*, 31.

Sin perjuicio de lo anterior, es preciso destacar que la utilización de las tecnologías de la información y la comunicación debe permitir el distanciamiento físico del trabajador del centro de trabajo de la empresa[54]. Asimismo, los medios y sistemas informáticos, telemáticos y de telecomunicación deben jugar un papel primordial en el contexto del teletrabajo, pues en caso contrario se quedaría excluido de este concepto. No obstante, su utilización no tiene que ser necesariamente exclusiva, sino prevalente, de modo que, más allá de los medios informáticos, la persona trabajadora también puede utilizar cualquier otro instrumento para el desempeño de su trabajo, tales como la calculadora, la impresora, el escáner, o las tabletas digitales para el diseño gráfico[55].

2.1.3. Cambio organizacional del trabajo

La tercera característica del teletrabajo está relacionada con la introducción de cambios en la organización del trabajo, ya que, en esencia, constituye una nueva forma de organización y de ejecución de la prestación laboral. A este respecto, resulta muy ilustrativa la consideración realizada por De Val Arnal, señalando que "*el teletrabajo, sin embargo, como concepto estratégico, es algo más que una nueva forma de trabajar porque supone una ruptura con el concepto tradicional de trabajador-lugar de trabajo y trabajo-horario de trabajo y nos retrotrae al período preindustrial, flexibilizando el concepto e introduciendo un nuevo y cuestionable grado de libertad*"[56].

---

54 Rodríguez Sañudo, F. (1999). "La integración del teletrabajo en el ámbito de la relación laboral". *Trabajo subordinado y trabajo autónomo en la delimitación de fronteras del Derecho del trabajo.* Tecnos, 107.

55 Sierra Benítez, E. M. (2011). *El contenido de la relación laboral en el teletrabajo, op.cit.*, 40. Así también Poquet Catalá, R. (2020). *El teletrabajo: análisis del nuevo marco jurídico, op. cit.*, 31-32.

56 De Val Arnal, J. J. (1998). "La necesidad de una regulación de tele-trabajo". *Acciones e Investigaciones Sociales,* (7), 208. https://dialnet.unirioja.es/descarga/articulo/170236.pdf. Recuperado el 8 de febrero de 2024.

Asimismo, como apunta Thibault Aranda, el elemento esencial del teletrabajo radica en la creación de valor a través del uso intensivo de las tecnologías de la información y la comunicación[57]. Por esta razón, aquellos trabajadores que no desempeñan sus labores dentro del centro de trabajo de la empresa, como podría ser el caso de un taxista, un policía o un bombero, no deberían ser considerados dentro del ámbito del teletrabajo. Su contribución no se fundamenta en el procesamiento de la información[58]. Por lo tanto, el teletrabajo no solo implica la utilización de medios y sistemas informáticos, telemáticos y de telecomunicación, sino que estos deben emplearse para desarrollar una forma de trabajo distinta[59].

Por otro lado, el teletrabajo debe propiciar un efecto descentralizador que permita la externalización de una actividad que tradicionalmente se lleva a cabo en la sede empresarial[60]. En este sentido, gracias a la utilización de las Nuevas Tecnologías de la Información y la Comunicación, se favorecen cambios en la estructura de las empresas y se permiten lograr una mayor flexibilidad organizativa en términos de recursos humanos, así como una mayor descentralización operativa de los sistemas productivos.

Al margen de lo anterior, dado que el desempeño del trabajo por la persona teletrabajadora no puede ser supervisado o controlado de manera directa por parte de la empresa, surgen entonces nuevas formas de organización empresarial del traba-

57 Thibault Aranda, J. (2001). *El teletrabajo: análisis jurídico-laboral, op. cit*, 29.

58 En concreto, el valor añadido de un taxista es transportar y llevar a las personas de un sitio a otro, el valor que añade la policía es proteger la ciudadanía y velar por el cumplimiento de las leyes, y el de un bombero es apagar incendios.

59 Poquet Catalá, R. (2020). *El teletrabajo: análisis del nuevo marco jurídico, op. cit.*, 33.

60 Sierra Benítez, E. M. (2011). *El contenido de la relación laboral en el teletrabajo, op.cit.*, 41.

jo, tales como la adaptación o modificación de los sistemas de dirección; el establecimiento de nuevas formas de reuniones y contactos; así como, el seguimiento, control y evaluación del desempeño laboral por objetivos[61].

2.1.4. Habitualidad en la teleprestación del trabajo

La última característica que configura el teletrabajo se refiere a la habitualidad en la prestación de servicios bajo esta modalidad de trabajo. Dicha característica se infiere de las definiciones del teletrabajo contempladas en los diferentes textos normativos, al mencionar los términos "*habitualmente*", "*de manera regular o permanente*" y "*con carácter regular*"[62]. Asimismo, la habitualidad ha de entenderse como "*aquello que es ordinario o acostumbrado, o que se hace de forma ordinaria y acostumbrada*"[63], lo cual plantea problema de determinación en términos de tiempo de trabajo.

---

61 Pérez Bilbao, J., Nogareda Cuixart, C. y Sancho Figueroa, T. (1997). *Teletrabajo: nuevas perspectivas en la organización*. Instituto Nacional de Seguridad e Higiene en el Trabajo, 4.

62 En concreto, en el Acuerdo Marco Europeo sobre el Teletrabajo se define el teletrabajo como una forma de organización y/o de realización del trabajo utilizando las tecnologías de la información, en el marco de un contrato o de una relación laboral, en la que un trabajo, que también habría podido realizarse en los locales del empresario, se ejecuta habitualmente fuera de esos locales; en la definición de teletrabajo dada por OIT en su informe titulado "*El trabajo a domicilio: De la invisibilidad al trabajo decente*", se dispone que el teletrabajo se refiere a los trabajadores asalariados que utilizan tecnologías de la información y la comunicación (TIC) para realizar su trabajo a distancia de manera regular o permanente; y la Ley de trabajo a distancia, considera el teletrabajo como una forma de organización del trabajo de realización de la actividad laboral prestada en el domicilio de la persona trabajadora o en el lugar elegido por esta con carácter regular.

63 Sellas i Benvingut, R. (2001). *El régimen jurídico del teletrabajo en España*, *op.cit.*, 38.

En cuanto a la exigencia de habitualidad en la prestación de servicios en régimen de teletrabajo, se observa la existencia de cierta divergencia en la doctrina científica. En particular, en opinión de Thibault Aranda, se considera que no es necesario establecer unos mínimos de tiempo exigibles para apreciar la existencia o no del teletrabajo, pues el factor tiempo no es relevante cuantitativamente sino cualitativamente[64]. Sin embargo, desde el punto de vista de Escudero Rodríguez, resulta imprescindible establecer un parámetro objetivo para delimitar las fronteras entre las prácticas ocasionales[65] y el teletrabajo propiamente dicho. En este mismo sentido se postula Sellas i Benvingut, que considera que es necesario determinar el tiempo de trabajo en que se desarrolla la actividad laboral en régimen de teletrabajo, ya que constituye un presupuesto sustantivo de dicha modalidad de trabajo[66].

Con respecto a la fijación de los umbrales de referencia para la determinación de la habitualidad en la teleprestación del trabajo, tampoco existe un consenso a nivel doctrinal. Para algunos autores, estamos ante el teletrabajo cuando la actividad laboral se presta en este régimen durante dos o más días a la semana, o bien, de uno a tres días laborales a la semana[67].Según la propuesta de Escudero Rodríguez, el umbral establecido para la consideración

---

64 Thibault Aranda, J. (2001). *El teletrabajo: análisis jurídico-laboral, op. cit,* 29-30.

65 Entendidas como aquellas prácticas parciales en las que se desarrolla el trabajo mediante un uso marginal de los medios y sistemas informáticos, telemáticos y de telecomunicación, tales como el caso de una persona que trabaja de manera esporádica en el domicilio con su ordenador portátil para compensar la inasistencia a los centros de trabajo en ciertos días u horas de trabajo, y que en estos casos no se produce un cambio en la forma de organización del trabajo.

66 Sellas i Benvingut, R. (2001). *El régimen jurídico del teletrabajo en España, op.cit.*, 38-39.

67 Gray, M., Hodson, N. y Gordon, G. (1995). *El teletrabajo. Aspectos generales, op. cit.*, 63-64, 86 y 115; Padilla Meléndez, A. (1998). *Teletrabajo: dirección y organización, op. cit.*, 9-12.

del teletrabajo puede situarse a partir del 20 por 100 de la jornada laboral[68]. Por su parte, en opinión de Sellas i Benvingut, no resulta oportuno establecer un único umbral de referencia para calificar la relación laboral como ordinaria o en régimen de teletrabajo, sino que habrá que establecerse por acuerdo colectivo o pacto individual[69]. Ahora bien, coincidiendo plenamente con Thibault Aranda, a efecto de establecimiento de los umbrales cuantificativos de referencia, sería conveniente aplicar un criterio porcentual, ya que lo relevante no consiste en fijar durante cuántos días presta la actividad laboral en régimen de teletrabajo, sino qué representa en términos porcentuales este tiempo de trabajo con respecto a la jornada mensual, trimestral o anual de la persona trabajadora[70].

Al margen de lo anterior, es preciso destacar que la concreción de la habitualidad en la prestación de servicios bajo régimen de teletrabajo se manifiesta, por primera vez, en el art. 1 de la Ley de trabajo a distancia, al entenderse que es regular el teletrabajo cuando se preste "*en un periodo de referencia de tres meses, un mínimo del treinta por ciento de la jornada, o el porcentaje proporcional equivalente en función de la duración del contrato de trabajo*", todo ello sin perjuicio de que, por convenios o acuerdos colectivos, se pueda establecer un porcentaje o periodo de referencia inferiores a los fijados en dicha Ley para calificar como "*regular*" esta modalidad de ejecución de la actividad laboral. Por consiguiente, y con carácter general, a la hora de calificar la existencia o no del teletrabajo, habrá que atenerse al número de horas realizadas en dicha modalidad de trabajo en cómputo trimestral y se verificará si se supera o no el citado porcentaje del treinta por ciento de la jornada, todo ello sin perjuicio de las limitaciones en el desarrollo del teletrabajo en los contratos de trabajo celebrados con menores y en los contratos

---

68 Escudero Rodríguez, R. (2000). "Teletrabajo", *op.cit.*, 774.

69 Sellas i Benvingut, R. (2001). *El régimen jurídico del teletrabajo en España, op.cit.*, 39.

70 Thibault Aranda, J. (2001). *El teletrabajo: análisis jurídico-laboral, op. cit*, 31.

en prácticas y para la formación y el aprendizaje[71], en los que se exige, como mínimo, un porcentaje del cincuenta por ciento de prestación de servicios de manera presencial.

2.2. DELIMITACIÓN JURÍDICA DEL TELETRABAJO

Tradicionalmente, ha existido cierta confusión entre el teletrabajo y otras modalidades de prestación de servicios laborales (en concreto, el trabajo a distancia, el trabajo a domicilio y/o el teletrabajo autónomo), ya que se comparten ciertos rasgos comunes, tales como el carácter remoto de la actividad laboral, la coincidencia del lugar de prestación de servicios laborales o la autonomía en el desempeño del trabajo. No obstante, en realidad esto no es así, ya que cada una de ellas tiene sus elementos diferenciadores. De ahí surge la necesidad de delimitar jurídicamente el concepto del teletrabajo frente a estas otras modalidades de trabajo, para poder asentar posteriormente el régimen jurídico correspondiente.

2.2.1. Diferenciación con el trabajo a distancia

Conforme con la definición contemplada en el art. 2 a) de la Ley de trabajo a distancia, se define el trabajo a distancia como "*una forma de organización del trabajo o de realización de la actividad laboral conforme a la cual esta se presta en el domicilio de la persona trabajadora o en el lugar elegido por esta, durante toda su jornada o parte de ella, con carácter regular*". A partir de esta definición legal, se puede apreciar que el trabajo a distancia se asienta única y exclusivamente en el

---

71 Actualmente denominados como contratos formativos para la obtención de la práctica profesional adecuada al nivel de estudios y contratos de formación en alternancia, tras la reforma operada por Real Decreto-ley 32/2021, de 28 de diciembre, de medidas urgentes para la reforma laboral, la garantía de la estabilidad en el empleo y la transformación del mercado de trabajo.

carácter remoto de la actividad laboral prestada por las personas trabajadoras y no incide tanto en la manera de llevarla a cabo[72].

En cuanto a la relación existente entre el trabajo a distancia y el teletrabajo, se puede afirmar que, con carácter general, se constituye una relación de género – especie, ya que todo teletrabajo es trabajo a distancia, y, sin embargo, no todo trabajo a distancia es teletrabajo, ya que este último necesita cumplir con el requisito primordial de la utilización de las tecnologías de la información y comunicación[73]. A modo ilustrativo y no exhaustivo, cabe destacar que el trabajo realizado por un transportista o un agente comercial es calificado como trabajo a distancia, ya que la actividad laboral es desarrollada fuera de las instalaciones de la empresa. Ahora bien, para el desempeño del trabajo, estos trabajadores no tienen que utilizar necesariamente las tecnologías de la información y la comunicación, y su uso puede ser meramente residual o marginal (por ejemplo, para comunicar con la empresa y/o reportar información y datos sobre su actividad). Ahora bien, si un periodista encargado de redactar artículos de prensa trabaja desde su domicilio con el ordenador, y envía posteriormente su trabajo a la empresa por vía del correo electrónico, entonces sí podemos calificar esta relación laboral como de teletrabajo.

En definitiva, se puede concluir que todo trabajo realizado fuera de la empresa puede ser calificado como trabajo a distancia, independientemente de si se utilizan o no las tecnologías de la información y la comunicación para el desempeño de la actividad laboral, mientras que para adquirir la calificación de teletrabajo, se requiere un uso exclusivo o prevalente de medios y sistemas informáticos, telemáticos y de telecomunicación, tal

---

72 Poquet Catalá, R. (2020). *El teletrabajo: análisis del nuevo marco jurídico, op. cit.*, 26.

73 Sierra Benítez, E. M. (2011). *El contenido de la relación laboral en el teletrabajo, op.cit.*, 38.

y como lo define el art. 2 b) de la Ley de trabajo a distancia. Con la finalidad de facilitar el entendimiento y visualización de las diferencias existentes entre ambos conceptos, se facilita a continuación un gráfico en el que se representa la delimitación entre ellos desde la perspectiva jurídico-laboral.

Figura 3. Delimitación jurídica entre el trabajo a distancia y el teletrabajo.

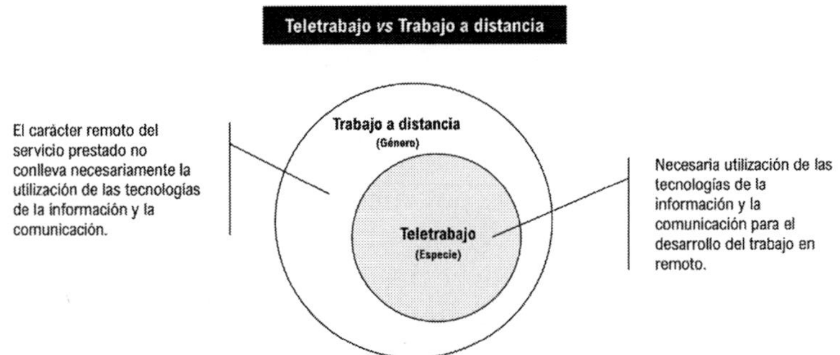

Fuente: Elaboración propia.

Al margen de lo anterior, y atendiendo al uso social o cotidiano de estos dos términos, se puede destacar que estamos ante una situación en la que "*la especie gana al género*"[74], ya que casi toda referencia pública sobre la Ley de trabajo a distancia ha venido haciendo alusión al teletrabajo.

2.2.2. Peculiaridades con respecto el trabajo a domicilio

La Organización Internacional del Trabajo, en su Convenio n.º 177 y en la Recomendación n.º 184, definió el trabajo a domicilio como aquella modalidad que "*se produce cuando se realiza*

[74] Luque Parra, M., Ginès i Fabrellas, A. y Peña Moncho, J. (2021). *Teletrabajo: estudio jurídico desde la perspectiva de la seguridad y salud laboral*. Aranzadi, 48.

la actividad laboral en el domicilio de la persona trabajadora o en otro local que esta escoja, distinto de los locales de trabajo de la empresa, a cambio de una remuneración y con el fin de elaborar un producto o prestar un servicio conforme a las especificaciones de la misma". En similares términos se expresa el ya derogado art. 13 del Estatuto de los Trabajadores, en su redacción original dada por la Ley 8/1980, de 10 de marzo, del Estatuto de los Trabajadores, que define el trabajo a domicilio como "*aquél en que la prestación de la actividad laboral se realice en el domicilio del trabajador o en el lugar libremente elegido por éste y sin vigilancia del empresario*"[75].

A partir de estas definiciones, se puede apreciar que el trabajo a domicilio constituye una concepción clásica del trabajo a distancia, y está ideado para regular el trabajo que se realiza fuera de las instalaciones de la empresa – en el domicilio de la persona trabajadora o en el lugar que esta escoja –, y sin someterse al control directo por parte de la empresa. Ahora bien, esta modalidad de prestación de servicios laborales no solo puede abarcar tareas de tipo informático o intelectual, sino también trabajos manufactureros, lo cual no implica un uso exclusivo o prevalente de las tecnologías de la información y la comunicación.

Por su parte, cabe destacar que la doctrina judicial ha pronunciado sobre otra diferenciación relevante existente entre el trabajo a domicilio y el teletrabajo. A este respecto, la Sala de lo Social de la Audiencia Nacional ha señalado que:

> *"[...] De lo expuesto, no cabe confundir el teletrabajo con el trabajo a domicilio, como sucede en ocasiones pues, en el que hoy nos ocupa, la empresa sigue controlando al trabajador en su tarea por medio de programas de software preparados a tal efecto, llamados software accountings, que permiten registrar el número de operaciones llevadas a cabo, el tiempo que se ha invertido*

---

75 Redacción que ha sido mantenida en el art. 13 del Real Decreto Legislativo 1/1995, de 24 de marzo, por el que se aprueba el texto refundido de la Ley del Estatuto de los Trabajadores, publicado el 29 de marzo de 1995, en vigor a partir del 01 de mayo de 1995.

> *en cada una de ellas, marcando incluso la hora del comienzo y de finalización de las mismas, interrupciones, errores y demás. Por contra, en el trabajo a domicilio sólo se requiere la entrega de la tarea encomendada y la posible calidad de la misma"*[76].

De lo anterior se deduce que la falta de vigilancia directa e inmediata por parte de la empresa también constituye otro rasgo diferenciador relevante del trabajo a domicilio, de manera que la empresa tan solo realiza un control a posteriori del trabajo realizado. Esto no sucede necesariamente con el teletrabajo, ya que, como veremos más adelante en el Capítulo 8 sobre la facultad de control empresarial en el teletrabajo, la empresa puede adoptar mecanismos de control que le permita ejercer una vigilancia directa, continua e inmediata sobre la actividad laboral desarrollada por el teletrabajador.

Con la finalidad de facilitar el entendimiento y visualización de las diferencias existentes entre estos dos conceptos, se facilita a continuación un gráfico en el que se representan los elementos comunes y las diferencias existentes entre ellos desde la perspectiva jurídico-laboral.

Figura 4. Delimitación jurídica entre el trabajo a domicilio y el teletrabajo.

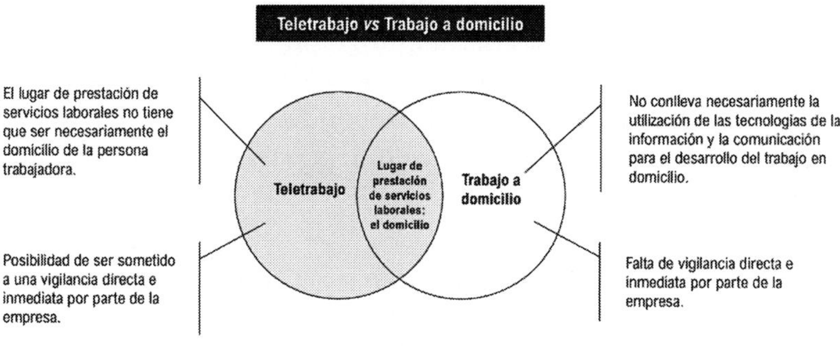

Fuente: Elaboración propia.

76 SAN 42/2004 de 31 de mayo (TOL496.599).

En definitiva, no es adecuado equiparar el teletrabajo con el trabajo a domicilio. Aunque un teletrabajador pueda desarrollar su actividad laboral en su propio hogar, esto no le convierte automáticamente en un trabajador a domicilio. La distinción esencial reside en el uso de tecnologías digitales que facilitan el teletrabajo, permitiendo una interacción continua con la empresa sin importar la ubicación física del trabajador. Por otra parte, el trabajo a domicilio tradicionalmente no implica dicha interconexión tecnológica continua, y frecuentemente está asociado con tareas que se pueden realizar de manera independiente sin necesidad de comunicación en tiempo real. En este sentido, se puede afirmar que no todo el trabajo a domicilio califica como teletrabajo, ni todo teletrabajo se realiza necesariamente a domicilio. Así, el teletrabajo se perfila como una modalidad más flexible y tecnológicamente integrada, que redefine los límites tradicionales entre el espacio laboral y el personal[77].

2.2.3. Distinción con el trabajo autónomo

Tradicionalmente, la doctrina científica venía debatiendo acerca del encuadramiento jurídico del teletrabajo entre el trabajo por cuenta ajena y el trabajo por cuenta propia, puesto que existe una zona gris de delimitación entre esta modalidad de trabajo y el trabajo autónomo[78]. A saber, el teletrabajo podría inducir a cuestionar las notas de dependencia y ajenidad de una relación laboral común, toda vez que la persona teletrabajadora

---

77 Thibault Aranda, J. (2001). *El teletrabajo: análisis jurídico-laboral, op. cit*, 59-60.

78 A tenor de la definición contemplada en el art. 1 de la Ley 20/2007, de 11 de julio, del Estatuto del trabajo autónomo, se define el trabajador autónomo como toda aquella persona física que realicen de forma habitual, personal, directa, por cuenta propia y fuera del ámbito de dirección y organización de otra persona, una actividad económica o profesional a título lucrativo, den o no ocupación a trabajadores por cuenta ajena.

realiza su actividad laboral fuera de las instalaciones de la empresa y esta última no puede vigilar físicamente su desempeño y ejecución del trabajo, lo cual le dota de un cierto margen de autonomía en la prestación de servicios laborales[79].

No obstante, en la actualidad las empresas tienen la capacidad de impartir instrucciones y realizar el control y vigilancia de la actividad laboral mediante medios telemáticos. Esta realidad introduce una nueva forma de subordinación, que a su vez confirma que el teletrabajo es parte integral de la relación laboral ordinaria. En concordancia con este enfoque, el Tribunal Superior de Justicia de Madrid, en su sentencia núm. 469/1999, de 30 de septiembre, ha expresado literalmente que:

> *"[...] ante una relación laboral, propiciada por las nuevas tecnologías, que obviamente mejoran la calidad de vida de nuestra sociedad y permiten nuevas formas de relacionarse que desde luego deben de ser reguladas legalmente y en casos como el presente amparadas por la legislación vigente, que no puede quedar burlada, siendo claro que igual prestación ha recibido la empresa de los trabajadores a través de Internet que si los mismos hubieran estado físicamente en sus propias instalaciones, debiéndose asimilar a la presencia física la presencia virtual que aquí ha quedado demostrada, [...] no pudiéndose admitir que los avances de la ciencia, que en todo caso implican una mejora en la calidad de vida, lleguen a suponer, como pretende la empresa, un retroceso social favoreciendo la precariedad del empleo o el trabajo sumergido, por lo que en todo caso la legislación laboral ha de ser aplicada"* [80].

Asimismo, resulta muy ilustrativo el caso de la Sentencia núm. 450/2002, de 5 de febrero, de la Sala de lo Social del Tribunal Superior de Justicia de Andalucía, Granada, en el que una trabajadora presta sus servicios para una empresa dedicada a la actividad de telemarketing, recibiendo en su domicilio las

---

79 Sierra Benítez, E. M. (2011). *El contenido de la relación laboral en el teletrabajo, op.cit.*, 115.

80 STSJ Madrid 469/1999 de 30 de septiembre.

llamadas previamente seleccionadas y desviadas por la empresa. Adicionalmente, la empresa imponía a esta trabajadora suscribir un contrato mercantil en el que se estipulaba que dicha trabajadora debía ejercer su actividad, mediante las altas en Municipio, Hacienda Pública, Seguridad Social y organismos necesarios para ejercer la misma, y que no mantenía ningún vínculo de subordinación con esta empresa. Ahora bien, la empresa impartía instrucciones a la trabajadora sobre los temas a tratar con los clientes, y quedaba facultada para escuchar las conversaciones y grabarlas para comprobar el comportamiento de la actora y el cumplimiento de sus obligaciones. Del mismo modo, la empresa controlaba que las llamadas desviadas al teléfono de la trabajadora fueran recogidas por ésta, pidiendo explicaciones en caso contrario. Ante estas circunstancias, el Tribunal ha declarado, indudablemente, la existencia de relación laboral entre la empresa y la trabajadora, ya que esta última se vino realizando en una situación de propia dependencia de la empresa y dentro del ámbito organizativo de la misma, y ello se basa en la identificación de los siguientes fuertes indicios de laboralidad:

> *"[...] Y es que no sólo el seguimiento de unas determinadas directrices uniformadoras en la realización del trabajo encomendado sino, también y fundamentalmente, la prestación del mismo, siempre a través de la empresa recurrente, y la prohibición impuesta a la trabajadora, constituyen datos reveladores de una sujeción al poder directivo de la empresa que encomienda la realización de los servicios, todo lo que pone de relieve una innegable situación de dependencia propia del contrato de trabajo"*[81].

Por su parte, la ausencia de vigilancia y control empresarial sobre el trabajo realizado no determina sistemáticamente la desaparición de la dependencia y la subordinación en la relación laboral, pues la empresa puede seguir manteniendo su poder de dirección con respecto a dicho trabajador.

---

81 STSJ Andalucía, Granada, 450/2002 de 5 de febrero (TOL151.669).

A este respecto, el Tribunal Supremo en unificación de doctrina, ha señalado que "*no sólo el seguimiento de unas determinadas directrices uniformadoras en la realización del trabajo encomendado sino, también y fundamentalmente, el ulterior control de dicho trabajo, la prestación del mismo, siempre, a través de la empresa recurrente, la penalización en el retraso de su conclusión y la asignación de zonas geográficas para su desarrollo constituyen datos reveladores de una sujeción al poder directivo de la empresa que encomienda la realización de los servicios, todo lo que pone de relieve una innegable situación de dependencia propia del contrato de trabajo*"[82].

Esta misma doctrina queda plasmada nuevamente en la famosa sentencia dictada por el Tribunal Supremo en el caso Glovo[83], en la que nuestro Alto Tribunal ha concluido la concurrencia de notas definitorias de la existencia de una relación laboral entre la empresa Glovo y sus repartidores, al estar sujetos estos últimos a las directrices organizativas e instrucciones establecidas por dicha empresa, lo cual supone un ejercicio del poder de dirección empresarial. En este sentido, dispone en su fundamento de derecho décimo que "*la dependencia es la situación del trabajador sujeto, aun en forma flexible y no rígida, a la esfera organicista y rectora de la empresa. Es decir, la dependencia o subordinación se manifiesta mediante la integración de los trabajadores en la organización empresarial.*"

Además, en esta misma sentencia del caso Glovo, el Tribunal Supremo ha efectuado una revisión de los principales indicios de dependencia y ajenidad, entre los cuales destaca: (1) La asistencia al centro de trabajo del empleador o al lugar de trabajo designado por éste y el sometimiento a horario; (2) El desempeño personal del trabajo; (3) La inserción del trabajador en la organización de trabajo de la empresa, que es la que se encarga de programar su

---

82 Entre otras, STS de 22 de abril de 1996 (TOL5.115.624), STS de 29 de diciembre de 1999 (TOL4.132.494) y STS de 10 de julio de 2000 (TOL4.965.702).

83 STS 805/2020 de 25 de septiembre (TOL8.091.916).

actividad; (4) La ausencia de organización empresarial propia del trabajador; (5) La entrega o puesta a disposición del empresario por parte del trabajador de los productos elaborados o de los servicios realizados; (6) La adopción por parte del empresario y no del trabajador de las decisiones concernientes a las relaciones de mercado o de las relaciones con el público, como fijación de precios o tarifas, selección de clientela o indicación de personas a atender; (7) El carácter fijo o periódico de la remuneración del trabajo; y (8) La falta de asunción de riesgo empresarial y/o de inversión en bienes de capital relevante por parte de la persona trabajadora. Ante la concurrencia de estos indicios, se puede afirmar la existencia de dependencia, subordinación y ajenidad de la relación laboral, así como la integración en el ámbito de organización y dirección de la empresa. Asimismo, aplicando esta doctrina al ámbito del teletrabajo, se pueden identificar otros vínculos de carácter laboral, tales como la modalidad de inserción del trabajo en el sistema informático y telemático de la empresa, las propias características del programa informático utilizado, el grado de dependencia tecnológica, así como el nivel de conexión con el ciclo productivo de la empresa[84].

Al margen de lo anterior, es preciso destacar que la delimitación jurídica entre el teletrabajo y el trabajo autónomo queda esclarecida con la publicación y entrada en vigor de la Ley de trabajo a distancia, que en su art. 22 establece que "*la empresa podrá adoptar las medidas que estime más oportunas de vigilancia y control para verificar el cumplimiento por la persona trabajadora de sus obligaciones y deberes laborales, incluida la utilización de medios telemáticos, guardando en su adopción y aplicación la consideración debida a su dignidad y teniendo en cuenta, en su caso, sus circunstancias personales,*

---

84 Sanguineti Raymond, W. (2007). "El teletrabajo: notas sobre su calificación y régimen jurídico". *Foro Jurídico,* (07), 153. https://revistas.pucp.edu.pe/index.php/forojuridico/article/view/18468. Recuperado el 14 de febrero de 2024.

como la concurrencia de una discapacidad". Por ende, el mero hecho de prestar los servicios laborales en régimen de teletrabajo no desvirtúa *per se* la ajenidad de la relación laboral, pues, aunque la persona teletrabajadora goza de un cierto margen de flexibilidad y autonomía en el desempeño de su actividad laboral, se habrá que atender a la valoración de la concurrencia o no de los demás indicios de laboralidad. Solo en el caso de que se aprecie un alto grado de independencia para la prestación de servicios, así como la inexistencia de subordinación o integración en la organización empresarial, entonces podríamos afirmar que el trabajo es autónomo y se desarrolla por cuenta propia, al realizarse libremente y sin estar sometido a las directrices de la empresa y, además, cuenta con una organización de medios propia.

Al mismo tiempo, no hay que perder de vista a la noción de trabajo autónomo económicamente dependiente[85], una figura que se encuentra a caballo entre en el teletrabajo por cuenta ajena y el trabajo autónomo[86], en la que la persona trabajadora desempeña el trabajo de forma personal y directa en régimen de dependencia económica y con plena autonomía jurídica de la organización de su actividad, pero sin producirse la integración en la organización productiva de la empresa[87]. De esta forma, el teletrabajo

---

85 En atención a lo establecido en el art. 11.1 de la Ley 20/2007, de 11 de julio, del Estatuto del trabajo autónomo, el trabajo autónomo económicamente dependiente se caracteriza por ejercer una actividad económica o profesional a título lucrativo y de forma habitual, personal, directa y predominante para una persona física o jurídica, denominada cliente, del que dependen económicamente por percibir de él, al menos, el 75 por ciento de sus ingresos por rendimientos de trabajo y de actividades económicas o profesionales.

86 Sierra Benítez, E. M. (2011). *El contenido de la relación laboral en el teletrabajo, op.cit.*, 123.

87 Molina Navarrente, C. (2007). "Trabajadores en la frontera: comentario al estatuto del trabajo autónomo". *Revista de Trabajo y Seguridad Social. CEF,* (295), 102.

se puede identificar con el trabajo autónomo económicamente dependiente siempre y cuando se cumpla con el propio concepto legal de esta figura y con las condiciones legalmente exigidas, y en concreto, las establecidas en el art. 11.2 de la Ley 20/2007, de 11 de julio, del Estatuto del trabajo autónomo: (1) no tener a cargo trabajadores por cuenta ajena ni contratar o subcontratar parte o toda la actividad con terceros, tanto respecto de la actividad contratada con la empresa del que depende económicamente como de las actividades que pudiera contratar con otras empresas; (2) no ejecutar la actividad de manera indiferenciada con los trabajadores que presten servicios bajo cualquier modalidad de contratación laboral por cuenta de la empresa; (3) disponer de infraestructura productiva y material propios, necesarios para el ejercicio de la actividad e independientes de los de la empresa, cuando en dicha actividad sean relevantes económicamente; (4) desarrollar la actividad con criterios organizativos propios, sin perjuicio de las indicaciones técnicas que pudiese recibir de la empresa; y, por último, (5) percibir una contraprestación económica en función del resultado de la actividad, de acuerdo con lo pactado con la empresa y asumiendo riesgo y ventura de aquélla.

Finalmente, y con la finalidad de facilitar el entendimiento y visualización de las diferencias existentes entre el teletrabajo y el trabajo autónomo, así como la especial consideración al trabajo autónomo económicamente dependiente, se facilita a continuación un gráfico en el que se representan los elementos comunes y las diferencias existentes entre ellos desde la perspectiva jurídico-laboral.

Figura 5. Delimitación jurídica entre el trabajo autónomo y el teletrabajo.

Fuente: Elaboración propia.

2.3. MODALIDADES DEL TELETRABAJO

Como se mencionó anteriormente, el teletrabajo abarca un espectro extenso de variantes y modalidades, lo que demuestra su amplia diversidad. Esta variedad presenta importantes desafíos para el Derecho del Trabajo, dado que no permite la aplicación de un régimen jurídico homogéneo. Por lo tanto, es imprescindible considerar cada caso de manera individual, ya que cada uno puede tener consecuencias jurídicas y prácticas diferentes[88].

Con la finalidad de alcanzar un mejor entendimiento de esta noción y de sus distintas manifestaciones, se precisa llevar a cabo una clasificación del teletrabajo en función de diferentes criterios o parámetros a través de los cuales se pretende resolverse el problema de su concreta calificación jurídica. Ahora bien, resulta conveniente destacar que no existe una clasificación universalmente aceptada de estos criterios o parámetros

---

[88] Escudero Rodríguez, R. (2000). "Teletrabajo", *op.cit.*, 777.

de clasificación[89] hasta el punto de que la doctrina científica ha formulado diferentes clasificaciones del teletrabajo[90]. Sin perjuicio de ello, se presenta a continuación un conjunto de criterios o parámetros de clasificación del teletrabajo basándose en el consenso mayoritario de la doctrina científica y en su relevancia jurídica a nivel social, a saber: el tipo de conexión, el lugar de prestación de servicios, la forma de organización del trabajo y el nivel de riesgos laborales asociados a esta figura.

A continuación, se presenta un cuadro resumen con el objetivo de proporcionar una visión global acerca de las distintas modalidades del teletrabajo:

---

89 Thibault Aranda, J. (2001). *El teletrabajo: análisis jurídico-laboral, op. cit*, 32-33.

90 *Vid.* Escudero Rodríguez, R. (2000). "Teletrabajo", *op.cit.*, 777 y ss.; Thibault Aranda, J. (2001). *El teletrabajo: análisis jurídico-laboral, op. cit*, p. 32 y ss.; Sierra Benítez, E. M. (2011). *El contenido de la relación laboral en el teletrabajo, op.cit.*, 50 y ss.; García Romero, B. (2012). *El teletrabajo.* Civitas, 49 y ss; Poquet Catalá, R. (2020). *El teletrabajo: análisis del nuevo marco jurídico, op. cit.*, p.38 y ss.; Romero Burillo, A. M. (2021). *El marco regulador del teletrabajo.* Atelier, 27 y ss.

Figura 6. Modalidades del teletrabajo.

Modalidades del teletrabajo			
	Según el tipo de conexión del teletrabajo	Teletrabajo *offline* o desconectado	
		Teletrabajo *online* o conectado	Teletrabajo *one way line*
			Teletrabajo *two way line*
	Según el lugar de prestación de servicios	Teletrabajo a domicilio	
		Teletrabajo en oficinas remotas	
		Teletrabajo móvil o itinerante	
		Teletrabajo transnacional	Teletrabajo transnacional dependiente
			Teletrabajo transnacional en oficinas remotas en el exterior
			Teletrabajo transnacional autónomo
			Teletrabajo transnacional subcontratado
	Según la forma de organización del trabajo	Teletrabajo permanente	
		Teletrabajo suplementario u ocasional	
		Teletrabajo alterno	
		Teletrabajo nómada	
	Según el nivel de riesgos laborales asociados	Teletrabajo no regular	
		Teletrabajo regular	
		Teletrabajo intenso	

Fuente: Elaboración propia.

2.3.1. En función del tipo de conexión

Este criterio o parámetro de clasificación está avalado por la mayoría de la doctrina científica[91], y se basa en el modo en que se desarrolla la comunicación entre la empresa y la persona teletrabajadora, esto es, el tipo de conexión que se establece entre las mismas para la comunicación a través de los medios y sistemas informáticos, telemáticos y de telecomunicación. A este respecto, se distinguen entre el teletrabajo *offline* o desconectado y el teletrabajo *online* o conectado.

91 Entre otros, Escudero Rodríguez, R. (2000). "Teletrabajo", *op.cit.*, 770; Thibault Aranda, J. (2001). *El teletrabajo: análisis jurídico-laboral, op. cit*, 38; Sierra Benítez, E. M. (2011). *El contenido de la relación laboral en el teletrabajo, op.cit.*, 50-51; García Romero, B. (2012). *El teletrabajo, op. cit.*, 58-59; Poquet Catalá, R. (2020). *El teletrabajo: análisis del nuevo marco jurídico, op. cit.*, 41-42; Romero Burillo, A. M. (2021). *El marco regulador del teletrabajo, op. cit.*, 27.

(1) Teletrabajo *offline* o desconectado

El teletrabajo *offline* o desconectado es una modalidad del teletrabajo en la que la persona teletrabajadora lleva a cabo su actividad laboral sin que exista una conexión directa con el sistema informático central de la empresa[92]. En este sentido, la persona teletrabajadora desempeña su trabajo siguiendo las indicaciones iniciales establecidas por el empresario, y con posterioridad, remite los resultados de su trabajo a la empresa mediante correo electrónico, servicios de mensajería, o la entrega personal de los mismos una vez que se haya finalizado su actividad laboral, o de forma periódica según lo que se haya acordado con la empresa[93]. Por su parte, es preciso destacar que se trata de una modalidad del teletrabajo en la que se concede mayor autonomía a la persona trabajadora, ya que no existe un control directo e inmediato de su actividad laboral por parte de la empresa[94].

(2) Teletrabajo *online* o conectado

El teletrabajo *online* o conectado es una modalidad del teletrabajo en la que prestación de servicios por parte de la persona teletrabajadora se realiza en conexión directa con el sistema informático central de la empresa, posibilitando una interacción directa entre ellos. Ahora bien, es preciso matizar que no se exige que la persona teletrabajadora esté conectada todo el tiempo que dure la realización de sus tareas, sino que basta con que los tiempos de remisión de los resultados de su trabajo sean breves y/o cuasi-ins-

---

92 Sierra Benítez, E. M. (2011). *El contenido de la relación laboral en el teletrabajo, op.cit.*, 24.

93 Poquet Catalá, R. (2020). *El teletrabajo: análisis del nuevo marco jurídico, op. cit.*, 42.

94 García Romero, B. (2012). *El teletrabajo, op. cit.*, 59.

tantáneas[95]. Por su parte, dado el nivel de desarrollo tecnológico en los momentos actuales y la buena conectividad ofrecida por las empresas operadoras de telecomunicaciones, lo más habitual sería encontrarnos con esta modalidad del teletrabajo[96].

Dentro de esta modalidad del teletrabajo, se pueden distinguir las siguientes tipologías, atendiendo a los diferentes tipos de conexión de la persona teletrabajadora con la empresa, los que, a su vez, inciden directamente en la forma en que se ejerce el poder de dirección y control de la prestación laboral por parte de esta última[97]:

a) Teletrabajo one way line

El teletrabajo *one way line* (o conectado en sentido único) es una tipología del teletrabajo *online* o conectado en la que la comunicación entre la persona teletrabajadora y la empresa es de carácter unidireccional. En este sentido, la remisión del trabajo realizado a la empresa se produce de forma directa e inmediata, y, sin embargo, no existe un control directo y continuo sobre la actividad laboral de la persona teletrabajadora[98]. Asimismo, se garantiza a la persona trabajadora una cierta libertad, al permitirle desarrollar su actividad laboral sin someterse al control constante de la empresa[99].

---

95 Sierra Benítez, E. M. (2011). *El contenido de la relación laboral en el teletrabajo, op.cit.*, 24.

96 Poquet Catalá, R. (2020). *El teletrabajo: análisis del nuevo marco jurídico, op. cit.*, 42.

97 Thibault Aranda, J. (2001). *El teletrabajo: análisis jurídico-laboral, op. cit*, 39.

98 Sierra Benítez, E. M. (2011). *El contenido de la relación laboral en el teletrabajo, op.cit.*, 25.

99 García Romero, B. (2012). *El teletrabajo, op. cit.*, 59.

b) Teletrabajo two way line

El teletrabajo *two way line* (o conectado en doble sentido), también denominado teletrabajo interactivo, es una tipología del teletrabajo *online* o conectado en la que la comunicación entre la persona teletrabajadora y la empresa es de carácter bidireccional, de modo que existe un flujo constante de información entre ellas, e incluso puede ser posible que tanto las directrices como el control efectuado por parte de la empresa se lleve a cabo en tiempo real[100]. De este modo, se posibilita que la persona teletrabajadora pueda prestar sus servicios de igual forma que la plantilla que se encuentre trabajando presencialmente en la empresa[101].

Al margen de lo anterior, es preciso destacar que, bajo circunstancias normales, la persona teletrabajadora no se encuentra conectada durante todo el tiempo de trabajo, sino que los tiempos de conexión se coinciden con momentos en que se produce una mayor actividad laboral de la empresa[102]. De este modo, cabe una combinación entre las distintas modalidades expuestas, dando lugar a fórmulas mixtas del teletrabajo[103].

2.3.2. En virtud del lugar de prestación de servicios

Este criterio o parámetro de clasificación también está avalado por la mayoría de la doctrina científica[104], y se basa en el

---

100 Thibault Aranda, J. (2001). *El teletrabajo: análisis jurídico-laboral, op. cit*, 39.

101 Sierra Benítez, E. M. (2011). *El contenido de la relación laboral en el teletrabajo, op.cit.*, 25.

102 García Romero, B. (2012). *El teletrabajo, op. cit.*, 60.

103 Por ejemplo, la empresa y la persona teletrabajadora pueden acordarse entre ellos que una parte de la jornada laboral se desarrolle en la modalidad de teletrabajo *two way line*, rigiendo en la restante en la modalidad de teletrabajo *offline* u *one way line.*

104 Entre otros, Escudero Rodríguez, R. (2000). "Teletrabajo", *op.cit.*, 770; Thibault Aranda, J. (2001). *El teletrabajo: análisis jurídico-laboral, op.*

lugar de la prestación de los servicios laborales por parte de la persona teletrabajadora. A este respecto, se distinguen entre el teletrabajo a domicilio, el teletrabajo en oficinas remotas, el teletrabajo móvil o itinerante y el teletrabajo transnacional.

(1) Teletrabajo a domicilio

El teletrabajo a domicilio es una modalidad del teletrabajo en la que el lugar de prestación de servicios es el propio domicilio de la persona teletrabajadora, el domicilio de un familiar[105], o cualquier otro lugar escogido por ésta, sin necesidad de desplazarse físicamente al establecimiento de la empresa para realizar su trabajo[106]. Ahora bien, doctrinalmente existe una discusión acerca de la identidad de este tipo de teletrabajo y su cercanía al contrato de trabajo a domicilio, ya que, en ambos casos, la actividad laboral es llevada a cabo en el propio domicilio de la persona trabajadora[107]. De hecho, es considerado como la forma más común de teletrabajo, llegando incluso a veces a que se confunda el género con la especie[108].

En efecto, el teletrabajo a domicilio–ya sea *offline* (o desconectado) u *one way line* (o conectado en sentido único)–y el trabajo a domicilio son exactamente lo mismo, toda vez que en

---

cit, 33; Sierra Benítez, E. M. (2011). *El contenido de la relación laboral en el teletrabajo, op.cit.*, 52-55; García Romero, B. (2012). *El teletrabajo, op. cit.*, 49-58; Poquet Catalá, R. (2020). *El teletrabajo: análisis del nuevo marco jurídico, op. cit.*, 39-41; Romero Burillo, A. M. (2021). *El marco regulador del teletrabajo, op. cit.*, 28.

105 Poquet Catalá, R. (2020). *El teletrabajo: análisis del nuevo marco jurídico, op. cit.*, 39.

106 Romero Burillo, A. M. (2021). *El marco regulador del teletrabajo, op. cit.*, 28.

107 Sierra Benítez, E. M. (2011). *El contenido de la relación laboral en el teletrabajo, op.cit.*, 58.

108 García Romero, B. (2012). *El teletrabajo, op. cit.*, 50.

ambos casos no se aprecia una vigilancia directa e inmediata de la prestación de servicios por parte de la empresa, aunque en un caso, el rasgo diferenciador es la propia forma de prestación de servicios en sí, mientras que, en el otro caso, es el cauce contractual bajo el que se realiza[109]. Sin perjuicio de lo anterior, la Ley de trabajo a distancia los considera, en ambos casos, como modalidades de trabajo a distancia.

(2) Teletrabajo en oficinas remotas

El teletrabajo en oficinas remotas es una modalidad del teletrabajo en la que la prestación de servicios por parte de las personas teletrabajadoras se desarrolla en los telecentros o centros de recursos compartidos, en oficinas satélites, o en los llamados "*telecottages*" [110]. Estas oficinas remotas, que generalmente están ubicadas en zonas de fácil y rápido acceso, representan una situación intermedia entre la oficina tradicional y el domicilio de la persona trabajadora, favoreciendo de este modo "*la suburbanización y la descentralización productiva, al tiempo que se conservan las ventajas del trabajo en compañía*"[111] .

---

[109] Sierra Benítez, E. M. (2011). *El contenido de la relación laboral en el teletrabajo, op.cit.*, 59.

[110] Poquet Catalá, R. (2020). *El teletrabajo: análisis del nuevo marco jurídico, op. cit.*, 39-40: Los telecentros o centros de recursos compartidos son aquellos lugares de trabajo en los que se cuentan con recursos compartidos y con las instalaciones informáticas y de telecomunicaciones necesarias para llevar a cabo esta modalidad de prestación laboral; las oficinas satélites son centros alejados geográficamente de la sede empresarial, pero están en constante comunicación con la empresa, y que, a su vez, constituyen una unidad separada de la misma en la que se reubican uno o varios de sus departamentos; y los llamados "*televillage*" son centros que están ubicados en los pequeños pueblos o zonas rurales, pero conectados a las redes de comunicación y telecomunicación.

[111] Thibault Aranda, J. (2001). *El teletrabajo: análisis jurídico-laboral, op. cit*, 36.

Ahora bien, es preciso diferenciar los telecentros de las oficinas satélites, toda vez que estos últimos constituyen instalaciones de la propia empresa, aunque estén ubicadas alejadas de las sedes corporativas. En este último, el trabajo no se presta bajo modalidad de teletrabajo, ya que, desde un punto de vista estrictamente jurídico, no existe una deslocalización de la actividad respecto del centro de trabajo o lugar convencional designado por la empresa[112].

(3) Teletrabajo móvil o itinerante

El teletrabajo móvil o itinerante es una modalidad del teletrabajo en la que la prestación de servicios por parte de las personas teletrabajadoras no se lleva a cabo desde un lugar determinado, sino que se desarrolla en aquellos lugares donde surge la necesidad de teletrabajar, ya sea en los establecimientos de los clientes, en el taxi, en sus propios vehículos, o en hoteles, de modo que no cuenta con un punto de referencia en cuanto a su ubicación a la hora de realizar la actividad laboral[113]. Asimismo, las personas teletrabajadoras disponen de un equipamiento telemático portátil que le permite desempeñar su actividad laboral en cualquier lugar[114].

Por su parte, es preciso destacar que esta modalidad de teletrabajo es muy utilizada por aquellas empresas de prestación de servicios profesionales, tales como la consultoría, la auditoría, la formación de empresas o la informática, que destinan a sus trabajadores a desempeñar su actividad laboral en las oficinas de sus clientes[115]. También es frecuente encontrar esta modalidad de teletrabajo en la labor desempeñada por los comerciales o

---

112 Sierra Benítez, E. M. (2011). *El contenido de la relación laboral en el teletrabajo, op.cit.*, 76.

113 Poquet Catalá, R. (2020). *El teletrabajo: análisis del nuevo marco jurídico, op. cit.*, 40-41.

114 Thibault Aranda, J. (2001). *El teletrabajo: análisis jurídico-laboral, op. cit*, 37.

115 García Romero, B. (2012). *El teletrabajo, op. cit.*, 56.

vendedores, quienes utilizan el coche como base para realizar sus trabajos, tales como transmitir los pedidos o confeccionar los informes y recibir las actualizaciones de venta, así como realizar los cambios en las fichas de los clientes[116].

(4) Teletrabajo transnacional

Se define el teletrabajo transnacional como una modalidad del teletrabajo en la que, más allá de la prestación de servicios mediante el uso exclusivo o prevalente de las nuevas tecnologías de información y de comunicación, la persona teletrabajadora se encuentra establecida en un país distinto del de la empresa destinataria de la prestación.

Ahora bien, algunos autores asocian indistintamente el teletrabajo transnacional con el teletrabajo transfronterizo[117] y/o teletrabajo

---

116 Thibault Aranda, J. (2001). *El teletrabajo: análisis jurídico-laboral op. cit,* 37.

117 Según la nota orientativa de la Comisión Administrativa para la Coordinación de los Sistemas de Seguridad Social para la aplicación de los Reglamentos sobre coordinación de Seguridad Social con el régimen de teletrabajo internacional (vigentes hasta el 31 de diciembre de 2022), se definía el teletrabajo transfronterizo como aquel trabajo llevado a cabo fuera de los establecimientos o del centro de trabajo de la empresa, y realizado en un Estado miembro distinto de aquel en el que se encuentran los establecimientos de la empresa o el lugar de trabajo, utilizando la tecnología de la información para permanecer conectado con el entorno de trabajo de la empresa, con el fin de cumplir las tareas asignadas por la misma. *Vid.* Comisión Europea. (2022). *Nota orientativa sobre teletrabajo,* AC 125/22REV2, 13 de mayo de 2022, revisado el 7 y 14 de junio de 2022.
https://ec.europa.eu/social/BlobServlet?docId=25818&langId=en. Recuperado el 10 de febrero de 2024.
Ahora bien, la nota orientativa de la Comisión Administrativa para la Coordinación de los Sistemas de Seguridad Social sobre el teletrabajo aplicable a partir del 1 de julio de 2023 ha actualizado esta definición, considerando el teletrabajo transfronterizo como aquella actividad

off-shore[118], mientras que otros autores los consideran separadamente como conceptos diferentes[119]. Sin perjuicio de ello, es preciso

---

que puede realizarse desde cualquier lugar y que podría realizarse en las instalaciones o las oficinas del empleador y que tiene lugar en un Estado miembro o en Estados miembros distintos del Estado miembro en que se encuentran las instalaciones o las oficinas del empleador, y se basa en tecnologías de la información para mantener el contacto con el entorno de trabajo del empleador o de la empresa, así como con las partes interesadas o los clientes, con el fin de llevar a cabo las tareas que le hayan sido asignadas por el empleador o, en el caso de los trabajadores por cuenta propia, los clientes. También es importante poner de relieve que, en la situación del empleo, a efectos de esta nota, el teletrabajo transfronterizo tiene lugar mediante acuerdo entre el empleador y el empleado, de conformidad con la legislación nacional. *Vid.* Comisión Europea. (2024). *Nota orientativa sobre teletrabajo aplicable a partir del 1 de julio de 2023*, CA 137/23.https://eur-lex.europa.eu/legal-content/ES/TXT/PDF/?uri=OJ:C_202400594. Recuperado el 20 de abril de 2024.

118 *Vid.* Thibault Aranda, J. (2001). *El teletrabajo: análisis jurídico-laboral, op. cit,* 261, que asocia el fenómeno del teletrabajo transnacional con el de teletrabajo transfronterizo u off-shore, al considerar este último como "*aquella situación en la que un teletrabajador que reside y trabaja de forma permanente en un país lo hace para una empresa situada en otro*", si bien matiza que esta forma laboral es transregional, transnacional y transcontinental por naturaleza; Sellas i Benvingut, R. (2001). *El régimen jurídico del teletrabajo en España, op.cit.*, 114, que asimila el teletrabajo transnacional con el teletrabajo off-shore, al definir como "el desarrollo de la prestación de trabajo en un Estado distinto de aquel al que pertenece o se encuentra ubicado el centro de trabajo" y que "constituye la modalidad de ejemplar de teletrabajo por criterio espacial o locativo de clasificación".

119 *Vid.* Andrés, J. J., Olano Ocáriz, M., Lete Murugarren, A., CIDEC y España. Ministerio de Trabajo y Asuntos Sociales. (2001). *Perspectiva internacional del teletrabajo: nuevas formas de trabajo en la sociedad de la información.* Ministerio de Trabajo y Asuntos Sociales, 30, que identifica el teletrabajo transfronterizo como aquellas situaciones donde la parte emisora y la parte receptora están ubicadas en países que tienen una frontera común, mientras que el teletrabajo *off-shore* se refiere a la actividad que

señalar que en los últimos tiempos existe un cierto consenso en la doctrina científica sobre la utilización de los términos "*teletrabajo transnacional*" para referirse a esta modalidad del teletrabajo[120].

En cuanto a las tipologías del teletrabajo transnacional, la doctrina científica ha identificado diferentes formas de prestación de trabajo a distancia atendiendo a las formas de ejercicio de la actividad laboral (ya sea individual o colectiva), y a las estrategias organizativas de la empresa (esto es, dependiendo si se lleva a cabo por parte de la propia plantilla o se externaliza el servicio) [121], distinguiendo por tanto entre las siguientes tipologías: el teletrabajo transnacional dependiente, el teletrabajo transnacional en oficinas remotas en el exterior, el teletrabajo trasnacional autónomo y el teletrabajo transnacional subcontratado.

a) Teletrabajo transnacional dependiente

El teletrabajo transnacional dependiente es una tipología del teletrabajo transnacional en la que el trabajo es desarrollado individualmente por una persona trabajadora contratada por la empresa y que reside en un país distinto del lugar donde se encuentra establecida la empresa. Asimismo, dicha persona trabajadora desarrolla su trabajo siguiendo directamente las normas internas, procedimientos y/o instrucciones operativas establecidas por la empresa.

---

ha sido transferida a entornos de trabajo con menor coste o de menor regulación, y que se encuentran geográficamente muy distantes

120 Sanguineti Raymond, W. (2005). "El derecho del trabajo frente al desafío de la transnacionalización del empleo: teletrabajo, nuevas tecnologías y *dumping* social", *op.cit.*, 110.

121 Estas tipologías están inspiradas en las diferentes formas de trabajo a distancia facilitadas por las nuevas tecnologías de información y de comunicación, expuestas en Sanguineti Raymond, W., Sánchez Iglesias, A. L. y Ministerio de Trabajo y Asuntos Sociales. (2003). *Teletrabajo y globalización: en busca de respuestas al desafío de la transnacionalización del empleo.* Ministerio de Trabajo y Asuntos Sociales, 8-12.

b) Teletrabajo transnacional en oficinas remotas en el exterior

El teletrabajo transnacional en oficinas remotas en el exterior es una tipología del teletrabajo transnacional en la que el trabajo es realizado por personas trabajadoras contratadas por la empresa para que presten sus servicios en las diferentes oficinas remotas establecidas en el exterior. En este subtipo del teletrabajo transnacional, la empresa adopta la decisión de deslocalizar ciertas actividades del proceso productivo hacia otros países, pero mantiene el control directo sobre su gestión.

c) Teletrabajo transnacional autónomo

El teletrabajo transnacional autónomo es una tipología del teletrabajo transnacional en la que el trabajo es prestado por una persona trabajadora por cuenta propia o autónomo residente en el extranjero.

Asimismo, esta persona ejerce de forma habitual, personal y directa una actividad económica a título lucrativo, sin sujeción por ella a contrato de trabajo con la empresa contratante. Igualmente, no están sujeto a jornada, vacaciones, órdenes, ni instrucciones operativas por parte de la empresa y realizan el teletrabajo encargado con entera libertad e independencia.

d) Teletrabajo transnacional subcontratado

El teletrabajo transnacional subcontratado es una tipología del teletrabajo transnacional en la que el trabajo es llevado a cabo por personas trabajadoras residentes en el extranjero que no mantienen una vinculación contractual directa con la empresa destinataria de los servicios, sino con aquella otra empresa que asume la posición de contratista. También se suele conocer como teletrabajo *off-shore* o internacional.

En este subtipo del teletrabajo transnacional, lo que se produce en realidad es una externalización de servicios, de manera que se encarga a una contratista extranjera la realización de un proceso, la prestación de un servicio o la ejecución de una actividad que, de otro modo, serían realizados por la propia empresa contratante.

2.3.3. En atención a la forma de organización del trabajo

Este criterio o parámetro de clasificación ha sido propuesto por el Instituto Nacional de Seguridad, Salud y Bienestar en el Trabajo en su Nota Técnica de Prevención núm. 1122[122], en la que se realiza una categorización del teletrabajo en función de las nuevas formas de organizar el trabajo. A este respecto, se distinguen entre el teletrabajo permanente, el teletrabajo suplementario u ocasional, el teletrabajo alterno y el teletrabajo nómada.

Asimismo, es preciso destacar que parte de la doctrina científica también había propuesto criterios o parámetros de clasificación similares al presente, aunque se ha abordado de forma parcial o bajo diferentes denominaciones[123].

---

122 Manzano Santamaría, N. (2018). *Las Tecnologías de la Información y la Comunicación (TIC) (I): nuevas formas de organización del trabajo.* Instituto Nacional de Seguridad, Salud y Bienestar en el Trabajo, Notas Técnicas de Prevención, núm. 1122, 2. https://www.insst.es/documentacion/colecciones-tecnicas/ntp-notas-tecnicas-de-prevencion/32-serie-ntp-numeros-1101-a-1135-ano-2018/ntp-1122. Recuperado el 14 de febrero de 2025.

123 *Vid.* Escudero Rodríguez, R. (2000). "Teletrabajo", *op.cit.*, 774. Este autor define como criterio de clasificación del teletrabajo atendiendo al carácter regular o marginal de la prestación de servicios laborales bajo esta modalidad de trabajo.
Sanguineti Raymond, W. (2007). "El teletrabajo: notas sobre su calificación y régimen jurídico", *op.cit.*, 152. Este autor ha propuesto como criterio de clasificación la vinculación con el desarrollo del trabajo ordinario, distinguiendo entre el teletrabajo pendularista y el teletrabajo absolutamente externo.

(1) Teletrabajo permanente

El Teletrabajo permanente es una modalidad del teletrabajo en la que la persona trabajadora lleva a cabo toda su prestación de servicios laborales mediante el uso de las tecnologías de la información y comunicación. La doctrina científica también lo denomina teletrabajo exclusivo[124], teletrabajo absolutamente externo[125] o teletrabajo propiamente dicho[126].

(2) Teletrabajo suplementario u ocasional

El Teletrabajo suplementario u ocasional es una modalidad del teletrabajo esporádico y no regular en la que la persona trabajadora pasa uno o dos días de trabajo en el hogar a la semana[127]. Asimismo, la doctrina científica asocia esta modalidad del teletrabajo con todo aquel que se realiza de forma marginal[128], ya que en estos casos no se produce en este caso un cambio en la forma de organización o ejecución del trabajo. Igualmente se asocia con todo aquel teletrabajo cuya realización no alcanza a un veinte por ciento de la jornada habitual[129].

---

124 Escudero Rodríguez, R. (2000). "Teletrabajo", *op.cit.*, 773.

125 Sanguineti Raymond, W. (2007). "El teletrabajo: notas sobre su calificación y régimen jurídico", *op.cit.*, 152.

126 Sierra Benítez, E. M. (2011). *El contenido de la relación laboral en el teletrabajo, op.cit.*, 38.

127 Sanguineti Raymond, W. (2021). "Teletrabajo y tecnologías digitales en la nueva ley de trabajo a distancia". *Los nuevos derechos digitales de las personas trabajadoras en España.* LA LEY, 227-266.

128 Gaeta, L. (1995). "Il telelavoro: legge e contrattazione". *Giornale di Diritto del Lavoro e di Relazioni Industriali,* (68), 4, 551.

129 Escudero Rodríguez, R. (2000). "Teletrabajo", *op.cit.*, p. 774.

(3) Teletrabajo alterno

El Teletrabajo alterno es una modalidad del teletrabajo en la que la persona trabajadora divide su tiempo de dedicación al trabajo entre la oficina y el hogar. De acuerdo con la definición dada por Sanguineti Raymond, esta modalidad de teletrabajo adquiere la denominación de teletrabajo pendularista[130], en la que se alternan los trabajos fuera y dentro de la empresa, ya que la persona trabajadora acude a los establecimientos de la empresa en aquellas ocasiones previamente determinadas, cuando sea requerida o cuando lo estima necesario. Asimismo, frecuentemente es considerado como una forma de teletrabajo informal que queda al margen de la Ley de Trabajo a Distancia, especialmente cuando se realiza por un tiempo menor al del trabajo presencial y con jornadas inferiores a 12 horas semanales, lo que la deja fuera del alcance de la regulación establecida[131].

(4) Teletrabajo nómada

El Teletrabajo nómada es una modalidad del teletrabajo en la que las personas trabajadoras desarrollan su trabajo con una flexibilidad y movilidad física absoluta, de modo que viajan de manera intensiva durante la mayor parte de su tiempo, no están fuertemente vinculados a ningún lugar concreto de trabajo físico, y la necesidad de llevar, gestionar, reconfigurar sus propios

---

130 Sanguineti Raymond, W. (2007). "El teletrabajo: notas sobre su calificación y régimen jurídico", *op.cit.*, p. 152.

131 Sanguineti Raymond, W. (2020). "La noción jurídica de teletrabajo y el teletrabajo realmente existente". *Trabajo y Derecho: Nueva Revista de Actualidad y Relaciones Laborales,* (72), 7. https://wilfredosanguineti.wordpress.com/wp-content/uploads/2020/12/la-nocion-juridica-de-teletrabajo-y-el-trabajo-realmente-exixstente-wsanguineti-td-72.pdf. Recuperado el 6 de agosto de 2024.

recursos tecnológicos[132] cuando realizan su trabajo en diferentes localizaciones[133]. Asimismo, esta modalidad del teletrabajo es considerada como una forma extrema del trabajo móvil o itinerante[134].

2.3.4. Según el nivel de riesgos laborales asociados

Este criterio o parámetro de clasificación proviene de la reciente doctrina científica[135] para vertebrar la actividad preventiva de los riesgos laborales inherentes al teletrabajo (en concreto, los riesgos ergonómicos, organizacionales y psicosociales, tal y como veremos más adelante en el Capítulo 10 sobre la seguridad y salud laboral en el teletrabajo), y lo clasifica en función de un determinado porcentaje y durante un espacio de tiempo. De esta manera, se permite adecuar la actividad preventiva de acuerdo con la propia intensidad del teletrabajo. A este respecto, se distinguen entre el teletrabajo no regular, el teletrabajo regular y el teletrabajo intenso.

(1) Teletrabajo no regular

De acuerdo con los autores Luque Parra, M., Ginès i Fabrellas, A. y Peña Moncho, J., el teletrabajo no regular se define como aquella modalidad en la que la persona trabajadora desempeña su actividad bajo este régimen hasta el 29% de su jornada labo-

---

132 Entre otros, el ordenador, el móvil, la impresora, la conexión a internet, la toma de corriente.

133 Makoto, N. y Mark, G. (2008). *Designing for Nomadic Work.* Department of Informatics, University of California, 2-3.https://authentic.soe.ucsc.edu/publications/Su-Nomadic-DIS08.pdf. Recuperado el 14 de febrero de 2024.

134 Manzano Santamaría, N. (2018). *Las Tecnologías de la Información y la Comunicación (TIC) (I): nuevas formas de organización del trabajo,* op.cit., 4.

135 Luque Parra, M., Ginès i Fabrellas, A. y Peña Moncho, J. (2021). *Teletrabajo: estudio jurídico desde la perspectiva de la seguridad y salud laboral, op. cit.*, 57.

ral en un periodo de tres meses. Esta variante del teletrabajo se caracteriza por estar asociada a un nivel bajo de riesgos laborales específicos de esta forma de trabajo.

(2) Teletrabajo regular

Conforme a lo señalado por dichos autores, el teletrabajo regular se caracteriza porque la persona trabajadora lleva a cabo entre el 30% de su jornada laboral en un periodo de tres meses y hasta el 69% de su jornada anual bajo este régimen. Esta forma de teletrabajo está vinculada a un nivel moderado de riesgos laborales específicos asociados a esta modalidad.

(3) Teletrabajo intenso

Como sostienen los mencionados autores, el teletrabajo intenso es una modalidad en la que la persona trabajadora presta sus servicios bajo este régimen a partir del 70% de la jornada anual. Esta forma de teletrabajo está asociada a un nivel alto de riesgos laborales específicos de esta modalidad.

2.4. LUCES Y SOMBRAS DEL TELETRABAJO

El teletrabajo representa una modalidad organizativa que conlleva significativas ventajas y oportunidades, no solo para quienes lo practican y las empresas que lo implementan, sino también para la sociedad en su conjunto[136]. Destaca por ofrecer una mayor flexibilidad en cuanto a ubicación, horarios y métodos de ejecución de las tareas. Esta modalidad proporciona a los trabajadores una mayor autonomía y elimina la necesidad

---

136 Sala Franco, T., Todolí Signes, A. y Martín-Pozuelo López, Á. (2020). *El teletrabajo.* Tirant lo Blanch, 27-28.

de desplazamientos al centro laboral, lo que optimiza la gestión del tiempo y mejora la eficiencia del trabajo. Desde la perspectiva empresarial, el teletrabajo permite reducir costes estructurales[137] y puede fomentar un aumento en la productividad. A nivel social, se presenta como una herramienta potencialmente transformadora para las zonas menos desarrolladas, incluidas aquellas afectadas por el fenómeno del despoblamiento rural en España. Al facilitar la distribución geográfica del empleo, el teletrabajo podría ayudar a revitalizar estas áreas, contribuyendo así a la cohesión territorial y económica. Asimismo, al disminuir los desplazamientos y fomentar prácticas laborales menos dependientes de infraestructuras físicas centralizadas, el teletrabajo no solo contribuye a la sostenibilidad ambiental, sino que también impulsa el desarrollo socioeconómico equilibrado[138]. En este sentido, esta forma de trabajo se alinea con los Objetivos de Desarrollo Sostenible de la Agenda 2030 de la ONU, especialmente en lo referente a la reducción de emisiones de CO2 y la promoción de un consumo energético sostenible.

Ahora bien, el teletrabajo también puede suponer inconvenientes para los trabajadores, entre los cuales destaca el solapamiento entre el trabajo y la vida privada, y la tendencia a trabajar en exceso[139]. Desde la perspectiva de las empresas, los grandes inconvenientes del teletrabajo están ligados a la seguridad de la información y la protección de datos, mayores dificultades

---

137 Esto es, los costes fijos que han de asumir las empresas para la puesta en funcionamiento de la actividad, tales como el alquiler de las oficinas y espacios de trabajo, los gastos de suministros de los establecimientos o instalaciones empresariales (entre otros, luz, agua, calefacción, telefonía e internet), así como los gastos de desplazamiento de las personas trabajadoras que son asumidos por las mismas.

138 Thibault Aranda, J. (2001). *El teletrabajo: análisis jurídico-laboral, op. cit*, 20-21.

139 Pérez Bilbao, J., Nogareda Cuixart, C. y Sancho Figueroa, T. (1997). *Teletrabajo: nuevas perspectivas en la organización, op. cit.*, 37.

en el control y vigilancia de la actividad laboral desempeñada por las personas teletrabajadoras, la posible pérdida de identidad corporativa, así como el incremento de costes asociados a la dotación de medios y equipamientos tecnológicos[140].Para la sociedad en general, el gran inconveniente se encuentra en la precarización del empleo, ya que el uso de las Nuevas Tecnologías de la Información y la Comunicación puede comportar una descualificación de determinados trabajos que no exigen grandes conocimientos técnicos, de modo que se prescinde o se reduce la participación humana[141].

Las ventajas e inconvenientes del teletrabajo han sido ampliamente examinadas por la doctrina científica[142]. Es esencial analizar estas variables con meticulosidad, desde una perspectiva integral, para equilibrar los beneficios y los desafíos, y así orientar adecuadamente el desarrollo de normativas que mitiguen los aspectos adversos del teletrabajo. En este contexto, se presenta un cuadro resumen que detalla las principales ventajas e inconvenientes del teletrabajo, basado en el esquema previamente desarrollado

140 Padilla Meléndez, A. (1998). *Teletrabajo: dirección y organización, op. cit.*, 19.

141 Romero Burillo, A. M. (2021). *El marco regulador del teletrabajo, op. cit.*, p. 18.

142 Para la elaboración de los siguientes subapartados, se ha considerado la siguiente bibliografía de referencia (por orden cronológico): Di Martino, V. y Wirth, L. (1990). "Teletrabajo: Un nuevo modo de trabajo y de vida", *op. cit.*, 472.; Ortiz Chaparro, F. (1995). *El teletrabajo: una nueva sociedad laboral en la era de la tecnología*, op.cit., 134-140.; Pérez Bilbao, J., Nogareda Cuixart, C. y Sancho Figueroa, T. (1997). *Teletrabajo: nuevas perspectivas en la organización, op. cit.*, 34-37; Padilla Meléndez, A. (1998). *Teletrabajo: dirección y organización, op. cit.*, 19-20; Thibault Aranda, J. (2001). *El teletrabajo: análisis jurídico-laboral, op. cit*, 20-22.; Sala Franco, T., Todolí Signes, A. y Martín-Pozuelo López, Á. (2020). *El teletrabajo. op. cit.*, 27-37; Romero Burillo, A. M. (2021). *El marco regulador del teletrabajo, op. cit.*, p. 16.; Sempere Navarro, A. V. (2021). "Presentación. Caracterización formal sobre la Ley de trabajo a distancia". *El trabajo a distancia: una perspectiva global.* Aranzadi, 55-56.

por Ortiz Chaparro[143], aunque enriquecido con contribuciones originales que reflejan una evolución del análisis inicial:

Figura 7. Ventajas e inconvenientes del teletrabajo.

	Para el trabajador		Para la empresa	Para la Sociedad en general
	A nivel profesional	A nivel personal		
Ventajas	Flexibilidad Autonomía Productividad Oportunidad laboral	Ahorro del tiempo y del dinero Conciliación de la vida personal, familiar y laboral Reducción de niveles de estrés	Reducción de costes fijos Reducción de siniestralidad laboral Disminución de conflictividad y absentismo laboral Descentralización productiva Atracción y captación de talentos	Mejora del medioambiente Regeneración de la población en zonas rurales Fomento de la igualdad de oportunidades Nomadismo digital
Inconvenientes	Trabajo en exceso Disponibilidad permanente Ausencia de soporte laboral inmediato	Aislamiento social Inseguridad laboral Conflicto entre la vida laboral y la vida personal Menos retribución y más gastos asociados	Seguridad de la información Dotación de medios y equipamientos Dificultad en el control y supervisión del trabajo Pérdida de imagen corporativa y del grado de fidelidad	Declive económico de los negocios ubicados en el centro de las ciudades Precarización del empleo Disminución del poder de negociación colectiva

Fuente: Elaboración propia, estructurada sobre la base del esquema de Ortiz Chaparro (1995, p. 130), aunque ampliada y enriquecida con aportaciones propias que complementan y expanden el análisis inicial.

2.4.1. Aspectos positivos y negativos para el trabajador

Desde la perspectiva del trabajador, el teletrabajo incide significativamente tanto en el ámbito profesional como en el personal. Por ello, resulta esencial efectuar un análisis detallado y diferenciado de los beneficios y desventajas que conlleva esta modalidad laboral. Ahora bien, cabe subrayar que, aunque a primera vista ciertas ventajas del teletrabajo que se presentan a continuación puedan parecer evidentes, la experiencia práctica revela que sus efectos son multifacéticos y complejos, y no siempre se traducen en mejoras claras en el bienestar de los trabajadores.

143 Ortiz Chaparro, F. (1995). *El teletrabajo: una nueva sociedad laboral en la era de la tecnología*, *op.cit.*, 130.

(1) A nivel profesional

A nivel profesional del trabajador, el teletrabajo supone, en primer lugar, una mayor flexibilidad en el horario de trabajo y una mayor autonomía para el desempeño de la actividad laboral, de modo que la persona teletrabajadora puede organizar el trabajo de acuerdo de un modo más acorde a su conveniencia. A su vez, puede suponer un incremento de la productividad en la realización del trabajo, debido a la inexistencia de interrupciones y a una mejor concentración, a un aumento de la motivación y de la satisfacción en el trabajo, así como a un excedente de energía en el trabajo derivado de la ausencia de tiempo perdido y de la tensión provocada por los desplazamientos al centro de trabajo. Por su parte, cabe destacar la posibilidad de acceso a ofertas de trabajo de empresas ubicadas en cualquier parte del mundo, así como de la selección de su propio entorno de trabajo, ya sea en su domicilio o en cualquier otro espacio de trabajo.

Sin embargo, el teletrabajo también presenta una serie de inconvenientes a nivel profesional, destacando, en primer término, que el uso intensivo de las Nuevas Tecnologías de la Información y la Comunicación en el contexto del teletrabajo puede llevar a situaciones de sobreexplotación laboral. Este fenómeno se debe a la posibilidad de una disponibilidad permanente del trabajador, lo que frecuentemente conlleva una extensión excesiva de la jornada laboral y, en algunos casos, una invasión de la esfera privada del individuo. Aunque es cierto que existe un segmento de trabajadores que muestran una tendencia a laborar en exceso por dificultades para desvincularse del trabajo[144], la problemática más acuciante reside en las prácticas de algunas empresas que no respetan el derecho a la desconexión digital. Además, no po-

---

[144] Este fenómeno se conoce también como la autoexplotación, pues para ciertas personas adictas al trabajo (*workaholic*, en inglés), el hecho de poder trabajar las 24 horas del día y los 7 días a la semana puede suponer una tentación irresistible.

demos obviar que la persona teletrabajadora enfrenta el reto de la falta de soporte laboral inmediato, lo cual puede complicar la resolución de problemas durante el desempeño de sus funciones.

(2) A nivel personal

A nivel personal del trabajador, cabe destacar que la gran ventaja que supone el teletrabajo es el ahorro de tiempo y de dinero, debido a la reducción de los gastos y tiempos de desplazamiento al centro de trabajo[145]. A este respecto, es preciso destacar que según las conclusiones alcanzadas en el último estudio desarrollado por la oficina Nacional de Investigación Económica, se estima que el tiempo ahorrado con el teletrabajo alcanza de media unos 72 minutos diarios, lo que a su vez se traduce en unos 10 días extra frente a aquellas personas trabajadoras que acuden presencialmente al trabajo[146]. Como consecuencia de ello, se posibilita la conciliación de la vida personal, familiar y laboral de la persona teletrabajadora, al disponer mayor tiempo para participar en la vida familiar y social, y en particular, en los casos de cuidado de los menores o familiares dependientes.

Además, el teletrabajo puede conllevar un ahorro en gastos relacionados con la vestimenta laboral, aunque es importante tener en cuenta que, en reuniones virtuales con uso de cámara, se mantiene la necesidad de una presentación apropiada. Tam-

---

145 Entre otros, los billetes de transporte público, o en caso de utilización del vehículo privado, los gastos de combustible y mantenimiento del vehículo.

146 Aksoy, C. G., Barrero, J. M., Bloom, N., Davis, S. J., Dolls, M. y Zarate, P. (2023). *Time Savings When Working from Home.* National Bureau of Economic Research, 8. https://www.nber.org/system/files/working_papers/w30866/w30866.pdf. Recuperado el 14 de febrero de 2024.En este estudio se ha realizado una cuantificación del ahorro del tiempo derivado del teletrabajo, basándose en los datos obtenidos de una muestra de 27 países (entre los cuales se incluye España), y se alcanza la conclusión de un ahorro medio diario de unos 72 minutos.

bién se sugiere que el teletrabajo puede reducir la necesidad de comer fuera; no obstante, es crucial reconocer que, en grandes ciudades, para muchos empleados no resulta viable regresar a sus hogares para comer debido a la lejanía, lo que hace que esta ventaja no sea aplicable universalmente. Por su parte, el teletrabajo puede contribuir positivamente a una reducción efectiva de los niveles de estrés de las personas trabajadoras, así como una mejora de su estado de salud mental en general, al no tener que enfrentarse a situaciones de conflictividad laboral. Sin embargo, también puede introducir nuevos desafíos, como el aislamiento, la dificultad para separar el trabajo de la vida personal y la gestión de las expectativas de disponibilidad constante. Por tanto, aunque el teletrabajo tiene el potencial de mejorar el bienestar mental, su impacto efectivo dependerá de cómo se gestione individual y organizacionalmente.

Sin embargo, el teletrabajo también puede traer consigo una serie de inconvenientes al trabajador a nivel personal, tales como el aislamiento social derivado de una menor comunicación con los compañeros de trabajo. Igualmente, el distanciamiento físico del trabajador del centro de trabajo de la empresa puede generar una pérdida de integración en la misma, así como un sentimiento de olvido por parte de esta, todo ello creando sensación de inseguridad laboral para la persona teletrabajadora. Por otra parte, la persona trabajadora puede encontrar dificultad para separar la vida laboral y la vida personal, pues lo que habitualmente se desarrollan en dos lugares distintos se convierten ahora en uno solo, lo cual puede llevar a la perpetuación de los roles de género[147]e impedir el avance en los derechos de corresponsabilidad. Al margen de lo anterior, es preciso destacar que los trabajadores con escasa cualificación ven reducidos sus ingresos en este tipo de relación laboral y, a su vez, tienen que

---

147 En el sentido de seguir considerando que las tareas de cuidado y crianza son responsabilidades que le incumbe única y exclusivamente a la mujer.

soportar gastos relacionados con los equipos, herramientas y medios vinculados al desarrollo de su actividad laboral, tales como los gastos en teléfono y en conexión a Internet, la iluminación, el suministro electrónico, la calefacción, así como los gastos de acondicionamiento asociados, y sin recibir compensación alguna.

2.4.2. Ventajas e inconvenientes para la empresa

Desde la perspectiva empresarial, la implementación del teletrabajo conlleva primordialmente una reducción de costes fijos, incluyendo el alquiler de oficinas y otros espacios de trabajo, así como los gastos asociados a suministros como electricidad, agua, calefacción, y servicios de telecomunicaciones. Asimismo, el teletrabajo puede ayudar efectivamente a disminuir la siniestralidad laboral, especialmente en lo que respecta a los accidentes de trabajo *in itinere*[148], si bien puede dar lugar a otros tipos de contingencias profesionales que requieren nueva gestión y prevención. Además, el teletrabajo puede disminuir significativamente la conflictividad y absentismo laboral, favoreciendo una gestión preventiva de los riesgos psicosociales de las personas trabajadoras. Finalmente, el teletrabajo también permite a las empresas una mayor facilidad para la descentralización productiva, ofreciendo flexibilidad y una mejor capacidad de adaptación ante los cambios del mercado o circunstancias imprevisibles. Igualmente, brinda oportunidades valiosas para la atracción y retención de talento global, gracias a la posibilidad de incorporar profesionales sin importar su ubicación geográfica, y potencia la retención de personal al ofrecer mayor flexibilidad laboral.

Con respecto a los principales inconvenientes que supone para la empresa, cabe resaltar la dificultad de garantizar la seguridad

---

148 Esto es, aquellos accidentes de trabajo producidos en el trayecto de ida o vuelta entre el centro de trabajo de la empresa y el domicilio de la persona trabajadora.

de la información y la protección de datos de carácter personal, así como mantener la confidencialidad de los procedimientos e información interna; la necesidad de realizar una importante inversión en la dotación de los medios y equipamientos tecnológicos; la imposibilidad de efectuar un control y supervisión directa del desarrollo de trabajo por parte del trabajador y la consiguiente dificultad en la implementación de otros mecanismos de control empresarial; así como la potencial pérdida de imagen corporativa y del grado de fidelidad de la plantilla hacia la empresa. Al margen de lo anterior, también existen dificultades en el intercambio de información entre aquellas personas que trabajan presencialmente y aquellas otras que lo hacen de manera exclusiva en remoto.

2.4.3. Impacto para la Sociedad en general

Desde la perspectiva de la sociedad en general, el teletrabajo también trae consigo numerosas ventajas, entre las cuales destaca la mejora del medioambiente en las ciudades, al reducir los niveles de la contaminación y la emisión de gases con efectos invernadero por la disminución del tráfico; la contribución a la regeneración de la población en zonas rurales o más despobladas; así como el fomento de la igualdad de oportunidades, al facilitar y favorecer la accesibilidad de aquellas personas discapacitadas o con movilidad reducida y/o trabajadores con personas dependientes al mercado laboral. Al margen de lo anterior, es preciso destacar que en los últimos tiempos ha ido apareciendo un nuevo fenómeno denominado Nomadismo digital, que es un nuevo estilo de vida en el que aquellas personas teletrabajadoras cuyos empleos les permiten trabajar a distancia y cambiar de residencia frecuentemente, deciden compatibilizar el trabajo de alta cualificación con el turismo inmersivo en el país de residencia[149]. En este sentido,

---

149 En el caso de España, y plenamente conscientes de la oportunidad que supone el teletrabajo nómada de carácter internacional, se ha creado

el teletrabajo puede propiciar el desarrollo turístico atrayendo a estos teletrabajadores nómadas de carácter internacional.

Ahora bien, el teletrabajo también puede desencadenar una serie de inconvenientes para la sociedad en general, entre las cuales se encuentra el declive económico de los negocios ubicados en el centro de las ciudades, tales como el negocio inmobiliario, la restauración y el comercio. Igualmente, puede fomentar la precarización del empleo, al poder recolocar sus actividades productivas y empresariales en aquellos países donde los costes laborales y sociales resultan inferiores con respecto a los de un puesto de trabajo en el país de origen, o en Estados con unas normativas laborales o de Seguridad Social más laxas que las del país donde se encuentra ubicada la sede de la empresa. Por su parte, ante la falta de contacto personal de los trabajadores y la invisibilidad de las representaciones sindicales, esto puede llevar a una reducción de la fuerza sindical, perjudicando, por tanto, el poder de negociación colectiva de las personas trabajadoras.

---

una nueva categoría de visado y de autorización de residencia en la nueva Ley 28/2022, de 21 de diciembre, de fomento del ecosistema de las empresas emergentes. El visado para el teletrabajo de carácter internacional permite entrar y residir en España durante un máximo de un año mientras que sus titulares trabajan para sí mismos o para empleadores en cualquier lugar del mundo. Por su parte, la autorización de residencia para el teletrabajo internacional permite a los teletrabajadores extranjeros que ya se hallan de forma regular en España o los que siendo titulares de un visado de teletrabajo vayan a agotar dicho año de residencia y quieran continuar en España, solicitar una autorización por un período máximo de tres años, renovable por un período de dos años, pudiendo obtener la residencia permanente a los cinco años.

3. El marco de regulación del teletrabajo

El teletrabajo siempre ha sido foco de atención por parte de las diferentes organizaciones internacionales y organismos públicos. Las primeras aproximaciones para resaltar la importancia de esta modalidad de trabajo se remontan a los años noventa del siglo pasado. En concreto, la Comisión Europea había publicado en diciembre de 1993 un Libro Blanco titulado "*Crecimiento, Competitividad, Empleo. Retos y pistas para entrar en el siglo XXI.*", en el que se reconoce el teletrabajo como un importante fenómeno social y destaca la importancia de fomentar y promocionar este nuevo tipo de organización descentralizada del trabajo[150]. En noviembre de 1994 se adoptó una Decisión del Consejo en la que se estableció un programa de investigación sobre las tecnologías de la información y la comunicación, marcando como uno de los objetivos prioritarios el fomento de la competitividad de la industria europea y de la creación del empleo mediante el desarrollo de nuevos sistemas y servicios telemáticos en ámbitos como el teletrabajo[151].

---

150 Comisión Europea. (1994). *Crecimiento, competitividad, empleo: Retos y pistas para entrar en el siglo XXI – Libro blanco.* Oficina de Publicaciones, 116. https://op.europa.eu/es/publication-detail/-/publication/4e6ecfb6-471e-4108-9c7d-90cb1c3096af/language-es/format-PDF/source-search. Recuperado el 16 de febrero de 2024.

151 Decisión del Consejo, de 23 de noviembre de 1994, por la que se adopta un programa específico de investigación y desarrollo tecnológico, incluida la demostración, en el sector de las aplicaciones telemáticas de interés común (1994-1998). https://www.boe.es/doue/1994/334/L00001-00023.pdf Recuperado el 16 de febrero de 2024.

En similares términos se expone la Comisión Europea en su comunicación al Consejo y al Parlamento Europeo sobre "*Europa en marcha hacia la sociedad de la información. Plan de acción*"[152].

Conscientes de las oportunidades e inconvenientes que trae consigo el teletrabajo, el Parlamento Europeo emitió un informe en julio de 1996 en el que se ponía de manifiesto la necesidad de establecer un marco regulatorio sobre el teletrabajo a fin de evitar que esta modalidad de trabajo sirva de coartada para la reducción de los costes sociales, así como de preparar una directiva sobre el teletrabajo y el trabajo a domicilio en aras de alcanzar la protección y la equiparación de aquellos trabajadores a distancia con los restantes trabajadores desde el punto de vista del Derecho laboral[153].Asimismo, la Comisión Europea destacó en su Libro Verde titulado "*Cooperación para una nueva organización del trabajo*" la necesidad de efectuar una revisión del marco normativo para facilitar el desarrollo del teletrabajo, así como la importancia de la intervención de los interlocutores sociales en la construcción de esta nueva forma de organización del trabajo[154].En este sentido,

---

152 Comunicación de la Comisión de las Comunidades Europeas sobre "Europa en marcha hacia la sociedad de la información. Plan de acción" (COM (94)0347–C4-0093/94). https://op.europa.eu/es/publication-detail/-/publication/deed9eb9-0b6e-11e4-a7d0-01aa75ed71a1/language-es Recuperado el 16 de febrero de 2024.

153 Informe del Parlamento Europeo A4-0244/1996 sobre–"Europa y la sociedad global de la información–Recomendaciones al Consejo Europeo"–una comunicación de la Comisión de las Comunidades Europeas sobre "Europa en marcha hacia la sociedad de la información. Plan de acción" (COM (94)0347–C4-0093/94), de 16 de julio de 1996. https://www.europarl.europa.eu/doceo/document/A-4-1996-0244 ES.html Recuperado el 16 de febrero de 2024.

154 Libro verde de la Comisión Europea sobre la Cooperación para una nueva organización del trabajo (COM(97)128 final), Bruselas, 16 de abril de 1997. https://eur-lex.europa.eu/legal-content/ES/TXT/PDF/?uri=CELEX:51997DC0128&from=EN Recuperado el 16 de febrero de 2024.

consideraba oportuno entablar conversaciones con los interlocutores sociales acerca de la necesidad de acción comunitaria en materia de protección de las personas teletrabajadoras[155].

A pesar de todo lo anterior, y habiendo transcurrido más de veinte años, hoy en día todavía existen carencias a nivel normativo. En particular, a nivel internacional, la OIT no cuenta con ninguna regulación que aborde de manera específica el teletrabajo, sino que ha centrado sus esfuerzos en regular la figura del trabajo a domicilio, en cuyo caso determinadas disposiciones son extrapolables al ámbito del teletrabajo al compartir con ella ciertos rasgos comunes. En el ámbito comunitario, tampoco disponemos de algún Reglamento de la Unión Europea o Directivas comunitarias que establezcan los derechos y obligaciones inherentes al teletrabajo, al margen de que se formalizó un Acuerdo Marco Europeo sobre esta materia. A nivel nacional, si bien hubo un primer intento de regulación del teletrabajo por medio de la Ley 3/2012, de 6 de julio de medidas urgentes para la Reforma del Mercado Laboral, no fue hasta julio de 2021 cuando se aprobó definitivamente la Ley 10/2021 de trabajo a distancia, en la que se asienta el régimen jurídico aplicable al teletrabajo.

El objetivo de este Capítulo es presentar un estudio sistemático de toda la regulación que se ha ido adoptando en materia del teletrabajo, tanto a nivel internacional y comunitario, como a nivel nacional, y de este modo poner de manifiesto la evolución experimentada en sus contenidos normativos. Igualmente, se recogen las principales tendencias normativas en este ámbito a través de la revisión de la información pública de los distintos organismos reguladores.

---

155 Programa de Acción Social 1998-2000 de la Comisión Europea, 13. https://op.europa.eu/es/publication-detail/-/publication/914870a9-9b96-4c6e-90f7-a13177954f69 Recuperado el 16 de febrero de 2024.

3.1. EL TELETRABAJO EN EL CONTEXTO INTERNACIONAL

Aunque pueda parecer sorprendente, en el ámbito internacional no existe ninguna regulación que aborde específicamente el teletrabajo y ni siquiera el trabajo a distancia. La OIT ha centrado todos sus esfuerzos normativos en la regulación del trabajo a domicilio, dando lugar al Convenio núm. 177 sobre el trabajo a domicilio y la Recomendación núm. 184 sobre el trabajo a domicilio, ambos textos adoptados en Ginebra, 83ª reunión de la Conferencia Internacional del Trabajo el 20 de junio de 1996.

Las principales razones por las cuales la OIT pone su foco de atención en el trabajo a domicilio se deben principalmente a que esta modalidad de trabajo está asociada durante mucho tiempo con un trabajo precario, repetitivo y de gran intensidad en el sector industrial. Asimismo, según el reciente informe de la OIT sobre el trabajo a domicilio, se pone de manifiesto que la mayoría de los trabajadores establecidos en el domicilio son mujeres, que a menudo combinan el trabajo a domicilio con las responsabilidades del hogar y el cuidado de los familiares para obtener unos ingresos complementarios para la subsistencia de sus familias. Por su parte, otro de los grandes peligros del trabajo a domicilio es la utilización de los niños en el proceso de producción industrial[156]. Por consiguiente, el trabajo de la OIT se ha focalizado en prevenir la precariedad laboral derivada del trabajo a domicilio, promover la igualdad de género, erradicar el trabajo infantil, mejorar las paupérrimas condiciones de trabajo a las que se encuentra sometidos los trabajadores industriales a domicilio de determinados países–como puede ser India, Indonesia, Nepal, el Pakistán, Sri Lanka, y Tailandia-, y en definitiva, promover la transformación del trabajo doméstico en una fuente de trabajo decente. En este sentido, tanto el Convenio núm. 177 sobre el trabajo a domicilio

---

[156] Organización Internacional del Trabajo. (2022). *El trabajo a domicilio: De la invisibilidad al trabajo decente, op. cit.*, 11 y 168.

como la Recomendación núm. 184 sobre el trabajo a domicilio nacen con la vocación de prestar una protección apropiada a este colectivo de personas trabajadoras especialmente vulnerables.

Ahora bien, el hecho de que la OIT no haya regulado de forma específica el teletrabajo no implica que esté exento de regulación por parte de este organismo. De hecho, y coincidiendo con la doctrina[157], la regulación que nace en el seno de la OIT va mucho más lejos y aborda una noción más amplia que el simple trabajo a domicilio y acorde de los nuevos tiempos. Además, como evidencia de esta afirmación, el informe de la OIT clasifica el trabajo a domicilio en tres categorías distintas[158], incluyendo el teletrabajo como una de ellas. Por consiguiente, es razonable concluir que el alcance del Convenio núm. 177 y la Recomendación núm. 184 de la OIT sobre el trabajo a do-

---

157 Sierra Benítez, E. M. (2013). "La nueva regulación del trabajo a distancia". *Revista Internacional y Comparada de Relaciones Laborales y Derecho del Empleo,* 1(1), 5. https://ejcls.adapt.it/index.php/rlde_adapt/article/view/84. Recuperado el 16 de febrero de 2024.

158 *Vid.* Organización Internacional del Trabajo. (2022). *El trabajo a domicilio: De la invisibilidad al trabajo decente, op. cit.,* 8 y 26. En concreto, el trabajo industrial a domicilio, que se refiere a la producción de bienes llevada a cabo por los trabajadores a domicilio, ya sea como parte o en sustitución de la producción de la fábrica, pero también a la producción artesanal, como en la elaboración de artesanías; el teletrabajo, que se refiere a los trabajadores asalariados que utilizan las tecnologías de la información y la comunicación para realizar su trabajo a distancia, si bien se limita a los teletrabajadores que trabajan desde sus casas (o en otro lugar de su elección) de manera regular o permanente; y, por último, el trabajo en plataformas digitales establecido en el domicilio, que se refiere a las tareas del sector de servicios realizadas por trabajadores en plataformas de trabajo en régimen de externalización abierta o *crowdworkers* según las especificaciones del empleador o del intermediario, en situaciones en las que los trabajadores no tienen la autonomía e independencia económica para ser considerados trabajadores independientes de conformidad con la legislación nacional.

micilio es considerablemente amplio, abarcando la capacidad de regular otras modalidades de trabajo, como el teletrabajo[159].

Al margen de lo anterior, es preciso destacar que tan solo trece Estados Miembros de la OIT han ratificado el Convenio núm. 177, entre los cuales se incluye España[160]. De acuerdo con la doctrina científica[161], este bajo número de ratificaciones del Convenio se debe principalmente a dos motivos: por un lado, la existencia de una regulación previa en esta materia en los países desarrollados, de modo que consideran que el texto del Convenio no aporta nuevos contenidos normativos a la existente; y, por otro lado, la escasa o nula regulación en el resto de los países, por lo que evitan la ratificación del Convenio para no adquirir compromisos que no puedan cumplir. La Recomendación núm. 184 de la OIT tampoco ha tenido una aceptación generalizada, ya que tan solo ha sido seguida por cinco Estados miembros[162]. A pesar de ello, cabe resaltar que la Comisión Europea ha ratificado el Convenio núm. 177 de la OIT sobre el trabajo a domicilio a través de la Recomendación 1998/370/CE, de 27 de mayo[163] y recomienda a aquellos Estados miem-

---

159 Romero Burillo, A. M. (2021). *El marco regulador del teletrabajo, op. cit.*, 36.

160 La ratificación del Convenio por parte de España se produjo en mayo de 2022 y entró en vigor el 25 de mayo de 2023.

161 Entre otros, Sierra Benítez, E. M. (2013). "La nueva regulación del trabajo a distancia", *op. cit.*, 6; Romero Burillo, A. M. (2021). *El marco regulador del teletrabajo, op. cit.*, 36; Ushakova, T. (2019). "Convenio sobre el trabajo a domicilio 1996 (núm. 177)". *Revista Internacional y Comparada de Relaciones Laborales y Derecho del Empleo,* 7, Extra 0 (Ejemplar dedicado a: Conmemoración del Centenario de la OIT, 2019), 1376. https://dialnet.unirioja.es/servlet/articulo?codigo=7257910&orden=0&info=link. Recuperado el 16 de febrero de 2024.

162 *Vid.* Romero Burillo, A. M. (2021). *El marco regulador del teletrabajo, op. cit.*, 38. En concreto, Finlandia (1998), Irlanda (1999), Países Bajos (2002), Bulgaria (2009) y Bélgica (2002).

163 Recomendación de la Comisión de 27 de mayo de 1998 relativa a la ratificación del Convenio n.º 177 de la OIT sobre el trabajo a do-

bros que todavía no lo hayan ratificado este Convenio a que lo llevase a cabo. En este sentido, se pone de manifiesto el firme compromiso de la Comisión Europea a promover el equilibro entre la flexibilidad del mercado de trabajo y la seguridad de las personas trabajadoras, así como la necesidad de prestar una protección adecuada a los trabajadores a domicilio.

A continuación, se procede a analizar el contenido normativo previsto en cada uno de estos textos, así como su extensión y aplicación al ámbito del teletrabajo:

3.1.1. Convenio núm. 177 de la OIT

El texto del Convenio núm. 177 de la OIT sobre el trabajo a domicilio está formado por un Preámbulo y 18 artículos. Como punto de partida, es preciso destacar que en el Preámbulo del Convenio se hace hincapié de la existencia de muchos otros convenios y recomendaciones internacionales del trabajo que establecen normas de aplicación general con respecto a las condiciones de trabajo[164] y que los mismos también son aplicables a los trabajadores a domicilio. De ahí se infiere que este Convenio pretende mejorar y/o complementar la aplicación de los

---

micilio de 20 de junio de 1996 [notificada con el número C (1998) 764]. https://eur-lex.europa.eu/eli/reco/1998/370/oj Recuperado el 22 de febrero de 2024. Ahora bien, es preciso recordar que esta Recomendación, que, si bien constituye un acto comunitario, no resulta vinculante jurídicamente para los Estados miembros.

164 Entre otros, el Convenio núm. 26 sobre los métodos para la fijación de salarios mínimos, 1928; el Convenio núm. 100 sobre igualdad de remuneración, 1951; el Convenio núm. 131 sobre la fijación de salarios mínimos, 1970; la Recomendación núm. 85 sobre la protección del salario, 1949; la Recomendación núm. 90 sobre igualdad de remuneración, 1951; y la Recomendación núm. 116 sobre la reducción de la duración del trabajo, 1962.

otros convenios y recomendaciones internacionales del trabajo, considerando las características propias del trabajo a domicilio.

En relación con el ámbito de aplicación del Convenio, los artículos 1 y 2 especifican que se aplica a cualquier persona que lleve a cabo trabajo a domicilio. Este se define como el trabajo realizado regularmente en el domicilio del trabajador o en cualquier otro lugar elegido por este, siempre que sea diferente a los establecimientos de la empresa, a cambio de una remuneración y con el objetivo de elaborar un producto o prestar un servicio conforme a las instrucciones o especificaciones de la empresa, a menos que esta persona posea el grado de autonomía y de independencia económica suficiente para ser considerada trabajador independiente conforme a la legislación nacional o fallos judiciales. Esto revela que la norma busca proteger únicamente a los trabajadores asalariados y por cuenta ajena que realicen habitualmente trabajo a domicilio, excluyendo tanto a los trabajadores autónomos y por cuenta propia como a aquellos trabajadores asalariados que efectúen su labor a domicilio de manera ocasional, en vez de en su lugar de trabajo habitual.

Ahora bien, parte de la doctrina científica ha criticado la exclusión de los trabajadores autónomos del ámbito de aplicación de este Convenio, argumentando que una porción significativa del teletrabajo a domicilio se lleva a cabo bajo la modalidad de trabajo autónomo[165]. En este sentido, es esencial no perder de vista la problemática de los falsos autónomos. Estos individuos, que carecen de verdadera independencia y autonomía, quedan injustamente

---

165 Sala Franco, T., Todolí Signes, A. y Martín-Pozuelo López, Á. (2020). *El teletrabajo, op.cit.*, 54. Así también en Ushakova, T. (2015). "El Derecho de la OIT para el trabajo a distancia: ¿una regulación superada o todavía aplicable?". *Revista Internacional y Comparada de Relaciones Laborales y Derecho del Empleo,* 3(4), 16. https://ejcls.adapt.it/index.php/rlde_adapt/article/view/332. Recuperado el 22 de febrero de 2024.

excluidos de las protecciones ofrecidas por el Convenio, lo que revela una brecha significativa en la cobertura de la normativa. Por tanto, se insta a una revisión de las definiciones y criterios de aplicación para cerrar este vacío legal y asegurar la protección de todos los trabajadores a domicilio bajo condiciones equitativas.

Con respecto a la regulación de las condiciones de trabajo de las personas trabajadoras a domicilio, se recoge únicamente en dos artículos del Convenio. En concreto, el art. 4 del Convenio pone énfasis en la necesidad de promover la igualdad de trato entre los trabajadores a domicilio y los otros trabajadores asalariados, particularmente con respecto a los siguientes derechos: (1) el derecho de los trabajadores a domicilio a constituir o a afiliarse a las organizaciones que escojan y a participar en sus actividades, esto es, el derecho de libertad de asociación; (2) el derecho a la protección de la discriminación en el empleo y en la ocupación; (3) el derecho a la protección en materia de seguridad y salud en el trabajo; (4) el derecho a la remuneración; (5) el derecho a la protección por regímenes legales de Seguridad Social; (6) el derecho de acceso a la formación; (7) el establecimiento de la edad mínima de admisión al empleo o al trabajo; y, por último, (8) el derecho a la protección de la maternidad. Por su parte, el art. 7 del Convenio insiste en la necesidad de considerar las características propias de trabajo a domicilio a la hora de establecer la legislación nacional en materia de seguridad y salud en el trabajo, así como determinar las condiciones en que ciertos tipos de trabajo puedan prohibirse en el trabajo a domicilio por razones de seguridad y salud laboral.

Todos los demás artículos del Convenio son considerados, en mi opinión, como disposiciones de naturaleza procedimental o de índole instrumental, en las cuales destaca la exigencia de adopción, aplicación y revisión periódica de la política nacional en materia de trabajo a domicilio (art. 3); los diferentes mecanismos de despliegue de la política nacional en materia de trabajo a domicilio (art. 5); la recogida de estadísticas del trabajo a domicilio para su ulterior análisis y adopción de medidas oportunas (art.

6); el reforzamiento del sistema de inspección para garantizar el cumplimiento de la legislación aplicable al trabajo a domicilio y la adopción de sanciones en caso de incumplimiento (art. 9); el mantenimiento de las disposiciones más favorables que sean aplicables a los trabajadores a domicilio en virtud de otros convenios internacionales del trabajo (art. 10), así como el procedimiento de ratificación y denuncia de este Convenio (arts. 11 a 15).

Por lo general, se puede apreciar que el contenido normativo del Convenio núm. 177 de la OIT sobre el trabajo a domicilio es escueto y poco detallado en cuanto a su redacción. Ahora bien, y coincidiendo con Romero Burillo, es preciso considerar el contexto en que se produce la aprobación de este Convenio, dada la polarización de los intereses contrapuestos entre los diferentes Estados miembros y grupos sociales, así como el reto y la dificultad que supone para la OIT de adoptar un texto normativo de forma consensuada[166]. En este sentido, se valora positivamente la adopción de este Convenio para salvaguardar los derechos de las personas trabajadoras a domicilio. Sin perjuicio de lo anterior, la doctrina científica echa en falta una regulación más precisa de los derechos de las personas trabajadoras a domicilio, en la que se incluyan, entre otros, el derecho a la voluntariedad y reversibilidad del trabajo a domicilio; el derecho a la privacidad e intimidad de la persona trabajadora, así como el derecho de autogestión de los tiempos de trabajo por parte de esta última[167].

3.1.2. Recomendación núm. 184 de la OIT

La Recomendación núm. 184 de la OIT sobre el trabajo a domicilio nace como un instrumento complementario del Convenio núm. 177 a través del cual se detallan los pormenores técnicos y

---

[166] Romero Burillo, A. M. (2021). *El marco regulador del teletrabajo, op. cit.*, 40.

[167] Sala Franco, T., Todolí Signes, A. y Martín-Pozuelo López, Á. (2020). *El teletrabajo, op.cit.*,53.

prácticos en cuanto a la aplicación de este Convenio. Esta Recomendación está conformada por un total de 13 apartados, en los que se abordan diferentes aspectos relacionados con el desarrollo de los derechos consagrados en el Convenio núm. 177 a fin de mejorar su aplicación, así como adoptar las medidas tendentes a reforzar la situación de las personas trabajadoras a domicilio.

Como punto de partida, es crucial destacar la estructura y contenido de la Recomendación núm. 184, que se articula en diversos apartados detallando las disposiciones complementarias al Convenio núm. 177:

- **Definiciones y campo de aplicación**: Adopta las mismas definiciones y campo de aplicación que el Convenio núm. 177, reflejando su naturaleza complementaria.
- **Disposiciones generales**: Establece normas procedimentales e instrumentales para desarrollar aspectos del Convenio, como la obligación de recopilar y publicar información desglosada por sexo sobre el trabajo a domicilio.
- **Mecanismos de supervisión y control**: Exige que las autoridades impongan a las empresas la obligación de registrar a todas las personas trabajadoras a domicilio, documentando detalles como el plazo para la realización del trabajo, la remuneración bruta y neta, y la fecha de pago. Además, se deben informar claramente las condiciones de trabajo para asegurar una mayor protección legal.
- **Derechos laborales básicos**: Refiere a la legislación nacional respecto a la edad mínima de empleo aplicable al trabajo a domicilio.
- **Derechos de sindicación y negociación colectiva**: Fomenta la eliminación de restricciones legislativas o administrativas que impidan estos derechos, promoviendo la negociación colectiva para establecer las condiciones laborales de los trabajadores a domicilio.

- **Fijación de salarios mínimos y compensación de gastos**: Detalla los mecanismos para establecer salarios mínimos y la compensación por gastos incurridos durante el trabajo.
- **Seguridad y salud en el trabajo**: Establece obligaciones para las empresas y derechos para los trabajadores en materia de seguridad y salud, incluyendo el derecho a rechazar trabajos que se consideren peligrosos.
- **Horarios, descansos y licencias**: Asegura que los trabajadores a domicilio tengan los mismos derechos a horas de trabajo, períodos de descanso y licencias retribuidas que otros trabajadores.
- **Protección en Seguridad Social y maternidad**: Garantiza que los trabajadores a domicilio tengan acceso a protección en Seguridad Social y derechos relacionados con la maternidad.
- **Protección al término de la relación laboral**: Reconoce a los trabajadores a domicilio la misma protección que a otros trabajadores al finalizar la relación laboral.

Finalmente, en los últimos apartados de la Recomendación, se insta a los Estados miembros a establecer mecanismos para la solución de conflictos que se produzcan entre los trabajadores a domicilio y las empresas, promover y apoyar diferentes programas relativos al trabajo a domicilio, así como garantizar el acceso a la información relativa a los derechos y a la protección de los trabajadores a domicilio y a las obligaciones de las empresas con respecto a ellos, y también a los programas sobre el trabajo a domicilio.

3.2. EL TELETRABAJO EN EL CONTEXTO COMUNITARIO

Atendiendo al panorama de la normativa comunitaria en materia de teletrabajo, es preciso destacar, como punto de partida, que no existe ningún Reglamento ni Directiva comunitaria que contenga una regulación del teletrabajo, sin perjuicio de que existen otros instrumentos comunitarios que establecen normas de aplicación general con respecto a las condiciones de trabajo[168]. La única referencia normativa a la que podemos aludir es el Acuerdo Marco Europeo sobre Teletrabajo, a través del cual se asienta un marco general a escala europea para establecer las condiciones laborales de las personas teletrabajadoras, así como compaginar las necesidades de flexibilidad y seguridad comunes tanto para las empresas como para los trabajadores[169].

En concreto, en el año 2002, la Confederación Europea de Sindicatos, la Unión de Confederaciones de la Industria y de Empresarios de Europa, la Unión Europea del Artesanado y de la Pequeña y Mediana Empresa y el Centro Europeo de la Empresa Pública han alcanzado un acuerdo marco sobre el teletrabajo a raíz de la decisión de la Comisión Europea acerca de la modernización y mejora de las relaciones laborales[170], y que, a su vez, constituye un primer acuerdo europeo establecido por los propios interlocutores sociales, lo cual está plenamente ali-

---

168 Entre otros, la Directiva 89/391/CEE del Consejo, de 12 de junio de 1989, relativa a la aplicación de medidas para promover la mejora de la seguridad y de la salud de los trabajadores en el trabajo; la Directiva 2003/88/CE del Parlamento Europeo y del Consejo, de 4 de noviembre de 2003, relativa a determinados aspectos de la ordenación del tiempo de trabajo; la Directiva (UE) 2019/1152 del Parlamento Europeo y del Consejo, de 20 de junio de 2019, relativa a unas condiciones laborales transparentes y previsibles en la Unión Europea; y la Directiva (UE) 2019/1158 del Parlamento Europeo y del Consejo, de 20 de junio de 2019, relativa a la conciliación de la vida familiar y la vida profesional de los progenitores y los cuidadores, y por la que se deroga la Directiva 2010/18/UE del Consejo.

169 Luque Parra, M., Ginès i Fabrellas, A. y Peña Moncho, J. (2021). *Teletrabajo: estudio jurídico desde la perspectiva de la seguridad y salud laboral, op. cit.*, 48.

170 *Vid.* Comunicación de la Comisión sobre la Modernización de la organización del trabajo. Actitud positiva ante el cambio, de 25 de noviembre de 1998, COM (1998) 592 final. http://aei.pitt.edu/3358/1/3358.pdf Recuperado el 24 de febrero de 2024.

neado con la iniciativa de la Comisión Europea de promover y apoyar el diálogo social a nivel europeo[171]. Asimismo, conviene destacar la relevancia de este Acuerdo Marco Europeo sobre el teletrabajo, ya que constituye la primera iniciativa adoptada a nivel europeo de instaurar una regulación específica en materia de teletrabajo y establecer unas condiciones marco y unas disposiciones prácticas para el desarrollo de esta modalidad de trabajo.

Ahora bien, es preciso señalar que este Acuerdo Marco Europeo sobre el teletrabajo carece de eficacia normativa imperativa e inmediata, toda vez que no es de aplicación directa ni exige transposición en el ordenamiento jurídico español, sino de carácter meramente obligacional[172]. En este sentido, al tratarse de un acuerdo libremente alcanzado entre los diferentes interlocutores sociales a nivel europeo, por lo que serán los propios miembros de las partes signatarias en cada uno de los Estados miembros los que incorporen voluntariamente las disposiciones del acuerdo en sus respectivos convenios colectivos[173]. Por ello, el desarrollo y puesta en práctica de este acuerdo dependerá de la capacidad negociadora de los agentes sociales en cada sector y/o empresa de cada uno de los Estados miembros.

Finalmente, cabe destacar que en los últimos tiempos existe una tendencia de regular el teletrabajo a nivel comunitario. De hecho, en enero de 2021, el Parlamento Europeo solicitó a la Comisión Europea que preparara una propuesta legislativa sobre el derecho a la desconexión y el teletrabajo. Como consecuencia

---

171 *Vid.* Comunicación de la Comisión sobre el diálogo social europeo, fuerza de modernización y cambio COM (2002) 341 final, de 26 de junio de 2002. Disponible en: https://eur-lex.europa.eu/LexUriServ/LexUriServ.do?uri=COM:2002:0341:FIN:ES:PDF Recuperado el 25 de febrero de 2024.

172 Romero Burillo, A. M. (2021). *El marco regulador del teletrabajo, op. cit.*, 47.

173 Sierra Benítez, E. M. (2011). *El contenido de la relación laboral en el teletrabajo, op.cit.*, 143-144.

de ello, la Comisión Europea ya ha iniciado este proceso para regular el teletrabajo, contribuyendo de este modo a la digitalización de la economía y el aseguramiento de unas condiciones laborales adecuadas[174]. En consecuencia, pronto se saldrá a la luz la futura Directiva Comunitaria sobre el teletrabajo.

A continuación, se procede a analizar el contenido normativo previsto en el Acuerdo Marco Europeo sobre Teletrabajo, así como las últimas tendencias normativas sobre la conformación de un marco regulador del teletrabajo a nivel comunitario:

3.2.1. Acuerdo Marco Europeo sobre Teletrabajo

El Acuerdo Marco Europeo sobre Teletrabajo constituye un marco general para regular las condiciones laborales de las personas teletrabajadoras a nivel europeo. Este acuerdo está conformado por un total de 12 cláusulas a través de las cuales se regulan los diferentes aspectos clave del teletrabajo, tales como la definición y ámbito de aplicación, el carácter voluntario, las condiciones de empleo, la protección de datos, la vida privada, los equipamientos, la salud y seguridad, la organización del trabajo, la formación, los derechos colectivos, así como la puesta en marcha y seguimiento.

Para empezar, el Acuerdo Marco Europeo sobre Teletrabajo establece en su cláusula 1ª una serie de consideraciones generales, en las que destaca la importancia del teletrabajo como un mecanismo para modernizar la organización del trabajo para las empresas, y a su vez, un instrumento de conciliación entre la vida profesional y la vida social. Con todo ello se pretende

---

174 Noticia de Expansión del día 15 de marzo de 2022, *Bruselas establecerá una regulación comunitaria del teletrabajo.* https://www.expansion.com/economia/politica/2022/03/15/62307af8e5fdeaad628b45a5.html Recuperado el 24 de febrero de 2024.

establecer un marco general a nivel europeo para promover el desarrollo de esta nueva forma de organización del trabajo.

Seguidamente, el Acuerdo recoge en su cláusula 2ª una definición explícita del teletrabajo, entendiendo como una forma de organización y/o de realización del trabajo, utilizando las tecnologías de la información en el marco de un contrato o de una relación de trabajo, en la cual un trabajo que podría ser realizado igualmente en los establecimientos de la empresa se efectúa fuera de estos establecimientos de forma regular. Con esta definición se delimita su ámbito de aplicación, que se extiende a todos los trabajadores que realicen el teletrabajo cumpliendo con las notas características definidas en el mismo, ya sean teletrabajadores por cuenta ajena que trabajan alternativamente en su casa y en los establecimientos de la empresa, teletrabajadores autónomos que trabajan habitualmente en su casa, o trabajadores móviles que pasan fuera de su casa o de su principal lugar de trabajo y que hacen uso de las conexiones informáticas en línea.

A continuación, se procede a analizar los diferentes ámbitos clave señalados en el Acuerdo Marco Europeo sobre Teletrabajo en los que se debe considerar las singularidades del teletrabajo, a saber:

- **El carácter voluntario del teletrabajo** (Cláusula 3ª): se establece con carácter general la voluntariedad del teletrabajo tanto para la empresa como para la persona trabajadora. Asimismo, el paso al teletrabajo no afecta de ningún modo al estatus laboral del trabajador. Igualmente, se contempla la reversibilidad del teletrabajo, de modo que tanto la empresa como el trabajador puede solicitar la vuelta al trabajo presencial.
- **Las condiciones de empleo** (Cláusula 4ª): se establece como norma general que las personas teletrabajadoras disponen de los mismos derechos garantizados por la legislación y los convenios colectivos aplicables que los trabajadores presenciales.

- **La protección de los datos** (Cláusula 5ª): se incumbe a la empresa la obligación de adoptar las medidas para la protección de los datos utilizados y procesados por las personas teletrabajadoras para fines profesionales., así como de informar sobre cualquier restricción en la utilización del equipo o de herramientas informáticas y las sanciones en caso de incumplimiento.
- **El ámbito de la vida privada** (Cláusula 6ª): se consagra el respeto de la vida privada de la persona teletrabajadora, de modo que la empresa debe velar por que los sistemas de vigilancia sean proporcionales a sus objetivos perseguidos.
- **Los equipamientos para el desarrollo de la actividad laboral** (Cláusula 7ª): se establece que, con carácter general, es la empresa la que debe facilitar, instalar y encargarse del mantenimiento de los equipamientos necesarios para el desarrollo del teletrabajo, salvo si el teletrabajador utiliza su propio equipo. Asimismo, la empresa debe hacerse cargo, con arreglo a la legislación nacional y a los convenios colectivos, de los costes derivados de la pérdida o el deterioro de los equipos y de los datos utilizados por la persona teletrabajadora.
- **La salud y seguridad de las personas teletrabajadoras** (Cláusula 8ª): la empresa asume la responsabilidad en la protección de la seguridad y salud laboral de las personas teletrabajadoras, y deberá informar a esta últimas acerca de la política empresarial en materia de salud y seguridad en el trabajo.
- **La organización del trabajo** (Cláusula 9ª): se reconoce una mayor autonomía a las personas teletrabajadoras en la realización de sus tareas, de manera que son ellas mismas las que gestionan la organización de su tiempo de trabajo. Adicionalmente se establece que la empresa adoptará las medidas conducentes a evitar el aislamiento de la persona teletrabajadora en relación con los otros trabajadores presenciales.

- **La formación de las personas teletrabajadoras** (Cláusula 10ª): se garantiza la igualdad de oportunidades entre los trabajadores presenciales y los teletrabajadores en la formación y desarrollo de la carrera profesional. Además, se precisa la impartición de formación adecuada a las personas teletrabajadoras para utilizar el equipo técnico puesto a su disposición, así como las características propias del teletrabajo.
- **Los derechos colectivos de las personas teletrabajadoras** (Cláusula 11ª): se reconocen los mismos derechos colectivos entre los trabajadores presenciales y los teletrabajadores. Es importante subrayar que se establece el deber de información y consulta de los representantes de los trabajadores sobre la introducción del teletrabajo en la empresa.

En cuanto a la aplicación y seguimiento del Acuerdo Marco Europeo sobre Teletrabajo (Cláusula 12ª), es preciso destacar que se aplicará en los tres años siguientes a partir de la fecha en que lo firmen las partes signatarias del Acuerdo. Asimismo, las diferentes organizaciones miembros se comprometen a informar sobre la aplicación de este Acuerdo a un grupo *ad hoc* creado por las partes signatarias bajo la responsabilidad del Comité de diálogo social.

Una vez analizado el Acuerdo Marco Europeo sobre el teletrabajo, se puede apreciar que su contenido normativo es ciertamente limitado y superficial en su regulación, lo cual hace que desde un punto de vista técnico-jurídico, carezca de la precisión necesaria para conformar un marco jurídico sobre el teletrabajo[175]. Por todo ello, la doctrina científica ha señalado la existencia de carencias importantes en la regulación de determinados aspectos

[175] Santos Fernández, M. D. (2004). "El Acuerdo marco europeo sobre teletrabajo: negociación colectiva y teletrabajo: dos realidades de dimensión comunitaria". *Trabajo: Revista Iberoamericana de Relaciones Laborales,* (14), Ejemplar dedicado a: Nuevas tecnologías, 64. https://dialnet.unirioja.es/servlet/articulo?codigo=1146706&orden=333313&info=link. Recuperado el 24 de febrero de 2024.

del teletrabajo, tales como la protección de la privacidad y de los datos de carácter personal de las personas teletrabajadoras, el ejercicio de los derechos colectivos, la seguridad y salud laboral en el teletrabajo, las facultades de supervisión y control empresarial, la retribución, la jornada de trabajo, los derechos de Seguridad Social y la regulación del teletrabajo transnacional[176].

3.2.2. Pasos hacia una futura Directiva sobre el Teletrabajo

Desde hace más de dos décadas el Parlamento Europeo ya sugirió en reiteradas ocasiones a la Comisión Europea que presentase una directiva sobre el teletrabajo y el trabajo a domicilio con el fin de proteger y equiparar los trabajadores a distancia con los restantes trabajadores desde el punto de vista del Derecho laboral[177], así como evitar especialmente el *dumping social*, estableciendo así las bases para poder fomentar con confianza el teletrabajo en la Unión Europea. Igualmente, propone que en dicha directiva se tengan en cuenta todas las cuestiones referentes a la Seguridad Social, la seguridad y la salud, la intimidad y los aspectos sociales[178]. Sin embargo, hasta la fecha de hoy no se ha producido ningún desarrollo legislativo a nivel comunitario que lo haga realidad. En mi opinión, la falta de

---

176 Romero Burillo, A. M. (2021). *El marco regulador del teletrabajo, op. cit.*, p. 57.

177 *Vid.* Informe del Parlamento Europeo A4-0244/1996 sobre–"Europa y la sociedad global de la información–Recomendaciones al Consejo Europeo"–una comunicación de la Comisión de las Comunidades Europeas sobre "Europa en marcha hacia la sociedad de la información. Plan de acción" (COM (94)0347–C4-0093/94), de 16 de julio de 1996. https://www.europarl.europa.eu/doceo/document/A-4-1996-0244_ES.html Recuperado el 25 de febrero de 2024.

178 *Vid.* Informe sobre el Libro Verde "Vivir y trabajar en la sociedad de la información: prioridad para las personas" (COM (96)0389–C4-0522/96), de 11 de febrero de 1997. https://www.europarl.europa.eu/doceo/document/A-4-1997-0045_ES.html Recuperado el 25 de febrero de 2024.

regulación en materia del teletrabajo a nivel europeo se debe en cierta medida al ya existente Acuerdo Marco Europeo sobre Teletrabajo establecido por los propios interlocutores sociales, así como la apuesta de la Comisión Europea por el desarrollo del diálogo social a nivel comunitario[179], al considerarlo como el eje central del modelo social europeo y el mecanismo clave para conciliar la flexibilidad indispensable para las empresas y la seguridad necesaria para las personas trabajadoras.

A la luz de la evolución registrada desde la adopción del Acuerdo Marco Europeo sobre Teletrabajo en 2002, se ha puesto de manifiesto la necesidad de una evaluación y un marco regulador a nivel comunitario para garantizar las condiciones de trabajo de las personas teletrabajadoras[180] y reforzar la regulación de los diferentes aspectos recogidos en este acuerdo, tales como el carácter voluntario del teletrabajo; la igualdad de trato con respecto a los trabajadores similares de la empresa, con referencias específicas a la carga de trabajo, al acceso a la formación y a los derechos colectivos; la reversibilidad; el hecho de que la adopción de la modalidad de teletrabajo no suponga un cambio en la situación laboral del trabajador; el respeto de la vida privada del teletrabajador; la protección de datos; y el respeto de las normas de salud y seguridad en el trabajo[181].

---

179 *Vid.* Comunicación de la Comisión sobre el diálogo social europeo, fuerza de modernización y cambio COM (2002) 341 final, de 26 de junio de 2002. https://eur-lex.europa.eu/LexUriServ/LexUriServ.do?uri=COM:2002:0341:FIN:ES:PDF Recuperado el 25 de febrero de 2024.

180 Sierra Benítez, E. M. (2013). "El estado actual del teletrabajo en la Unión Europea". *Boletín ADAPT,* (18), 2. https://idus.us.es/items/c3354b5c-32a7-40d5-8d63-13689131045e. Recuperado el 25 de febrero de 2024.

181 Dictamen del Comité Económico y Social Europeo sobre Los retos del teletrabajo: organización de la jornada de trabajo, equilibrio entre vida privada y vida laboral y derecho a desconectar, de 25 de marzo de 2021. https://eur-lex.europa.

En este contexto, en la resolución del Parlamento Europeo, de 21 de enero de 2021, se ha reiterado nuevamente su petición a la Comisión Europea sobre la necesidad de que presente un marco legislativo con vistas a establecer requisitos mínimos para el trabajo a distancia en toda la Unión Europea y garantizar que el teletrabajo no afecte a las condiciones de empleo de las personas teletrabajadoras. Igualmente, el Parlamento Europeo hace hincapié en que dicho marco debe aclarar las condiciones de trabajo, incluyendo el suministro, el uso y la responsabilidad de los equipamientos, así como las herramientas digitales existentes y nuevas. Por su parte, este nuevo marco regulador debe garantizar que dicho trabajo se lleve a cabo de forma voluntaria y que los derechos, la carga de trabajo y las normas de rendimiento de las personas teletrabajadoras sean equivalentes a los de los trabajadores equiparables[182].

En respuesta a la petición del Parlamento Europeo, el comisario europeo de Empleo y Derechos Sociales ha señalado que la Comisión Europea ya ha iniciado el proceso para regular el teletrabajo a nivel comunitario, así como garantizar el derecho de las personas teletrabajadoras a desconectar fuera de su horario laboral[183]. Por otro lado, los diferentes interlocutores sociales han suscrito un programa de trabajo del diálogo social europeo para el período 2022-2024 en el que se incluye la negociación de un acuerdo

eu/legal-content/ES/TXT/PDF/?uri=OJ:C:2021:220:FULL&from=EN Recuperado el 25 de febrero de 2024.

182 Resolución del Parlamento Europeo, de 21 de enero de 2021, con recomendaciones destinadas a la Comisión sobre el derecho a la desconexión (2019/2181(INL)). https://www.europarl.europa.eu/doceo/document/TA-9-2021-0021_ES.html Recuperado el 25 de febrero de 2024.

183 Noticia de Expansión del día 15 de marzo de 2022, *Bruselas establecerá una regulación comunitaria del teletrabajo.* https://www.expansion.com/economia/politica/2022/03/15/62307af8e5fdeaad628b45a5.html Recuperado el 25 de febrero de 2024.

jurídicamente vinculante sobre el teletrabajo y el derecho a la desconexión y que se implementará a través de una Directiva[184].

Finalmente, cabe destacar que la Comisión Europea ha iniciado el 30 de abril de 2024 la primera fase de consulta a los interlocutores sociales europeos para recabar opiniones sobre la posible orientación de la acción de la UE para garantizar un teletrabajo justo y el derecho a la desconexión[185]. Esta consulta, que se extiende hasta el 11 de junio de 2024, responde a la Resolución del Parlamento Europeo de 2021 y sigue a las negociaciones no concluyentes entre los interlocutores sociales sobre la actualización del Acuerdo Marco de 2002. En un contexto donde el teletrabajo se ha generalizado, especialmente tras la pandemia de COVID-19, la Comisión busca garantizar el respeto de los derechos de los trabajadores en un entorno de trabajo digitalizado, estableciendo límites claros entre la vida profesional y privada. Esta iniciativa se enmarca en las prioridades del marco estratégico de salud y seguridad en el trabajo 2021-2027 y en estudios recientes que abordan las tendencias del teletrabajo y el derecho a la desconexión[186]. Por ende, estamos

---

184 *Vid.* Comunicado de UGT de 27 de junio de 2022, *Sindicatos y patronales de Europa negociarán una directiva sobre teletrabajo y derecho a la desconexión.* https://www.ugt.es/sindicatos-y-patronales-de-europa-negociaran-una-directiva-sobre-teletrabajo-y-derecho-la Recuperado el 25 de febrero de 2024.

185 *Vid.* Comunicado de la Comisión Europea sobre la puesta en marcha de una primera fase de consulta a los interlocutores sociales sobre el teletrabajo justo y el derecho a la desconexión. https://ec.europa.eu/commission/presscorner/detail/es/ip_24_1363 Recuperado el 26 de febrero de 2024.

186 Comisión Europea. (2024). *Estudio que explora el contexto social, económico y jurídico y las tendencias del teletrabajo y el derecho a desconectar, en el contexto de la digitalización y el futuro del trabajo, durante y después de la pandemia de COVID-19.* https://op.europa.eu/en/publication-detail/-/publication/f56e14ae-f2f7-11ee-8e14-01aa75ed71a1/language-en. Recuperado el 26 de mayo de 2024.

cada vez más cerca de una Directiva comunitaria sobre el teletrabajo que garantice las condiciones laborales de las personas teletrabajadoras y que contribuya a reducir las desigualdades.

3.3. EL TELETRABAJO EN EL CONTEXTO NACIONAL

Partiendo de la evolución normativa experimentada en la legislación laboral nacional, se pueden identificar diferentes normativas con impacto en la regulación del teletrabajo, siendo sin duda la más relevante de ellas la Ley de trabajo a distancia, en la que se regula ampliamente el teletrabajo.

Antes de la entrada en vigor de la Ley 3/2012, de 6 de julio, de medidas urgentes para la reforma del mercado laboral, el ordenamiento jurídico español no contaba con una regulación específica para el teletrabajo. La normativa vigente se remitía al artículo 13 del Estatuto de los Trabajadores, cuya redacción original se estableció en la Ley 8/1980, de 10 de marzo, y fue mantenida en el Real Decreto Legislativo 1/1995, de 24 de marzo, por el que se aprueba el texto refundido de la Ley del Estatuto de los Trabajadores. Este artículo regulaba el régimen del contrato de trabajo a domicilio. Con la reforma introducida por la Ley 3/2012, se modificó el citado artículo para incluir el trabajo a distancia, proporcionando un marco legal que ahora respalda específicamente el teletrabajo, estableciendo así una base normativa fundamental para esta modalidad laboral.

Con la llegada de la pandemia de COVID-19, el teletrabajo ha contribuido enormemente al mantenimiento del funcionamiento de la economía y a la protección del empleo. Sin embargo, en este contexto, se pone de manifiesto que la regulación contemplada en el art. 13 ET tras la reforma de la Ley 3/2012 resulta insuficiente para aplicarlo a las peculiaridades del teletrabajo, por lo que, con el fin de cubrir los vacíos legales, se introdujo una regulación temporal y excepcional de esta modalidad de trabajo a través del Real Decreto-ley 8/2020, de 17 de marzo, de medidas urgentes extraordinarias para hacer frente al impacto económico y social del COVID-19.

Ante la consolidación del teletrabajo como una modalidad laboral perdurable, el Gobierno español ha reconocido la necesidad de establecer un marco regulatorio que, si bien básico, se muestra suficiente y abarca de manera integral el trabajo a distancia. Esta necesidad responde a la urgencia de llenar los vacíos legales existentes en la materia. Como resultado, se ha promulgado el Real Decreto-ley 28/2020, de 22 de septiembre, de trabajo a distancia, que posteriormente fue convalidado y se consolidó con la entrada en vigor de la Ley de trabajo a distancia. Aunque este marco normativo ha sido objeto de debate y ha recibido críticas por parte de algunos sectores de la doctrina científica, quienes lo consideran genérico, ambiguo y poco ambicioso, es importante reconocer que establece una base sólida para regular todos los aspectos de la relación laboral en el teletrabajo. Construir una normativa completa y efectiva es un proceso que requiere tiempo y esfuerzo, y la mencionada ley representa un paso significativo en esa dirección.

A continuación, se procede a analizar el contenido de las distintas normas nacionales que han regulado a lo largo del tiempo el teletrabajo:

3.3.1. El art. 13 ET antes y después de la reforma operada por la Ley 3/2012

Antes de la reforma introducida por la Ley 3/2012, de 6 de julio, de medidas urgentes para la reforma del mercado laboral, la regulación del artículo 13 del Estatuto de los Trabajadores provenía de su redacción original establecida por la Ley 8/1980, de 10 de marzo, y posteriormente mantenida en el Real Decreto Legislativo 1/1995, de 24 de marzo. Esta normativa se centraba exclusivamente en el régimen jurídico del contrato de trabajo a domicilio, sin hacer distinciones claras para abordar el concepto de teletrabajo, que en aquel momento no era reconocido como una modalidad laboral independiente.

El artículo 13 del Estatuto de los Trabajadores definía el contrato de trabajo a domicilio como aquel en que la prestación de la actividad laboral se realizaba en el domicilio del trabajador o en un lugar libremente elegido por este, sin la vigilancia directa de la empresa. Esta disposición resaltaba dos elementos fundamentales: la elección del lugar de trabajo por parte del trabajador y la ausencia de supervisión física por parte del empleador.

El contrato debía formalizarse por escrito, detallando el lugar de la prestación laboral. Esto no solo establecía un requisito de forma, sino que también servía para asegurar que se cumplieran las normas de higiene y seguridad pertinentes. Además, el contrato requería el visado de la oficina de empleo y la retención de un ejemplar en dicha entidad, lo que proporcionaba una base para la supervisión y fiscalización administrativa.

En cuanto a la remuneración, el artículo establecía que el salario debía fijarse libremente pero siempre respetando el mínimo correspondiente a un trabajador de categoría profesional equivalente dentro del mismo sector económico. Esta disposición buscaba garantizar la igualdad salarial y evitar discriminaciones por el hecho de no trabajar en las instalaciones de la empresa. También se exigía a la empresa la creación de un documento de control de la actividad laboral, que incluiría información detallada sobre el trabajo realizado, las materias primas entregadas y las tarifas de salario, entre otros aspectos. Este documento funcionaba como un registro de la actividad laboral y servía como elemento de prueba en posibles disputas laborales.

Por su parte, se reconocía el derecho de representación colectiva para las personas trabajadoras a domicilio, equiparándolas en derechos con el resto de los trabajadores de la empresa en cuanto a su capacidad para ejercer la representación colectiva y participar en actividades sindicales.

A partir del análisis de contenido normativo del artículo 13 ET anterior a la reforma de 2012, se pone de manifiesto la falta de una regulación específica que abordara las peculiaridades del teletrabajo, como la ordenación de los tiempos de trabajo y la protección adecuada de la seguridad y salud laboral en un entorno doméstico, así como el respeto al derecho a la intimidad y la inviolabilidad del domicilio[187], aspectos que han adquirido mayor relevancia con la evolución de las tecnologías de la información y la comunicación. Las modificaciones legislativas subsiguientes han intentado adaptar la normativa para cubrir estas lagunas y responder mejor a las necesidades del teletrabajo moderno.

La Ley 3/2012, de 6 de julio, de medidas urgentes para la reforma del mercado laboral, implementó cambios significativos en el artículo 13 del Estatuto de los Trabajadores, enfocados en el trabajo a distancia, incluyendo el teletrabajo. Dicha normativa fue impulsada por la necesidad de promover formas innovadoras de organización laboral que proporcionaran a las empresas una mayor flexibilidad y aumentaran las oportunidades de empleo. El teletrabajo, según esta legislación, buscaba facilitar la conciliación entre la vida profesional y personal en un contexto socioeconómico desafiante, ofreciendo una alternativa a la destrucción de empleo.

En su versión reformada, el artículo 13 del Estatuto de los Trabajadores definía el trabajo a distancia como aquel en el que la actividad laboral se realiza predominantemente fuera de las instalaciones empresariales, permitiendo al trabajador realizar sus tareas desde su domicilio o cualquier otro lugar de su elección. Como acertadamente ha señalado la doctrina científica, el legislador ha optado por regular el género del trabajo a distancia antes que sus diferentes especies concretas, de modo que esta definición pueda abarcar no solo el tradicional trabajo a domicilio, sino también

---

187 Romero Burillo, A. M. (2021). *El marco regulador del teletrabajo, op. cit.*, 66-67.

otras formas más modernas como es el caso del teletrabajo[188]. Aunque se introdujo el concepto de "preponderancia" para indicar que la mayor parte de la jornada laboral debía desarrollarse bajo esta modalidad, no se especificaba un porcentaje concreto. A este respecto, y de acuerdo con la doctrina científica, el criterio de preponderancia al que alude esta definición había venido referenciada a la realización de la actividad laboral en más de un 50% de la jornada ordinaria bajo esta modalidad de trabajo[189].

El artículo 13.2 ET estipulaba que los contratos de trabajo a distancia debían formalizarse por escrito, cumpliendo las formalidades establecidas en el artículo 8.3 de esta Ley para la copia básica del contrato de trabajo. El mismo texto legislativo afirmaba la igualdad de trato y oportunidades entre el personal a distancia y aquel que trabaja en las instalaciones de la empresa, asegurando igualdad salarial y acceso equitativo a la formación y oportunidades de promoción profesional. Además, obligaba a las empresas a proporcionar los medios necesarios para garantizar que los trabajadores a distancia pudieran acceder a la formación profesional y fueran informados de las vacantes para trabajar presencialmente.

Adicionalmente, se subrayaba la obligación de proteger la seguridad y salud de los trabajadores a distancia, en conformidad con la legislación sobre prevención de riesgos laborales, y se garantizaba su derecho a la representación colectiva, de tal forma que estos trabajadores debían estar adscritos a un centro de trabajo específico de la empresa para asegurar su inclusión en la estructura organizativa.

---

188 Mella Méndez, L., Sierra Benítez, E. M., Cardona Rubert, M. B. y Cabeza Pereiro, J. (2017). *El teletrabajo en España: aspectos teórico-prácticos de interés*. LA LEY, 25.

189 Sempere Navarro, A. V. y Kahale Carrillo, D. T. (2013). *Teletrabajo*. Ediciones Lefebvre, 12; Luque Parra, M., Ginès i Fabrellas, A. y Peña Moncho, J. (2021). *Teletrabajo: estudio jurídico desde la perspectiva de la seguridad y salud laboral, op. cit.*, 51.

La reforma del artículo 13 del Estatuto de los Trabajadores, realizada por la Ley 3/2012, ha sido objeto de crítica por parte de la doctrina científica por considerarse una regulación insuficiente para abordar de manera integral los desafíos del trabajo a distancia[190]. Coincido con esta visión en varios aspectos fundamentales que deberían haberse contemplado para proporcionar un marco más completo y coherente con las normativas internacionales, como el Convenio Núm. 177 y la Recomendación Núm. 184 de la OIT, así como el Acuerdo Marco Europeo sobre Teletrabajo.

En primer lugar, la regulación debió especificar claramente la voluntariedad del teletrabajo, asegurando que tanto la adopción como la terminación de esta modalidad de trabajo se basen en el acuerdo mutuo entre empleador y trabajador, fortaleciendo así el principio de consensualidad en la relación laboral. Además, era esencial establecer un mecanismo claro para la reversibilidad, permitiendo que el trabajador pudiera volver a su modalidad de trabajo presencial sin que esto supusiera una merma en sus condiciones laborales o en su relación contractual.

En segundo lugar, la ordenación del tiempo de trabajo debió contemplarse más detalladamente, estableciendo garantías para evitar la sobreexplotación y asegurando el respeto a los tiempos de descanso y desconexión digital. Esto es crucial para prevenir el riesgo de que el hogar se convierta en una extensión permanente del lugar de trabajo sin las debidas consideraciones de balance entre la vida laboral y personal.

Además, la reforma debió incluir disposiciones explícitas sobre la dotación de los medios necesarios para el desempeño del trabajo y la compensación de los gastos incurridos por el trabajador debido al teletrabajo. Esto hubiera asegurado que los

---

190 Mella Méndez, L., Sierra Benítez, E. M., Cardona Rubert, M. B. y Cabeza Pereiro, J. (2017). *El teletrabajo en España: aspectos teórico-prácticos de interés, op. cit.*, 66-82.

trabajadores no asuman costes adicionales como consecuencia de su cambio de modalidad laboral.

Por último, la normativa debió abordar con mayor precisión el ejercicio del poder de vigilancia y control por parte del empleador, garantizando que este se realice respetando el derecho a la privacidad y la dignidad de los trabajadores. Este aspecto es especialmente delicado en el contexto del teletrabajo, donde la línea entre la supervisión laboral y la intrusión en la esfera privada del trabajador puede ser particularmente difusa[191].

En conclusión, es evidente que la intención del legislador al reformar el artículo 13 del Estatuto de los Trabajadores mediante la Ley 3/2012 era la de ofrecer flexibilidad en la organización del trabajo como una estrategia para fomentar la conciliación de la vida laboral y personal, así como para responder a las circunstancias socioeconómicas del momento. En ese entonces, se buscaba incentivar la flexibilidad interna en las empresas como medida alternativa frente a la destrucción de empleo, considerando el teletrabajo como un mecanismo para otorgar esta flexibilidad.

Ahora bien, la reforma se quedó corta en cuanto a proporcionar un marco normativo exhaustivo y adecuadamente detallado que abarcara de manera efectiva todos los aspectos críticos del teletrabajo. La regulación resultante dejó numerosas áreas sin la protección adecuada que requieren tanto trabajadores como empleadores en la moderna configuración laboral. Esta insuficiencia en la regulación podría entenderse como una respuesta a la urgencia de adaptar rápidamente el mercado laboral a las necesidades inmediatas de flexibilidad empresarial, sin embargo, no abordó de manera integral los derechos y las medidas clave que ya habían sido destacados en las normas supranacionales relacionadas con el teletrabajo. Esto evidencia la necesidad de revisar y ampliar dicha regulación para asegurar que se protejan

---

191 Romero Burillo, A. M. (2021). *El marco regulador del teletrabajo, op. cit.*, 77-79.

adecuadamente tanto los intereses de las empresas como los derechos laborales en el contexto del creciente auge del teletrabajo.

Por ello, resultó imprescindible replantear los postulados del discurso político y legislativo de aquel momento. La disyuntiva no debía centrarse exclusivamente en trabajadores en activo frente a trabajadores desempleados. El objetivo de la política legislativa debía ampliarse más allá de la mera consecución del incremento de la tasa de empleo, enfocándose también en el control riguroso de la calidad del empleo generado. Era fundamental asegurar que este cumpliera con requisitos esenciales de estabilidad y suficiencia retributiva, pues lo que estaba en juego era nada menos que la supervivencia del estado del bienestar, el cual resultaba inviable sin un modelo de relaciones laborales basado en el empleo de calidad[192]. Este panorama subrayó la imperiosa necesidad de revisar y ampliar la legislación vigente para asegurar una adecuada protección de los intereses empresariales y los derechos laborales frente al creciente predominio del teletrabajo.

3.3.2. Novedades introducidas por el Real Decreto-ley 8/2020

A finales de diciembre de 2019, China anunció un brote de neumonía de origen desconocido, y poco después, identificó la causa como un nuevo virus, oficialmente nombrado COVID-19. La rápida expansión global del virus llevó a la Organización Mundial de la Salud a declarar la situación como una pandemia internacional en marzo de 2020. Ante esta emergencia sanitaria, el Gobierno de España declaró el estado de alarma nacional el 14 de marzo de 2020, implementando diversas medidas para mitigar los impactos socioeconómicos de la pandemia. Entre estas medidas, se destacó el Real

---

192 Morata García de la Puerta, B. y Díaz Aznarte, M. T. (2013). "Reforma laboral en España: precariedad, desigualdad social y funcionamiento del mercado de trabajo". *Estudios Socio-Jurídicos*, 15(2), 68.

Decreto-ley 8/2020, del 17 de marzo, que promovió el teletrabajo como mecanismo preferente para sostener la actividad económica.

El artículo 5 de este Real Decreto-ley estableció la preferencia del teletrabajo, instando a las empresas a adoptar sistemas de organización que permitieran mantener la actividad a través de alternativas como el trabajo a distancia, siempre que fuera técnica y razonablemente posible. Por medio de esta regulación, el teletrabajo convirtió en el principal mecanismo para mantener la actividad productiva de las empresas en tiempos de pandemia, al permitir el aislamiento social de las personas trabajadoras sin que ello impidiese el desarrollo de su actividad laboral[193]. Así, el teletrabajo perdió su carácter voluntario, convirtiéndose en una obligación casi impuesta para empresas y trabajadores en los casos donde fuera viable implementarlo. Esta medida buscaba primordialmente preservar los puestos de trabajo y fortalecer la protección de los empleados directamente afectados por la crisis sanitaria[194]. Ello desemboca en que la empresa no podía acogerse a la suspensión temporal del contrato o reducción de jornada por causas económicas, técnicas, organizativas o de producción a través de los expedientes de regulación temporal de empleo (ERTE) cuando razonable y objetivamente pudiese implantar el trabajo a distancia en general, y el teletrabajo en particular.

Por su parte. para adaptar sectores y puestos a esta modalidad donde no estaba previamente establecido, el artículo 5.3

---

193 Sanguineti Raymond, W. (2020). "¿La hora del teletrabajo?" *Trabajo y Derecho: Nueva Revista de Actualidad y Relaciones Laborales,* (66), 4. https://wilfredosanguineti.wordpress.com/wp-content/uploads/2020/06/tyd_66-2020_opinion-la-hora-del-teletrabajo-wsanguineti.pdf. Recuperado el 10 de noviembre de 2024.

194 Cruz Villalón, J. (2020). "Teletrabajo y coronavirus: de la emergencia a la permanencia". *Derecho de las Relaciones Laborales,* (4), 2 (Ejemplar dedicado a: El Derecho del Trabajo y de la Seguridad Social ante la Pandemia de COVID-19), 408.

introdujo, de manera excepcional, que una autoevaluación voluntaria por parte del trabajador bastaba para cumplir con la evaluación de riesgos laborales exigida por la ley. Sin embargo, esta disposición ha sido criticada por la doctrina científica por contravenir los principios de acción preventiva, ya que delegaba responsabilidades de seguridad y salud laborales, tradicionalmente empresariales, al propio trabajador[195].

Adicionalmente, el artículo 6 reconoció el derecho de los trabajadores a adaptar o reducir su jornada laboral ante circunstancias excepcionales vinculadas a la necesidad de prevenir la transmisión comunitaria del COVID-19[196]. Esta disposición permitía explícitamente el teletrabajo como forma de adaptar la jornada laboral, aunque su aplicación debía ser justificada, razonable y proporcionada en función de la situación de la empresa.

En definitiva, la normativa excepcional establecida por los artículos 5 y 6 del Real Decreto-ley 8/2020 representó una modificación significativa del marco legal existente, imponiendo casi la obligatoriedad del teletrabajo para preservar la actividad

---

195 Alegre Nueno, M. (2021). "La prevención de riesgos laborales en el trabajo a distancia COVID-19", *El trabajo a distancia en el RDL 28/2020.* Tirant lo Blanch, 380-381.

196 A estos efectos, y de acuerdo con el párrafo segundo del art. 6.1 del Real Decreto-ley 8/2020, se considera que concurren las circunstancias excepcionales cuando sea necesaria la presencia de la persona trabajadora para la atención de alguna de las personas que sean sus familiares por consanguinidad hasta el segundo grado que, por razones de edad, enfermedad o discapacidad, necesite de cuidado personal y directo como consecuencia directa del COVID-19; cuando existan decisiones adoptadas por las Autoridades gubernativas relacionadas con el COVID-19 que impliquen cierre de centros educativos o de cualquier otra naturaleza que dispensaran cuidado o atención a la persona necesitada de los mismos; o en su caso, cuando la persona que hasta el momento se hubiera encargado del cuidado o asistencia directos de cónyuge o familiar hasta segundo grado de la persona trabajadora no pudiera seguir haciéndolo por causas justificadas relacionadas con el COVID-19.

empresarial frente a las suspensiones contractuales por ERTE. Asimismo, se destacó la prerrogativa del trabajador de adaptar su modo de trabajo, incluyendo el teletrabajo entre las opciones disponibles[197]. Aunque esta legislación fue un reflejo de la urgencia y la excepcionalidad del momento, actualmente ya no está en vigor, siendo reemplazada por regulaciones que buscan un enfoque más balanceado y permanente del trabajo a distancia.

3.3.3. La Ley 10/2021 de trabajo a distancia

La crisis de emergencia sanitaria ocasionada por el COVID-19 ha dado un considerable impulso al teletrabajo en España, que trae su causa en las restricciones y medidas adoptadas por el Gobierno para contener y frenar la expansión de la pandemia. De hecho, durante la pandemia se ha puesto de manifiesto que el teletrabajo constituye el mecanismo más eficaz para asegurar el mantenimiento de la actividad empresarial y prevenir el riesgo de contagio del coronavirus. En consecuencia, esta crisis sanitaria ha propiciado que las empresas apostaran por el teletrabajo, de modo que poco a poco se ha ido consolidando como una modalidad de relación laboral.

Si bien el legislador hizo un esfuerzo por modernizar las relaciones laborales a través de la Ley 3/2012, de 6 de julio, de medidas urgentes para la reforma del mercado laboral -en la que se modificó la regulación del tradicional trabajo a domicilio

---

197 En concreto, el párrafo segundo del art. 6.2 del Real Decreto-ley 8/2020 destaca las siguientes posibilidades de adaptación: cambio de turno, alteración de horario, horario flexible, jornada partida o continuada, cambio de centro de trabajo, cambio de funciones, cambio en la forma de prestación del trabajo, incluyendo la prestación de trabajo a distancia, así como cualquier otro cambio de condiciones que estuviera disponible en la empresa o que pudiera implantarse de modo razonable y proporcionado.

para dar acogida al trabajo a distancia, adaptando a los nuevos tiempos y a los nuevos desarrollos tecnológicos-. La regulación contenida en el art. 13 ET tras la reforma por la Ley 3/2012 contenía importantes carencias y resultaba insuficiente para aplicarlo a las peculiaridades del teletrabajo.

En este contexto, el Gobierno de España consideró la necesidad de desarrollar un marco regulador específico del trabajo a distancia y del teletrabajo en el que contemple el tratamiento jurídico en los aspectos más importantes de esta forma de organización del trabajo, entre los cuales destaca el carácter voluntario y reversible de esta modalidad de trabajo, la igualdad de trato en las condiciones profesionales, la ordenación de los tiempos máximos de trabajo y los tiempos mínimos de descanso, la protección de la intimidad de la persona trabajadora, la protección de datos y derecho a la desconexión digital, el aseguramiento de la seguridad y salud laboral, el ejercicio de los derechos colectivos, así como las facultades de organización, dirección y control empresarial en el trabajo a distancia. Todo ello se ha culminado con la aprobación del Real Decreto-ley 28/2020, de 22 de septiembre, de trabajo a distancia, que ha sido convalidado posteriormente por el Congreso de los Diputados a través de la publicación y entrada en vigor de la Ley 10/2021, de 9 de julio, de trabajo a distancia.

A continuación, se describe la estructura a alto nivel de esta Ley, presentándola desde una perspectiva genérica, y se ofrece un análisis preliminar de su contenido y de los elementos esenciales que la componen. En los capítulos restantes, se desarrollarán con mayor profundidad cada uno de los aspectos abordados, proporcionando una visión detallada y exhaustiva de esta normativa:

- El capítulo I comprende los 4 primeros artículos de esta Ley, a través de los cuales se establece un conjunto de disposiciones generales, tales como el ámbito de aplicación de esta Ley; las definiciones de los conceptos de trabajo a distancia, teletrabajo y trabajo presencial; las limitaciones en la realización del trabajo a distancia en los supuestos de contratos suscritos con menores[198] y los contratos formativos[199]; y por último, se establece el principio de igualdad de trato y de oportunidades y no discriminación, garantizando de manera general que las personas que desarrollan trabajo a distancia tengan los mismos derechos que las que realizan el trabajo presencial.

- El capítulo II abarca los arts. 5 a 8 de esta Ley y se centra en regular el acuerdo de trabajo a distancia, estableciendo el carácter voluntario de esta modalidad de trabajo tanto para la persona trabajadora como para la empresa, las obligaciones formales inherentes a la adopción de un acuerdo de trabajo a distancia, el contenido mínimo obligatorio que ha de contener este tipo de acuerdos, así como el régimen aplicable al ejercicio de la reversibilidad y a la modificación de las condiciones establecidas en el acuerdo de trabajo a distancia.
- El capítulo III incluye los arts. 9 a 19 de esta Ley y reconoce un conjunto de derechos a las personas trabajadoras a distancia, a saber: el derecho a la carrera profesional, incluyendo la formación y promoción profesional; los derechos relativos a la dotación y mantenimiento de medios y al abono y compensación de gastos; los derechos con repercusión en el tiempo de trabajo, y particularmente, el derecho al horario flexible y el derecho al registro horario adecuado; el

---

198 Las limitaciones en los contratos suscritos con menores se justifican con la vulnerabilidad, las necesidades de formación y descanso y la especial susceptibilidad a los riesgos vinculados con esta forma específica de organización.

199 Las limitaciones en los contratos formativos se justifican con la necesidad de garantizar el cumplimiento del objeto de estos contratos, ya sea la práctica profesional adecuada al nivel de estudios cursado, ya la obtención de una cualificación profesional, lo cual exige la adecuada y suficiente supervisión de la empresa.

derecho a la prevención de riesgos laborales; los derechos relacionados con el uso de medios digitales, como son el derecho a la intimidad y a la protección de datos y el derecho a la desconexión digital; y finalmente, los derechos colectivos de las personas que trabajan a distancia.

- El capítulo IV (arts. 20 a 22 de esta Ley) se refiere a las facultades de organización, dirección y control empresarial en el trabajo a distancia, regulando específicamente la protección de datos y seguridad de la información, las condiciones e instrucciones de uso y conservación de equipos o útiles informáticos, así como el ejercicio de las facultades de vigilancia y control empresarial para verificar el cumplimiento por la persona trabajadora a distancia de sus obligaciones y deberes laborales.

En definitiva, la promulgación de la Ley de trabajo a distancia supone un salto cualitativo en la regulación del teletrabajo en España, que se nutre directamente de la experiencia y los desafíos surgidos durante la crisis sanitaria del COVID-19. Esta ley no solo moderniza, sino que también expande el marco normativo existente para el trabajo a distancia, proporcionando un enfoque más holístico y adaptado a las necesidades contemporáneas del mercado laboral.

La Ley 3/2012 había intentado abordar las necesidades de modernización en las relaciones laborales, pero se quedó corta en muchos aspectos. No logró capturar totalmente las dinámicas del teletrabajo, dejando vacíos importantes en términos de derechos laborales y medidas de protección. En este sentido, la Ley 10/2021 de trabajo a distancia no solo cubre estos huecos, sino que avanza considerablemente en la protección y estructuración de la modalidad de trabajo a distancia.

De manera específica, la nueva ley aborda el carácter voluntario y reversible del teletrabajo, asegura la igualdad de trato y de condiciones laborales entre trabajadores a distancia y presenciales, y detalla la regulación de los tiempos de trabajo y descanso. Además, se hace énfasis en la protección de la intimidad y los datos personales del trabajador, integrando el derecho a la desconexión digital y fortaleciendo las políticas de seguridad y salud en el trabajo.

En el contexto actual, marcado por un cambio socioeconómico acelerado debido a la pandemia, esta Ley se presenta como una respuesta necesaria para facilitar la flexibilidad laboral. Sin embargo, aunque la misma establece un marco avanzado sobre el teletrabajo en comparación con las legislaciones de otros países europeos, su efectividad dependerá de la implementación práctica y de la capacidad de las organizaciones productivas y trabajadores de adaptarse a estos nuevos paradigmas laborales. Aún resta ver cómo estas regulaciones operan en la práctica y cómo se manejan los posibles conflictos derivados de su aplicación. En suma, la Ley de trabajo a distancia marca un avance significativo, pero su evaluación completa requerirá análisis continuos de su impacto en el tejido empresarial y en la vida de los teletrabajadores.

3.3.4. Negociación colectiva y teletrabajo

En el contexto de las relaciones laborales, es fundamental reconocer la importancia de los Convenios Colectivos como fuentes del Derecho del Trabajo. La Ley de trabajo a distancia reconoce y potencia el papel esencial de la negociación colectiva en la definición y aplicación de sus disposiciones[200]. A tal efecto, la disposición adicional primera de la ley especifica que los con-

---

200 Así lo reconoce el propio Preámbulo de la Ley de trabajo a distancia, que señala que "*(...) Existe, además, entre otros aspectos destacables, una marcada atención al necesario papel de la negociación colectiva en el ámbito del trabajo a distancia, con llamadas expresas a la hora de definir las tareas y actividades susceptibles de trabajo a distancia, los criterios de preferencia en el acceso a esta modalidad, el ejercicio de la reversibilidad, los distintos derechos de contenido económico asociados a esta forma de prestación y organización, el contenido del acuerdo e incluso los porcentajes de trabajo a distancia a los efectos de definir en sectores profesionales específicos lo que se considera trabajo a distancia regular*".

venios o acuerdos colectivos tienen la capacidad de desarrollar y complementar la normativa aplicable a cada sector, adaptando y precisando aspectos del teletrabajo según las necesidades y particularidades de cada ámbito laboral.

Esta disposición permite a los convenios colectivos establecer, entre otros, los criterios para determinar cuáles puestos y funciones son adecuados para el teletrabajo; las condiciones para acceder y desarrollar esta modalidad laboral; la duración máxima del trabajo a distancia; los elementos adicionales que deben contener los acuerdos de trabajo a distancia y cualquier otra cuestión que requiera regulación específica. También pueden definir la jornada mínima presencial necesaria, las condiciones bajo las cuales los trabajadores pueden revertir al trabajo presencial, un umbral más bajo que el establecido por la ley para considerar el trabajo a distancia como "regular", y ajustes específicos en los contratos formativos, siempre y cuando no se involucren menores de edad. Adicionalmente, los convenios pueden establecer particularidades en la modulación del derecho a la desconexión digital en circunstancias extraordinarias.

Por lo tanto, para una comprensión exhaustiva del marco regulatorio del teletrabajo, es imprescindible tener en cuenta las disposiciones de los Convenios Colectivos pertinentes. El papel de la negociación colectiva en la configuración del teletrabajo es, por lo tanto, de vital importancia y será analizado detenidamente en el Capítulo 9. Este Capítulo buscará proporcionar una visión integral de cómo la negociación colectiva puede ser utilizada efectivamente para adaptar el marco legal a la realidad dinámica y diversa del mundo laboral contemporáneo.

4. Los principios rectores del teletrabajo y su implementación práctica

La promulgación de la Ley de trabajo a distancia en España ha marcado un punto de inflexión en la regulación de las modalidades laborales adaptadas a la era digital. Este marco legal introduce principios rectores esenciales que buscan equilibrar las necesidades de flexibilidad en el trabajo con la protección de los derechos laborales. En este Capítulo, se analizarán detalladamente los principios de voluntariedad, reversibilidad e igualdad, que constituyen las bases fundamentales para la implementación efectiva y justa del teletrabajo.

El principio de voluntariedad asegura que tanto la empresa como los trabajadores acuerden de manera conjunta la adopción del teletrabajo, destacando la importancia de la autonomía y el consentimiento mutuo en la configuración de las relaciones laborales a distancia. Este principio se explorará a través del marco legal vigente y la jurisprudencia relevante, proporcionando una visión clara de su aplicación práctica y las implicaciones para las partes involucradas. A continuación, el principio de reversibilidad se examina como un mecanismo que permite a cualquiera de las partes revertir la decisión de teletrabajar. Este principio refleja la necesidad de adaptabilidad y flexibilidad dentro de las organizaciones, permitiendo que tanto trabajadores como empresas respondan dinámicamente a cambios en sus necesidades y circunstancias operativas. Se discutirán los aspectos legales que regulan este principio, así como los procedimientos prácticos para su implementación. Por último, el principio de igualdad se aborda con el objetivo de garantizar que los trabajadores a distancia no sufran discriminación en comparación con sus colegas presenciales. Se enfatizará en la igualdad de trato en términos de retribución, oportunidades de formación y promoción, así como en la participación en planes de igualdad y medidas contra el acoso.

En el proceso de implementación práctica del teletrabajo, se abordará de manera exhaustiva cómo configurar las condiciones óptimas para su despliegue efectivo. Este análisis comienza con la adecuación de los puestos de trabajo y funciones, asegurando que las tareas asignadas sean compatibles con el entorno de teletrabajo. Esto implica una revisión meticulosa de las actividades laborales para determinar cuáles pueden realizarse de forma remota sin comprometer la calidad o la eficiencia. Por ejemplo, trabajos que requieren alto grado de concentración individual y manejo de información digital son especialmente adecuados para esta modalidad, mientras que aquellos que dependen de la interacción física directa o el manejo de maquinaria especializada pueden no serlo.

Además, se evaluará la idoneidad de los trabajadores para el teletrabajo, considerando no solo sus habilidades y competencias técnicas, sino también su capacidad para gestionar de manera autónoma su tiempo y recursos. La autodisciplina, la capacidad de comunicación efectiva y la gestión del tiempo son atributos cruciales para los candidatos al teletrabajo. En este contexto, también es esencial que las empresas desarrollen estrategias para la dirección y supervisión efectiva de las actividades laborales a distancia. Esto incluye la implementación de sistemas de seguimiento que respeten la privacidad y dignidad del trabajador, mientras aseguran que los objetivos laborales se cumplan de manera eficiente.

La formalización de los acuerdos de trabajo a distancia es otro pilar fundamental en la estructuración del teletrabajo. Estos acuerdos deben especificar claramente los términos y condiciones bajo los cuales se llevará a cabo el teletrabajo, incluyendo aspectos como horarios, objetivos, herramientas y recursos proporcionados por la empresa, compensación de gastos, y medidas de seguridad de la información. Igualmente, se abordarán las modalidades de modificación y reversión del teletrabajo, permitiendo tanto a empleados como a empleadores adaptarse a cambios en las circunstancias o en las necesidades de la organización.

Finalmente, se tratará la tutela jurisdiccional para resolver los conflictos que puedan surgir en este régimen laboral, proporcionando mecanismos para una resolución eficaz y equitativa de disputas. Este enfoque garantiza que tanto trabajadores como empleadores tengan claros sus derechos y obligaciones, y que se respeten las normativas vigentes en materia de trabajo a distancia.

En definitiva, este Capítulo pretende ofrecer una visión integral de los principios y prácticas asociadas al teletrabajo, equipando a empresas y trabajadores con las herramientas necesarias para una transición efectiva hacia modelos laborales más flexibles y adaptativos, siempre en un marco de respeto a los derechos de todas las partes involucradas.

4.1. PRINCIPIOS RECTORES DEL TELETRABAJO

Con la publicación y entrada en vigor de la Ley de trabajo a distancia, se pueden extraer fundamentalmente tres principios rectores del teletrabajo, y en concreto: la voluntariedad, que se refiere a la libertad que tienen tanto la empresa como las personas trabajadoras de acogerse al teletrabajo, de modo que ninguna de las partes está obligada a adoptar esta modalidad de trabajo; la reversibilidad, entendido como la posibilidad de volver al trabajo presencial a instancia de cualquiera de las partes; y la igualdad, que hace referencia al trato no discriminatorio entre los teletrabajadores y los trabajadores presenciales, de manera que ambos colectivos gozan de los mismos derechos y obligaciones, así como de las condiciones laborales, incluyendo retribución, estabilidad en el empleo, tiempo de trabajo, formación y promoción profesional. Estos principios asientan las bases jurídicas para el acceso al teletrabajo, así como su posterior modificación o reversión.

A continuación, se procede a examinar cada uno de estos principios, así como las especificidades que presenta cada uno de ellos:

4.1.1. Principio de voluntariedad

Tanto la cláusula 3ª del Acuerdo Marco Europeo sobre Teletrabajo como el art. 5 de la Ley de trabajo a distancia, establece el carácter voluntario del teletrabajo, lo cual supone, en primer lugar, la imposibilidad de imponer unilateralmente esta modalidad de trabajo por parte de la empresa. En este mismo sentido se posiciona la Sala de lo Social del Tribunal Supremo, recalcando en su sentencia núm. 2126/2005, de 11 de abril, que:

> *"[...]el carácter voluntario para el trabajador de la aceptación del teletrabajo a domicilio se deriva en nuestro Derecho de lo que establece los artículos 1091, 1204 y 1256 del Código Civil en relación con lo ya indicado sobre la imposibilidad de utilizar en esta materia la vía del artículo 41 del Estatuto de los Trabajadores y de los límites de regulación aplicables a la autonomía colectiva, que no puede entrar a regular aquellas materias que afectan a la esfera personal de los trabajadores"*[201].

De acuerdo con la doctrina del Tribunal Supremo contenida en esta sentencia, el teletrabajo a domicilio supone una transformación del régimen contractual al trasladar el lugar de la ejecución del contrato del centro de trabajo empresarial al domicilio de la persona trabajadora, lo cual tiene implicaciones sobre la esfera

---

201 STS 2126/2005 de 11 de abril (TOL4.960.282). En esta sentencia, nuestro Alto Tribunal ha anulado el acuerdo en el que la empresa impone unilateralmente el teletrabajo a domicilio para el personal del canal de venta directa, pues en aplicación de las disposiciones del Código Civil en materia contractual (en concreto, el art. 1091 CC que establece que las obligaciones que nacen de los contratos tienen fuerza de ley entre las partes; el art. 1204 CC en lo que se refiere a la novación contractual; así como el art. 1256 CC, que impide dejar al arbitrio de uno de los contratantes la validez y el cumplimiento del contrato), el personal afectado puede voluntariamente aceptar este cambio en las condiciones que establece el acuerdo.

personal de ésta[202] y, en consecuencia, excede no sólo del ámbito del procedimiento de modificación sustancial *ex.* art. 41 ET, sino también del propio poder de disposición de la autonomía colectiva.

En segundo lugar, el principio de voluntariedad implica que no existe, con carácter general, un derecho subjetivo para el trabajador de acogerse al teletrabajo, a no ser que así lo reconozca la ley, el convenio o un acuerdo colectivo. Ahora bien, el apartado 1, *in fine*, del art. 5 de la Ley de trabajo a distancia hace una matización al respecto, señalando que "*el trabajo a distancia será voluntario [...] sin perjuicio del derecho al trabajo a distancia que pueda reconocer la legislación o la negociación colectiva*". A este respecto, es preciso destacar que el Estatuto de los Trabajadores contempla un conjunto de supuestos en los que la persona trabajadora dispone de un derecho subjetivo de acceso al teletrabajo[203], a saber:

- El art. 23.1 ET establece el derecho a una preferencia a elegir turno de trabajo y a acceder al trabajo a distancia cuando la persona trabajadora esté cursando con regularidad estudios para la obtención de un título académico o profesional.
- El art 34.8 ET, tras la reforma operada por el Real Decreto-ley 6/2019, de 1 de marzo, de medidas urgentes para garantía de la igualdad de trato y de oportunidades entre mujeres y hombres en el empleo y la ocupación, reconoce a las personas trabajadoras el derecho a solicitar las adaptaciones de la dura-

---

202 Siguiendo la doctrina del Tribunal Supremo, cuando se convierte el domicilio de la persona trabajadora en su lugar de trabajo, se le está obligando a poner a disposición de la empresa algo más que la fuerza de trabajo, pues se convierte en centro de trabajo, el propio espacio donde se desarrolla la vida privada del trabajador y esto no sólo supone un coste adicional al tener que destinar al trabajo lugares que antes se destinaban a otros usos familiares, sino que también puede tener consecuencias de otro orden en la convivencia en el hogar o en la vida personal de la persona trabajadora.

203 Romero Burillo, A. M. (2021). *El marco regulador del teletrabajo, op. cit.*, p. 106.

ción y distribución de la jornada de trabajo, en la ordenación del tiempo de trabajo y en la forma de prestación, incluida la prestación de su trabajo a distancia, para hacer efectivo su derecho a la conciliación de la vida familiar y laboral.

- Para aquellas personas trabajadoras que tengan la consideración de víctimas de violencia de género o de víctimas del terrorismo, el art. 37.8 ET les reconoce el derecho a realizar su trabajo total o parcialmente a distancia o a dejar de hacerlo si este fuera el sistema establecido, siempre en ambos casos que esta modalidad de prestación de servicios sea compatible con el puesto y funciones desarrolladas por las mismas. Este derecho tiene como finalidad hacer efectiva la protección de las víctimas de violencia de género o de víctimas del terrorismo, así como su derecho a la asistencia social integral, de modo que, una vez obtenida la orden judicial de protección o, en su caso, el informe del Ministerio Fiscal, este derecho surge de manera automática[204].

Sin perjuicio de lo anterior y en el contexto del debate sobre la condición más beneficiosa en la relación laboral, especialmente en lo referente al teletrabajo, surge una cuestión relevante: si un trabajador puede adquirir el derecho de acceso al teletrabajo alegando que este constituye una condición más beneficiosa. Este análisis requiere una exploración detallada de los elementos que configuran una condición más beneficiosa bajo la jurisprudencia del Tribunal Supremo, y cómo estos se aplican al caso particular del teletrabajo.

La condición más beneficiosa se encuentra arraigada en el artículo 3.1 c) del Estatuto de los Trabajadores (ET), el cual establece que las condiciones laborales se pueden regular por

---

204 Díaz Aznarte, M. T. (2009). "La respuesta del ordenamiento jurídico-laboral a la situación de las trabajadoras víctimas de violencia de género". *La ley integral: Un estudio multidisciplinar*. Dykinson, 159.

la voluntad de las partes, siempre que no se establezcan condiciones menos favorables para el trabajador que las dispuestas en la ley y los convenios colectivos. Es esencial reconocer al teletrabajo como una condición más beneficiosa de naturaleza extrasalarial que no poseen un contenido económico o fácilmente cuantificable[205], ya que puede ofrecer mejoras significativas en el bienestar y la satisfacción laboral del empleado. Esta ventaja, por su naturaleza intangible, puede ser altamente apreciada y deseada por los trabajadores, presentándose como un elemento diferenciador frente a las formas de trabajo tradicionales.

El Tribunal Supremo ha enfatizado que para que una práctica se convierta en una condición más beneficiosa debe haberse consolidado mediante una voluntad empresarial inequívoca y haberse reiterado en el tiempo de manera suficientemente prolongada. En este sentido, se expone en su reciente sentencia núm. 994/2023, de 22 de noviembre:

> *"[...] La doctrina de esta Sala es unánime al señalar que la existencia de una condición más beneficiosa exige que ésta se haya adquirido y disfrutado en virtud de la consolidación del beneficio que se reclama, por obra de una voluntad inequívoca de su concesión, de suerte que la ventaja que se concede se haya incorporado al nexo contractual a través de un acto empresarial constitutivo de una concesión o reconocimiento de un derecho y se pruebe, en fin, la voluntad empresarial de atribuir a sus trabajadores una ventaja o un beneficio social que supera a los establecidos en las fuentes legales o convencionales de regulación de la relación contractual de trabajo. De tal forma que lo decisivo es la existencia de voluntad empresarial para incorporarla al nexo contractual y que no se trate de una mera liberalidad o tolerancia del empresario, por lo que no basta la repetición o persistencia en el tiempo del disfrute, siendo necesaria la prueba de la existencia de esa voluntad de atribuir el derecho a los trabajadores"*[206].

---

[205] Díaz Aznarte, M. T. (2001). *El principio de condición más beneficiosa en el ordenamiento jurídico-laboral.* Bosch Casa Editorial, 214-215.

[206] STS 994/2023 de 22 de noviembre (TOL9.803.015).

En base a lo expuesto anteriormente, para que el teletrabajo se considere una condición más beneficiosa, deben concurrir simultáneamente las siguientes circunstancias[207]:

- **Consolidación individual**: El trabajador debe demostrar que el teletrabajo se ha establecido como una mejora continua y consolidada en su relación laboral como un "derecho adquirido"[208].
- **Voluntad empresarial de consolidación**: Debe existir evidencia clara de que la empresa tenía la intención de hacer permanente esta modalidad de trabajo para el trabajador o grupo de trabajadores en cuestión, más allá de una mera adaptación temporal a circunstancias excepcionales.
- **Reiteración temporal**: El teletrabajo debe haber sido practicado durante un período suficientemente largo como para que se considere una condición establecida y no una medida temporal o experimental.

En definitiva, determinar si el teletrabajo puede ser considerado una condición más beneficiosa depende en gran medida de las circunstancias específicas y de la evidencia de una intención clara y persistente por parte del empleador de mantener esta modalidad de trabajo como una mejora permanente en las condiciones laborales. La consolidación del teletrabajo como

---

207 Díaz Aznarte, M. T. (2001). *El principio de condición más beneficiosa en el ordenamiento jurídico-laboral. op.cit.*,136-151.

208 Esta expresión se consolidó en el lenguaje jurídico español debido a la Disposición Transitoria Única del Código Civil, que impide la retroactividad de modificaciones legales perjudiciales a derechos previos. A pesar de las críticas doctrinales y jurisprudenciales sobre su imprecisión técnica, la expresión se usa frecuentemente para referirse a situaciones que deben permanecer inalteradas frente a nuevas normativas. Díaz Aznarte, M. T. (2002). *Teoría general de la sucesión de normas en el tiempo (una reflexión crítica sobre los principios ordenadores de la eficacia temporal de las leyes).* Tirant lo Blanch, 125.

una condición más beneficiosa requiere no solo la adaptación al cambio, sino también una clara manifestación de voluntad por parte del empleador, que debe ser demostrada de manera inequívoca ante cualquier tribunal. Por tanto, en ausencia de una voluntad empresarial explícita y una práctica prolongada y consistente del teletrabajo, es difícil argumentar que esta modalidad ha evolucionado para convertirse en una condición más beneficiosa automáticamente. Los trabajadores que buscan establecer el teletrabajo como una condición más beneficiosa deben estar preparados para proporcionar evidencia concreta que respalde esta reclamación, guiándose por las directrices establecidas por la jurisprudencia y la práctica judicial.

Por último, cabe señalar que el apartado 2 del art. 5 de la Ley de trabajo a distancia dispone que la negativa de la persona trabajadora a trabajar a distancia no constituye de ningún modo causa justificativa de la extinción de la relación laboral ni de la modificación sustancial de las condiciones de trabajo. En los mismos términos se establece en la cláusula 3ª del Acuerdo Marco Europeo sobre Teletrabajo, en virtud de la cual se estipula que la negativa de una persona trabajadora a teletrabajar no es, en sí, un motivo de rescisión de la relación laboral ni de modificación de sus condiciones de trabajo. En consecuencia, se pone de manifiesto que es la propia persona trabajadora la que tiene la última decisión sobre la adopción del teletrabajo, constituyendo por tanto una condición *sine qua non* para ello[209].

4.1.2. Principio de reversibilidad

El principio de reversibilidad establece la posibilidad de que, tanto la persona trabajadora como la empresa, puedan revertir la

---

[209] López Balaguer, M. (2021). "Voluntariedad del trabajo a distancia: el acuerdo de trabajo a distancia". *El trabajo a distancia en el RDL 28/2020*. Tirant lo Blanch, 91.

decisión adoptada sobre la prestación de servicios laborales bajo el régimen del teletrabajo. Ahora bien, a tenor de la literalidad de la norma contenida en el apartado 3 del art. 5 de la Ley de trabajo a distancia, se deduce que esta reversibilidad se ejerce en sentido unidireccional, es decir, se refiere sólo a la vuelta al trabajo presencial y no viceversa. Igualmente, esta reversión tiene un carácter total, de modo que no se permite una modulación del porcentaje de jornada en que se realiza el trabajo presencial, sino que supone una vuelta total a la presencialidad en las mismas condiciones de trabajo que tuviera inicialmente la persona trabajadora[210].

Conforme al apartado 2 del artículo 5 de la Ley de trabajo a distancia, el derecho de la persona trabajadora a revertir al trabajo presencial no puede considerarse, bajo ningún concepto, como causa justificativa para la extinción del vínculo laboral ni para la modificación sustancial de las condiciones de trabajo. Más aún, la empresa está obligada a aceptar dicha reversión sin que pueda condicionar su ejercicio a la obtención de una autorización empresarial o a la existencia de algún motivo de hecho que la justifique. En línea con esto, la Sala de lo Social de la Audiencia Nacional, en su sentencia núm. 44/2022, establece que la modalidad de trabajo a distancia no depende exclusivamente de la voluntad del empleador, ni puede este autorizarla unilateralmente. Según la sentencia, se trata de un acuerdo reversible por ambas partes, de modo que tanto la empresa como el trabajador pueden decidir volver al esquema presencial si así lo consideran oportuno:

> *"[...] El trabajo distancia no es una decisión que de él dependa exclusivamente y pueda, como dice, "autorizar", sino que se trata de un acuerdo de voluntades que para ambas partes es reversible. Por tanto, ambas pueden, si así cada una lo decide, revertir el trabajo a distancia"*[211].

---

210 Romero Burillo, A. M. (2021). *El marco regulador del teletrabajo, op. cit.*, 105.

211 SAN 44/2022 de 22 de marzo (TOL9.803.015). En el marco de un procedimiento de conflicto colectivo, se ha planteado la nulidad de una cláusula del contrato de adhesión, en virtud de la cual se estable-

Ahora bien, ante la falta de concreción de este principio en la Ley de trabajo a distancia, nos hace pensar que si la persona trabajadora tiene el derecho a rechazar la propuesta de reversión empresarial. En mi opinión, la persona trabajadora podrá rechazar la propuesta de reversión empresarial siempre que se disponga de un derecho subjetivo de acceso al teletrabajo, esto es, en los supuestos de formación para la obtención de un título académico o profesional *ex.* art. 23.1 CE; del ejercicio de los derechos de conciliación de la vida laboral y familiar *ex.* art 34.8 ET; o de la protección y asistencia integral de la trabajadora víctima de violencia de género o de las víctimas del terrorismo *ex.* art. 37.8 ET. En caso contrario, se deberá atender a los términos establecidos en la negociación colectiva o, en su defecto, en los fijados en el acuerdo de trabajo a distancia, conforme a lo dispuesto en el apartado 3, *in fine*, del art. 5 de la Ley de trabajo a distancia.

4.1.3. Principio de igualdad

El principio de igualdad queda consagrado en diferentes textos normativos que regula el teletrabajo, comenzando por el Convenio núm. 177 de la OIT sobre el trabajo a domicilio, que en su art. 4. establece la igualdad de trato entre los trabajadores a domicilio y los otros trabajadores asalariados. En la misma línea, el Acuerdo Marco Europeo sobre Teletrabajo reconoce en su

---

cen limitaciones en cuanto al ejercicio de la reversibilidad por parte de la persona trabajadora, al regular unilateralmente los supuestos en los que se considera que existe una razón de hecho para la reversión al trabajo presencial a instancia de esta última. La doctrina de la Audiencia Nacional ha sido contundente al respecto, señalando que dicha cláusula es abusiva y contraria a derecho al limitar por esta vía contractual adhesiva el ejercicio de la reversibilidad por parte del trabajador, ya que su contenido es fijado previamente por la empresa y el trabajador sólo tiene la facultad de adherirse, lo que se traduce en la existencia de una desigualdad originaria de las partes en el contrato de trabajo.

Cláusula 4ª que las personas teletrabajadoras se benefician de los mismos derechos, garantizados por la legislación y los convenios colectivos aplicables que los trabajadores comparables que trabajan en los establecimientos de la empresa. Finalmente, el art. 4 de la Ley de trabajo a distancia establece inequívocamente que las personas que desarrollan trabajo a distancia tienen los mismos derechos que hubieran ostentado si prestasen servicios en el centro de trabajo de la empresa, a excepción de aquellos que sean inherentes a la realización de la prestación laboral en el mismo de manera presencial. En concreto, esta igualdad se manifiesta en los diferentes ámbitos de las relaciones laborales, tales como la retribución, la estabilidad en el empleo, el tiempo de trabajo, la formación y promoción profesional, así como en materia de conciliación y corresponsabilidad.

Así pues, del principio de igualdad se infiere la prohibición general de establecimiento de condiciones laborales menos favorables para las personas teletrabajadoras frente a los trabajadores presenciales. También el legislador ordinario ha puesto especial énfasis en la igualdad en materia retributiva, de modo que en virtud del párrafo segundo del apartado 1 del art. 4 de la Ley de trabajo a distancia, todas aquellas personas que desarrollan total o parcialmente el trabajo a distancia tienen derecho a percibir, como mínimo, la retribución total establecida conforme a su grupo profesional, nivel, puesto y funciones, así como los complementos establecidos para las personas trabajadoras que solo prestan servicios de forma presencial, particularmente aquellos relacionados con las condiciones personales, los resultados de la empresa o las características del puesto de trabajo.

En aras de garantizar la igualdad de trato y no discriminación, el legislador establece una serie de obligaciones a las empresas, entre las cuales destaca la adopción de medidas para la protección frente a cualquier discriminación, directa o indirecta, particularmente por razón de sexo, edad, antigüedad o grupo profesional o discapacidad, de las personas trabajadoras a distancia; la inclusión de las personas teletrabajadoras o trabajadoras a distancia en el diagnóstico, implementación, aplicación, seguimiento y evaluación de medidas y planes de igualdad; así como la consideración de las particularidades del trabajo a distancia y del teletrabajo en la configuración y aplicación de medidas contra el acoso sexual, acoso por razón de sexo, acoso por causa discriminatoria y acoso laboral. En línea con estas regulaciones, la Ley 4/2023, de 28 de febrero, para la igualdad real y efectiva de las personas trans y para la garantía de los derechos de las personas LGTBI, también impone nuevas obligaciones a las empresas para promover la igualdad y proteger a colectivos específicos, como las personas LGTBI, destacando la necesidad de contar con un conjunto planificado de medidas y recursos para alcanzar la igualdad real y efectiva en el entorno laboral. Sin embargo, la implementación de estas obligaciones ha generado inseguridades e incertidumbres entre los agentes sociales, quienes se encuentran a la espera del desarrollo reglamentario necesario para concretar y guiar adecuadamente estas medidas[212].

Finalmente, es preciso destacar la sentencia núm. 565/2023, de 19 de septiembre, del Tribunal Supremo ha consolidado de forma rigurosa la normativa sobre igualdad de trato en el ámbito del teletrabajo[213]. Esta resolución judicial proviene de un recurso de casación interpuesto por la empresa Extel Contact Center SAU, en el que se discutían las repercusiones laborales derivadas de interrupciones en el servicio de teletrabajo causadas por cortes en el suministro de luz o problemas de conexión a internet.

La relevancia de esta sentencia radica en su enfático reconocimiento de que incidentes técnicos, que escapan al control del trabajador, no deben afectar adversamente sus condiciones de empleo. El Tribunal Supremo enfatiza que estos periodos

---

212 Vila Tierno, F. (2024). "Nuevas obligaciones laborales, nuevas incertidumbres". *Revista de Estudios Jurídico Laborales y de Seguridad Social (REJLSS),* (8), 8-10.

213 STS 565/2023 de 19 de septiembre (TOL9.723.893).

de interrupción involuntaria deben considerarse como tiempo efectivo de trabajo, a pesar de que el empleado no esté realizando actividades laborales durante esos momentos específicos. Esta interpretación se sustenta en un principio de protección al trabajador, donde se le exime de la responsabilidad de recuperar el tiempo perdido o enfrentar reducciones en su salario debido a circunstancias externas.

El Tribunal Supremo argumenta que, si estas mismas interrupciones ocurriesen en un entorno de trabajo presencial y fueran originadas por causas ajenas al trabajador, como fallas en el suministro eléctrico del edificio de la empresa, es improbable que se exigiera al empleado recuperar el tiempo o que se le descontara de su remuneración. De este modo, aplicar un criterio distinto para el teletrabajo constituiría una discriminación hacia los trabajadores remotos, algo que la normativa vigente busca evitar explícitamente.

Además, esta decisión judicial se alinea con los mandatos del artículo 4 del Real Decreto-ley 28/2020, de trabajo a distancia (el actual art. 4 de la Ley 10/2021, de 9 de julio, de trabajo a distancia), el cual establece que los trabajadores a distancia deben gozar de los mismos derechos y estar sujetos a las mismas obligaciones que los trabajadores presenciales, excepto en aquellos aspectos que sean exclusivamente inherentes a la realización de la prestación laboral de manera presencial. Este marco legal garantiza que no se establezcan condiciones laborales menos favorables exclusivamente por la modalidad de trabajo a distancia.

Por otra parte, la sentencia del Tribunal Supremo subraya la obligación de la empresa de proporcionar y mantener los medios necesarios para el desarrollo del trabajo a distancia. Este aspecto es crucial, dado que refuerza la idea de que cualquier fallo en estos medios, que impida la prestación laboral y que no sea imputable al trabajador, debe ser asumido por el empleador sin que ello conlleve penalizaciones para el empleado.

En definitiva, esta sentencia no solo esclarece la aplicación del principio de igualdad en el contexto del teletrabajo, sino que también fortalece el marco de protección laboral en situaciones de vulnerabilidad técnica, asegurando que las condiciones laborales de los teletrabajadores no se vean mermadas por circunstancias fuera de su control. Esta jurisprudencia representa un paso significativo hacia la equiparación efectiva de derechos entre trabajadores presenciales y a distancia, consolidando así las bases para un tratamiento equitativo independientemente de la modalidad laboral.

4.2. IMPLEMENTACIÓN PRÁCTICA DEL TELETRABAJO

La implementación práctica del teletrabajo en España requiere un enfoque estructurado y una serie de regulaciones diseñadas para garantizar su efectividad y sostenibilidad. La Ley de trabajo a distancia establece las pautas esenciales para la formalización del teletrabajo, incluyendo la necesidad de acuerdos por escrito que definan claramente las condiciones de trabajo, los medios necesarios y las responsabilidades tanto del empleador como del trabajador. Además, la normativa enfatiza la importancia de la negociación colectiva para adaptar las condiciones del teletrabajo a las particularidades de cada sector, permitiendo una mayor flexibilidad y adecuación a las necesidades específicas. La capacidad de las empresas para supervisar y controlar el desempeño laboral a distancia es otro aspecto crucial, requiriendo la implementación de sistemas y herramientas que permitan una gestión efectiva sin invadir la privacidad de los trabajadores. En conjunto, estos elementos forman un marco que facilita la adopción del teletrabajo, asegurando que tanto empleadores como empleados puedan beneficiarse de esta modalidad de trabajo de manera equitativa y eficiente.

A continuación, se centra en analizar detenidamente las condiciones esenciales para la implementación práctica del teletrabajo, abordando aspectos críticos como la adecuación de los puestos y funciones, la idoneidad de las personas trabajadoras y la capacidad de dirección y control por parte de las empresas. Además, se explorará la formalización del acuerdo de teletrabajo, sus posibles modificaciones y la reversión al trabajo presencial, así como la tutela jurisdiccional de estos procesos. Con ello, se pretende ofrecer una visión comprensiva y detallada de los aspectos clave que deben considerarse para una implementación exitosa del teletrabajo, asegurando su viabilidad y efectividad tanto para las empresas como para las personas trabajadoras.

4.2.1. Establecimiento de las condiciones de acceso al teletrabajo

Cuando se valora la puesta en marcha del teletrabajo en las empresas, es preciso considerar, como punto de partida, una serie de condiciones inamovibles para su correcta gestión e implantación. Tal y como acertadamente ha puesto de relieve Ortiz Chaparro, "*a la hora de plantearse una experiencia de teletrabajo, lo primero que hay que considerar es el trabajo en sí*" [214], ya que, si las tareas o funciones asociadas a los diferentes puestos de trabajo no pueden realizarse a distancia y mediante un uso exclusivo o prevalente de medios y sistemas informáticos, telemáticos y de telecomunicación, es mejor no tratar de implementar el teletrabajo al carecer de sentido alguno. En segundo lugar, será necesario valorar si las características y circunstancias personales de las personas trabajadoras son idóneas para desempeñar el teletrabajo[215]. Por último, no hay que olvidar la consideración de la capacidad de las empresas para dirigir y controlar la actividad laboral desarrollada por las personas teletrabajadoras, pues en el contexto del teletrabajo, las empresas dejan de tener una comunicación y control directo con su personal, lo cual les obliga a establecer nuevos sistemas de dirección y supervisión empresarial para una implementación exitosa de esta modalidad de trabajo.

---

[214] Ortiz Chaparro, F. (1995). *El teletrabajo: una nueva sociedad laboral en la era de la tecnología, op. cit.*, 67.

[215] Pérez Bilbao, J., Nogareda Cuixart, C. y Sancho Figueroa, T. (1997). *Teletrabajo: nuevas perspectivas en la organización, op. cit.*, 27.

Ahora bien, la Ley de trabajo a distancia no contiene ninguna especificación respecto a los puestos de trabajo y funciones susceptibles de ser realizados a través del teletrabajo, ni sobre los requisitos y cualidades que han de reunir las personas trabajadoras para acceder a esta modalidad de trabajo, sino que lo remite directamente a la negociación colectiva para su concreción, tal y como lo recoge la disposición adicional primera de esta ley. De este modo, se está otorgando un papel fundamental a la autonomía colectiva para completar la regulación del teletrabajo en cada uno de los sectores específicos. Entiendo que este tratamiento regulatorio es ciertamente adecuado atendiendo a la diversidad de las casuísticas que se pueda presentar en cada sector. Sin embargo, no estaría de más establecer unos criterios o parámetros comunes y básicos que orienten el desarrollo posterior por vía de la negociación colectiva o del acuerdo de trabajo a distancia.

A continuación, se procede a examinar detenidamente cada una de las condiciones que han de considerar para el acceso al teletrabajo:

4.2.1.1. Adecuación de los puestos de trabajo y funciones

Para implementar adecuadamente el teletrabajo en las empresas, resulta crucial adaptar los puestos de trabajo y las funciones a esta modalidad, garantizando su compatibilidad con el uso eficiente de las Nuevas Tecnologías de la Información y la Comunicación. La experiencia reciente, particularmente durante la pandemia, ha revisado las tareas que mejor se adaptan al teletrabajo: estas incluyen actividades que permiten un control autónomo del ritmo de trabajo, la realización de entregas específicas con objetivos y plazos claros, y aquellas que pueden segmentarse en etapas definidas[216]. Aunque tradicionalmente se consideraba que el teletrabajo era menos viable para tareas

[216] Ortiz Chaparro, F. (1995). *El teletrabajo: una nueva sociedad laboral en la era de la tecnología, op. cit.*, 73-75.

que requieren comunicación constante o trabajo colaborativo, los avances tecnológicos y las herramientas de colaboración digital han demostrado que incluso equipos enteros pueden operar eficazmente a distancia. Además, la gestión basada en resultados se ha evidenciado como particularmente efectiva bajo este esquema. Contrario a la noción previa de que el teletrabajo requiere espacios físicos reducidos y minimiza la gestión de documentación voluminosa, las soluciones digitales actuales permiten manejar extensos volúmenes de información sin la necesidad de espacio físico considerable, facilitando así la adaptación a diversas configuraciones laborales.

Ahora bien, la Ley de trabajo a distancia no identifica ni especifica qué tipo de trabajo o tareas son aptos para desarrollar bajo la modalidad de teletrabajo, sino que invoca directamente a la negociación colectiva. Pese a ello, podemos tomar como referencia los criterios contemplados en la normativa reguladora del teletrabajo en las diferentes Administraciones Públicas, a través de los cuales se pone de relieve la identificación de los puestos de trabajo susceptibles de teletrabajo en el ámbito del empleo público, a saber:

- El Real Decreto-ley 29/2020, de 29 de septiembre, de medidas urgentes en materia de teletrabajo en las Administraciones Públicas y de recursos humanos en el Sistema Nacional de Salud para hacer frente a la crisis sanitaria ocasionada por la COVID-19, que en su expositivo III establece como requisito previo la valoración del carácter susceptible de poder realizarse mediante teletrabajo de las tareas asignadas al puesto.
- El Decreto 79/2020, de 16 de septiembre, del Consejo de Gobierno, por el que se regula la modalidad de prestación de servicios en régimen de teletrabajo en la Administración de la Comunidad de Madrid, establece en su art. 7 los requisitos de los puestos de trabajo susceptibles de prestarse mediante el teletrabajo. En concreto, con carácter general, es susceptible de ser desempeñado en régimen de tele-

trabajo cualquier puesto de trabajo que no se encuentre comprendido en las exclusiones siguientes: (1) puestos de trabajo que requieran un acceso frecuente de datos no informatizados; (2) puestos de trabajo que precisen el uso de información masiva no informatizada; (3) puestos de trabajo que generen información masiva en documentos no informatizados que necesiten ser archivados, sobre todo si deben ser consultados posteriormente por terceros; (4) puestos de trabajo que requieran un contacto directo frecuente con el público o con otras personas que resulte incompatible con la prestación de servicios en esta modalidad; (5) puestos de trabajo que no posibiliten que en el trabajo que la persona trabajadora desarrolle se puedan establecer objetivos de producción, en volumen de trabajo y en la calidad del mismo; y, por último, (6) puestos de trabajo cuyas funciones conlleven necesariamente la prestación de servicios presenciales en el lugar de trabajo.

- El Decreto 27/2022, de 23 de junio, por el que se regula la modalidad de prestación de servicios en régimen de teletrabajo en la Administración de la Comunidad de Castilla y León, contempla en su art. 7 los requisitos acerca de los puestos de trabajo habilitados para el teletrabajo, y en concreto, se considera susceptible de ser desempeñado en régimen de teletrabajo cualquier puesto cuyo contenido competencial pueda desarrollarse fuera de las dependencias de la Administración, mediante el uso exclusivo o prevalente de las tecnologías de la información y comunicación, a excepción de los siguientes: (1) los puestos de unidades con atención 24 horas que precisen presencialidad para el adecuado ejercicio de las competencias asignadas; (2) los puestos con funciones y tareas que requieran necesariamente la prestación de servicios presenciales, entendiéndose como tales aquellos cuya prestación efectiva solo está plenamente garantizada con la presencia física de la persona; (3) las secretarías de altos cargos, las jefaturas de servicios y los puestos de coordinación o dirección técnica; (4) los puestos cuya forma de provisión sea la libre designación con niveles 27 o superiores; (5) aquellos otros puestos que se determinen motivadamente en el estudio y análisis de las relaciones de puestos de trabajo o en las plantillas orgánicas, previa negociación con las organizaciones sindicales.

- El Decreto 9/2023, de 3 de febrero, por el que se regula el teletrabajo como modalidad de prestación de servicios a distancia en la Administración del Principado de Asturias, sus organismos y entes públicos, que dispone en su art. 3 que los puestos de trabajo susceptibles de teletrabajo son aquellos cuyas funciones puedan ser ejercidas de forma autónoma y no presencial, atendiendo a sus características específicas y con los medios requeridos para su desarrollo.

  A modo ilustrativo y no exhaustivo, se identifican las siguientes funciones o tareas que se puedan ejercer, total o parcialmente, de forma telemática: (1) informe y asesoramiento técnico, jurídico y económico, así como la preparación y presentación de escritos jurídico-procesales; (2) gestión administrativa: tareas comunes de gestión administrativa, siempre que puedan realizarse de forma telemática, tales como, solicitud de informes, elaboración de propuestas, tramitación de expedientes, u otras tareas similares; (3) redacción o supervisión de memorias, informes, estudios, planes o proyectos; (4) elaboración de disposiciones administrativas de carácter general; (5) gestión, actualización y mantenimiento de registros informatizados; (6) gestión, análisis, diseño y programación de sistemas de información y comunicaciones; (7) redacción, corrección y tratamiento de documentos; (8) cualquier otra tarea o función que, en virtud de los medios requeridos para su desarrollo, pueda ser ejercida de forma autónoma y no presencial.

  Igualmente, señalan a modo ejemplificativo los siguientes tipos de puestos de trabajo que no son susceptibles de ser desempeñados en régimen de teletrabajo: (1) los puestos de las oficinas de registro físico y atención e información presencial al ciudadano no sustituibles por atención telefónica o telemática; (2) los puestos que tengan asignados atención directa al público de forma predominante durante su horario de prestación de servicios; (3) los puestos de secretaría de despacho; (4) los puestos de conductor, ordenanza y subalterno; (5) los puestos de carácter asistencial en centros de atención a personas mayores, menores, dependientes o con diversidad funcional; (6) los puestos que realicen de forma constante o predominante labores de campo o requieran la presencia constante o predominante en ubicaciones físicas concretas distintas de las dependencias administrativas (mataderos, obras, infraestructuras, espacios naturales protegidos,...), así como los de carácter instrumental correspondientes a las áreas de mantenimiento y de conservación de edificios, equipos e instalaciones, los de las áreas de limpieza, y los de atención a emergencias y prevención de incendios; y (7) los puestos de técnico de laboratorio.

En definitiva, la determinación de cuáles puestos y tareas son adecuados para el teletrabajo es una decisión crítica para su exitosa implementación en las organizaciones. Las tareas más propicias para el teletrabajo se caracterizan por tener objetivos y resultados claramente definidos y medibles. Estas actividades permiten una supervisión y evaluación efectiva del cumplimiento y la eficacia, sin requerir la presencia física continua del trabajador. La adaptabilidad de estas funciones al teletrabajo se ve reforzada por la capacidad de utilizar eficientemente las nuevas tecnologías de la información y comunicación, lo cual es crucial para mantener la productividad y el control del trabajo a distancia.

No obstante, existen tareas que dependen significativamente de la interacción directa y personal o de la coordinación presencial con equipos, las cuales tradicionalmente no se consideraban adecuadas para el teletrabajo. Sin embargo, los avances recientes en tecnología de comunicación y las herramientas de colaboración digital han modificado esta percepción. Ahora es posible que incluso las actividades que requieren comunicación constante y trabajo colaborativo se realicen de manera efectiva a distancia. Esto demuestra que la dinámica de la comunicación y colaboración a distancia puede ser tan efectiva como la presencial, gracias a las soluciones tecnológicas que facilitan la interacción continua y el manejo de información en volumen sin las restricciones de un espacio físico.

Por tanto, es importante reconocer que la adecuación de un puesto para el teletrabajo no es estática y puede evolucionar con el tiempo. Los avances en tecnología de la información y comunicación continuamente alteran el panorama laboral, haciendo que tareas antes consideradas inadecuadas para el teletrabajo ahora puedan ser ejecutadas eficazmente a distancia. Esta dinámica obliga a las empresas a revisar periódicamente la adaptación de sus roles y procesos al teletrabajo, ajustándose a las nuevas herramientas y métodos que facilitan la colaboración y la productividad remota.

4.2.1.2. Idoneidad de las personas trabajadoras

Como punto de partida, es preciso destacar que no todas las personas trabajadoras están dispuestas a pasar a situación de teletrabajo, ni todas las que quieran acogerse a esta modalidad de trabajo están preparadas y capacitadas para ello[217]. En cuanto al primer grupo de personas, los principales motivos se deben a su temor a que esta modalidad de trabajo se convierta en el mecanismo a través del cual la empresa se desvincule de las mismas a corto o medio plazo; o a que su situación familiar y/o personal no les permite trabajar de esta forma (por ejemplo, no disponer del espacio oportuno para realizar el teletrabajo en el propio domicilio; convivir con personas que les puedan garantizar un ambiente

---

217 Pérez Bilbao, J., Nogareda Cuixart, C. y Sancho Figueroa, T. (1997). *Teletrabajo: nuevas perspectivas en la organización*, *op. cit.*, 27.

silencioso y sin distracciones, tales como los menores o compañeros de piso). Con respecto al segundo grupo de personas, es preciso destacar que las personas trabajadoras deben reunir una serie de cualidades para prestar sus servicios laborales en régimen del teletrabajo, entre las cuales destaca la responsabilidad y madurez, la capacidad para organizarse y trabajar de forma independiente, así como la capacidad de comunicación y de adaptación[218].

Para evaluar la idoneidad de las personas trabajadoras para acogerse al teletrabajo, la doctrina científica ha definido un conjunto de criterios de evaluación[219], y en concreto, los siguientes:

- **Criterios basados en la evaluación de las características personales**, tales como la flexibilidad, la independencia, así como la capacidad de adaptación y de autodisciplina. Ante la ausencia de un control directo y permanente por parte de la empresa, la persona teletrabajadora debe ser merecedora de confianza, sin necesidad de estímulos ni supervisión y control externo para alcanzar los objetivos establecidos.
- **Criterios basados en la evaluación de las características relacionadas con el trabajo**, de modo que la persona trabajadora esté capacitada para organizar sistemáticamente su trabajo y fijar plazos viables de consecución de los objetivos establecidos, así como de resolver de manera independiente los posibles problemas que puedan surgir durante la ejecución del trabajo. Igualmente, la persona trabajadora debe estar dotada de capacidad para comunicarse adecuadamente con la empresa y con sus compañeros de trabajo.
- **Criterios basados en la evaluación de las circunstancias personales**, refiriéndose especialmente al entorno familiar

218 Ortiz Chaparro, F. (1995). *El teletrabajo: una nueva sociedad laboral en la era de la tecnología, op. cit.*, pp. 78-82.

219 Pérez Bilbao, J., Nogareda Cuixart, C. y Sancho Figueroa, T. (1997). *Teletrabajo: nuevas perspectivas en la organización, op. cit.*, pp. 28-30.

y personal en el que se desenvuelve la persona trabajadora, de manera que éste no sea un impedimento para el desempeño óptimo de su trabajo. Asimismo, la persona trabajadora debe contar con un espacio físico adecuado para llevar a cabo el teletrabajo.

Ahora bien, la Ley de trabajo a distancia no contiene ninguna previsión acerca de los requisitos o presupuestos que han de cumplir las personas trabajadoras para acceder al teletrabajo. Sin embargo, la normativa del teletrabajo en el sector público proporciona una referencia útil sobre los criterios de acceso, destacando la importancia de ciertos requisitos acumulativos y específicos para garantizar su éxito. En el Proyecto de Real Decreto por el que se regula el teletrabajo en la Administración del Estado, se contemplan en su art. 13 a 15 las condiciones para el acceso al teletrabajo. Estas condiciones incluyen la existencia de un sistema de gestión de solicitudes público, que puede funcionar mediante convocatorias anuales o sistemas abiertos que permitan la recepción y concesión de solicitudes de forma permanente. La autorización para teletrabajar debe ser motivada y respetar ciertos requisitos formales y de fondo, tales como encontrarse en activo, tener una antigüedad mínima en el puesto de un año, poseer competencias digitales acreditadas y no haber sido revocada una autorización previa por incumplimiento en los últimos dos años. Además, se establecen criterios prioritarios de acceso, dando preferencia a personas con discapacidad, razones de salud, víctimas de violencia de género, y se promueve el equilibrio de género en la concesión de autorizaciones. Estos elementos subrayan la importancia de una selección objetiva y transparente de los empleados que pueden optar al teletrabajo, garantizando así su efectividad y equidad [220].

---

220 Vida Fernández, R. (2023). "La regulación del teletrabajo en el empleo público. Coyuntura y perspectivas de futuro". *Revista de Estudios Jurídico Laborales y de Seguridad Social (REJLSS)*, (6), 278-279.

Para ilustrar cómo diferentes Comunidades Autónomas regulan los requisitos para el acceso al teletrabajo en el sector público, se presentan a continuación tres ejemplos ilustrativos y no exhaustivos:

- El Decreto 79/2020, de 16 de septiembre, del Consejo de Gobierno, por el que se regula la modalidad de prestación de servicios en régimen de teletrabajo en la Administración de la Comunidad de Madrid, establece en su art. 6 los requisitos de los empleados públicos para acceder al régimen de teletrabajo, entre los cuales destaca: (1) tener un conocimiento suficiente de los procedimientos de trabajo que tiene que desempeñar de forma no presencial; (2) tener los conocimientos suficientes, informáticos y telemáticos, que requieran el ejercicio de las funciones objeto de teletrabajo; (3) disponer de conexión a internet; (4) poder realizar el trabajo sin una supervisión directa continua; y (5) tener capacidad para planificar su trabajo y gestionar los objetivos establecidos.
- El Decreto 27/2022, de 23 de junio, por el que se regula la modalidad de prestación de servicios en régimen de teletrabajo en la Administración de la Comunidad de Castilla y León, contempla en su art. 6 los requisitos de las personas que prestan servicios en la Administración Pública para acceder al régimen de teletrabajo, entre los cuales se exigen: (1) haber desempeñado efectivamente y con carácter previo y presencial, las funciones del puesto de trabajo que se pretende desarrollar en régimen de teletrabajo, u otro de similares funciones, durante un periodo mínimo de tres meses continuados en la misma unidad administrativa desde la que se solicita el teletrabajo; (2) disponer de una conexión a Internet adecuada al contenido y funciones del puesto a desempeñar en régimen de teletrabajo que garantice la conexión permanente durante el desarrollo de la jornada de trabajo; (3) contar con el certificado en competencias digitales del personal al servicio de la Administración de la Comunidad de Castilla y

León; así como (4) disponer de un espacio de trabajo que cumpla con las condiciones marcadas por la normativa vigente en materia de seguridad y salud laboral.

- El Decreto 9/2023, de 3 de febrero, por el que se regula el teletrabajo como modalidad de prestación de servicios a distancia en la Administración del Principado de Asturias, sus organismos y entes públicos, que en su art. 4 se establece un conjunto de requisitos previos para el acceso a la modalidad del teletrabajo, entre los cuales resalta: (1) poseer una antigüedad igual o superior a 6 meses en el puesto de trabajo para el que solicita la modalidad de teletrabajo o, en su caso, acreditar la experiencia por prestación de servicios en puestos con funciones y tareas análogas a las que se pretenden desempeñar bajo este régimen en el momento de efectuar la solicitud; (2) tener los suficientes conocimientos informáticos y telemáticos que requiere el ejercicio de las funciones mediante teletrabajo. Este requisito se entiende cumplido mediante la correspondiente declaración responsable del empleado público en su solicitud de teletrabajo; (3) haber transcurrido un año, en su caso, desde la revocación de una autorización de teletrabajo por causas de incumplimiento del empleado público[221]; (4) formalizar el Plan Individualizado de Tele-

---

[221] En concreto, el incumplimiento debidamente acreditado y justificado mediante informe del superior jerárquico directo del empleado público, de las tareas encomendadas conforme al Plan Individualizado de Teletrabajo, para la consecución de los objetivos de la unidad en la que se ubica el puesto de trabajo, así como el incumplimiento, debidamente acreditado y justificado mediante informe de la Dirección General competente en materia de seguridad y datos, del compromiso de respetar y aplicar la normativa, las instrucciones y las medidas específicas que se establezcan en materia de protección de datos de carácter personal, ciberseguridad y confidencialidad.

trabajo[222]; y (5) disponer de conexión estable a Internet y con el ancho de banda suficiente para el acceso a la red de la Administración del Principado de Asturias. Este requisito se entiende cumplido mediante declaración responsable del empleado público en su solicitud de teletrabajo.

A la vista de lo anterior, se puede concluir que, para poder acceder al régimen de teletrabajo, es preciso que concurran una serie de requisitos acumulativos en la persona que se pretenda teletrabajar, atendiendo especialmente a sus características y circunstancias personales, así como las propias características relacionadas con el trabajo, pues en caso contrario, se conduciría al fracaso de la implementación del teletrabajo. En este sentido, de nada sirve que una persona trabajadora que posea una alta capacidad para trabajar sin supervisión se encuentre en un entorno familiar que le imposibilite el desarrollo ordinario de

---

222 El Plan Individualizado de Teletrabajo es un documento suscrito entre la persona solicitante del teletrabajo y el superior jerárquico directo, y, en su caso, con el visto bueno del titular de la Jefatura de Servicio u órgano equivalente en organismos y entes públicos al que se encuentre adscrito el puesto, en el que contiene, entre otros, la enumeración de los objetivos de la unidad en las que se ubica el puesto de trabajo, así como el compromiso de asumir el cumplimiento de las tareas encomendadas para la consecución de los mismos, así como la periodicidad de actualización con que se actualizarán dichas tareas; la determinación de los días concretos de la semana que se realiza el teletrabajo; la fijación de las franjas horarias de disponibilidad obligatoria, coincidente al menos con la parte fija del horario de trabajo, para la interconexión y coordinación dentro del horario de permanencia obligatoria, que, en todo caso, podrá someterse a las adaptaciones de horario previstas en la normativa vigente por razones de conciliación de la vida familiar y laboral; el régimen de control y seguimiento de las tareas y evaluación periódica de su cumplimiento; así como el teléfono de contacto que se facilitará entre la Administración y el personal para mantener la comunicación precisa en la prestación del servicio, y el compromiso de acceder a los desvíos de llamadas de los teléfonos de la unidad administrativa.

las tareas y funciones que le hayan sido encomendadas, como tampoco serviría que una persona trabajadora disponga de un entorno y un espacio físico adecuado para el desarrollo del teletrabajo, y sin embargo carezca de autodisciplina necesaria para alcanzar los objetivos marcados por la empresa.

4.2.1.3. Capacidad de dirección y control de la actividad laboral

La implementación del teletrabajo en las empresas está supeditada a la capacidad de las mismas de poder dirigir y supervisar la actividad laboral desarrollada por las personas trabajadoras, pues la transformación digital está permitiendo una mayor flexibilidad en el desarrollo de la prestación laboral, pero también supone la asunción por parte de las organizaciones productivas de nuevos riesgos asociados precisamente al abuso o uso indebido de los medios tecnológicos que tienen a disposición del personal para desarrollar su trabajo, así como al eventual carácter ilícito de los mecanismos de control empresarial sobre ese uso por la posible vulneración de derechos fundamentales de las personas trabajadoras.

En este contexto, resulta imprescindible que las empresas establezcan las directrices y las normas generales de conducta de las personas trabajadoras en el uso de los medios informáticos puestos a su disposición, contemplando a su vez las medidas disciplinarias ante posibles incumplimientos, así como configurar un marco adecuado de actuación a través de políticas, protocolos y/o procedimientos para que la empresa pueda ejercitar, de una forma absolutamente lícita, sus funciones de dirección y control sobre la actividad laboral mediante el uso de las Nuevas Tecnologías de la Información y la Comunicación[223].

---

[223] Rojas Rosco, R., Moraleja Moraleja, E. y Gutiérrez Arranz, R. (2017). *Compliance Laboral.* Ediciones Lefebvre, 50-51.

Al margen de lo anterior, conviene destacar que la doctrina científica también ha resaltado la necesidad de potenciar la capacidad de gestión y liderazgo en las empresas, de modo que sus directivos y mandos asuman un papel proactivo en el desarrollo e implementación del teletrabajo, dotando de nuevas capacidades y competencias, tales como la capacidad para motivar a las personas trabajadoras y fomentar en ellos la independencia y autodisciplina; la orientación hacia la gestión de resultados y no hacia los procesos, de modo que sean capaces de establecer metas y objetivos concretos, específicos e inequívocos para las personas trabajadoras; la capacidad para organizar el trabajo y a las personas trabajadoras, llevando a cabo una asignación justa y proporcionada de las tareas y funciones; la capacidad para proporcionar orientación a fin de poder prestar a la persona trabajadora cuanta ayuda fuese necesaria, así como la retroalimentación sobre el desarrollo de la actividad laboral realizada; y, finalmente, una elevada capacidad de comunicación para fomentar el sentimiento de pertenencia a la empresa, así como alcanzar una mayor eficacia en el desarrollo del trabajo[224].

4.2.2. Formalización del acuerdo de trabajo a distancia

A tenor de lo dispuesto en el apartado 1 del art. 6 de la Ley de trabajo a distancia, es preciso formalizar por escrito un acuerdo con anterioridad al inicio de la prestación de servicios laborales bajo el régimen del teletrabajo. Esta exigencia se convierte en la condición previa e indispensable para acceder a esta modalidad de trabajo. Asimismo, cabe resaltar que conforme a lo establecido en la disposición final primera, apartado uno de esta Ley, se modifica el apartado 1 del artículo 7 del texto refundido de la Ley sobre Infracciones y Sanciones en el Orden Social, aprobado

---

224 Pérez Bilbao, J., Nogareda Cuixart, C. y Sancho Figueroa, T. (1997). *Teletrabajo: nuevas perspectivas en la organización, op. cit.*, 30-31.

por Real Decreto Legislativo 5/2000, de 4 de agosto, y se tipifica como infracción el incumplimiento de la obligación de formalizar el acuerdo de trabajo a distancia en los términos y con los requisitos previstos en la ley o el convenio colectivo aplicable. En este sentido, no cumplir con la obligación de formalización del acuerdo de trabajo a distancia puede llevar aparejada una sanción que oscila entre 751 euros en su grado mínimo hasta 7500 euros en su grado máximo *ex.* art. 40.1 del texto refundido de la Ley sobre Infracciones y Sanciones en el Orden Social, tras la reforma operada mediante esta misma disposición final primera, apartado segundo, de la Ley de trabajo a distancia.

Ciertamente, la formalización por escrito del acuerdo de trabajo a distancia no constituye una exigencia novedosa, pues de acuerdo con la redacción anterior del apartado 2 del art. 13 Real Decreto Legislativo 2/2015, de 23 de octubre, por el que se aprueba el texto refundido de la Ley del Estatuto de los Trabajadores, ya se obligaba que el acuerdo por el que se establezca el trabajo a distancia se formalizara por escrito. Ahora bien, la gran novedad viene dada por el contenido mínimo obligatorio que establece el art. 7 de la Ley de trabajo a distancia, a saber: (1) el inventario de los medios, equipos y herramientas que exige el desarrollo del trabajo a distancia concertado, incluidos los consumibles y los elementos muebles, así como de la vida útil o periodo máximo para la renovación de estos; (2) la enumeración de los gastos que pudiera tener la persona trabajadora por el hecho de prestar servicios a distancia, así como forma de cuantificación de la compensación que obligatoriamente debe abonar la empresa y momento y forma para realizar la misma, que se corresponderá, de existir, con la previsión recogida en el convenio o acuerdo colectivo de aplicación; (3) el horario de trabajo de la persona trabajadora y dentro de él, en su caso, reglas de disponibilidad; (4) el porcentaje y distribución entre trabajo presencial y trabajo a distancia, en su caso; (5) el centro de trabajo de la empresa al que queda adscrita la persona trabajadora a distancia y donde, en su caso, desarrollará la parte de la jornada de trabajo presencial; (6) el lugar de trabajo a distancia elegido por la persona trabajadora para el desarrollo del trabajo a distancia; (7) la duración de plazos de preaviso para el ejercicio de las situaciones de reversibilidad, en su caso; (8) los medios de control empresarial de la actividad laboral; (9) el procedimiento a seguir en el caso de producirse dificultades técnicas que impidan el normal desarrollo del trabajo a distancia; (10) las instrucciones dictadas por la empresa, con la participación de la representación legal de las personas trabajadoras, en materia de protección de datos, específicamente aplicables en el trabajo a distancia; (11) las instrucciones dictadas por la empresa, previa información a la representación legal de las personas trabajadoras, sobre seguridad de la información, específicamente aplicables en el trabajo a distancia; y, por último, (12) la duración del acuerdo.

En cuanto a este contenido mínimo obligatorio exigible a los acuerdos del teletrabajo, la doctrina científica ha identificado tres tipos de cláusulas, a saber[225]:

- **Cláusulas de contenido económico y laboral**, en las que se incluyen la confección del inventario de los medios, equipos y herramientas que exige el desarrollo del trabajo a distancia concertado, la cuantificación y compensación de los gastos que pudiera tener la persona trabajadora por el hecho de prestar servicios a distancia, la fijación del horario de trabajo de la persona trabajadora y reglas de disponibilidad, así como la determinación de los medios de control empresarial de la actividad laboral.
- **Cláusulas de delimitación**, cuyos contenidos persiguen como finalidad primordial la especificación del teletrabajo que se acuerda entre las partes contratantes, tales como

---

[225] Lahera Forteza, J. (2021). "El acuerdo individual y los requisitos formales del trabajo a distancia regular y estructural". *Trabajo a distancia y teletrabajo: análisis del marco normativo vigente.* Aranzadi, 73-77. Así también, Romero Burillo, A. M. (2021). *El marco regulador del teletrabajo, op. cit.*, 108.

la fijación del porcentaje y distribución entre trabajo presencial y trabajo a distancia, la determinación del lugar de trabajo a distancia elegido por la persona trabajadora para el desarrollo del trabajo a distancia, la adscripción al centro de trabajo de la empresa, la concreción de la duración de plazos de preaviso para el ejercicio de las situaciones de reversibilidad, el procedimiento a seguir en el caso de producirse dificultades técnicas que impidan el normal desarrollo del trabajo a distancia, así como la propia duración del acuerdo de trabajo a distancia.

- **Cláusulas de protección de datos y seguridad de la información**, en las que se recogen las instrucciones dictadas por la empresa en materia de protección de datos, así como aquellas otras sobre la seguridad de la información, específicamente aplicables en el trabajo a distancia, siempre contando con la previa información y/o participación de la representación legal de las personas trabajadoras.

Por su parte, la disposición adicional primera de la Ley de trabajo a distancia habilita a los convenios o acuerdos colectivos para establecer contenidos adicionales en el acuerdo de trabajo a distancia y cuantas otras cuestiones se consideren necesario regular. Asimismo, en base al principio de autonomía de la voluntad de las partes, la empresa y la persona trabajadora pueden establecer conjuntamente contenidos adicionales a los exigidos en la Ley. A este respecto, la doctrina científica ha propuesto la inclusión de cláusulas de sociabilidad, a través de las cuales la empresa se compromete a adoptar cuantas medidas de sociabilidad que considere oportunas y adecuadas a fin de evitar el sentido de aislamiento de las personas trabajadoras y de pérdida de contacto con el equipo de trabajo, así como de aquellas otras cláusulas de prevención de riesgos laborales, de modo que se establezca la responsabilidad compartida de la empresa y las personas teletrabajadoras en cuanto al cumplimiento de las normas de salud y bienestar y de prevención de riesgos laborales, y, en su caso, la autorización para la realización de visitas de inspección, ya sea de manera presencial o remota, del domicilio afecto a teletrabajo por los técnicos de prevención de riesgos laborales de la empresa para verificar la correcta aplicación de la normativa en materia de seguridad y prevención sobre el lugar de trabajo, equipos técnicos e instalaciones[226].

Finalmente, no hay que olvidar que en virtud del apartado 2 del art. 6 de la Ley de trabajo a distancia, así como los apartados 3 y 4 ET, la empresa tiene la obligación de entregar a la representación legal de las personas trabajadoras una copia del acuerdo de trabajo a distancia en un plazo no superior a diez días desde su formalización. Una vez concluido lo anterior, la empresa deberá remitir dicha copia a la oficina de empleo. En caso de que no exista representación legal de las personas trabajadoras en la empresa, también deberá formalizarse copia básica y procederse a su envío a la oficina de empleo.

4.2.3. Modificación y reversión del teletrabajo

Conforme a lo dispuesto en el apartado 1 del art. 8 de la Ley de trabajo a distancia, para proceder a la modificación de las condiciones establecidas en el acuerdo de trabajo a distancia, incluido el porcentaje de presencialidad, es preciso contar con el acuerdo conjunto y escrito de la empresa y de la persona trabajadora, siempre con carácter previo a su aplicación. De este modo, se impide la modificación o supresión de las condiciones del teletrabajo por vía de la modificación sustancial de las condiciones de trabajo prevista en el art. 41 ET. Asimismo, esta modificación debe ser puesta en conocimiento de la representación legal de las personas trabajadoras.

---

[226] Godino Reyes, M. (2020). *La nueva regulación del trabajo a distancia y el teletrabajo.* Francis Lefebvre, 44.

Ahora bien, nótese que la modificación que se refiere en este artículo de la Ley no se extiende a cualquier condición de trabajo, sino tan solo a aquellas que figuran en el acuerdo de trabajo a distancia. Por consiguiente, el mencionado art. 8.1 de la Ley de trabajo a distancia no reemplaza por completo el régimen previsto en el art. 41 ET en cuanto a la modificación sustancial de las condiciones de trabajo por iniciativa empresarial. A este respecto, la doctrina científica ha señalado que el ámbito de aplicación del art. 41 ET se extiende también al teletrabajo en relación con todas aquellas condiciones de trabajo que no estén expresamente pactadas de modo particular en el propio acuerdo de trabajo a distancia. En este sentido, quienes prestan sus servicios en régimen de teletrabajo pueden ver alteradas, entre otras, sus funciones, el sistema de trabajo y rendimiento, así como el sistema de remuneración y cuantía salarial, al igual que el resto de las personas trabajadoras presenciales[227]. Con la finalidad de evitar la imposibilidad de modificar el régimen acordado por las partes en el acuerdo de trabajo a distancia, las empresas deben realizar una evaluación rigurosa acerca de la naturaleza de las tareas y funciones a fin de determinar su viabilidad de cara a la implementación de esta modalidad de trabajo, analizar las condiciones a cumplir por parte de las personas teletrabajadoras, así como regular minuciosamente el tiempo de duración del teletrabajo y los mecanismos para ejercer el derecho a la reversibilidad[228].

Por su parte, el apartado 2 del art. 8 de la Ley de trabajo a distancia otorga el derecho preferente de ocupar puestos de trabajo que se realizan total o parcialmente de manera presencial a todas

---

227 Gómez Abelleira, F. J. (2021). "Las modificaciones del acuerdo de trabajo a distancia y de las condiciones de trabajo y la ordenación de prioridades en el acceso al trabajo a distancia". *El trabajo a distancia: una perspectiva global*, Aranzadi, 343-344.

228 Godino Reyes, M. (2020). *La nueva regulación del trabajo a distancia y el teletrabajo, op. cit.*, 45-46.

aquellas personas trabajadoras que realizan trabajo a distancia desde el inicio de la relación laboral durante la totalidad de su jornada. Igualmente, la norma impone la obligación de las empresas de informar a estas personas trabajadoras a distancia y a la representación legal de las personas trabajadoras de los puestos de trabajo vacantes de carácter presencial que se produzcan en el seno de éstas.

Al margen de lo anterior, cabe destacar que el apartado 3 del art. 8 de la Ley de trabajo a distancia atribuye un papel decisivo a la negociación colectiva en orden a la regulación de los mecanismos y criterios por los que la persona que desarrolla trabajo presencial puede pasar a trabajo a distancia o viceversa, así como preferencias vinculadas a determinadas circunstancias[229]. Además, la concreción de estos mecanismos debe evitar la perpetuación de roles y estereotipos de género y fomentar la corresponsabilidad entre mujeres y hombres, en cuyo caso se examinará con mayor detenimiento en el Capítulo 7 sobre el desarrollo y la conciliación en el teletrabajo.

En cuanto al ejercicio de la reversibilidad al trabajo presencial, el apartado 3 del art. 5 de la Ley de trabajo a distancia se atendrá a los términos previstos en la negociación colectiva o, en su defecto, en los fijados en el acuerdo de trabajo a distancia. En este sentido, todas aquellas cuestiones relativas a los motivos y/o criterios que justifican la reversibilidad, el ejercicio de la reversibilidad al trabajo en los establecimientos de la empresa, o en su caso, la duración de plazos de preaviso para el ejercicio de las situaciones de reversibilidad, deberán regularse por vía de autonomía colectiva o individual, si bien el legislador decanta cla-

---

229 En particular, aquellas circunstancias relacionadas con la formación, la promoción y estabilidad en el empleo de personas con diversidad funcional o con riesgos específicos, la existencia de pluriempleo o pluriactividad o la concurrencia de determinadas circunstancias personales o familiares, así como la ordenación de las prioridades establecidas en la Ley de trabajo a distancia.

ramente su preferencia hacia la negociación colectiva[230]. Además, tal y como contempla el apartado 2 del art. 5 de la Ley de trabajo a distancia, el ejercicio de la reversibilidad al trabajo presencial por parte de la persona trabajadora no constituye de manera alguna causa justificativa de la extinción de la relación laboral ni de la modificación sustancial de las condiciones de trabajo.

Finalmente, es preciso resaltar que en los últimos tiempos la Audiencia Nacional ha resuelto los primeros casos sobre la modificación y reversión del teletrabajo, entre los cuales destaca la doctrina asentada en la sentencia núm. 117/2022, en la que se analiza, entre otros aspectos, la determinación y alteración unilateral del porcentaje de presencialidad por parte de la empresa. A este respecto, este Tribunal considera nula la cláusula que establece que la determinación del tiempo de teletrabajo se realiza por parte del responsable jerárquico de la persona trabajadora en atención a las necesidades del departamento, al considerar que la modificación del porcentaje de presencialidad debe ser objeto de acuerdo voluntario entre la persona trabajadora y la empresa en virtud de lo dispuesto en el art. 8.1 de la Ley de trabajo a distancia, no siendo susceptible de ser impuesta unilateralmente por parte de esta última[231].

La Audiencia Nacional también ha pronunciado en esta misma sentencia acerca de la legalidad de una cláusula de reversibilidad en la que se establece, por una parte, la existencia de plazos diferenciados para el ejercicio de la reversibilidad (en concreto, 15 días para la empresa y un mes para la persona trabajadora); y, por otra parte, el sometimiento del ejercicio de la reversibilidad a la aceptación de la solicitud por parte de la empresa en atención a sus posibilidades. En cuanto a la primera cuestión planteada, la Audiencia Nacional considera que resulta plausible establecer plazos diferenciados para el ejercicio de la

---

230 Romero Burillo, A. M. (2021). *El marco regulador del teletrabajo, op. cit.*,105.

231 SAN 117/2022 de 12 de septiembre (TOL9.228.635).

reversibilidad, salvo que se apreciara abuso de derecho. Con respecto a la segunda cuestión planteada, la Audiencia Nacional ha declarado nula la cláusula que condiciona la decisión voluntaria de la persona trabajadora a las posibilidades de la empresa, al considerar que es contraria al art. 1256 CC, en el sentido de que la validez y el cumplimiento de los contratos no pueden dejarse al arbitrio de uno de los contratantes[232].Con ello se reafirma jurisprudencialmente el carácter voluntario de la reversión al trabajo presencial para ambas partes.

Esta doctrina de la Audiencia Nacional ha sido confirmada por el Tribunal Supremo en su reciente sentencia núm. 959/2024, de 26 de junio, en la que desestima el recurso de casación interpuesto por la empresa y confirma plenamente la sentencia de la Audiencia Nacional. El Tribunal Supremo reitera que cualquier modificación en el porcentaje de presencialidad o teletrabajo debe ser acordada entre la empresa y el trabajador, no siendo válida la imposición unilateral por parte de la empresa. Asimismo, confirma la nulidad de la cláusula que permite a la empresa condicionar la reversibilidad del teletrabajo a sus propias posibilidades, reforzando la protección de los derechos de los trabajadores al establecer que no puede dejarse al arbitrio de la empresa decisiones tan fundamentales para la relación laboral[233]. Por su parte, la jurisprudencia más reciente del Tribunal Supremo ha contribuido a delimitar los márgenes de flexibilidad horaria y ordenación del tiempo de trabajo en el teletrabajo. En concreto, la sentencia 164/2025 de 4 de marzo declaró la nulidad del inciso contractual que impedía al trabajador sustituir, desplazar o acumular los días presenciales cuando, por requerimiento de la empresa, debía acudir al centro de trabajo en jornadas inicialmente previstas como de teletrabajo[234].

---

232 SAN 117/2022 de 12 de septiembre (TOL9.228.635).

233 STS 959/2024 de 26 de junio (TOL10.095.002).

234 STS 164/2025 de 4 de marzo (TOL10.449.503).

A juicio de este Alto Tribunal, dicha cláusula limitaba de forma desproporcionada el derecho a una distribución flexible del tiempo, generando una carga unilateral no compensada para la persona trabajadora en contradicción con lo establecido en el artículo 8 de la Ley de trabajo a distancia.

4.2.4. Tutela jurisdiccional del acceso, reversión y modificación del teletrabajo

La Ley de trabajo a distancia establece en su disposición final segunda una modificación de la sección 4.ª del capítulo V del Título II del libro segundo de la Ley 36/2011, de 10 de octubre, reguladora de la jurisdicción social, introduciendo un nuevo art. 138 bis para regular el procedimiento de tramitación de las reclamaciones sobre acceso, reversión y modificación del trabajo a distancia. Coincidiendo con la doctrina científica, el principal motivo de inclusión de una nueva modalidad procesal para la resolución de los conflictos derivados de la aplicación de la Ley de trabajo a distancia se debe a las exigencias de sumariedad y preferencia, a fin de dar una rápida respuesta a las cuestiones litigiosas planteadas sobre el acceso, reversión y modificación del trabajo a distancia, pues en caso contrario, la resolución del conflicto por vía judicial ordinaria puede alargar en exceso el tiempo de resolución y frustrar la celeridad del procedimiento[235].

Con carácter previo al análisis de este procedimiento especial de tramitación de las reclamaciones sobre acceso, reversión y modificación del trabajo a distancia, es preciso clarificar algunas cuestiones de índole procesal, tal y como se detalla a continuación:

- En cuanto al objeto del proceso, y a tenor de la literalidad de la norma, se limita única y exclusivamente a las recla-

---

[235] Romero Burillo, A. M. (2021). *El marco regulador del teletrabajo, op. cit.*, 127-128.

maciones sobre el acceso, reversión y modificación del trabajo a distancia. Por consiguiente, queda excluido de esta modalidad procesal cualquier otra reclamación que la persona trabajadora a distancia interpusiera contra la empresa y que no guarde relación con las tres cuestiones expresamente señaladas en el precepto[236].

Asimismo, de acuerdo con lo dispuesto en el apartado 2 del este nuevo art. 138 bis de la Ley 36/2011, de 10 de octubre, reguladora de la jurisdicción social, cuando la causa de reclamación en materia de trabajo a distancia esté relacionada con el ejercicio de los derechos de conciliación de la vida personal, familiar y laboral, reconocidos legal o convencionalmente, se deberá canalizar a través del procedimiento específico previsto en el art. 139 de esta Ley.

Por su parte, algunos autores consideran que sólo deben tramitarse por esta nueva modalidad procesal las modificaciones del régimen jurídico del trabajo a distancia, y no las modificaciones del propio trabajo a distancia y de las condiciones que lo configuran. Ahora bien, dada la indefinición de este precepto, este criterio de interpretación puede resultar difícil de sostener[237].

- La competencia judicial corresponde a los Juzgados de lo social, en aplicación de las reglas generales de atribución de competencia establecidas en el art. 2, 6 y 10 de la Ley 36/2011, de 10 de octubre, reguladora de la jurisdicción social.

---

236 Godino Reyes, M. (2020). *La nueva regulación del trabajo a distancia y el teletrabajo, op. cit.*, 119.

237 Blasco Pellicer, A. (2021). "El tratamiento procesal del trabajo a distancia". *El trabajo a distancia en el RDL 28/2020,* Tirant lo Blanch, 356. Así también, Romero Burillo, A. M. (2021). *El marco regulador del teletrabajo, op. cit.*, 129.

- En relación con la legitimación activa, y a tenor de la literalidad de la redacción de la letra a) del apartado 1 de este nuevo art. 138 bis, la corresponde única y exclusivamente a la persona trabajadora que interponga una reclamación contra la denegación por parte de la empresa de su solicitud de acceso al trabajo a distancia, o en su caso, contra la propuesta empresarial de acceso, reversión o modificación del trabajo a distancia.

  Con respecto a la legitimación pasiva, la ostenta la empresa por haber denegado la solicitud formulada por la persona trabajadora, o haber propuesto a esta última el acceso, reversión o modificación del trabajo a distancia, sin que haya prestado su conformidad con dicha propuesta.

Una vez expuesto lo anterior, se procede a analizar las distintas fases que componen esta nueva modalidad procesal del art. 138 bis de la Ley 36/2011, de 10 de octubre, reguladora de la jurisdicción social para la tramitación de las reclamaciones sobre acceso, reversión y modificación del trabajo a distancia, y en concreto, las siguientes:

- **Interposición de la demanda**: La persona trabajadora debe presentar la demanda ante el Juzgado de lo Social en el plazo máximo de 20 días hábiles desde la recepción de la comunicación de la empresa acerca de su negativa o su disconformidad con la propuesta realizada por la misma.

  En cuanto a la exigencia del intento de conciliación o mediación previa que establece el art. 63 de la Ley 36/2011, de 10 de octubre, reguladora de la jurisdicción social, existe una discrepancia a nivel doctrinal, pues algunos autores considera que no resulta necesario el intento de conciliación o mediación previa al prever la norma la presentación directa de la demanda judicial[238], mientras que otros autores consi-

[238] Godino Reyes, M. (2020). *La nueva regulación del trabajo a distancia y el teletrabajo, op. cit.*, 120.

deran que es necesario este trámite mientras no se modifique la redacción actual del art. 64 de la Ley 36/2011, de 10 de octubre, reguladora de la jurisdicción social que regula las excepciones a la conciliación o mediación previas[239].

En mi opinión, y considerando la sumariedad y preferencia de este procedimiento, nos encontramos ante un olvido del legislador de modificar las excepciones a la conciliación o mediación previas. Ahora bien, mientras no se modifique el redactado del citado art. 64, es preciso acreditar el intento de conciliación o mediación previa. Al margen de lo anterior, y considerando que la mayor parte de las controversias en materia de teletrabajo se suscita en el ejercicio de los derechos de conciliación de la vida personal, familiar y laboral, reconocidos legal o convencionalmente[240], por lo que se regirá por el procedimiento establecido en el artículo 139, en cuyo caso no se exige el intento de conciliación o mediación previa ex. art. 64.1 de la Ley 36/2011, de 10 de octubre, reguladora de la jurisdicción social.

- **Tramitación y desarrollo del proceso judicial**: Una vez interpuesta la demanda, el juez podrá solicitar un informe urgente de la Inspección de Trabajo y Seguridad Social que se verse sobre la negativa o la disconformidad comunicada por la empresa respecto de la propuesta realizada por la

239 Romero Burillo, A. M. (2021). *El marco regulador del teletrabajo, op. cit.*, p. 131.

240 Entre otras, cabe destacar la STSJ Galicia 2093/2022 de 4 de mayo (TOL8.994.013); la STSJ Asturias 850/2022 de 19 de abril (TOL8.971.725); y la STSJ Madrid 329/2022 de 17 de mayo (TOL9.049.519). En estas citadas sentencias, la controversia se centra en analizar el derecho de la persona trabajadora a adaptar su jornada de trabajo en modalidad de teletrabajo o trabajo a distancia por el ejercicio de los derechos de conciliación de la vida personal, familiar y laboral, en aplicación de lo establecido en el art. 34.8 del ET. En el Capítulo 7 sobre el desarrollo y la conciliación en el teletrabajo se estudiará pormenorizadamente cada una de estas sentencias.

persona trabajadora y demás circunstancias concurrentes. En este sentido, Inspección de Trabajo y Seguridad Social emite un informe valorativo sobre la decisión adoptada por la empresa, que podrá ser considerado por el juez a la hora de resolver la controversia.

Asimismo, la norma establece que este procedimiento es de carácter urgente y se le dará tramitación preferente, y que el acto de la vista habrá de señalarse dentro de los cinco días siguientes al de la admisión de la demanda. Por su parte, y atendiendo a las reglas de acumulación de acciones contempladas en el art. 26 de la Ley 36/2011, de 10 de octubre, reguladora de la jurisdicción social, no podrán acumularse entre sí ni a otras distintas en un mismo juicio las reclamaciones en materia de trabajo a distancia, salvo cuando se haya acumulado pretensión de resarcimiento de perjuicios, tal y como permite el propio precepto.

- **Sentencia y recurso**: Tal y como establece esta nueva modalidad procesal, la sentencia ha de ser dictada en el plazo de tres días, y contra la misma no procederá recurso alguno, a no ser que se haya producido la acumulación con la pretensión de resarcimiento de perjuicios y cuya cuantía litigiosa sea igual o superior a los 3.000 euros. Sólo en este último caso la sentencia sería apelable ante la Sala de lo Social del Tribunal Superior de Justicia que corresponda. En los demás casos, la sentencia es firme y ejecutiva desde que se dicte la misma.

Finalmente, es preciso destacar la introducción de esta nueva modalidad procesal para tutelar el acceso, reversión y modificación del trabajo a distancia ha recibido cierta crítica por parte de la doctrina científica, al considerar que su creación es precipitada y discordante con el resto de los preceptos procesales contenidos en la Ley 36/2011, de 10 de octubre, reguladora de la jurisdicción social. Igualmente, se aprecia la existencia de una contradicción con el principio de voluntariedad que consagra la Ley de trabajo a distancia, de modo que la persona trabajadora pueda imponer esta modalidad de trabajo a la empresa por vía judicial[241].Sin embargo, en mi opinión, es preciso reconocer la bondad de esta medida, ya que, como toda normativa laboral, se pretende proteger a la parte más débil de una relación laboral y salvaguardar el derecho de acceso a esta modalidad de trabajo en aquellas situaciones reconocidas por la legislación laboral o la negociación colectiva[242].

---

241 Godino Reyes, M. (2020). *La nueva regulación del trabajo a distancia y el teletrabajo, op. cit.*, 119-122.

242 En particular, personas trabajadoras que tengan la consideración de víctimas de violencia de género o de víctimas del terrorismo (art. 37.8 del ET), y aquellas otras que esté cursando con regularidad estudios para la obtención de un título académico o profesional (art. 23.1 del ET).

5. El tiempo de trabajo en el teletrabajo

La adopción del teletrabajo como forma de prestación de servicios laborales plantea retos significativos para las empresas y los trabajadores, siendo la regulación del tiempo de trabajo uno de los más destacados. En efecto, la gestión del tiempo laboral es un pilar fundamental de la legislación en materia de trabajo, obligando a las empresas a definir un régimen horario que no solo promueva la productividad y la eficiencia, sino que también salvaguarde la salud y el bienestar físico y emocional de los teletrabajadores.

En la modalidad de teletrabajo, se concede a la persona trabajadora, en general, una mayor autonomía en la organización de su jornada laboral y sus periodos de descanso, lo que a primera vista favorece la conciliación entre la vida personal, familiar y laboral. No obstante, la omnipresencia de las tecnologías de la información y comunicación puede propiciar una dilatación del tiempo laboral hacia periodos que, sin ser considerados formalmente como tiempo de trabajo, tampoco se configuran como tiempo de ocio, situando a los teletrabajadores en un estado de disponibilidad permanente ante posibles requerimientos empresariales fuera del horario establecido[243]. Esta circunstancia es confirmada por investigaciones de la Organización Internacional del Trabajo (OIT), que señalan que el teletrabajo puede incrementar la duración de la jornada laboral, extendiéndose a horas vespertinas, nocturnas y a los fines de semana[244].

---

243 Sierra Benítez, E. M. (2011). *El contenido de la relación laboral en el teletrabajo, op.cit.*, 189.

244 Messenger, J. C. (2019). *Telework in the 21st Century. An Evolutionary Perspective.* OIT, 298.https://labordoc.ilo.org/discovery/fulldisplay/alma995075493102676/41ILO_INST:41ILO_V1 Recuperado el 4 de mayo de 2024.

Con arreglo al artículo 4 de la Directiva (UE) 2019/1152 del Parlamento Europeo y del Consejo, de 20 de junio de 2019, sobre condiciones laborales transparentes y previsibles en la Unión Europea, se impone a las empresas la obligación de informar a los trabajadores acerca de los aspectos fundamentales de su relación laboral. Esto incluye la duración ordinaria de la jornada laboral, ya sea diaria o semanal, y, en su caso, las horas y días específicos en los que se puede requerir la prestación laboral. Asimismo, el artículo 7, apartado c), de la Ley de trabajo a distancia estipula la necesidad de definir con precisión en el acuerdo de teletrabajo el horario laboral del trabajador y, si procede, las normas de disponibilidad. No obstante, el artículo 13 de la misma ley concede a la persona teletrabajadora la posibilidad de flexibilizar el horario de prestación de servicios pactado, lo que evidencia el compromiso del legislador con la flexibilización en la gestión del tiempo de trabajo en el ámbito del teletrabajo.

Además, es importante señalar que los teletrabajadores tienen garantizado el derecho a un registro horario fiable conforme a lo dispuesto en el artículo 34, apartado 9, del Estatuto de los Trabajadores y el artículo 14 de la Ley de trabajo a distancia. Dicho registro debe ser objetivo, veraz y accesible, permitiendo a los trabajadores conocer con exactitud la duración y distribución de su jornada laboral, incluyendo las pausas y descansos que les corresponden. Esto es esencial para asegurar el cumplimiento de la jornada laboral máxima, el control del tiempo de trabajo extraordinario y la gestión de las horas complementarias.

Es fundamental, asimismo, no pasar por alto la relevancia de salvaguardar el derecho a la desconexión digital de los teletrabajadores, consagrado en el artículo 88 de la Ley Orgánica 3/2018, de 5 de diciembre, de Protección de Datos Personales y garantía de los derechos digitales, así como en el artículo 18 de la Ley de Trabajo a Distancia. Este derecho asegura que los teletrabajadores no estén obligados a atender comunicaciones laborales ni a desempeñar tareas relacionadas con su empleo fuera de su horario de trabajo, garantizando así la preservación de su tiempo de ocio y descanso. Esta medida es crucial para proteger su bienestar físico y emocional, prevenir el estrés laboral y evitar la sobrecarga de trabajo.

5.1. LA ORDENACIÓN DEL TIEMPO DE TRABAJO EN EL TELETRABAJO

Como punto de partida, cabe subrayar que las personas teletrabajadoras gozan de las mismas condiciones laborales que sus homólogos en modalidad presencial, lo que implica que no pueden exceder las horas de trabajo de estos últimos, en virtud de lo estipulado en el artículo 4, apartado 1, de la Ley de trabajo a distancia, que establece el principio de igualdad de trato y no discriminación.

No obstante, es reconocido por la doctrina que la ordenación del tiempo de trabajo en el teletrabajo no puede ser equiparada de manera uniforme con el trabajo presencial[245], dado que la jornada laboral de los teletrabajadores introduce, por su propia naturaleza, una modificación de las normas ordinarias sobre el tiempo de trabajo, permitiendo a estos trabajadores una elección más libre de su horario y una distribución flexible del tiempo laboral.

Aunque el teletrabajo facilita una mayor flexibilidad en la organización del tiempo laboral, es imperativo asegurar el cumplimiento de los límites legales y convencionales sobre la jornada y los periodos de descanso que dicta la legislación laboral. La doctrina científica coincide en que el teletrabajo promueve un horario más adaptable y permite una organización del trabajo potencialmente más eficaz; sin embargo, esto no equivale a la

245 Poquet Catalá, R. (2020). *El teletrabajo: análisis del nuevo marco jurídico, op. cit.*, 78.

eliminación o inexistencia de la jornada laboral, ni exime del cumplimiento de los límites establecidos para la misma[246].

Por ello, es esencial que el horario laboral de los teletrabajadores quede claramente estipulado en el acuerdo de trabajo a distancia, conforme a lo requerido por el artículo 7, apartado c), de la Ley de trabajo a distancia. De esta forma, se delimita con precisión el inicio y fin de la actividad laboral, así como los tiempos de disponibilidad y descanso aplicables. Indudablemente, resulta aconsejable que el acuerdo de trabajo a distancia defina con claridad todos estos aspectos relativos a la jornada laboral para prevenir posibles discrepancias entre la empresa y el trabajador respecto al tiempo de trabajo.

5.1.1. Flexibilidad horaria

De manera general, la flexibilidad en la gestión del tiempo laboral se erige como uno de los beneficios más destacados del teletrabajo. Esta modalidad permite que la persona teletrabajadora ejerza una mayor autonomía en la organización de su horario laboral, adaptándolo a sus necesidades y preferencias personales. El informe reciente de la Organización Internacional del Trabajo (OIT) sobre el tiempo de trabajo y el equilibrio entre la vida laboral y personal a nivel global, subraya que la flexibilidad horaria no solo facilita la autoorganización de las jornadas de trabajo, sino que también repercute positivamente en la salud mental de los trabajadores[247]. Por consiguiente, la flexibilidad horaria se revela como un elemento consustancial al teletrabajo.

---

246 Godino Reyes, M. (2020). *La nueva regulación del trabajo a distancia y el teletrabajo, op. cit.*, 63-64.

247 Organización Internacional del Trabajo. (2022). *El tiempo de trabajo y el equilibrio entre la vida laboral y personal en todo el mundo.* OIT, 67. https://www.ilo.org/wcmsp5/groups/public/---ed_protect/---protrav/---travail/documents/publication/wcms_864222.pdf. Recuperado el 6 de mayo de 2024.

Conforme a lo dispuesto en el artículo 13 de la Ley de trabajo a distancia, se otorga a la persona teletrabajadora la facultad de flexibilizar el horario de prestación de servicios acordado, siempre dentro de los márgenes del acuerdo de trabajo a distancia y de la negociación colectiva, y sin menoscabo de los periodos de disponibilidad obligatoria y de la normativa vigente sobre tiempo de trabajo y descanso. La doctrina científica interpreta esta flexibilidad horaria como un derecho inherente del teletrabajador, que no requiere autorización previa de la empresa, ni está condicionado por causas específicas ni por la obligación de justificar el uso de los periodos horarios distintos a los de disponibilidad obligatoria. No obstante, una corriente doctrinal sostiene que este derecho presenta ciertas limitaciones o matices, al estar sujeto a los términos acordados en la negociación colectiva o en el acuerdo de trabajo a distancia[248]. A raíz de la promulgación y entrada en vigor de la Ley de trabajo a distancia, la empresa no puede interferir en la autonomía del teletrabajador en la gestión de su tiempo laboral, excepto en lo concerniente a los tiempos de disponibilidad obligatoria, ni puede imponer sanciones disciplinarias por el ejercicio legítimo del derecho a la flexibilidad horaria. En este contexto, las incidencias relacionadas con la puntualidad en el teletrabajo se circunscriben exclusivamente a los retrasos en el inicio o a la finalización anticipada de la actividad laboral durante los periodos de disponibilidad acordados[249].

Ahora bien, es menester subrayar que la flexibilidad horaria en el teletrabajo no es ilimitada, sino que está sujeta a una serie

---

248 Gil Plana, J. (2021). "El tiempo de trabajo en el trabajo a distancia". *El trabajo a distancia: con particular análisis del Real Decreto-ley 28/2020, de 22 de septiembre,* LA LEY, *242.*

249 Maldonado Montoya, J. P. (2021). "Ordenación y desordenación del tiempo de trabajo en el trabajo a distancia". *El trabajo a distancia: una perspectiva global.* Aranzadi, 430.

de restricciones. Estas incluyen el cumplimiento de la jornada laboral pactada, el respeto a los tiempos de disponibilidad acordados, la observancia de la normativa vigente sobre el tiempo de trabajo y los periodos de descanso, así como las particularidades inherentes al puesto de trabajo o a la naturaleza de la actividad laboral. En esta línea, la sentencia número 136/2019 del Tribunal Superior de Justicia de Cataluña establece que:

> *"[...] No se puede olvidar que la realidad del teletrabajo es muy diversa, dado que son posibles prácticas en las que lo único exigible sea el resultado, con independencia de la distribución del tiempo, y otras en las que, por el tipo de actividad, deban cumplir horarios concretos. Si bien en ambos casos la persona asalariada debe cumplir con determinadas funciones en su domicilio empleando tecnologías de la información en idénticas condiciones que, si se encontrara en el centro de trabajo, no es lo mismo que a dichos efectos goce de total libertad horaria que deba adecuarse a la distribución del tiempo de trabajo pactada. E incluso es posible un tercer escenario: la existencia de límites temporales con flexibilidad pactada"* [250].

En definitiva, es imperativo que las empresas y los trabajadores delineen con la mayor precisión posible en el acuerdo de trabajo a distancia todos los aspectos concernientes a los horarios laborales y la disponibilidad. Esto se debe a que el artículo 13 de la Ley de trabajo a distancia no especifica los contornos de la flexibilidad horaria que se concede a los trabajadores. Por tanto, es necesario detallar en el acuerdo las modalidades de flexibilización del horario de trabajo, definiendo el período al que dicho horario se aplica y el procedimiento a seguir para el cumplimiento de la jornada laboral acordada[251]. Además, es relevante mencionar que, según una reciente sentencia del Tribunal Superior de Justicia de Madrid, se ha fallado en favor de un trabajador acusado de realizar actividades personales du-

---

[250] STSJ Cataluña 136/2019 de 15 de enero (TOL7.074.445).

[251] Maldonado Montoya, J. P. (2021). "Ordenación y desordenación del tiempo de trabajo en el trabajo a distancia", *op. cit.*, 436.

rante su jornada laboral en modalidad de teletrabajo. El tribunal declaró el despido improcedente, argumentando que el trabajador había demostrado un compromiso total con sus tareas y no había perjudicado a la empresa, habiendo alcanzado el 100% de los objetivos de su puesto. Este fallo subraya la autonomía del trabajador en la organización de su trabajo, lo cual, según el Tribunal, le otorga la facultad de cumplir con sus funciones laborales más allá del horario impuesto por la empresa[252].

5.1.2. Tiempos de disponibilidad

Como premisa inicial, cabe subrayar que, según la redacción del inciso c) del artículo 7 de la Ley de trabajo a distancia, no es obligatorio estipular las normas de disponibilidad en el acuerdo de trabajo a distancia. No obstante, es aconsejable profundizar en el concepto de tiempo de disponibilidad para comprender las distintas situaciones que pueden presentarse. En este sentido, la doctrina científica sugiere que es imprescindible diferenciar entre los diversos tipos de tiempos de disponibilidad, a saber[253]:

- **Tiempos de disponibilidad obligatoria e intrajornada**: corresponden a los intervalos durante los cuales el teletrabajador está activamente comprometido con sus tareas laborales y debe estar, de manera imperativa, accesible y al servicio de la empresa. Esta disponibilidad asegura que el trabajador

252 STSJ Madrid 218/2023 de 1 de marzo.

253 Gil Plana, J. (2021). "El tiempo de trabajo en el trabajo a distancia", *op. cit.*, 243.

pueda participar en actividades colaborativas[254] o responder a requerimientos en un horario diario específico[255].

- **Tiempos de disponibilidad extrajornada**: hacen referencia a los periodos que se sitúan fuera del horario laboral establecido, durante los cuales, pese a no estar en tiempo de trabajo efectivo, el teletrabajador debe permanecer localizable o en estado de guardia, listo para atender cualquier necesidad de la empresa[256].

Respecto a los tiempos de disponibilidad obligatoria e intrajornada, el artículo 13 de la Ley de Trabajo a Distancia estipula que son un deber de la persona que realiza teletrabajo, puesto que vincula el ejercicio del derecho al horario flexible a la condición de acatar dichos periodos de disponibilidad determinados por la empresa[257]. De manera interesante, el citado artículo emplea el plural al mencionar estos tiempos, lo que sugiere que no necesariamente deben consistir en un solo intervalo continuo intrajornada; es plausible establecer distintos lapsos temporales segmentados o asimétricos durante el día laboral[258]. Surge entonces la interrogante de si es viable fijar un horario inmutable que elimine el derecho al horario flexible del teletrabajador, sobre todo teniendo en cuenta que, conforme a lo estipulado en el apartado c) del artículo 7 de la mencionada Ley, no se establecen

---

254 Entre otras, la impartición de instrucciones operativas, la realización de reuniones de trabajo, la interactuación o coordinación con los compañeros de trabajo, y en su caso, el seguimiento de la actividad laboral por parte de la empresa.

255 Poquet Catalá, R. (2020). *El teletrabajo: análisis del nuevo marco jurídico, op. cit.*, 80.

256 Maldonado Montoya, J. P. (2021). "Ordenación y desordenación del tiempo de trabajo en el trabajo a distancia", *op. cit.*, 440-441.

257 Poquet Catalá, R. (2020). *El teletrabajo: análisis del nuevo marco jurídico, op. cit.*, 79.

258 Maldonado Montoya, J. P. (2021). "Ordenación y desordenación del tiempo de trabajo en el trabajo a distancia", *op. cit.*, 439.

restricciones en la especificación del horario laboral. Al respecto, algunos expertos argumentan que, atendiendo a la literalidad del precepto, se confiere libertad a las partes para determinar el horario, y, en consecuencia, la potestad para suprimir o anular el derecho al horario flexible [259]. No obstante, hay quienes sostienen que, en concordancia con el principio general de flexibilidad horaria del artículo 13 de la Ley de Trabajo a Distancia, la definición de los tiempos de disponibilidad obligatoria debe ser lógica y justificable basándose en requerimientos empresariales. De lo contrario, la disponibilidad solicitada resultaría excesiva, desmedida y claramente abusiva[260]. En mi opinión, la empresa no debe establecer un horario fijo y rígido que anule el derecho al horario flexible de la persona teletrabajadora, pues contradice el espíritu tutelar de la legislación.

En relación con los tiempos de disponibilidad fuera de la jornada laboral, emerge inicialmente la interrogante sobre si es factible, mediante el acuerdo de trabajo a distancia, establecer la obligación de guardias o periodos en los cuales el teletrabajador deba permanecer localizable para la empresa. Sobre este asunto, un sector doctrinal[261] considera que a tenor de la interpretación de la letra c) del art. 7 de la Ley de trabajo a distancia, se excluye la posibilidad de fijar periodos de disponibilidad que excedan el horario laboral, pues ello vulnera tanto el derecho a la conciliación de la vida personal y profesional como el derecho a la desconexión digital, que se examinará posteriormente. Sin embargo, hay otros autores que argumentan que la normativa no obstaculiza

---

259 Gil Plana, J. (2021). "El tiempo de trabajo en el trabajo a distancia", *op. cit.*, 242-243.

260 Maldonado Montoya, J. P. (2021). "Ordenación y desordenación del tiempo de trabajo en el trabajo a distancia", 439-440.

261 Jurado Segovia, A. (2021). "Trabajo a distancia y conciliación de la vida laboral y familiar a la luz de las recientes reformas normativas". *El trabajo a distancia: con particular análisis del Real Decreto-ley 28/2020, de 22 de septiembre*, LA LEY, 322.

que el mismo acuerdo de trabajo a distancia estipule esos intervalos fuera de la jornada en los que el teletrabajador deba estar localizable o en guardia para la empresa[262]. Desde mi perspectiva, los periodos de disponibilidad fuera de la jornada deberían ser vedados de forma general, pues contravienen el derecho al descanso, la desconexión digital y la conciliación de la vida laboral y personal del teletrabajador. Específicamente, si se instaurasen tales periodos, el teletrabajador vería limitada su capacidad para organizar su tiempo libre y atender sus asuntos personales[263]. No obstante, en ausencia de una clara pronunciación normativa, es viable incluir en el acuerdo de trabajo a distancia estos tiempos de disponibilidad, siempre garantizando el acatamiento de las disposiciones legales y convencionales sobre las horas de trabajo y descanso. Adicionalmente, habría que asegurar la remuneración correspondiente por dicha disponibilidad y garantizar el derecho a la desconexión digital del teletrabajador.

En cuanto a los tiempos de disponibilidad fuera de la jornada laboral, surge una segunda interrogante de notable relevancia: ¿pueden estos ser catalogados como tiempo de trabajo efectivo? Para resolverlo, es imperativo remitirse a las definiciones estipuladas en el artículo 2 de la Directiva 2003/88/CE del Parlamento Europeo y del Consejo, fechada el 4 de noviembre de 2003, que se refiere a ciertos aspectos de la ordenación del tiempo laboral. Según esta normativa, el tiempo de trabajo se entiende como cualquier intervalo durante el cual el trabajador se encuentre laborando, esté al servicio de la empresa y desempeñe su actividad o funciones, acorde a las legislaciones y/o usos nacionales;

---

262 Maldonado Montoya, J. P. (2021). "Ordenación y desordenación del tiempo de trabajo en el trabajo a distancia", *op. cit.*, 440-441.

263 Vila Tierno, F. (2023). "¿Debe considerarse el tiempo de espera como tiempo de trabajo?" *Revista de Jurisprudencia Laboral (RJL)*, (2), 11. https://www.boe.es/biblioteca_juridica/anuarios_derecho/abrir_pdf.php?id=ANU-L-2023-00000002347. Recuperado el 20 de enero de 2024.

mientras que el periodo de descanso se define como cualquier lapso que no se ajuste a la definición anterior de tiempo de trabajo. Desprendiéndose de estas precisiones, es posible inferir que para que un periodo sea calificado como tiempo de trabajo, deben concurrir tres condiciones: (1) estar presente en el lugar de trabajo; (2) estar disponible para la empresa, a la espera de instrucciones; y, finalmente, (3) desempeñar activamente las funciones y actividades encomendadas.

A la luz de este tema, la jurisprudencia emanada del Tribunal de Justicia de la Unión Europea ha matizado estos elementos, priorizando la presencia en el lugar de trabajo y la disponibilidad, sin poner tanto énfasis en si durante ese periodo se lleva a cabo una prestación de servicios laborales efectiva. Puntualmente, en su fallo del 3 de octubre de 2000, correspondiente al caso C-303/98, se determina que se considerará tiempo de trabajo aquel en el que se exige a los trabajadores estar presentes y disponibles en sus respectivos lugares laborales para desempeñar sus funciones profesionales[264]. Asimismo, en la sentencia del 21 de febrero de 2018, relativa al caso C-518/2015, el Tribunal expone que se debe catalogar como tiempo de trabajo aquel periodo de guardia en el que un trabajador, estando en su hogar, tiene la obligación de atender requerimientos de la empresa en un margen de apenas ocho minutos, puesto que tal exigencia obliga al trabajador a mantenerse cerca de su lugar laboral durante su periodo de disponibilidad[265]. Coherentemente con la línea interpretativa adoptada por el Tribunal de Justicia de la Unión Europea, el Tribunal Supremo, en su sentencia número 485/2020, fechada el 18 de junio, ha establecido que:

---

264 STJUE de 3 de octubre de 2000, asunto C-303/98, Caso Sindicato de Médicos de Asistencia Pública (SIMAP) contra Consellería de Sanidad y Consumo de la Generalidad Valenciana (TOL9.935.439).

265 STJUE de 21 de febrero de 2018, asunto C-518/15, Caso Ville de Nivelles contra Rudy Matzak (TOL9.913.166).

> *"[...] las guardias de disponibilidad se consideran tiempo de trabajo cuando obligan al trabajador a permanecer en las instalaciones de la empresa, o en cualquier otro lugar designado por el empleador -incluido el propio domicilio-, para acudir en un breve plazo de tiempo al requerimiento empresarial, y que se desenvuelven por lo tanto en condiciones que limitan su libertad de deambulación e impiden administrar a voluntad el tiempo para poder dedicarse a sus intereses personales y a la libre realización de aquellas actividades que considere oportunas.*
>
> *Aquí es donde justamente reside la clave para decidir si constituye tiempo de trabajo o de descanso el periodo de prestación de las guardias de disponibilidad, en atención a las específicas condiciones en las que debe desarrollarse.*
>
> *Será tiempo de trabajo cuando la guardia exige la obligada permanencia en un determinado espacio físico y dar respuesta inmediata en caso de necesidad, porque en tales circunstancias el trabajador se encuentra en el ejercicio de sus funciones laborales.*
>
> *Mientras que se considerarán como tiempo de descanso, si el trabajador puede dedicarse a las actividades personales y de ocio que libremente quisiere realizar, en los que solo será tiempo de trabajo el dedicado a la prestación efectiva de servicios que requiera la intervención necesaria para atender la incidencia"*[266].

Sin embargo, la interpretación relativa al tiempo de trabajo y la consiguiente doctrina jurisprudencial representan un desafío en el ámbito del teletrabajo. La razón estriba en que el lugar laboral puede coincidir con el domicilio del trabajador o con cualquier otro espacio que este elija para desempeñar sus labores. Este solapamiento puede generar complicaciones al tratar de discernir los elementos que determinan la calificación del tiempo de trabajo, corriendo el riesgo de distorsionar las fronteras y las jornadas laborales preestablecidas por la empresa. Esta perspectiva se ve respaldada por el fallo núm. 628/2020 del Tribunal Superior de Justicia de Madrid, fechado el 8 de julio, donde se plantea una profunda reflexión sobre el tema:

---

266 STS 485/2020 de 18 de junio (TOL8.055.675).

> *"[...] Es evidente que en este contexto la apreciación de lo que es mera disponibilidad no constitutiva de tiempo de trabajo y lo que es prestación de servicios de acuerdo con el criterio fijado por el Tribunal de Justicia de la Unión Europea presenta serias disfunciones, porque en aplicación estricta del criterio jurisprudencial resultaría que en todos aquellos casos en los que no se exija al trabajador su presencia en un lugar concreto durante un determinado horario establecido (casos en los que tal tiempo de exigencia presencial a disposición de la empresa constituiría necesariamente tiempo de trabajo, incluso si la presencia se exige en el propio domicilio del trabajador, siguiendo el criterio de la sentencia Matzak) resulta posible organizar un sistema de contratación totalmente flexible (zero hour contract) en el que el trabajador estaría conectado y a disposición de la empresa, incluso de forma permanente cualquier día de la semana a cualquier hora, y solamente se consideraría tiempo de trabajo aquel tiempo en que se le requiriera la prestación efectiva de servicios a distancia"*[267].

De este modo, la citada resolución del Tribunal Superior de Justicia de Madrid ha enfatizado la imperiosa necesidad de reinterpretar, o incluso redefinir, el concepto de tiempo de trabajo conforme a la Directiva 2003/88/CE. Este ejercicio es vital para ajustarse a la emergente realidad del teletrabajo y para salvaguardar el derecho a la desconexión digital del trabajador a distancia. En este escenario, sería el Tribunal de Justicia de la Unión Europea el órgano competente para asumir tal encomienda.

Por último, es preciso recordar que, según el apartado 2 del artículo 4 de la Ley de Trabajo a Distancia, aquellos que se desempeñen bajo la modalidad de teletrabajo no deben ser objeto de menoscabo o alteración en las condiciones pactadas, especialmente en lo que respecta a la duración del tiempo laboral o la retribución. Esta disposición cobra relevancia ante eventualidades técnicas u otros contratiempos no atribuibles al trabajador que pudieran surgir. A título ilustrativo, si durante la jornada laboral acontecen incidentes técnicos que obstaculicen el desempeño en

---

[267] STSJ Madrid 628/2020 de 8 de julio (TOL8.061.925).

régimen de teletrabajo, corresponderá a la empresa reconocer el periodo de la incidencia como tiempo efectivo de labor. En esta línea, la Audiencia Nacional, en su fallo núm. 104/2021 de fecha 10 de mayo, sostiene dicha perspectiva, aunque precisa que recae sobre el teletrabajador la responsabilidad de proporcionar el justificante del proveedor del servicio en cuestión, donde se certifique la existencia y duración de la incidencia mencionada[268].

5.1.3. Tiempos de desplazamiento

Conforme al artículo 34, apartado 5, del Estatuto de los Trabajadores, es imperativo que el trabajador se halle en su puesto laboral tanto al inicio como al término de la jornada diaria para que dicho período se considere tiempo de trabajo efectivo. De este precepto se deduce que los períodos de desplazamiento entre el hogar y el lugar de trabajo no deben ser contabilizados como parte de la jornada laboral. Sin embargo, tanto la jurisprudencia del Tribunal de Justicia de la Unión Europea (TJUE) como la del Tribunal Supremo han ofrecido interpretaciones que matizan esta premisa. Específicamente, en su resolución de fecha 10 de septiembre de 2015, correspondiente al asunto C-266/14, el TJUE estableció que aquellos trabajadores sin un lugar de trabajo fijo o habitual deben considerar como tiempo de trabajo efectivo los desplazamientos desde su domicilio hacia un cliente designado por la empresa y viceversa. La razón subyacente a esta decisión radica en que, bajo tales circunstancias, estos trabajadores se encuentran efectivamente "en el trabajo"[269]. De manera paralela, el Tribunal Supremo, en sus fallos de fechas 24 de junio de 1992, 18

---

268 SAN 104/2021 de 10 de mayo (TOL8.447.616).

269 STJUE de 10 de septiembre de 2015, asunto C-266/14, Caso Federación de Servicios Privados del sindicato Comisiones Obreras (CC. OO.) contra Tyco Integrated Security, S.L. y Tyco Integrated Fire & Security Corporation Servicios, S.A. (TOL5.420.447).

de septiembre de 2000 y 24 de septiembre de 2009, ha sostenido que los tiempos invertidos en desplazamientos desde el centro laboral hasta cualquier otro lugar donde se requiera la prestación de servicios, así como el retorno posterior, deben ser computados como tiempo de trabajo efectivo a todos los efectos[270].

Dentro del marco del teletrabajo, es crucial considerar las distintas situaciones que pueden surgir con respecto al cómputo de los tiempos de desplazamiento como tiempo de trabajo efectivo. La doctrina científica ha identificado dos escenarios principales:

- Teletrabajo permanente: se refiere a aquellos trabajadores que son contratados exclusivamente para desempeñarse bajo la modalidad de teletrabajo, haciendo uso constante de las tecnologías de la información y comunicación, sin la necesidad de acudir físicamente a las instalaciones empresariales. En estas circunstancias, cualquier desplazamiento que se efectúe desde el domicilio o el espacio designado por el teletrabajador hacia las instalaciones de la empresa, motivado por requerimientos empresariales, debe contabilizarse como tiempo de trabajo efectivo[271].
- Teletrabajo alterno: En este escenario, los trabajadores son contratados bajo una modalidad mixta, alternando jornadas presenciales con jornadas de trabajo a distancia. Es vital determinar si el desplazamiento ocurre en un día designado para trabajo presencial o a distancia. En el caso de los días presenciales, el tiempo empleado en los traslados desde y hacia el domicilio (o lugar elegido por el trabajador) hasta las instalaciones de la empresa no se consideraría tiempo de trabajo efectivo. No obstante, si

---

270 STS de 24 de junio de 1992 (TOL232.153), STS de 18 de septiembre de 2000 (TOL4.966.237) y STS de 24 de septiembre de 2009 (TOL1.638.927).

271 Godino Reyes, M. (2020). *La nueva regulación del trabajo a distancia y el teletrabajo*, *op. cit.*, 114.

este desplazamiento sucede en un día designado para el teletrabajo, entonces deberá ser contabilizado como tal[272].

En conclusión, tras analizar la jurisprudencia y las aportaciones teóricas pertinentes, se deduce que aquellos periodos de tiempo invertidos por el personal en régimen de teletrabajo en desplazamientos motivados por obligaciones impuestas por la entidad empleadora, en virtud de sus exigencias operativas o por la conveniencia del servicio, deben ser considerados como jornada laboral efectiva. Esto se debe a que dichos traslados no corresponden a los habituales trayectos de ida y retorno al lugar de trabajo desde el hogar o residencia habitual de los empleados, sino que se efectúan siguiendo directrices empresariales. En tales casos, se equipara a que el empleado se halla a disposición del empleador y desempeñando sus tareas laborales.

5.1.4. Tiempos de descanso

La Directiva 2003/88/CE, promulgada por el Parlamento Europeo y el Consejo el 4 de noviembre de 2003, incide en la importancia de asegurar que todos los trabajadores disfruten de periodos de reposo suficientes. Con este fin, se han determinado intervalos mínimos de descanso diario, semanal y anual, así como pausas intermedias y un límite máximo para la jornada laboral semanal[273]. En consonancia con las disposiciones de la Unión

---

272 Maldonado Montoya, J. P. (2021). “Ordenación y desordenación del tiempo de trabajo en el trabajo a distancia”, *op. cit.*, 444.

273 En concreto, se establece en su art. 3 un período mínimo de descanso diario de 11 horas consecutivas en el curso de cada período de 24 horas; en su art. 5 un período mínimo de descanso ininterrumpido de 24 horas por cada período de siete días; y en su art. 7 un período de al menos cuatro semanas de vacaciones anuales retribuidas. Asimismo, se reconoce en su art. 4 el derecho de las personas trabajadoras de disfrutar una pausa de descanso, siempre y cuando el tiempo de trabajo diario sea superior a seis horas. Por su parte, se dispone en su art.

Europea, el Estatuto de los Trabajadores en España articula un cuerpo normativo que regula los tiempos de interrupción laboral y establece los márgenes de la duración del trabajo[274].

Conforme a lo estipulado en el artículo 4 de la Ley de trabajo a distancia, las personas que ejercen el teletrabajo mantienen íntegramente los derechos que les corresponderían de estar desempeñando sus funciones en las instalaciones de la empresa. Así, no deben experimentar menoscabo alguno en sus condiciones de trabajo, lo que abarca aspectos como la remuneración, la seguridad en el empleo, la jornada laboral, así como las oportunidades de formación y ascenso profesional. En consecuencia, tienen derecho a disfrutar de periodos de descanso equivalentes a los de sus homólogos en modalidad presencial.

---

6 que se limita la duración del tiempo de trabajo semanal por medio de disposiciones legales, reglamentarias o administrativas o de convenios colectivos o acuerdos celebrados entre interlocutores sociales; y, además, la duración media del trabajo no puede exceder de 48 horas, incluidas las horas extraordinarias, por cada período de siete días.

274 En particular, en su art. 34 se establece que la duración de la jornada de trabajo será la pactada en los convenios colectivos o contratos de trabajo, pero entre el final de una jornada y el comienzo de la siguiente debe mediar, como mínimo, doce horas. Asimismo, la duración máxima de la jornada ordinaria de trabajo será de cuarenta horas semanales de trabajo efectivo de promedio en cómputo anual. Por su parte, siempre que la duración de la jornada diaria continuada exceda de seis horas, la persona trabajadora puede disfrutar de un periodo de descanso durante la misma de duración no inferior a quince minutos; en su art. 37 se dispone que los trabajadores tendrán derecho a un descanso mínimo semanal, acumulable por periodos de hasta catorce días, de día y medio ininterrumpido que, como regla general, comprenderá la tarde del sábado o, en su caso, la mañana del lunes y el día completo del domingo. La duración del descanso semanal de los menores de dieciocho años será, como mínimo, de dos días ininterrumpidos; y en su art. 38 se fija la duración mínima del periodo de vacaciones anuales retribuidas, que en ningún caso puede ser inferior a treinta días naturales.

Ahora bien, surge la interrogante de si, ante la elección voluntaria de la persona teletrabajadora de renunciar a sus periodos de descanso para desempeñar horas extraordinarias, recae sobre la empresa la obligación de remunerar dichas horas. Según la doctrina emanada de la sentencia del Tribunal Superior de Justicia de Castilla y León, Valladolid, de fecha 3 de febrero de 2016, recae sobre la empresa el deber de definir directrices claras en cuanto a la ordenación del tiempo laboral, asegurando así el acatamiento a los márgenes de jornada y descanso estipulados legal y convencionalmente, y de supervisar el cumplimiento del horario de trabajo de los teletrabajadores[275]. Bajo el cumplimiento de estas directrices empresariales, se podría eximir a la empresa del abono de horas extraordinarias si se demuestra que fue el teletrabajador quien, por iniciativa propia, no acató las normativas establecidas y evadió los controles de tiempo laboral impuestos por la entidad.

En relación con la labor en horario nocturno por parte del teletrabajador, surge la cuestión de si debe informarse a la autoridad laboral, si corresponde el pago de un plus por nocturnidad y si se debe proporcionar una atención especial en materia de seguridad y salud[276]. La doctrina científica sostiene que, en caso de que el teletrabajador opte por ejercer su actividad laboral en

[275] STSJ Castilla y León, Valladolid, de 3 de febrero de 2016 (TOL5.643.564).

[276] En virtud del art. 36 del Estatuto de los Trabajadores, se considera trabajo nocturno el realizado entre las diez de la noche y las seis de la mañana, y la empresa que recurra regularmente a la realización de trabajo nocturno deberá informar de ello a la autoridad laboral. Asimismo, el trabajo nocturno conlleva el pago de una retribución específica que se determina en la negociación colectiva, salvo que el salario se haya establecido atendiendo a que el trabajo sea nocturno por su propia naturaleza o se haya acordado la compensación de este trabajo por descansos. Por su parte, los trabajadores nocturnos gozan de un nivel de protección en materia de salud y seguridad adaptado a la naturaleza de su trabajo, y equivalente al de los restantes trabajadores de la empresa.

horario nocturno, valiéndose de la flexibilidad horaria, debe comunicar esta decisión a la empresa para obtener la autorización correspondiente. Esto se debe a que la empresa tiene el imperativo legal de notificar tal situación a la autoridad laboral competente y de implementar las medidas necesarias para la protección de la salud y seguridad del trabajador. No obstante, en cuanto a la compensación por nocturnidad, no se justificaría su pago, ya que la decisión de trabajar en dicho horario no ha sido requerida por la empresa, sino que parte de la voluntad del propio teletrabajador[277].

5.2. EL REGISTRO DE LA JORNADA LABORAL EN EL TELETRABAJO

El registro de la jornada laboral se erige como una obligación formal de las entidades empresariales, las cuales deben implementar un sistema eficaz para el cómputo y consignación de las horas trabajadas por el personal en modalidad de teletrabajo. Dicho sistema se configura como un instrumento esencial para la fiscalización del acatamiento de las normas que rigen el tiempo de trabajo, permitiendo así un seguimiento y comprobación rigurosa de las jornadas efectuadas por los teletrabajadores. Además, este mecanismo es crucial para asegurar el respeto de los intervalos de descanso estipulados para estos trabajadores.

Tradicionalmente, la doctrina jurisprudencial ha mostrado divergencias respecto al ámbito de aplicación del registro de la jornada laboral[278]. Específicamente, se ha debatido si la

---

277 Gil Plana, J. (2021). "El tiempo de trabajo en el trabajo a distancia", *op. cit.*, 239-240.

278 La obligación del registro de la jornada laboral había sido objeto de debate continuo por las distintas instancias de la Jurisdicción Social. Este debate ha alcanzado su mayor intensidad en los períodos comprendidos entre los años 2015 y 2017, y en dichos períodos se puede observar la existencia de dos corrientes doctrinales claramente dife-

obligación se circunscribe únicamente al registro de las horas extraordinarias o si abarca también las horas ordinarias de trabajo. Esta incertidumbre, fundamentada en una exégesis literal y sistemática del Estatuto de los Trabajadores anterior a la modificación introducida por el Real Decreto-ley 8/2019, de 8 de marzo, reflejaba la ausencia de una disposición explícita que mandatara el registro de la jornada laboral ordinaria. No obstante, la controversia fue resuelta por la sentencia del Tribunal de Justicia de la Unión Europea, fechada el 14 de mayo de 2019, que dictaminó la obligación por parte de las empresas de registrar la jornada laboral, tanto ordinaria como extraordinaria. El fallo subraya que el sistema de registro debe ser objetivo, fiable

---

renciadas entre sí, una de ellas dirigida por la Audiencia Nacional, mientras que la otra está liderada por el Tribunal Supremo.
En concreto, la Audiencia Nacional, en sus sentencias núm. 207/2015 de 4 de diciembre (TOL5.634.987) y núm. 25/2016 de 19 de febrero (TOL5.654.526), había pronunciado que el registro de la jornada diaria -tanto ordinaria como extraordinaria- constituye una herramienta que permite asegurar efectivamente el control de las horas extraordinarias. Asimismo, el registro de las horas ordinarias de trabajo constituye un presupuesto para que las horas extraordinarias tengan dicha consideración, ya que es necesario que se realicen sobre la duración máxima de la jornada de trabajo. De este modo, si el registro de la jornada solo fuera obligatorio cuando se realicen horas extraordinarias, se provocaría un círculo vicioso y que vaciaría de contenido la institución y sus fines.
Sin embargo, el Tribunal Supremo apostaba por una interpretación literal y sistemática de la norma vigente en aquel entonces, señalando en sus sentencias núm. 246/2017 de 23 de marzo (TOL6.028.051), núm. 338/2017 de 20 de abril (TOL6.085.273), y núm. 1044/2017 de 20 de diciembre (TOL6.478.055), que la obligación del empresario de anotar y de registrar se extiende sólo a las horas extraordinarias realizadas. Asimismo, consideraba que el espíritu de la norma sólo se circunscribe al control de la realización de las horas extraordinarias, y, por tanto, no existía norma que exija la llevanza de un registro de la jornada diaria efectiva de toda la plantilla para poder comprobar el cumplimiento de los horarios pactados.

y accesible, de modo que permita la cuantificación precisa de la jornada diaria efectuada por cada trabajador[279].

La reforma legislativa efectuada por el Real Decreto-ley 8/2019 ha resuelto de manera concluyente la controversia previa, imponiendo a todas las empresas la obligación de llevar a cabo un registro diario de la jornada laboral, abarcando tanto las horas ordinarias como las extraordinarias. Específicamente, el artículo 10 de dicho decreto modifica el artículo 34 del Estatuto de los Trabajadores, incorporando un apartado 9 que obliga a todas las entidades empresariales a documentar diariamente la jornada, registrando los horarios específicos de inicio y fin del trabajo de cada empleado. Esta disposición se establece sin menoscabo de la flexibilidad horaria reconocida en el artículo 34.7 del mismo texto legal. Además, la estructuración y documentación de este registro debe ser objeto de negociación colectiva o acuerdo de empresa, o, en su ausencia, de una decisión del empresario, siempre tras la consulta con los representantes legales de los trabajadores en la empresa. Dichos registros deben ser conservados por la empresa durante un periodo de cuatro

---

279 En particular, el Tribunal de Justicia de la Unión Europea considera que es preciso disponer de un sistema que permita computar la jornada diaria efectiva realizada por las personas trabajadoras, con el fin de poder determinar objetivamente y de manera fiable el número de horas de trabajo efectuadas por el trabajador, así como su distribución en el tiempo. Asimismo, recalca la importancia de determinar objetivamente y de manera fiable el número de horas de trabajo diario y semanal, ya que es esencial para comprobar, por un lado, si se ha respetado la duración máxima del tiempo de trabajo semanal, y, por otro lado, si se han respetado los períodos mínimos de descanso diario y semanal. Por su parte, señala que el establecimiento de un sistema de cómputo de la jornada diaria efectiva facilita la obtención de medios de prueba por parte de los trabajadores, ya que este sistema les permite acceder de manera sencilla a datos objetivos y fiables relativos a la duración efectiva del trabajo que han realizado. *Vid.* STJUE de 14 de mayo de 2019, asunto C-55/18 (TOL7.217.201).

años y estarán a disposición de los trabajadores, sus representantes legales y de la Inspección de Trabajo y Seguridad Social.

En lo que respecta a la normativa del registro de jornada en el ámbito del teletrabajo, es imperativo referirse al artículo 14 de la Ley de trabajo a distancia. Dicho artículo estipula que el registro horario regulado en el artículo 34.9 del Estatuto de los Trabajadores debe reflejar con exactitud el tiempo de trabajo desempeñado por la persona teletrabajadora, incluyendo el inicio y la conclusión de la jornada, respetando su derecho a la flexibilidad horaria. Sin embargo, esta disposición ha sido objeto de críticas por parte de algunos sectores de la doctrina científica, que la consideran redundante y superflua, al ser una mera reiteración de la obligación ya establecida en el artículo 34.9 del Estatuto de los Trabajadores para todas las empresas[280]. Por su parte, un sector de la doctrina científica ha señalado que la obligación legal de registro de la jornada diaria puede incluso coartar la flexibilidad horaria y la autonomía en la organización del trabajo, así como destruir el marco de confianza sobre el que se asientan los sistemas de teletrabajo[281].

A pesar de las críticas mencionadas, la instauración de un sistema de registro y control del tiempo de trabajo tiene efectos beneficiosos, en tanto contribuye a esclarecer y preservar la distinción entre la esfera laboral y la vida privada, evitando así el desdibujamiento de los límites entre trabajo y vida personal y familiar[282]. Además, el registro horario se erige como una herra-

---

280 Entre otros, Maldonado Montoya, J. P. (2021). "Ordenación y desordenación del tiempo de trabajo en el trabajo a distancia", *op. cit.*, 452; y Gil Plana, J. (2021). "El tiempo de trabajo en el trabajo a distancia", *op. cit.*, 245.

281 Godino Reyes, M. (2020). *Jornada de trabajo*. Francis Lefebvre, 129.

282 Organización Internacional del Trabajo y Fundación Europea para la Mejora de las Condiciones de Vida y de Trabajo. (2019). *Informe conjunto OIT-Eurofound: Trabajar en cualquier momento y en cualquier lugar:*

mienta eficaz para prevenir la disponibilidad digital constante, estableciendo límites claros entre la conclusión de la jornada laboral y el comienzo del derecho a la desconexión digital. Este sistema también resulta ser un medio eficiente para comprobar que la empresa respeta los márgenes de la jornada laboral y los periodos de descanso que la legislación y los convenios colectivos determinan[283]. Por último, el registro de jornada se configura como un mecanismo de control empresarial sobre el desempeño laboral del teletrabajador. En este sentido, la sentencia del Tribunal Superior de Justicia de Castilla y León, Valladolid, de fecha 3 de febrero de 2016, ya subrayaba que la supervisión del tiempo de trabajo incumbe a la empresa, la cual debe registrar diariamente la jornada y totalizarla en el período establecido para el pago de las remuneraciones, proporcionando al trabajador una copia del resumen en su recibo de salario[284].

Dentro de los métodos predominantes para el registro de la jornada laboral en el teletrabajo, se destacan los sistemas de fichaje digital mediante aplicaciones móviles y plataformas web, así como los registros automáticos que capturan los momentos de conexión y desconexión del teletrabajador al sistema de la empresa. Además, existen tecnologías de registro más sofisticadas que emplean datos biométricos o identificadores personales, como la huella dactilar, el reconocimiento del iris, la voz o la geometría de la mano. No obstante, la implementación de tales sistemas debe ser escrupulosa en cuanto al cumplimiento de la legislación sobre protección de datos personales[285].

---

consecuencias en el ámbito laboral. OIT, 29. https://www.ilo.org/wcmsp5/groups/public/—ed_protect/—protrav/—travail/documents/publication/wcms_712531.pdf. Recuperado el 12 de mayo de 2024.

283 Carrascosa Bermejo, D. (2021). "Derecho al registro horario adecuado y teletrabajo". *El trabajo a distancia: una perspectiva global,* Aranzadi, 471-472.

284 STSJ Castilla y León, Valladolid, de 3 de febrero de 2016 (TOL5.643.564).

285 Carrascosa Bermejo, D. (2021). "Derecho al registro horario adecuado y teletrabajo", *op. cit.*, 486-489.

Por otro lado, es relevante señalar que la reciente sentencia del Tribunal Supremo, número 41/2023 de fecha 18 de enero, ha instaurado una nueva doctrina jurisprudencial en lo que respecta al registro de la jornada laboral. Dicha sentencia examina si un sistema de registro basado en la declaración unilateral del trabajador satisface los criterios de objetividad y fiabilidad establecidos por la Directiva 2003/88/CE y la jurisprudencia del Tribunal de Justicia de la Unión Europea, particularmente la sentencia del 14 de mayo de 2019. Los recurrentes argumentaban que tal sistema no garantiza la objetividad ni la fiabilidad, al depender exclusivamente de la declaración del trabajador, lo que podría comprometer la exactitud de los datos. No obstante, el Tribunal Supremo ha desestimado esta argumentación, sosteniendo que no hay fundamentos para dudar de la seguridad, trazabilidad y veracidad de los datos registrados de forma unilateral por el trabajador. En consecuencia, afirma que la declaración unilateral puede ser considerada un método objetivo y fiable para el registro de la jornada laboral. A pesar de ello, el Tribunal Supremo recalca que las empresas tienen la responsabilidad de asegurar que los trabajadores estén plenamente informados sobre cómo deben proceder para el registro adecuado de los tiempos de trabajo[286].

5.3. EL DERECHO A LA DESCONEXIÓN DIGITAL

La proliferación de las tecnologías de la información y la comunicación ha facilitado que un número creciente de trabajadores pueda ejercer sus funciones laborales desde cualquier ubicación y en cualquier momento. No obstante, esta flexibilidad ha dado lugar a una cultura de disponibilidad digital constante, en la cual se espera que los teletrabajadores estén permanentemente en línea y a disposición de la empresa, trascendiendo su horario laboral

---

286 STS 41/2023 de 18 de enero (TOL9.372.932).

establecido. Esta exigencia puede acarrear riesgos para la salud y el bienestar de los trabajadores, debido a la intensificación del trabajo y la extensión de la jornada laboral, lo que a su vez contribuye a la erosión de las fronteras entre la vida profesional y personal.

Conforme a lo dispuesto en el artículo 31.2 de la Carta de los Derechos Fundamentales de la Unión Europea, todos los trabajadores tienen derecho a una limitación de la duración máxima del trabajo y a períodos de descanso diarios y semanales, así como a vacaciones anuales remuneradas. De manera complementaria, la Directiva 2003/88/CE dicta las normas mínimas para la protección de la seguridad y la salud en lo que respecta a la organización del tiempo de trabajo. En este marco, se reconoce la importancia de proteger el derecho de los teletrabajadores a desconectar de los dispositivos y plataformas digitales laborales, garantizando así su tiempo de descanso y ocio. Según la conceptualización de la Fundación Europea para la Mejora de las Condiciones de Vida y de Trabajo (Eurofound, por sus siglas en inglés), el derecho a la desconexión digital se entiende como la facultad de los teletrabajadores para desligarse de las obligaciones laborales y abstenerse de participar en comunicaciones electrónicas relacionadas con el trabajo, tales como correos electrónicos y otros mensajes, fuera de su horario de trabajo[287].

Actualmente, aunque no existe una normativa consolidada en el ámbito de la Unión Europea que regule específicamente el derecho a la desconexión digital, se está tramitando una propuesta legislativa que culminará en una Directiva comunitaria dedicada a esta materia[288]. Los elementos más significativos de la propuesta son:

---

287 Definición recogida en el Diccionario europeo de relaciones laborales de Eurofound. https://www.eurofound.europa.eu/observatories/eurwork/industrial-relations-dictionary/right-to-disconnect Recuperado el 13 de mayo de 2024.

288 Texto contenido en el Anexo de la Resolución del Parlamento Europeo de 21 de enero de 2021 con recomendaciones a la Comisión

- **Definición de desconexión**: el artículo 2 de la propuesta define la desconexión como la abstención de realizar actividades laborales o comunicaciones relacionadas con el trabajo a través de herramientas digitales fuera del horario de trabajo, ya sea de manera directa o indirecta.
- **Registro de jornada laboral**: el artículo 3 subraya la importancia de disponer de un sistema de registro de jornada laboral que sea objetivo, fiable y accesible, como medio para garantizar el cumplimiento del derecho a la desconexión.
- **Implementación práctica**: el artículo 4 establece una serie de medidas para la efectiva implementación del derecho a la desconexión, que incluyen la regulación del uso de herramientas digitales, la evaluación de riesgos psicosociales, y la definición de excepciones a la obligación empresarial de aplicar este derecho.
- **Protección contra represalias**: el artículo 5 introduce medidas de protección para los trabajadores contra cualquier forma de represalia empresarial derivada del ejercicio del derecho a la desconexión.
- **Derecho a reparación**: según el artículo 6, se reconoce el derecho de los trabajadores a obtener reparación en caso de que se vulnere su derecho a la desconexión.
- **Obligación de informar**: el artículo 7 obliga a las empresas a proporcionar información escrita, clara y adecuada a los trabajadores sobre cómo ejercer su derecho a la desconexión.
- **Régimen sancionador**: finalmente, el artículo 8 señala la necesidad de que los Estados miembros establezcan un

sobre el derecho a la desconexión (2019/2181(INL)). https://www.europarl.europa.eu/doceo/document/TA-9-2021-0021_FR.html Recuperado el 13 de mayo de 2024.

régimen sancionador efectivo para las infracciones a las disposiciones del derecho a la desconexión.

Además de la propuesta legislativa mencionada, es importante destacar que, en junio de 2020, los interlocutores sociales a nivel de la Unión Europea ratificaron un Acuerdo Marco sobre la Digitalización[289]. Este acuerdo reconoce que, si bien la incorporación de dispositivos y herramientas digitales en el ámbito laboral abre nuevas oportunidades para una organización flexible del trabajo, también conlleva potenciales riesgos y desafíos, especialmente en lo que respecta a la distinción entre el tiempo laboral y el personal. En respuesta a estos desafíos, el acuerdo propone una serie de medidas orientadas a preservar la seguridad y la salud de los trabajadores en relación con el trabajo digital. Entre estas medidas, se subraya la importancia de que la dirección de las empresas asuma el compromiso de fomentar una cultura organizativa que desaliente la comunicación laboral fuera del horario de trabajo, asegurando que los trabajadores no se vean obligados a permanecer localizables una vez concluida su jornada laboral. Este enfoque refleja un consenso entre los agentes sociales sobre la necesidad de establecer prácticas que protejan el bienestar de los trabajadores en la era digital, equilibrando las ventajas de la flexibilidad con el respeto al tiempo de descanso y la desconexión.

En el ordenamiento jurídico español, el derecho a la desconexión digital, aunque implícitamente reconocido en disposiciones anteriores, ha sido expresamente consagrado en la reciente legislación. Este derecho encuentra su fundamento en el artículo 40.2 de la Constitución Española, que encomienda a los poderes públicos la promoción de condiciones que aseguren el descanso necesario para los trabajadores, así como en los ar-

---

289 Acuerdo Marco sobre la Digitalización, de 22 de junio de 2020. https://ec.europa.eu/social/main.jsp?catId=521&langId=en&agreementId=5665 Recuperado el 13 de mayo de 2024.

tículos 34 a 38 del Estatuto de los Trabajadores, que delimitan la jornada laboral y consagran el derecho al descanso.

La explicitación normativa de este derecho se produce con la promulgación de la Ley Orgánica 3/2018, de 5 de diciembre, de Protección de Datos Personales y garantía de los derechos digitales. El artículo 88 de dicha ley establece de manera inequívoca el derecho de los trabajadores a la desconexión digital, con el objetivo de preservar el tiempo de descanso, los permisos y vacaciones, así como la intimidad personal y familiar fuera del horario laboral establecido legal o convencionalmente. Además, se impone a las empresas la obligación de desarrollar una política interna que defina las modalidades de ejercicio de este derecho, promoviendo acciones formativas y de sensibilización sobre el uso adecuado de las herramientas tecnológicas, con el fin de prevenir la fatiga informática. La concreción de estas modalidades de ejercicio del derecho a la desconexión digital se determinará a través de la negociación colectiva o, en su defecto, mediante acuerdo entre la empresa y la representación laboral, siempre considerando la naturaleza y el objeto del vínculo laboral y favoreciendo la conciliación entre la vida laboral y la vida personal y familiar de los trabajadores.

La Ley de trabajo a distancia, complementando la normativa previa, ha incorporado en su articulado específico medidas para la salvaguarda del derecho a la desconexión digital. El artículo 18 de dicha ley subraya el deber empresarial de limitar el uso de los medios tecnológicos de comunicación empresarial y de trabajo durante los periodos de descanso, respetando así la duración máxima de la jornada laboral y los límites y precauciones establecidos tanto legal como convencionalmente. Esta normativa recalca la obligación de las empresas de elaborar una política interna que no solo abarque a la plantilla en su conjunto, sino que también incluya a aquellos que desempeñan funciones directivas. Dicha política debe detallar las modalidades de ejercicio del derecho a la desconexión y promover acciones formativas y de sensibilización que orienten al personal sobre un uso prudente de las herramientas tecnológicas, con el propósito de prevenir la fatiga informática. Además, la Ley de trabajo a distancia confiere a la negociación colectiva un papel preponderante en la adopción de los medios y medidas que aseguren el ejercicio efectivo del derecho a la desconexión. Así, se busca una organización de la jornada laboral que sea coherente con los tiempos de descanso y que favorezca el equilibrio entre la vida laboral y personal de los trabajadores a distancia.

Ahora bien, la doctrina científica ha puesto de manifiesto ciertas deficiencias en la regulación del derecho a la desconexión digital en el ordenamiento jurídico español. Se critica que tanto la Ley Orgánica 3/2018 como la Ley de trabajo a distancia, si bien reconocen el derecho, no delimitan con precisión su definición, contenido y alcance[290]. Esta omisión legislativa delega en la negociación colectiva la concreción de dicho derecho, lo que podría traducirse en una heterogeneidad de regulaciones que, a su vez, genera un panorama de incertidumbre jurídica[291]. Asimismo, la ausencia de una regulación detallada y uniforme acerca de la desconexión digital conlleva el riesgo de que sean los jueces y tribunales quienes, a través de sus fallos, vengan a colmar las lagunas legales existentes. Esta judicialización de la

---

290 Gil Plana, J. (2021). "El tiempo de trabajo en el trabajo a distancia", *op. cit.*, 248.

291 Entre otras, se plantea la cuestión de si se trata de un derecho preceptivo o potestativo para la persona trabajadora; si se trata sólo de un derecho o implica además un deber u obligación del trabajador; y desde la perspectiva empresarial, este derecho implica una obligación de no hacer -esto es, abstenerse de comunicar con la persona trabajadora fuera del horario de trabajo- o un deber de hacer por parte de la empresa – es decir, la necesidad de adoptar por parte de la empresa las medidas necesarias para impedir el flujo de comunicación con la persona trabajadora fuera de la jornada laboral. Son algunas de las reflexiones realizadas por la profesora Dra. Cristina Aragón Gómez en el curso de verano sobre la nueva regulación del teletrabajo, celebrado del 21 al 23 de junio de 2021.

materia, aunque provee soluciones al caso concreto, puede acarrear como efecto colateral una inseguridad jurídica, al depender la definición y los contornos del derecho de la interpretación jurisprudencial, que puede variar en función del caso y del órgano judicial[292]. Por otro lado, la disposición adicional primera de la Ley de trabajo a distancia introduce la posibilidad de que los convenios o acuerdos colectivos regulen las circunstancias extraordinarias que permitan modular el ejercicio del derecho a la desconexión. Esto evidencia que el derecho a la desconexión digital no se erige como un derecho absoluto e inmodificable, sino que admite una adaptación a través del diálogo social, reflejando la flexibilidad del derecho en función de las necesidades organizativas y productivas. Sin embargo, esta flexibilización no debe entenderse como una renuncia a los principios que lo inspiran, sino como una búsqueda de equilibrio entre los derechos de los trabajadores y las exigencias del entorno laboral.

El análisis de los desarrollos normativos en materia del derecho a la desconexión digital, surgidos de la negociación colectiva, revela un esfuerzo por parte de los interlocutores sociales para concretar y operativizar este derecho en el ámbito laboral. La Resolución de la Dirección General de Trabajo del 3 de julio de 2024, que registra y publica el Convenio colectivo para los establecimientos financieros de crédito, es un ejemplo ilustrativo de cómo se pueden establecer medidas prácticas para asegurar el respeto al tiempo de descanso y a la desconexión de los trabajadores fuera de su horario laboral. El artículo 35 de dicho Convenio colectivo establece directrices claras, como la limitación de las comunicaciones profesionales al horario de trabajo y la evitación de llamadas, correos electrónicos o mensajes fuera de la jornada laboral, excepto en circunstancias de urgencia debidamente

---

292 Sánchez Trigueros, C. (2021). "Derecho a la desconexión digital". *El trabajo a distancia: una perspectiva global*, Aranzadi, 574-575.

justificadas[293]. Esta disposición refleja una tendencia hacia la formalización de prácticas que promueven un equilibrio entre la vida laboral y personal, y que buscan prevenir la fatiga digital y el estrés asociado a la hiperconectividad, hiperpresentismo digital o la disponibilidad telemática permanente[294]. Asimismo, el Convenio colectivo estatal de empresas de seguridad, registrado y publicado por la Resolución de la Dirección General de Trabajo del 30 de noviembre de 2022, incorpora en su artículo 57 bis medidas específicas para la desconexión digital. Este artículo subraya la responsabilidad de los líderes de equipo en la promoción de un uso responsable de las tecnologías, con el fin de respetar el derecho a la desconexión digital de los trabajadores.

Estos convenios colectivos no solo establecen un marco de actuación para las empresas y trabajadores, sino que también garantizan que el ejercicio del derecho a la desconexión no conlleve consecuencias negativas para los trabajadores, como sanciones, perjuicios en la evaluación de su desempeño o en sus oportunidades de promoción. De esta manera, se busca proteger la salud y el bienestar de los trabajadores en un entorno laboral cada vez más digitalizado y flexible. La inclusión de estas disposiciones en los convenios colectivos refleja una conciencia creciente sobre la importancia de regular la desconexión digital y proporciona

---

293 En concreto, se considera que concurren circunstancias excepcionales debidamente justificadas cuando se trate de supuestos que puedan suponer un grave riesgo hacia las personas o un potencial perjuicio empresarial hacia el negocio, sus clientes y/o a sus accionistas, así como cualquier otro de carácter legal y/o regulatorio cuya urgencia requiera de la adopción de medidas especiales o respuestas inmediatas.

294 Sanguineti Raymond, W. (2021). "¿Derecho a la desconexión o deber de reconexión digital?" *Trabajo y Derecho: Nueva Revista de Actualidad y Relaciones Laborales,* (78), 7. https://wilfredosanguineti.wordpress.com/wp-content/uploads/2021/06/w-sanguineti-derecho-a-la-desconexion-y-deber-de-reconexion-digital-td-78.pdf. Recuperado el 20 de agosto de 2024.

un modelo para la implementación de políticas similares en otros sectores. Además, evidencia la capacidad de la negociación colectiva para adaptarse a los nuevos desafíos que presenta la digitalización del trabajo y para ofrecer respuestas concretas y efectivas a las necesidades de los trabajadores en la era digital.

Por último, la jurisprudencia española ha jugado un papel fundamental en el reconocimiento y la protección del derecho a la desconexión digital, incluso antes de que este derecho fuera expresamente regulado en la legislación. Las sentencias que mencionas son ejemplos clave de cómo los tribunales han interpretado las normativas existentes para salvaguardar los derechos de los trabajadores en el contexto de la digitalización del trabajo.

La sentencia núm. 94/1997 de la Audiencia Nacional estableció un precedente importante al reconocer que la exigencia de estar permanentemente conectado excede las facultades de dirección y control del empresario y vulnera derechos fundamentales de los trabajadores. Esta sentencia interpretó el artículo 20 del Estatuto de los Trabajadores, que regula las facultades de dirección del empresario, en el sentido de que no pueden imponerse condiciones que afecten la intimidad y el descanso de los trabajadores más allá de la jornada laboral[295].

Asimismo, la sentencia del Tribunal Superior de Justicia de Cataluña núm. 3613/2013 abordó la proporcionalidad de las medidas de control empresarial, en particular, la instalación de dispositivos de seguimiento en los teléfonos móviles de los trabajadores. El tribunal consideró que la medida era desproporcionada y vulneraba el derecho a la intimidad de los trabajadores, ya que el dispositivo no se podía desconectar y debía llevarse constantemente[296].

---

295 SAN 94/1997 de 17 de julio.

296 STSJ Cataluña 3613/2013 de 23 de mayo. En concreto, ha resaltado que "*(...) la forma de fiscalización del citado acelerómetro lleva consigo una situación de riesgo psicosocial pues la circunstancia de que utilice la empresa un aparato de última tecnología para controlar el trabajo no puede tener la*

Por su parte, la sentencia núm. 44/2022 de la Audiencia Nacional refuerza la idea de que cualquier limitación al derecho a la desconexión digital debe ser acordada colectivamente, y no puede ser impuesta unilateralmente por el empresario. Esto subraya la importancia de la negociación colectiva como herramienta para regular las condiciones de trabajo y proteger los derechos de los trabajadores en la era digital[297].

Finalmente, la reciente sentencia núm. 1158/2024 del Tribunal Superior de Justicia de Galicia, de 4 de marzo, refuerza aún más el derecho a la desconexión digital. En este caso, se examinó la vulneración del derecho a la desconexión digital y a la intimidad de un trabajador por parte de su empresa, que enviaba comunicaciones y órdenes de trabajo fuera del horario laboral al correo personal del empleado. La sentencia reconoce que el derecho a la desconexión digital incluye tanto la potestad del trabajador de no responder como el deber de abstención de la empresa de enviar dichas comunicaciones fuera del horario laboral. Además, se determinó que la empresa vulneró el derecho a la intimidad del trabajador al ceder sus datos personales a terceros sin su consentimiento expreso. Aunque las infracciones fueron pocas, se impuso una indemnización de 300 euros por la vulneración del derecho a la desconexión digital y 700 euros por la vulneración del derecho a la intimidad[298]. Esta sentencia subraya la importancia de que todas las partes en una relación laboral respeten este derecho esencial, estableciendo un precedente significativo en la protección de los derechos digitales de los trabajadores.

---

consecuencia de que fuera de la jornada laboral tengan incluso que en su domicilio familiar en los que es la esfera personal y privada del trabajador haya de continuar en una situación in vigilando del citado dispositivo para que esté en condiciones óptimas para su buen funcionamiento en la jornada laboral."

297 SAN 44/2022 de 22 de marzo (TOL9.803.015).

298 STSJ Galicia 1158/2024 de 4 de marzo (TOL9.988.633).

En cambio, la sentencia núm. 1744/2024 del Tribunal Superior de Justicia de Galicia, de 11 de abril, profundiza en el alcance del derecho a la desconexión digital en el contexto de las relaciones laborales. En este caso, se evaluó si las llamadas telefónicas realizadas por los "*Team Leaders*" a trabajadores en situación de incapacidad temporal vulneraban este derecho, así como el derecho a la intimidad. El tribunal concluyó que dichas llamadas, siempre que sean voluntarias y respetuosas, no constituyen una infracción del derecho a la desconexión digital, ya que no implican una obligación de respuesta ni suponen una conexión a los sistemas digitales de la empresa. Además, se destacó que estas comunicaciones no buscan presionar al trabajador para su reincorporación ni obtener datos sensibles. Asimismo, la sentencia enfatiza que estas comunicaciones, centradas únicamente en interesarse por el bienestar del empleado, respetan tanto su privacidad como su derecho a desconectar, siempre que se respete la voluntad del trabajador de no ser contactado. Por tanto, este fallo confirma que el derecho a la desconexión digital no se ve vulnerado por un contacto ocasional que no implique obligaciones laborales ni invada la esfera privada del trabajador[299].

Las sentencias anteriormente comentadas reflejan una tendencia jurisprudencial hacia la protección de la vida privada y el tiempo de descanso de los trabajadores frente a las demandas de una conectividad constante impuestas por las tecnologías digitales. Además, ponen de manifiesto la necesidad de equilibrar los intereses empresariales con los derechos de los trabajadores, y la función esencial que desempeña el diálogo social y la negociación colectiva en este proceso.

Por último, resulta especialmente interesante la reciente sentencia 575/2023 del Tribunal Superior de Justicia de Madrid, de 28 de septiembre, ya que asienta que el derecho a la desconexión

---

299 STSJ Galicia 1744/2024 de 11 de abril (TOL10.035.945).

digital debe ser respetado por todos los trabajadores, no solo por los jefes. En este caso de despido disciplinario, se examinó el incumplimiento del derecho a la desconexión digital por parte de una trabajadora que, durante el periodo vacacional de su superior, envió de manera constante y reiterada mensajes de WhatsApp, llamadas y correos electrónicos al teléfono personal de éste para mostrar su disconformidad con la gestión de un malentendido con otra compañera. Además, la trabajadora atentó contra el derecho a la desconexión digital de sus compañeros de trabajo al remitir continuamente diversas comunicaciones durante su tiempo de vacaciones. En definitiva, esta sentencia ha establecido la obligación de todos los empleados de respetar el derecho a la desconexión digital, independientemente de su posición en la empresa[300].

---

300 STSJ Madrid 575/2023 de 28 de septiembre (TOL9.738.610).

6. La dotación de medios y compensación de gastos en el teletrabajo

La adopción del teletrabajo, especialmente el que se lleva a cabo en el domicilio del trabajador, implica necesariamente dedicar una porción del espacio habitacional al desempeño laboral. Esto conlleva instalar una adecuada conexión a internet, invertir en mobiliario esencial (como mesas, sillas ergonómicas, lámparas y atriles) y en herramientas tecnológicas (por ejemplo, ordenadores, *tablets*, cámaras web, smartphones, teclados, ratones, auriculares, impresoras, entre otros). Además, se debe contemplar el mantenimiento periódico de estos equipos y asumir ciertos gastos operativos, tales como electricidad, agua y calefacción, sin olvidar otros costes, inconvenientes y desafíos intrínsecos al teletrabajo.

Antes de la promulgación de la Ley de Trabajo a Distancia, este ámbito quedaba en gran medida sin regulación. La normativa preexistente, específicamente el art. 13 del ET modificado por la Ley 3/2012, no abordaba este tema, a pesar de que tanto la Recomendación núm. 184 de la OIT sobre trabajo domiciliario como el Acuerdo Marco Europeo sobre Teletrabajo ya subrayaban la responsabilidad empresarial en cuanto a la provisión y mantenimiento de los recursos necesarios y la compensación de gastos relacionados con la labor.

Con la promulgación de la Ley de Trabajo a Distancia, los artículos 11 y 12 garantizan al trabajador a distancia tanto el acceso a los recursos y herramientas adecuados como el derecho a una compensación por gastos. No obstante, aún persisten interrogantes en relación con estos derechos. Estos incluyen la especificación de las herramientas a proporcionar a los trabajadores, la vida útil estimada de estos recursos, las obligaciones relacionadas con su mantenimiento, la cuantificación de los gastos compensables y las implicaciones fiscales y de cotizaciones a la Seguridad Social derivadas del uso mixto de estos recursos y compensaciones. Por ello, es imperativo un análisis más profundo de estos temas, considerando tanto los convenios colectivos actuales como la doctrina jurisprudencial emergente en este campo.

6.1. LA DOTACIÓN Y MANTENIMIENTO DE MEDIOS

Conforme a la Cláusula 7ª del Acuerdo Marco Europeo relativo al Teletrabajo, se estipula que, en términos generales, es prerrogativa de la empresa proporcionar, instalar y mantener los equipos requeridos para el adecuado desempeño del teletrabajo. No obstante, hay excepciones cuando el teletrabajador opta por utilizar su propio material. Además, es deber de la empresa garantizar al teletrabajador un soporte técnico pertinente. La empresa, en virtud de la normativa nacional y de los acuerdos colectivos, asume la responsabilidad financiera derivada de la pérdida o daños de los equipos y datos utilizados por el teletrabajador. Por otro lado, este último tiene el compromiso de velar por el buen estado de los equipos que se le confían.

De manera análoga, el art. 11 de la Ley de Trabajo a Distancia estipula que los teletrabajadores ostentan el derecho a que la empresa proporcione y mantenga, de manera adecuada, todos los medios, equipos y herramientas esenciales para la ejecución de su labor. En el contexto específico del teletrabajo, la compañía debe ofrecer el soporte necesario ante eventuales contratiempos técnicos. En relación con trabajadores que presentan alguna discapacidad, es imperativo para la empresa garantizar que estos medios, incluyendo los digitales, sean de acceso universal, previniendo así cualquier forma de exclusión derivada de dicha condición[301].

---

[301] Esta exigencia proviene de la modificación sobre la redacción inicial prevista en el Real Decreto-ley 28/2020, de 22 de septiembre, de trabajo

El interrogante que emerge es si una empresa está facultada para requerir a su personal que emplee sus dispositivos particulares en la modalidad de teletrabajo. De acuerdo con lo estipulado en el art. 17, apartado 2, de la Ley de Trabajo a Distancia, la premisa es decididamente negativa. Dicha normativa prohíbe terminantemente a las organizaciones solicitar el uso de dispositivos que pertenezcan al trabajador durante el desempeño de sus funciones a distancia, ni tampoco permitir la instalación de software o aplicaciones en estos equipos. Además, incluso si el trabajador otorga su aprobación explícita y voluntaria para el uso de su dispositivo personal en el contexto del teletrabajo, la empresa encuentra restricciones en su habilidad para introducir mecanismos de control esenciales que aseguren la protección de datos y la integridad de la información. Esta limitación se debe a la imposibilidad de requerir la implementación de aplicaciones o sistemas informáticos dirigidos a tales propósitos. Por ende, se deduce la prudencia de proporcionar por parte de la empresa los medios, equipos y herramientas necesarios para el teletrabajo. Así, se facilita la promulgación de directrices en materia de protección de datos y seguridad informática, al igual que la incorporación de mecanismos de supervisión corporativa para monitorizar la labor ejecutada por el personal en régimen de teletrabajo.

Es fundamental, entonces, diseñar un inventario meticuloso de los recursos entregados al personal teletrabajador, así como definir las obligaciones y responsabilidades relativas a su preservación y buen uso, como se detalla a continuación.

6.1.1. Inventario de los medios

Conforme a lo dispuesto en el art. 7, inciso a), de la Ley de Trabajo a Distancia, se estipula que el inventario de medios,

---

a distancia, con el fin de reforzar la igualdad de trato y de oportunidades y no discriminación de las personas trabajadoras con discapacidad.

equipos y herramientas requeridos para el desempeño del trabajo a distancia acordado debe figurar como un componente esencial y obligatorio del acuerdo del teletrabajo. Dentro de este inventario es imperativo considerar tanto los consumibles como los elementos mobiliarios, además de especificar su vida útil o el intervalo previsto para su renovación.

No obstante, la legislación en cuestión no delinea específicamente cuáles medios, equipos y herramientas deben ser entregados al empleado para efectuar su labor a distancia. Sin embargo, al escrutar y analizar los convenios colectivos ratificados en tiempos recientes, se puede discernir una enumeración precisa de los recursos que las organizaciones están obligadas a suministrar a sus trabajadores en el contexto del teletrabajo. A continuación, se detallan:

- Conforme al art. 44.5 de la Resolución datada el 22 de julio de 2022, emanada de la Dirección General de Trabajo perteneciente a la Consejería de Economía, Hacienda y Empleo, en relación al registro, depósito y divulgación del Convenio Colectivo del Sector de oficinas y Despachos, ratificado por la Confederación Empresarial de Madrid-CEOE (CEIM) y respaldado por las organizaciones sindicales CC OO y UGT, se decreta que aquellos que desempeñen sus funciones bajo la modalidad de teletrabajo tienen derecho a recibir y mantener en adecuadas condiciones medios tales como: dispositivos informáticos (ordenadores, terminales, *tablets*, Smart Pcs o equivalentes), dispositivos móviles dotados con línea y data óptima para conexión (wifi), y, si así lo solicita el empleado, una silla ergonómica certificada y un reposapiés. Adicionalmente, deberán ser proveídos de periféricos como teclado, ratón y, en su caso, monitor.
- Según lo estipulado en el art. 25 de la Resolución del 12 de diciembre de 2022, proveniente de la Subdirección Provincial de Trabajo del Departamento de Economía, Planificación y Empleo en Huesca, en la que se instruye la inscripción y publicación del VIII Convenio Colectivo

de oficinas y Despachos de dicha provincia, se estipula que aquellos empleados que adopten el teletrabajo tienen derecho a la dotación, por parte de la empresa, de recursos como: un dispositivo informático (ordenador, *tablet*, Smart Pc o equivalente) con software Microsoft Office operativo; y si el trabajador así lo estima necesario, una silla ergonómica certificada y reposapiés, siguiendo las mismas condiciones de su espacio laboral convencional. Además, si la naturaleza de su labor lo exige, deben ser dotados con los medios para acceder a aplicaciones informáticas (CRM, ERP, software, entre otros) esenciales para el cumplimiento óptimo de sus funciones.

- De acuerdo con el Anexo II de la Resolución fechada el 20 de enero de 2023, originada en la Delegación Territorial de Granada adscrita a la Consejería de Empleo, Empresa y Trabajo Autónomo de la Junta de Andalucía, concerniente al registro, depósito y divulgación del Convenio colectivo para el sector de oficinas y despachos 2021-2024 de la mencionada provincia, se especifica que, para la prestación laboral a distancia, las empresas están compelidas a proporcionar medios adicionales tales como: un ordenador portátil, un teléfono móvil (sin la imposición de software o aplicaciones adicionales para comunicación), centralita telefónica (si es pertinente para sus tareas), silla, teclado, ratón, auriculares, cámara web (en caso de que el ordenador no cuente con una integrada) y, finalmente, suministros de oficina (como papelería y utensilios de escritura).

En un fallo reciente, concretamente en la sentencia número 99/2022 de la Audiencia Nacional, se ha establecido que las empresas tienen el deber ineludible de otorgar una dirección de correo corporativo a aquellos que ejercen su labor bajo la modalidad de teletrabajo. El tribunal concibe este medio como esencial para la efectiva realización de las tareas laborales en dicho régimen, y destaca que su provisión no debe conllevar costo alguno para el empleado, ni transferir a este los riesgos inherentes a la actividad empresarial, como sería el caso de un potencial ciberataque. Además, el fallo rechaza decididamente la conducta empresarial que insta a los teletrabajadores a emplear su dirección de correo electrónico personal para llevar a cabo acciones o trámites vinculados a la relación laboral. Asimismo, se condena cualquier cláusula en el contrato de teletrabajo que imponga al empleado la cesión de su correo personal a la empresa. La sentencia especifica que:

> *"[…]La aplicación de las anteriores consideraciones ha de llevarnos a la estimación de los dos primeros pedimentos de la demanda ya que siendo necesario que el trabajador disponga de una cuenta de correo electrónico como arriba razonábamos, es el empleador el que está obligado a proporcionarlo, sin que sea excusa a tal fin el coste del mismo, o el riesgo de un ciber ataque, como ha sugerido la empresa, pues el empresario el que ha de asumir los riesgos de su actividad empresarial proporcionando a la plantilla los medios necesarios para el desarrollo de la misma aun en el trabajo a distancia adoptado como medida de prevención del COVID 19.*
>
> *A ello debe añadirse, que no habiendo acreditado la empresa que en la actualidad exista medida de contención adoptada a consecuencia de la pandemia, dicha petición tendría además soporte en el art. 11 de la LTD"*[302].

De lo expuesto anteriormente, se desprende que la normativa de los distintos convenios colectivos estipula, de forma general, la provisión de los siguientes tipos de recursos: (1) Dispositivos Informáticos: esto engloba ordenadores, tabletas, portátiles, Smart PC y teléfonos móviles, así como periféricos tales como teclados, ratones, monitores de pantalla, impresoras, entre otros; (2) Programas informáticos: se hace hincapié en la diversidad de aplicaciones informáticas necesarias para la ejecución eficaz del trabajo a distancia. Esto incluye, pero no se limita a, programas como Microsoft Office, Zoom, sistemas CRM y ERP, entre otros; y (3) Mobiliario de oficina: se hace referencia a elementos ergonómicos y de confort como sillas homologadas y reposapiés;

---

302 SAN 99/2022 de 27 de junio (TOL9.121.820).

(4) Materiales de oficina: se contempla un amplio espectro que abarca papelería, bolígrafos, rotuladores, tijeras, cintas adhesivas, correctores, adhesivos, y demás insumos esenciales para el desempeño laboral; y, por último, (5) Correo corporativo: se subraya la importancia de contar con un medio de comunicación oficial y seguro entre la empresa y la persona trabajadora.

Conforme a la perspectiva doctrinal, el inventario de medios debe estructurarse como un compendio objetivo, confeccionado con un grado de precisión, claridad y minuciosidad irrefutable. La descripción contenida debe permitir a la persona trabajadora verificar que refleja de manera fidedigna la realidad material de los bienes. Si detectase una discrepancia en dicha descripción, tiene pleno derecho a abstenerse de suscribir el acuerdo de trabajo a distancia hasta que se subsane la incongruencia identificada[303]. Además, es esencial que los medios y herramientas listados, y que serán brindados al teletrabajador, cumplan rigurosamente con las normas de prevención de riesgos laborales, aspecto que se abordará con mayor profundidad en el Capítulo 10, dedicado a la seguridad y salud laboral en el contexto del teletrabajo. Por su parte, en aras de garantizar la igualdad de trato y la adecuada dotación de recursos, y siguiendo lo estipulado en el apartado 3 del artículo 4 de la Ley de trabajo a distancia, es crucial que estos medios y herramientas, en especial los de carácter digital, sean plenamente accesibles. En el caso de trabajadores con discapacidad, esta accesibilidad universal previene cualquier forma de discriminación o exclusión por razón de dicha condición.

Finalmente, con respecto a la determinación de la vida útil o el establecimiento del período máximo para la renovación de los medios, equipos y herramientas proporcionados al empleado, es esencial referirse, por regla general, a las especificaciones provistas por el fabricante correspondiente. En ausencia de estas, se puede

---

303 Godino Reyes, M. (2020). *La nueva regulación del trabajo a distancia y el teletrabajo, op. cit.*, p. 59.

recurrir a la vida útil indicada en las tablas de amortización publicadas por el Ministerio de Hacienda. Esta última aproximación recibe respaldo en la jurisprudencia de la Audiencia Nacional, específicamente en su sentencia núm. 44/2022, donde se argumenta que:

> *"[...] La remisión hace referencia a la tabla de coeficientes de amortización establecida en el Real Decreto 1777/2004, de 30 de julio, por el que se aprueba el Reglamento del Impuesto sobre Sociedades que en su anexo recoge la tabla de coeficientes de amortización de los elementos patrimoniales del inmovilizado material y que fija un a plazo de 8 años para los equipos informáticos y de 6 años para las aplicaciones y sistemas. En consecuencia, los contratos específicos suscritos, sí fijan un plazo de amortización que, vinculado al que se establece en el impuesto de sociedades resulta razonable, por lo que se rechaza la pretendida nulidad de esta cláusula"*[304].

6.1.2. Mantenimiento y cuidado de los medios

Por norma general, la responsabilidad de mantener, reparar o sustituir los medios, equipos y herramientas suministrados a las personas teletrabajadoras corresponde a la empresa, dada su titularidad sobre estos activos. Esta obligación por parte de la empresa, de garantizar el correcto estado y funcionamiento de los medios, se encuentra respaldada en la Cláusula 7ª del Acuerdo Marco Europeo sobre Teletrabajo, así como en el apartado 1 del art. 11 de la Ley de trabajo a distancia.

Además, estas fuentes legislativas recogen que la compañía tiene el deber de ofrecer la asistencia necesaria cuando surjan problemas técnicos que obstaculicen el desempeño laboral de las personas en modalidad de teletrabajo. De igual manera, se hace hincapié en la obligatoriedad de proveer a dichos empleados un soporte técnico adecuado, independientemente de si este se gestiona de manera interna o externa. En concordancia

---

304 SAN 44/2022 de 22 de marzo (TOL9.803.015).

con lo estipulado en la letra i) del art. 7 de la Ley de trabajo a distancia, es esencial tener un protocolo preestablecido para abordar cualquier eventualidad técnica que pueda interrumpir el flujo habitual del trabajo en remoto.

Respecto a las responsabilidades que incumben a las personas teletrabajadoras, es pertinente señalar que, según lo estipulado en el art. 21 de la Ley de trabajo a distancia, tienen la obligación de adherirse a las condiciones e instrucciones establecidas por la empresa en lo que respecta al uso y mantenimiento de los medios, equipos y herramientas proporcionados. Esto, además, debe ser observado conforme a lo que, en su momento, se haya acordado en la negociación colectiva. En términos prácticos, esto significa que el teletrabajador debe ejercer un cuidado diligente de los recursos que le ha confiado la empresa. Además, debe seguir las directrices y protocolos establecidos por la empresa, enfocando su uso principalmente para propósitos laborales, aunque, en determinados contextos, se pueda permitir un uso personal moderado de estos recursos. En consonancia con esta interpretación, la Audiencia Nacional ha manifestado en su sentencia núm. 44/2022:

> *"[...] El deber de cumplir las condiciones e instrucciones de uso y conservación establecidas en la empresa en relación con los equipos o útiles informáticos se impone desde la ley y el contrato es coherente con ello, sin que sea necesario, tal como parece desprenderse de la ambigüedad de la demanda, que dichas condiciones deban establecerse en la negociación colectiva.*
>
> *En otras palabras, si convenio o acuerdo de empresa establece tales condiciones a ello habrá de estarse, pero si nada se dice, como en este caso ocurre con el convenio del sector, es evidente que el trabajador deberá cumplir con ellas por así imponerlo la ley.*
>
> *Establecida una obligación que se adscribe a la ejecución de un contrato, quien la asume responde de su incumplimiento conforme el art. 1901 en relación con el 1101 CC"*[305].

---

305 SAN 44/2022 de 22 de marzo (TOL9.803.015).

Ahora bien, surge la interrogante sobre la responsabilidad de la persona teletrabajadora ante daños o desperfectos en los medios suministrados, especialmente cuando estos daños resulten de un uso inadecuado de su parte. Al respecto, la Audiencia Nacional ha sostenido que, si bien es viable exigir a la persona teletrabajadora que cubra los costes de reparación, esto solo procederá si se demuestra fehacientemente una conducta negligente o imprudente de su parte. Esta postura se refleja en la ya mencionada sentencia núm. 44/2022, donde se establece que:

> *"[...] Las mismas razones indicadas en el FJ anterior avalan el ajuste a la legalidad de esta cláusula, lo que no es óbice para que las posibles reclamaciones que pudiera realizar el empresario al trabajador en relación con el uso de los medios puestos a su disposición exigirán de su demostración, así como de la acreditación de una conducta culpable por su parte"*[306].

Por su parte, dado que los medios suministrados a las personas teletrabajadoras son propiedad de la empresa, es imperativo que se devuelvan a la misma una vez finalizada la relación laboral. Esta postura ha sido respaldada por la Audiencia Nacional en su sentencia núm. 44/2022, donde se indica que:

> *"[...]Tratándose de medios propiedad del empresario, si no se devuelven al término de la relación contractual, lógico resulta que, por integrados en el patrimonio del trabajador, su valor (a estos efectos atendiendo a su depreciación conforme el RD 1777/2004) pueda ser objeto de compensación con las deudas salariales componentes del finiquito"*[307].

---

306 SAN 44/2022 de 22 de marzo (TOL9.803.015).

307 SAN 44/2022 de 22 de marzo (TOL9.803.015).

6.2. EL ABONO Y COMPENSACIÓN DE GASTOS

La obligación empresarial de compensar y reembolsar gastos a las personas teletrabajadoras ya estaba contemplada en el apartado VI de la Recomendación núm. 184 de la OIT sobre el trabajo a domicilio. En este documento se establece que "*los trabajadores a domicilio deberían percibir una compensación por: (a) los gastos relacionados con su trabajo, como los relativos al consumo de energía y de agua, las comunicaciones y el mantenimiento de máquinas y equipos; (b) el tiempo dedicado al mantenimiento de máquinas y equipos, al cambio de herramientas, a la clasificación, al embalaje y desembalaje y a otras operaciones similares.*".

De acuerdo con la Cláusula 7ª del Acuerdo Marco Europeo sobre Teletrabajo, las empresas tienen el deber de asumir los costes derivados directamente del teletrabajo, especialmente los relacionados con comunicaciones. Esta estipulación se refleja en el artículo 12 de la Ley de trabajo a distancia, que puntualiza que todos los gastos surgidos del teletrabajo, en particular los asociados a equipos y herramientas laborales, deben ser cubiertos o compensados por la empresa, sin que recaiga tal responsabilidad en el teletrabajador. Adicionalmente, el artículo 7 de esta misma Ley subraya que es esencial en cualquier acuerdo de teletrabajo establecer cómo se cuantificará y abonará dicha compensación.

Asimismo, la obligatoriedad de compensar los gastos derivados del teletrabajo ha sido recientemente confirmada por la jurisprudencia del Tribunal Supremo. En la sentencia 164/2025 de 4 de marzo, el Alto Tribunal anuló la cláusula novena del acuerdo individual de teletrabajo del Grupo Endesa, que sostenía que el trabajador no incurría en gastos por teletrabajar y, en su caso, estos quedaban compensados por los ahorros generados[308]. El Tribunal consideró que esta redacción vulneraba los artículos 7.b) y 12 de la Ley 10/2021, de trabajo a distancia, al excluir de

---

308 STS 164/2025 de 4 de marzo (TOL10.449.503).

forma genérica e incondicionada el derecho a la compensación económica por los costes asumidos por la persona trabajadora. Esta sentencia refuerza que la compensación de gastos constituye una obligación empresarial irrenunciable, no susceptible de exclusión mediante cláusulas estándar incluidas en acuerdos individuales, y exige una valoración específica y proporcionada de los costes realmente soportados por la persona teletrabajadora.

Coincidimos con la doctrina científica al señalar que esta compensación de gastos en teletrabajo es una de las aportaciones más notables de la Ley de trabajo a distancia, llenando un vacío legal que persistía[309]. Sin embargo, la ley se remite a la negociación colectiva para definir cómo se determinará y compensará estos gastos. Esto ha resultado en una afirmación del derecho del teletrabajador, pero sin un contenido específico. Como resultado, y como abordaremos más adelante, esta área ha generado numerosas controversias y litigios sobre cómo concretar y cuantificar los gastos compensables en el contexto del teletrabajo.

6.2.1. Determinación de los gastos compensables

Una de las principales dificultades radica en determinar qué gastos derivados del teletrabajo deben ser compensados. Aunque la Ley de trabajo a distancia debería proporcionar una guía en este sentido, en realidad no ofrece detalles específicos, dejando tal decisión a la negociación colectiva o al acuerdo individual entre trabajador y empresa. Esta falta de precisión en la normativa genera inseguridad jurídica para quienes desempeñan su labor en modalidad de teletrabajo. Además, ha llevado a incertidumbre sobre cómo implementar correctamente esta compensación en la realidad laboral.

---

309 Alzaga Ruiz, I. (2021). "Derecho al abono y compensación de gastos". *El trabajo a distancia: una perspectiva global*, Aranzadi, 392.

La compensación por gastos derivados del teletrabajo plantea ciertos interrogantes. Uno de los principales es si el trabajador en régimen de teletrabajo puede exigir una compensación por gastos generales derivados de esta modalidad cuando ni los convenios o acuerdos colectivos, ni los acuerdos individuales de trabajo a distancia, establecen procedimientos para su determinación y abono. Al respecto, la Audiencia Nacional, en su sentencia núm. 132/2021, ha señalado que no se reconoce el derecho de los teletrabajadores a una compensación automática por gastos genéricos de teletrabajo, en tanto que la legislación vigente delega la especificación de estos aspectos a los convenios colectivos y a los acuerdos individuales de trabajo a distancia. Sin embargo, en ausencia de tales disposiciones, se abre la puerta para que los teletrabajadores presenten reclamaciones individuales por los gastos incurridos a causa del teletrabajo, aunque estas solicitudes deben estar respaldadas por la debida justificación de los gastos efectuados[310]. Asimismo, el Tribunal Supremo, en su reciente sentencia núm. 400/2024, de 27 de febrero, ha aclarado que la compensación por gastos de teletrabajo debe ser reevaluada cuando la empresa proporciona los medios necesarios para la actividad[311]. En este caso específico, se determinó que la empresa no está obligada a seguir abonando una compensación adicional de 1 euro por hora teletrabajada una vez que ha puesto a disposición de los trabajadores los equipos necesarios para el teletrabajo. Esto se debe a que la justificación original de la compensación, que estaba vinculada al uso de medios propios por parte del trabajador, deja de existir.

Otro aspecto crucial radica en determinar si, en casos donde los convenios o acuerdos colectivos no especifican nada, el acuerdo individual de trabajo a distancia puede contener una cláusula que evite cualquier compensación de gastos al teletrabajador, argumen-

---

[310] SAN 132/2021 de 4 de junio (TOL8.489.180).

[311] STS 400/2024 de 27 de febrero (TOL9.950.599).

tando que el ahorro intrínseco al teletrabajo compensa tales costes. Frente a esta situación, la postura de la Audiencia Nacional, reflejada en su sentencia núm. 144/2022, ha sido tajante. Se ha pronunciado por la anulación de cláusulas de esta índole, sosteniendo que:

> *"Aunque conforme al acuerdo colectivo, la empresa dota de los medios precisos para que los trabajadores puedan desempeñar su trabajo a distancia, y enumera los mismos de forma clara, asumiendo los gastos de la prestación de servicios a distancia no generará gasto alguno, y que caso de producirse, quedará compensado con el ahorro que dicha forma de trabajo produce reparación o reposición, la previsión contenida en la cláusula novena del acuerdo individual no es conforme al art. 7 b) de la LTD. Y decimos esto por cuanto que dicho apartado contiene una obligación expresa impuesta a la empresa de compensar de forma imperativa los gastos en que pudiera incurrir el trabajador por el hecho de prestar servicios a distancia. La dicción literal del precepto es clara: debe fijarse la forma de cuantificación de la compensación "que obligatoriamente debe abonar la empresa" por lo que la inclusión en el acuerdo individual de una cláusula que especifica que la prestación de servicios a distancia no generará gasto alguno, y que caso de producirse, quedará compensado con el ahorro que dicha forma de trabajo produce, choca frontalmente con el precepto ya aludido. Por ello, la cláusula novena del acuerdo individual de teletrabajo debe declararse nula en su integridad"*[312].

Por consiguiente, es imperativo para las empresas identificar y compensar cualquier gasto en el que la persona trabajadora pueda incurrir como resultado del teletrabajo. Esta responsabilidad debe alinearse, si aplica, con lo estipulado en el convenio o acuerdo colectivo pertinente. Sin embargo, es importante destacar que muchos de los convenios colectivos examinados no especifican con claridad cuáles gastos son compensables. Estos convenios, en su mayoría, se limitan a señalar que la empresa debe cubrir todos los gastos adicionales que el trabajador pueda tener al desempeñar sus funciones en un régimen de teletrabajo. A pesar de esta

---

[312] SAN 144/2022 de 10 de noviembre (TOL9.289.614).

falta de especificidad, la opinión generalizada entre expertos es que ciertos gastos, directamente vinculados con la actividad del teletrabajo, deberían ser compensados. Estos gastos incluyen[313]:

- Gastos corrientes de suministros: Estos engloban las erogaciones asociadas a servicios básicos esenciales para el desempeño del teletrabajo. Incluyen costes de electricidad, agua, conexión a internet, calefacción y climatización, entre otros similares.
- Gastos de espacio de trabajo en el domicilio: Estos comprenden los gastos inherentes a la cesión del espacio del domicilio de la persona teletrabajadora para destinarlo a la realización del teletrabajo.

Al margen de lo anterior, es imperativo subrayar que, de manera tradicional, los convenios colectivos estipulan complementos retributivos en beneficio de los empleados con el objetivo de resarcir ciertos desembolsos incurridos por la prestación de servicios de manera presencial. Entre estos se cuentan el plus de transporte, destinado a sufragar los costes derivados del traslado al lugar de trabajo; las dietas por manutención, concebidas para cubrir los gastos alimenticios cuando el empleado, debido a un horario fraccionado, se ve imposibilitado de comer en su vivienda; entre otros beneficios. No obstante, como se analizó en el Capítulo 2 del presente estudio, el teletrabajo implica una serie de economías para el empleado a distancia, destacando principalmente la disminución de los gastos y el tiempo invertido en el traslado al centro laboral, los costes en indumentaria profesional, así como los gastos en alimentación, al tener la posibilidad de preparar sus alimentos en la comodidad del hogar.

Surge, por ende, la interrogante acerca de la persistencia de la obligación por parte de la empresa de satisfacer los comple-

---

313 Ortiz Chaparro, F. (1995). *El teletrabajo: una nueva sociedad laboral en la era de la tecnología, op. cit.*, 104.

mentos previamente mencionados a los empleados que desempeñan teletrabajo. Al respecto, la doctrina científica sostiene que tal obligación dependerá del fundamento o motivo que justifique la compensación económica, lo cual, a su vez, influye en la calificación de dichos complementos como parte del salario o como percepciones extrasalariales[314]. Para dilucidar esta cuestión, resulta imprescindible referirse a las estipulaciones de los convenios o acuerdos colectivos, así como a los acuerdos individuales de trabajo a distancia. Seguidamente, se examinarán las distintas situaciones que surgen en torno a la asignación de los conceptos retributivos en cuestión:

- En lo que respecta al plus de transporte, se sostiene con carácter general que este beneficio posee un carácter extrasalarial, ya que su propósito es indemnizar los gastos que el empleado incurre al trasladarse desde su residencia hasta el lugar de trabajo. En el caso del teletrabajador, quien no requiere efectuar dicho desplazamiento, no surgiría, por ende, la obligación por parte del empleador de cubrir este plus.

  Esta interpretación ha sido respaldada por la reciente resolución del Tribunal Supremo, sentencia núm. 514/2022, que establece la naturaleza extrasalarial del plus de transporte, excluyendo de este modo su abono a los teletrabajadores, al no incurrir en los gastos de desplazamiento hacia las instalaciones de la empresa[315].

---

314 Alzaga Ruiz, I. (2021). "Derecho al abono y compensación de gastos". *El trabajo a distancia: una perspectiva global, op. cit.*, 413. En general, si el origen de la compensación económica tiene como finalidad indemnizar los gastos realizados por la persona trabajadora como consecuencia de su actividad laboral, entonces el complemento en cuestión tiene la naturaleza extrasalarial, y en caso contrario, sería de naturaleza salarial.

315 STS 514/2022 de 1 de junio (TOL9.009.888).

Asimismo, la interpretación jurídica sobre el abono del plus de transporte en el contexto del teletrabajo ha sido minuciosamente clarificada por el Tribunal Supremo en su reciente sentencia núm. 43/2024, de 11 de enero[316], en la cual se aborda la cuestión de si el cese del pago del plus de transporte puede considerarse una modificación sustancial de las condiciones de trabajo que amerite compensación para los empleados que han cambiado al modelo de teletrabajo. La decisión del Tribunal se fundamenta en el principio de que los beneficios laborales deben corresponder a las necesidades y circunstancias reales del trabajador. Al no existir gastos de desplazamiento en el teletrabajo, se concluye que la suspensión de este plus no representa una reducción de los derechos laborales ni una modificación sustancial de las condiciones contractuales. Asimismo, para que una condición más beneficiosa se considere consolidada, es fundamental que exista una inequívoca voluntad empresarial de conceder dicha ventaja[317]. Por su parte, el Tribunal rechaza la idea de que la continuidad en el pago del plus durante un período inicial de transición al teletrabajo constituya una condición más beneficiosa que deba mantenerse indefinidamente. Se argumenta que tal continuidad inicial no refleja una intención clara y confirmada de la empresa de mejorar permanentemente las condiciones contractuales, sino que más bien parece haber sido una medida temporal

---

316 STS 43/2024 de 11 de enero (TOL9.845.870).

317 Vila Tierno, F. (2024). "Condición más beneficiosa. No existe por el solo hecho de haber estado abonando el plus de transporte a los trabajadores en situación de teletrabajo durante nueve meses y que lo venían percibiendo con anterioridad por su trabajo presencial". *Revista de Jurisprudencia Laboral (RJL)*, (2), 7. https://www.boe.es/biblioteca_juridica/anuarios_derecho/abrir_pdf.php?id=ANU-L-2024-00000002614. Recuperado el 30 de abril de 2024.

y circunstancial, probablemente destinada a facilitar la transición al teletrabajo durante un período excepcional. Esta doctrina ha sido reproducida en la posterior sentencia núm. 482/2024, de 19 de marzo, del Tribunal Supremo[318].

- Respecto a las ayudas de comida, el Tribunal Supremo las ha descrito como prestaciones con un carácter compensatorio, destinadas a resarcir al trabajador por la imposibilidad de regresar a su hogar para consumir alimentos durante la pausa del mediodía, situación típica de jornadas partidas y aplicable únicamente en jornadas laborales completas dentro de grandes municipios[319]. En consecuencia, estas ayudas tienen una naturaleza extrasalarial y deben ser concedidas por el empleador exclusivamente cuando el trabajador se presente físicamente en las instalaciones de la empresa.

  Esta interpretación ha sido respaldada por la Audiencia Nacional en su fallo núm. 117/2021, que establece claramente que nos encontramos ante un concepto de índole estrictamente extrasalarial, inherente a una forma de trabajo presencial y, más específicamente, vinculado a la compensación de gastos que el trabajador realmente soporta al desplazarse al lugar de trabajo[320]. En una línea similar, la sentencia del Tribunal Superior de Justicia de Madrid, núm. 381/2022, sostiene que el plus o complemento de ayuda para comida se justifica únicamente en casos de servicios prestados en jornada partida, presuponiendo que el trabajador realiza sus comidas fuera de su hogar. No obstante, esta presunción es inaplicable al teletrabajo o al trabajo a domicilio, donde conceder la ayuda de comida desvirtuaría

318 STS 482/2024 de 19 de marzo (TOL9.965.725).

319 STS de 1 de julio de 2002 (TOL4.964.127).

320 SAN 117/2021 de 24 de mayo (TOL8.938.507).

su propósito, transformándola en un elemento salarial en lugar de mantener su carácter claramente extrasalarial[321].

En este contexto jurisprudencial, resulta especialmente relevante la Sentencia núm. 480/2024 del Tribunal Supremo[322], que confirma en su totalidad el fallo de la Audiencia Nacional núm. 117/2021. Esta resolución rechaza la pretensión de un sindicato que solicitaba el reconocimiento del derecho de los trabajadores en régimen de teletrabajo a seguir percibiendo la ayuda de comida de 8 euros diarios. El Alto Tribunal sostiene que esta ayuda tiene un carácter estrictamente extrasalarial, condicionada a la prestación efectiva de servicios presenciales, en los que el trabajador debe asumir gastos adicionales de manutención al no poder regresar a su domicilio. En consecuencia, al no haberse abonado esta ayuda con anterioridad a quienes trabajaban desde casa ni haberse demostrado su integración habitual en la estructura salarial, el Tribunal concluye que su supresión con motivo del paso al teletrabajo no vulnera derecho alguno ni genera discriminación, descartando igualmente la aplicación del principio de igualdad previsto en el derogado Real Decreto-ley 28/2020. Esta sentencia refuerza, con claridad doctrinal y firmeza argumental, el criterio restrictivo sobre la extensión de los complementos de naturaleza extrasalarial a contextos de trabajo no presencial.

Sin perjuicio de lo anterior, es preciso considerar la sentencia núm. 1132/2021 del Tribunal Supremo, la cual establece una excepción significativa. Según esta resolución, la empresa estaría efectivamente compelida a continuar con el abono de las ayudas de comida a los trabajadores en régimen de teletrabajo si dichas ayudas han sido integradas y consolidadas en la estructura retributiva y salarial

---

321 STSJ Madrid 381/2022 de 20 de junio (TOL9.160.909).

322 STS 480/2024 de 19 de marzo (TOL9.965.846).

de los empleados. Esta disposición implica que, en ciertas circunstancias, las ayudas de comida podrían trascender su naturaleza extrasalarial original, convirtiéndose en un componente salarial habitual debido a su inclusión regular y estable en la remuneración del personal[323].

- En cuanto a los beneficios sociales que se vinculan directamente con la prestación de servicios en las instalaciones de la empresa, como pueden ser el acceso a servicios de guardería o instalaciones deportivas cercanas, es pertinente señalar que su razón de ser radica en la asistencia física del empleado al lugar de trabajo. Por consiguiente, y en concordancia con la doctrina especializada, no se establece un deber por parte del empleador de proveer equivalentes de estos servicios en proximidad al domicilio del trabajador que desempeña sus funciones en modalidad de teletrabajo[324].

  No obstante, es imperativo atender a la jurisprudencia establecida por el Tribunal Supremo en la mencionada sentencia núm. 1132/2021, la cual introduce una condición particular. En los casos en que la empresa haya integrado de manera efectiva y permanente estos beneficios sociales en el paquete retributivo y salarial de sus empleados, surge la obligación de extender dichos beneficios a los trabajadores que ejercen el teletrabajo. Esta disposición implica que, bajo tales circunstancias, los beneficios originalmente diseñados para el trabajo presencial deben ser adecuadamente compensados o proporcionados también en el contexto del teletrabajo.

En conclusión, en virtud del principio de igualdad de trato y no discriminación, consagrado en el artículo 4 de la Ley de

---

323 STS 1132/2021 de 18 de noviembre (TOL8.667.458).

324 Alzaga Ruiz, I. (2021). "Derecho al abono y compensación de gastos", *op. cit.*, 413.

trabajo a distancia, resulta imperativo que la empresa asegure la paridad retributiva entre el personal que desempeña sus funciones en las instalaciones de la empresa y aquel que labora a distancia. Esto implica el derecho a recibir la totalidad de las retribuciones correspondientes a su categoría profesional y a las tareas efectivamente realizadas, lo que incluye tanto los complementos salariales como las percepciones de carácter extrasalarial, con la salvedad de aquellas partidas que estén explícitamente vinculadas a la prestación del trabajo en el ámbito presencial.

6.2.2. Cuantificación de los gastos compensables

Una vez identificados los gastos que deben ser reembolsados a los trabajadores a distancia, resulta esencial definir los mecanismos o criterios para su cuantificación. Esto permitirá determinar con precisión la cuantía a compensar. En ausencia de directrices explícitas en la legislación vigente, la doctrina científica ha sugerido una serie de metodologías para calcular los gastos susceptibles de compensación en el contexto del teletrabajo[325], que incluyen:

- **Compensación a tanto alzado**: este método implica la determinación de una cuantía fija que se otorga periódicamente a los trabajadores que desempeñan teletrabajo, con el objetivo de compensar los gastos que surgen de esta modalidad laboral. La ventaja de este sistema radica en su facilidad de implementación y en la innecesidad de un seguimiento y justificación exhaustiva de los gastos por parte de los teletrabajadores. No obstante, puede surgir controversia respecto a la adecuación del monto estipulado, dado que algunos trabajadores pueden percibirlo insuficiente para sufragar

---

325 Cremades Chueca, O. (2022). "Teletrabajo asalariado no regular y compensación de gastos: una propuesta interpretativa y aplicativa integradora de su régimen jurídico". *Iuslabor, (2)*, 151-189. https://dialnet.unirioja.es/servlet/articulo?codigo=8503640 Recuperado el 1 de abril de 2024.

los gastos efectivamente generados por el teletrabajo, especialmente considerando el incremento de los costes de suministros a raíz de la actual crisis energética.

- **Compensación fija más cuantía variable**: este enfoque combina un importe fijo, que sirve como base compensatoria de los gastos, con una cantidad variable que se ajusta en función de los gastos efectivamente afrontados por el teletrabajador. A diferencia de la compensación a tanto alzado, esta metodología facilita una cuantificación más precisa de los gastos. No obstante, puede resultar más onerosa en términos de gestión para la empresa, dado que la cuantía variable puede fluctuar entre los trabajadores en función de los gastos reales que cada uno reporte.
- **Compensación *ex post* con justificación**: este procedimiento requiere que los teletrabajadores informen y justifiquen los gastos reales derivados del desempeño de sus funciones a distancia, presentando los comprobantes pertinentes para que, tras su verificación, la empresa proceda al reembolso. Este método destaca por su precisión en la compensación de los gastos asociados al teletrabajo, aunque su implementación es la más compleja, ya que exige la definición previa de procedimientos específicos para su administración y control.

Sin menoscabo de lo expuesto, diversos especialistas han sugerido que se utilicen como referencia los criterios de deducción de gastos para el trabajo a domicilio aplicables a los autónomos en el contexto del Impuesto sobre la Renta de las Personas Físicas (IRPF)[326], conforme a lo dispuesto en el art. 30.2.5ª b) de la Ley 35/2006, de 28 de noviembre, del Impuesto sobre la Renta de las Personas Físicas y de modificación parcial de las leyes de los Impuestos sobre Sociedades, sobre la Renta de no Residentes

---

326 Luque Parra, M., Ginès i Fabrellas, A. y Peña Moncho, J. (2021). *Teletrabajo: estudio jurídico desde la perspectiva de la seguridad y salud laboral, op. cit.*, 74.

y sobre el Patrimonio. Específicamente, para la determinación de los gastos de suministros del hogar, como son el agua, el gas, la electricidad, la telefonía e Internet, se estipula como criterio el porcentaje que resulta de aplicar el 30% a la relación entre los metros cuadrados del inmueble utilizados para la actividad profesional y la superficie total de la misma, a menos que se acredite un porcentaje más ajustado a la realidad.

Un examen de la normativa sobre teletrabajo en los convenios colectivos más actualizados revela que predomina el uso de la compensación a tanto alzado para determinar los gastos susceptibles de ser compensados[327], aunque el importe concreto

---

327 A modo ilustrativo y no exhaustivo, cabe destacar que en el art. 44.5 de la Resolución de 22 de julio de 2022, de la Dirección General de Trabajo de la Consejería de Economía, Hacienda y Empleo, sobre registro, depósito y publicación del Convenio Colectivo del Sector de oficinas y Despachos, suscrito por Confederación Empresarial de Madrid-CEOE (CEIM) y CC OO y UGT por la representación sindical (código número 28003005011981), se establece que las empresas satisfarán por la totalidad de los gastos restantes que por cualquier concepto pudiera tener la persona trabajadora por el hecho de prestar servicios a distancia, una cantidad de 1,5 euros por cada día de trabajo a distancia efectivo realizado por la persona trabajadora; en el art. 33.5 de la Resolución de 3 de julio de 2024, de la Dirección General de Trabajo, por la que se registra y publica el Convenio colectivo para los establecimientos financieros de crédito se dispone que por la totalidad de los gastos restantes que, por cualquier concepto, pudiera tener la persona trabajadora por el hecho de prestar servicios en teletrabajo, percibirá una cantidad de 4,30 euros por día efectivamente trabajado a jornada completa o la parte proporcional al porcentaje de la jornada acordada en trabajo a distancia o teletrabajo, salvo, en todo caso, que ese mismo día perciba plus de transporte por desarrollar su actividad fuera de su domicilio o lugar acordado para el teletrabajo; en el art. 25.7 de la Resolución de 15 de diciembre de 2021, de la Dirección General de Trabajo, por la que se registra y publica el Convenio colectivo general de ámbito estatal para el sector de entidades de seguros, reaseguros y mutuas colaboradoras con la Seguridad Social, se estable

puede fluctuar entre los distintos convenios. Por otro lado, ciertos convenios colectivos omiten la estipulación de un mecanismo específico para la compensación de gastos derivados del teletrabajo, delegando a la negociación individual la responsabilidad de definir el método de cuantificación de dichos gastos que la empresa debe satisfacer obligatoriamente[328].

---

que las empresas satisfarán por la totalidad de los gastos restantes que por cualquier concepto pudiera tener la persona trabajadora por el hecho de prestar servicios a distancia, una cantidad de 2 euros por cada día de trabajo a distancia efectivo a tiempo completo realizado por la persona trabajadora; y en el art. 27.5 de la Resolución de 20 de diciembre de 2024, de la Dirección General de Trabajo, por la que se registra y publica el XXV Convenio colectivo del sector de la banca, se dispone que por la totalidad de los gastos restantes que por cualquier concepto pudiera tener la persona trabajadora por el hecho de prestar servicios a distancia, percibirá una cantidad máxima de 60,51 euros mensuales (revalorizado a 62,93 euros en 2025) que se abonará en proporción al porcentaje de jornada acordada en teletrabajo.

328 Entre otros, cabe señalar que en el art. 25.9 de la Resolución de 9 de marzo de 2023, de la Dirección General de Trabajo, por la que se registra y publica el XI Convenio colectivo nacional para las industrias de pastas alimenticias, se establece que de mutuo acuerdo entre empresa y trabajador cabrá la posibilidad de desarrollar el trabajo a distancia y en su caso se pactarán las compensaciones que correspondan tales como conexión a internet o teléfono; en el art. 11.6 de Resolución de 6 de febrero de 2025, de la Dirección General de Trabajo, por la que se registra y publica el XXI Convenio colectivo general de la industria química, se dispone que en materia de dotación de medios, equipos y herramientas y compensación económica, aspectos a los que se refieren, respectivamente, los artículos 11 y 12 de la Ley 10/2021, las partes firmantes del convenio consideran que, dada la heterogeneidad de actividades reguladas por el mismo, los espacios adecuados para su regulación son los acuerdos individuales o colectivos que puedan suscribirse al respecto en el ámbito de las empresas, si bien, en ausencia de regulación expresa al respecto en los citados acuerdos, se establece como compensación económica por los gastos incurridos en el teletrabajo la cantidad de 41,57 €

6.3. EL TRATAMIENTO FISCAL Y COTIZACIÓN A LA SEGURIDAD SOCIAL

La provisión de medios, equipos y herramientas por parte de la entidad empleadora, así como la compensación de gastos que surgen del ejercicio del teletrabajo, pueden tener repercusiones en el ámbito fiscal y en el régimen de la Seguridad Social, dependiendo de la modalidad de establecimiento o pago de los mismos. Era de esperar que la Ley de trabajo a distancia abordara el tratamiento fiscal y las contribuciones a la Seguridad Social asociadas a la asignación de recursos y la compensación de gastos en el contexto del teletrabajo; no obstante, se ha omitido cualquier precisión al respecto.

De manera general, cuando los teletrabajadores emplean los recursos facilitados exclusivamente para propósitos laborales, o si la empresa establece una prohibición expresa sobre su uso privado, no se derivan consecuencias fiscales ni en el ámbito de la Seguridad Social para ellos. Por el contrario, si se hace un uso que trasciende lo profesional, se desencadenarían implicaciones tanto fiscales como de Seguridad Social para el teletrabajador.

Además, la modalidad adoptada para el establecimiento y pago de la compensación de gastos por teletrabajo puede acarrear distintas consecuencias fiscales y en la cotización a la Seguridad Social. Así, una compensación fijada a tanto alzado, abonada como cantidad fija mensual, podría ser interpretada como parte del salario del teletrabajador, estando, por ende,

---

brutos mensuales, que compensa a la persona trabajadora por todos los conceptos vinculados al desarrollo del teletrabajo (suministros energéticos, agua, conexiones a internet, utilización de espacios o mobiliario, etc.), y únicamente se abonará a las personas trabajadoras a jornada completa y que desarrollen el 100 por 100 de su jornada de trabajo en régimen de trabajo a distancia, por lo que en situaciones de trabajo a tiempo parcial y/o porcentajes inferiores de trabajo a distancia se abonará la cantidad proporcional que corresponda.

sujeta a las correspondientes retenciones y cotizaciones sociales. Por otro lado, una compensación variable, ajustada a los gastos efectivamente generados y reembolsada tras la presentación de justificantes de gasto, no se consideraría retribución sujeta a retención ni cotización a la Seguridad Social.

A continuación, se realizará un análisis exhaustivo de las distintas situaciones particulares relacionadas con la provisión de medios y la compensación de gastos en el ámbito del teletrabajo, abordando con especial atención su tratamiento en el marco fiscal y las implicaciones en la cotización a la Seguridad Social:

6.3.1. Uso mixto de los medios puestos a disposición

Conforme a lo dispuesto en el artículo 42, apartado 1, de la Ley 35/2006, de 28 de noviembre, del Impuesto sobre la Renta de las Personas Físicas y de modificación parcial de las leyes de los Impuestos sobre Sociedades, sobre la Renta de no Residentes y sobre el Patrimonio, se consideran rentas en especie la utilización, consumo u obtención para fines privados de bienes, derechos o servicios de manera gratuita o a un coste inferior al del mercado, incluso cuando no representen un desembolso real para el otorgante. En este contexto, surge la interrogante de si la provisión por parte de la empresa de medios, equipos y herramientas para el teletrabajo a los empleados podría encuadrarse dentro del concepto de retribución en especie.

La doctrina científica concuerda de forma unánime en que no se configura una retribución en especie cuando los medios, útiles y herramientas son facilitados por la empresa a los teletrabajadores para su uso exclusivamente profesional, es decir, para la ejecución de sus tareas laborales en el marco del teletrabajo[329].

---

[329] Mories Jiménez, M.T. (2023). *Fiscalidad del teletrabajo*, Tirant lo Blanch, 83-102.

No obstante, si se permite el uso personal de dichos medios, estos podrían ser considerados como retribución en especie y, por ende, sujetos al Impuesto sobre la Renta de las Personas Físicas, debiendo ser valorados a su precio de mercado[330]. En esta línea se ha manifestado también la Dirección General de Tributos en su reciente consulta vinculante, donde se establece que:

> *"En términos generales y antes de pasar al análisis del caso consultado, debe indicarse que no existe retribución en especie cuando la empresa pone a disposición del trabajador las máquinas, útiles y herramientas de propiedad o titularidad de la empresa necesarias para que este realice su trabajo.*
>
> *La inexistencia de rendimiento de trabajo debe afirmarse no sólo en el caso de que la puesta a disposición del trabajador de los referidos medios (máquinas, útiles y herramientas) se produzca en los locales de la empresa, sino también cuando el trabajador presta sus servicios fuera de dichos locales, como ocurre cuando desarrolla su trabajo en su propio domicilio en los supuestos de teletrabajo, o en el domicilio de los clientes de la empresa.*
>
> *Por otro lado, y también en términos generales, debe tenerse en cuenta que podrá constituir un rendimiento de trabajo en especie, de acuerdo con el antes reproducido artículo 42.1 de la Ley del Impuesto, la utilización, consumo u obtención para fines particulares del trabajador de aquellos medios: máquinas, útiles y herramientas*
>
> *Sentado lo anterior y pasando al análisis del caso concreto planteado, debe indicarse que dada la naturaleza de la herramienta cedida por la empresa a sus trabajadores —teléfonos móviles y sus elementos accesorios, así como otros elementos de similares y análogas características— y su indubitable conexión con el desempeño de la actividad laboral teniendo en cuenta las circunstancias que concurren en su utilización descritas en los hechos, debe concluirse que de dicha cesión no deriva la existencia de rendimiento del trabajo en especie alguno"*[331].

---

[330] Godino Reyes, M. (2020). *La nueva regulación del trabajo a distancia y el teletrabajo, op. cit.*, 62-63.

[331] Consulta Vinculante DGT V0150-22, de 31 de enero de 2022.

Por su parte, de acuerdo con lo dispuesto en el artículo 147, apartado 1, del Real Decreto Legislativo 8/2015, de 30 de octubre, que aprueba el texto refundido de la Ley General de la Seguridad Social, la base de cotización para todas las contingencias y situaciones protegidas por el Régimen General, incluyendo las de accidente de trabajo y enfermedad profesional, se compone de la totalidad de la remuneración, en todas sus formas o denominaciones, ya sea dineraria o en especie, que la persona trabajadora tenga derecho a recibir mensualmente. En consecuencia, se deberá cotizar a la Seguridad Social por cualquier retribución en especie que derive del uso no estrictamente profesional de los medios, equipos y herramientas que la empresa facilite a los teletrabajadores.

6.3.2. Compensación de gastos por teletrabajo

Según lo dispuesto en el segundo párrafo del apartado 1 del artículo 42 de la Ley 35/2006, de 28 de noviembre, del Impuesto sobre la Renta de las Personas Físicas y de modificación parcial de las leyes de los Impuestos sobre Sociedades, sobre la Renta de no Residentes y sobre el Patrimonio, cuando la empresa proporciona a la persona trabajadora cantidades en metálico para la adquisición de bienes, derechos o servicios, dicha renta se califica como dineraria. Por lo tanto, si la empresa efectúa un pago a tanto alzado para cubrir los gastos del teletrabajo y otorga una cantidad fija mensual a los teletrabajadores, el importe entregado se considera una renta dineraria y, como tal, está sujeta a la imposición del IRPF.

Por otro lado, si la empresa simplemente procede al reembolso de los gastos anticipados por los teletrabajadores para la ejecución de su actividad laboral a distancia, el importe reembolsado no se consideraría sujeto al Impuesto sobre la Renta de las Personas Físicas. En esta misma línea se ha expresado la Dirección General de Tributos en su consulta vinculante, indicando que:

"Por lo que se refiere a la compensación por el gasto producido por la utilización del servicio de telefonía, si tal compensación se limita a reembolsar a los empleados por los gastos ocasionados por esa utilización en el desarrollo de su trabajo cabe afirmar que no comporta para ellos un supuesto de obtención de renta, es decir, no se entiende producido el hecho imponible del impuesto. Ahora bien, si la cantidad satisfecha fuese superior al importe abonado por los empleados, el exceso constituiría renta gravable en el IRPF con la misma consideración del importe satisfecho para la adquisición del propio teléfono móvil: rendimiento dinerario del trabajo" [332].

En lo que respecta a la cotización a la Seguridad Social, cabe subrayar que el artículo 147, apartado 2, de la Ley General de la Seguridad Social recoge un elenco taxativo de supuestos que se excluyen de la base de cotización[333], entre los cuales no se mencionan las compensaciones por gastos que los teletrabajadores puedan

---

332 Consulta Vinculante DGT V0932-14, de 02 de abril de 2014.

333 En concreto, las asignaciones para gastos de locomoción del trabajador que se desplace fuera de su centro habitual de trabajo para realizar el mismo en lugar distinto, cuando utilice medios de transporte público, siempre que el importe de dichos gastos se justifique mediante factura o documento equivalente; las asignaciones para gastos de locomoción del trabajador que se desplace fuera de su centro habitual de trabajo para realizar el mismo en lugar distinto, no comprendidos en el apartado anterior, así como para gastos normales de manutención y estancia generados en municipio distinto del lugar del trabajo habitual del perceptor y del que constituya su residencia, en la cuantía y con el alcance previstos en la normativa estatal reguladora del Impuesto sobre la Renta de la Personas Físicas; las indemnizaciones por fallecimiento y las correspondientes a traslados, suspensiones y despidos; las prestaciones de la Seguridad Social, las mejoras de las prestaciones por incapacidad temporal concedidas por las empresas y las asignaciones destinadas por estas para satisfacer gastos de estudios dirigidos a la actualización, capacitación o reciclaje del personal a su servicio, cuando tales estudios vengan exigidos por el desarrollo de sus actividades o las características de los puestos de trabajo; y las horas extraordinarias, salvo para la cotización por accidentes de trabajo y enfermedades profesionales de la Seguridad Social.

incurrir por la prestación de servicios en régimen de teletrabajo. En consecuencia, se deduce que las sumas abonadas por la empresa en concepto de compensación por los gastos del teletrabajo estarían sujetas a la correspondiente cotización a la Seguridad Social.

Sin embargo, existe un sector doctrinal que sostiene que las compensaciones por gastos derivados del teletrabajo no deberían estar sujetas a cotización a la Seguridad Social. Este argumento se basa en el artículo 26.2 del Estatuto de los Trabajadores, que excluye del concepto de salario las cantidades que el trabajador recibe como indemnizaciones o suplidos por los gastos ocasionados por su actividad laboral, y por ende, por su carácter extrasalarial, no deberían integrarse en la base de cotización de la Seguridad Social[334] No obstante, hay otros autores que argumentan que la calificación de una percepción como salarial o extrasalarial no determina automáticamente su inclusión o exclusión en la base de cotización a la Seguridad Social, puesto que no hay una correspondencia directa y absoluta entre ambos conceptos[335].

Al margen de lo anterior, es preciso destacar que la Tesorería General de la Seguridad Social ha publicado en su boletín de Noticias Red 3/2021, de 28 de mayo de 2021, una disposición en la que se aclara que:

> *"El Real Decreto-ley 28/2020, de 22 de septiembre, por el que se regula el trabajo a distancia, establece en el artículo 7, sobre "Contenido del acuerdo de trabajo a distancia", lo siguiente: b) Enumeración de los gastos que pudiera tener la persona trabajadora por el hecho de prestar servicios a distancia, así como forma*

---

334 Luque Parra, M., Ginès i Fabrellas, A. y Peña Moncho, J. (2021). *Teletrabajo: estudio jurídico desde la perspectiva de la seguridad y salud laboral, op. cit.*, p. 75.

335 Rodríguez Iniesta, G. (2015). "La determinación de la base de cotización tras las reformas llevadas a cabo por el RD-Ley 17/2003 y el RD 637/2014". *Revista de Derecho de la Seguridad Social,* (2), 48. https://revista.laborum.es/index.php/revsegsoc/article/view/21. Recuperado el 1 de abril de 2024.

de cuantificación de la compensación que obligatoriamente debe abonar la empresa y momento y forma para realizar la misma, que se corresponderá, de existir, con la previsión recogida en el convenio o acuerdo colectivo de aplicación.

Con la finalidad de que se comunique esta compensación de gastos en los ficheros CRA, se ha creado un concepto nuevo, 0062 "GASTOS DE TELETRABAJO", que llevará como información asociada en el indicativo INCLUSIÓN BBCC el valor "E", por tratarse de gastos excluidos de la base de cotización a la Seguridad Social.

No obstante, como con cualquier otro importe monetario entregado a los trabajadores no incluido en la base de cotización, se deberá disponer de la justificación de que la compensación abonada por la empresa al trabajador se enmarca en el artículo transcrito anteriormente, a efecto de posibles actuaciones de revisión."

Por tanto, se infiere que si la empresa efectúa el reembolso a los trabajadores previa presentación de facturas o justificantes que acrediten los gastos efectivamente soportados por la realización del teletrabajo, dichas cantidades reembolsadas quedarían excluidas de la base de cotización a la Seguridad Social. Esto se debe a que tales importes no constituyen una remuneración en sí, sino un reembolso de gastos en los que ha incurrido la persona trabajadora.

7. *El desarrollo y la conciliación en el teletrabajo*

Una inquietud predominante entre el colectivo de teletrabajadores radica en el recelo ante una posible merma de las oportunidades de ascenso y progreso dentro de su entorno laboral. Esta preocupación queda evidenciada en los hallazgos de la encuesta sobre el Futuro del Trabajo, efectuada por LinkedIn, que abarcó a más de mil empleados. Los datos revelan que un 48% de los participantes percibe el teletrabajo como un factor potencialmente adverso para su evolución profesional[336]. Indudablemente, el teletrabajo puede entrañar obstáculos relativos al desarrollo profesional, especialmente por la reducción de interacciones o el contacto directo con colegas y jerarquías, aspecto que puede entorpecer el forjamiento de relaciones laborales constructivas y la disminución de oportunidades para el aprendizaje informal inherente al ámbito de trabajo[337]. Además, al no estar físicamente presentes en las oficinas o dependencias empresariales, quienes desempeñan sus labores a distancia podrían percibir que la visibilidad de sus logros y la valía de sus aportes no son plenamente reconocidos por la organización, lo

---

336 LinkedIn Noticias España, *¿Perderé oportunidades si teletrabajo?* https://www.linkedin.com/news/story/%C2%BFperder%C3%A9-oportunidades-si-teletrabajo-4531625/ Recuperado el 19 de mayo de 2024.

337 Fundación Europea para la Mejora de las Condiciones de Vida y de Trabajo. (2020). *El teletrabajo y el trabajo móvil basado en las TIC: trabajo flexible en la era digital.* Oficina de Publicaciones de la Unión Europea, 40. https://www.eurofound.europa.eu/sites/default/files/ef_publication/field_ef_document/ef19032en.pdf. Recuperado el 31 de mayo de 2024.

cual podría repercutir desfavorablemente en su avance y promoción interna[338]. Por ello, la legislación vigente referente al trabajo a distancia procura proteger la equidad en cuanto a las posibilidades de progreso y formación profesional, asegurando que los derechos a la capacitación y avance en la carrera profesional de los teletrabajadores queden salvaguardados.

Otra preocupación sustancial de los teletrabajadores atañe a la armonización de las esferas profesional y privada. Al respecto, el informe de la Organización Internacional del Trabajo (OIT) y Eurofound, titulado "*Trabajar en cualquier momento y en cualquier lugar: consecuencias en el ámbito laboral*", evidencia que el empleo de las tecnologías de la información y la comunicación puede propiciar un equilibrio beneficioso entre la vida laboral y familiar. Esto se debe a la disminución de los tiempos de desplazamiento y la mayor flexibilidad en la organización del tiempo de trabajo[339]. No obstante, se detecta un peligro latente de solapamiento entre ambos ámbitos, conduciendo a que el trabajo invada el espacio personal — a través de la extensión de la jornada laboral — y, a la inversa, que las obligaciones familiares interfieran en el desempeño profesional, provocando así una difuminación de los límites tradicionales entre la vida laboral y personal y un incremento en la conflictividad doméstica. Ante esta realidad, se hace imperativo escudriñar los dispositivos legales diseñados

---

338 En este mismo sentido se expone el Informe Teletrabajo y flexibilidad en España de Robert Walters, en el que se pone de manifiesto que el 46 % de los encuestados considera que el teletrabajo ha afectado negativamente a su visibilidad y crecimiento profesional, lo que refuerza la idea de una brecha de oportunidades. https://www.robertwalters.es/insights/consejos-de-contratacion/e-guide/informe-teletrabajo-flexibilidad.html Recuperado el 5 de mayo de 2025.

339 Organización Internacional del Trabajo y Fundación Europea para la Mejora de las Condiciones de Vida y de Trabajo. (2019). *Informe conjunto OIT-Eurofound: Trabajar en cualquier momento y en cualquier lugar: consecuencias en el ámbito laboral*, *op. cit.*, 33.

para asegurar el derecho a la conciliación entre la actividad profesional y la vida íntima en el marco del teletrabajo.

Siguiendo esta línea, el mencionado informe de la OIT–Eurofound subraya que el teletrabajo se utiliza frecuentemente por parte de las mujeres para armonizar las responsabilidades laborales con las domésticas. Tal situación evidencia una problemática subyacente de roles de género, donde el teletrabajo podría estar perpetuando patrones tradicionales al descargar sobre las mujeres una doble jornada que combina empleo remunerado y trabajo no remunerado en el hogar. Por ende, se hace imprescindible un escrutinio detallado y riguroso del teletrabajo bajo el prisma de la igualdad de género, que permita entender el alcance real de esta modalidad laboral y sus repercusiones en la distribución de las tareas domésticas y de cuidado. Identificar y abordar las dinámicas de género ocultas en el teletrabajo es crucial para avanzar hacia una verdadera equidad en el ámbito profesional y personal.

7.1. LA FORMACIÓN EN EL TELETRABAJO

El artículo 40.2 de la Constitución Española consagra que es misión de los poderes públicos promover políticas que aseguren la formación y readaptación profesionales. En virtud de este precepto, el artículo 4.2 del Estatuto de los Trabajadores reconoce el derecho de todo trabajador y trabajadora a la formación profesional en el ámbito laboral, tanto para la adaptación a cambios en el puesto de trabajo como para la promoción de su empleabilidad. Por su parte, el artículo 23 del citado estatuto detalla los derechos específicos de los trabajadores en relación con la formación profesional, los cuales incluyen:

- El derecho a permisos para asistir a exámenes y a una preferencia en la elección de turno de trabajo o al acceso al teletrabajo, cuando sea compatible con las tareas desempeñadas, para quienes estén cursando estudios de cara a la obtención de un título académico o profesional.

- El derecho a adaptar la jornada ordinaria de trabajo para asistir a cursos de formación profesional, con posibilidades como la reducción de la jornada diaria o semanal durante la formación[340].
- El derecho a permisos de formación o perfeccionamiento profesional con garantía de conservación del puesto de trabajo.
- El derecho a recibir formación necesaria para la adaptación a cambios en el puesto de trabajo, siendo esta formación obligatoria y a cargo de la empresa. Además, el tiempo dedicado a tal formación se considera tiempo de trabajo efectivo.
- Para los trabajadores con al menos un año de antigüedad en la empresa, se establece un permiso retribuido de veinte horas anuales de formación profesional para el empleo, relacionada con la actividad de la empresa y acumulable hasta por cinco años. Este permiso no se aplica a la formación obligatoria impartida por la empresa en cumplimiento de otras leyes.

  Este derecho se considera satisfecho cuando el trabajador o trabajadora pueda realizar acciones formativas en el marco de un plan de formación propuesto por la empresa o acordado mediante negociación colectiva.

El artículo 23.2 del Estatuto de los Trabajadores insta a la negociación colectiva a establecer las condiciones en las que se ejercerán los derechos de formación profesional mencionados. Resulta imperativo, en este contexto, asegurar la no discriminación por razón de sexo en el acceso a dichos derechos, lo cual comprende la proscripción de cualquier forma de discriminación, tanto directa como indirecta.

No obstante, según la doctrina jurídica, el derecho a la formación no es incondicional. Las empresas pueden restringir su

---

340 STSJ País Vasco 1171/2017 de 23 de mayo (TOL6.240.699).

ejercicio si demuestran que su concesión generaría dificultades organizativas o perjuicios para el normal desempeño empresarial[341]. Por su parte, el Tribunal Supremo ha sostenido que no se reconoce un derecho incondicionado de los trabajadores a recibir formación de carácter voluntario financiada por la empresa. Se establece, más bien, un derecho al permiso retribuido para formación, según lo dispuesto en el artículo 23.3 del Estatuto de los Trabajadores. Esto significa que el trabajador o la trabajadora puede ser eximido de sus obligaciones laborales durante el tiempo que dedique a la formación profesional, recibiendo su correspondiente salario por dicho período, acorde con la regulación contenida en el mencionado precepto legal[342].

En el ámbito jurídico-laboral, la formación de las personas trabajadoras se clasifica, de acuerdo con la jurisprudencia, en varias categorías, tal como lo ilustra la sentencia del Tribunal Superior de Justicia de Castilla y León, de fecha 14 de noviembre de 2012. Los supuestos son los siguientes[343]:

- **Formación obligatoria en materia de prevención de riesgos laborales**: esta formación viene impuesta por el artículo 19 de la Ley 31/1995, de Prevención de Riesgos Laborales. La norma establece que los costes de dicha formación no deben ser asumidos por las personas trabajadoras, independientemente de si la formación se realiza de manera interna en la empresa o a través de entidades externas.
- **Formación obligatoria determinada por la empresa**: se refiere a aquella formación que la empresa considera necesaria o conveniente, y que impone a las personas trabajadoras

341 Marín Moral, I. (2021). "El derecho a la formación en el trabajo a distancia". *El trabajo a distancia: una perspectiva global.* Aranzadi, 358.

342 STS 792/2019 de 20 de noviembre (TOL7.628.238).

343 STSJ Castilla y León, Valladolid de 14 de noviembre de 2012 (TOL2.703.198).

en materias distintas a la prevención de riesgos laborales. Estas obligaciones formativas deben estar vinculadas con la actividad empresarial o impuestas por la empresa como parte de las obligaciones laborales, tal como se recoge en el artículo 23.1.d del Estatuto de los Trabajadores, para la adaptación a los cambios en el puesto de trabajo.

- **Formación voluntaria de la persona trabajadora**: esta categoría comprende la formación que el trabajador o la trabajadora decide cursar por iniciativa propia, sin que medie imposición por parte de la empresa. Puede responder a un interés personal o estar relacionada con su actividad laboral, y puede perseguir una mejora en su posición o un ascenso dentro de la empresa.

Esta clasificación permite entender la variedad de contextos en los que se sitúa la formación dentro del ámbito laboral, así como las responsabilidades económicas y organizativas que de ella derivan tanto para la empresa como para los trabajadores.

Focalizando nuestra atención en la esfera del teletrabajo, es pertinente subrayar que la cláusula décima del Acuerdo Marco Europeo sobre Teletrabajo estipula que los empleados que desempeñan sus funciones a distancia gozan del mismo derecho al acceso formativo que sus homólogos en las dependencias empresariales. Además, es menester que estos trabajadores reciban la instrucción pertinente para manejar el equipo técnico que tengan a su alcance y para comprender las particularidades inherentes a este modelo de organización laboral. De igual forma, se contempla la posibilidad de que tanto el personal supervisor como los colaboradores más cercanos adquieran la formación necesaria para adaptarse a esta modalidad de trabajo y su gestión correspondiente. Dicha normativa se ve reflejada en el artículo 4, apartado primero, de la Ley de Trabajo a Distancia, que consagra la equiparación de derechos entre el personal presencial y teletrabajador en lo concerniente a la formación profesional. A su vez, el artículo 9 de la mencionada ley preceptúa la adopción de medidas apropiadas que aseguren la participación efectiva de los teletrabajadores en los programas formativos, así como la provisión de la capacitación necesaria para el óptimo desempeño de sus tareas, tanto al suscribir el acuerdo de trabajo a distancia como cuando se operen cambios en los medios o tecnologías empleadas.

Además, y en sintonía con la doctrina científica predominante, la obligación de las empresas de implementar medidas que aseguren la participación efectiva de los teletrabajadores en los programas de capacitación obedece al imperativo de prevenir su aislamiento con respecto a los empleados que desempeñan su labor en el entorno físico de la empresa, así como de evitar los riesgos asociados a dicha segregación[344]. Por su parte, es imperioso que las organizaciones suministren a los trabajadores a distancia la formación pertinente para un desempeño adecuado de sus funciones, habida cuenta de que la eficacia del teletrabajo se sustenta en la habilidad para manejar con soltura el equipo informático y las herramientas de comunicación telemática. Por consiguiente, la capacitación en el dominio de las Nuevas Tecnologías de la Información y la Comunicación se erige como un aspecto de singular importancia[345].

Para concluir y como complemento de lo expuesto en el Capítulo 5, relativo al tiempo de trabajo en la modalidad de teletrabajo, es menester enfatizar que, según la doctrina emanada de la sentencia del Tribunal Constitucional de 27 de octubre de 2003, la empresa no está facultada para imponer al trabajador la realización de acciones formativas fuera de su horario laboral y durante sus periodos de descanso no remunerado, dado que ello constituiría una violación a la dignidad del trabajador y al libre desarrollo de su personalidad. Esto se traduce en una restricción

---

344 Godino Reyes, M. (2020). *La nueva regulación del trabajo a distancia y el teletrabajo, op. cit.*, 56.

345 Poquet Catalá, R. (2020). *El teletrabajo: análisis del nuevo marco jurídico, op. cit.*, 115.

indebida del ejercicio de su libertad en dicho lapso, limitando la facultad del individuo de moldear su personalidad según su propio talante. A este respecto, el Tribunal Constitucional explicita que:

> *"Así las cosas, la concepción del tiempo libre del trabajador, no como tal, sino como un tiempo de descanso a disponibilidad del empresario, y de la sumisión del deber de trabajo y rendimiento no sólo a una comprobación objetiva durante el cumplimiento de la prestación, sino también durante el tiempo de descanso, de las que parten las Sentencias impugnadas para declarar la procedencia del despido por realizar trabajos para otra empresa durante el período vacacional, no resulta en modo alguno acorde con la configuración actual del derecho a vacaciones anuales retribuidas en nuestro ordenamiento jurídico laboral, ni, lo que es más importante aún, con la primacía de la libertad de la persona y el respeto a su vida privada que la Constitución garantiza. Una concepción del derecho del trabajador a las vacaciones retribuidas como la mantenida en las resoluciones judiciales impugnadas equivale a desconocer la dignidad personal del trabajador, entendida ésta como el derecho de todas las personas a un trato que no contradiga su condición de ser racional igual y libre, capaz de determinar su conducta en relación consigo mismo y su entorno, esto es, la capacidad de «autodeterminación consciente y responsable de la propia vida» (STC 53/1985, de 11 de abril, así como el libre desarrollo de su personalidad (art. 10.1 CE)"*[346].

Por lo tanto, si la formación obligatoria impartida a los trabajadores se realizase fuera de su horario laboral, la empresa estaría obligada a compensar las horas dedicadas a dicha formación con periodos equivalentes de descanso. En el supuesto de que la formación conlleve un excedente en la jornada de trabajo, la entidad empresarial deberá proceder al pago de las correspondientes horas extraordinarias. Esta doctrina fue también respaldada por la sentencia de la Audiencia Nacional del 18 de septiembre de 2017, la cual reconoció el derecho de los trabajadores a recibir compensación por una extensión de 40 horas adicionales destinadas a formación obligatoria, ya sea mediante la remuneración

---

346 STC 192/2003 de 27 de octubre (TOL319.140).

de estas horas al valor de la hora extra estipulado en el convenio colectivo aplicable, o bien, articulando el correspondiente tiempo libre compensatorio, condenando a la empresa al cumplimiento de dicha retribución o compensación[347].

7.2. LA PROMOCIÓN EN EL TELETRABAJO

El derecho a la promoción profesional guarda una vinculación intrínseca con el derecho a la formación, al ser ambas dimensiones esenciales del crecimiento y progreso en la carrera laboral de los trabajadores. En este contexto, cabe destacar que dicho derecho queda explícitamente salvaguardado en el artículo 35, apartado primero, de la Constitución Española, que postula el derecho de todos los españoles a promocionarse en el ámbito laboral. En cumplimiento de este mandato constitucional, el artículo 4, apartado segundo, del Estatuto de los Trabajadores, reconoce el derecho de los trabajadores a su promoción profesional en el empleo. Complementariamente, los artículos 23 y 24 de la misma normativa delinean las dos modalidades de la promoción en el seno de la empresa: los ascensos y la mejora económica. Es relevante señalar que el Tribunal Supremo ha dilucidado la extensión y exégesis de este derecho a la promoción de los trabajadores, enfatizando que este se configura como un derecho individual, no colectivo[348], y se traduce en la posibilidad de acceder a una posición laboral de mayor cualificación, remuneración o con perspectivas más halagüeñas, en consonancia con la experiencia y el mérito profesional acumulados[349].

En cuanto a los ascensos, la doctrina especializada sostiene que estos son consecuencia de un acto de reclasificación profesional

347 SAN 128/2017 de 18 de septiembre (TOL6.367.663).

348 STS de 13 de diciembre de 1991 (TOL232.740).

349 STS de 29 de enero de 1992 (TOL5.137.098).

por el cual el trabajador asume responsabilidades correspondientes a un grupo profesional de mayor nivel al que pertenecía originalmente. De esta forma, los ascensos se convierten en una de las expresiones de la promoción profesional, provocando una movilidad funcional de carácter vertical y ascendente[350]. El artículo 24 del Estatuto de los Trabajadores estipula que los procesos de ascenso deben realizarse conforme a lo previsto en los convenios colectivos o, en su ausencia, en el pacto colectivo establecido entre la empresa y los representantes de los trabajadores. Se deberán tener en cuenta, imperativamente, la formación y los méritos del trabajador, su antigüedad, y también las necesidades organizativas de la empresa. Además, los ascensos se regularán bajo criterios y métodos que aseguren la eliminación de cualquier forma de discriminación por razón de sexo, ya sea esta directa o indirecta. En este ámbito, se podrán instaurar medidas de acción positiva que tengan como finalidad la supresión o compensación de desigualdades de trato o de oportunidades.

En lo concerniente a la promoción económica, el artículo 25 del Estatuto de los Trabajadores determina que los trabajadores podrán acceder a una mejora económica fundamentada en el desempeño de su labor, conforme a las estipulaciones pactadas en el convenio colectivo o en el contrato de trabajo individual. Esto se realizará salvaguardando los derechos ya obtenidos o aquellos que estén en proceso de ser adquiridos en el período temporal de referencia. Es pertinente indicar que el Tribunal Supremo, en su sentencia de 11 de marzo de 2000, ha puntualizado que:

> *"(...) El derecho a la promoción económica de los trabajadores no cuenta con reconocimiento expreso en el artículo 25 de la ley estatutaria, de suerte que no puede entenderse como un derecho necesario absoluto de obligado respeto; el origen del derecho está en el texto del convenio y, por la razón ya apuntada, quienes lo negociaron tenían legitimación y capacidad suficiente para reco-*

---

350 Gil Plana, J. (2021). "La promoción profesional del trabajador a distancia". *El trabajo a distancia: una perspectiva global.* Aranzadi, 386.

> *nocerlo dentro de ciertos límites e, incluso, para haberlo eliminado sin conculcar los mandatos legales, y si eso es así, el límite que han impuesto para su cómputo, referido a ciertos servicios con exclusión de otros, no puede ser calificado como discriminatorio"*[351].

Efectivamente, a tenor de lo expuesto, se deduce que el derecho a la promoción profesional ya sea por la vía de ascensos o mediante la promoción económica, no opera como un derecho absoluto y de ejercicio directo por parte del trabajador. Su efectiva materialización queda condicionada a lo establecido en los convenios colectivos o, en su defecto, en el acuerdo individual de trabajo. De este modo, se resalta la importancia crucial de la negociación colectiva y del principio de autonomía de la voluntad en la concreción y garantía de dicho derecho. La negociación colectiva se erige como el mecanismo primordial a través del cual se articulan y especifican los criterios y procedimientos para la promoción, mientras que la autonomía de las partes permite adaptar los derechos y obligaciones a las circunstancias específicas de la relación laboral individual. Este enfoque subraya el carácter negociado de la promoción y la necesidad de un acuerdo mutuo para su implementación, más que la invocación unilateral de un derecho predeterminado y automático.

En el contexto del teletrabajo, la Cláusula 10ª del Acuerdo Marco Europeo sobre Teletrabajo instaura que los teletrabajadores han de disponer de idénticas posibilidades de avance en su carrera profesional y de estar sujetos a las mismas políticas de evaluación que aquellos empleados que desempeñan sus funciones en las dependencias empresariales. Esta normativa se ve reflejada en el artículo 4.1 y en el artículo 10 de la Ley de trabajo a distancia, que consolidan la equiparación de derechos entre los trabajadores presenciales y los teletrabajadores en cuanto a su promoción profesional; además, el citado artículo 10 obliga a las empresas

---

351 STS de 11 de marzo de 2000 (TOL4.965.878).

a comunicar expresamente y por escrito a los teletrabajadores las oportunidades de promoción que surjan, tanto para puestos que requieran presencialidad como para aquellos que puedan ejercerse a distancia. Sobre esta premisa, la doctrina científica ha enfatizado que la divulgación de las opciones de promoción y las vacantes disponibles debe caracterizarse por su claridad, rigor y transparencia, facilitando así a los teletrabajadores el acceso a la información de forma sencilla y sin intermediaciones que pudieran suponer barreras o sesgos en la comunicación. Esta claridad informativa es fundamental para garantizar la igualdad de condiciones y oportunidades en el desarrollo profesional de los trabajadores, independientemente de su modalidad de trabajo[352].

Ahora bien, es pertinente subrayar que la Ley de trabajo a distancia se centra específicamente en los ascensos como una manifestación del derecho a la promoción, omitiendo mencionar expresamente la promoción económica. No obstante, la disposición adicional primera de la mencionada Ley concede a los convenios colectivos la capacidad normativa para abordar y regular todas aquellas materias que se estimen pertinentes, incluyendo, por ende, la promoción económica de los teletrabajadores. De este modo, aunque la Ley no lo articule de manera directa, la promoción económica puede ser objeto de regulación mediante la negociación colectiva, proporcionando así un marco que permita el reconocimiento y la materialización del derecho a mejorar las condiciones económicas de los teletrabajadores. Esta facultad resalta la importancia y la efectividad de la negociación colectiva como herramienta para complementar y concretar los preceptos legales en materia laboral, adaptándolos a las realidades específicas de cada sector y cada colectivo de trabajadores.

---

352 Poquet Catalá, R. (2020). *El teletrabajo: análisis del nuevo marco jurídico*, *op. cit.*, 117-118.

7.3. LA CONCILIACIÓN DE LA VIDA LABORAL Y FAMILIAR EN EL TELETRABAJO

El teletrabajo, conceptualizado tradicionalmente como una herramienta de conciliación entre la esfera laboral y la familiar, se sostiene en los hallazgos reflejados en el informe elaborado conjuntamente por la OIT y Eurofound titulado "*Trabajar en cualquier momento y en cualquier lugar: consecuencias en el ámbito laboral*". Este estudio destaca que el teletrabajo facilita una mayor armonización entre las obligaciones profesionales y las personales, eliminando el tiempo invertido en los desplazamientos entre el hogar y el lugar de trabajo y otorgando a las personas trabajadoras la capacidad para estructurar sus actividades laborales conforme a sus necesidades y preferencias personales. Como resultado, se consigue una mejora en la calidad de vida y en la capacidad para atender las responsabilidades familiares[353]. Además, la conciliación no solo mejora el clima laboral y reduce el absentismo y la conflictividad, sino que también es fundamental en la gestión de personas y en la creación de políticas laborales efectivas[354].

La conciliación de la vida laboral y familiar en el teletrabajo se erige como un objetivo dual que, simultáneamente, configura un desafío. Por una parte, propicia una flexibilidad incrementada en la organización de las tareas por parte del teletrabajador o teletrabajadora, favoreciendo la compatibilidad de sus responsabilidades profesionales y domésticas. Por otra, conlleva el riesgo de enturbiar los límites entre el ámbito profesional y el privado. Esta modalidad de empleo permite, indudablemente, una

---

353 Organización Internacional del Trabajo y Fundación Europea para la Mejora de las Condiciones de Vida y de Trabajo. (2019). *Informe conjunto OIT-Eurofound: Trabajar en cualquier momento y en cualquier lugar: consecuencias en el ámbito laboral, op. cit.*, 9.

354 Vila Tierno, F. (2023). "La importancia de la conciliación en el seno de las empresas". *Revista de Estudios Jurídico Laborales y de Seguridad Social (REJLSS)*, (7), 9-12.

mejor conciliación entre las obligaciones laborales y familiares; no obstante, conlleva también una serie de retos que es preciso gestionar con el fin de asegurar una verdadera integración de las esferas personal, laboral y familiar. El teletrabajo puede desdibujar las fronteras en lo referente a los espacios físicos de actividad, los comportamientos, las disposiciones mentales y los roles asumidos, requiriendo una delimitación clara para preservar la armonía en todas las facetas de la vida del individuo[355].

Por su parte, la vinculación entre el teletrabajo y la dinámica de género se evidencia en el hecho de que son las mujeres quienes, en mayor medida, desarrollan su labor profesional desde el hogar, como lo señala el informe de la Organización Internacional del Trabajo (OIT) sobre "*El trabajo a domicilio: de la invisibilidad al trabajo decente*"[356]. Este predominio femenino en el teletrabajo a menudo refleja y refuerza los roles de género establecidos, los cuales tradicionalmente asignan a las mujeres la responsabilidad principal de las tareas de cuidado y el trabajo

---

355 Durán Bernardino, M. (2022). "Configuración jurídica del derecho a la conciliación de la vida laboral, familiar y personal de las personas teletrabajadoras desde una perspectiva multinivel". *Teletrabajo y conciliación de la vida laboral, familiar y personal en clave de género*. Dykinson, 74.

356 Organización Internacional del Trabajo. (2022). *El trabajo a domicilio: De la invisibilidad al trabajo decente, op. cit.*, 46-47. En concreto, según las estimaciones de la OIT, unos 147 millones de mujeres trabajaban desde sus casas en 2019, y que representan el 56 por ciento de todos los trabajadores establecidos en el domicilio. En este sentido, se pone de manifiesto que las mujeres superan a los hombres en el trabajo a domicilio. Por su parte, y atendiendo a los grupos de países por nivel de ingresos de las personas trabajadoras, se pone en evidencia que el número de mujeres supera al de los hombre en el trabajo a domicilio en todos los grupos, de modo que el 65 por ciento de los trabajadores establecidos en el domicilio en los países de ingresos bajos son mujeres; el 56 por ciento en los países de ingresos medianos; mientras que en los países de ingresos altos, el número de mujeres que trabaja a domicilio es ligeramente superior al de los hombres.

doméstico no remunerado. El teletrabajo puede ofrecer a las mujeres una forma de balancear estas responsabilidades con las laborales; sin embargo, sin las medidas adecuadas, también puede implicar una carga doble que supone trabajar y, simultáneamente, gestionar las obligaciones domésticas. El peligro reside en que esta modalidad laboral perpetúe una distribución desigual del trabajo no remunerado en el hogar, perpetuando así las disparidades de género existentes. Ante esta realidad, el preámbulo IV de la Ley de trabajo a distancia en España busca evitar la cristalización de dichos roles de género tradicionales y, en su lugar, promover la corresponsabilidad entre hombres y mujeres. Esto implica una distribución más equitativa de las tareas domésticas y de cuidado, así como garantizar que las oportunidades de teletrabajo no se conviertan en un factor que contribuya a la segregación laboral de género.

A continuación, se procede a profundizar en el análisis del teletrabajo como medidas de conciliación de la vida laboral y familiar, así como su estudio desde la perspectiva de género.

7.3.1. El teletrabajo como medida de conciliación

Conforme a lo estipulado en la legislación tanto de la esfera comunitaria como de la nacional, se reconoce al teletrabajo como modalidad laboral flexible que favorece el ejercicio del derecho a la armonización de la esfera profesional con la vida familiar por parte de los trabajadores. Es pertinente resaltar:

- La Cláusula 1ª del Acuerdo Marco Europeo sobre Teletrabajo, donde se asume el teletrabajo como una herramienta de equilibrio entre los ámbitos laboral y familiar, otorgando a los empleados una mayor autonomía en la ejecución de sus funciones.
- La Directiva (UE) 2019/1158, emanada del Parlamento Europeo y del Consejo el 20 de junio de 2019, la cual, abrogando la Directiva 2010/18/UE del Consejo, menciona en su artículo

3 al trabajo a distancia y al teletrabajo como variantes de empleo flexibles diseñadas para propiciar la conciliación entre las responsabilidades familiares y profesionales de aquellos trabajadores que son progenitores o cuidadores.

- El Real Decreto-ley 6/2019, de 1 de marzo, que, al modificar el artículo 34.8 del Estatuto de los Trabajadores, refrenda de forma explícita al trabajo a distancia —incluido el teletrabajo— como una modalidad de desempeño laboral, destinada a viabilizar el derecho a la conciliación de la esfera personal y laboral.
- El preámbulo III de la Ley de trabajo a distancia resalta entre las ventajas derivadas de la digitalización de las dinámicas laborales a través del teletrabajo, la viabilidad de compaginar las facetas personal, familiar y laboral del trabajador.
- El Real Decreto-ley 5/2023, de 28 de junio, con el fin de atender a las repercusiones económicas y sociales del conflicto en Ucrania, el apoyo a la reconstrucción en La Palma y otras circunstancias de vulnerabilidad, así como la transposición de normativas europeas relativas a estructuras corporativas y conciliación de la vida familiar y profesional, establece una reforma adicional en el artículo 34.8 del Estatuto de los Trabajadores, consolidando al teletrabajo como pilar de conciliación y delineando las condiciones para el ejercicio de dicho derecho[357].

---

[357] Sin embargo, la reformulación del precepto sigue conservando su naturaleza expectante y abierta, ya que continúa refiriéndose al derecho de "solicitar" dichas adaptaciones. Martínez Moreno, C. (2023). "La adaptación de la jornada con fines de conciliación en el RDL 5/2023: ¿El progreso de un derecho aún incompleto?" *Revista Derecho Social y Empresa,* (19), 17. https://www.revistaderechosocialyempresa.es/_files/ugd/052395_8c63b1da364a4c45a3787ca444fa100e.pdf. Recuperado el 25 de mayo de 2024.

De acuerdo con el análisis expuesto en el informe de Eurofound, titulado "*El teletrabajo y el trabajo móvil basado en las TIC: trabajo flexible en la era digital*", se destaca que el teletrabajo brinda a los empleados la posibilidad de personalizar su entorno y horario laboral según sus preferencias y necesidades personales, influyendo de manera favorable en el equilibrio entre sus compromisos laborales y su vida privada. No obstante, este informe también señala la potencial confusión entre esferas debido a la integración del trabajo en el ámbito doméstico, lo que puede ocasionar una invasión recíproca entre obligaciones profesionales y responsabilidades familiares. Esta situación plantea interrogantes acerca de la eficacia real del teletrabajo como estrategia de conciliación entre la actividad profesional y la vida familiar.

En este contexto, existe una división en la doctrina científica respecto a la consideración del teletrabajo como instrumento de conciliación entre la vida laboral y familiar. Un segmento doctrinal se muestra escéptico al calificar al teletrabajo como tal, argumentando que su propósito esencial no es la conciliación *per se,* sino que esta aparece como una consecuencia inherente a su aplicación[358]. Por otro lado, una corriente alternativa sostiene que no es posible emitir un juicio absoluto sobre la materia, ya que es imperativo examinar las circunstancias específicas de cada situación individual[359]. En línea con esto, la Unión de Asociaciones Familiares (UNAF), en su informe "*Corresponsabilidad y conciliación de la vida laboral, personal y familiar en España. Desigualdades y transformaciones después de la COVID-19*", plantea que la contribución del teletrabajo a la conciliación es ambi-

---

358 Godino Reyes, M. (2020). *La nueva regulación del trabajo a distancia y el teletrabajo, op. cit.*, 19.

359 Peres Díaz, D. (2022). "Buenas prácticas empresariales para la conciliación de la vida laboral, familiar y personal y políticas de corresponsabilidad para las personas teletrabajadoras". *Teletrabajo y conciliación de la vida laboral, familiar y personal en clave de género.* Dykinson, 156.

gua y dependiente de múltiples factores, como el motivo de su implementación, la flexibilidad de horarios, el ahorro en tiempo de desplazamiento y la frecuencia de su uso en la práctica laboral[360]. Ahora bien, este autor se alinea con la perspectiva de Vida Fernández, quien afirma que el teletrabajo, por sí solo, no garantiza la conciliación, siendo necesario complementarlo con otras medidas. Estas incluyen la regulación del registro de jornada, sistemas para asegurar el derecho a la desconexión digital, la protección de la seguridad y salud en el trabajo y la prevención de riesgos psicosociales, entre otros aspectos[361].

Con respecto a la normativa del teletrabajo como medida para armonizar las esferas laboral y familiar, es imperativo referirse a la modificación del artículo 34, apartado 8, del Estatuto de los Trabajadores, introducida por el Real Decreto-ley 6/2019, de 1 de marzo. Dicha reforma establece el derecho de los empleados a solicitar adaptaciones en la duración y distribución de su jornada laboral, en la organización del tiempo de trabajo y en el método de realización de sus labores, abarcando expresamente la opción del trabajo a distancia, con el fin de facilitar la conciliación de su vida personal y profesional. De esta forma, se otorga a los trabajadores el derecho de acceder al teletrabajo como un medio para

---

360 Unión de Asociaciones Familiares. (2021). *Corresponsabilidad y conciliación de la vida laboral, personal y familiar en España. Desigualdades y transformaciones después de la COVID-19.* https://unaf.org/investigacion/corresponsabilidad-y-conciliacion-de-la-vida-laboral-personal-y-familiar-en-espana-desigualdades-y-transformaciones-despues-de-la-covid-19/. Recuperado el 31 de mayo de 2024. De hecho, el teletrabajo puede ser implementado para aquellos puestos de trabajo susceptibles de trabajar en remoto, con independencia de las responsabilidades familiares de las personas trabajadoras. Por ello, en este supuesto no se aprecia que la conciliación sea el motivo de adopción del teletrabajo.

361 Vida Fernández, R. (2022). "El rol de la representación legal de los trabajadores y de la negociación colectiva para la conciliación de la vida laboral y familiar de la persona teletrabajadora". *Teletrabajo y conciliación de la vida laboral, familiar y personal en clave de género,* Dykinson, 84.

conciliar sus responsabilidades familiares y laborales. Los términos para ejercer este derecho se definirán en el marco de la negociación colectiva o, en su ausencia, a través de un proceso de diálogo entre el trabajador y la empresa, el cual no deberá exceder los treinta días. Al concluir dicho período, la empresa está obligada a comunicar su resolución por escrito, aceptando la solicitud, proponiendo alternativas que faciliten la conciliación o negándola, siempre fundamentando su decisión en motivos objetivos.

La reforma reciente introducida por el Real Decreto-ley 5/2023, de 28 de junio, ha ampliado el alcance del derecho a la adaptación de la jornada laboral para incluir a aquellos trabajadores con responsabilidades de cuidado hacia hijos mayores de doce años, el cónyuge o pareja de hecho, familiares hasta el segundo grado de consanguinidad, así como otras personas dependientes que residan en el mismo hogar y que, por razones de edad, accidentes o enfermedad, requieran asistencia. Para ejercer este derecho, los trabajadores deben demostrar las circunstancias que sustentan su solicitud. Adicionalmente, el plazo para la negociación de las condiciones de este derecho se ha visto reducido de treinta a quince días. Se introduce, además, la presunción de aceptación del derecho ante la falta de respuesta de la empresa, siempre que no exista una negativa justificada dentro de dicho término. Finalmente, se garantiza el derecho del teletrabajador a retornar a su modalidad de trabajo previa una vez finalizado el período acordado o cuando las circunstancias que motivaron el cambio ya no existan. En otras situaciones, si las circunstancias cambian justificadamente, la empresa solo podrá rechazar la solicitud de retorno si existen motivos objetivos y fundamentados.

Como ha subrayado la doctrina científica, este derecho no es absoluto ni se concede sin condiciones. La legislación estipula ciertas restricciones para su ejercicio, las cuales incluyen: (1) la necesidad de que las adaptaciones solicitadas en la jornada laboral, la organización del tiempo de trabajo y la modalidad de ejecución de las tareas, incluyendo el trabajo a distancia, sean razonables y proporcionadas en atención tanto a las necesidades del trabajador como a las exigencias organizativas y productivas de la empresa; (2) la prerrogativa para los progenitores de presentar dicha solicitud hasta que sus hijos alcancen la edad de doce años; y (3) la obligación de justificar la solicitud por parte de los trabajadores que requieran atender a familiares de mayor edad o dependientes, acreditando una necesidad genuina de conciliación. Así, la empresa tiene la facultad de denegar la petición, siempre que fundamente adecuadamente las razones de su decisión[362]. En contraste, se establece un derecho de acceso preferente al teletrabajo cuando este se ofrezca dentro de la empresa y sea compatible con las funciones y responsabilidades del puesto del trabajador[363].

En situaciones de desacuerdo entre la empresa y el trabajador respecto al derecho de conciliación de la vida personal, familiar y laboral, la resolución se dirimirá conforme al procedimiento estipulado en el artículo 139 de la Ley 36/2011, de 10 de octubre, que regula la Jurisdicción Social para el ejercicio de los derechos de conciliación reconocidos legal o convencionalmente, bajo las normas siguientes:

- **Interposición de la demanda**: el trabajador deberá interponer la demanda ante el Juzgado de lo Social dentro de los veinte días hábiles subsiguientes a la notificación de la negativa empresarial o a la discrepancia con la propuesta de la empresa. Es posible acumular en la demanda una acción de indemnización por daños y perjuicios, resultantes exclusivamente del rechazo del derecho o del retardo en la implementación de la medida. La empresa puede eludir esta responsabilidad si cumple provisionalmente con la medida propuesta.

---

362 Godino Reyes, M. (2020). *La nueva regulación del trabajo a distancia y el teletrabajo, op. cit.*, 21.

363 Fernández Avilés, J. A. (2022). "La nueva ordenación jurídica del teletrabajo en España (una visión de conjunto)". *Teletrabajo y conciliación de la vida laboral, familiar y personal en clave de género*, Dykinson, 26.

En cuanto a la exigencia del intento de conciliación o mediación previa que establece el art. 63 de la Ley 36/2011, de 10 de octubre, reguladora de la jurisdicción social, el art. 64 de esta misma Ley exceptúa explícitamente el cumplimiento del requisito del intento de conciliación los procedimientos que versen sobre el ejercicio de los derechos de conciliación de la vida personal, familiar y laboral a los que se refiere el art. 139.

- **Tramitación y desarrollo del proceso judicial**: el proceso es urgente y preferente, debiéndose señalar la vista dentro de los cinco días siguientes a la admisión de la demanda. Tanto la empresa como el trabajador deben presentar sus propuestas y alternativas en la conciliación previa y en el juicio, pudiendo adjuntar informes de comités paritarios o de seguimiento de planes de igualdad para su valoración en la sentencia.
- **Sentencia y recurso**: la sentencia se dictará en un plazo de tres días y será firme sin posibilidad de recurso, salvo en casos de acumulación de acciones de indemnización por daños y perjuicios cuya cuantía sea igual o superior a 3.000 euros, en cuyo caso será apelable ante la Sala de lo Social del Tribunal Superior de Justicia correspondiente. La decisión sobre las medidas de conciliación es ejecutiva desde la emisión de la sentencia.

Por último, es menester subrayar que, en los últimos tiempos, la mayoría de las disputas que han llegado a los estrados judiciales respecto al teletrabajo se han originado en el contexto del ejercicio de los derechos de conciliación de la vida personal, familiar y laboral. A continuación, se efectuará un examen de las resoluciones judiciales más relevantes emitidas por tribunales de distintas jurisdicciones en relación con la solicitud de teletrabajo por causas vinculadas a la conciliación de la vida laboral y familiar:

- En la resolución número 203/2021, de fecha 22 de marzo, el Tribunal Superior de Justicia de Madrid abordó el caso de una empleada, madre de un infante de dos años, quien interpeló judicialmente a su empleador por desestimar, sin aportar razones, su petición de teletrabajo. La compañía se defendió argumentando que ya había consentido a una reducción del 40% de la jornada laboral requerida por la solicitante y que no se había presentado por parte de ella una justificación sustancial para el desempeño de sus funciones en régimen de teletrabajo.

El Tribunal, tras un escrupuloso balance de las circunstancias y los intereses implicados, falló en favor del empleador, rechazando el recurso de suplicación promovido por la trabajadora. La decisión se fundamentó en que la merma del 40% en la jornada de trabajo ya confería a la empleada la capacidad para armonizar sus responsabilidades familiares y profesionales. Específicamente, dado que el horario escolar del hijo se extiende de 09:00 a 16:00 horas y que el horario laboral resultante tras la reducción es de 09:30 a 14:00 horas, se consideró que la empleada disponía de la oportunidad de acompañar y recoger al niño del centro educativo diariamente, obviando la necesidad de acogerse al teletrabajo. Por tanto, se concluyó que el derecho a la conciliación laboral y familiar de la trabajadora quedaba debidamente protegido mediante la aplicación de la medida de reducción de jornada[364].

- En el fallo número 889/2021, fechado el 25 de marzo, el Tribunal Superior de Justicia de Andalucía, Sevilla, atendió el caso de un trabajador con una hija discapacitada a su cargo, quien solicitó teletrabajar ante el cierre temporal del centro asistencial frecuentado por su hija. La empresa se amparó en su poder de autoorganización para denegar la petición, alegando que el teletrabajo no se estipula como un derecho de conciliación familiar y laboral en la Ley de trabajo a distancia y que depende de la voluntad de ambas partes.

---

[364] STSJ Madrid 203/2021 de 22 de marzo (TOL8.456.552).

El Tribunal resolvió a favor del empleado, invalidando el recurso de suplicación de la empresa. Destacó que, conforme al artículo 34.8 del Estatuto de los Trabajadores, es viable solicitar el teletrabajo como ajuste de la jornada para favorecer la conciliación de la vida familiar y laboral, siempre y cuando la medida sea razonable y proporcional. Además, subrayó que el rechazo empresarial no puede ser arbitrario, sino fundamentado en causas objetivas. En este caso, se determinó que las necesidades de conciliación estaban justificadas para proteger la salud de la persona dependiente, y que la empresa no había proporcionado una justificación válida para negar la solicitud[365].

- En la sentencia del 25 de marzo de 2021 del Tribunal Superior de Justicia de Galicia, se abordó la solicitud de una trabajadora que pretendía adoptar el teletrabajo por un 60% de su jornada (tres días a la semana), complementando con un 40% de presencia física (dos días a la semana) en su lugar de empleo, hasta que su hijo alcanzara los 12 años. La negativa de la empresa se basó en la posición de la empleada como directora en una residencia de ancianos, argumentando la imprescindibilidad de su presencia física.

  No obstante, el Tribunal falló a favor de la trabajadora, al estimar que la compañía no había aportado evidencia suficiente para demostrar que la presencia continua de la directora en la residencia era esencial, ni que la adaptación solicitada resultara innecesaria para el cuidado de su hijo menor. Esta resolución enfatiza que la carga de la prueba recae en la empresa para justificar la denegación de adaptaciones de la jornada laboral que faciliten la conciliación de la vida familiar y laboral de sus empleados[366].

---

365 STSJ Andalucía, Sevilla 889/2021, de 25 de marzo (TOL8.767.357).

366 STSJ Galicia de 25 de marzo de 2021 (TOL8.449.808).

- En la sentencia número 2105/2021, fechado el 15 de abril, el Tribunal Superior de Justicia de Cataluña examinó la situación de un trabajador, padre de dos menores escolarizados, que solicitó una reorganización de su horario laboral que integrase tanto tareas presenciales como en remoto. Presentó dos propuestas con distintos horarios a su empleador. La empresa declinó su petición, justificando la ausencia de medios técnicos necesarios para el desempeño del teletrabajo.

  El Tribunal respaldó a la empresa en su decisión, argumentando que en primera instancia se efectuó un juicioso equilibrio de los intereses implicados. Se determinó que el empleado no había probado la imposibilidad de cumplir con su jornada de manera presencial ni había presentado los horarios laborales de su pareja para evaluar la necesidad de conciliación invocada. Por otro lado, la empresa demostró las complicaciones organizativas significativas para adoptar el teletrabajo[367].

- El fallo 565/2021, emitido el 21 de septiembre por el Tribunal Superior de Justicia de Aragón, abordó la solicitud de una empleada, madre de tres hijos menores de 12 años, de adaptar su jornada laboral a la modalidad de teletrabajo en las horas finales del día, entre las 13:30 y las 15:00 horas, para atender a sus hijos. La empresa rechazó la petición alegando necesidades del servicio.

  El Tribunal falló en favor de la trabajadora, destacando que la empresa no respetó el proceso de negociación que exige la ley. Esta falta de negociación impide un análisis adecuado del balance entre las necesidades del empleado y las de la empresa en términos organizativos o productivos. Por consiguiente, el incumplimiento de este procedimiento es motivo suficiente para invalidar la negativa

---

367 STSJ Cataluña 2105/2021 de 15 de abril (TOL8.538.651).

empresarial, ya que cualquier denegación del derecho amparado por el artículo 34.8 del Estatuto de los Trabajadores debe fundamentarse en un proceso legalmente definido y basarse en motivos objetivos que consideren las necesidades reales de la trabajadora y las capacidades organizativas de la empresa[368].

- En la resolución judicial número 541/2022, fechada el 3 de febrero, el Tribunal Superior de Justicia de Galicia abordó el caso de una empleada que solicitaba la adaptación de su horario laboral al régimen de teletrabajo de forma integral. La trabajadora justificaba su petición en la necesidad de conciliar sus responsabilidades familiares, dada la minoría de edad de sus tres hijas y el traslado de su esposo a otra ciudad. La empresa, por su parte, rehusó las solicitudes, sosteniendo la imperatividad de la presencia física de la empleada para el adecuado desempeño de sus funciones.

El Tribunal, sin embargo, dictaminó a favor de la empleada, rechazando el recurso de suplicación de la empresa. Confirmó el derecho de la trabajadora a ejecutar su jornada completa bajo la modalidad de teletrabajo y ordenó a la empresa compensarla con una indemnización de 3.000 euros por los daños y perjuicios ocasionados. La sentencia subraya que la trabajadora presentó indicios suficientes que hacían presumir que la negativa empresarial podía estar vulnerando su derecho a la conciliación de la vida familiar y laboral. Adicionalmente, el tribunal consideró que la compañía no demostró con motivos fundados y objetivos su decisión de denegar el teletrabajo a jornada completa, calificando sus argumentos de genéricos y carentes de especificidad y fundamentación, sin detallar el perjuicio que tal concesión le provocaría[369].

---

[368] STSJ Aragón 565/2021 de 21 de septiembre (TOL8.685.127).

[369] STSJ Galicia 541/2022 de 3 de febrero (TOL8.817.082).

- En el fallo judicial número 850/2022, emitido el 19 de abril, el Tribunal Superior de Justicia de Asturias atendió la petición de una empleada, madre de dos menores, que solicitaba la implementación de un esquema de teletrabajo para los lunes, miércoles y jueves, manteniendo la presencialidad en el lugar de trabajo durante los días restantes. Esta solicitud, que incluía la provisión de los medios técnicos pertinentes por parte de la empresa, se fundamentaba en el interés de la trabajadora de ejercer su derecho a la conciliación entre su vida laboral y familiar.

  La empresa se opuso a dicha petición, argumentando que el esquema propuesto podría comprometer la dinámica de trabajo en equipo y la creatividad, debido a la disminución de la interacción personal y las relaciones informales que se dan en el entorno de trabajo presencial. Como contrapropuesta, ofreció a la trabajadora la posibilidad de teletrabajar quince días cada trimestre, sujetos a un máximo de dos días por semana, a determinar según la conveniencia del supervisor, aduciendo que esta alternativa sería más coherente con el método de trabajo presencial predominante y no implicaría un aumento de las cargas laborales que conllevaría una implementación más extensa del teletrabajo según lo estipulado por la Ley de trabajo a distancia.

  No obstante, el tribunal resolvió a favor de la trabajadora, rechazando el recurso de suplicación presentado por la empresa. El fallo judicial estableció que la empresa no había probado de manera objetiva la imposibilidad de aceptar la modalidad de teletrabajo solicitada ni había demostrado razones de índole organizativa o productiva que justificaran la negativa, fallando, por lo tanto, en favor del derecho de la trabajadora a la adaptación de su jornada laboral conforme a sus necesidades de conciliación familiar[370].

---

370 STSJ Asturias 850/2022 de 19 de abril (TOL8.971.725).

- En el caso reflejado por la sentencia número 2093/2022, dictada el 4 de mayo por el Tribunal Superior de Justicia de Galicia, se examinó la solicitud de una empleada que, tras haber estado trabajando en modalidad de teletrabajo desde su domicilio en Ourense, requería a su empresa la continuación de dicha modalidad. La razón principal de su petición era el traslado laboral de su pareja, lo cual impactaba en su necesidad de conciliar su vida laboral y familiar. La empresa negó la solicitud sin proporcionar una justificación adecuada ni presentar alternativas viables.

  El tribunal resolvió a favor de la trabajadora, otorgándole el derecho a mantener su jornada de trabajo en modalidad de teletrabajo. El fallo subrayó la falta de pruebas por parte de la empresa que respaldaran un interés organizativo y productivo significativo o que la implementación del teletrabajo conllevara una disrupción en su esquema general de presencialidad o una reducción en la productividad. Además, ante la denegación injustificada de la solicitud por parte de la empresa, el tribunal dictaminó una compensación de 1.500 euros a la trabajadora por los daños morales sufridos debido a esta situación[371].

- En la sentencia número 329/2022, emitida por el Tribunal Superior de Justicia de Madrid el 17 de mayo, se abordó el caso de una empleada que interpuso una demanda contra su empresa por rechazar su solicitud de teletrabajo, alegando la necesidad de conciliar su vida laboral y familiar. La empresa defendió su decisión argumentando que el teletrabajo no era una práctica establecida dentro de su política laboral y que requerían al personal en la oficina para realizar tareas específicas, como el manejo de archivos y la preparación de documentación para clientes.

---

[371] STSJ Galicia 2093/2022 de 4 de mayo (TOL8.994.013).

Además, argumentaron que el horario escolar de las hijas de la trabajadora no interfería con su capacidad para trabajar desde la oficina, y, por tanto, no se demostró una necesidad de conciliación por parte de la trabajadora.

El Tribunal falló a favor de la empresa, descartando el recurso de suplicación de la trabajadora. La decisión se basó en que la trabajadora no había probado una necesidad de conciliación que justificara el teletrabajo según lo estipulado en el artículo 34.8 del Estatuto de los Trabajadores. Además, se resaltó que la empresa había mostrado disposición a negociar dentro del plazo de 30 días establecido, oferta que la trabajadora no aceptó. La sentencia también indicó que el derecho al teletrabajo no podía reconocerse en base a la Ley de trabajo a distancia sin un acuerdo mutuo entre la empresa y la trabajadora[372].

- En la sentencia número 1038/2022 del Tribunal Superior de Justicia de Madrid, fechada el 25 de noviembre, se trata el caso de una trabajadora y madre de dos hijos menores de 12 años que solicitó la adaptación de su jornada laboral a teletrabajo para conciliar su vida laboral y familiar. La empresa negó su solicitud basándose en la limitación de licencias de teletrabajo y la falta de disponibilidad de las mismas.

  El Tribunal falló a favor de la trabajadora, concediéndole el derecho a teletrabajar y a realizar una jornada de 35 horas semanales de lunes a viernes de 08:00 a 15:00 horas. Además, la empresa fue condenada a pagar una indemnización de 6.251 euros por daños y perjuicios morales, debido a la discriminación sufrida por la trabajadora. El fallo se apoyó en un informe de la Inspección de Trabajo que evidenció la falta de justificación objetiva por parte de la empresa para exigir la presencialidad de la trabajadora, y la ausen-

---

372 STSJ Madrid 329/2022 de 17 de mayo (TOL9.049.519).

cia de explicaciones en cuanto a por qué otros empleados del mismo departamento y categoría podían teletrabajar completamente. Esto demostró un trato desigual, ya que a la trabajadora se le requería trabajar presencialmente mientras que a otros se les permitía teletrabajar[373].

Efectivamente, la jurisprudencia reciente reflejada en las diversas sentencias analizadas anteriormente indica que el acceso al teletrabajo como medida de conciliación de la vida laboral y familiar no es automático ni incondicional, sino que se encuentra supeditado a una serie de factores. La justificación de la necesidad de conciliación por parte del trabajador es fundamental, así como la capacidad de la empresa para organizar el trabajo de forma que se puedan compatibilizar ambas esferas. Además, los tribunales han enfatizado la importancia de llevar a cabo un análisis caso por caso, sopesando cuidadosamente las circunstancias de cada situación y equilibrando los intereses en juego. Las decisiones judiciales tienden a favorecer la conciliación de la vida laboral y familiar siempre que sea posible y razonable, siguiendo la línea de la doctrina del Tribunal Constitucional[374]que subraya la importancia de prevalecer las medidas que faciliten dicha conciliación. Por ende, las empresas están obligadas a considerar seriamente las solicitudes de teletrabajo y a justificar adecuadamente sus decisiones cuando las deniegan, no pudiendo basarse en criterios arbitrarios o sin fundamentación objetiva. Esta perspectiva busca asegurar el respeto a los derechos laborales relacionados con la conciliación, reconociendo el teletrabajo como una herramienta válida para dicho fin y poniendo en relieve la necesidad de un enfoque equitativo y justificado en la gestión de tales solicitudes.

---

[373] STSJ Madrid 1038/2022 de 25 de noviembre (TOL9.342.262).

[374] STC 26/2011 de 14 de marzo (TOL2.068.800).

7.3.2. El teletrabajo desde la perspectiva de género

Conforme a los estudios realizados por entidades internacionales y nacionales[375], se constata que la preponderancia de las trabajadoras a domicilio corresponde al género femenino. Esta tendencia, denominada feminización del teletrabajo, se vincula con la búsqueda de un equilibrio entre obligaciones laborales y responsabilidades hogareñas. No obstante, el contexto pandémico del COVID-19 exacerbó las dificultades para las mujeres en la armonización del empleo a distancia con sus esferas personales, debido al incremento de labores no remuneradas que recaen sobre ellas, incluyendo la atención infantil, la gestión del quehacer doméstico y la educación en el ámbito familiar. Esta disparidad refleja una inequidad de género manifiesta, dado que la experiencia del teletrabajo difiere sustancialmente entre mujeres y hombres. Mientras ellos experimentan una mayor facilidad para compaginar las facetas laborales y familiares desde el hogar, ellas optimizan su desempeño profesional y su capacidad de cuidado familiar cuando el teletrabajo se practica de manera esporádica[376]. Todo ello sin olvidar que la integración

---

375 *Vid.* Organización Internacional del Trabajo y Fundación Europea para la Mejora de las Condiciones de Vida y de Trabajo. (2019). *Informe conjunto OIT-Eurofound: Trabajar en cualquier momento y en cualquier lugar: consecuencias en el ámbito laboral, op. cit.*, 33; Organización Internacional del Trabajo. (2022). *El trabajo a domicilio: De la invisibilidad al trabajo decente, op. cit.*, 46-47; Observatorio Nacional de Tecnología y Sociedad. (2021). *Dossier de indicadores de teletrabajo y trabajo en movilidad en España y la UE.* Ministerio de Asuntos Económicos y Transformación Digital, 5. https://www.ontsi.es/sites/ontsi/files/2021-08/dossier_ontsi_teletrabajo_junio2021.pdf Recuperado el 25 de abril de 2024.

376 *Vid.* Farré, L. y González, L. (2020). Las tareas domésticas y el cuidado de los hijos durante el confinamiento, una labor asumida principalmente por las mujeres. Observatorio Social de La Caixa, 1. https://elobservatoriosocial.fundacionlacaixa.org/-/las-tareas-domesticas-y-el-cuidado-de-los-hijos-durante-el-confinamiento-una-labor-asumida-principalmente-por-las-mujeres Recuperado el 2 de junio de 2024;

de las nuevas tecnologías en el ámbito laboral podría convertirse en un factor adicional de discriminación que amplifique la desigualdad existente, dada la desventajosa posición inicial de las mujeres en cuanto a competencias digitales[377].

Para evaluar la incidencia del teletrabajo en la igualdad de género, es imperativo examinar las ventajas y desafíos que dicha modalidad laboral introduce. El Comité Económico y Social Europeo, mediante el dictamen 2021/C 220/02, proporciona un análisis exhaustivo de estos elementos desde una perspectiva de género[378]. Las ventajas identificadas incluyen una mayor flexibilidad en la distribución horaria, lo que favorece la conciliación de compromisos profesionales y familiares; la reducción de tiempos y costes por la supresión o disminución de desplazamientos; la distribución más equitativa de las responsabilidades de cuidado; y el incremento de la inclusión laboral para quienes enfrentan obstáculos socioculturales o físicos.

En este mismo sentido, Fundación Europea para la Mejora de las Condiciones de Vida y de Trabajo. (2022). *El aumento del teletrabajo: impacto en las condiciones de trabajo y la normativa* [en línea]. Oficina de Publicaciones de la Unión Europea, 62. https://www.eurofound.europa.eu/es/publications/2022/el-aumento-del-teletrabajo-impacto-en-las-condiciones-de-trabajo-y-la-normativa. Recuperado el 2 de junio de 2024.

377 Villar Cañada, I. M. (2020). "Mujer y Seguridad Social en España. ¿La introducción de las nuevas tecnologías en el trabajo como un elemento más de discriminación por razón de género?" *Revista Internacional y Comparada de Relaciones Laborales y Derecho del Empleo*, 8(4), 269-270. https://ejcls.adapt.it/index.php/rlde_adapt/article/view/921. Recuperado el 2 de junio de 2024.

378 Dictamen 2021/C 220/02 del Comité Económico y Social Europeo sobre "Teletrabajo e igualdad de género: requisitos para que el teletrabajo no exacerbe la distribución desigual de los cuidados y el trabajo doméstico no remunerados entre mujeres y hombres y que sirva de motor para promover la igualdad de género", de 24 de marzo de 2021, 17-26. https://eur-lex.europa.eu/legal-content/ES/TXT/PDF/?uri=OJ:C:2021:220:FULL&from=EN Recuperado el 2 de junio de 2024.

No obstante, se reconocen también desafíos significativos. El teletrabajo puede intensificar las desigualdades basadas en roles de género estereotipados, especialmente en la asignación de cuidados y tareas domésticas. La escasez de espacios adecuados para trabajar sin interrupciones, particularmente cuando varias personas laboran desde un mismo domicilio, puede comprometer la concentración y eficiencia. Además, se identifica el peligro de jornadas laborales extendidas y descansos insuficientes por la dificultad de desconectar, aumentando el riesgo de estrés y agotamiento. Finalmente, se advierte un posible incremento en los índices de violencia de género y acoso, así como una reducción del soporte social debido al aislamiento.

En este orden de ideas, y en consonancia con lo postulado por la doctrina científica especializada, el teletrabajo emerge como un instrumento ambivalente para las mujeres que cargan con deberes familiares. Lejos de facilitar un equilibrio entre los ámbitos laboral y privado, puede propiciar la invisibilidad del aporte femenino en el trabajo, exacerbando así la discriminación laboral por cuestiones de género. Esta dinámica obliga a muchas mujeres a reasumir roles tradicionalmente domésticos, intensificando la brecha de desigualdad de género en el contexto del teletrabajo[379]. Erika Koller, miembro del Comité Económico y Social Europeo y ponente del mencionado dictamen 2021/C 220/02, refuerza esta perspectiva al señalar que:

> *"El teletrabajo puede ayudar a conciliar la vida profesional y la vida privada, pero entraña el riesgo de que el trabajador se vuelva invisible en la comunidad laboral, viéndose privado de las estructuras de apoyo formales e informales. Esto puede perpetuar las desigualdades de género en el trabajo y en la sociedad como resultado de las políticas que no tienen en cuenta la perspectiva de género y el acceso limitado a la información, también en relación con las remuneraciones, lo que puede exacerbar la brecha salarial entre*

[379] Romero Burillo, A. M. (2021). *El marco regulador del teletrabajo, op. cit.*, 149.

> *hombres y mujeres. Las mujeres pueden perder oportunidades de formación y de promoción. Se requiere un análisis de género adecuado para abordar estas cuestiones"*[380].

Ante los peligros inherentes al teletrabajo de reforzar los roles y estereotipos de género, la legislación sobre el trabajo a distancia y el teletrabajo se ha diseñado para contrarrestar dicha tendencia[381]. Específicamente, el artículo 4, apartado 5, de la Ley de trabajo a distancia garantiza que el personal en régimen de teletrabajo goce de idénticos derechos que sus homólogos en modalidad presencial en cuanto a la conciliación y la corresponsabilidad se refiere. Este marco legal incluye el derecho a la adaptación de la jornada, consagrado en el artículo 34.8 del Estatuto de los Trabajadores, para asegurar que la actividad profesional no menoscabe la esfera personal y familiar. Además, el artículo 8, apartado 3, de la misma normativa subraya la necesidad de que los sistemas implementados para el teletrabajo promuevan la igualdad efectiva entre mujeres y hombres[382], precepto que debe ser evaluado y gestionado a través del correspondiente plan de igualdad de la empresa, si aplica.

---

380 Noticia del Comité Económico y Social Europeo del día 31 de marzo de 2021, "El CESE explora los retos del teletrabajo" https://www.eesc.europa.eu/es/news-media/news/el-cese-explora-los-retos-del-teletrabajo Recuperado el 2 de junio de 2024.

381 Durán Bernardino, M. (2022). "Configuración jurídica del derecho a la conciliación de la vida laboral, familiar y personal de las personas teletrabajadoras desde una perspectiva multinivel", *op. cit.*, 56.

382 Esto se alinea con el artículo 4 de la Ley Orgánica 3/2007, de 22 de marzo, para la igualdad efectiva de mujeres y hombres, que ya reconocía expresamente el carácter transversal de la igualdad entre ambos sexos, al establecer que dicho principio debe ser un eje fundamental del ordenamiento jurídico, integrándose y observándose en la interpretación y aplicación de todas las normas jurídicas. Martínez Moreno, C. (2024). "Igualdad integral en el empleo". *IgualdadES*, (9), 84. https://doi.org/10.18042/cepc/IgdES.9.03. Recuperado el 25 de mayo de 2024.

En la actualidad, se observa una creciente relevancia del principio de corresponsabilidad, todo ello con el propósito de afianzar la igualdad real entre mujeres y hombres en el reparto de obligaciones domésticas y cargas familiares. Además, se busca promover un auténtico balance entre las esferas laboral y familiar[383]. En este sentido, el Tribunal Constitucional, mediante su fallo del 31 de mayo de 2021, ha establecido que:

> *"(...)es necesario recordar que "la dimensión constitucional de todas aquellas medidas normativas tendentes a facilitar la compatibilidad de la vida laboral y familiar de los trabajadores, tanto desde la perspectiva del derecho a la no discriminación por razón de sexo o por razón de las circunstancias personales (art. 14 CE) como desde la del mandato de protección a la familia y a la infancia (art. 39 CE), ha de prevalecer y servir de orientación para la solución de cualquier duda interpretativa en cada caso concreto, habida cuenta de que el efectivo logro de la conciliación laboral y familiar constituye una finalidad de relevancia constitucional fomentada en nuestro ordenamiento a partir de la Ley 39/1999, de 5 de noviembre, que adoptó medidas tendentes a lograr una efectiva participación del varón trabajador en la vida familiar a través de un reparto equilibrado de las responsabilidades familiares, objetivo que se ha visto reforzado por disposiciones legislativas ulteriores, entre las que cabe especialmente destacar las previstas en la Ley Orgánica 3/2007, de 22 de marzo, para la igualdad efectiva de mujeres y hombres, en cuya exposición de motivos se señala que las medidas en materia laboral que se establecen en esta ley pretenden favorecer la conciliación de la vida personal, profesional y familiar de los trabajadores, y fomentar una mayor corresponsabilidad entre mujeres y hombres en la asunción de las obligaciones familiares" (SSTC 3/2007, de 15 de enero, FJ 6, y 26/2011, de 14 de marzo, FJ 6)"*[384].

Con el objetivo de fomentar una efectiva corresponsabilidad entre géneros, la Directiva (UE) 2019/1158, del Parlamento

---

383 Poquet Catalá, R. (2020). *El teletrabajo: análisis del nuevo marco jurídico*, *op. cit.*, 113.

384 STC 119/2021 de 31 de mayo (TOL8.486.034).

Europeo y del Consejo, fechada el 20 de junio de 2019, aboga por la armonización de la vida familiar y profesional de progenitores y cuidadores, derogando la Directiva 2010/18/UE del Consejo. Esta normativa impulsa una distribución más equitativa de las responsabilidades familiares entre mujeres y hombres, erradicando los sesgos de género en la asunción de dichas responsabilidades. En esta línea, la Directiva consagra derechos tales como un permiso de paternidad de diez días laborables, un permiso parental individual de cuatro meses, consumibles antes de que el menor alcance una edad específica y con la particularidad de que dos meses no sean transferibles, y un permiso para cuidadores de cinco días laborables por año y empleado. Adicionalmente, exhorta a los Estados miembros a implementar las medidas apropiadas para que los trabajadores con hijos y cuidadores puedan solicitar fórmulas de trabajo flexible [385] para atender sus responsabilidades de cuidado. La Directiva concluye prohibiendo cualquier forma de discriminación por ejercer o haber solicitado cualquiera de los permisos mencionados o por la adopción de modalidades de trabajo flexible.

Conforme al ordenamiento jurídico nacional, el artículo 14.8 de la Ley Orgánica 3/2007, de 22 de marzo, para la igualdad efectiva de mujeres y hombres, establece como principio rector de los poderes públicos la implementación de medidas que propicien la conciliación de la vida laboral, personal y familiar de ambos sexos, promoviendo, a su vez, la corresponsabilidad en el ámbito doméstico y en el cuidado familiar. Por otro lado, el artículo 44 de la citada Ley ampara los derechos de conciliación de la vida personal, familiar y laboral de tal manera que se promueva una distribución equitativa de las responsabilidades

---

[385] A los efectos de esta Directiva, se definen las fórmulas de trabajo flexible como la posibilidad de las personas trabajadoras de adaptar sus formas de trabajo acogiéndose a fórmulas de trabajo a distancia, calendarios laborales flexibles o reducción de las horas de trabajo.

familiares, proscribiendo cualquier discriminación derivada de su ejercicio. En su apartado tercero, se otorga a los progenitores el derecho a un permiso y prestación por paternidad destinados a favorecer un reparto más equitativo de dichas responsabilidades. A este respecto, el Real Decreto-ley 6/2019, de 1 de marzo, sobre medidas urgentes para la igualdad de trato y oportunidades entre mujeres y hombres en el empleo y la ocupación, ha equiparado la duración de los permisos de maternidad y paternidad en caso de nacimiento y cuidado del menor a 16 semanas. Este decreto establece también la no transferibilidad de los permisos, impidiendo la cesión de semanas de disfrute entre los progenitores, y estipula la obligatoriedad y simultaneidad en el disfrute de estos durante las seis primeras semanas tras el parto.

Por su parte, la Ley Orgánica 3/2007, de 22 de marzo, para la igualdad efectiva de mujeres y hombres, articula en su artículo 45, la exigencia para las empresas de confeccionar y ejecutar un plan de igualdad. Este debe comprender una serie de estrategias, definidas tras un análisis detallado de la situación, que aspiren a instaurar la igualdad de trato y oportunidades entre géneros, y a suprimir la discriminación por sexo. Previo a la modificación efectuada por el Real Decreto-ley 6/2019, de 1 de marzo, la implementación de dichos planes era preceptiva únicamente para empresas con más de doscientos cincuenta empleados. No obstante, dicha reforma ha ampliado la obligatoriedad a entidades con una plantilla de cincuenta o más personas. Se han especificado también los aspectos fundamentales que deben abarcar los planes de igualdad empresariales, incluyendo la promoción del uso equilibrado de los derechos laborales, personales y familiares. Por último, el Real Decreto 901/2020, de 13 de octubre, establece las directrices detalladas sobre el diagnóstico previo, los contenidos, las áreas de actuación, las auditorías retributivas, los mecanismos de seguimiento y valoración de los planes de igualdad, y las normativas concernientes a su Registro.

En conclusión, y en sintonía con Durán Bernardino, para que el teletrabajo sea un vehículo efectivo en la conciliación entre la esfera laboral y familiar, sin comprometer la equidad de género, resulta imperativo promover y afianzar la cultura de corresponsabilidad[386]. El derecho debe necesariamente proyectarse, desarrollarse, aplicarse e interpretarse con una perspectiva de género[387]. En este sentido, la igualdad de género y la corresponsabilidad en el teletrabajo son aspectos cruciales para promover un entorno laboral equitativo y respetuoso de los roles y responsabilidades familiares. A la hora de implantar políticas de conciliación para las personas teletrabajadoras, resulta fundamental incorporar la perspectiva de género, ya que muchas veces las mujeres enfrentan una doble tarea al asumir tanto las actividades laborales como las responsabilidades de cuidado familiar, tareas domésticas y trabajo no remunerado.

Los conflictos derivados del reparto de roles en las tareas domésticas, crianza de los hijos y cuidado de familiares pueden agravarse al realizar las tareas profesionales desde el domicilio. Esta sobrecarga de trabajo puede afectar tanto el bienestar personal como la eficiencia y productividad en el desempeño laboral. Por esta razón, es esencial establecer acuerdos previos sobre la distribución de roles y tareas, buscando priorizar tanto las responsabilidades familiares y domésticas como las laborales. Estos acuerdos deben basarse en un firme compromiso de respeto y cooperación mutua. Asimismo, con el fin de evitar conflictos relacionados con el tiempo y el espacio de trabajo en el teletrabajo, es necesario que todos los miembros de la familia tengan conocimiento y respeto por los horarios laborales establecidos. Esto implica brindar un ambiente propicio para el

---

386 Durán Bernardino, M. (2022). "Configuración jurídica del derecho a la conciliación de la vida laboral, familiar y personal de las personas teletrabajadoras desde una perspectiva multinivel", *op. cit.*, 75.

387 Díaz Aznarte, M. T. (2023). "Desigualdad por razón de género en materia de pensiones en el sistema público de Seguridad Social español". *La mujer, el trabajo y el Derecho del Trabajo, Revista de Derecho Laboral 2023-2*, Rubinzal-Culzoni Editores, 116.

desarrollo de las tareas profesionales, garantizando la privacidad y la concentración necesaria para un desempeño óptimo. Por su parte, para proteger el derecho a la desconexión digital y evitar la sobrecarga laboral, es fundamental respetar y cumplir los horarios laborales acordados. Esto supone la necesidad de establecer límites claros entre el tiempo de trabajo y el tiempo de descanso, permitiendo que las personas teletrabajadoras puedan desconectarse y disfrutar de su vida personal y familiar sin interferencias laborales constantes.

En definitiva, la conciliación no es solo responsabilidad de las mujeres; es una cuestión social que requiere una verdadera corresponsabilidad entre géneros[388]. Resulta crucial impedir que el teletrabajo afecte principalmente a las trabajadoras, ya que, de suceder, se diluiría el objetivo de corresponsabilidad que esta modalidad de trabajo busca promover. Dicho de otro modo, se transformaría en un impedimento para lograr la tan ansiada corresponsabilidad en la distribución de las tareas de cuidado[389]. Ahora bien, fomentar la igualdad de género y la corresponsabilidad en el teletrabajo requiere una planificación cuidadosa y una perspectiva de género en las políticas de conciliación de las empresas. Priorizar y respetar tanto las responsabilidades familiares como laborales, establecer acuerdos previos y proteger el derecho a la desconexión digital son fundamentales para crear un entorno de trabajo equitativo y saludable en el contexto del teletrabajo.

---

388 Díaz Aznarte, M. T. (2013). "¿Sólo fue un sueño? La armonización de las responsabilidades profesionales y personales a la luz de las últimas reformas legislativas". *Relaciones Laborales, Revista Crítica de Teoría y Práctica,* (11), Wolters Kluwer, 119.

389 Molina Hermosilla, O. (2016). "Igualdad efectiva entre mujeres y hombres: De la conciliación a la corresponsabilidad social". *Revista de Antropología Experimental,* (16), 30. https://revistaselectronicas.ujaen.es/index.php/rae/article/view/3283/2665. Recuperado el 20 de julio de 2024.

8. *La facultad de control empresarial en el teletrabajo*

El artículo 38 de la Constitución Española consagra la libertad de empresa dentro del ámbito de la economía de mercado. Esta disposición implica, en su aplicación práctica, la concesión de extensas prerrogativas y competencias a las entidades empresariales para la gestión autónoma de los distintos elementos productivos, incluyendo en estos al factor de trabajo [390]. En este contexto, nuestro marco legal protege el ejercicio autónomo de las potestades empresariales en lo concerniente a la organización y dirección del trabajo. De manera complementaria, el

---

390 Por lo que se refiere a la facultad de control empresarial y su colisión con los derechos fundamentales de las personas trabajadoras, el Tribunal Constitucional se había pronunciado, entre otras, en su sentencia núm. 241/2012 de 17 de diciembre en la que afirma que "*(…) el poder de dirección del empresario es imprescindible para la buena marcha de la organización productiva (organización que refleja otros derechos reconocidos constitucionalmente en los arts. 33 y 38s CE). Expresamente en el art. 20 del texto refundido de la Ley del estatuto de los trabajadores (LET) se contempla la posibilidad de que el empresario, entre otras facultades, adopte las medidas que estime más oportunas de vigilancia y control para verificar el cumplimiento del trabajador de sus obligaciones laborales.*" Sin embargo, matiza que dicha facultad de control empresarial "*(…) ha de producirse, en todo caso, dentro del debido respeto a la dignidad del trabajador, como expresamente nos lo recuerda igualmente la normativa laboral en los arts. 4.2 c) y 20.3 LET (STC, de 10 de julio, FJ 5). De esta forma, los equilibrios y limitaciones recíprocos que se derivan para ambas partes del contrato de trabajo suponen que también las facultades organizativas empresariales se encuentran limitadas por los derechos fundamentales del trabajador, quedando obligado el empleador a respetar aquéllos (STC de 18 de octubre, FJ 4).*"

artículo 20 del Estatuto de los Trabajadores concede de manera explícita al empresario la autoridad para dirigir y supervisar la actividad laboral desempeñada por el personal.

Al enfocarnos en la prerrogativa de supervisión y control por parte del empresario, es pertinente resaltar que el Estatuto de los Trabajadores confiere a las entidades empresariales, por una parte, la potestad de monitorizar el cumplimiento de las obligaciones y deberes laborales emanados del contrato de trabajo. Por otra parte, otorga la facultad de implementar y emplear los instrumentos de control más adecuados para asegurar la observancia de dichas obligaciones.

La aplicación de la potestad de control empresarial ha sido históricamente controvertida, principalmente debido a que los métodos de supervisión empleados por los empresarios a menudo interfieren en la esfera privada del trabajador, llegando a afectar derechos fundamentales constitucionalmente protegidos como el honor, la intimidad y la propia imagen, así como el secreto de las comunicaciones. Este desafío se intensifica en el contexto del teletrabajo, donde, ante la complejidad añadida de supervisar el desempeño laboral a distancia, los empresarios recurren frecuentemente a herramientas y medios tecnológicos avanzados (como la videovigilancia, sistemas de geolocalización, y el monitoreo del uso de teléfonos y correos electrónicos) para controlar la actividad de los teletrabajadores. Estas prácticas pueden resultar en intrusiones indebidas en la privacidad de los empleados, exacerbando el conflicto entre el poder directivo y de control empresarial y la privacidad de los trabajadores [391]. Por ello, se hace imperativo establecer límites claros al ejercicio de la potestad de control empresarial, previniendo la vigilancia constante y la

---

391 Poquet Catalá, R. (2020). *El teletrabajo: análisis del nuevo marco jurídico*, *op. cit.*, 163-164.

vulneración de los derechos fundamentales de los trabajadores mediante el uso de tecnologías de control avanzadas[392].

Seguidamente, se emprenderá un análisis detallado sobre las bases o motivos que justifican la implementación de medidas de control y vigilancia por parte de las empresas en el teletrabajo. Se profundizará en el examen de las restricciones aplicables a la facultad de supervisión y control empresarial en este contexto, y se procederá a identificar, categorizar y evaluar los distintos instrumentos de control que las empresas pueden emplear en el marco del teletrabajo. Esta exploración se llevará a cabo considerando tanto la legislación vigente como las interpretaciones jurisprudenciales pertinentes.

8.1. FUNDAMENTOS DE CONTROL EMPRESARIAL

El fundamento de la potestad de control empresarial en el marco del teletrabajo viene regulado, en primera instancia, por el art. 5 del Estatuto de los Trabajadores en virtud del cual, las personas trabajadoras tienen como deberes básicos cumplir las órdenes e instrucciones del empresario en el ejercicio regular de sus facultades directivas; y, en segundo término, el art. 20 del Estatuto de los Trabajadores, establece que la persona trabajadora está obligada a realizar el trabajo convenido bajo la dirección del empresario, y que este último puede adoptar las medidas que estime más oportunas de vigilancia y control para verificar el cumplimiento por la persona trabajadora de sus obligaciones y deberes laborales.

Asimismo, la nueva Ley de trabajo a distancia contempla un capítulo específico (en concreto, el capítulo IV) para establecer las facultades de organización, dirección y control empresarial en el trabajo a distancia, en virtud del cual se detallan las facultades de

---

392 Mercader Uguina, J. R. (2017). *El futuro del trabajo en la era de la digitalización y la robótica.* Tirant lo Blanch, 122.

control y organización que corresponden a la empresa en el marco del trabajo a distancia, a fin de garantizar un uso y conservación adecuados de los equipamientos entregados, verificar el seguimiento de las instrucciones empresariales para preservar a la empresa frente a posibles brechas de seguridad y asegurar la protección de los datos de carácter personal, así como el cumplimiento por la persona trabajadora de sus obligaciones y deberes laborales.

A continuación, se procede a analizar cada una de las causas y motivaciones para justificar y legitimar el ejercicio de la potestad de vigilancia y control empresarial en el marco del teletrabajo:

(1) Vigilancia y control del cumplimiento de las obligaciones laborales

El artículo 22 de la reciente Ley de Trabajo a Distancia establece expresamente el derecho de las empresas a implementar medidas de supervisión y control para asegurar la observancia de las obligaciones laborales por parte del personal en régimen de teletrabajo. Estas acciones pueden incluir el uso de tecnologías de la información, siempre que se respete la dignidad de los trabajadores y se considere la capacidad de aquellos con discapacidad. Esta disposición legal faculta y legitima a las organizaciones para realizar seguimientos que confirmen el cumplimiento de las responsabilidades específicas asignadas a los empleados, así como de las directrices y mandatos emitidos por la empresa dentro del marco de sus competencias de gestión.

Ahora bien, la doctrina científica establece una diferenciación clara entre dos modalidades de ejercer la facultad de supervisión y regulación por parte de la empresa. Por un lado, encontramos el ejercicio ordinario de esta prerrogativa, que se inscribe dentro del ámbito de la autoridad directiva de la empresa sobre sus empleados, constituyendo una manifestación habitual de la gestión y organización del trabajo. Por otro lado, se contempla un ejercicio extraordinario de la capacidad de control y vigilancia, el cual se caracteriza por su orientación específica hacia la fiscalización de la conducta laboral de los trabajadores. Esta segunda modalidad implica una actuación más intensiva y minuciosa, generalmente motivada por circunstancias particulares que justifican una atención detallada sobre las actividades del personal[393].

El ejercicio ordinario del poder de vigilancia y control, enmarcado en la gestión y dirección empresarial, comprende la implementación de mecanismos de supervisión que la organización considera necesarios para la adecuada organización y coordinación de las tareas laborales. Esto incluye, por ejemplo, el establecimiento de sistemas para registrar el tiempo de conexión a los recursos informáticos de la empresa, herramientas para evaluar y asegurar la calidad del desempeño laboral, así como métodos para monitorizar la actividad y presencia de los empleados en el ámbito laboral. En este contexto, no es preciso que existan sospechas previas sobre incumplimientos de las obligaciones laborales por parte del personal para la adopción de estas medidas. No obstante, es esencial que se comunique de manera clara a los trabajadores los motivos que justifican la implementación de tales medidas y se les informe expresamente sobre la posibilidad de enfrentar sanciones en caso de detectarse incumplimientos en sus responsabilidades laborales.

El ejercicio extraordinario de la potestad de vigilancia y control se caracteriza por ser una actuación que la empresa emprende fundamentada en su capacidad fiscalizadora y disciplinaria, la cual puede incluir medidas de supervisión más intrusivas, como la monitorización encubierta de dispositivos electrónicos o el empleo de sistemas de videovigilancia ocultos para examinar la conducta de los empleados. A diferencia del control ordinario, este nivel de supervisión requiere la existencia de indicios claros, concretos y convincentes que sugieran una posible inobservancia de las

---

393 Fabregat Monfort, G. (2016). *Nuevas perspectivas del poder de dirección y control del empleador*. Editorial Bomarzo, 21-38.

responsabilidades laborales, la posible comisión de infracciones graves o incluso delitos, o actos de desobediencia manifiesta por parte del empleado sujeto a este escrutinio. Este tipo de medidas, dada su naturaleza excepcional y su mayor grado de intrusión en la privacidad del trabajador, debe estar justificada por circunstancias particulares que evidencien la necesidad de su implementación para salvaguardar los intereses legítimos de la empresa.

La implementación, tanto ordinaria como extraordinaria, del poder de vigilancia y control por parte de la empresa debe regirse por principios y límites estrictos, siendo primordial el respeto a los derechos fundamentales de los trabajadores. Es crucial que la organización comunique de manera anticipada la introducción de cualquier sistema de supervisión al personal o, en su caso, a sus representantes legales. Esta transparencia previa asegura la legitimidad de las medidas adoptadas y contribuye a mantener un clima de confianza y respeto mutuo dentro del entorno laboral. El análisis detallado de los límites y condiciones que enmarcan el ejercicio de la potestad de control empresarial se expone en la sección subsiguiente de este Capítulo, proporcionando una guía esencial para la aplicación adecuada y justa de tales prácticas de supervisión.

(2) Protección de datos y Seguridad de la Información

La disposición contenida en el artículo 20 de la Ley de trabajo a distancia estipula que los empleados, en el desempeño de sus funciones fuera de las instalaciones de la empresa, están obligados a acatar las directrices establecidas por el empleador en relación con la protección de datos, siempre que se haya contado con la intervención previa de los representantes legales de los trabajadores. Asimismo, deben adherirse a las políticas específicas de seguridad de la información que la empresa haya determinado, garantizando que se ha informado debidamente a la representación legal de los trabajadores sobre dichas políticas.

Esta disposición subraya la importancia de una doble vertiente de cumplimiento por parte de los teletrabajadores: por un lado, la observancia de las normativas en materia de protección de datos, lo cual es crucial en el entorno digital actual; y por otro, la adhesión a las medidas específicas de seguridad de la información, que buscan preservar la integridad y confidencialidad de los datos manejados por la empresa. La participación de la representación legal de los trabajadores en este proceso no solo refuerza el carácter colaborativo de la implementación de estas medidas, sino que también asegura que los derechos de los trabajadores sean debidamente considerados y protegidos.

En efecto, la tutela de la privacidad y la salvaguarda de la información constituyen responsabilidades fundamentales que las organizaciones deben asumir, conforme a la normativa actual sobre protección de datos personales[394]. El principio de integridad y confidencialidad, consagrado en el artículo 5.1, inciso f), del Reglamento (UE) 2016/679, del 27 de abril de 2016, conocido como Reglamento General de Protección de Datos (RGPD), estipula la obligatoriedad de tratar los datos personales de manera que se garantice su seguridad, incluyendo la protección frente a procesamientos no autorizados o ilícitos y contra su pérdida, destrucción o deterioro accidental, mediante la implementación de medidas técnicas y organizativas idóneas.

En consonancia con lo anterior, el artículo 32 del RGPD preceptúa que las entidades deben implementar medidas técnicas y organizativas adecuadas para asegurar un nivel de seguridad acorde al riesgo que el tratamiento de datos conlleva. Además, se debe garantizar que cualquier individuo que opere bajo la autoridad de la entidad y tenga acceso a datos personales únicamente procese estos datos conforme a las instrucciones de la entidad.

---

394 Gómez Abelleira, F. J. (2020). *La nueva regulación del trabajo a distancia.* Tirant lo Blanch, 115-117.

Por su parte, la responsabilidad corporativa en la gestión de datos personales, según se articula en el artículo 24.1 del RGPD, impone a las empresas la obligación de implementar medidas técnicas y organizativas adecuadas que aseguren y evidencien la conformidad del tratamiento de datos con el mencionado reglamento. Esta exigencia se fundamenta en la consideración de diversos factores como la naturaleza, el alcance, el contexto y los objetivos del tratamiento de datos, así como los riesgos potenciales que este podría suponer para los derechos y libertades de los individuos.

En el ámbito jurídico español, la Ley Orgánica 3/2018, de 5 de diciembre, sobre Protección de Datos Personales y garantía de los derechos digitales, refuerza y complementa las disposiciones del RGPD, estableciendo requisitos similares en sus artículos 5 y 28. Esta normativa subraya que las medidas adoptadas por las entidades no solo deben alinearse con el RGPD, sino también con las especificaciones de la propia Ley Orgánica, sus reglamentos de desarrollo y la legislación sectorial pertinente. Este marco normativo destaca la importancia de una aproximación holística y meticulosa a la protección de datos, donde las empresas deben no solo atender a los estándares europeos sino también a las particularidades del ordenamiento jurídico nacional. La convergencia de estas disposiciones subraya el compromiso con la protección de la privacidad y los derechos digitales, instando a las empresas a adoptar un enfoque proactivo y transparente en la gestión de datos personales.

(3) Uso y conservación adecuados de los equipamientos entregados

De acuerdo con lo estipulado en el artículo 21 de la Ley de Trabajo a Distancia, es imperativo que los empleados se adhieran a las pautas y directrices establecidas por la empresa en lo que respecta al uso y mantenimiento adecuados de los equipos o herramientas informáticas proporcionadas. Esta norma se complementa con la disposición del artículo 17, apartado 3, del mismo cuerpo legal, que obliga a las entidades a definir criterios de uso de los dispositivos digitales, garantizando la protección de la privacidad de los trabajadores, acorde con las normas sociales y los derechos consagrados tanto en la legislación como en la Constitución. El Acuerdo Marco Europeo sobre Teletrabajo, en su apartado 7, refuerza este principio al estipular que los teletrabajadores deben cuidar de los equipos que se les han confiado. La interpretación doctrinal amplía esta obligación al buen uso y conservación no solo de los equipos informáticos explicitados en el artículo 21 de la Ley de Trabajo a Distancia, sino de cualquier herramienta de trabajo facilitada por el empleador[395].

A este respecto, conviene recordar la doctrina jurisprudencial del Tribunal Supremo en relación con la obligación de las personas trabajadoras acerca del uso y conservación de los instrumentos de trabajo. En particular, la sentencia del Tribunal Supremo, de 14 de noviembre de 2007, dispone que el trabajador tiene como deber laboral básico cumplir con las obligaciones concretas de su puesto de trabajo, y entre ellas la de conservar en buen estado los medios e instrumentos de trabajo que le facilita el empleador, de conformidad a las reglas de la buena fe y diligencia (arts. 5.1.a), 20 y 54.2.b) del Estatuto de los Trabajadores)[396]. En este mismo sentido se reitera en la reciente sentencia núm. 124/2022, de 11 de febrero, del Tribunal Superior de Justicia de Madrid[397].

Asimismo, en virtud del artículo 22 de la Ley de Trabajo a Distancia, que reconoce la facultad de vigilancia y control del empleador, este tiene la prerrogativa de implementar las medidas necesarias para supervisar y asegurar el uso y conservación adecuados de los equipos o herramientas informáticas entregadas a los trabajadores.

---

395 García Rubio, M. A. (2021). "El poder de dirección y control en el trabajo a distancia". *El trabajo a distancia en el RDL 28/2020*. Tirant lo Blanch, 267-270.

396 STS de 14 de noviembre de 2007 (TOL1.214.260).

397 STSJ Madrid 124/2022 de 11 de febrero (TOL8.829.621).

(4) Salvaguarda del secreto empresarial

El secreto empresarial desempeña un papel crucial en la preservación de la ventaja competitiva de las empresas dentro del mercado. Ante el incremento de prácticas desleales que buscan la apropiación indebida de estos secretos, como el hurto, la duplicación no consentida o el espionaje, se torna esencial que las empresas adopten estrategias eficaces para la protección de su información confidencial. Esta necesidad se acentúa en contextos de teletrabajo, donde el riesgo de divulgación de información reservada por parte del personal puede aumentar significativamente. Por ello, es de interés primordial para la empresa implementar medidas y/o controles efectivos con el fin de proteger sus secretos empresariales.

La Ley 1/2019, de 20 de febrero, sobre Secretos Empresariales, establece un marco legal para la protección de esta información. Según el artículo 1 de dicha Ley, se considera secreto empresarial a cualquier dato o conocimiento, ya sea tecnológico, científico, industrial, comercial, organizativo o financiero, que cumpla con tres criterios fundamentales: debe ser secreto, poseer valor empresarial y haber sido objeto de medidas razonables por parte del titular para preservar su confidencialidad. En este sentido, para que cierta información tenga consideración de secreto empresarial, es preciso reunir los siguientes requisitos:

- La información o conocimiento debe ser secreto, esto es, que no es generalmente conocido por las personas pertenecientes a los círculos en que normalmente se utilice el tipo de información o conocimiento en cuestión, ni fácilmente accesible para ellas.

- La información o conocimiento debe tener un valor empresarial, ya sea real o potencial.

- La información o conocimiento haya sido objeto de medidas razonables por parte de la empresa para mantenerlo en secreto.

El cumplimiento de estos requisitos es indispensable para que la información pueda ser considerada y protegida como secreto empresarial. Especialmente relevante resulta el tercer requisito, puesto que la falta de acciones concretas para proteger la confidencialidad de la información impide su clasificación como secreto empresarial, quedando así desprovista de la protección legal ofrecida por la Ley de Secretos Empresariales. En este sentido, las empresas están obligadas a ejercer su facultad de control para asegurar la integridad de sus secretos empresariales.

Sin perjuicio de lo anterior, es crucial entender que la protección de los secretos empresariales no debe infringir los derechos de información y consulta de los representantes de los trabajadores, estipulados en el artículo 64 del Estatuto de los Trabajadores. La Ley de Secretos Empresariales, en su artículo 1, apartado 3, aclara que dicha protección no limitará la capacidad de acción de los agentes sociales ni su derecho a la negociación colectiva. Asimismo, el artículo 65.2 del Estatuto de los Trabajadores impone a los representantes de los trabajadores el deber de confidencialidad respecto a la información que la empresa les haya comunicado de manera reservada, en aras del interés legítimo y objetivo de la misma. Este deber implica una gestión prudente y discreta de la información recibida, asegurando así un equilibrio entre la protección de los secretos empresariales y el respeto a los derechos colectivos de los trabajadores[398].

---

398 López Ahumada, J. E. (2019). "La exclusión del deber de sigilo de los representantes de los trabajadores de la noción de secretos empresariales: A propósito de la Ley 1/2019 de secretos empresariales". *Temas Laborales: Revista Andaluza de Trabajo y Bienestar Social,* (148), 41-66. https://dialnet.unirioja.es/descarga/articulo/7148603.pdf. Recuperado el 31 de julio de 2024.

(5) Prevención de la responsabilidad empresarial por actos del personal

El ejercicio de la facultad de control por parte de las empresas se erige como un mecanismo esencial para prevenir su responsabilidad frente a terceros, derivada de actos lesivos cometidos por sus trabajadores en el desempeño de sus funciones. Este principio se encuentra arraigado en la legislación civil y penal, reflejando la importancia de una supervisión adecuada en el ámbito laboral.

De acuerdo con lo preceptuado en el artículo 1903 del Código Civil, se establece que las empresas tienen una responsabilidad civil por los daños causados por sus empleados en el ejercicio de sus actividades laborales. A este respecto, la doctrina jurisprudencial consolidada del Tribunal Supremo[399] señala que se trata de una responsabilidad objetiva, directa, solidaria y por actos ajenos, en la que no se exige la concurrencia de culpabilidad de la empresa, sino la existencia de una relación de dependencia entre el sujeto agente y que el evento se produzca dentro del ámbito de la misma o con su ocasión, la culpa "*in operando*" o "*in omittendo*" del mismo, así como la falta de prueba por parte de la empresa de haber empleado toda la diligencia para evitar el resultado dañoso.

Asimismo, en el ámbito penal, el artículo 120.3 del Código Penal estipula que las empresas responderán de forma subsidiaria por los delitos cometidos por sus trabajadores en el ejercicio de sus funciones, siempre que se haya producido una infracción de normativas que, de no haberse cometido, posiblemente habrían evitado el delito. La jurisprudencia ha interpretado este precepto de manera amplia, abarcando cualquier violación de deberes legales o reglamentarios asociados con la actividad delictiva.

En definitiva, la responsabilidad empresarial, ya sea solidaria en el ámbito civil o subsidiaria en el penal, subraya la trascendencia

---

399 Entre otras, STS 606/2000 de 19 de junio (TOL4.973.875); STS 1015/2002 de 26 de octubre (TOL4.975.127); y STS 1091/2007 de 10 de octubre (TOL1.156.478).

de una gestión diligente y proactiva en la supervisión de las acciones de los empleados. Este enfoque preventivo no solo mitiga el riesgo de incurrir en responsabilidades legales, sino que también promueve un ambiente de trabajo seguro y conforme a la legalidad. En este sentido, las empresas deben implementar políticas y procedimientos efectivos de control y vigilancia, que aseguren el cumplimiento de las obligaciones legales y reglamentarias por parte de su personal, minimizando así la posibilidad de actos lesivos que puedan derivar en responsabilidades para la organización.

(6) Mitigación de sanciones en materia de prevención de riesgos laborales

En el ámbito del teletrabajo, es esencial que las empresas adopten un enfoque diligente y proactivo para garantizar la seguridad y salud de sus trabajadores. Tal y como se desarrollará en el Capítulo 10, referente a la Seguridad y Salud Laboral en el teletrabajo, esta responsabilidad incluye la evaluación continua de los riesgos específicos de esta modalidad de trabajo y la implementación de medidas efectivas para su mitigación.

El incumplimiento de estas obligaciones puede acarrear sanciones legales, como multas e indemnizaciones, además de posibles demandas por parte de los trabajadores afectados. Las repercusiones de estas negligencias van más allá del ámbito legal, afectando negativamente la reputación e imagen corporativa de la empresa. Este deterioro reputacional puede comprometer seriamente su posición en el mercado y su capacidad para atraer y retener talento.

Por lo tanto, resulta imperativo que las organizaciones implementen sistemas de control exhaustivos y desarrollen políticas que aseguren el estricto cumplimiento de la normativa en materia de seguridad y salud en el teletrabajo. Estas medidas deben permitir a la empresa asumir de manera efectiva su responsabilidad de proteger la integridad física y psicológica de sus empleados, evitando así la materialización de riesgos laborales y eludir las consecuencias adversas derivadas de posibles incumplimientos en esta esfera.

La prevención de riesgos laborales en el contexto del teletrabajo exige una adaptación y actualización constante de las estrategias de seguridad y salud laboral, considerando las particularidades de esta modalidad de trabajo y las necesidades específicas de los trabajadores a distancia. Solo mediante una gestión diligente y comprometida en este ámbito, las empresas podrán salvaguardar de manera efectiva el bienestar de su capital humano y, por ende, asegurar su sostenibilidad y éxito a largo plazo en el entorno competitivo actual.

8.2. LÍMITES A LA POTESTAD DE CONTROL EMPRESARIAL

Según reiterada doctrina jurisprudencial del Tribunal Constitucional, la potestad de control empresarial no es absoluta ni puede ejercerse de manera arbitraria, sino que está sujeta a un conjunto de límites. En particular, se señala que los equilibrios y limitaciones recíprocos que se derivan para ambas partes del contrato de trabajo suponen que las facultades organizativas empresariales se encuentran limitadas por los derechos fundamentales de las personas trabajadoras que la empresa está obligada a respetar. Sin embargo, la efectividad de los derechos fundamentales del trabajador en el ámbito de las relaciones laborales debe ser compatible con el cuadro de límites recíprocos que pueden surgir entre aquéllos y las facultades empresariales, las cuales son también expresión de derechos constitucionales reconocidos en los arts. 33 y 38 de la Constitución Española.

A continuación, se profundiza en el análisis de los diferentes límites existentes en nuestro ordenamiento jurídico respecto al ejercicio de la potestad de control empresarial, ya sean constitucionales, supranacionales, legales, convencionales o contractuales:

8.2.1. Limitaciones impuestas por el derecho supranacional

Más allá de los límites constitucionalmente establecidos, cabe resaltar que el derecho supranacional también contempla una serie de derechos fundamentales que han de ser respetados por las empresas a la hora de ejercitar su potestad de control empresarial.

En particular, el Convenio Europeo de Derechos Humanos y Libertades Fundamentales, adoptado en noviembre de 1950 por el Consejo de Europa, y ratificado por España el 26 de septiembre de 1977, establece en su artículo 8.1 que toda persona tiene derecho al respeto de su vida privada y familiar, de su domicilio y de su correspondencia. Estos mismos principios se reflejan en el artículo 7 de la Carta de los Derechos Fundamentales de la Unión Europea. Todos estos derechos están recogidos en el artículo 18 de la Constitución Española, en lo que se refiere al derecho a la intimidad, a la inviolabilidad del domicilio y al secreto de las comunicaciones.

El Tribunal Europeo de Derechos Humanos ha sentado doctrina jurisprudencial en lo que se refiere al contenido, alcance e interpretación del derecho al respeto de la vida privada y familiar, del domicilio y de la correspondencia. A este respecto, cabe destacar la doctrina contenida en su sentencia de 3 de abril de 2007, Caso Copland contra Reino Unido, en la que este Tribunal se ha pronunciado sobre la licitud y legalidad de la medida de control empresarial basada en el seguimiento del uso del teléfono de la persona trabajadora a partir del análisis de las facturas que mostraban los teléfonos a los que se había llamado, incluyendo las fechas y horas de las llamadas, así como su duración y coste. Igualmente, la empresa realizó un seguimiento de la navegación por Internet. En cuanto a la valoración del Tribunal, este considera que las llamadas telefónicas que proceden de locales profesionales y los correos electrónicos enviados desde el lugar de trabajo se incluyen en los conceptos de "*vida privada*" y de "*correspondencia*" a efectos del artículo 8.1 del Convenio de Protección de los Derechos Humanos y Libertades Fundamentales. Ahora bien, considerando que a la persona trabajadora no se le advirtió de que sus llamadas, correos electrónicos y el historial de navegación por Internet podían ser objeto de seguimiento, el Tribunal defiende que la misma podía razonablemente esperar que se reconociera el carácter privado de los mismos. En consecuencia, el Tribunal considera que la recogida y almacenamiento de información personal relativa a las llamadas telefónicas, correo electrónico y navegación por Internet de la persona trabajadora, sin su conocimiento, constituye una injerencia en su derecho al respeto de su vida privada y su correspondencia, en el sentido del citado artículo 8 del Convenio[400].

Ahora bien, haciendo un análisis jurisprudencial de las recientes sentencias dictadas por el Tribunal Europeo de Derechos Humanos sobre el derecho al respeto de la vida privada y familiar de la persona trabajadora y su colisión con la facultad de control empresarial, es preciso resaltar la sentencia de 12 de enero de 2016 (conocido como Caso Barbulescu I). En particular, la Sección 4ª de este Tribunal ha pronunciado en esta sentencia que la imposición de una prohibición estricta sobre el uso de los ordenadores u otros recursos de la empresa con fines personales constituye una causa legítima para implementar las medidas de control oportunas a fin de verificar el cumplimiento de las obligaciones y deberes laborales de la persona trabajadora. En este sentido, señala que es totalmente razonable que la empresa quiera comprobar que su personal esté llevando a cabo tareas profesionales durante los horarios laborales[401].

Sin embargo, la Gran Sala del Tribunal Europeo de Derechos Humanos ha dictado una sentencia en 5 de septiembre de 2017 (conocido como Caso Barbulescu II), a través la cual se revoca el fallo de 12 de enero de 2016 dictado por la Sección 4ª de este Tribunal y se asienta doctrina definitiva sobre los límites de la potestad de control empresarial y el derecho al respeto de la vida privada y familiar de la persona trabajadora. En particular, esta

---

400 STEDH de 3 de abril de 2007 (TOL1.145.232).

401 STEDH de 12 de enero de 2016 (TOL9.053.241).

sentencia reconoce nuevamente que la empresa empleadora tiene un interés legítimo en garantizar su buen funcionamiento, lo cual hace que resulte legítima la creación de mecanismos de control que garanticen que sus trabajadores desempeñen sus respectivas funciones profesionales de manera adecuada y con la celeridad requerida. Sin embargo, la vigilancia de los mensajes enviados por una persona trabajadora mediante medios propios de la empresa y el acceso al contenido de los mismos constituye una vulneración del derecho a la intimidad y al secreto de las comunicaciones, si no ha sido previamente informado de esta posibilidad, incluso si existían normas en la empresa que prohíban su utilización con fines personales[402]. En este sentido, se exige que, con carácter previo a la implementación de las medidas de control, la empresa informe a las personas trabajadoras del grado de intromisión en su vida privada, así como del alcance de la vigilancia a que van a ser sometidas. Por su parte, la empresa también debe justificar los motivos por los cuales se introducen estas medidas de control, así como acreditar de que no puede haber otras medidas menos invasivas para la esfera privada de las personas trabajadoras.

Finalmente, es preciso destacar que esta sentencia ha identificado un conjunto de factores a considerar a la hora de analizar y evaluar la legalidad, licitud y proporcionalidad de la medida de control implementada por la empresa, y en particular, los siguientes[403]:

- **Información previa a la persona trabajadora**, en el sentido de analizar si la persona trabajadora había sido informada de la posibilidad de que la empresa adopte medidas para supervisar su correspondencia y otras comunicaciones, así como la aplicación de tales medidas.

---

402 Purcalla Bonilla, M. A. (2019). "Control tecnológico de la prestación laboral y derecho a la desconexión de los empleados: notas a propósito de la Ley 3/2018, de 5 de diciembre". *Nueva Revista Española de Derecho del Trabajo,* (218), 55-86.

403 STEDH de 5 de septiembre de 2017 (TOL6.409.212).

- **Alcance y nivel de intrusismo de las medidas de control**, en el sentido de definir el alcance de la monitorización realizada por la empresa, así como el grado de intrusión en la vida privada de la persona trabajadora.
- **Justificación de las medidas de control**, verificando si la empresa había presentado argumentos legítimos para justificar la vigilancia de las comunicaciones y el acceso a su contenido.
- **Existencia de medidas alternativas de control menos intrusivas**, a fin de evaluar si hubiera sido posible establecer un sistema de vigilancia basado en medios y medidas menos intrusivos que el acceso directo al contenido de comunicaciones de las personas trabajadoras.
- **Eficacia y utilidad de las medidas implementadas**, en el sentido de identificar y analizar las consecuencias de la supervisión para la persona afectada y el modo de utilización de los resultados de la medida de vigilancia y control por parte de la empresa, así como verificar si los resultados obtenidos se utilizaron para alcanzar el objetivo declarado de la medida de control.
- **Establecimiento de garantías adecuadas**, por el cual se analiza si a la persona trabajadora se le ofrecieron garantías oportunas, particularmente cuando las medidas de supervisión y control de la empresa tenían carácter invasivo.

Estos factores constituyen lo que la doctrina científica denomina como "Test Barbulescu", y se utiliza para determinar las condiciones de licitud y legitimidad de las diferentes medidas de control empresarial[404].

---

404 De Castro, E. (2020). "El control de la actividad laboral del teletrabajador". *Derecho del trabajo y nuevas tecnologías: estudios en homenaje al Profesor Francisco Pérez de los Cobos Orihuel (en su 25.° aniversario como catedrático de Derecho del Trabajo).* Tirant lo Blanch, 483.

8.2.2. Límites constitucionales

La consolidada doctrina jurisprudencial del Tribunal Constitucional[405] señala que el poder de control empresarial encuentra un límite insuperable en los derechos fundamentales del trabajador, que no pueden ser vulnerados por el empresario, obligado a respetarlos. En este sentido se dispone en su sentencia núm. 196/2004 de 15 de noviembre que:

> *"[...] la celebración de un contrato de trabajo no implica la privación para el trabajador de los derechos que la CE le reconoce como ciudadano, entre ellos el derecho a su intimidad personal, porque las organizaciones empresariales no forman mundos separados y estancos del resto de la sociedad ni la libertad de empresa que establece el art. 38 CE legitima que aquél deba soportar despojos transitorios o limitaciones injustificadas de sus derechos fundamentales y libertades públicas que tienen un valor central en el sistema jurídico constitucional"*[406].

Asimismo, las facultades de vigilancia y control de la empresa no pueden ocasionar, en ningún caso, a la producción de resultados inconstitucionales, lesionando los derechos fundamentales de las personas trabajadoras. A continuación, se procede a analizar los principales derechos constitucionales de las personas trabajadoras que puedan colisionar con la facultad de vigilancia y control empresarial:

(1) Derecho a la dignidad

Conforme con el art. 10 de la Constitución Española, el derecho a la dignidad constituye uno de los fundamentos del orden político y de la paz social. A este respecto, el art. 4.2.e) del

---

405 Entre otras, STC 292/1993 de 18 de octubre (TOL82.313); STC 134/1994 de 9 de mayo (TOL82.540); y STC 173/1994 de 7 de junio (TOL82.578).

406 STC 196/2004 de 15 de noviembre (TOL516.646).

Estatuto de los Trabajadores reconoce explícitamente el derecho de las personas trabajadoras a la consideración debida a su dignidad. Asimismo, el apartado 3 del art. 20 del Estatuto de los Trabajadores limita la adopción de las medidas de vigilancia y control a la consideración debida de la dignidad de la persona trabajadora. En estos mismos términos se expresa el art. 22 de la nueva Ley de trabajo a distancia.

Según la doctrina jurisprudencial del Tribunal Constitucional, contenida, entre otras, en su sentencia núm. 53/1985, de 11 de abril, la dignidad es un valor jurídico fundamental de la persona, y a la vez, un valor espiritual y moral inherente a la misma, que se manifiesta singularmente en la autodeterminación consciente y responsable de la propia vida y que lleva consigo la pretensión al respecto por parte de los demás[407]. Igualmente, cabe destacar que la sentencia núm. 120/1990, de 27 de junio, del Tribunal Constitucional complementa lo anterior señalando que:

> "[...] *la dignidad ha de permanecer inalterada cualquiera que sea la situación en que la persona se encuentre [...] constituyendo, en consecuencia, un mínimum invulnerable que todo estatuto jurídico debe asegurar, de modo que, sean unas u otras las limitaciones que se impongan en el disfrute de derechos individuales, no conlleven menosprecio para la estima que, en cuanto ser humano, merece la persona*"[408].

Por su parte, la sentencia núm. 192/2003, de 27 de octubre, del Tribunal Constitucional se ha pronunciado sobre la dignidad de la persona trabajadora en las relaciones laborales, entendiendo ésta como "*el derecho de todas las personas a un trato que no contradiga su condición de ser racional igual y libre, capaz de determinar su conducta en relación consigo mismo y su entorno, esto es, la capacidad de «autodeterminación consciente y responsable de la propia vida» (STC 53/1985,*

---

407 STC 53/1985 de 11 de abril (TOL79.468).

408 STC 120/1990 de 27 de junio (TOL119.205).

FJ 8), así como el libre desarrollo de su personalidad (art. 10.1 CE)"[409]. En esta misma sentencia también ha resaltado que el omnímodo control sobre la persona y vida privada de la persona trabajadora por parte de la empresa constituye un atentado contra los principios constitucionales que enuncia el art. 10.1 CE, esto es, la dignidad de la persona y el libre desarrollo de su personalidad.

Ahora bien, la doctrina científica considera que el derecho a la dignidad humana no debe ser un mero valor jurídico fundamental de la persona, sino un derecho que exige su positivización. En concreto, la dignidad no puede ser únicamente un concepto abstracto sin aplicabilidad práctica en las relaciones entre individuos, ni debe ser simplemente una formulación que sintetice otros derechos fundamentales sin tener un sentido práctico real y efectivo. Por el contrario, la dignidad debe tener la capacidad de establecer límites y obligaciones para todos los individuos y debe poder concretarse en derechos específicos de acuerdo con la evolución de las normas y la realidad social. Asimismo, con respecto a la dignidad de la persona trabajadora en las relaciones laborales, se puede observar que la misma actúa en una doble dirección: positiva, en el sentido de que la empresa debe actuar procurando el máximo respeto de la dignidad humana de la persona trabajadora; y negativa, esto es, que la empresa debe sujetarse a las limitaciones en el ejercicio de su potestad empresarial que impone la consideración debida a la dignidad de la persona trabajadora. Finalmente cabe resaltar que las personas trabajadoras no son puros recursos productivos, ni siquiera recursos humanos, pues están dotados de capacidades, necesidades y cualidades, así como un *mínimum* invulnerable como persona y que todo estatuto jurídico debe asegurar. Sin embargo, las facultades organizativas empresariales tienden a ignorar este derecho fundamental de las personas, primando

---

409 STC 192/2003 de 27 octubre (TOL319.140).

el deber de rendimiento de los trabajadores el libre desarrollo de la personalidad y de su bienestar[410].

(2) Derecho a la intimidad

El apartado 1 del art. 18 de la Constitución Española consagra el derecho fundamental a la intimidad de las personas. A este respecto, el art. 4.2.e) del Estatuto de los Trabajadores reconoce explícitamente el derecho al respeto de la intimidad de las personas trabajadoras.

Según reiterada doctrina jurisprudencial del Tribunal Constitucional, contenida, entre otras, en sus sentencias núm. 98/2000, de 10 de abril, y núm. 186/2000, de 10 de julio, el derecho a la intimidad personal se configura como un derecho fundamental estrictamente vinculado a la propia personalidad y derivado de la dignidad de la persona que el art. 10.1 CE reconoce, y ello se traduce en la preservación de un espacio personal y reservado, resguardado de la injerencia y el conocimiento ajeno, y que resulta esencial para mantener un nivel mínimo de calidad en la vida humana[411]. Sin perjuicio de lo anterior, el Tribunal Constitucional ha resaltado que también es su doctrina reiterada[412] que el derecho a la intimidad no es absoluto, pudiendo ceder ante intereses constitucionalmente relevantes, siempre que el recorte que aquél haya de justificarse como necesario para lograr

---

[410] Molina Navarrete, C. (2020). "Actualidad del derecho fundamental de la «dignidad de la persona» en el horizonte ensombrecido del estándar del «trabajo decente»: de la «trascendencia moral» a su «practicidad jurídica»". *Trabajo y Derecho: Nueva Revista de Actualidad y Relaciones Laborales*, (61), 16-31.

[411] STC 98/2000 de 10 de abril (TOL2.076) y STC 186/2000 de 10 de julio (TOL2.136).

[412] Entre otras, STC 57/1994 de 28 de febrero (TOL82.465) y STC 143/1994 de 9 de mayo (TOL82.549).

el fin legítimo previsto, proporcionado para alcanzarlo y, en todo caso, sea respetuoso con el contenido esencial de este derecho.

Centrándonos en lo que aquí interesa, cabe destacar que el derecho a la intimidad resulta plenamente aplicable a las relaciones laborales, de modo que las facultades organizativas empresariales se encuentran limitadas por los derechos fundamentales de las personas trabajadoras, esto es, que el ejercicio de dichas facultades empresariales no puede servir en ningún caso a la producción de resultados inconstitucionales, lesivos de derechos fundamentales. Por consiguiente, la empresa, en ejercicio de las facultades de vigilancia y control que le confiere el art. 20.3 del Estatuto de los Trabajadores, no puede llevar a cabo intromisiones ilegítimas[413] en la intimidad de las personas trabajadoras.

Ahora bien, en atención a la doctrina jurisprudencial del Tribunal Constitucional expuesta en las sentencias anteriormente citadas, la empresa sí puede establecer una medida restrictiva de la intimidad de las personas trabajadoras siempre y cuando se supere el juicio de proporcionalidad, esto es, el análisis de la concurrencia de los tres requisitos o condiciones siguientes y de forma acumulativa:

- **Juicio de idoneidad**: si la medida restrictiva es susceptible de conseguir el objetivo propuesto;

---

413 A este respecto, el art. 7 de la Ley Orgánica 1/1982, de 5 de mayo, de protección civil del derecho al honor, a la intimidad personal y familiar y a la propia imagen., considera intromisiones ilegítimas en el derecho a la intimidad, entre otras, el emplazamiento en cualquier lugar de aparatos de escucha, de filmación, de dispositivos ópticos o de cualquier otro medio apto para grabar o reproducir la vida íntima de las personas, la utilización de aparatos de escucha, dispositivos ópticos o de cualquier otro medio para el conocimiento de la vida íntima de las personas o de manifestaciones o cartas privadas no destinadas a quien haga uso de tales medios, así como su grabación, registro o reproducción, así como la revelación de datos privados de una persona o familia conocidos a través de la actividad profesional u oficial de quien los revela.

- **Juicio de necesidad**: si, además, es necesaria, en el sentido de que no exista una alternativa más moderada para la consecución de tal propósito con igual eficacia;
- **Juicio de proporcionalidad en sentido estricto**: si la misma es ponderada o equilibrada, por derivarse de ella más beneficios o ventajas para el interés general que perjuicios sobre otros bienes o valores en conflicto.

En definitiva, en palabras del Tribunal Constitucional, es preciso preservar "*el necesario equilibrio entre las obligaciones dimanantes del contrato para el trabajador y el ámbito –modulado por el contrato, pero en todo caso subsistente– de su libertad constitucional*"[414]. En este sentido, la modulación del derecho fundamental de la persona trabajadora sólo deberá producirse en la medida estrictamente imprescindible para el correcto y ordenado desenvolvimiento de la actividad empresarial, siempre atendiendo al principio de proporcionalidad.

(3) Derecho al secreto de las comunicaciones

Este derecho queda consagrado en el apartado 3 del art. 18 de la Constitución Española, en virtud del cual, se garantiza el secreto de las comunicaciones y, en especial, de las postales, telegráficas y telefónicas, salvo resolución judicial. Asimismo, este derecho fundamental está íntimamente relacionado con el derecho a la intimidad.

Ahora bien, el desarrollo de las nuevas tecnologías de información y comunicación ha posibilitado la adopción de nuevas medidas de control y vigilancia sobre las comunicaciones realizadas por la persona trabajadora (entre otras, la fiscalización del contenido de sus comunicaciones privadas a través de medios informáticos de propiedad empresarial), incidiendo de forma directa sobre su derecho al secreto de las comunicaciones.

---

[414] STC 186/2000 de 10 de julio (TOL2.136).

Según reiterada doctrina del Tribunal Constitucional contenida, entre otras, en sus sentencias núm. 241/2012, de 17 de diciembre, y núm. 170/2013, de 7 de octubre, el derecho al secreto de las comunicaciones se ocupa de la interdicción de la interceptación o del conocimiento antijurídico de las comunicaciones ajenas, por lo que dicho derecho puede resultar vulnerado en los siguientes supuestos[415]:

- La interceptación en sentido estricto, esto es, la aprehensión física del soporte del mensaje, con conocimiento o no del mismo o la captación del proceso de comunicación.
- El simple conocimiento antijurídico de lo comunicado a través de la apertura de la correspondencia ajena guardada por su destinatario o de un mensaje emitido por correo electrónico o a través de telefonía móvil, entre otros.

Asimismo, el Tribunal Constitucional ha resaltado que el concepto de secreto de las comunicaciones cubre no sólo el contenido de la comunicación, sino también otros aspectos de la misma, tales como la identidad subjetiva de los interlocutores[416] y el propio proceso de comunicación. Sin perjuicio de lo anterior, cabe destacar que la doctrina científica ha apuntado que el objeto de protección del derecho al secreto de las comunicaciones es "*la «expectativa de secreto» en sí, no vinculada a la naturaleza del contenido (si se tratara de algo íntimo contaría con la protección del art. 18.1 CE), sino al interés del titular de mantener ajeno a terceros el conocimiento de lo que se transmite, frente a la creciente*

---

415 STC 241/2012 de 17 de diciembre (TOL2.727.060) y STC 170/2013 de 7 de octubre (TOL3.992.610).

416 Por ejemplo, a través de la identificación a partir de los listados de llamadas telefónicas por las compañías telefónicas, así como el acceso al registro de llamadas entrantes y salientes grabadas en un teléfono móvil.

vulnerabilidad de las comunicaciones"[417]. En este sentido, lo que se protege mediante este derecho es la expectativa de preservar la confidencialidad de lo comunicado por parte de los interlocutores, con independencia de su contenido y su vinculación al ámbito de lo personal, lo íntimo o lo reservado.

Centrándonos en lo que aquí interesa, es preciso determinar si el acceso a los contenidos de los ordenadores u otros medios informáticos de titularidad empresarial puestos por la empresa a disposición de las personas trabajadoras vulnera o no el derecho al secreto de las comunicaciones. A este respecto, el Tribunal Constitucional ha afirmado que es necesario atender a las condiciones de puesta a disposición, así como la asignación de espacios individualizados o exclusivos a las personas trabajadoras[418]. También es preciso analizar si existe una expectativa fundada y razonable de confidencialidad y de privacidad respecto al conocimiento de las comunicaciones mantenidas por la persona trabajadora a través de los diferentes medios informáticos de titularidad empresarial. Por consiguiente, la potestad de fiscalización empresarial sobre las comunicaciones de las personas trabajadoras queda supeditada a la inexistencia

---

417 Molina Navarrete, C. (2018). "El derecho al secreto de las comunicaciones en la relación de trabajo: la dilución en «tópica» y «retórica» de su tutela constitucional". *Trabajo y Derecho: Nueva Revista de Actualidad y Relaciones Laborales*, (7).

418 En particular, el ejercicio de la potestad de vigilancia y control empresarial sobre los espacios individualizados o exclusivos (por ejemplo, la asignación de cuentas personales de correo electrónico y/o teléfonos móviles de uso exclusivo y no compartido) resulta limitada por la vigencia de los derechos fundamentales. No obstante, los grados de intensidad o el nivel de intrusismo con que deben ser valoradas las medidas empresariales de vigilancia y control son variables en función de la propia configuración de las condiciones de disposición y uso de las herramientas informáticas, así como de las instrucciones que hayan podido ser impartidas por la empresa a tal fin.

de una situación de tolerancia empresarial al uso personal de los medios informáticos de titularidad empresarial.

(4) Derecho a la inviolabilidad del domicilio

El apartado 2 del art. 18 de la Constitución Española garantiza la inviolabilidad del domicilio, de modo que ninguna entrada o registro podrá hacerse en él sin consentimiento del titular o resolución judicial, salvo en caso de flagrante delito.

Según la doctrina del Tribunal Constitucional sobre el derecho a la inviolabilidad del domicilio, contenida, entre otras, en su sentencia núm. 22/2003, de 10 de febrero, la protección constitucional del domicilio es una protección de carácter instrumental, cuya finalidad última es salvaguardar los ámbitos en que se desarrolla la vida privada de la persona[419]. Adicionalmente, señala que la protección constitucional del domicilio se concreta en las dos reglas siguientes:

- La primera regla establece la inviolabilidad del domicilio, que garantiza el ámbito de privacidad de la persona dentro del espacio limitado que esta elige y que debe resultar inmune a cualquier tipo de invasiones o agresiones exteriores de otras personas o de la autoridad pública, incluyendo aquellas que puedan realizarse sin penetración física en el mismo, sino por medio de aparatos mecánicos, electrónicos u otros análogos.
- La segunda regla establece la interdicción de la entrada y el registro domiciliario, de modo que, fuera de los casos de flagrante delito, solo son constitucionalmente legítimos la entrada o el registro efectuados con consentimiento de su titular o al amparo de una resolución judicial.

---

419 STC 22/2003 de 10 de febrero (TOL239.218).

No podemos perder de vista que, generalmente, en la modalidad de teletrabajo, el lugar de la prestación de servicios es el propio domicilio de la persona trabajadora, por lo que la empresa no puede acceder al mismo sin su consentimiento. A este respecto, la doctrina científica ha señalado que, en aras a facilitar el ejercicio de la potestad de vigilancia y control empresarial, es preciso que la persona teletrabajadora autorizara que la empresa pudiera realizar una visita inicial al domicilio donde se realiza el teletrabajo, así como las posteriores visitas periódicas para verificar la adecuación del espacio de trabajo en el domicilio y el buen estado de los medios informáticos puestos a su disposición. Igualmente, convendría determinarse que las visitas se anuncien con antelación al teletrabajador y que se limiten a la parte de la vivienda en que se ejecuta la prestación laboral[420]. En este mismo sentido se posiciona la sentencia núm. 42/2004, de 31 de mayo, de la Audiencia Nacional, en virtud de la cual, se dispone que es preciso conciliar el derecho del empresario a controlar la actividad laboral con el de trabajador a proteger su intimidad personal y familiar y su domicilio. Ante la imposibilidad de acceso al domicilio del trabajador sin el consentimiento de éste y a falta de una regulación específica, es preciso que la empresa lo consensue con los trabajadores, acordando conjuntamente sobre los días, horas, frecuencia, duración, zona de visita, así como la necesidad de dar o no un preaviso de visita. De este modo, se pretende alcanzar un equilibrio entre el derecho de la empresa a controlar la actividad laboral y el de la persona trabajadora a proteger su intimidad personal y familiar y su domicilio[421].

---

420 Aliaga Casanova, A. C. (2001). "El teletrabajo, la necesidad de su regulación legal y el respeto a la intimidad". *La Ley: Revista Jurídica Española de Doctrina, Jurisprudencia y Bibliografía*, (6), 1512-1526.

421 SAN 42/2004 de 31 de mayo (TOL496.599).

(5) Derecho a la libertad informática o a la autodeterminación informativa

El derecho a la libertad informática, también conocido como autodeterminación informativa, fue la génesis del derecho a la protección de datos personales. Este derecho, consagrado en el artículo 18.4 de la Constitución Española, se configura como una respuesta pionera a los riesgos asociados con el uso de la informática y el tratamiento mecanizado de datos, al establecerse que la ley limitará el uso de la informática para garantizar el honor y la intimidad personal y familiar de los ciudadanos y el pleno ejercicio de sus derechos.

A este respecto, de acuerdo con la doctrina contenida en la sentencia núm. 254/1993, de 20 de julio, del Tribunal Constitucional, se configura este derecho como el derecho a la libertad frente a las potenciales agresiones a la dignidad y a la libertad de la persona provenientes de un uso ilegítimo del tratamiento mecanizado de datos, lo que la Constitución denomina la informática. En concreto, se dispone que:

> *"[...] La «libertad informática», reconocida por el art. 18.4 de la Constitución, ya no es la libertad de negar información sobre los propios hechos privados o datos personales, sino la libertad de controlar el uso de esos mismos datos insertos en un programa informático: lo que se conoce con el nombre de habeas data. Tales son las ideas generalmente admitidas hoy entre los juristas y en el Derecho comparado, que ofrece una de las vías para delimitar el contenido esencial de un derecho fundamental"*[422].

Partiendo de esta doctrina jurisprudencial del Tribunal Constitucional, algunos autores han conceptuado el derecho a la libertad informática o a la autodeterminación informativa como el derecho a controlar el uso de los mismos datos insertos en un programa informático –habeas data– y comprende, entre otros aspectos, la oposición

---

422 STC 254/1993 de 20 de julio (TOL82.275).

de la persona a que determinados datos personales sean utilizados para fines distintos de los que aquel legitimó su obtención[423].

Ahora bien, se tuvo que esperar hasta las sentencias del Tribunal Constitucional núm. 290/2000 y 292/2000, ambas de 30 de noviembre, para que el Tribunal Constitucional proporcionara un pronunciamiento inequívoco y definitivo que evidenciara la evolución del derecho a la libertad informática hacia el derecho fundamental a la protección de datos personales.

En particular, la sentencia del Tribunal Constitucional núm. 290/2000 establece de manera clara que el derecho fundamental a la protección de datos personales otorga a los individuos un control absoluto y una serie de facultades esenciales sobre sus datos. Estas facultades incluyen el derecho a consentir la recogida y uso de sus datos, a ser informado sobre quién posee sus datos y con qué finalidad, así como a oponerse y exigir la cesación de su uso. En este sentido, se expresa en su fundamento jurídico séptimo que:

> *"[...] el derecho fundamental al que estamos haciendo referencia garantiza a la persona un poder de control y disposición sobre sus datos personales. Pues confiere a su titular un haz de facultades que son elementos esenciales del derecho fundamental a la protección de los datos personales, integrado por los derechos que corresponden al afectado a consentir la recogida y el uso de sus datos personales y a conocer los mismos. Y para hacer efectivo ese contenido, el derecho a ser informado de quién posee sus datos personales y con qué finalidad, así como el derecho*

---

423 Entre otros, Mercader Uguina, J. R. (2001). "Derechos fundamentales de los trabajadores y nuevas tecnologías: ¿hacia una empresa panóptica?". *Relaciones Laborales: Revista Crítica de Teoría y Práctica*, (1), 665-686; Beltrán de Heredia Ruiz, I. (2014). "Facultad de control empresarial y el derecho a la libertad informática de los trabajadores: un derecho fundamental (inexplicablemente) olvidado". *Internet, derecho y política una década de transformaciones: actas del X Congreso Internacional Internet, Derecho y Política.* Universitat Oberta de Catalunya, 277-287.

> *a oponerse a esa posesión y uso exigiendo a quien corresponda que ponga fin a la posesión y empleo de tales datos"*[424].

Asimismo, la sentencia del Tribunal Constitucional núm. 292/2000 enfatiza que el derecho a la protección de datos no se limita únicamente a los datos íntimos de una persona, sino que abarca cualquier tipo de dato personal, sea o no íntimo, cuyo conocimiento o uso por parte de terceros pueda afectar a sus derechos. Este derecho garantiza el control y la disposición de los datos personales, incluyendo aquellos de carácter público, que siguen estando bajo el poder de disposición del afectado. La sentencia también subraya que la protección de datos se extiende a todos los datos que puedan identificar a una persona o permitir su identificación, siendo relevante para la confección de perfiles ideológicos, raciales, sexuales, económicos o de cualquier otra índole. En este sentido, se dispone que:

> *"[...] El derecho a la protección de datos garantiza a los individuos un poder de disposición sobre esos datos. [...] el objeto de protección del derecho fundamental a la protección de datos no se reduce sólo a los datos íntimos de la persona, sino a cualquier tipo de dato personal, sea o no íntimo, cuyo conocimiento o empleo por terceros pueda afectar a sus derechos, sean o no fundamentales, porque su objeto no es sólo la intimidad individual, que para ello está la protección que el art. 18.1 CE otorga, sino los datos de carácter personal. Por consiguiente, también alcanza a aquellos datos personales públicos, que por el hecho de serlo, de ser accesibles al conocimiento de cualquiera, no escapan al poder de disposición del afectado porque así lo garantiza su derecho a la protección de datos. También por ello, el que los datos sean de carácter personal no significa que sólo tengan protección los relativos a la vida privada o íntima de la persona, sino que los datos amparados son todos aquellos que identifiquen o permitan la identificación de la persona, pudiendo servir para la confección de su perfil ideológico, racial, sexual, económico o de cualquier otra*

---

424 STC 290/2000 de 30 de noviembre (TOL2.770).

índole, o que sirvan para cualquier otra utilidad que en determinadas circunstancias constituya una amenaza para el individuo"[425].

En definitiva, el derecho a la libertad informática o a la autodeterminación informativa del art. 18.4 CE garantiza que toda persona sea titular del poder de disposición y control absoluto sobre sus datos personales, impidiendo su tráfico ilícito y lesivo para la dignidad y derecho del afectado. A partir de esta base constitucional, se desarrolló posteriormente un marco jurídico y doctrinal que ha evolucionado para reconocer y garantizar el control de las personas sobre sus datos personales. Esta evolución culminó en el establecimiento del derecho fundamental a la protección de datos personales, autónomo y con un contenido propio, que asegura la dignidad y la libertad de los individuos frente a las potenciales amenazas tecnológicas[426].

8.2.3. Límites legales

Una vez analizados los límites constitucionales y del derecho supranacional, es preciso destacar que la legislación vigente contempla un conjunto de normas de orden público y que han de ser respetadas por la empresa a la hora de ejercitar su potestad de control empresarial.

Entre las principales normativas que establecen límites a la facultad de vigilancia y control empresarial caben destacar la Ley Orgánica 3/2018, de 5 de diciembre, de Protección de Datos Personales y garantía de los derechos digitales (en adelante, Ley Orgá-

---

425 STC 292/2000 de 30 de noviembre (TOL2.772).

426 Rallo Lombarte, A. (2017). "De la 'libertad informática' a la constitucionalización de nuevos derechos digitales (1978-2018)". *Revista de Derecho Político UNED*, (100). (Ejemplar dedicado a: Monográfico con motivo del XL aniversario de la Constitución Española (I)), 639-669.

nica de Protección de Datos Personales y garantía de los derechos digitales o LOPDGDD), así como la Ley de trabajo a distancia.

La disposición final decimotercera de la LOPDGDD introdujo un nuevo artículo 20 bis al Estatuto de los Trabajadores, en virtud del cual se reconoce expresamente a las personas trabajadoras el derecho a la intimidad en relación con el entorno digital y a la desconexión, y en particular, a la intimidad en el uso de los dispositivos digitales puestos a su disposición por la empresa, a la intimidad frente a la utilización de dispositivos de videovigilancia y sistemas de geolocalización en el ámbito laboral, y a la desconexión digital. Este nuevo artículo constituye sin duda alguna una limitación legal a la facultad empresarial de dirección y control de la actividad laboral.

A continuación, se presentan los diferentes derechos específicos regulados en la LOPDGDD y la nueva Ley de trabajo a distancia en relación con la salvaguarda de los derechos digitales de las personas trabajadoras en el ámbito laboral:

(1) Derecho a la información previa sobre el tratamiento de datos personales

En atención a lo dispuesto en el art. 11 de la LOPDGDD, que a su vez se remite al art. 13 del Reglamento General de Protección de Datos, se establece que cuando se obtengan de una persona trabajadora datos personales relativos a ella, el responsable del tratamiento, en el momento en que estos se obtengan, le deberá facilitar toda la información legalmente prevista a fin de garantizar un tratamiento de datos leal y transparente. De este modo, si la implementación de un determinado mecanismo de control empresarial implica la recogida y el tratamiento de los datos personales de las personas trabajadoras, la empresa deberá proporcionar toda la información relativa al alcance y finalidad de este.

Por lo que se refiere al tratamiento de los datos personales en el ámbito laboral, es preciso destacar que no se exige un consentimiento expreso de la persona trabajadora, toda vez que el consentimiento se entiende implícito en la relación laboral, siempre que el tratamiento de datos de carácter personal sea necesario para el mantenimiento y el cumplimiento del contrato de trabajo firmado por las partes. Asimismo, esta excepción a la exigencia de consentimiento se extiende también al tratamiento de datos dirigido al control de la relación laboral por parte de las empresas, al asimilarse como tratamiento necesario para el mantenimiento y cumplimiento de la relación laboral.

Ahora bien, el Tribunal Constitucional ha dictaminado en su sentencia núm. 39/2016, de 3 de marzo, que:

> *"[...] el deber de información previa forma parte del contenido esencial del derecho a la protección de datos, pues resulta un complemento indispensable de la necesidad de consentimiento del afectado. El deber de información sobre el uso y destino de los datos personales que exige la LOPD está íntimamente vinculado con el principio general de consentimiento para el tratamiento de los datos, pues si no se conoce su finalidad y destinatarios, difícilmente puede prestarse el consentimiento. Por ello, a la hora de valorar si se ha vulnerado el derecho a la protección de datos por incumplimiento del deber de información, la dispensa del consentimiento al tratamiento de datos en determinados supuestos debe ser un elemento a tener en cuenta dada la estrecha vinculación entre el deber de información y el principio general de consentimiento"*[427].

En este sentido, aunque no se exija el consentimiento de las personas trabajadoras para un tratamiento de datos dirigido al mantenimiento, desarrollo y control de la relación laboral, el deber de información previa sigue persistiendo, pues sólo el cumplimiento de este deber por parte de las empresas es lo que permite a las personas trabajadoras ejercitar los derechos legalmente previstos en la LOPDGDD.

---

[427] STC 39/2016 de 3 de marzo (TOL5.690.325).

(2) Derecho a la intimidad y uso de dispositivos digitales en el ámbito laboral

El Derecho a la intimidad y uso de los dispositivos digitales en el ámbito laboral viene expresamente reconocido en el art. 87 de la LOPDGDD, en virtud del cual las personas trabajadoras disponen del derecho a la protección de su intimidad en el uso de los dispositivos digitales puestos a su disposición por parte de la empresa. Ahora bien, la empresa tiene la facultad de acceder a los contenidos derivados del uso de medios digitales que les son facilitadas sólo cuando concurran los supuestos legalmente previstos, esto es, verificar el cumplimiento de las obligaciones laborales o estatutarias y/o garantizar la integridad de dichos dispositivos digitales.

Por su parte, este mismo artículo de la LOPDGDD establece la obligación de la empresa de dictaminar los criterios de utilización de los dispositivos digitales, asegurando en todo momento el respeto de los estándares mínimos de protección de la intimidad de las personas trabajadoras conforme a los usos sociales y los derechos reconocidos constitucional y legalmente, así como comunicar los criterios establecidos para que puedan ser informados los trabajadores. En todo caso, se deberá contar con la participación de los representantes de los trabajadores a lo largo del proceso de definición de los criterios de utilización de los dispositivos digitales. A este respecto, la doctrina científica considera que las restricciones sobre la utilización de los dispositivos digitales que establezca la empresa deben ajustarse a los usos sociales y a los derechos reconocidos constitucional y legalmente, no pudiendo suponer en ningún caso una anulación del derecho a la vida privada social de las personas trabajadoras[428].

---

428 Álvarez del Cuvillo, A. (2020). "La delimitación del derecho a la intimidad de los trabajadores en los nuevos escenarios digitales" [en línea]. *Temas Laborales: Revista Andaluza de Trabajo y Bienestar Social,* (151), 275-292. https://dialnet.unirioja.es/descarga/articulo/7464154.pdf. Recuperado el 31 de julio de 2023.

Finalmente, la LOPDGDD contempla la posibilidad de que la empresa autorizara el uso de los dispositivos digitales con fines privados, y, sin embargo, se precisa que la empresa determine de modo preciso el alcance de los usos autorizados y los períodos en los que dichos dispositivos puedan ser utilizados con fines privados, todo ello salvaguardando la intimidad de las personas trabajadoras.

Sin perjuicio de lo anterior, es preciso destacar que la nueva Ley de trabajo a distancia no ha introducido aspectos novedosos con respecto a lo ya regulado por la LOPDGDD, de modo que se limita única y exclusivamente a realizar una remisión a esta norma.

(3) Derecho a la intimidad frente al uso de dispositivos de videovigilancia

Según el art. 89 de la LOPDGDD, la empresa dispone de la facultad de tratar las imágenes obtenidas a través de sistemas de cámaras o videocámaras para el ejercicio de su potestad de control empresarial. Sin embargo, en caso de que quiera adoptar esta medida de control, deberá informar con carácter previo, y de forma expresa, clara y concisa, a las personas trabajadoras y, en su caso, a sus representantes, acerca de la misma. Por su parte, en el supuesto de que se haya captado la comisión flagrante de un acto ilícito por las personas trabajadoras, el deber de información previa se entiende cumplido mediante la colocación de un dispositivo informativo en lugar suficientemente visible identificando, al menos, la existencia del tratamiento, la identidad del responsable y la posibilidad de ejercitar los derechos legalmente previstos. También podrá incluirse en el dispositivo informativo un código de conexión o dirección de internet a esta información.

A este respecto, históricamente ha resultado polémica la colisión entre la facultad de control empresarial y el derecho a la intimidad frente al uso de dispositivos de videovigilancia, ya que la doctrina jurisprudencial no ha sido uniforme en esta materia, y, sobre todo, con respecto a la obligación de información previa por parte de la empresa. En particular, la sentencia núm. 29/2013, de 11 de febrero, del Tribunal Constitucional había pronunciado que la legalidad de la adopción de una medida de control basada en la utilización de las cámaras de videovigilancia está supeditada a la necesidad de información previa, expresa, precisa, clara e inequívoca a los trabajadores sobre dicha medida, así como su posible utilización para la imposición de sanciones disciplinarias por incumplimientos del contrato de trabajo[429]. Sin embargo, la sentencia núm. 39/2016, de 3 de marzo, del Tribunal Constitucional ha experimentado un cambio radical de su posición, considerando que se ha cumplido la obligación de información previa por el mero hecho de haber colocado el correspondiente distintivo informativo en el lugar del trabajo[430]. Por consiguiente, se puede apreciar que, en esencia, el art. 89 de la LOPDGDD regula el requisito que hay que cumplir para que la obtención de pruebas mediante el uso de dispositivos de videovigilancia no implique una vulneración de derecho fundamental a la intimidad de las personas trabajadoras[431].

Aplicando al contexto del teletrabajo y en atención a lo dispuesto en el art. 17 de la Ley de trabajo a distancia, la empresa deberá justificar motivadamente la idoneidad, necesidad y proporcionalidad de las medidas de control adoptadas. En este sentido, resulta fundamental que la elección de estas herramientas de control no solo sea adecuada para el fin que se persigue, sino que también respete los derechos fundamentales de los trabajadores, especialmente su derecho a la intimidad y privacidad, tal como lo establece la LOPDGDD. Igualmente, considerando que

---

429 STC 29/2013 de 11 de febrero (TOL3.238.776).

430 STC 39/2016 de 3 de marzo (TOL5.690.325).

431 López Balaguer, M. (2020). "El control empresarial por videovigilancia en la LOPD". *Temas Laborales: Revista Andaluza de Trabajo y Bienestar Social,* (151), 357-372. https://dialnet.unirioja.es/descarga/articulo/7464159.pdf. Recuperado el 31 de julio de 2024.

los medios de control empresarial de la actividad laboral forman parte del contenido mínimo obligatorio del acuerdo de trabajo a distancia, en caso de que la empresa opte por la adopción de una medida de control basada en la utilización de los dispositivos de videovigilancia, la obligación de información previa a las personas trabajadoras quedaría cubierta con la inclusión de esta medida dentro del acuerdo de trabajo a distancia. En definitiva, el uso de dispositivos de videovigilancia en el teletrabajo no debe emplearse como un mecanismo de control directo y permanente de la actividad laboral, sino como una herramienta excepcional, justificada solo en circunstancias específicas que demanden su uso para la seguridad o la correcta ejecución del trabajo, tal como lo establece el citado art. 89 de la LOPDGDD.[432]

(4) Derecho a la intimidad ante la utilización de sistemas de geolocalización

Conforme con lo establecido en el art. 90 de la LOPDGDD, la empresa podrá tratar los datos obtenidos a través de sistemas de geolocalización para el ejercicio de las funciones de control de las personas trabajadoras siempre que se ejerzan dentro de su marco legal y con los límites inherentes al mismo. Adicionalmente, la empresa debe cumplir con su obligación de informar de forma expresa, clara e inequívoca a los trabajadores y, en su caso, a sus representantes, acerca de la existencia y características de estos dispositivos de geolocalización, así como del posible ejercicio de los derechos de acceso, rectificación, limitación del tratamiento y supresión.

---

432 Sanguineti Raymond, W. (2022). "Intimidad del teletrabajador y poder de control del empresario". *Trabajo y Derecho: Nueva Revista de Actualidad y Relaciones Laborales,* (85), 7. https://wilfredosanguineti.wordpress.com/wp-content/uploads/2022/01/w-sanguineti-intimidad-del-teletrabajador-y-control-del-empresario-trabajo-y-derecho-2022-numero-85.pdf. Recuperado el 6 de agosto de 2024.

Esta regulación viene avalada por la doctrina jurisprudencial de los distintos Tribunales Superiores de Justicia. En particular, la sentencia núm. 260/2014, de 21 de marzo, del Tribunal Superior de Justicia de Madrid, sostiene la necesidad de información a las personas trabajadoras con respecto a la colocación de dispositivos de geolocalización, pues en caso contrario, supone una injerencia en los derechos a la intimidad personal y protección de datos e implica la ilicitud de la prueba obtenida a través de esta medida de control[433]. En este mismo sentido se ha posicionado la sentencia núm. 715/2014, de 17 de junio, del Tribunal Superior de Justicia de Castilla-La Mancha, que ha declarado la ilicitud de la prueba obtenida vulnerando el derecho a la intimidad de la persona trabajadora, al haber colocado un dispositivo de GPS en el teléfono móvil cedido a la misma para su uso profesional[434]. Mediante la utilización de este dispositivo, la empresa podía conocer en todo momento el lugar exacto en donde se encuentra la persona trabajadora, incluso fuera de la jornada laboral. Ahora bien, el hecho determinante de la vulneración del derecho a la intimidad de la persona trabajadora se deriva de una falta de información previa, expresa, precisa, clara e inequívoca a la misma sobre la existencia de dicho mecanismo de control.

Sin perjuicio de lo anterior, la doctrina científica ha resaltado que, si bien la nueva regulación se posiciona en la línea de la doctrina jurisprudencial mayoritaria, esta última ha precisado aún más el alcance de la facultad de control empresarial mediante la utilización de sistemas de geolocalización, exigiéndose que este mecanismo de control se limite al horario laboral de las personas trabajadoras[435].

---

433 STSJ Madrid 260/2014 de 21 de marzo (TOL4.181.246).

434 STSJ Castilla-La Mancha 715/2014 de 17 de junio (TOL4.442.039).

435 Serrano Olivares, R. (2018). "Los Derechos digitales en el ámbito laboral: comentario de urgencia a la Ley Orgánica 3/2018, de 5 de diciembre, de Protección de Datos Personales y Garantía de los Derechos Digitales". *IUSLabor. Revista d'anàlisi de Dret del Treball,* (3).

(5) Derecho a la desconexión digital

Tal y como se expuso en la Sección 3ª del Capítulo 5, la nueva LOPDGDD introdujo un nuevo derecho digital de especial trascendencia en las relaciones laborales, esto es, el derecho a la desconexión digital. En atención a lo dispuesto en el art. 88 de la LOPDGDD, las personas trabajadoras disponen del derecho a la desconexión digital a fin de garantizar, fuera del tiempo de trabajo legal o convencionalmente establecido, el respeto de su tiempo de descanso, permisos y vacaciones, así como de su intimidad personal y familiar. Asimismo, se impone a la empresa la obligación de elaboración de una política interna en la que se establezcan las distintas modalidades de ejercicio del derecho a la desconexión, así como las acciones de formación y de sensibilización del personal sobre un uso razonable de las herramientas tecnológicas para evitar el riesgo de fatiga informática.

Complementariamente a lo anterior, la Ley de trabajo a distancia establece en su art. 18 que el deber empresarial de garantizar la desconexión digital implica una limitación del uso de los medios tecnológicos de comunicación empresarial y de trabajo durante los periodos de descanso, así como el respeto a la duración máxima de la jornada y a cualesquiera límites y precauciones legal o convencionalmente establecidas.

Por consiguiente, el derecho a la desconexión digital constituye un auténtico límite a la potestad de control empresarial, toda vez que la empresa no puede controlar ni fiscalizar la actividad de las personas trabajadoras fuera de su jornada laboral, ni utilizar los medios digitales de control en el tiempo de no trabajo[436].

---

https://www.raco.cat/index.php/IUSLabor/article/view/10.31009-IUSLabor.2018.i03.06. Recuperado el 31 de julio de 2024.

436 Moreno Vida, M. N. (2019). "Las facultades de control fuera de la jornada de trabajo: desconexión digital y control del trabajador" [en línea]. *Temas Laborales: Revista Andaluza de Trabajo y Bienestar Social*, (150), 161-185.

8.2.4. Límites convencionales y contractuales

Más allá de los límites constitucionales y legales anteriormente expuestos, y atendiendo a las fuentes de la relación laboral contempladas en el apartado 1 del art. 3 del Estatuto de los Trabajadores, tanto los convenios colectivos como las cláusulas incluidas en el contrato de trabajo pueden establecer límites sobre el ejercicio de la facultad de control empresarial.

En relación con los límites convencionales, es preciso destacar que el apartado 2 del art. 82 del Estatuto de los Trabajadores establece que tanto las personas trabajadoras como la empresa podrán regular las condiciones de trabajo y de productividad, así como la paz laboral a través de las obligaciones que se pacten en los convenios colectivos. En este sentido, se podrán fijar límites adicionales y específicos a los poderes de control empresarial mediante las reglas pactadas en los convenios colectivos en relación con la fijación de las condiciones de trabajo. En el Capítulo 9 se concretarán los límites contemplados en los diferentes textos de los convenios colectivos sobre la potestad de control empresarial.

Con respecto a los límites contractuales, es preciso destacar que, en atención a lo dispuesto en la letra c), apartado 1 del art. 3 del Estatuto de los Trabajadores, la empresa y las personas trabajadoras podrán alcanzar cualquier acuerdo sujeto a la voluntad de las partes y plasmarlo en el contrato de trabajo, siempre y cuando se asegure que su objeto es lícito y sin que en ningún caso puedan establecerse en perjuicio de las personas trabajadoras condiciones menos favorables o contrarias a las disposiciones legales y convenios colectivos. En este sentido, los límites contractuales sobre la potestad de control empresarial están sujetos a la autonomía de las partes del contrato de trabajo.

---

https://dialnet.unirioja.es/descarga/articulo/7224372.pdf. Recuperado el 31 de julio de 2023.

8.3. MECANISMOS DE CONTROL EMPRESARIAL EN EL TELETRABAJO

El desarrollo de las tecnologías de información y de la comunicación ha tenido una enorme repercusión en las relaciones laborales, creando nuevos retos para el derecho del trabajo, tales como la invasión de la intimidad de las personas trabajadoras, la captura y tratamiento de sus datos de carácter personal, así como la monitorización continua de la actividad laboral de las mismas a través de los programas informáticos. En este sentido, el poder de control empresarial se ve reforzado mediante el desarrollo de los nuevos mecanismos y formas de vigilancia y control. De hecho, los diferentes mecanismos de control se vuelven cada vez más sofisticados y resulta difícil de determinar las condiciones de vigilancia y control por parte de la empresa. Por ello, es necesario aportar nuevas soluciones a estos problemas, delimitando claramente las circunstancias y condiciones bajo las cuales la empresa pueda vigilar la actividad de las personas trabajadoras en el entorno digital[437].

En este contexto, es preciso recordar que el artículo 64.5 f) del Estatuto de los Trabajadores incluye entre las competencias de los representantes de los trabajadores la de emitir, con carácter previo a la ejecución de la decisión, un informe preceptivo, pero no vinculante acerca de las medidas relativas a la implantación y revisión de sistemas de organización y control del trabajo. Esta premisa de estabilidad de las medidas adoptadas subraya la importancia de que cualquier sistema de control implementado por la empresa debe ser objeto de un análisis previo y detallado por parte de los representantes de los trabajadores, garantizando

---

437 López de la Fuente, G. (2020). *La revolución tecnológica y su impacto en las relaciones de trabajo y en los derechos de los trabajadores: (cuestiones actuales y nuevos retos).* Tirant lo Blanch, 73-75.

así un equilibrio entre la necesidad de vigilancia empresarial y la protección de los derechos fundamentales de los empleados.

Ahora bien, a la vista de la regulación laboral vigente, no existe ninguna normativa que regulara la legalidad y aplicabilidad de cada uno de los medios o instrumentos de control que puedan utilizarse por parte de la empresa, y tampoco existe un listado de medidas admitidas o prohibidas para el control empresarial. En este sentido, es preciso acudir a los criterios interpretativos emanados de los Tribunales para el establecimiento de los límites en el ejercicio del poder de control empresarial a la hora de utilizar los nuevos medios tecnológicos de vigilancia y control de las personas trabajadoras, tales como la utilización de los sistemas de videovigilancia y dispositivos de geolocalización, la monitorización y registro del equipo informático, entre otros.

Por consiguiente, el siguiente análisis se centrará en examinar cada uno de los mecanismos, instrumentos y/o medidas de control con el fin de determinar sus condiciones de legalidad y verificar el correcto cumplimiento de la prestación de servicios por parte de la persona trabajadora y demás obligaciones laborales. Asimismo, se evaluará su aplicabilidad en el marco del teletrabajo, considerando la doctrina jurisprudencial emanada de los distintos Tribunales sobre el control tecnológico en el ámbito empresarial.

8.3.1. Control de la actividad y presencia laboral

El control de la actividad y presencia laboral constituye el principal foco de atención por parte de las empresas, ya que la prestación de la actividad laboral es el principal deber y obligación laboral de las personas trabajadoras.

Ahora bien, cuando la prestación de servicios se desarrolla en la modalidad de teletrabajo, no existe una vigilancia directa por parte de la empresa debido a la ausencia de presencialidad en el trabajo, por lo que la verificación del cumplimiento de las obligaciones laborales de las personas teletrabajadoras deberá efectuarse por otros métodos o vías indirectas y utilizando las nuevas tecnologías de información y comunicación.

Entre los principales mecanismos de control de la actividad y presencia laboral de las personas trabajadoras, y basados en el uso de las nuevas tecnologías de información y comunicación, caben destacar los siguientes: la videovigilancia, la geolocalización, la monitorización en línea, el rastreo del tiempo de trabajo, el registrador de las teclas presionadas (*keylogger*), la toma de pantallazos del ordenador, así como la aplicación de la inteligencia artificial en el control de la actividad laboral.

8.3.1.1. Videovigilancia

La videovigilancia es un mecanismo de control empresarial basado en la captura de imágenes a través de los sistemas de cámaras o videocámaras, de manera que la empresa pueda efectuar una vigilancia sobre la actividad laboral de la persona trabajadora.

Tradicionalmente, ha existido mucha controversia jurídica sobre la utilización de este mecanismo de control, toda vez puede afectar a la intimidad de la persona trabajadora. En este sentido, como punto de partida, es preciso señalar que las imágenes de las personas trabajadoras obtenidas a través de las cámaras de videovigilancia están amparadas, en primer término, por el art. 18.4 de la Constitución Española, y, en segundo término, por la Ley Orgánica 1/1982, de 5 de mayo, de protección civil del derecho al honor, a la intimidad personal y familiar y a la propia imagen. En relación con esta última norma, se establece que el derecho fundamental al honor, a la intimidad personal y familiar y a la propia imagen, constitucionalmente reconocido, será protegido civilmente frente a todo género de intromisiones ilegítimas, incluyendo, entre otras, el emplazamiento en cualquier lugar de aparatos de escucha, de filmación, de dispositivos ópticos o de cualquier otro medio apto para grabar o reproducir la vida íntima de las personas. Por su parte, es necesario resaltar también que las imágenes capturadas a través de los sistemas de cámaras de videovigilancia constituyen datos de carácter personal, y, por tanto, están protegidas tanto por el Reglamento General de Protección de Datos como por la Ley Orgánica de Protección de Datos Personales y garantía de los derechos digitales.

Ahora bien, el control empresarial basado en los sistemas de videovigilancia puede adoptar dos perspectivas: por un lado, un control de naturaleza ordinaria a través de la instalación y utilización de las cámaras de videovigilancia visibles; y, por otro lado, un control de naturaleza extraordinaria mediante el uso de las cámaras de videovigilancia ocultas. Por ello, se procede a continuación a analizar los criterios interpretativos de los diferentes Tribunales sobre la legalidad de la utilización de este mecanismo de control desde esta doble perspectiva. Por su parte, en atención a las características propias que presenta el teletrabajo, también resulta necesario analizar la aplicabilidad de los sistemas de videovigilancia en esta modalidad de trabajo:

(1) Videovigilancia visible

En cuanto a la instalación y utilización de las cámaras de videovigilancia visibles, el Tribunal Constitucional ya se había pronunciado sobre los límites que la empresa debe considerar para preservar el derecho a la intimidad de las personas trabajadoras.

En particular, de acuerdo con la doctrina jurisprudencial contenida en la Sentencia núm. 98/2000, de 10 de abril, del Tribunal Constitucional, la legalidad y aplicabilidad de la medida de control basada en la instalación de instalación y utilización de las cámaras de videovigilancia está condicionada a la superación de un conjunto de elementos de juicios orientados a dilucidar en cada caso concreto si esos medios de vigilancia y control respetan el derecho a la intimidad de las personas trabajadoras[438]. Entre estos elementos a considerar, cabe mencionar los siguientes: si la instalación se hace o no indiscriminada y masivamente; si los sistemas de videovigilancia son visibles o han sido instalados subrepticiamente; la finalidad real perseguida con la instalación de tales sistemas de videovigilancia; si existen razones de seguridad, por el tipo de actividad que se desarrolla en el lugar de trabajo de que se trate, que justifique la implantación de tales medios de control, entre otros. En idénticos términos se volvió a pronunciar el Tribunal Constitucional en su sentencia núm. 186/2000 de 10 de julio[439]. En definitiva, en palabras del Tribunal Constitucional, es preciso que:

> *"[...] preserven «el necesario equilibrio entre las obligaciones dimanantes del contrato para el trabajador y el ámbito –modulado por el contrato, pero en todo caso subsistente– de su libertad constitucional» (STC 6/1988, de 21 de enero). Pues dada la posición preeminente de los derechos fundamentales en nuestro ordenamiento, esa modulación sólo se producirá «en la medida estrictamente imprescindible para el correcto y ordenado desenvolvimiento de la actividad productiva» (STC 99/1994). Lo que entraña la necesidad de proceder a una ponderación adecuada (SSTC 20/1990, de 15 de febrero, 171/1990, de 12 de noviembre, y 240/1992, de 21 de diciembre, entre otras muchas), que respete la correcta definición y valoración constitucional del derecho fundamental en juego y de las obligaciones laborales que pueden modularlo (SSTC 170/1987, de 30 de octubre, 4/1996, de 16 de enero, 106/1996, 186/1996, de 25 de noviembre, y 1/1998, de 12 de enero, entre otras muchas)"*[440].

En este sentido, las limitaciones sobre el derecho a la intimidad de las personas trabajadoras deben ser las indispensables y estrictamente necesarias para satisfacer un interés empresarial susceptible de tutela y protección. Asimismo, en caso de que existan otras posibilidades de satisfacer dicho interés menos

---

438 STC 98/2000 de 10 de abril (TOL2.076).

439 STC 186/2000 de 10 de julio (TOL2.136).

440 STC 98/2000 de 10 de abril (TOL2.076).

agresivas e intrusivas del derecho en cuestión, habrá que utilizar estas últimas y no aquellas otras más agresivas y afectantes.

Sin perjuicio de lo anterior, considerando que la aplicación de este mecanismo de control implica un tratamiento de datos personales de las personas trabajadoras, por lo que de acuerdo con lo previsto en el art. 11 de la LOPDGDD, las empresas tienen la obligación de informarles de manera previa, explícita, precisa e inequívoca sobre el alcance y finalidad del tratamiento, y que no puede ser otra que la de vigilancia y control del cumplimiento de las obligaciones laborales por parte de las personas trabajadoras.

En relación con el deber de información, es preciso destacar que la sentencia del Tribunal Constitucional Pleno núm. 119/2022, de 29 de septiembre, aborda específicamente la vulneración de los derechos a la utilización de los medios de prueba pertinentes y a un proceso con todas las garantías, en conexión con el derecho a la tutela judicial efectiva. En este caso, se cuestionaron las resoluciones del Tribunal Superior de Justicia del País Vasco y del Tribunal Supremo que habían declarado improcedente la prueba videográfica utilizada por la empresa para justificar un despido, argumentando que la misma se había obtenido de manera ilícita por falta de información al trabajador sobre el uso disciplinario de dichas imágenes.

En el caso analizado, el Tribunal Constitucional determinó que la empresa había cumplido con el deber de información mediante carteles visibles y que la captación de las imágenes se realizó bajo sospechas razonables de una conducta ilícita flagrante. La decisión del Tribunal Superior de Justicia del País Vasco de declarar ilícita la prueba videográfica por no haber regularizado la información tras un incidente similar en 2014 fue considerada irrazonable y contraria a la normativa vigente, vulnerando así los derechos de la empresa. En este sentido, se dispone en su fundamento jurídico sexto que:

> *"[...] La ausencia de un verdadero motivo jurídico para reputar ilícita la grabación audiovisual mencionada, toda vez que no*

> *se habían producido las vulneraciones de derechos sustantivos alegadas por el trabajador, trajo consigo que, al haber acordado la sala competente en suplicación la exclusión de aquella prueba del material de convicción del proceso, la entidad demandante de amparo vio vulnerado su derecho a la utilización de los medios de prueba pertinentes (art. 24.2 CE)"*[441].

Por tanto, la constitucionalidad y legalidad de cualquier medida restrictiva de derechos fundamentales impuesta por la empresa viene determinada por la estricta observancia del principio de proporcionalidad y el cumplimiento del deber de información a los trabajadores. Ahora bien, tal y como acertadamente señala la doctrina científica, la implantación de un sistema de videovigilancia visible que permita el seguimiento continuo y monitorización por completo de la actividad laboral desarrollada por las personas trabajadoras resultaría desproporcionado, ni siquiera cumpliendo con la obligación de información previa a las mismas[442].

(2) Videovigilancia oculta

Con respecto a la instalación y uso de las cámaras de videovigilancia ocultas, el Tribunal Constitucional ha dictado diversas sentencias sobre el deber de información previa en relación al control laboral basado en la utilización de las cámaras de videovigilancia, entre las cuales destacan la Sentencia núm. 186/2000, de 10 de julio, la Sentencia núm. 29/2013, de 11 de febrero y la Sentencia núm. 39/2016, de 3 de marzo, que son representativas de la evolución experimentada en la doctrina jurisprudencial sobre esta materia.

Según la doctrina jurisprudencial del Tribunal Constitucional contenida en su sentencia núm. 186/2000 de 10 de julio,

---

441 STC 119/2022 de 29 de septiembre (TOL9.257.029).

442 López Balaguer, M. (2020). "El control empresarial por videovigilancia en la LOPD", *op.cit.*, 362.

se admite la instalación y uso de las cámaras de videovigilancia ocultas siempre y cuando dicha medida de control resulte justificada (por ejemplo, la existencia de razonables sospechas de la comisión por parte de la persona trabajadora de graves irregularidades en su puesto de trabajo); idónea para la finalidad pretendida por la empresa (esto es, verificar si la persona trabajadora cometía efectivamente las irregularidades sospechadas y en tal caso adoptar las medidas disciplinarias correspondientes); necesaria (en estos casos, la grabación serviría de prueba de tales irregularidades); y equilibrada (es decir, que la grabación de imágenes se limite a una zona determinada y a una duración temporal limitada, y que, a su vez, resulte suficiente para comprobar que no se trataba de un hecho aislado o de una confusión, sino de una conducta ilícita reiterada)[443].

Ahora bien, la sentencia núm. 29/2013, de 11 de febrero, del Tribunal Constitucional ha dado un giro importante en su doctrina, señalando que la legalidad y aplicabilidad de este tipo de medidas de control está supeditado a la información previa y expresa, precisa, clara e inequívoca a las personas trabajadoras sobre la finalidad de control de la actividad laboral a la que esa captación podía ser dirigida. En este sentido, se expone que:

> *"[...] al igual que el interés público en sancionar infracciones administrativas resulta insuficiente para que la Administración pueda sustraer al interesado información relativa al fichero y sus datos, según dispone el art. 5.1 y 2 LOPD (STC 292/2000, de 30 de noviembre, F. 18), tampoco el interés privado del empresario podrá justificar que el tratamiento de datos sea empleado en contra del trabajador sin una información previa sobre el control laboral puesto en práctica. No hay en el ámbito laboral, por expresarlo, en otros términos, una razón que tolere la limitación del derecho de información que integra la cobertura ordinaria del derecho fundamental del art. 18.4 CE. Por tanto, no será suficiente que el tratamiento de datos resulte en principio lícito, por estar amparado por la Ley (arts. 6.2 LOPD y 20 LET), o que*

443 STC 186/2000 de 10 de julio (TOL2.136).

> *pueda resultar eventualmente, en el caso concreto de que se trate, proporcionado al fin perseguido; el control empresarial por esa vía, antes bien, aunque podrá producirse, deberá asegurar también la debida información previa"*[444].

Por su parte, señala el Tribunal Constitucional que dicha información deberá concretar las características y el alcance del tratamiento de datos que iba a realizarse, esto es, en qué casos las grabaciones podían ser examinadas, durante cuánto tiempo y con qué propósitos, explicitando muy particularmente que podían utilizarse para la imposición de sanciones disciplinarias por incumplimientos del contrato de trabajo.

Posteriormente, la Sentencia núm. 39/2016, de 3 de marzo, del Tribunal Constitucional ha vuelto a cambiar su doctrina, resaltando que la obligación de la información previa quedaría cubierta con la colocación en las zonas videovigiladas de al menos un distintivo informativo ubicado en lugar suficientemente visible, tanto en espacios abiertos como cerrados, así como tener a disposición de las personas interesadas impresos en los que se detalle la información prevista en la Ley de Protección de Datos de Carácter Personal. Igualmente, señala literalmente que:

> *"[...] el empresario no necesita el consentimiento expreso del trabajador para el tratamiento de las imágenes que han sido obtenidas a través de las cámaras instaladas en la empresa con la finalidad de seguridad o control laboral, ya que se trata de una medida dirigida a controlar el cumplimiento de la relación laboral y es conforme con el art. 20.3 TRLET"*[445].

Es más, añade el Tribunal Constitucional que, más allá del deber de información previa, lo realmente importante para evaluar la legalidad de la medida de control adoptada consiste en verificar si las imágenes obtenidas a través de las cámaras de

---

444 STC 29/2013 de 11 de febrero (TOL3.238.776).

445 STC 39/2016 de 3 de marzo (TOL5.690.325).

videovigilancia se hayan utilizado para la finalidad de control de la relación laboral o para una finalidad ajena al cumplimiento del contrato, ya que en caso de que la finalidad del tratamiento de datos no guarda relación directa con el mantenimiento, desarrollo o control de la relación contractual, la empresa estaría obligada a solicitar el consentimiento de las personas afectadas.

Además de la doctrina jurisprudencial del Tribunal Constitucional, también resulta conveniente hacer un repaso jurisprudencial sobre la doctrina del Tribunal Europeo de Derechos Humanos en esta materia. A este respecto, se considera oportuno analizar los pronunciamientos contenidos en sus sentencias de 9 de enero de 2018 y de 17 de octubre de 2019, que también son representativas de la evolución experimentada en la doctrina jurisprudencial de este Tribunal.

En concreto, la sentencia de la Sección 3ª del Tribunal Europeo de Derechos Humanos de 9 de enero de 2018, Caso López Ribalda y otros contra España, señala que la medida de control basada en la instalación y utilización de unas cámaras de videovigilancia ocultas constituye, per se, una importante intromisión en la vida privada de la persona trabajadora, al suponer el registro y reproducción de información sobre la conducta de una persona en su lugar de trabajo, que no puede eludir por estar obligada mediante un contrato de trabajo a llevarla a cabo en dicho lugar. Asimismo, continúa señalando que conforme con la legislación vigente en materia de protección de datos de carácter personal, en el momento de recopilar los datos, las personas interesadas debían ser informados de la existencia de un medio de recogida y tratamiento de sus datos personales, todo ello con independencia de la existencia o no de sospechas de la comisión por parte de la persona trabajadora de graves irregularidades en su puesto de trabajo. Por consiguiente, este Tribunal concluye que la legalidad en la adopción de está supeditada en todo caso al cumplimiento de la obligación de información previa, de manera explícita, precisa e inequívoca a las personas trabajadoras sobre la existencia y las características particulares de un sistema de recogida de datos personales, toda vez que las mismas tenían una expectativa razonable de respeto a su privacidad[446].

Ahora bien, la sentencia de la Gran Sala del Tribunal Europeo de Derechos Humanos de 17 de octubre de 2019, Caso López Ribalda y otros contra España, ha supuesto un punto de inflexión con respecto a la doctrina contenida en la sentencia anteriormente comentada, señalando que:

> *"[...] Así pues, si bien no puede aceptar la proposición de que, en términos generales, la más mínima sospecha de apropiación indebida o de cualquier otro acto ilícito por parte de los empleados podría justificar la instalación de una videovigilancia encubierta por parte del empleador, la existencia de una sospecha razonable de que se ha cometido una falta grave y la magnitud de las pérdidas identificadas en el presente caso pueden parecer una justificación de peso. Esto es tanto más cierto en una situación en la que el buen funcionamiento de una empresa se ve amenazado no sólo por la sospecha de mala conducta de un solo empleado, sino más bien por la sospecha de una acción concertada de varios empleados, ya que esto crea una atmósfera general de desconfianza en el lugar de trabajo"*[447].

Por consiguiente, la instalación y utilización de unas cámaras de videovigilancia ocultas sin haber informado previamente a las personas trabajadoras sería válida en el caso de que existan sospechas razonables de que las mismas habían cometido graves irregularidades.

Con la publicación y entrada en vigor de la Ley Orgánica de Protección de Datos Personales y garantía de los derechos digitales, se han incorporado en el derecho positivo los límites sobre el uso de los dispositivos de videovigilancia y de grabación de sonidos en el lugar de trabajo para preservar el derecho a la intimidad de las personas trabajadoras, de modo que su art. 89 posibilita la captación y tratamiento de las imágenes obtenidas

---

446 STEDH de 9 de enero de 2018 (TOL6.465.919).

447 STEDH de 17 de octubre de 2019 (TOL7.523.518).

a través de sistemas de cámaras o videocámaras para el ejercicio de las funciones de control de las personas trabajadoras previstas en el artículo 20.3 del Estatuto de los Trabajadores, si bien se impone a las empresas la obligación de informar con carácter previo, y de forma expresa, clara y concisa, a los trabajadores y, en su caso, a sus representantes, acerca de esta medida control.

Asimismo, la nueva Ley de trabajo a distancia prevé en su art. 17.1 que la utilización de los medios telemáticos y el control de la prestación laboral mediante dispositivos automáticos garantizará adecuadamente el derecho a la intimidad y a la protección de datos, en los términos previstos en la citada Ley Orgánica de Protección de Datos Personales y garantía de los derechos digitales, y de acuerdo con los principios de idoneidad, necesidad y proporcionalidad de los medios de control utilizados.

Sin perjuicio de lo anterior, es preciso resaltar que los mecanismos de control basados en los sistemas de videovigilancia tienen poca aplicabilidad en el teletrabajo, ya que, en la mayoría de las ocasiones, esta modalidad de prestación de servicios se desarrolla en el domicilio de la persona trabajadora, y, por tanto, con carácter general, las cámaras de videovigilancia están vetadas para su instalación en el mismo al tratarse de una esfera personal y privada de la persona[448].

Sin embargo, un sector de la doctrina científica considera que si es posible la instalación de los sistemas de videovigilancia en el domicilio de la persona teletrabajadora siempre y cuando concurran razones de seguridad para garantizar una adecuada protección de los equipos entregados o cuando la misma tenga acceso a datos especialmente sensibles. Ahora bien, el objeto de protección debe ser realmente valioso e importante para

---

448 Rodríguez Martín-Retortillo, R. M. (2017). "El control empresarial a través de medios de videovigilancia". *Nuevas tecnologías y nuevas maneras de trabajar: Estudios desde el Derecho Español y comparado,* Dykinson, 222-223.

legitimar la intromisión en el domicilio de la persona teletrabajadora. Asimismo, la instalación del sistema de videovigilancia deberá realizarse únicamente en el espacio del domicilio en que la persona teletrabajadora realice su actividad laboral y no en cualquier otro espacio que no sea destinado a dicha finalidad[449].

Por su parte, tampoco resultaría proporcionada la medida de control de la actividad y presencia laboral a través de las cámaras de vídeo integradas en el ordenador (esto es, las *webcams*), ya que su utilización implicaría la fiscalización constante de la actividad laboral de la persona trabajadora, no respondiendo a la finalidad última de verificación y control del cumplimiento de las obligaciones laborales[450]. Además, existen otras medidas alternativas menos intrusivas como puede ser la monitorización remota y/o la utilización de herramientas para el rastreo del tiempo de trabajo, entre otros.

En definitiva, la instalación de las cámaras de videovigilancia en el domicilio de los trabajadores debe superar necesariamente el juicio de proporcionalidad que determina el Tribunal Constitucional, esto es, el análisis de la concurrencia de los tres requisitos o condiciones, esto es: la idoneidad, la necesidad y la proporcionalidad en sentido estricto de la medida de control.

8.3.1.2. Geolocalización

La geolocalización es un mecanismo de control empresarial basado en la utilización de los sistemas de posicionamiento global (conocido también como GPS), esto es, mecanismo tecnológico que permite a la empresa el seguimiento y la localización conti-

---

449 Poquet Catalá, R. (2020). *El teletrabajo: análisis del nuevo marco jurídico, op cit.*, 199-203.

450 Rodríguez Martín-Retortillo, R. M. (2017). "El control empresarial a través de medios de videovigilancia", *op.cit.*, 226-227.

nuos de la persona trabajadora, más el tratamiento automatizado de los datos conseguidos a partir de los dispositivos colocados. Ahora bien, es preciso señalar que los datos obtenidos a través de los sistemas de geolocalización (GPS) no proporcionan ninguna información que resulte íntima o que pueda reflejar alguna circunstancia personal de la persona trabajadora, pero sí que constituyen información concerniente a personas físicas identificadas o identificables, y, por tanto, protegibles de acuerdo con lo estipulado tanto en el Reglamento General de Protección de Datos como en la LOPDGDD.

Ciertamente, este tipo de medidas de control se implementa en aquellos casos en los que la persona trabajadora tenga que realizar su trabajo fuera del centro de trabajo, y resulta particularmente útil en aquellas profesiones cuya labor consiste en desplazarse de un sitio a otro para dar cumplimiento de sus obligaciones laborales, o en su caso, desempeñar su trabajo en lugares específicamente designados por la empresa, entre las cuales destaca los comerciales, repartidores, conductores, entre otros . Ahora bien, considerando que uno de los subtipos de teletrabajo es el teletrabajo itinerante o móvil, en el que la prestación de servicios por parte de las personas teletrabajadoras no se lleva a cabo desde sus domicilios, sino que se desarrolla en aquellos lugares donde surge la necesidad de teletrabajar, se considera oportuno analizar la legalidad y aplicabilidad de este mecanismo de control.

En relación a la instalación y utilización de los sistemas de geolocalización, tanto el Tribunal Supremo como los diferentes Tribunales Superiores de Justicia han tenido ocasión de pronunciarse sobre la legalidad y aplicabilidad de este mecanismo de control empresarial, por lo que se analizan a continuación las principales sentencias dictadas por estos Tribunales en relación a la colocación de los dispositivos de geolocalización GPS para el control de la actividad laboral de las personas trabajadoras.

En primer lugar, se considera oportuno señalar la doctrina jurisprudencial contenida en la sentencia núm. 739/2014, de

29 de septiembre, del Tribunal Superior de Justicia de Madrid, en la que se considera que la instalación de un sistema GPS en el vehículo facilitado a una persona trabajadora ha vulnerado su derecho a la intimidad, ya que mediante un sistema de geolocalización, se faculta a la empresa la realización de un continuo y permanente seguimiento del vehículo durante su uso, no sólo del posicionamiento de éste por razones de seguridad, sino también el lugar exacto en donde se halla la persona trabajadora y, a su vez, el posterior tratamiento de los datos obtenidos con una finalidad completamente distinta de la anunciada[451]. A este respecto, este Tribunal trae a colación la doctrina contenida en la Sentencia núm. 29/2013, de 11 de febrero, del Tribunal Constitucional, señalando que:

> *"[...] no hay una habilitación legal expresa para esa omisión del derecho a la información sobre el tratamiento de datos personales en el ámbito de las relaciones laborales, y que tampoco podría situarse su fundamento en el interés empresarial de controlar la actividad laboral a través de sistemas sorpresivos o no informados de tratamiento de datos que aseguren la máxima eficacia en el propósito de vigilancia"*[452].

Por consiguiente, según este Tribunal Superior de Justicia, la legalidad de esta medida de control está supeditada a la debida información previa por parte de la empresa.

En segundo lugar, destacamos la doctrina contenida en la Sentencia núm. 3058/2017, de 27 diciembre, del Tribunal Superior de Justicia de Asturias, en virtud de la cual, se considera que no existe lesión del derecho a la intimidad por parte de la empresa a la hora de adoptar una medida de vigilancia y control basada en la colocación de dispositivos de localización GPS en los vehículos puestos a disposición de las personas trabajadoras, toda vez considera que:

---

451 STSJ Madrid 739/2014 de 29 de septiembre (TOL4.573.396).

452 STC 29/2013 de 11 de febrero (TOL3.238.776).

> *"[...] la instalación de los dispositivos GPS y el uso de la información transmitida contribuye de forma importante a la supervisión del cumplimiento eficiente de la prestación de servicios, a corregir deficiencias en la confección y ejecución de las diferentes rutas y a mejorar la capacidad de respuesta ante los acontecimientos imprevistos (una solicitud urgente de un cliente, una avería de un vehículo, etc.)"*[453].

Por consiguiente, considerando que dicha medida de control es conocida por las personas trabajadoras y autorizada por la Agencia de Protección de Datos, concluye el Tribunal que la finalidad de control alegada por la empresa está justificada y permite que dada la existencia de una relación laboral entre en juego la excepción durante la jornada de trabajo[454]. Ahora bien, este Tribunal considera que sí existe vulneración del derecho a la intimidad de las personas trabajadoras por estar activado el GPS también a partir de la finalización de la jornada laboral, sin disponer la empresa el imprescindible consentimiento de las mismas en este supuesto. En concreto, señala el Tribunal que cuando finaliza la jornada laboral o acaba el tiempo de trabajo, las facultades de control empresarial desaparecen y el contrato de trabajo deja de constituir el vínculo entre las partes que ampara el poder de la empresa para imponer las medidas implantadas de captación y tratamiento de datos. A partir de ese momento, es imprescindible el consentimiento de las personas trabajadoras para mantener en funcionamiento los dispositivos GPS y para el análisis automatizado de los datos personales conseguidos por ese medio.

Por último, cabe destacar que, el Tribunal Supremo se ha pronunciado sobre la colisión entre la utilización de los dispositivos de geolocalización GPS y derecho a la intimidad y a la protección

---

453 STSJ Asturias 3058/2017 de 27 de diciembre (TOL6.500.592).

454 En el mismo sentido se ha posicionado la STSJ Islas Canarias, Las Palmas, 53/2018 de 26 de enero (TOL7.025.887) y la STSJ Castilla-La Mancha 178/2020 de 6 de febrero (TOL8.284.247).

de datos de carácter personal de la persona trabajadora. En particular, la Sentencia núm. 766/2020, de 15 de septiembre, del Tribunal Supremo, ha resaltado que sólo el conocimiento anticipado por parte de la persona trabajadora sobre los mecanismos de control que utiliza la empresa y su finalidad legitimará el acto de injerencia en los sistemas e instrumentos puestos a su disposición por esta. Igualmente, ha señalado que los datos obtenidos por el GPS se refieren a la ubicación permanente del vehículo, sin que permita captar circunstancia alguna de sus ocupantes, por lo que la utilización de los datos de localización del vehículo no refleja, de ningún modo, circunstancia personal de la persona trabajadora[455]. Por consiguiente, no cabe apreciar la existencia de vulneración del derecho a la intimidad ni a la protección de datos de carácter personal cuando exista constatación del conocimiento de la medida de control por parte de la persona trabajadora sobre la medida aplicada por la empresa y su finalidad legítima.

En definitiva, el art. 90 de la LOPDGDD contempla una solución para solventar la colisión entre el derecho a la intimidad de la persona trabajadora y la utilización de sistemas de geolocalización en el ámbito laboral, en virtud del cual se faculta a las empresas tratar los datos obtenidos a través de sistemas de geolocalización para el ejercicio de las funciones de control de las personas trabajadoras en virtud del artículo 20.3 del Estatuto de los Trabajadores, siempre y cuando se informe de forma expresa, clara e inequívoca a las mismas y, en su caso, a sus representantes, acerca de la existencia y características de estos dispositivos. Igualmente, se les deberán informar acerca del posible ejercicio de los derechos de acceso, rectificación, limitación del tratamiento y supresión conforme a lo establecido en la LOPDGDD.

---

[455] STS 766/2020 de 15 de septiembre (TOL8.100.760).

8.3.1.3. Monitorización en línea

La monitorización en línea es un nuevo mecanismo de control en virtud del cual, mediante la utilización de una aplicación informática instalada en el ordenador de la persona trabajadora, la empresa pueda acceder de forma remota y en tiempo real al mismo a fin de verificar su actividad laboral.

Este mecanismo de control resulta particularmente útil para la detección de conductas irregulares graves de las personas trabajadoras en el desarrollo de la actividad laboral. A este respecto, resulta anecdótico señalar que un programador de una empresa había diseñado un código informático a través del cual se permite escribir borradores en una herramienta ofimática y los descartaba, en modo bucle. De esta forma se consigue evitar que el programa utilizado por la empresa detectase la inactividad y/o presencia laboral. Ahora bien, con lo que no contaba la persona trabajadora es que la empresa podía acceder de manera remota al ordenador para verificar su actividad laboral. Tras la observancia de esta irregularidad cometida por el trabajador, este última fue despedido por la empresa[456].

A pesar de que apenas existe doctrina jurisprudencial sobre la licitud en el uso de esta medida de control, sin embargo, el problema jurídico subyacente sigue siendo el mismo, esto es, la posible colisión entre este mecanismo y el derecho a la intimidad de la persona trabajadora. Por consiguiente, aplicando por analogía la doctrina jurisprudencial referida sobre los sistemas de videovigilancia, la licitud de este mecanismo de control está

---

456 Lacort, J. (2020). "Con la llegada del teletrabajo me hicieron instalar un programa para vigilar lo que hago con mi portátil". *Xataka.com,* 6 de mayo de 2020. https://www.xataka.com/empresas-y-economia/llegada-teletrabajo-me-hicieron-instalar-programa-para-vigilar-que-hago-mi-portatil?utm_source=feedburner&utm_medium=feed&utm_campaign=Feed%3A+xataka2+%28Xataka%29. Recuperado el 31 de julio de 2024.

supeditado a la superación del juicio de proporcionalidad, en virtud del cual, es preciso constatar si cumple los tres siguientes requisitos o condiciones: si la medida de control es susceptible de conseguir el objetivo propuesto (juicio de idoneidad); si, además, es necesaria, en el sentido de que no exista otra medida más moderada para la consecución de tal propósito con igual eficacia (juicio de necesidad); y, finalmente, si la misma es ponderada o equilibrada, por derivarse de ella más beneficios o ventajas para el interés general que perjuicios sobre otros bienes o valores en conflicto (juicio de proporcionalidad en sentido estricto). Igualmente, se deberá informar de manera previa, explícita, precisa e inequívoca a las personas trabajadoras sobre la existencia y el alcance de este mecanismo de control, salvo la existencia de sospechas razonables de que las mismas habían cometido graves irregularidades en el desarrollo de su actividad laboral.

8.3.1.4. Rastreo del tiempo de trabajo

El rastreo del tiempo de trabajo es un mecanismo de control basado en la utilización de una aplicación informática para controlar el tiempo dedicado a la actividad laboral de las personas trabajadoras, así como el tiempo de inactividad y el detalle de todas las actividades informáticas realizadas durante la jornada. Entre las diferentes soluciones informáticas que ofrecen esta funcionalidad de rastreo cabe destacar los programas ManicTime[457] y Kickidler[458].

En cuanto al registro de tiempo de trabajo de las personas trabajadoras, es preciso destacar que, más allá del ejercicio del poder de control empresarial, se trata de una obligación legal que incumbe a las empresas las cuales tendrán que establecer un sistema de cómputo y registro de las horas realizadas por las mismas, pues con la reforma operada a través del Real Decreto-ley 8/2019, de 8 de marzo, de medidas urgentes de protección social y de lucha contra la precariedad laboral en la jornada de trabajo, se introduce una modificación en el artículo 34 del Estatuto de los Trabajadores, añadiendo un nuevo apartado 9, en el que se obliga a las empresas a establecer un sistema de cómputo y registro diario de todas las horas de trabajo realizadas por las personas trabajadoras, ya sean ordinarias como extraordinarias, y, además, deberá incluir el horario concreto de inicio y finalización de la jornada de trabajo de los trabajadores. Por consiguiente, la licitud y legalidad del rastreo del tiempo de trabajo está amparada no sólo por el poder de control empresarial que confiere el art.

457 Este programa permite registrar automáticamente el tiempo de uso del ordenador, así como toda la actividad informática realizada. En concreto, es capaz de registrar qué aplicaciones ha utilizado la persona trabajadora y durante cuánto tiempo, el tiempo de inactividad del equipo, así como los sitios web que ha visitado y en qué documentos ha trabajado, todo ello facilitando a las empresas a realizar un seguimiento continuo del tiempo de trabajo de su personal. Más información disponible en: https://www.manictime.com/

458 Esta aplicación informática permite registrar automáticamente la siguiente información asociada a cada persona trabajadora: hora del comienzo y final de la jornada laboral; el retraso (para las personas teletrabajadoras significa encender tarde el equipo de ordenador); la finalización temprana de la jornada laboral; la ausencia del trabajo; el número exacto de horas trabajadas por día, semana o cualquier otro período; así como las horas extras. Más información disponible en: https://www.kickidler.com/

20.3 del Estatuto de los Trabajadores, sino también por la nueva obligación de registro de la jornada laboral de las empresas.

Ahora bien, considerando que ciertas aplicaciones de rastreo también son capaces de registrar el detalle de todas las actividades informáticas realizadas durante la jornada, ello podría colisionar con el derecho a la intimidad de las personas trabajadoras. Así, en aplicación analógica de la doctrina jurisprudencial sobre las medidas de control basadas en los sistemas de videovigilancia, se deberá superar el juicio de proporcionalidad en la adopción de esta medida de control, así como informar de manera previa, explícita, precisa e inequívoca a las personas trabajadoras sobre el contenido y alcance del control. Sin perjuicio de lo anterior, es preciso resaltar que este mecanismo de control resulta mucho menos intrusivo que otros anteriormente analizados, como puede ser el caso de la videovigilancia, la monitorización en línea o la fiscalización sobre el contenido de los correos electrónicos.

En este mismo sentido se posicionó la doctrina contenida en la sentencia núm. 2716/2010, de 5 de octubre, del Tribunal Superior de Justicia de la Comunidad Valenciana, en la que se analiza si la empresa podía acceder al ordenador de la persona trabajadora a fin de comprobar cuál era el tiempo utilizado para acceder a páginas de internet ajenas a la empresa[459]. A este respecto, este Tribunal ha señalado que, en línea con la valoración efectuada por el Tribunal Supremo en sentencia de 26 de septiembre de 2007, el control empresarial sobre los medios informáticos que se facilitan a los trabajadores para la ejecución de la prestación laboral no exige una justificación específica caso por caso, ya que su legitimidad deriva directamente del artículo 20.3 del Estatuto de los Trabajadores[460]. Sin embargo, ha resaltado que las medidas empresariales encaminadas a rea-

[459] STSJ Comunidad Valenciana 2716/2010 de 5 de octubre (TOL2.047.921).

[460] STS de 26 de septiembre de 2007 (TOL1.153.301).

lizar una actuación inspectora o controladora de la actividad laboral de las personas trabajadoras deben ir precedidas, en todo caso, de la necesaria información a los destinatarios de los mecanismos de control establecidos, pues en caso contrario, supondría la quiebra de la buena fe contractual que debe presidir las relaciones laborales en la empresa, y particularmente, si la implantación de tales mecanismos de control no obedece a una sospecha previa de actuación fraudulenta por parte de las personas trabajadoras. En el supuesto de la sentencia analizada, el Tribunal ha avalado el ejercicio de la potestad de vigilancia y control empresarial mediante la instalación de un programa de control para rastrear y contabilizar el tiempo que cada persona trabajadora emplea en internet, ya que la empresa avisó con carácter previo a la implementación de dicho mecanismo de control, informando a los trabajadores de que todo uso inadecuado de internet o del correo sería registrado y grabado.

8.3.1.5. Nuevos mecanismos de control emergentes

En la era digital, las empresas han comenzado a adoptar mecanismos emergentes para el control de la actividad y presencia laboral, entre los cuales se destacan el registrador de teclas presionadas (*keylogger*), la toma de pantallazos y el uso de la inteligencia artificial. Estos métodos permiten a las empresas supervisar detalladamente las acciones de los empleados, desde la captura de pulsaciones del teclado y pantallazos de la actividad en sus dispositivos hasta el análisis de grandes volúmenes de datos mediante algoritmos avanzados. Aunque estas tecnologías mejoran la eficiencia en la gestión de personal, también plantean desafíos legales y éticos significativos, especialmente en lo que respecta a la privacidad y la protección de datos personales de los trabajadores. La jurisprudencia reciente y acuerdos como el Marco sobre la Digitalización de la UE subrayan la necesidad de que las empresas ofrezcan garantías adecuadas y mantengan una comunicación transparente con sus empleados sobre el uso de estas tecnologías, asegurando que se respeten los derechos fundamentales y se apliquen normas éticas en el lugar de trabajo. A continuación, se examina en detalle cada uno de estos mecanismos de control emergentes:

(1) Registrador de las teclas presionadas (*Keylogger*)

El registrador de las teclas presionadas (conocido también como *Keylogger*) es una aplicación informática a través de la cual se permite almacenar todas las pulsaciones del teclado, pudiendo determinarse toda información introducida por la persona trabajadora en el equipo de ordenador. Asimismo, esta aplicación es invisible para el usuario, lo que significa que mientras está en funcionamiento, la persona trabajadora no es consciente de que sus acciones están siendo observadas.

A este respecto, es preciso destacar la doctrina contenida en la Sentencia núm. 2650/2019, de 23 de mayo, del Tribunal Superior de Justicia de Cataluña, en la que se ha pronunciado sobre la licitud y legalidad en el uso de este mecanismo de control. En concreto, este Tribunal ha señalado que la empresa podrá utilizar este tipo de medidas de control siempre y cuando se hayan ofrecido a las personas trabajadoras garantías adecuadas, particularmente cuando las medidas de supervisión de la empresa tenían carácter intrusivo[461]. En este sentido, con carácter previo a la implementación de este tipo de mecanismos de control, la empresa deberá informar de manera previa, explícita, precisa e inequívoca a las personas trabajadoras sobre el contenido y alcance del mismo.

En el caso de la sentencia analizada, la empresa había comunicado fehacientemente el protocolo de utilización de los medios informáticos puestos a disposición de la persona trabajadora, así como la posibilidad de que se someta a la vigilancia del cumpli-

---

[461] STSJ Cataluña 2650/2019 de 23 de mayo (TOL7.342.776).

miento de sus obligaciones laborales con sistemas informáticos remotos de control, incluso de que la contravención de esas normas podía dar lugar a actuaciones disciplinarias. Por ello, el Tribunal concluye que no ha habido intrusión alguna en la intimidad de la persona trabajadora, ya que la misma sabía perfectamente que el ordenador puesto a su disposición no era un espacio en el que pudiera realizar actividades personales, así como que no gozaba de intimidad alguna si lo utilizaba, de manera que si llegó a utilizarlo para fines personales no podía tener expectativa razonable de privacidad. Por su parte, el Tribunal considera que la vigilancia implantada era idónea, necesaria y proporcionada para la finalidad perseguida, pues la empresa no disponía de otros medios de control para comprobar si efectivamente la disminución del rendimiento observada se debía a la falta de dedicación por parte de la persona trabajadora y, además, como queda dicho, no se trataba de un espacio en el que la persona trabajadora gozara de intimidad en ningún grado, ya que su actividad quedaba expuesta en todo momento a sus superiores.

(2) Toma de pantallazos

La toma de pantallazos es un mecanismo de control empresarial que consiste en la captura de imágenes de la pantalla del ordenador utilizado por el trabajador. Este procedimiento genera un informe detallado que incluye dichas capturas, permitiendo a la empresa monitorizar las actividades realizadas por el empleado durante su jornada laboral. Cada informe es dotado de una firma digital que autentica la identidad del trabajador asociado, garantizando así la veracidad y la integridad de la información recabada. Este proceso se lleva a cabo mediante un *software* instalado por la empresa en los dispositivos utilizados por los trabajadores. El informe, una vez generado, se envía automáticamente al departamento de personal a través de correo electrónico. Este método de control tiene como objetivo asegurar que los empleados cumplen con sus obligaciones laborales, aunque también plantea importantes consideraciones respecto a la privacidad y la protección de los derechos fundamentales de los trabajadores, especialmente en lo que respecta a su derecho a la intimidad y a la protección de sus datos personales.

Ciertamente, la legalidad de este mecanismo de control había sido objeto de análisis en la sentencia núm. 1757/2015, de 29 septiembre, del Tribunal Superior de Justicia de País Vasco, en virtud de la cual se analiza, en particular, la posible colisión con el derecho a la intimidad de la persona trabajadora. A este respecto, el Tribunal ha considerado que no existe vulneración alguna de su derecho a la intimidad, toda vez que la empresa había establecido claramente sobre la prohibición de utilización de los recursos de la empresa para fines particulares de las personas trabajadoras, y, además, había advertido del control que la propia empresa iba a hacer respecto al uso indebido de sus ordenadores durante la jornada laboral. En este sentido, el Tribunal señala que la persona trabajadora no puede invocar su derecho a la intimidad cuando es plenamente consciente de que con su actuación se estaría vulnerando la prohibición expresa establecida por la empresa. Por su parte, el propio control no se ha realizado entrando en el ordenador que utiliza la persona trabajadora, sino las fotografías de la pantalla de su ordenador, por lo que esta última medida de control resulta mucho menos intrusiva que la primera[462].

Por consiguiente, se puede concluir que la empresa puede implementar una medida de control basada en la toma de pantallazos del ordenador de la persona trabajadora, siempre y cuando cumpla las dos condiciones siguientes: por un lado, el establecimiento de la prohibición expresa de utilización de los recursos de la empresa para fines particulares; y, por otro lado, la información previa a las personas trabajadoras sobre el contenido y alcance de la medida de control a implementar.

---

462 STSJ País Vasco 1757/2015 de 29 de septiembre (TOL5.551.731).

(3) Inteligencia artificial

El desarrollo de las Nuevas Tecnologías de la Información y la Comunicación ha sido frenético en los últimos tiempos, siendo la inteligencia artificial un destacado catalizador de esta revolución tecnológica. La inteligencia artificial ha supuesto una transformación radical de la forma de interactuación con la tecnología y ha abierto un mundo de posibilidades sin precedentes en diversos campos, desde la automatización de tareas hasta el análisis de grandes cantidades de datos para la toma de decisiones más inteligentes y precisas.

En el ámbito de las relaciones laborales, se han posibilitado nuevas formas de control y seguimiento de la actividad laboral de las personas trabajadoras. En concreto, las herramientas basadas en la inteligencia artificial permiten a la empresa recopilar datos exhaustivos sobre las personas trabajadoras, que incluyen información sobre el contenido de correos electrónicos, sitios web visitados, llamadas telefónicas, redes sociales, ubicaciones a través de GPS, movimientos corporales, signos vitales, tono de voz, entre otros. Estos datos pueden ser utilizados para informar a la empresa y tomar decisiones automatizadas o semiautomatizadas basadas en algoritmos, posibilitando así la reutilización de la información laboral para elaborar perfiles y predecir comportamientos futuros[463].

Sin embargo, este nuevo mecanismo de control puede plantear serias preocupaciones para las personas trabajadoras, pues teniendo en cuenta que el control de la actividad laboral suele ostentar una naturaleza hermética, por lo que es posible que las personas trabajadoras y sus representantes se encuentren des-

---

463 Molina Hermosilla, O. (2023). "Inteligencia artificial, big data y derecho a la protección de datos de las personas trabajadoras". *Revista de Estudios Jurídico Laborales y de Seguridad Social (REJLSS)*, noviembre-abril, (6), 91. https://revistas.uma.es/index.php/REJLSS/article/view/16225. Recuperado el 10 de octubre de 2024.

provistos de información y autoridad en torno a las estrategias establecidas y las decisiones adoptadas.

Por ello, en el Acuerdo Marco sobre la Digitalización suscrito por los interlocutores sociales a escala de la UE en junio de 2020 se establece la necesidad de garantizar el control de las personas sobre las máquinas y la inteligencia artificial en el lugar de trabajo, así como sustentar el uso de la robótica y las aplicaciones de la inteligencia artificial, cumpliendo las normas éticas acordadas y respetando los derechos humanos y fundamentales de la UE, la igualdad y otros principios éticos.

Finalmente, es preciso destacar que, en fechas recientes, se ha publicado el Reglamento (UE) 2024/1689 del Parlamento Europeo y del Consejo, de 13 de junio de 2024, por el que se establecen normas armonizadas en materia de inteligencia artificial (conocido comúnmente como el Reglamento de Inteligencia Artificial), en el que se introduce un conjunto de normas estrictas para el uso de sistemas de inteligencia artificial en el ámbito laboral, con un enfoque basado en riesgos que afecta directamente a las relaciones laborales.

De acuerdo con el Considerando 57 de este Reglamento, los sistemas de IA utilizados en ámbitos laborales como la gestión de los trabajadores, la contratación y la evaluación de rendimiento, son clasificados como de alto riesgo debido a su potencial para afectar de manera significativa las condiciones laborales, las perspectivas profesionales y los derechos fundamentales de los empleados. Por ello, el Reglamento establece en sus artículos 13 y 14 que, a la hora de diseñar y desarrollar estos sistemas de IA de alto riesgo, es preciso implementar medidas que aseguren la transparencia y la supervisión humana en la toma de decisiones automatizadas, especialmente en entornos de teletrabajo donde el control a distancia de la IA puede resultar invasivo. Estos sistemas, si no se gestionan adecuadamente, pueden comprometer la privacidad de los trabajadores y afectar su intimidad al recopilar y analizar datos personales continuamente. Además, el uso de IA para la evaluación del rendimiento o el comportamiento de los trabajadores debe garantizar que no se violen los derechos fundamentales a la protección de datos personales y la no discriminación.

8.3.2. Control del uso de los medios digitales

Las empresas tienen un especial interés en prevenir el abuso en el uso de las nuevas tecnologías por parte de las personas trabajadoras en el tiempo de trabajo, ya que esto puede traer consigo consecuencias negativas para la organización, poniendo en riesgo la seguridad informática y afectando negativamente a la productividad y al rendimiento[464].

Entre las principales conductas abusivas que puedan llevarse a cabo por las personas trabajadoras cabe destacar la utilización de los medios informáticos propiedad de la empresa para fines distintos de los relacionados con el contenido de la prestación laboral (por ejemplo, la realización de compras online, la visita a buscadores de multimedia, ocio y redes sociales, entre otros), así como el uso abusivo o ilícito de los mismos (tales como el acceso a webs de contenido sexual, el envío de imágenes o de material ofensivo o de contenido discriminatorio, el uso de software ilegal o programas informáticos no autorizados por la empresa, o la descarga de materiales no relacionados con la actividad)[465]. Todo ello ha propiciado la necesidad de establecer controles sobre el uso de los medios digitales por parte de las empresas.

---

464 Pazos Pérez, A. (2017). "La utilización de internet en el ámbito laboral y el control empresarial". *Nuevas tecnologías y nuevas maneras de trabajar: Estudios desde el Derecho Español y comparado,* Dykinson, 197-214.

465 Jover Ramírez, C. (2017). "El uso y abuso de las nuevas tecnologías durante el tiempo de trabajo y el poder disciplinario del empresario". *Nuevas tecnologías y nuevas maneras de trabajar: Estudios desde el Derecho Español y comparado.* Dykinson, 264-281.

Siguiendo la doctrina jurisprudencial del Tribunal Supremo, contenida, entre otras, en su sentencia de 6 de octubre de 2011, se establece que, conforme con las exigencias de la buena fe, para realizar el control del uso de los diferentes medios digitales puestos a disposición de la persona trabajadora, es preciso cumplir los siguientes requisitos: en primer lugar, el establecimiento previo de las reglas sobre el uso de los medios digitales proporcionados por la empresa, con aplicación de prohibiciones absolutas o parciales; en segundo lugar, la información previa a las personas trabajadoras sobre la existencia del control y de los medios que han de aplicarse con el fin de comprobar la corrección de los usos, así como de los diferentes mecanismos que han de adoptarse para garantizar la efectiva utilización laboral de los medios digitales; y, por último, la posibilidad de aplicación de otras medidas de carácter preventivo[466].

Asimismo, la sentencia núm. 766/2020, de 15 de septiembre, del Tribunal Supremo, ha puesto de manifiesto que:

> *"[...] la clave del rechazo a la intromisión hay que encontrarla en la existencia de una expectativa de intimidad por parte del trabajador, bien porque existan disposiciones o reglas expresas o bien porque se base en un uso social de tolerancia [...]. Por ello, si no existe una situación de tolerancia del uso personal, tampoco existirá ya una expectativa razonable de intimidad, puesto que, si el uso personal de los instrumentos de la empresa es ilícito, no puede exigirse al empresario que lo soporte y que además se abstenga de controlarlo"*[467].

Igualmente, se ha insistido nuevamente en la necesidad de que la empresa estableciera previamente las bases para el uso de los medios digitales, así como haber informado a los trabajadores que se iba a proceder al control de los mismos a fin de verificar su correcto uso, así como las medidas a adoptar para asegurar la efectividad laboral.

---

466 STS de 6 de octubre de 2011 (TOL2.366.592).

467 STS 766/2020 de 15 de septiembre (TOL8.100.760).

A continuación, se procede a analizar los principales controles que las empresas puedan implementar para la vigilancia y control del adecuado uso de los equipos o útiles informáticos entregados a las personas trabajadoras:

8.3.2.1. Teléfono o móvil

Las empresas, en ejercicio de las facultades de control empresarial conferidas tanto por el art. 20.3 del Estatuto de los Trabajadores como por el art. 22 de la nueva Ley de trabajo a distancia, podrán adoptar las medidas de vigilancia y control que estimen más oportunas para verificar el uso del teléfono o móvil de la empresa.

Ahora bien, el ejercicio de esta facultad de control sobre estos dispositivos puede colisionar no sólo con el derecho a la intimidad de la persona trabajadora, sino también con el derecho al secreto de las comunicaciones. A este respecto, el Tribunal Supremo ha afirmado en su sentencia de 6 de octubre de 2011 que la empresa, en cuanto que tiene la titularidad de los equipos o útiles informáticos entregados a las personas trabajadoras, puede imponer lícitamente a las mismas la obligación de realizar el trabajo convenido dentro del marco de diligencia y colaboración establecidos legal o convencionalmente, así como el sometimiento a las órdenes o instrucciones que traslade al respecto dentro del ejercicio de sus facultades legales. Sin embargo, si las órdenes o instrucciones de la empresa sobre la utilización de dichos dispositivos (o, en su caso, la inexistencia de tales órdenes e instrucciones), permitiesen entender que, de acuerdo con los usos sociales, existiera una situación de tolerancia para un uso personal moderado de tales medios informáticos, se generaría una expectativa razonable de confidencialidad para la persona trabajadora por el uso irregular, aparentemente tolerado, con la consiguiente restricción de la facultad de control empresarial. En este sentido, la empresa no podrá efectuar un control exhaustivo e intrusivo sobre la utilización de estos medios[468].

Sin perjuicio de lo anterior, en esta misma sentencia, el Tribunal Supremo ha resaltado expresamente que no existe un derecho de la persona trabajadora a que se respete su intimidad cuando, en contra de la prohibición del empresario o con una advertencia expresa o implícita de control, utilizara los dispositivos que le son entregados para fines personales. En este sentido, considera que, si las personas trabajadoras no tienen el derecho a utilizar los dispositivos entregados para usos personales, no habrá tampoco derecho para hacerlo en unas condiciones que impongan un respeto a su derecho a la intimidad o al secreto de las comunicaciones, pues al no existir una situación de tolerancia del uso personal, tampoco existe ya una expectativa razonable de intimidad o del secreto de las comunicaciones. Por consiguiente, si el uso personal es ilícito, no puede exigirse a la empresa que lo soporte y que además se abstenga de controlarlo. En el mismo sentido se ha pronunciado la sentencia núm. 5538/2015, de 13 de octubre, del Tribunal Superior de Justicia de Galicia, señalando que:

> *"[...] el teléfono resulta ser un instrumento propenso a cierto uso externo al propio de la empresa, lo que hubiera debido llevar a la empresa, si no quiere soportarlo, a marcar claramente su prohibición y a controlar con rapidez si se incumple o no, de tal manera que la empresa debía haber establecido un protocolo de actuación e instrucciones sobre los límites y condiciones en la utilización de los teléfonos"*[469].

Por consiguiente, es preciso que las empresas dispongan de los pertinentes instrumentos jurídicos le permitan prohibir o autorizar (expresa o tácitamente) el empleo para fines personales del teléfono, así como comprobar y sancionar los incumplimientos de los trabajadores en esta materia, ya que. de lo contrario, se consi-

---

468 STS de 6 de octubre de 2011 (TOL2.366.592).

469 STSJ Galicia 5538/2015 de 13 de octubre (TOL5.544.500).

derará que esa actividad controladora y fiscalizadora vulnera una expectativa razonable de intimidad de las personas trabajadoras.

Por su parte, la doctrina científica ha identificado dos formas de control sobre la utilización del teléfono o móvil de la empresa: por un lado, la grabación de todas las conversaciones mantenidas por la persona trabajadora desde el teléfono o móvil de la empresa; y, por otro lado, el control de los números de teléfono entrantes y salientes, así como la duración y hora de las llamadas efectuadas[470].

Con respecto a la primera forma de control, es preciso destacar que la misma colisiona claramente con el derecho al secreto de las comunicaciones. En relación con esto último, según la doctrina jurisprudencial del Tribunal Constitucional, contenida en su sentencia núm. 114/1984 de 29 de noviembre, se dispone que:

> *"[...] El derecho al «secreto de las comunicaciones [...] consagra la libertad de las comunicaciones, implícitamente, y, de modo expreso, su secreto, estableciendo en este último sentido la interdicción de la interceptación o del conocimiento antijurídicos de las comunicaciones ajenas. [...] el concepto de «secreto», que aparece en el art. 18.3, no cubre sólo el contenido de la comunicación, sino también, en su caso, otros aspectos de la misma, como, por ejemplo, la identidad subjetiva de los interlocutores o de los corresponsales"*[471].

Igualmente, de acuerdo con la sentencia núm. 115/2013, de 9 de mayo, del Tribunal Constitucional, ha reiterado nuevamente su doctrina en el sentido de que el derecho al secreto de las comunicaciones ampara tanto la interdicción de la interceptación como el conocimiento antijurídico de las comunicaciones ajenas. Así, este derecho puede resultar vulnerado no sólo por la interceptación en sentido estricto, sino también por el conocimiento antijurídico sobre el contenido de lo comunicado, como puede suceder en los casos de apertura de la correspondencia

---

[470] Poquet Catalá, R. (2020). *El teletrabajo: análisis del nuevo marco jurídico, op cit.*, 195-199.

[471] STC 114/1984 de 29 de noviembre (TOL79.403).

ajena guardada por su destinatario o de un mensaje emitido por correo electrónico o a través de telefonía móvil. Por su parte, el Tribunal Constitucional matiza que no hay secreto para aquel a quien la comunicación se dirige ni implica contravención de lo dispuesto en el art. 18.3 de la Constitución la grabación por cualquier medio del contenido del mensaje. Por consiguiente, se puede concluir que únicamente es lícita aquella grabación de las conversaciones efectuada por uno de sus interlocutores[472].

El Tribunal Supremo se ha pronunciado sobre la licitud de la grabación de conversaciones telefónicas mantenidas entre las personas trabajadoras que realizan sus funciones de telemarketing y sus clientes. En concreto, en su sentencia de 5 de diciembre de 2003, se consideró que dicha medida de control es idónea para la finalidad pretendida, necesaria y equilibrada, ya que ha apreciado que las personas trabajadoras conocen que el teléfono puesto a su disposición lo tienen sólo para trabajar y saben igualmente que puede ser intervenido por la empresa. Asimismo, la empresa sólo controla las llamadas entrantes que recibe la persona trabajadora y no las llamadas salientes. Además, esta medida de control se aplica de forma aleatoria y con la finalidad exclusiva de verificar la buena realización del servicio para su posible mejora. Todo ello conduce a la conclusión de que se trata de un control proporcionado a la finalidad que con el mismo se pretende, idóneo y necesario, puesto que no consta otra medida de control más moderada para obtener la finalidad que se pretende[473].

En el mismo sentido se ha posicionado la sentencia núm. 1543/2014, de 4 de septiembre, del Tribunal Superior de Justicia de Andalucía (Granada) que, ante un caso similar, ha considerado que la actividad desarrollada por la empresa, y en concreto, de gestión de cobros a través del teléfono, impide que exista una expectativa fundada y razonable de confidencialidad, pues para

---

[472] STC 115/2013 de 9 de mayo (TOL3.752.363).

[473] STS de 5 de diciembre de 2003 (TOL340.555).

la verificación del correcto cumplimiento de las obligaciones y deberes laborales de las personas trabajadoras, la empresa puede efectuar una eventual inspección o fiscalización de su actividad laboral mediante la escucha de la grabación de las conversaciones mantenidas entre las mismas y los clientes[474].

En cuanto a la segunda forma de control basada en la revisión de los números de teléfono entrantes y salientes, así como la duración y hora de las llamadas efectuadas, es de destacar que se trata de un mecanismo de control mucho menos intrusivo que la anterior. Sin embargo, según la doctrina jurisprudencial del Tribunal Constitucional, esta forma de control también puede colisionar con el derecho al secreto de las comunicaciones. En este sentido, el Tribunal Constitucional ha resaltado en su sentencia núm. 115/2013 de 9 de mayo que el derecho al secreto de las comunicaciones no sólo protege el contenido de la comunicación, sino también otros aspectos como la identidad subjetiva de los interlocutores. Por consiguiente, quedaría afectado por este derecho tanto la entrega de los listados de llamadas telefónicas por las compañías telefónicas como el acceso al registro de llamadas entrantes y salientes grabadas en un teléfono o móvil[475]. Esta doctrina del Tribunal Constitucional ha seguido la doctrina consolidada del Tribunal Europeo de Derechos Humanos, contenida en su sentencia de 2 de agosto de 1984, Caso Malone contra Reino Unido, y sentencia de 3 de abril de 2007, Caso Copland contra Reino Unido, en virtud de las cuales, se reitera que la utilización de información relativa a la fecha y duración de las conversaciones telefónicas y en particular la identificación de los números marcados supone una injerencia en el respeto de la vida privada de la persona trabajadora, ya que dicha información es parte de las comunicaciones telefónicas. Asimismo,

---

474 STSJ Andalucía, Granada, 1543/2014 de 4 de septiembre (TOL4.587.362).

475 STC 115/2013 de 9 de mayo (TOL3.752.363).

el mero hecho de que la empresa obtuviese dicha información legítimamente a partir de las facturas telefónicas no constituye un impedimento para constatar una injerencia en los derechos garantizados por el artículo 8.1 del Convenio de Protección de los Derechos Humanos y Libertades Fundamentales[476].

Sin embargo, aplicando al ámbito de las relaciones laborales, el Tribunal Constitucional entiende que no quedan amparadas por el derecho al secreto de las comunicaciones lo que se configura como comunicaciones abiertas, esto es, aquellas que se realizan en un canal del que no puede predicarse su confidencialidad, como puede ser el caso de utilización de un teléfono o móvil proporcionado por la propia empresa. En este sentido se expresa la sentencia núm. 170/2013, de 7 de octubre, del Tribunal Constitucional que:

> *"[...] en nuestra labor de delimitación del ámbito de cobertura del derecho, hemos precisado que el art. 18.3 CE protege únicamente ciertas comunicaciones: las que se realizan a través de determinados medios o canales cerrados. En consecuencia no «gozan de la protección constitucional del art. 18.3 CE aquellos objetos que, pudiendo contener correspondencia, sin embargo la regulación legal prohíbe su inclusión en ellos, pues la utilización del servicio comporta la aceptación de las condiciones del mismo». Así pues «quedan fuera de la protección constitucional aquellas formas de envío de la correspondencia que se configuran legalmente como comunicación abierta, esto es, no secreta»"*[477].

Igualmente, en esta misma sentencia, el Tribunal Constitucional ha puesto de manifiesto que en el marco del ejercicio de las facultades de autoorganización, dirección y control empresarial se admite la ordenación y regulación del uso de los recursos informáticos pertenecientes a la empresa por parte del trabajador, así como la facultad empresarial de supervisar y

---

[476] STEDH de 2 de agosto de 1984 (TOL10.085.197) y STEDH de 3 de abril de 2007 (TOL1.145.232).

[477] STC 170/2013 de 7 de octubre (TOL3.992.610).

controlar el cumplimiento de las obligaciones relacionadas con la utilización del mencionado medio, siempre en total observancia de los derechos fundamentales de las personas trabajadoras.

Ahora bien, el Tribunal Constitucional también ha matizado que los grados de intensidad o rigidez de las diferentes medidas empresariales de vigilancia y control son variables en función de la propia configuración de las condiciones de disposición y uso de las herramientas informáticas y de las instrucciones que hayan podido ser impartidas por la empresa a tal fin. Por ello, se puede entender que el control del uso del teléfono o móvil basado en la vigilancia de los números de teléfono entrantes y salientes, así como la duración y hora de las llamadas efectuadas, puede resultar una medida lícita y proporcionada en atención a las instrucciones empresariales establecidas sobre los límites y condiciones en la utilización de los teléfonos o móviles.

Al margen de todo lo anterior, es preciso señalar que, en la actualidad, el control del uso del teléfono o móvil de la empresa no tiene como objeto reducir los costes empresariales, dada la existencia de multitud de ofertas de tarifas con llamadas ilimitadas , sino más bien para evitar la distracción en el puesto de trabajo, ya que la utilización del teléfono con fines ajenos a la actividad profesional puede distraer la atención de la actividad laboral que se está realizando en cada momento por parte de la persona trabajadora, tal y como señala en la sentencia núm. 53/2017, de 17 de abril, de la Audiencia Nacional[478].

8.3.2.2. Correo electrónico

En ejercicio de las facultades de control empresarial conferidas tanto por el art. 20.3 del Estatuto de los Trabajadores como por el art. 22 de la nueva Ley de trabajo a distancia, las empresas

---

478 SAN 53/2017 de 17 de abril (TOL6.081.716).

también podrán adoptar las medidas de vigilancia y control que estime más oportunas para verificar el uso del correo electrónico por parte de la persona trabajadora, analizando si el mismo tiene como finalidad la realización de actividades que estén directamente relacionadas con las funciones propias del puesto de trabajo, así como acceder y revisar los mensajes de los correos electrónicos a fin de comprobar el cumplimiento de las obligaciones laborales, así como para prevenir actividades ilícitas que pudiesen afectar a las empresas como responsables civiles subsidiarios.

Ahora bien, este mecanismo de control claramente entra en colisión con los derechos constitucionalmente reconocidos, y en especial, con el derecho a la intimidad (art. 18.1 CE) y el derecho al secreto de las comunicaciones (art. 18.3 CE).

Por lo que se refiere a la posible colisión con el derecho a la intimidad, es preciso revisar la doctrina constitucional sobre este derecho fundamental, con referencia específica a su posible extensión a los correos electrónicos, así como las limitaciones a que puede quedar sujeto. A este respecto, nos remitimos a la sentencia núm. 170/2013, de 7 de octubre, del Tribunal Constitucional, en la que se dispone que:

> *"[...] Respecto a si la cobertura de este derecho fundamental se extiende al contenido de los mensajes electrónicos, en nuestra STC 173/2011, de 7 de noviembre, hemos puesto de manifiesto que el cúmulo de información que se almacena por su titular en un ordenador personal -entre otros datos sobre su vida privada y profesional- forma parte del ámbito de la intimidad constitucionalmente protegido; también que el ordenador es un instrumento útil para la emisión o recepción de correos electrónicos, pudiendo quedar afectado el derecho a la intimidad personal «en la medida en que estos correos o email, escritos o ya leídos por su destinatario, quedan almacenados en la memoria del terminal informático utilizado» (FJ 3). Según recordamos en esta misma Sentencia (FJ 4), este criterio es también el seguido por el Tribunal Europeo de Derechos Humanos, de manera específica en su STEDH de 3 de abril de 2007 (TEDH 2007, 23) (caso Copland contra Reino Unido): «los correos electrónicos enviados desde el lugar del trabajo» están incluidos en el ámbito de protección del art. 8 del Convenio euro-*

> *peo para la protección de los derechos humanos y de las libertades fundamentales, por cuanto pueden contener datos sensibles que afecten a la intimidad y al respeto a la vida privada (§§ 41 y 44)"*[479].

Por consiguiente, se puede apreciar que el uso de los correos electrónicos por parte de las personas trabajadoras en el ámbito laboral queda dentro del ámbito de protección del derecho a la intimidad.

Sin embargo, en esta misma sentencia, el Tribunal Constitucional ha introducido ciertas matizaciones con respecto al alcance de la protección del derecho a la intimidad, señalando que el ámbito de cobertura de este derecho fundamental viene determinado por la existencia de una expectativa razonable de privacidad o confidencialidad. A este respecto, se dispone que:

> *"[...] un «criterio a tener en cuenta para determinar cuándo nos encontramos ante manifestaciones de la vida privada protegible frente a intromisiones ilegítimas es el de las expectativas razonables que la propia persona, o cualquier otra en su lugar en esa circunstancia, pueda tener de encontrarse al resguardo de la observación o del escrutinio ajeno. Así por ejemplo cuando se encuentra en un paraje inaccesible o en un lugar solitario debido a la hora del día, puede conducirse con plena espontaneidad en la confianza fundada de la ausencia de observadores. Por el contrario, no pueden abrigarse expectativas razonables al respecto cuando de forma intencional, o al menos de forma consciente, se participa en actividades que por las circunstancias que las rodean, claramente pueden ser objeto de registro o de información pública (SSTEDH de 25 de septiembre de 2001, P.G. y J.H. c. Reino Unido, § 57, y de 28 de enero de 2003, Peck c. Reino Unido, § 58)» (STC 12/2012, de 30 de enero, FJ 5)"*[480].

En consecuencia, la determinación de si el control y fiscalización empresarial ha generado o no la vulneración del derecho a la intimidad dependerá de las circunstancias que concurren en cada caso, atendiendo a la existencia o no de una expectativa razonable de privacidad o confidencialidad que determinara la

---

479 STC 170/2013 de 7 de octubre (TOL3.992.610).

480 STC 170/2013 de 7 de octubre (TOL3.992.610).

entrada en la esfera de protección del derecho a la intimidad. En el mismo sentido se ha posicionado la sentencia núm. 119/2018, de 8 de febrero, del Tribunal Supremo[481].

En cuanto a la posible colisión con el derecho al secreto de las comunicaciones, el Tribunal Constitucional afirma en esta misma sentencia que:

> *"[…] el poder de control de la empresa sobre las herramientas informáticas de titularidad empresarial puestas a disposición de los trabajadores podía legítimamente ejercerse, ex art. 20.3 LET, tanto a efectos de vigilar el cumplimiento de la prestación laboral realizada a través del uso profesional de estos instrumentos, como para fiscalizar que su utilización no se destinaba a fines personales o ajenos al contenido propio de su prestación de trabajo"*[482].

Sin embargo, es preciso analizar si existe una expectativa fundada y razonable de confidencialidad respecto al conocimiento de las comunicaciones mantenidas por las personas trabajadoras a través de la cuenta de correo proporcionada por la empresa y que habían quedado registradas en el ordenador de propiedad empresarial. A este respecto, el Tribunal Constitucional ha señalado que resulta imprescindible considerar las condiciones de disposición y uso de las cuentas personales de correo electrónico proporcionadas por las empresas y las instrucciones que hayan podido ser impartidas por las mismas a tal fin, de modo que la existencia de una prohibición expresa del uso extralaboral del correo electrónico faculta la fiscalización empresarial. En este sentido, el establecimiento de una expresa prohibición del uso extralaboral del correo electrónico y la consiguiente limitación de su utilización a fines profesionales lleva implícita la facultad empresarial de control, al objeto de verificar el cumplimiento por las personas trabajadoras de sus obligaciones y deberes laborales, así como la adecuación de su prestación a las exigencias de la buena fe.

---

481 STS 119/2018 de 8 de febrero (TOL6.525.837).

482 STC 170/2013 de 7 de octubre (TOL3.992.610).

Más allá de la doctrina jurisprudencial formada en el ámbito de las relaciones laborales, la Sala de lo Penal del Tribunal Supremo también ha tenido ocasión de pronunciarse sobre el valor y eficacia en el procedimiento penal de las pruebas obtenidas mediante la intervención de los correos electrónicos de las personas trabajadoras por parte de la empresa, así como su colisión con el derecho al secreto de las comunicaciones, cuyos criterios difieren respecto a los vigentes en el ámbito de la Jurisdicción Social. En particular, la Sala de lo Penal, Sección 1ª del Tribunal Supremo ha puesto de manifiesto en su sentencia núm. 528/2014 de 16 de junio que no procede la extensión de los criterios contenidos en el ámbito de la Jurisdicción Laboral al enjuiciamiento penal, pues a su juicio, el texto constitucional es claro y tajante al establecer que se garantiza el secreto de las comunicaciones y, en especial, de las postales, telegráficas y telefónicas, salvo resolución judicial. Por consiguiente, en palabras de la Sala de lo Penal del Tribunal Supremo, se dispone que:

> *"[…] No contempla, por tanto, ninguna posibilidad ninguna posibilidad ni supuesto, ni acerca de la titularidad de la herramienta comunicativa (ordenador, teléfono, etc. propiedad de tercero ajeno al comunicante), ni del carácter del tiempo en el que se utiliza (jornada laboral) ni, tan siquiera, de la naturaleza del cauce empleado ("correo corporativo"), para excepcionar la necesaria e imprescindible reserva jurisdiccional en la autorización de la injerencia. Tampoco una supuesta "tácita renuncia" al derecho (...) puede convalidar la ausencia de intervención judicial, por un lado porque obviamente dicha "renuncia" a la confidencialidad, o secreto de la comunicación, no se produce ni es querida por el comunicante que, de conocer sus consecuencias, difícil es imaginar que lleve a cabo la comunicación objeto de intervención y, de otra parte, porque ni aun cuando se entienda que la "renuncia- autorización" se haya producido resultaría operativa ya que, a diferencia de lo que ocurre con la protección del derecho a la inviolabilidad domiciliaria (art. 18.2 CE), nuestra Carta Magna no prevé, por la lógica imposibilidad para ello, la autorización del propio interesado como argumento habilitante para la injerencia"*[483].

---

[483] STS 528/2014 de 16 de junio (TOL4.438.005).

En definitiva, la Sala de lo Penal del Tribunal Supremo concluye que, en el ámbito del procedimiento penal, para que pueda otorgarse valor y eficacia probatoria al resultado de la prueba consistente en la intervención de las comunicaciones protegidas por el derecho consagrado en el artículo 18.3 de la Constitución, resultará imprescindible la autorización e intervención judicial, ya que constituye la única vía posible para alzar la barrera de protección que es inherente al derecho al secreto de las comunicaciones.

Sin embargo, la Sala de lo Penal, Sección 1ª, del Tribunal Supremo en su sentencia núm. 489/2018 de 23 de octubre y núm. 328/2021 de 22 de abril, ha venido a admitir la posibilidad de negociación interpartes para tolerar la fiscalización de los actos inicialmente protegidos por el derecho a la intimidad, así como la capacidad para extender ese ámbito de negociación al derecho a la inviolabilidad de las comunicaciones, excluyendo la imperatividad de la autorización judicial para justificar la intromisión. De este modo, tanto la empresa como las personas trabajadoras podrán fijar los términos de ese control, pactando en su caso la renuncia no sólo al derecho a la intimidad, sino también a la propia inviolabilidad de las comunicaciones. Por tanto, allí donde exista acuerdo expreso sobre fiscalización entre la empresa y las personas trabajadoras, se estará excluyendo la expectativa de privacidad. Ahora bien, la Sala de lo Penal del Tribunal Supremo ha matizado que la exclusión de esa expectativa ha de ser expresa y consciente, y no puede equipararse a ésta una pretendida renuncia derivada de la voluntad presunta de la persona trabajadora[484].

Todo lo anterior nos conduce a apreciar la existencia de una clara contradicción en lo que se refiere a la potestad de fiscalización empresarial sobre los mensajes de los correos electrónicos de las personas trabajadoras desde la perspectiva del orden

---

484 STS 489/2018 de 23 de octubre (TOL6.917.487) y STS 328/2021 de 22 de abril (TOL8.413.824).

social frente a la perspectiva del orden penal[485], pues según la doctrina del Tribunal Constitucional y la Sala de lo Social del Tribunal Supremo, la existencia de una prohibición expresa en la empresa sobre el uso del correo electrónico para fines personales convierte el canal de comunicación en abierto, y por tanto, no susceptible de protección constitucional del art. 18.3 CE ante la actuación fiscalizadora de la empresa; mientras que, para la Sala de lo Penal del Tribunal Supremo, solo mediante la resolución judicial o el consentimiento expreso y consciente de la persona trabajadora se puede acceder al contenido de los correos electrónicos de las personas trabajadoras.

Ahora bien, en mi opinión, la existencia de una prohibición expresa en la empresa sobre el uso del correo electrónico para fines personales no es suficiente para legitimar el control y fiscalización de las comunicaciones por parte de la empresa, sino que se requiere, además, que esta última demostrara que haya respetado escrupulosamente el principio de buena fe y mutua confianza consagrado en el art. 5 y art. 20 del Estatuto de los Trabajadores, de manera que la intervención de las comunicaciones no responda a un capricho arbitrario de la empresa y sin motivación alguna.

8.3.2.3. Navegación por Internet

Con carácter general, las empresas están facultadas para adoptar cualquier tipo de medidas de vigilancia y control que estimen más oportunas para verificar el uso de los ordenadores de la empresa, entre las cuales destaca la revisión de los rastros o huellas de la navegación en Internet. Mediante este mecanismo de control, se permite identificar si existe o no una utilización indebida de los mismos por parte de las personas trabajadoras, tales como la navegación por Internet para fines particulares, la

---

485 Fabregat Monfort, G. (2016). *Nuevas perspectivas del poder de dirección y control del empleador, op.cit.*, 81.

participación en actividades ilegales en nombre de la empresa, o en su caso, la divulgación de los secretos empresariales. Sin embargo, este tipo de controles puede entrar en colisión con el derecho a la intimidad de las personas trabajadoras.

A este respecto, según la doctrina jurisprudencial del Tribunal Europeo de Derechos Humanos, contenida en su sentencia de 3 de abril de 2007 (Caso Copland contra Reino Unido), el seguimiento de la navegación por Internet[486] de la persona trabajadora sin su consentimiento constituye una injerencia en su derecho al respeto de su vida privada y su correspondencia en virtud del artículo 8 del Convenio Europeo para la Protección de los Derechos Humanos, ya que existe una expectativa razonable de respeto de su privacidad en cuanto al uso de Internet por parte de la persona trabajadora[487]. Asimismo, la sentencia del Tribunal Supremo, de 26 de septiembre de 2007, ha venido a complementar la doctrina del Tribunal Europeo de Derechos Humanos, señalando que la información derivada del seguimiento del uso personal de Internet puede contener datos sensibles en orden a la intimidad, en la medida que pueden incorporar informaciones que revelen sobre determinados aspectos de la vida privada de la persona trabajadora (por ejemplo, la ideología, la orientación sexual, las aficiones personales, entre otros). Por consiguiente, dicha información entra dentro del ámbito de protección del derecho a la intimidad[488].

Sin embargo, en línea con la doctrina jurisprudencial contenida en la sentencia núm. 170/2013, de 7 de octubre, del Tribunal Constitucional, el ámbito de cobertura de este derecho a la intimidad viene determinado por la existencia o no en el caso de una expectativa razonable de privacidad o confidencialidad, de

---

486 Incluyendo, entre otros mecanismos, el análisis de las páginas web visitadas, la fecha y hora de las visitas a las mismas y su duración.

487 STEDH de 3 de abril de 2007 (TOL1.145.232).

488 STS de 26 de septiembre de 2007 (TOL1.153.301).

modo que la existencia de una prohibición expresa en la empresa sobre el uso de las herramientas informáticas de su propiedad para fines particulares permite a que la empresa ejerciera su facultad legal de vigilancia y control sobre los datos de navegación de Internet de la persona trabajadora, tanto para verificar el correcto cumplimiento de su prestación laboral desarrollada a través de este instrumento, como para constatar que su utilización se ceñía a fines estrictamente profesionales y no personales o extralaborales[489]. Por consiguiente, en tales circunstancias, las personas trabajadoras no tendrían una expectativa razonable de privacidad o confidencialidad para aducir la protección de su derecho a la intimidad y evitar así tanto el ejercicio de la potestad de vigilancia y control empresarial como la aplicación del tipo que sanciona las conductas irregulares cometidas por las mismas.

En este mismo sentido se ha posicionado la sentencia núm. 1730/2017, de 12 de julio, del Tribunal Superior de Justicia de Andalucía (Granada), al considerar que no existe una lesión del derecho a la intimidad de la persona trabajadora el control efectuado por la empresa mediante el acceso y revisión de los rastros o huellas de la navegación en Internet[490], ya que la persona trabajadora conocía perfectamente el protocolo empresarial en el que se establecía la prohibición general de utilización de los medios informáticos a su disposición para fines particulares y no relacionados con los cometidos laborales, y en particular, se prohibía de forma expresa el acceso a internet para acceder a material obsceno.

---

489 STC 170/2013 de 7 de octubre (TOL3.992.610).

490 A través de los cuales, se detectaron la utilización del ordenador portátil de la empresa para asuntos personales no relacionados con su trabajo, contraviniendo las directrices marcadas por la empresa; la descarga de archivos de internet para uso particular y de dudosa legalidad, la visita a páginas de contactos y foros eróticos, así como la dejación manifiesta de sus cometidos y obligaciones laborales, durante la jornada laboral para fines nada relacionados con sus responsabilidades profesionales.

Asimismo, la existencia de esta advertencia previa posibilita a la empresa a implementar los mecanismos de control más oportunos para verificar la utilización de los medios informáticos puestos a disposición de las personas trabajadoras. Por tanto, si estas últimas utilizaron los equipos para fines particulares en contra de estas prohibiciones y con conocimiento de los controles y medidas aplicables, no podrá entenderse que, al realizarse el control, se le haya vulnerado su expectativa razonable de intimidad[491].

8.3.2.4. Registro del ordenador

En el marco del ejercicio de la potestad de control empresarial, la empresa podrá efectuar un registro del ordenador puesto a disposición de las personas trabajadoras a fin de verificar en él su correcto cumplimiento de la prestación laboral. Ahora bien, el problema jurídico consiste en determinar si el registro del ordenador es equiparable al registro de un efecto personal del art. 18 del Estatuto de los Trabajadores. En particular, a tenor de lo dispuesto en este artículo, solo podrán realizarse registros sobre la persona del trabajador, en sus taquillas y efectos particulares, cuando sean necesarios para la protección del patrimonio empresarial y del de los demás trabajadores de la empresa, dentro del centro de trabajo y en horas de trabajo. Igualmente, se establece que en su realización se respetará al máximo la dignidad e intimidad de la persona trabajadora y que además se contará con la asistencia de un representante legal de los trabajadores o, en su ausencia del centro de trabajo, de otro trabajador de la empresa, siempre que ello fuera posible.

Esta cuestión planteada ya ha sido dirimida por la sentencia, de 26 de septiembre de 2007, del Tribunal Supremo, en virtud de la cual se dispone que el artículo 18 del Estatuto de

---

[491] STSJ Andalucía, Granada, 1730/2017 de 12 de julio (TOL6.458.619).

los Trabajadores no es aplicable al control por la empresa de los medios informáticos que se facilitan a los trabajadores para la ejecución de la prestación laboral, ya que el supuesto de hecho de la norma es completamente distinto del que se produce con el control de los medios informáticos en el trabajo. En concreto, el Tribunal Supremo señala que el ordenador es una herramienta de trabajo del que es titular la propia empresa y ésta tiene, por tanto, facultades de control de la utilización, que incluyen lógicamente su examen. En este sentido, se concluye que el ordenador no es un efecto personal de las personas trabajadoras, sino un instrumento de producción del que es titular la empresa, y que esta última puede verificar en el ordenador el correcto cumplimiento de la prestación laboral[492].

Ahora bien, al igual que los otros mecanismos de control del uso de los medios digitales por parte de las personas trabajadoras, el registro del ordenador puede colisionar con el derecho a la intimidad. A este respecto, el Tribunal Supremo ha señalado en esta misma sentencia que:

> *"[...] aunque el trabajador tiene derecho al respeto a su intimidad, no puede imponer ese respeto cuando utiliza un medio proporcionado por la empresa en contra de las instrucciones establecidas por ésta para su uso y al margen de los controles previstos para esa utilización y para garantizar la permanencia del servicio"*[493].

En este sentido, si el ordenador entregado se utiliza para usos privados en contra de las prohibiciones establecidas por la empresa y la persona trabajadora tiene pleno conocimiento de los controles y las medidas aplicables, ésta no podrá alegar posteriormente la vulneración de su derecho a la intimidad para impedir la realización del control empresarial sobre el equipo que se le ha facilitado por la empresa como instrumento de trabajo.

---

492 STS de 26 de septiembre de 2007 (TOL1.153.301).

493 STS de 26 de septiembre de 2007 (TOL1.153.301).

En definitiva, la clave para legitimar la medida de registro del ordenador consiste en el establecimiento previo de las reglas de uso del equipo entregado, así como la información a las personas trabajadoras de que va a existir control y de los medios que han de aplicarse en orden a comprobar la corrección de los usos, incluyendo las medidas que han de adoptarse en su caso para garantizar la efectiva utilización laboral del medio cuando sea necesario. En esta línea se ha pronunciado la sentencia núm. 2440/2018, de 25 de octubre, del Tribunal Superior de Justicia de Andalucía (Granada), en la que ha dictaminado la licitud del registro del ordenador mediante un software instalado en los equipos informáticos, y que la utilización de los ordenadores por parte de la persona trabajadora para fines privados[494], en contravención de las órdenes expresas establecidas por la empresa, determina la ausencia de vulneración de su derecho a la intimidad, y, por tanto, se confirma la procedencia del despido disciplinario[495].

No obstante, la inexistencia del establecimiento de las reglas de uso y la falta de información previa a las personas trabajadoras determina la ilicitud de la medida de control y de las pruebas que se obtengan a través de su aplicación. A este respecto, es preciso destacar que la sentencia, de 8 de marzo de 2011, del Tribunal Supremo ha declarado la existencia de una prueba obtenida ilícitamente al vulnerar el derecho a la intimidad de las personas trabajadoras, ya que no consta que la empresa haya establecido las reglas para el uso de los medios entregados ni

---

494 En particular, la persona trabajadora había en el ordenador de la empresa el programa Team Viewer para acceder remotamente a su ordenador doméstico y ello con el fin de conectarse a las páginas web y blog dedicadas a las apuestas deportivas, y a las redes sociales. Igualmente, ha estado publicando, durante los horarios de su jornada laboral, y a través de las conexiones a Team Viewer, comentarios y resultados de partidos y apuestas en su página web, en su blog de apuestas, así como en sus redes sociales.

495 STSJ Andalucía, Granada, 2440/2018 de 25 de octubre (TOL7.002.907).

la previa advertencia sobre las medidas de control a aplicar en orden a comprobar su correcto uso[496].

8.3.3. Control de la productividad y calidad del trabajo

La productividad constituye la mayor preocupación de las empresas a la hora de implantar el teletrabajo, pues existe una desconfianza generalizada[497] sobre la productividad de las personas trabajadoras cuando se desarrolle su actividad laboral en modalidad de teletrabajo. Sin embargo, desde la perspectiva de las personas trabajadoras, y en especial, aquellas que desarrollan actividades profesionales, su productividad ha aumentado con el teletrabajo[498].

Ciertamente, es preciso considerar que la personalidad de las personas trabajadoras influye en su productividad y calidad de trabajo cuando presta sus servicios en régimen de teletrabajo. En particular, aquellas personas que sean responsables y

---

496 STS de 8 de marzo de 2011 (TOL2.074.769).

497 A este respecto, según un estudio reciente desarrollado por una consultora de referencia en la búsqueda y selección especializada de talentos directivos, Robert Walters, se pone de manifiesto que 7 de cada 10 directivos prefiere continuar con el modelo de trabajo tradicional y que el principal impedimento a la hora de adoptar el teletrabajo es la preocupación por la productividad de los empleados. https://www.fororecursoshumanos.com/directivos-modelo-trabajo-tradicional/ Recuperado el 10 de octubre de 2024.

498 Según la encuesta realizada por Robert Walters, el 47% de los profesionales reconoce haber conseguido mejores resultados con el teletrabajo, y que los principales factores que explican el aumento de productividad son el ahorro de tiempo de desplazamiento a la oficina, una mayor flexibilidad en el horario de trabajo; una mayor capacidad de concentración, menor número de distracciones; un ambiente cómodo y relajado en el hogar; un menor número de reuniones; y una mayor autonomía. https://www.robertwalters.es/contratacion/hiring-advice/productividad-aumentado-con-el-teletrabajo.html Recuperado el 10 de octubre de 2024.

organizadas pueden realizar sus actividades laborales mediante teletrabajo sin que ello afecte a su productividad o rendimiento, mientras que aquellas otras que sean más dispersas, que tengan una facilidad mayor para distraerse o que necesitan del incentivo de estar rodeados de sus compañeros de trabajo para rendir al máximo pueden encajar menos con el teletrabajo, ya que esta modalidad de trabajo puede influir negativamente en su productividad y/o calidad de entrega de su trabajo[499].

Ahora bien, considerando que la productividad y la calidad del trabajo constituyen factores clave de competitividad para las empresas, es obvio que estas últimas están interesadas en implementar una serie de controles para asegurar que la implantación del teletrabajo no implique una reducción de la productividad o un empeoramiento de la calidad del trabajo. Entre los principales controles utilizados caben destacar el establecimiento de indicadores de productividad, y la evaluación de la calidad de trabajo mediante encuestas de satisfacción u otras técnicas investigadoras más avanzadas.

8.3.3.1. Indicadores de productividad

Conforme con lo establecido en el art. 5, apartado e) del Estatuto de los Trabajadores, la contribución a la mejora de la productividad constituye un deber básico de las personas trabajadoras. Ahora bien, con la finalidad de realizar un control sobre la productividad desempeñada por las mismas, las empresas tienden a establecer un conjunto de indicadores, así como llevar a cabo su seguimiento continuo. Entre los principales indicadores de productividad en el teletrabajo cabe destacar el número de horas efectivas que se dedican a la realización de las

---

499 Martínez Carrillo, C. F., Quintana Pineda, V., López de Llergo Pérez, C., Gerson Anzola, A. C. y Alcalde Justiniani, A. (2021). *Visiones del nuevo derecho del trabajo*. Tirant lo Blanch, 131.

actividades laborales, el número de entregables generados, así como aquellos indicadores relativos basados en la comparación con la productividad media de las personas trabajadoras.

Asimismo, hoy en día existe multitud de herramientas informáticas para realizar un seguimiento de la productividad de las personas trabajadoras. Entre las mismas, cabe destacar un programa informático a través del cual se permite llevar a cabo una supervisión de la productividad de la persona trabajadora, basada en el análisis de evolución de la actividad en su ordenador en diferentes horas del día, mostrando de esta forma tanto su intensidad del trabajo como cambios en su productividad en función de la hora del día. Mediante la utilización de esta solución informática, se permite identificar los diferentes patrones en el comportamiento de la persona trabajadora, así como reducir la pérdida de tiempo ocioso en el trabajo[500].

Por su parte, el establecimiento de indicadores de productividad también podría favorecer el propio autocontrol de la persona trabajadora. A este respecto, existe otra solución informática que dispone de una interfaz de autocontrol, a través de

---

500 A este respecto, la aplicación informática WorkiQ dispone de una funcionalidad que permite a las empresas llevar a cabo un seguimiento continuo de los tiempos de trabajo de las personas trabajadoras, mostrándoles la cantidad de tiempo que han dedicado las mismas al trabajo productivo y cuánto tiempo se hayan perdido en actividades improductivas, así como conocer el detalle de los programas y recursos utilizados. Igualmente, se permite conocer los diferentes niveles de productividad de las personas trabajadoras a lo largo de la jornada de trabajo, así como identificar las fluctuaciones existentes en sus actividades. Por su parte, el programa permite generar un conjunto de informes de productividad a través de los cuales se puede conocer el nivel de productividad general de toda la plantilla, así como el nivel de productividad alcanzado por cada una de las personas trabajadoras, facilitando de este modo el análisis y evaluación de la productividad y eficiencia del personal. Más información disponible en: https://activeops.com/workiq Recuperado el 10 de octubre de 2024.

la cual se permite a las propias personas trabajadoras visualizar sus estadísticas personales de productividad a lo largo del día de trabajo, de modo que les ayude a reflexionar sobre su propio nivel de productividad. Asimismo, la existencia de esta interfaz de autocontrol permite mejorar el nivel de autoorganización de las personas trabajadoras, así como potenciar su autodisciplina[501].

Una vez efectuada la revisión de la doctrina jurisprudencial existente, se puede observar que todavía no existe jurisprudencia que pronuncie sobre la legalidad y licitud de este mecanismo de control de la productividad, así como su posible colisión con el derecho a la intimidad de la persona trabajadora. Sin embargo, se puede aplicar por analogía la doctrina contenida en la sentencia, de 5 de diciembre de 2003 del Tribunal Supremo, en la que se dispone que los controles empresariales que puedan establecer las empresas en uso de su derecho a controlar la actividad de las personas trabajadoras serán lícitos mientras no produzcan resultados inconstitucionales[502]. En este sentido, la medida de control empresarial adoptada deberá acomodarse a las exigencias de proporcionalidad entre el fin pretendido con ella y la posible restricción de aquel derecho fundamental de los trabajadores. Para ello, resulta imprescindible verificar si dicha medida es susceptible de conseguir el objetivo propuesto (juicio de idoneidad); si, además, es necesaria, en el sentido de que no exista otra medida más moderada para la consecución de tal propósito con igual eficacia (juicio de necesidad); y, finalmente, si la misma es ponderada o equilibrada, por derivarse de ella más beneficios o ventajas para el interés general que perjuicios

---

[501] En particular, la aplicación Autokick proporciona a las personas trabajadoras estadísticas sobre su productividad, incluyendo los datos sobre el tiempo total de trabajo, su inicio y finalización. También muestra el porcentaje de actividad productiva, neutral e improductiva. Más información disponible en: https://www.kickidler.com/es/features/autokick.html Recuperado el 10 de octubre de 2024.

[502] STS de 5 de diciembre de 2003 (TOL340.555).

sobre otros bienes o valores en conflicto (juicio de proporcionalidad en sentido estricto), todo ello de acuerdo con el juicio de proporcionalidad que determina el Tribunal Constitucional en sus sentencias núm. 98/2000, de 10 de abril y núm. 186/2000, de 10 de julio, ya citadas anteriormente.

8.3.3.2. Evaluación de la calidad del trabajo

La evaluación de la calidad del trabajo es un mecanismo de control del desempeño de las personas trabajadoras, cuya finalidad es asegurar que el desarrollo de su actividad laboral se cumpla con un estándar mínimo de calidad establecido por la empresa.

Entre los principales instrumentos utilizados para la evaluación de la calidad del trabajo cabe destacar la realización de encuestas de satisfacción a los clientes o la petición de puntuaciones a los mismos sobre el servicio recibido. De esta forma, las empresas consiguen delegar el control de la calidad del trabajo de su plantilla a los clientes, y la información recabada a los mismos les permite adoptar decisiones en materia de personal. También existen otras técnicas más avanzadas para el control de la calidad del trabajo, entre las cuales destaca la técnica del cliente oculto (conocido también como "*mystery shopping*"), que permite comprobar los elementos específicos y la calidad del trabajo y de la prestación de servicios mediante observaciones directas y objetivas realizados por especialistas en el control de la calidad[503].

En cuanto a la legalidad y licitud de este mecanismo de control, es preciso señalar que, siguiendo la doctrina jurisprudencial comentada a lo largo del presente trabajo, las empresas están facultadas a adoptar cualquier medida de control sobre la acti-

---

503 López de la Fuente, G. (2020). *La revolución tecnológica y su impacto en las relaciones de trabajo y en los derechos de los trabajadores: (cuestiones actuales y nuevos retos), op cit,* 76-78.

vidad laboral desarrollada por las personas trabajadoras siempre que las medidas adoptadas se ejerzan dentro de su ámbito legal y no lesionen los derechos fundamentales de las mismas.

Considerando que las empresas tienen un interés legítimo en asegurar un estándar mínimo de calidad en el desarrollo de su actividad, se puede llegar a la conclusión de que este mecanismo de control es lícito, ya que es proporcionado a la finalidad que con el mismo se pretende, idóneo para el mismo fin porque de ese control se pueden derivar beneficios para la actividad que ejerce la empresa, y no parece que de la implementación de este tipo de controles se puedan derivar prejuicios para los derechos fundamentales de las personas trabajadoras. Es más, la evaluación de la calidad del trabajo es un mecanismo de control mucho menos intrusivo que los otros mecanismos de control anteriormente analizados, tales como la grabación y escucha de las conversaciones.

8.3.4. Control de las infracciones del personal

En el contexto del teletrabajo, las empresas deben establecer las instrucciones necesarias para prevenir infracciones del personal en materia de protección y preservar frente a posibles brechas de seguridad. Asimismo, en atención a lo dispuesto en el art. 20 de la nueva Ley de trabajo a distancia, las personas trabajadoras deberán cumplir las instrucciones que haya establecido la empresa en el marco de la legislación sobre protección de datos, así como aquellas otras sobre seguridad de la información específicamente fijadas por la empresa. Igualmente, el art. 21 de esta misma Ley dispone que las personas trabajadoras deberán cumplir las condiciones e instrucciones de uso y conservación establecidas en la empresa en relación con los equipos o útiles informáticos.

Por consiguiente, en ejercicio de la facultad de control empresarial prevista en el art. 20.3 del Estatuto de los Trabajadores, las empresas están facultadas a adoptar medidas de vigilancia y control para verificar el cumplimiento por los trabajadores de sus obligaciones laborales, incluyendo en este caso el cumplimiento de las instrucciones establecidas en materia de protección de datos y de seguridad de la información, así como de aquellas otras sobre el uso y conservación de los equipos o útiles informáticos. A estos efectos, los principales mecanismos utilizados en el contexto del teletrabajo para el control de las infracciones del personal son, por un lado, las notificaciones automáticas de las infracciones, y, por otro lado, el análisis de las infracciones y la supervisión remota.

8.3.4.1. Notificaciones automáticas de las infracciones

A la hora de desarrollar las actividades laborales, las personas trabajadoras pueden incurrir en infracciones de sus deberes laborales, contraviniendo con las instrucciones dictadas por la empresa. Con la finalidad de concienciar a las personas trabajadoras sobre las instrucciones establecidas en la organización, así como prevenir la comisión de nuevas infracciones, las empresas tienden a implementar un mecanismo de control basado en las notificaciones automáticas de las infracciones a las personas trabajadoras. En particular, la solución informática permite a las empresas configurar las reglas de acciones que se consideraran como infracciones, así como los mensajes de amonestación asociados a cada una de las infracciones. De este modo, en caso de que se produzca una infracción, la herramienta informática activa una ventana emergente en el escritorio de la persona infractora, informándole sobre la comisión de dicha infracción, así como las consecuencias que pueden llevar aparejadas. Asimismo, el programa también permite registrar los mensajes de infracción activados, así como enviar alertas al correo electrónico de las personas supervisoras, facilitando de este modo la monitorización y fiscalización posterior por parte de las empresas[504].

---

504 A este respecto, la aplicación informática Kickidler dispone de una funcionalidad que permite notificar automáticamente las infracciones

Ciertamente, atendiendo a la propia naturaleza y características de este mecanismo de control, se puede apreciar que se trata de un control lícito y proporcionado, y que queda enmarcado dentro de la facultad de control empresarial ex art. 20.3 del Estatuto de los Trabajadores. Asimismo, la implementación de este tipo de controles es idóneo para establecer la disciplina laboral en las empresas, y, además, no parece que se puedan derivar perjuicios para los derechos fundamentales de las personas trabajadoras.

Por su parte, es preciso destacar que la utilización de este tipo de controles presenta ciertas ventajas, al eliminar la negatividad en la comunicación de las infracciones a las personas trabajadoras infractoras, ya que estas últimas experimentarán menos emociones negativas al recibir notificaciones de infracciones en forma de ventanas emergentes en lugar de recibirlas en persona. De esta forma, se consigue evitar la aparición de conflictos interpersonales, así como fomentar un ambiente de trabajo favorable[505].

---

cometidas por las personas trabajadoras, contribuyendo a una mayor disciplina en el entorno de trabajo. Más información disponible en: https://www.kickidler.com/es/ Recuperado el 10 de octubre de 2024.

505 La utilización de este mecanismo de control permite eliminar la necesidad de realizar amonestaciones frecuentes a las personas trabajadoras por la comisión de infracciones de naturaleza generalmente leve. Asimismo, contribuye a establecer una atmósfera más agradable dentro de la empresa.
Más información disponible en: https://www.kickidler.com/es/features/autokick.html Recuperado el 10 de octubre de 2024.

Finalmente, en los últimos tiempos, han emergido nuevas herramientas de control, tales como *TP Protect*[506] y *TP Sentinel*[507]. Estas soluciones han surgido como respuesta a la creciente preocupación de las empresas por fortalecer la seguridad y supervisión de las actividades laborales en el contexto digital. Con una orientación proactiva, dichas herramientas buscan mitigar los riesgos asociados a la ciberseguridad y al proceso operativo realizado por las personas trabajadoras, asegurando la integridad de los procesos operativos y la salvaguardia de información sensible. Estos avances tecnológicos representan una valiosa contribución para el ámbito laboral, al dotar a las organizaciones de medios

---

506 La herramienta *TP Protect* es una solución desplegada con el propósito de detectar alertas, pero también llevar a cabo procedimientos definidos por las operaciones para garantizar la seguridad de las operaciones en riesgo. Entre sus características destacadas, *TP Protect* cuenta con un sistema de detección de errores realizados por el personal, generando alertas en tiempo real cuando se identifican acciones inadecuadas. Asimismo, *TP Protect* tiene una funcionalidad proactiva para prevenir actividades fraudulentas y acelerar la identificación de fraudes mediante la monitorización en tiempo real. Esta capacidad de supervisión constante permite una detección temprana y precisa de eventos sospechosos, contribuyendo a reducir los posibles daños financieros y de reputación para la empresa.
Más información disponible en: https://www.tp.com/en-us/services/cx-management/work-at-home/#contactworkathome Recuperado el 10 de octubre de 2024.

507 La herramienta *TP Sentinel* se centra en mejorar y optimizar el uso de dispositivos personales dentro del entorno laboral, donde las personas trabajadoras utilizan sus propios dispositivos para realizar sus funciones. Al identificar problemas de rendimiento, como conexiones inestables o dispositivos inadecuados para ciertas tareas, TP Sentinel contribuye a una mejor identificación y resolución de los problemas de rendimiento que surgen debido a una conectividad deficiente o deficiencias relacionadas con dichos dispositivos. Más información disponible en: https://www.revistaeyn.com/empresasymanagement/teleperformance-continua-implementando-soluciones-innovadoras-en-la-nueva-era-digital-IUEN1439818/ Recuperado el 10 de octubre de 2024.

más eficaces y sofisticados para proteger su negocio y preservar la confianza de sus clientes. La utilización de estas herramientas de control ha sido avalada por la Audiencia Nacional en su sentencia núm. 44/2022, de 22 de marzo, al considerar que la Ley de trabajo a distancia atribuye a la empresa la facultad de vigilancia y control para verificar que la persona teletrabajadora cumpla con sus obligaciones y que no hay evidencia de que su utilización atenta a su dignidad o compromete la protección de datos personales[508].

8.3.4.2. Análisis y supervisión de las infracciones reiteradas

Cuando a la empresa le conste la comisión de infracciones de manera reiterada por parte de una determinada persona trabajadora, ello puede dar lugar a la activación de un mecanismo de control más severo, basado en un análisis individualizado de tales incumplimientos.

En particular, hoy en día existe un programa informático que permite realizar un seguimiento continuo de las infracciones cometidas por una persona trabajadora, a través del cual se pueden conocer todas aquellas actividades ilícitas o en contravención a lo establecido en las instrucciones dictadas por la empresa[509]. Igualmente, se permite llevar a cabo una supervisión de las infracciones cometidas mediante la grabación de vídeos en pantallas, de manera que quedarían registradas todas las acciones realizadas por la persona trabajadora en un intervalo de tiempo determinado.

---

508 SAN 44/2022 de 22 de marzo (TOL9.803.015).

509 A modo ilustrativo y no exhaustivo, la aplicación informática permite conocer si la persona trabajadora haya abierto ciertos programas informáticos no permitidos por la empresa, si haya visitado a ciertas páginas webs de contenido inapropiado o si haya ejecutado ciertas acciones, tales como fugas de información. Más información disponible en: https://www.kickidler.com/es/video-recording.html#violation-analys Recuperado el 10 de octubre de 2024.

Atendiendo a las características anteriormente expuestas, se puede apreciar la existencia de una posible colisión con el derecho a la intimidad de la persona trabajadora. A este respecto, se puede aplicar analógicamente la doctrina jurisprudencial sobre el registro del ordenador y sobre la utilización de los sistemas de videovigilancia para determinar la licitud de este tipo de medidas de control. En este sentido, para justificar la licitud de la medida de control aplicada, es preciso acreditar la existencia de instrucciones claramente establecidas en la empresa, la superación del juicio de proporcionalidad que determina el Tribunal Constitucional (esto es, el juicio de idoneidad, necesidad, y proporcionalidad en sentido estricto), así como la información previa de manera previa, explícita, precisa e inequívoca a las personas trabajadoras sobre la existencia y el alcance de dicha medida de control, salvo la existencia de indicios o sospechas razonables de la comisión de infracciones graves en el desarrollo de su actividad laboral (en cuyo caso se puede acreditar mediante la recepción reiterada de notificaciones automáticas por infracciones cometidas por las mismas).

8.4. REFLEXIONES Y DESAFÍOS SOBRE EL CONTROL EMPRESARIAL EN EL TELETRABAJO

Ante la virtualización de las relaciones laborales con el teletrabajo, la potestad de control empresarial debe ejercitarse con la ayuda de las nuevas tecnologías de la información y de la comunicación. Atendiendo a la previsión legal *ex* art. 20.3 del Estatuto de los Trabajadores, las empresas están facultadas para adoptar medidas de vigilancia y control más oportunas a fin de verificar el cumplimiento por las personas trabajadoras de sus obligaciones laborales. Sin embargo, la utilización de estas nuevas tecnologías como mecanismos de control empresarial puede entrar en colisión con los derechos fundamentales de las personas trabajadora, particularmente, con su derecho a la dignidad, a la intimidad, al secreto de las comunicaciones, a la inviolabilidad del domicilio y a la libertad informática (o a la autodeterminación informativa).

Toda la doctrina jurisprudencial y académica apunta que los controles que puedan establecer las empresas en ejercicio de su facultad de control de la actividad de las personas trabajadoras serían lícitos mientras no produzcan resultados inconstitucionales. Sin perjuicio de lo anterior, también es preciso considerar aquellos requisitos que han de cumplirse con carácter previo a la adopción de las medidas de control, tales como la información previa a las personas trabajadoras y a sus representantes sobre los controles de uso establecidos por la empresa, así como el establecimiento de las reglas de uso de los equipos informáticos y/o de telecomunicaciones propiedad de la empresa (ordenador, teléfono, etc.).

Por consiguiente, en el contexto de teletrabajo, el sistema de control empresarial no puede basarse en un uso abusivo y fraudulento de las nuevas tecnologías de información y comunicación, sometiendo a las personas trabajadoras a una vigilancia y monitorización constante de su actividad laboral y menoscabando sus derechos fundamentales. En este sentido, las empresas deben realizar una reflexión profunda sobre qué mecanismos de control son idóneos, necesarios y proporcionados para su implementación en el teletrabajo, analizarlos desde una perspectiva integral y asegurar la legalidad y licitud de su adopción.

Igualmente, la doctrina científica señala la necesidad de definir nuevas formas de supervisión de trabajo en el contexto del teletrabajo, pues esta modalidad de trabajo pone en tela de juicio los modelos tradicionales de organización de trabajo, que están basados en un control directo y visible de la actividad laboral desarrollada por las personas trabajadoras. Sin embargo, ante la virtualización de las relaciones laborales con el teletrabajo, la supervisión del trabajo debe modernizarse y que el control de la actividad laboral esté orientado hacia la consecución de objetivos o resultados empresariales. Igualmente, a la hora de establecer las medidas de control en el contexto de teletrabajo, es preciso considerar otros factores relevantes, tales como la personalidad del trabajador, el grado de autonomía conferido, así como la propia naturaleza de las tareas asignadas[510]. También es sumamente importante reformular el modelo de gestión organizacional de la empresa, redefiniendo la cultura organizacional y el estilo de gestión empresarial[511].

Finalmente, es preciso destacar que el establecimiento y formalización de políticas internas en las empresas tiene una importancia vital a la hora de ejercitar el poder de control empresarial, toda vez constituye el pretexto para la adopción de mecanismos de control y vigilancia. Asimismo, la formalización de políticas internas empresariales tiene una especial relevancia en la implementación de controles empresariales del uso de medios tecnológicos en el ámbito del trabajo, ya que legitima el control empresarial sobre el uso de estos medios y excluye la expectativa razonable de intimidad de las personas trabajadoras para impedir la realización de los controles por parte de las empresas. En este sentido, la ausencia de políticas internas establecidas en las empresas puede conllevar la imposibilidad de utilizar medios de control que supongan invasión en ámbitos de la esfera íntima o privada de las personas trabajadoras, toda vez se les genera una expectativa razonable de intimidad que impide intromisiones ilegítimas por parte de las empresas.

---

510 En este sentido, si una persona teletrabajadora es altamente cualificada, autoorganizada, dotada de un alto nivel de autonomía para llevar a cabo tareas no programables, es preferible que el control empresarial se base en la productividad y en los resultados y la calidad del trabajo realizado; mientras que una persona trabajadora que sea dispersa, con bajo nivel de autonomía para llevar a cabo tareas operativas predefinidas, el control que ejerza la empresa puede estar orientado al control de su actividad y presencia laboral.

511 Pontier, M. (2014). "Télétravail indépendant ou télétravail salarié: quelles modalités de contrôle et quel degré d'autonomie". *La Revue des Sciences de Gestion*, 2014/1 (265), 31-39. https://www.cairn.info/revue-des-sciences-de-gestion-2014-1-page-31.html. Recuperado el 3 de agosto de 2024.

9. La negociación colectiva y los derechos colectivos en el teletrabajo

La modalidad del teletrabajo ha sido regulada de manera específica mediante la Ley de Trabajo a Distancia. No obstante, dicha legislación aborda únicamente los elementos fundamentales de esta modalidad laboral, delegando en la negociación colectiva un significativo espacio para el desarrollo normativo en cada contexto particular. En este marco, es imperativo que la amplitud de la ley sea equilibrada mediante disposiciones convencionales que cubran aquellas facetas no contempladas por la normativa básica[512]. Por tanto, se destaca la relevancia de la negociación colectiva en la definición del marco jurídico del teletrabajo. Los convenios colectivos tienen la capacidad de complementar y adecuar las estipulaciones legales a las características distintivas de cada sector, así como de establecer sus propios criterios regulatorios.

El análisis de los convenios colectivos promulgados tras la implementación de la Ley de Trabajo a Distancia revela, como se detallará a continuación, un aumento significativo en la incorporación de cláusulas reguladoras del teletrabajo. Estas disposiciones inciden principalmente en áreas como: la estructuración del régimen de teletrabajo; la provisión de recursos y la compensación de gastos; la gestión del tiempo laboral y el derecho

---

512 Pedrosa González, J. (2021). "La regulación convencional del Teletrabajo". *Monográfico La nueva regulación del trabajo a distancia y del teletrabajo. Trabajo, Persona, Derecho, Mercado. Revista de Estudios sobre Ciencias del Trabajo y Protección Social,* 3(7-8), 112. Editorial Universidad de Sevilla. https://revistascientificas.us.es/index.php/Trabajo-Persona-Derecho-Merca/article/view/17240/15558. Recuperado el 5 de julio de 2024.

a la desconexión digital; la utilización y mantenimiento de herramientas informáticas facilitadas por la empresa; la seguridad y la salud en el ámbito del teletrabajo; la facultad de supervisión empresarial en esta modalidad; la práctica de derechos colectivos bajo el teletrabajo, entre otros aspectos adicionales. Pese a esto, se detecta que algunos convenios aún se limitan a una referencia directa a la Ley de Trabajo a Distancia, sin desarrollar contenidos específicos. Más allá de estas observaciones, resulta crucial llevar a cabo un análisis exhaustivo del contenido de los convenios colectivos en lo concerniente al teletrabajo, con el fin de identificar tendencias y patrones comunes en su regulación.

Por último, es vital abordar la cuestión de los derechos colectivos inherentes a los trabajadores en régimen de teletrabajo. En este escenario, emergen interrogantes cruciales acerca de cómo asegurar la representación efectiva de los teletrabajadores y la salvaguarda de sus derechos laborales colectivos. La ausencia de interacción física y la menor visibilidad de las instancias sindicales podrían resultar en una disminución de la influencia sindical, afectando adversamente la negociación colectiva[513]. Por lo tanto, se torna de gran interés profundizar en el estudio sobre cómo se ejercen los derechos colectivos en el ámbito del teletrabajo, abarcando aspectos tales como el derecho a la representación sindical y unitaria; el derecho a la información, reunión y participación; el derecho a la negociación colectiva; así como el derecho al conflicto colectivo y a la huelga.

9.1. LA NEGOCIACIÓN COLECTIVA COMO HERRAMIENTA CLAVE EN LA REGULACIÓN DEL TELETRABAJO

De acuerdo con lo dispuesto en el artículo 2 del Convenio número 154 de la Organización Internacional del Trabajo, el

513 Romero Burillo, A. M. (2021). *El marco regulador del teletrabajo, op. cit.*, 18.

concepto de negociación colectiva abarca todas aquellas deliberaciones que se llevan a cabo entre, por un lado, una o más empresas, o una o varias organizaciones empresariales, y por otro, una o varias organizaciones representantes de los trabajadores. El objetivo primordial de estas negociaciones es establecer las condiciones laborales y de empleo, regular las relaciones entre empleadores y trabajadores, y/o gestionar las interacciones entre las empresas o sus organizaciones y una o más organizaciones de trabajadores. Además, el inciso b) del apartado 1 del artículo 3 del Estatuto de los Trabajadores establece que los convenios colectivos derivados de la negociación colectiva constituyen una fuente esencial de la relación laboral.

De igual manera, la Ley de Trabajo a Distancia en su exposición de motivos IV, reconoce a la negociación colectiva como un mecanismo fundamental para complementar la normativa específica de cada sector, definiendo criterios propios para abordar la regulación del teletrabajo. Además, en su disposición adicional primera, se otorga a los convenios colectivos la capacidad de regular cualquier otra cuestión que se considere pertinente y adecuada. Un examen minucioso de la Ley de Trabajo a Distancia revela que la legislación hace una referencia explícita a los convenios colectivos para la regulación de los siguientes aspectos[514]:

- **Configuración del teletrabajo y el derecho de reversión**: esto incluye la identificación de puestos y funciones aptos para teletrabajo, las condiciones de acceso y desarrollo de esta modalidad laboral, y la duración máxima del teletrabajo, según lo establecido en el apartado 1 de la disposición adicional primera. Asimismo, se contemplan los términos de reversibilidad al trabajo presencial y los criterios de transición entre el trabajo presencial y el teletrabajo,

---

514 Luque Parra, M., Ginès i Fabrellas, A. y Peña Moncho, J. (2021). *Teletrabajo: estudio jurídico desde la perspectiva de la seguridad y salud laboral, op. cit.*, 226-228.

considerando factores como formación, promoción, y estabilidad laboral de personas con diversidad funcional o riesgos específicos, según lo señalado en los apartados 2 y 3 de la disposición adicional primera y el artículo 8.

- **Dotación de medios y compensación de gastos**: en concreto, los términos del ejercicio del derecho a la dotación y mantenimiento adecuado por parte de la empresa de todos los medios, equipos y herramientas necesarios para el desarrollo de la actividad (apartado 1 del art. 11); el mecanismo para la determinación y compensación o abono de los gastos relacionados con los equipos, herramientas y medios vinculados al desarrollo de su actividad laboral (apartado 2 del art. 12).
- **El tiempo de trabajo y el derecho a la desconexión digital**: a saber, los términos establecidos para flexibilizar el horario de prestación de servicios establecido (art. 13); los medios y medidas adecuadas para garantizar el ejercicio efectivo del derecho a la desconexión en el teletrabajo y la organización adecuada de la jornada de forma que sea compatible con la garantía de tiempos de descanso (párrafo 2° del apartado 2 de art. 18); la determinación de la jornada mínima presencial en el teletrabajo así como las posibles circunstancias extraordinarias de modulación del derecho a la desconexión digital (apartado 2 de la disposición adicional primera).
- **Uso y conservación de equipos o útiles informáticos puestos a disposición por la empresa**: principalmente, los términos dentro de los cuales las personas teletrabajadoras pueden hacer uso por motivos personales de los equipos informáticos puestos a su disposición por parte de la empresa para el desarrollo del teletrabajo, teniendo en cuenta los usos sociales de dichos medios y las particularidades de esta modalidad de trabajo (párrafo 2° del apartado 3 del art. 17); así como los términos sobre el cumplimiento de las condiciones e instrucciones de uso y conservación establecidas en la empresa en relación con los equipos o útiles informáticos (art. 21).

- **Ejercicio de los derechos colectivos en el teletrabajo y otros contenidos adicionales**: en concreto, las condiciones para garantizar el ejercicio de los derechos colectivos por parte de las personas teletrabajadoras, en atención a las singularidades de su prestación, con respeto pleno al principio de igualdad de trato y de oportunidades entre la persona teletrabajadora y la que desempeñe tareas en el establecimiento de la empresa (párrafo 2º del apartado 1 de art. 19); así como contenidos adicionales en el acuerdo de trabajo a distancia y cuantas otras cuestiones se consideren necesario regular (apartado 1 de la disposición adicional primera).

Ahora bien, es crucial subrayar que las referencias legales a la negociación en el ámbito de los convenios colectivos no son imperativas, sino facultativas. Esto significa que se contempla la posibilidad de que algunos convenios colectivos no incluyan disposiciones específicas sobre el teletrabajo. En tales casos, sería el acuerdo individual de trabajo a distancia el que compense la falta de regulación específica sobre el teletrabajo en los convenios colectivos.

Sin perjuicio de lo anterior, es importante no obviar que, en mayo de 2023, las organizaciones empresariales CEOE y CEPYME, junto a las organizaciones sindicales CCOO y UGT, han concretado el V Acuerdo para el Empleo y la Negociación Colectiva (V AENC). Este acuerdo, producto del diálogo social, incluye una serie de criterios y recomendaciones orientados a los negociadores de convenios colectivos. Entre estos, se destacan directrices específicas relacionadas con el teletrabajo y el derecho a la desconexión digital[515]. Concretamente, el Capítulo X del Acuerdo estipula que los convenios o acuerdos colectivos deben incorporar y profundizar en los siguientes puntos relevantes a la negociación colectiva:

---

515 V Acuerdo para el Empleo y la Negociación Colectiva (V AENC), de 10 de mayo de 2023, 23-26.https://www.ceoe.es/es/publicaciones/laboral/v-acuerdo-para-el-empleo-y-la-negociacion-colectiva-v-aenc Recuperado el 26 de junio de 2024.

- Identificación de los puestos de trabajo y funciones adecuados a distancia.
- Condiciones de acceso y desarrollo de la actividad laboral a distancia.
- Duración máxima permitida para el trabajo a distancia.
- El establecimiento de una jornada mínima presencial.
- Definición de Parámetros para Considerar una Actividad como Teletrabajo, tales como el porcentaje de jornada o periodo de referencia para estar ante trabajo a distancia.
- Contenidos adicionales a los previstos por la regulación legal para el acuerdo individual de trabajo a distancia.
- Términos para el ejercicio de la reversibilidad.
- Mecanismos para la compensación de gastos relacionados con el teletrabajo por parte de la Empresa.
- Criterios para el cambio entre trabajo presencial y a distancia, teniendo en cuenta aspectos como la formación, promoción, diversidad funcional, riesgos específicos, pluriempleo, y circunstancias personales o familiares. Se debe prestar atención especial para evitar la perpetuación de roles y estereotipos de género, fomentando la corresponsabilidad entre mujeres y hombres.
- Dotación y mantenimiento por la empresa de medios, equipos y herramientas necesarios para la realización de la actividad en teletrabajo.
- Normas para el uso personal de los equipos informáticos facilitados por la Empresa.
- Medidas para asegurar el derecho a la desconexión digital y la organización adecuada de la jornada laboral en teletrabajo, incluyendo las circunstancias extraordinarias que puedan afectar este derecho.

- Garantía del ejercicio de derechos colectivos por parte de los trabajadores a distancia.
- Condiciones e instrucciones para el uso y conservación de equipos y herramientas informáticos proporcionados por la empresa.

En lo que se refiere al derecho a la desconexión digital, el Capítulo XI del citado Acuerdo establece que la regulación de este derecho debe tener en consideración los siguientes criterios, a saber:

- **Reconocimiento formal del derecho a la desconexión digital**: este derecho implica no atender dispositivos digitales fuera de la jornada laboral. No obstante, una conexión voluntaria por parte del trabajador no implica responsabilidad alguna para la empresa.
- **Aplicabilidad del derecho a todos los dispositivos y herramientas**: el derecho a la desconexión se extiende a cualquier dispositivo o herramienta que pueda prolongar la jornada laboral más allá de los límites legal o convencionalmente establecidos.
- **Ausencia de obligación de respuesta fuera del horario laboral**: los trabajadores no están obligados a responder comunicaciones fuera de su jornada, y los superiores no pueden exigir respuestas en este periodo, salvo en circunstancias excepcionales de fuerza mayor justificadas y que puedan suponer un grave riesgo hacia las personas o un potencial perjuicio empresarial hacia el negocio y que requiera la adopción de medidas urgentes e inmediatas.
- **Garantías empresariales contra la discriminación**: las empresas deben asegurar que el ejercicio del derecho a la desconexión no resulte en trato diferenciado, sanciones, impacto negativo en evaluaciones de desempeño o en la promoción del trabajador.

- **Acciones de formación y sensibilización**: las empresas pueden implementar programas de formación para fomentar un uso razonable de las herramientas tecnológicas, evitando la fatiga informática.
- **Buenas prácticas en la gestión del tiempo de trabajo**: entre estas prácticas se incluye la programación de respuestas automáticas durante ausencias y el uso de la función de "envío retardado" en las comunicaciones, para que estas se realicen dentro del horario laboral del destinatario.

En conclusión, la negociación colectiva emerge como un mecanismo crucial para la regulación del teletrabajo tras la implementación de la Ley de Trabajo a Distancia. La doctrina científica respalda esta visión, subrayando que las múltiples referencias a la negociación colectiva en la legislación reafirman el papel fundamental y necesario que la autonomía colectiva desempeña en la definición y adaptación del marco jurídico del teletrabajo, adaptándolo a las especificidades de cada sector de actividad o empresa[516].

9.2. LA REGULACIÓN DEL TELETRABAJO EN LOS CONVENIOS COLECTIVOS

Antes de adentrarnos en el análisis de la regulación del teletrabajo en los convenios colectivos, resulta imprescindible dilucidar a qué tipo de convenios o acuerdos colectivos hace referencia la Ley de Trabajo a Distancia, dado que la normativa menciona indistintamente convenios, acuerdos colectivos y/o la negociación colectiva. A este respecto, conviene recordar que los convenios

---

516 De la Puebla Pinilla, A. (2022). "Negociación colectiva y regulación del trabajo a distancia", *Teletrabajo y Negociación Colectiva: XXXIII Jornada de Estudio sobre Negociación Colectiva.* Ministerio de Trabajo y Economía Social,36-38.https://cpage.mpr.gob.es/producto/teletrabajo-y-negociacion-colectiva/. Recuperado el 28 de junio de 2024.

colectivos pueden clasificarse entre convenios estatutarios o de eficacia general, que son aquellos convenios regulados por el Estatuto de los Trabajadores y que obligan a todos los empresarios y trabajadores incluidos dentro de su ámbito de aplicación y durante todo el tiempo de su vigencia, cuya validez exige el cumplimiento de los requisitos establecidos en los arts. 87 a 89 del ET; y convenios extraestatutarios o de eficacia limitada, que son aquellos convenios cuya negociación no se cumple con lo establecido en los arts. 87 a 89 del ET y su eficacia se limita a la empresa y a las personas trabajadoras que los conciertan. A su vez, los convenios colectivos pueden clasificarse en función de su ámbito de aplicación, ya sea de sector o de empresa.

En línea con la doctrina científica, se observa que la Ley de Trabajo a Distancia no manifiesta preferencia por un tipo específico de convenios colectivos, incluyendo los convenios estatutarios o de eficacia general. De acuerdo con esto, cualquier modalidad de convenio colectivo, incluyendo aquellos acuerdos de empresa negociados directamente con representaciones unitarias o sindicales, se considera un instrumento adecuado para la regulación del teletrabajo. La elección del tipo de convenio dependerá de factores como la dinámica propia de las relaciones laborales en cada sector o empresa, las estrategias de negociación de los sindicatos, y las necesidades específicas de las empresas[517]. No obstante, es relevante señalar que un sector de la doctrina científica postula

---

[517] Enrique de la Villa Gil, L. (2021). "La regulación del teletrabajo por la negociación colectiva". *La negociación colectiva como institución central del sistema de relaciones laborales: estudio en homenaje al profesor Fernando Valdés Dal-Ré*. Bomarzo, 511-519.

que los convenios colectivos de franja[518] son los más apropiados para detallar y concretar la regulación del teletrabajo[519].

Ahora bien, la cuestión de posibles conflictos o situaciones de concurrencia entre distintos tipos de convenios colectivos, como por ejemplo entre convenios sectoriales y acuerdos de empresa, es un aspecto relevante a considerar. Ante la ausencia de directrices específicas en la Ley de Trabajo a Distancia, es necesario referirse a las normativas generales establecidas en el Estatuto de los Trabajadores. De acuerdo con este marco legal, si existe un convenio sectorial vigente que regule el teletrabajo, su aplicación prevalecerá en las empresas incluidas en su ámbito, salvo en casos donde se aborden materias específicas contempladas en el apartado 2 del artículo 84 del ET[520]. También cabe la posibilidad de regulación a nivel empresarial si esta implica

---

518 Los convenios colectivos de franja se refieren a aquellos convenios dirigidos a un grupo de trabajadores con perfil profesional específico. Asimismo, de acuerdo con lo establecido en el apartado 1 del art. 87 ET, estarán legitimadas para negociar este tipo de convenios las secciones sindicales que hayan sido designadas mayoritariamente por sus representados a través de votación personal, libre, directa y secreta.

519 Pedrosa González, J. (2021). "La regulación convencional del Teletrabajo", *op.cit.*, 112.

520 En concreto, la regulación de las condiciones establecidas en un convenio de empresa tendrá prioridad aplicativa respecto del convenio sectorial estatal, autonómico o de ámbito inferior en las siguientes materias: (1) el abono o la compensación de las horas extraordinarias y la retribución específica del trabajo a turnos; (2) el horario y la distribución del tiempo de trabajo, el régimen de trabajo a turnos y la planificación anual de las vacaciones; (3) la adaptación al ámbito de la empresa del sistema de clasificación profesional de las personas trabajadoras; (4) la adaptación de los aspectos de las modalidades de contratación que se atribuyen por esta ley a los convenios de empresa; (5) las medidas para favorecer la corresponsabilidad y la conciliación entre la vida laboral, familiar y personal; y, por último, (6) aquellas otras que dispongan los acuerdos y convenios colectivos a que se refiere el artículo 83.2.

una mejora de los derechos de los trabajadores, o si el convenio sectorial lo permite expresamente[521].

Por su parte, surge una interrogante relevante respecto a los posibles conflictos entre los convenios colectivos y los acuerdos individuales de trabajo a distancia. La doctrina científica sugiere que la resolución de estos conflictos dependerá del momento en que la regulación convencional colectiva entró en vigor. Específicamente, si la regulación establecida en los convenios colectivos es anterior a la firma de los acuerdos individuales de trabajo a distancia, estos últimos solo podrán establecer mejoras sobre los derechos ya definidos en los convenios. Por otro lado, si la regulación colectiva es posterior a la instauración de los acuerdos individuales de trabajo a distancia, los convenios colectivos solo podrán incrementar los derechos estipulados en estos acuerdos, respetando así las condiciones más beneficiosas que los trabajadores hayan adquirido a nivel individual[522].

Tras considerar las cuestiones previamente mencionadas, se ha efectuado un análisis exhaustivo de las disposiciones relativas al teletrabajo contenidas en una diversidad de convenios colectivos. Este estudio se ha centrado especialmente en aquellos convenios publicados tras la entrada en vigor de la Ley de Trabajo a Distancia. Se ha llevado a cabo una comparación detallada entre las regulaciones del teletrabajo presentes en convenios colectivos de distintos sectores de actividad económica. Asimismo, se ha realizado un análisis minucioso de los textos de estos convenios, tanto sectoriales como de empresa, abarcando una amplia gama de sectores de actividad económica[523].

---

[521] De la Puebla Pinilla, A. (2022). "Negociación colectiva y regulación del trabajo a distancia", *op. cit.*, 55-58.

[522] Enrique de la Villa Gil, L. (2021). "La regulación del teletrabajo por la negociación colectiva", *op.cit.*, 514.

[523] En concreto, se han consultado convenios colectivos sectoriales o de empresa pertenecientes a los diferentes sectores de actividad (en-

En términos generales, hasta la fecha se observa que algunos convenios colectivos se limitan a replicar o resumir sistemáticamente las disposiciones normativas de la Ley de Trabajo a Distancia, sin introducir regulaciones adicionales específicas para su sector[524]. Por otro lado, hay convenios colectivos que sí han incorporado una regulación específica en relación con el teletrabajo [525]. Centrándonos en estos últimos, se procede a continuación a analizar las características comunes presentes en dicha regulación específica:

---

tre otras, Agencia de viajes; Asistencia Social; Comercio; Entidades Financieras; Fotografía; oficinas y despachos; Prensa; Promoción inmobiliaria). La referencia detallada de los convenios colectivos consultados se encuentra inventariado en el Anexo.

524 Entre otros, la Resolución de 8 de mayo de 2023, de la Dirección General de Trabajo de la Consejería de Economía, Hacienda y Empleo, sobre registro, depósito y publicación del convenio colectivo del Sector Comercio Vario, suscrito por la organización empresarial COPYME y por la representación sindical UGT y CC.OO. (código número 28000805011982); la Resolución de 22 de abril de 2022, de la Dirección General de Trabajo de la Consejería de Economía, Hacienda y Empleo, sobre registro, depósito y publicación del convenio colectivo del sector de Comercio Piel, suscrito por Asociación de Comerciantes de Calzado de Madrid y por la representación sindical UGT y CC.OO. (código número 28000775011981).

525 Entre otros, la Resolución de 24 de marzo de 2023, de la Dirección General de Trabajo, por la que se registra y publica el XXVIII Convenio colectivo de Repsol Butano, SA; la Resolución de 3 de julio de 2024, de la Dirección General de Trabajo, por la que se registra y publica el Convenio colectivo para los establecimientos financieros de crédito; la Resolución de 22 de abril de 2022, de la Dirección General de Trabajo, por la que se registra y publica el Acuerdo de teletrabajo y otras formas de flexibilidad que modifica el VI Convenio colectivo de la empresa Telefónica Servicios Audiovisuales, SAU.; la Resolución de 29 de diciembre de 2021, de la Dirección General de Trabajo, por la que se registra y publica el Acuerdo de modificación del Convenio colectivo de Orange España Comunicaciones Fijas, SLU.

9.2.1. Configuración del régimen del teletrabajo

Generalmente, en la diversidad de convenios colectivos sectoriales y empresariales, se identifica al teletrabajo como una forma innovadora de desempeño laboral. Además, se establece que esta modalidad organizativa del trabajo se fundamenta en los principios de voluntariedad y reversibilidad, aplicables tanto a los trabajadores como a la empresa. De igual manera, se asegura la paridad de derechos de los teletrabajadores conforme a lo estipulado en el artículo 4 de la Ley de trabajo a distancia. En este contexto, la mayoría de los convenios colectivos delinean el procedimiento para solicitar la reversión del teletrabajo, ya sea por parte del empleado o del empleador, requiriendo para ello una notificación escrita con una anticipación no menor a 15 o 30 días naturales.

Ahora bien, es relevante señalar que ciertos convenios colectivos han definido las condiciones para optar por esta forma de trabajo. Específicamente, en el Convenio Colectivo de la Comisión Española de Ayuda al Refugiado, se contempla que los empleados pueden solicitar el teletrabajo siempre que la índole de su función no exija una presencia física constante. Además, la aprobación de dicha solicitud depende de la valoración de la coordinación o del responsable del Área correspondiente, basándose en criterios objetivos, técnicos y organizativos[526]. De manera similar, el convenio colectivo del Sector Comercio Vario de la Comunidad de Madrid estipula que para acceder a esta modalidad laboral, es imprescindible cumplir con los criterios de adecuación funcional y de aptitud profesional[527].

---

526 *Vid.* Apartado 1 del art. 25 de la Resolución de 3 de septiembre de 2021, de la Dirección General de Trabajo, por la que se registra y publica el II Convenio colectivo de la Comisión Española de Ayuda al Refugiado.

527 Art. 82 de la Resolución de 8 de mayo de 2023, de la Dirección General de Trabajo de la Consejería de Economía, Hacienda y Empleo, sobre registro, depósito y publicación del convenio colectivo del Sector Comercio

Por su parte, en ciertos convenios colectivos empresariales, se han especificado diversas modalidades de teletrabajo, determinadas por la cantidad de días a la semana o el porcentaje de la jornada laboral diaria que se realiza bajo esta modalidad. Asimismo, se promueve la flexibilidad en la alternancia entre la presencia física y el teletrabajo. Sin embargo, esta flexibilidad siempre está condicionada a un acuerdo previo con el superior jerárquico y sujeta a las necesidades de coordinación del área y/o equipo de trabajo de la empresa[528].

9.2.2. Dotación de medios y compensación de gastos

La gran mayoría de los convenios colectivos examinados otorgan a los trabajadores a distancia el derecho a recibir de la empresa la provisión y mantenimiento adecuados de todos los recursos, equipos y herramientas esenciales para la realización de sus tareas. En algunos convenios sectoriales, se especifica una lista indicativa, pero no limitativa, de los recursos que la empresa debe suministrar a los empleados en teletrabajo. Esta lista incluye elementos como el ordenador portátil, la instalación de *software*, ratón, auriculares, acceso a las aplicaciones y sitios web corporativos necesarios para el desempeño de sus funciones y para mantener una conexión efectiva con la empresa y con el resto del equipo, así como los consumibles requeridos para el trabajo asignado, e incluso, mobiliario ergonómico como sillas

---

Vario, suscrito por la organización empresarial COPYME y por la representación sindical UGT y CC.OO (código número 28000805011982).

528 *Vid.* Apartado 2 del art. 70 de la Resolución de 24 de marzo de 2023, de la Dirección General de Trabajo, por la que se registra y publica el XXVIII Convenio colectivo de Repsol Butano, SA.; Resolución de 29 de diciembre de 2021, de la Dirección General de Trabajo, por la que se registra y publica el Acuerdo de modificación del Convenio colectivo de Orange España Comunicaciones Fijas, SLU.

homologadas y reposapiés[529].Por otro lado, algunos convenios permiten que la empresa compense con un pago único y fijo para la adquisición de ciertos medios, equipos y herramientas[530], o para el uso y depreciación de los recursos propios del trabajador[531].

Respecto a la compensación de gastos, diversos convenios colectivos establecen una indemnización a tanto alzado, que implica el pago de una cantidad fija mensual o diaria al empleado en régimen de teletrabajo, cubriendo la totalidad de los gastos incurridos por esta modalidad de trabajo. Concretamente, el monto fijo mensual suele variar entre 35 y 55 euros brutos[532],

---

529 *Vid.* Apartado 5 del art. 27 de la Resolución de 20 de diciembre de 2024, de la Dirección General de Trabajo, por la que se registra y publica el XXV Convenio colectivo del sector de la banca; Art. 18 de la Resolución de 29 de diciembre de 2021, de la Dirección General de Trabajo, por la que se registra y publica el Convenio colectivo laboral de ámbito estatal para el sector de agencias de viajes, para el período 2019-2022.

530 *Vid.* Apartado 5 del art. 44 de la Resolución de 22 de julio de 2022, de la Dirección General de Trabajo de la Consejería de Economía, Hacienda y Empleo, sobre registro, depósito y publicación del Convenio Colectivo del Sector de oficinas y Despachos, suscrito por Confederación Empresarial de Madrid-CEOE (CEIM) y CC OO y UGT por la representación sindical (código número 28003005011981), que establece una cantidad de 80 euros para la adquisición del teclado, ratón y pantalla.

531 *Vid.* Disposición adicional decimoquinta de la Resolución de 15 de septiembre de 2021, de la Dirección General de Trabajo, por la que se registra y publica el III Convenio colectivo de Kutxabank, SA.

532 *Vid.* Apartado 6 del art. 25 de la Resolución de 3 de septiembre de 2021, de la Dirección General de Trabajo, por la que se registra y publica el II Convenio colectivo de la Comisión Española de Ayuda al Refugiado; Art. 4.2 de la Resolución de 23 de julio de 2022, de la Dirección General de Trabajo, por la que se registra y publica el Convenio colectivo para la industria fotográfica; Art. 25 de la Resolución de 12 de diciembre de 2022, de la Subdirección Provincial de Trabajo del Departamento de Economía, Planificación y Empleo en Huesca por la que se dispone la inscripción en el registro y publicación del Convenio Colectivo del VIII Convenio Colectivo de oficinas

pudiendo ascender hasta 100 euros brutos mensuales si el empleado desempeña el 100% de su jornada laboral en teletrabajo. Por otro lado, el importe fijo diario se sitúa generalmente entre 1 y 3 euros brutos por cada jornada completa de teletrabajo efectivo realizada por el trabajador[533], o la parte proporcional correspondiente al porcentaje de jornada acordada en teletrabajo[534]. Sin embargo, otros convenios equiparan el monto de esta compensación al plus de transporte que el trabajador deja de recibir al prestar servicios en régimen de teletrabajo[535].

---

y Despachos de la provincia de Huesca (código de convenio número: 22000885012005); Apartado 6 del art. 46 de la Resolución de 23 de enero 2023 de la Subdirección Provincial de Trabajo de Zaragoza por la que se dispone la inscripción en el Registro y la publicación del convenio colectivo del sector de Transportes de Mercancías, Mudanzas, Guardamuebles y Logística de Zaragoza.

533 *Vid.* Resolución de 31 de mayo de 2022, de la Dirección General de Trabajo, por la que se registra y publica la modificación del V Convenio colectivo de Compañía Logística Acotral, SA, y Acotral Distribución Canarias, SA.

534 *Vid.* Apartado 7 del art. 25 de la Resolución de 15 de diciembre de 2021, de la Dirección General de Trabajo, por la que se registra y publica el Convenio colectivo general de ámbito estatal para el sector de entidades de seguros, reaseguros y mutuas colaboradoras con la Seguridad Social; Art. 19 de la Resolución del 20 de enero de 2023, de la Delegación Territorial de Granada de la Consejería de Empleo, Empresa y Trabajo Autónomo de la Junta de Andalucía por la que se acuerda el registro, depósito y publicación del Convenio colectivo para el sector de oficinas y despachos 2021-2024 de Granada y provincia; Apartado 4 del art. 39 de la Resolución de 27 de febrero de 2023, de la Dirección General de Trabajo, por la que se registra y publica el XX Convenio colectivo nacional de empresas de ingeniería; oficinas de estudios técnicos; inspección, supervisión y control técnico y de calidad.

535 *Vid.* Art. 18 de la Resolución de 29 de diciembre de 2021, de la Dirección General de Trabajo, por la que se registra y publica el Convenio colectivo laboral de ámbito estatal para el sector de agencias de viajes, para el período 2019-2022; Art. 50 de la Resolución de 9 de enero de 2023, de la Dirección General de Trabajo, por la que se registra y publica el Convenio colectivo nacional de revistas y publicaciones periódicas 2022-2024.

9.2.3. El tiempo de trabajo y el derecho a la desconexión digital

En lo concerniente al tiempo de trabajo, la mayoría de los convenios colectivos revisados establecen que los empleados en teletrabajo desempeñarán su jornada bajo las mismas condiciones que en el modo presencial, debiendo adherirse al sistema de registro de jornada laboral implementado por las empresas, registrando tanto el inicio como la finalización de su jornada en las herramientas designadas para ello. No obstante, se concede cierta flexibilidad horaria a los teletrabajadores, permitiendo en algunos casos una flexibilidad de hasta 1 hora en el inicio y finalización de la jornada[536].Sin embargo, algunos convenios sectoriales o empresariales, como contrapartida, requieren la posibilidad de modificar ocasional y excepcionalmente los días asignados para el teletrabajo por otros dentro de la misma semana, atendiendo a las necesidades organizativas de la empresa [537]. Adicionalmente, otros convenios han establecido un porcentaje mínimo y máximo de desempeño laboral en régimen de teletrabajo, justificado por la necesidad de mantener el vínculo presencial con la empresa, evitando el aislamiento y la pérdida

---

536 *Vid.* Art. 19 de la Resolución de 3 de septiembre de 2021, de la Dirección General de Trabajo, por la que se registra y publica el II Convenio colectivo de la Comisión Española de Ayuda al Refugiado; Resolución de 31 de mayo de 2022, de la Dirección General de Trabajo, por la que se registra y publica la modificación del V Convenio colectivo de Compañía Logística Acotral, SA, y Acotral Distribución Canarias, SA.

537 *Vid.* Art. 18 de la Resolución de 29 de diciembre de 2021, de la Dirección General de Trabajo, por la que se registra y publica el Convenio colectivo laboral de ámbito estatal para el sector de agencias de viajes, para el período 2019-2022; Apartado 4 del art. 25 de la Resolución de 3 de septiembre de 2021, de la Dirección General de Trabajo, por la que se registra y publica el II Convenio colectivo de la Comisión Española de Ayuda al Refugiado; Apartado 5 del art. 70 de la Resolución de 24 de marzo de 2023, de la Dirección General de Trabajo, por la que se registra y publica el XXVIII Convenio colectivo de Repsol Butano, SA.

de conexión con la misma, así como para promover el intercambio de relaciones personales y profesionales [538].

En relación con el derecho a la desconexión digital, la mayoría de los convenios colectivos considerados lo reconocen como un derecho esencial para asegurar el descanso, la conciliación de la vida personal y laboral, así como la salud de los trabajadores. Para facilitar un ejercicio efectivo de este derecho, ciertos convenios han establecido medidas básicas, como el derecho de los empleados a no utilizar dispositivos digitales fuera de su horario laboral, durante periodos de permisos, licencias, vacaciones, excedencias o reducciones de jornada, y a no responder comunicaciones ni atender llamadas telefónicas tras concluir su jornada diaria, salvo en situaciones de urgencia o circunstancias excepcionales debidamente justificadas[539]. Además, se sugiere la implementación de

---

538 *Vid.* Apartado 4 del art. 44 de la de 22 de julio de 2022, de la Dirección General de Trabajo de la Consejería de Economía, Hacienda y Empleo, sobre registro, depósito y publicación del Convenio Colectivo del Sector de oficinas y Despachos, suscrito por Confederación Empresarial de Madrid-CEOE (CEIM) y CC OO y UGT por la representación sindical (código número 28003005011981), en el que se establece que el tiempo mínimo empleado en el trabajo presencial en el centro de trabajo no podrá ser inferior al 40% de la jornada de la persona trabajadora en cada uno de los meses; Disposición adicional decimoquinta de la Resolución de 15 de septiembre de 2021, de la Dirección General de Trabajo, por la que se registra y publica el III Convenio colectivo de Kutxabank, SA, en la que se dispone que con carácter general el régimen de prestación de servicios en teletrabajo será de un mínimo del 30% y de un máximo del 80% de la jornada establecida para cada empleado o empleada tomando como referencia un período de 3 meses. En todo caso debe prestarse servicios presencialmente un mínimo de 1 día a la semana en el centro de trabajo que se pacte con el empleado o empleada en el momento de suscribir el acuerdo individual de teletrabajo.

539 En general, se considera que concurren causas de urgencia o circunstancias excepcionales muy justificadas cuando se trate de supuestos que puedan suponer un grave, inminente y evidente riesgo hacia las personas o un potencial perjuicio empresarial hacia el negocio, sus

estrategias para una gestión más eficiente del tiempo de trabajo, incluyendo la programación de respuestas automáticas durante ausencias, la convocatoria anticipada de formaciones, reuniones, videoconferencias y presentaciones para permitir a los trabajadores planificar su jornada, y la limitación del envío de comunicaciones a las personas directamente implicadas y con información esencial, simplificando así el contenido. Finalmente, se exige a las empresas ofrecer información, formación y sensibilización acerca de la protección y respeto del derecho a la desconexión digital, prohibiéndose expresamente cualquier medida punitiva contra los trabajadores que ejerzan efectivamente este derecho.

9.2.4. Uso y conservación de equipos o útiles informáticos puestos a disposición por la empresa

De manera general, se impone a los empleados en régimen de teletrabajo la responsabilidad de utilizar y custodiar de forma correcta y adecuada los equipos, dispositivos informáticos y herramientas de trabajo suministrados por la empresa. En este contexto, la empresa puede exigir responsabilidades a los trabajadores por el uso indebido o los daños causados a estos bienes por negligencias imputables al empleado. Para ello, la empresa debe proporcionar a los trabajadores instrucciones detalladas sobre las políticas, procedimientos, métodos y protocolos para el uso y mantenimiento de los dispositivos y herramientas laborales[540]. Por otro lado, algunos convenios colectivos establecen

---

clientes y/o a sus accionistas, así como cualquier otro de carácter legal y/o regulatorio cuya urgencia requiera de la adopción de medidas especiales o respuestas inmediatas.

540 *Vid.* Art. 4.2 de la Resolución de 23 de julio de 2022, de la Dirección General de Trabajo, por la que se registra y publica el Convenio colectivo para la industria fotográfica; Art. 18 de la Resolución de 29 de diciembre de 2021, de la Dirección General de Trabajo, por la que

explícitamente la prohibición total y absoluta del uso personal o privado de los equipos o dispositivos informáticos facilitados por la empresa[541], o bien, restringen el uso de Internet a través de los medios materiales proporcionados por la empresa exclusivamente para la realización del trabajo[542].

9.2.5. Seguridad y salud laboral en el teletrabajo

La mayoría de los convenios colectivos examinados presentan una regulación concisa en lo que respecta a la seguridad y salud en el ámbito del teletrabajo, refiriéndose en su mayoría a lo dispuesto en la Ley de Prevención de Riesgos Laborales o replicando las disposiciones normativas de la Ley de Trabajo a Distancia. En algunos convenios colectivos, se recomienda como medida preventiva contra el aislamiento, que los acuerdos de trabajo a distancia incluyan mecanismos que promuevan cierta presencia física del teletrabajador en el centro de trabajo, con el objetivo de preservar el vínculo presencial con la empresa[543].

---

se registra y publica el Convenio colectivo laboral de ámbito estatal para el sector de agencias de viajes, para el período 2019-2022.

541 *Vid.* Apartado 5 del art. 25 de la Resolución de 3 de septiembre de 2021, de la Dirección General de Trabajo, por la que se registra y publica el II Convenio colectivo de la Comisión Española de Ayuda al Refugiado, que dispone que el uso de los medios, equipos y herramientas puestos a disposición de las personas trabajadoras se limita exclusivamente a la actividad laboral sin que esté permitido, en ningún caso, y sin ninguna excepción, el uso personal o privado del mismo.

542 *Vid.* Apartado 6 del art. 70 de la Resolución de 24 de marzo de 2023, de la Dirección General de Trabajo, por la que se registra y publica el XXVIII Convenio colectivo de Repsol Butano, SA., que se obliga a las personas teletrabajadoras a no recoger ni difundir material ilícito mediante Internet a través de los medios materiales facilitados por la empresa.

543 *Vid.* Apartado 7 del art. 33 de la Resolución de 3 de julio de 2024, de la Dirección General de Trabajo, por la que se registra y publica el Convenio colectivo para los establecimientos financieros de crédito;

A pesar de lo mencionado anteriormente, es importante resaltar que el convenio colectivo general de ámbito estatal para el sector de entidades de seguros, reaseguros y mutuas colaboradoras con la Seguridad Social incluye una normativa específica en materia de seguridad y salud laboral para el teletrabajo[544]. Esta regulación contempla: (1) La recopilación de información sobre los riesgos a los que se enfrenta el teletrabajador, que se llevará a cabo preferentemente de manera remota, mediante una Declaración Responsable del propio trabajador. En esta declaración, se detallarán aspectos como el área específica habilitada para el trabajo y la adecuación del lugar de trabajo, a través de un Cuestionario de Autoevaluación de Prevención de Riesgos Laborales y Seguridad en el Puesto de Trabajo. Además, al mencionado cuestionario, si el teletrabajador lo considera necesario, se podrán añadir imágenes del puesto de trabajo que asistan a los Servicios de Prevención en su evaluación; (2) De manera excepcional, y si los Servicios de Prevención lo estiman pertinente basándose en la información suministrada por el teletrabajador, se podrá solicitar una visita presencial al lugar de trabajo o realizarla mediante medios telemáticos (videollamada, grabación, etc.) para completar el proceso o como evaluación periódica. Se deberá emitir un informe escrito que justifique esta acción, que será entregado al trabajador y a los delegados de prevención; (3) En caso de que no se otorgue permiso para la visita, la empresa po-

---

Apartado 7 del art. 23 de la Resolución de 8 de julio de 2024, de la Dirección General de Trabajo, por la que se registra y publica el XXIII Convenio colectivo de las sociedades cooperativas de crédito; Apartado 7 del art. 27 de la Resolución de 20 de diciembre de 2024, de la Dirección General de Trabajo, por la que se registra y publica el XXV Convenio colectivo del sector de la banca.

544 *Vid.* Apartado 10 del art. 25 de la Resolución de 15 de diciembre de 2021, de la Dirección General de Trabajo, por la que se registra y publica el Convenio colectivo general de ámbito estatal para el sector de entidades de seguros, reaseguros y mutuas colaboradoras con la Seguridad Social.

drá llevar a cabo la actividad preventiva basándose en los riesgos identificados a partir de la información proporcionada por el trabajador, siguiendo las directrices del Servicio de Prevención. La negativa a conceder el permiso para la visita podría llevar a la empresa a revocar el Acuerdo individual de trabajo a distancia.

Del mismo modo, el Convenio Colectivo de Telefónica de España, SAU, Telefónica Móviles España, SAU y Telefónica Soluciones de Informática y Comunicaciones de España, SAU, incluye disposiciones específicas sobre la prevención de riesgos laborales en el contexto del teletrabajo[545]. Estas disposiciones establecen que: (1) los teletrabajadores deben recibir formación adecuada y específica acerca de las particularidades de esta modalidad laboral, incluyendo la superación de un curso especializado en prevención de riesgos laborales para el teletrabajo; (2) antes de iniciar el teletrabajo, es necesario que el trabajador demuestre que su lugar de trabajo[546] cumple con todas las condiciones requeridas en materia de prevención de riesgos laborales y seguridad y salud, asegurando un entorno óptimo para el desempeño de sus tareas a distancia; y (3) recae en el teletrabajador la responsabilidad de mantener estas condiciones óptimas. Cualquier cambio en estas condiciones debe ser notificado a la empresa para que esta pueda evaluar si el lugar de trabajo sigue cumpliendo con los requisitos mínimos de seguridad y salud, y tomar las medidas pertinentes. Además, este mismo Convenio Colectivo incluye una serie de recomendaciones en materia de prevención de riesgos laborales específicas para el teletrabajo[547].

---

[545] *Vid.* Anexo V de la Resolución de 16 de febrero de 2024, de la Dirección General de Trabajo, por la que se registra y publica el III Convenio colectivo de Telefónica de España, SAU; Telefónica Móviles España, SAU y Telefónica Soluciones de Informática y Comunicaciones, SAU.

[546] A los efectos de este Convenio colectivo, se entiende por lugar de trabajo aquella zona específica de trabajo y no el domicilio en su conjunto.

[547] En concreto, (1) el puesto de trabajo deberá tener dimensiones suficientes para permitir los cambios de postura y movimientos de trabajo;

9.2.6. Potestad de control empresarial en el teletrabajo

Respecto al ejercicio del poder de supervisión empresarial en el teletrabajo, es importante señalar que la mayoría de los convenios colectivos revisados establecen que los teletrabajadores estarán sujetos a los sistemas de control de la actividad laboral implementados por la empresa. Estos sistemas serán comunicados a los trabajadores de manera anticipada y clara, asegurando la protección del dere-

---

(2) el usuario de terminales con pantalla deberá poder ajustar fácilmente la luminosidad y el contraste entre los caracteres y el fondo de la pantalla, y adaptarlos fácilmente a las condiciones del entorno; (3) los caracteres deben poder apreciarse fácil y nítidamente a una distancia entre 40 y 60 cm y deben ser estables, sin vibraciones ni parpadeos; (4) la pantalla debe estar a una altura que pueda ser visualizada por el trabajador dentro del espacio comprendido entre la línea de visión horizontal y la trazada a 60.° bajo la horizontal; (5) es conveniente, asimismo, sobre todos los trabajos de entradas de datos en base a listados o cualquier otro tipo de documentos como la instalación de un porta documentos al lado de la pantalla y a su misma altura para evitar posturas incorrectas, ya que el movimiento del cuello cuando se mira a la pantalla y los documentos se realiza en un plano horizontal que es menos perjudicial que el vertical; (6) es muy importante dejar espacio suficiente delante del teclado para que el usuario pueda apoyar los brazos y las manos, puesto que la postura de trabajo con las muñecas al aire es muy fatigante y supone una gran carga estática para el conjunto de las extremidades superior, espalda y cuello; (7) el asiento de trabajo deberá ser giratorio y graduable en altura. El respaldo deberá ser reclinable, regulable en altura o en su defecto con ajuste lumbar; (8) los puestos de trabajo deben instalarse de tal forma que las fuentes de luz tales como ventanas y otras aberturas, tabiques y equipos no provoquen deslumbramiento directo ni reflejos en la pantalla; (9) la empresa realizará la vigilancia de la salud (reconocimientos médicos) a intervalos periódicos para estas personas trabajadoras; y por último, (10) a fin de eliminar el riesgo eléctrico se tomarán una serie de precauciones elementales tales como: no sobrecargar las tomas de enchufes, no depositar líquidos en las proximidades de los equipos en general y los teclados en particular y abstenerse de abrir, manipular o introducir objetos por la parte trasera de las pantallas.

cho a la intimidad y a la protección de datos personales, conforme a lo estipulado en la Ley Orgánica 3/2018, de 5 de diciembre, de Protección de Datos Personales y garantía de los derechos digitales. Dichos sistemas de control se regirán por los principios de adecuación, necesidad y proporcionalidad de los medios empleados. Además, la representación legal de los trabajadores recibirá información detallada sobre las directrices de confidencialidad y protección de datos, así como sobre las medidas de vigilancia y control aplicadas a la actividad de los teletrabajadores[548].

Además, en ciertos convenios colectivos sectoriales o empresariales se detallan los mecanismos y medios de control que la empresa puede emplear para supervisar la actividad laboral de los teletrabajadores. Específicamente, la empresa está autorizada a llevar a cabo controles remotos, siempre y cuando exista un protocolo previamente establecido y comunicado adecuadamente tanto a la representación legal de los trabajadores como a los propios empleados. El objetivo de estos controles es verificar el adecuado cumplimiento de las obligaciones laborales por parte de los trabajadores[549]. Igualmente, se permite a la empresa monitorizar y supervisar la actividad en teletrabajo mediante el uso de herramientas telemáticas, informáticas y electrónicas, y/o a través del supervisor directo del teletrabajador, con cualquier medida propuesta por este último[550].

---

548 *Vid.* Apartado 6 del art. 27 de la Resolución de 20 de diciembre de 2024, de la Dirección General de Trabajo, por la que se registra y publica el XXV Convenio colectivo del sector de la banca; Apartado 6 del art. 33 de la Resolución de 3 de julio de 2024, de la Dirección General de Trabajo, por la que se registra y publica el Convenio colectivo para los establecimientos financieros de crédito.

549 *Vid.* Art. 18 de la Resolución de 29 de diciembre de 2021, de la Dirección General de Trabajo, por la que se registra y publica el Convenio colectivo laboral de ámbito estatal para el sector de agencias de viajes, para el período 2019-2022.

550 *Vid.* Anexo V de la Resolución de 16 de febrero de 2024, de la Dirección General de Trabajo, por la que se registra y publica el III Convenio

A pesar de lo mencionado anteriormente, el convenio colectivo del sector de la banca introduce un elemento innovador respecto al uso de herramientas de inteligencia artificial en las relaciones laborales, especialmente en lo que concierne al control empresarial[551]. En concreto, se establece que los trabajadores tienen el derecho a no ser sometidos a decisiones tomadas únicamente en base a procesos automatizados, excepto en los casos permitidos por la ley, así como el derecho a no sufrir discriminación en decisiones y procesos basados exclusivamente en algoritmos. Además, se impone la obligación a las empresas de informar a los representantes legales de los trabajadores sobre el empleo de análisis de datos o sistemas de inteligencia artificial en los procesos de toma de decisiones en materia de recursos humanos y relaciones laborales, cuando estos se fundamenten exclusivamente en modelos de inteligencia artificial sin intervención humana.

9.2.7. Los derechos colectivos en el teletrabajo

Con carácter general, los convenios colectivos analizados vienen a reconocer que las personas teletrabajadoras tienen los mismos derechos colectivos que el resto de la plantilla, y están sometidos a las mismas condiciones de participación y elegibilidad en las elecciones para las instancias representativas de las personas trabajadoras o que prevean una representación de las personas trabajadoras.

En lo que respecta a la asignación para el ejercicio efectivo del derecho a la representación colectiva, la mayoría de los convenios colectivos revisados determina que el personal en régimen de teletrabajo será adscrito al mismo centro de trabajo donde

colectivo de Telefónica de España, SAU; Telefónica Móviles España, SAU y Telefónica Soluciones de Informática y Comunicaciones, SAU.

551 *Vid.* Apartado 5 del art. 80 de la Resolución de 20 de diciembre de 2024, de la Dirección General de Trabajo, por la que se registra y publica el XXV Convenio colectivo del sector de la banca.

realice sus labores presenciales[552]. No obstante, algunos convenios colectivos optan por asignar a los teletrabajadores al centro de trabajo de la empresa más próximo a su domicilio, en el cual puedan estar funcionalmente integrados, o a las oficinas centrales de la empresa, en caso de que esta sea la práctica habitual[553].

Por su parte, en algunos convenios colectivos sectoriales o empresariales, se asegura expresamente que los teletrabajadores puedan acceder a la información y comunicarse con la representación legal de los trabajadores de manera efectiva, respetando siempre las garantías de privacidad. Asimismo, se les asegura la recepción de información sindical, así como la participación activa y el derecho al voto presencial en las elecciones sindicales y otros procesos de representación laboral, garantizando así la inclusión plena de los empleados en teletrabajo en estos ámbitos[554].

---

552 *Vid.* Apartado 3 del art. 26 de la Resolución de 3 de septiembre de 2021, de la Dirección General de Trabajo, por la que se registra y publica el II Convenio colectivo de la Comisión Española de Ayuda al Refugiado; Apartado 10 del art. 44 de la Resolución de 22 de julio de 2022, de la Dirección General de Trabajo de la Consejería de Economía, Hacienda y Empleo, sobre registro, depósito y publicación del Convenio Colectivo del Sector de oficinas y Despachos, suscrito por Confederación Empresarial de Madrid-CEOE (CEIM) y CC OO y UGT por la representación sindical (código número 28003005011981); Apartado 8 del art. 25 de la Resolución de 15 de diciembre de 2021, de la Dirección General de Trabajo, por la que se registra y publica el Convenio colectivo general de ámbito estatal para el sector de entidades de seguros, reaseguros y mutuas colaboradoras con la Seguridad Social.

553 *Vid.* Apartado 7 del art. 20 de la Resolución de 12 de noviembre de 2021, de la Dirección General de Trabajo, por la que se registra y publica el Convenio colectivo general de trabajo de la industria textil y de la confección.

554 *Vid.* Apartado 8 del art. 27 de la Resolución de 20 de diciembre de 2024, de la Dirección General de Trabajo, por la que se registra y publica el XXV Convenio colectivo del sector de la banca; Apartado 3 del art. 26 de la Resolución de 3 de septiembre de 2021, de la

9.2.8. Otros contenidos adicionales

A partir de la lectura del contenido de los diferentes convenios colectivos objeto de análisis, es preciso destacar la regulación de los siguientes aspectos adicionales sobre esta modalidad de trabajo:

- **Teletrabajo en segunda residencia**: en el convenio colectivo de Repsol Butano, SA se prevé la posibilidad de teletrabajar desde una segunda residencia, si bien está sujeto a una serie de requisitos. En concreto, la residencia debe ser individual y estable, contar con una conexión segura y adecuada para el trabajo, cumplir con los requisitos de prevención de riesgos laborales, estar ubicada dentro del territorio nacional, y, además, que permita a la persona teletrabajadora asistir presencialmente a la oficina en el plazo máximo de 24 horas, o en plazo inferior si las necesidades del puesto así lo requieren. Asimismo, se establece que no habrá un incremento adicional en la compensación de gastos proporcionada por la empresa. Por su parte, ambas partes pueden revertir la opción de teletrabajar desde la segunda residencia con un preaviso mínimo de siete días naturales, salvo en casos justificados que requieran una reversión inmediata. Finalmente, cualquier modificación en la segunda residencia debe ser comunicada y validada por el superior jerárquico, y se deberá firmar un nuevo anexo al acuerdo individual de teletrabajo[555]. En el convenio co-

---

Dirección General de Trabajo, por la que se registra y publica el II Convenio colectivo de la Comisión Española de Ayuda al Refugiado; Anexo V de la Resolución de 16 de febrero de 2024, de la Dirección General de Trabajo, por la que se registra y publica el III Convenio colectivo de Telefónica de España, SAU; Telefónica Móviles España, SAU y Telefónica Soluciones de Informática y Comunicaciones, SAU.

555 *Vid.* Apartado 4 del art. 70 de la Resolución de 24 de marzo de 2023, de la Dirección General de Trabajo, por la que se registra y publica el XXVIII Convenio colectivo de Repsol Butano, SA.

lectivo de Orange también se contempla esta posibilidad, pero la persona teletrabajadora debe comprometerse a cumplir y hacer cumplir todas las normas de seguridad e higiene que legal o convencionalmente resulten de aplicación, así como los requisitos de seguridad y salud[556].

- **Teletrabajo inferior al 30% de la jornada de trabajo**: en el convenio colectivo para los establecimientos financieros de crédito se establecen las disposiciones a aplicar cuando la persona trabajadora presta sus servicios laborales en régimen del teletrabajo durante un tiempo inferior al 30 % de la jornada de trabajo. En estos casos, la empresa se limita a dotarles de los medios o herramientas que sean necesarios para el desarrollo de la actividad laboral. Asimismo, en el caso de que la persona teletrabajadora decidiera realizar el teletrabajo en un lugar distinto de su domicilio habitual, deberá acordarlo previamente con la empresa[557]. En similares términos se regula en el convenio colectivo del sector de la banca, si bien se concretan los medios o herramientas a proporcionar a las personas trabajadoras[558], y se les permite realizar desde el lugar libremente elegido por las mismas[559].

- **Protección de datos y seguridad de la información**: en determinados convenios colectivos se establecen que las personas teletrabajadoras deben respetar la legislación en materia de

---

556 *Vid.* Resolución de 29 de diciembre de 2021, de la Dirección General de Trabajo, por la que se registra y publica el Acuerdo de modificación del Convenio colectivo de Orange España Comunicaciones Fijas, SLU.

557 *Vid.* Art. 34 de la Resolución de 3 de julio de 2024, de la Dirección General de Trabajo, por la que se registra y publica el Convenio colectivo para los establecimientos financieros de crédito.

558 En concreto, ordenador, tableta, portátil o similar, y el teléfono móvil, con línea y datos.

559 *Vid.* Art. 28 de la Resolución de 20 de diciembre de 2024, de la Dirección General de Trabajo, por la que se registra y publica el XXV Convenio colectivo del sector de la banca.

protección de datos, las políticas de privacidad y de seguridad de la información que la empresa ha implementado, con la obligación de utilizar los datos de carácter personal a los que tenga acceso única y exclusivamente para cumplir con sus obligaciones para con la empresa; cumplir con las medidas de seguridad que la empresa haya implementado para asegurar la confidencialidad, secreto y/o integridad de los datos de carácter personal a los que tenga acceso; así como a no ceder en ningún caso a terceras personas los datos de carácter personal a los que tenga acceso, ni tan siquiera a efectos de su conservación. Igualmente, las personas teletrabajadoras deben gestionar sus claves de acceso a soportes y sistemas con la máxima diligencia posible y no deben comunicárselas a terceras personas. Además, deben actualizar dichas claves conforme a las políticas de seguridad establecidas por la empresa. Al margen de lo anterior, la persona teletrabajadora debe comunicar a la mayor brevedad posible cualquier robo, perdida o conocimiento de acceso no autorizado a la empresa[560].

- **Prevención del ciberacoso laboral**: en el convenio colectivo de Telefónica de España, SAU, Telefónica Móviles España, SAU y Telefónica Soluciones de Informática y Comunicaciones de España, SAU, se identifica el ciberacoso labo-

---

560 *Vid.* Anexo V de la Resolución de 16 de febrero de 2024, de la Dirección General de Trabajo, por la que se registra y publica el III Convenio colectivo de Telefónica de España, SAU; Telefónica Móviles España, SAU y Telefónica Soluciones de Informática y Comunicaciones, SAU; Art. 18 de la Resolución de 23 de agosto de 2023, de la Dirección General de Trabajo, por la que se registra y publica el Convenio colectivo estatal del sector de Agencias de Viajes; Apartado 9 del art. 26 de la Resolución de 3 de septiembre de 2021, de la Dirección General de Trabajo, por la que se registra y publica el II Convenio colectivo de la Comisión Española de Ayuda al Refugiado.

ral[561] como un nuevo riesgo que emerge del teletrabajo y del uso masivo de las tecnologías de la información y comunicación, y se obliga a la empresa la adopción de cuantas medidas sean necesarias en cuanto suponen un comportamiento inaceptable y un claro incumplimiento del deber de buena fe contractual garantizando el debido respeto a la dignidad de todas las personas trabajadoras.

- **Constitución de una Comisión para la implantación y seguimiento del teletrabajo**: dada la novedad y complejidad de la materia, en determinados convenios colectivos sectoriales o de empresa se prevé la posibilidad de constituir una comisión específica para impulsar la implantación y seguimiento del teletrabajo, así como analizar la evolu-

---

561 A los efectos de este Convenio Colectivo, se entiende por ciberacoso laboral todo comportamiento de violencia psicológica, de comportamientos humillantes o vejatorios que adoptan múltiples formas, realizado a través de medios tecnológicos de amplio contenido, realizado generalmente, por uno o varios superiores o compañeros y compañeras de trabajo (ámbito laboral), de forma, ocasional o única pero de gran intensidad dañosa, o recurrente y sistemática y, con el fin de destruir a la persona trabajadora acosada (en su salud, en su integridad física y psíquica). Entre las posibles conductas que se entienden como constitutivas de ciberacoso laboral, cabe destacar la distribución en internet imágenes o datos delicados o comprometidos; el alta en sitio web para estigmatizar o ridiculizar a la víctima; la creación de un perfil falso en nombre de la víctima con demandas sexuales; la usurpación de identidad de la víctima para hacer comentarios ofensivos; alta del email de la víctima para convertirla en blanco de spam y contacto con desconocidos; acceso al ordenador de la víctima; la distribución de falsos rumores de la víctima sobre un comportamiento reprochable de forma que quienes lo lean reaccionen y tomen represalias en contra de la víctima perjudicada; el envío de mensajes ofensivos, hostigadores, amenazantes e incomodar y perseguir a la víctima en espacios de internet que frecuenta, uso del teléfono móvil como instrumento de acoso o acciones de presión permanente a través de TICs para actuar conforme a las solicitudes del acosador.

ción del teletrabajo y valorar la viabilidad de sus distintas fórmulas flexibles[562]. Asimismo, en el Convenio colectivo laboral de ámbito estatal para el sector de agencias de viajes se establece que esta comisión tendrá carácter paritario y contará con representantes de la Empresa y de la representación legal de los trabajadores, y su funcionamiento será el acordado por las partes, si bien habrá la obligación de celebrar una reunión trimestral[563].

9.3. EL EJERCICIO DE LOS DERECHOS COLECTIVOS EN EL TELETRABAJO

Los derechos colectivos de las personas trabajadoras, fundamentales en la legislación laboral española, están consagrados como derechos constitucionales en diversos preceptos. Estos incluyen: el derecho a la libertad sindical (artículo 28 de la Constitución Española), el derecho a la negociación colectiva y a la adopción de medidas de conflicto colectivo (apartado 1 y 2 del artículo 37 CE, respectivamente), así como el derecho a la huelga (apartado 2 del artículo 28 CE). Estos derechos también están explícitamente reconocidos en el apartado 1 del artículo 4 del Estatuto de los Trabajadores, que los establece como derechos básicos de los trabajadores, incluyendo la libre sindicación, la

---

562 *Vid.* Apartado 7 del art. 70 de la Resolución de 24 de marzo de 2023, de la Dirección General de Trabajo, por la que se registra y publica el XXVIII Convenio colectivo de Repsol Butano, SA; Art. 37 de la Resolución de 30 de junio de 2022, de la Dirección General de Trabajo, por la que se registra y publica el III Convenio colectivo de Bureau Veritas Inversiones, SL.

563 *Vid.* Art. 18 de la Resolución de 29 de diciembre de 2021, de la Dirección General de Trabajo, por la que se registra y publica el Convenio colectivo laboral de ámbito estatal para el sector de agencias de viajes, para el período 2019-2022.

negociación colectiva, el conflicto colectivo, la huelga, la reunión, y la información, consulta y participación en la empresa. Estos derechos colectivos buscan proteger los intereses de los trabajadores a nivel colectivo y asegurar un equilibrio adecuado en las relaciones laborales entre empresas y trabajadores.

Sin embargo, en el ámbito doctrinal existe una preocupación significativa respecto al ejercicio de estos derechos colectivos en el contexto del teletrabajo. Se plantean interrogantes sobre cómo las personas teletrabajadoras pueden participar efectivamente en acciones de carácter colectivo. Estas acciones incluyen, por ejemplo, las elecciones a representantes de los trabajadores en la empresa, la participación en reuniones o asambleas de trabajadores, y el ejercicio de acciones colectivas para la reivindicación de sus derechos. La preocupación radica en que el teletrabajo puede conllevar un aislamiento de estos trabajadores respecto a sus colegas presenciales, lo que podría dificultar su participación activa y eficaz en la defensa de sus intereses laborales[564].

Por ello, tanto la normativa internacional como la nacional hacen hincapié en garantizar la igualdad de trato entre las personas que realizan teletrabajo y los trabajadores presenciales. Específicamente, el apartado 2 del artículo 4 del Convenio número 177 de la OIT subraya la importancia de promover la igualdad de trato, especialmente en lo que respecta al derecho de los trabajadores a domicilio a formar parte o afiliarse a las organizaciones de su elección y a participar en sus actividades. De manera similar, la Cláusula 11ª del Acuerdo Marco Europeo

---

564 Lahera Forteza, J. (2020). "La falta de adaptación de los representantes de los trabajadores a la realidad empresarial y digital del siglo XXI". *Derecho del trabajo y nuevas tecnologías: estudios en homenaje al Profesor Francisco Pérez de los Cobos Orihuel (en su 25.º aniversario como catedrático de Derecho del Trabajo)*, Tirant lo Blanch, 832. Así también, Meléndez Morillo-Velarde, L. (2021). "Los derechos colectivos de las personas que trabajan a distancia". *El trabajo a distancia: una perspectiva global*, Aranzadi, 602.

sobre Teletrabajo reconoce explícitamente que las personas teletrabajadoras tienen los mismos derechos colectivos que los demás empleados de la empresa. Esto incluye condiciones iguales de participación y elegibilidad en las elecciones de representantes de los trabajadores y su inclusión en el cálculo para determinar los umbrales necesarios para las instancias de representación laboral. En el ámbito nacional, el artículo 19 de la Ley de Trabajo a Distancia establece que las personas teletrabajadoras tienen derecho a ejercitar sus derechos colectivos en igualdad de condiciones y alcance que los trabajadores del centro al que están adscritos. Este mismo artículo enfatiza el papel crucial de la negociación colectiva en el establecimiento de condiciones para asegurar el ejercicio de los derechos colectivos de las personas teletrabajadoras, teniendo en cuenta las particularidades de su trabajo y respetando plenamente el principio de igualdad de trato y oportunidades entre ellos y los trabajadores presenciales.

A continuación, se abordará un análisis detallado de las diversas formas en que se manifiestan los derechos colectivos de las personas trabajadoras en el contexto del teletrabajo. Se examinarán, asimismo, las problemáticas y desafíos específicos que surgen en relación con el ejercicio efectivo de estos derechos.

9.3.1. Derecho a la representación colectiva unitaria y sindical

Generalmente, la representación colectiva de los trabajadores en la empresa se organiza a través de dos vías principales: por un lado, la representación unitaria, constituida por los comités de empresa[565] y los delegados o delegadas de personal[566]; y, por otro lado, la representación sindical, compuesta por las secciones sindicales[567]

---

565 De acuerdo con el art. 63 ET, el comité de empresa es el órgano representativo y colegiado del conjunto de los trabajadores en la empresa o centro de trabajo para la defensa de sus intereses, constituyéndose en cada centro de trabajo cuyo censo sea de cincuenta o más trabajadores. En el caso de que en la empresa que tenga en la misma provincia, o en municipios limítrofes, dos o más centros de trabajo cuyos censos no alcancen los cincuenta trabajadores, pero que en su conjunto lo sumen, se constituirá un comité de empresa conjunto. Cuando unos centros tengan cincuenta trabajadores y otros de la misma provincia no, en los primeros se constituirán comités de empresa propios y con todos los segundos se constituirá otro.

566 En virtud del art. 62 ET, los delegados o delegadas del personal ostentan la representación de los trabajadores en la empresa o centro de trabajo que tengan menos de cincuenta y más de diez trabajadores corresponde a los delegados de personal. Igualmente podrá haber un delegado o una delegada de personal en aquellas empresas o centros que cuenten entre seis y diez trabajadores, si así lo decidieran estos por mayoría. Por su parte, los delegados o delegadas del personal ejercen mancomunadamente ante la empresa la representación para la que fueron elegidos y tienen las mismas competencias establecidas para los comités de empresa.

567 Según la definición dada por el Tribunal Constitucional en su sentencia núm. 229/2002, de 9 de diciembre, las secciones sindicales son instancias organizativas del propio sindicato en la empresa, que permite a aquél desarrollar en el centro de trabajo todas cuantas actividades sean precisas para la defensa de los intereses que representa y que, a su vez, tienen atribuida una doble naturaleza: por una parte, son instancias organizativas internas del sindicato, y, por otra, son también representaciones externas a las que la Ley Orgánica 11/1985, de 2 de agosto, de Libertad Sindical confiere determinadas ventajas y prerrogativas. *Vid.* STC 229/2002 de 9 de diciembre (TOL224.810). En cuanto a la creación de las secciones sindicales, el Tribunal Supremo ha reconocido la libertad organizativa de los sindicatos para el ejercicio de su actividad sindical, de modo que pueden organizar su estructura (secciones, delegados) a nivel de empresa (entendida en términos globales), de centros de trabajo autónomos o de centros de trabajo agrupados en términos paralelos a los establecidos para la

y los delegados o delegadas sindicales[568]. Esto se complementa con la representación especializada en el ámbito de la prevención de riesgos laborales, representada por los delegados o delegadas de prevención[569]. En relación con lo dispuesto en el artículo 19 de la Ley de Trabajo a Distancia, se emplea el término "*representación legal de las personas trabajadoras*" de manera genérica, sin diferenciar entre representación unitaria o sindical. Según la interpretación doctrinal, este término se refiere a ambas formas de representación[570].

Es fundamental, para asegurar el ejercicio efectivo del derecho a la representación colectiva, determinar previamente el centro de trabajo al que están adscritos los teletrabajadores. Dicha adscripción es crucial para que estos puedan ejercer sus derechos colectivos en igualdad de condiciones con los trabajadores presenciales. Además, es importante tener en cuenta que la adscripción de un teletrabajador a un centro de trabajo específico puede incrementar el número total de trabajadores en dicho centro, lo que podría derivar en la necesidad de convocar elecciones para representantes de los trabajadores en la empresa. De igual mane-

---

constitución de comités de empresa conjuntos. *Vid.* STS 145/2020 de 14 de febrero (TOL7.832.472).

568 De acuerdo con la definición dada por el Tribunal Constitucional en su sentencia núm. 292/1993, de 18 de octubre, los delegados o delegadas sindicales son representantes o mandatarios de las secciones sindicales–con presencia en los comités de empresa–en aquellas empresas o centros de trabajo que ocupen a más de 250 personas trabajadoras y que ostentan las garantías y funciones que recoge el apartado 3 del art. 10 de la Ley Orgánica 11/1985, de 2 de agosto, de Libertad Sindical. *Vid.* STC 292/1993 de 18 de octubre (TOL82.313).

569 A tenor de lo establecido en el art. 35 de la Ley de Prevención de Riesgos Laborales, los delegados o delegadas de prevención son los representantes de los trabajadores con funciones específicas en materia de prevención de riesgos en el trabajo, y son designados por y entre los representantes del personal.

570 Poquet Catalá, R. (2020). *El teletrabajo: análisis del nuevo marco jurídico, op. cit.*, 125.

ra, el cambio en la adscripción de un teletrabajador de un centro de trabajo a otro podría conllevar la finalización del mandato representativo de los actuales representantes de los trabajadores[571].

La adscripción juega un papel crucial en el ejercicio del derecho colectivo de los teletrabajadores. Por ello, el artículo 7, apartado e), de la Ley de Trabajo a Distancia estipula que el acuerdo de trabajo a distancia debe especificar el centro de trabajo de la empresa al que se adscribe el teletrabajador. Respecto a los criterios para determinar esta adscripción, la doctrina científica subraya la necesidad de que sean razonables, ya que una adscripción arbitraria o caprichosa podría afectar la configuración de los órganos representativos de los trabajadores y sus competencias[572]. Por consiguiente, la adscripción de los teletrabajadores debe realizarse siguiendo criterios razonables, como la proximidad geográfica al centro de trabajo, la naturaleza del trabajo realizado por el teletrabajador y su relación con la estructura organizativa correspondiente de la empresa[573].

---

571 Gómez Abelleira, F. J. (2020). *La nueva regulación del trabajo a distancia.* Tirant lo Blanch, 111.

572 Domínguez Morales, A. (2021). "Derechos colectivos de los trabajadores a distancia en el Real Decreto-Ley 28/2020 de 22 de septiembre: problemas de aplicación práctica". *Monográfico La nueva regulación del trabajo a distancia y del teletrabajo. Trabajo, Persona, Derecho, Mercado. Revista de Estudios sobre Ciencias del Trabajo y Protección Social,* 3(7-8), 146. Editorial Universidad de Sevilla. https://revistascientificas.us.es/index.php/Trabajo-Persona-Derecho-Merca/article/view/17201/15562. Recuperado el 5 de julio de 2024.

573 Sierra Benítez, E. M. (2011). *El contenido de la relación laboral en el teletrabajo, op.cit.*, 165; Poquet Catalá, R. (2020). *El teletrabajo: análisis del nuevo marco jurídico, op. cit.*, 121; Llompart Bennàssar, M. (2021). "El impacto del trabajo a distancia en la representación y participación de los trabajadores en la empresa". *El trabajo a distancia. Con particular análisis del Real Decreto-ley 28/2020, de 22 de septiembre,* LA LEY, 569.

A pesar de lo mencionado anteriormente, puede darse el caso de que no exista un centro de trabajo físico al cual puedan adscribirse los teletrabajadores, especialmente cuando estos prestan servicios para una empresa virtual sin establecimiento físico. Ante esta situación, la doctrina científica sugiere la creación de un centro de trabajo virtual que agrupe a todos los teletrabajadores. Este centro virtual actuaría como una unidad electoral independiente para la elección de los representantes unitarios de los trabajadores[574]. En relación con esto, el segundo párrafo del apartado 1 del artículo 71 del Estatuto de los Trabajadores contempla la posibilidad, mediante convenio colectivo, de establecer un nuevo colegio electoral que se ajuste a la composición profesional del sector de actividad productiva o de la empresa.

Una vez que los teletrabajadores estén adscritos a un centro de trabajo específico de la empresa, tendrán el derecho a ser tanto electores como elegibles, siempre y cuando cumplan con los requisitos de edad y antigüedad especificados en el apartado 2 del artículo 69 del Estatuto de los Trabajadores. En detalle, para ser electores, los trabajadores deben tener más de dieciséis años y una antigüedad mínima de un mes en la empresa. Por otro lado, para ser elegibles, es necesario que los trabajadores hayan cumplido dieciocho años y tengan una antigüedad en la empresa de al menos seis meses. No obstante, en aquellas actividades donde exista una alta movilidad de personal, se puede establecer en el convenio colectivo un plazo de antigüedad menor para ser elegible, siendo el límite mínimo de tres meses.

En relación con el desarrollo de las elecciones para los representantes legales de los trabajadores, es importante destacar que se rige, en términos generales, por lo establecido en el Real Decreto 1844/1994, de 9 de septiembre, que aprueba el Reglamento de elecciones a órganos de representación de los trabajadores en la

---

574 Meléndez Morillo-Velarde, L. (2021). "Los derechos colectivos de las personas que trabajan a distancia", *op. cit.*, 604-612.

empresa. Este reglamento abarca aspectos como la convocatoria de elecciones, el censo laboral de electores y elegibles, la constitución de la mesa electoral y el sistema de votación aplicable. Respecto al ejercicio del derecho al voto en estas elecciones, el apartado 3 del artículo 19 de la Ley de Trabajo a Distancia estipula que se debe garantizar la participación efectiva y presencial de los teletrabajadores para ejercer su derecho al voto. Sin embargo, surge la cuestión de si la votación telemática es admisible en las elecciones de representantes legales, un tema que aún genera debate y requiere una consideración detallada. A este respecto, la Audiencia Nacional ha pronunciado en su reciente sentencia núm. 165/2022, de 12 de diciembre, rechazando la licitud del sistema de votación telemática en base a la siguiente argumentación jurídica:

> *"[...] 1.- El TRLET (Real Decreto Legislativo 2/2015, de 23 de octubre) sólo admite el voto en papel.*
>
> *La interpretación gramatical (art. 3.1 CC) del art. 75.2 ET no admite otro tipo de voto que el emitido en papel impreso ya que señala al respecto:*
>
> *"El voto será libre, secreto, personal y directo, depositándose las papeletas, que en tamaño, color, impresión y calidad del papel serán de iguales características, en urnas cerradas".*
>
> *No podemos considerar que una interpretación sociológica del precepto, esto es, adecuada a la realidad social del momento en que ha de ser aplicada esta norma admita el voto telemático por las razones siguientes:*
>
> *a.- el actual texto refundido del ET data del 23-10-2.015 momento en el que las comunicaciones telemáticas estaban suficientemente implantadas en la sociedad, por ello, consideramos que si el legislador hubiera querido admitir el voto telemático lo habría hecho así;*
>
> *b.- de hecho, cuando el legislador ha querido que en procesos electorales se admita el voto telemático así lo previsto expresamente, como lo ha hecho en normas anteriores y coetáneas al actual TRLET–así el art. 44 del TRLEBEP, o Capítulo VIII del Real Decreto 555/2011, de 20 de abril, por el que se establece el régimen electoral del Consejo de Policía (arts. 19 y ss.);*
>
> *c.- es más, de la más reciente legislación en materia de representación de trabajadores por cuenta ajena como es la contenida en la Ley 10/2021 de trabajo a distancia, se deduce una*

> *clara voluntad del legislador de excluir el voto telemático en las elecciones a representantes unitarios, pues de la lectura del art. 19.3 de dicha norma se deduce una clara opción por el voto presencial de las personas que trabajan a distancia.*
>
> *2.- Las normas que regulan el procedimiento electoral son normas de derecho necesario no pudiendo ser obviado por acuerdo de las partes afectadas"*[575].

Sin embargo, la doctrina científica ha expresado su descontento respecto a la exigencia de presencialidad impuesta por la normativa para que los teletrabajadores ejerzan su derecho al voto. Se considera que el legislador podría haber aprovechado la oportunidad para modernizar el procedimiento electoral de los órganos de representación de los trabajadores en la empresa, orientándolo hacia un formato más digitalizado y acorde con los tiempos actuales. Además, se argumenta que se podría haber fomentado la creación de un sistema de votación telemática, lo cual sería particularmente beneficioso en situaciones donde no exista un centro de trabajo físico de la empresa, facilitando así el proceso electoral[576].

9.3.2. Derecho de información, reunión y participación

Uno de los derechos fundamentales de los trabajadores, según se establece en el apartado 1 del artículo 4 del Estatuto de los Trabajadores, es el derecho a la información, consulta y participación en la empresa. De manera similar, el apartado 1, letra c, del artículo 8 de la Ley Orgánica 11/1985, de 2 de agosto, de Libertad Sindical, reconoce que los trabajadores afiliados a un sindicato tienen derecho a recibir información de su sindicato. No obstante, en el ámbito del teletrabajo, pueden surgir

---

[575] SAN 165/2022 de 12 de diciembre (TOL9.365.218).

[576] Domínguez Morales, A. (2021). "Derechos colectivos de los trabajadores a distancia en el Real Decreto-Ley 28/2020 de 22 de septiembre: problemas de aplicación práctica", *op.cit.*, 150.

dificultades en la comunicación entre los teletrabajadores y sus representantes legales, debido a la distancia física y la reducción de interacciones presenciales, lo que puede obstaculizar el intercambio de información y la comunicación directa. Por ello, es esencial asegurar canales de comunicación efectivos que permitan a los teletrabajadores interactuar fluidamente con los órganos de representación y recibir información de estos. En este sentido, el apartado 2 del artículo 19 de la Ley de Trabajo a Distancia impone a las empresas la obligación de proporcionar a la representación legal de los trabajadores los medios necesarios para su labor representativa, incluyendo el acceso a las comunicaciones y direcciones electrónicas corporativas y la creación de un tablón virtual. Además, las empresas deben eliminar cualquier barrera que impida la comunicación entre los teletrabajadores y sus representantes legales, así como con el resto de los trabajadores.

En relación con el derecho de reunión, establecido en los artículos 77 a 80 del Estatuto de los Trabajadores, los teletrabajadores tienen el mismo derecho a reunirse en asamblea que los trabajadores presenciales. La convocatoria de dicha asamblea puede ser realizada por los delegados de personal, el comité de empresa o centro de trabajo, o por un grupo de trabajadores que represente al menos el 33% de la plantilla. Generalmente, las reuniones se llevan a cabo en el centro de trabajo de la empresa y fuera del horario laboral, a menos que exista un acuerdo con la empresa. La convocatoria debe ser comunicada a la empresa con 48 horas de antelación, incluyendo el orden del día propuesto por los convocantes.

Aunque la empresa está obligada a facilitar el espacio para la celebración de la asamblea, puede oponerse a esta disposición en ciertos casos: (1) si no se cumplen las disposiciones establecidas en el Estatuto de los Trabajadores; (2) si han pasado menos de dos meses desde la última reunión; (3) si aún no se ha compensado o garantizado la compensación por daños ocasionados en reuniones anteriores; y (4) en caso de cierre legal de la empresa.

Por su parte, el apartado 3 del artículo 19 de la Ley de Trabajo a Distancia impone a las empresas la obligación de garantizar que los teletrabajadores puedan participar de manera efectiva en las actividades organizadas o convocadas por su representación legal o por otros trabajadores en defensa de sus intereses laborales. Según la interpretación de la doctrina científica, la redacción genérica de este precepto abre la posibilidad de que los teletrabajadores participen de forma telemática en dichas actividades, facilitando así su involucración a pesar de la distancia física. Sin embargo, esto no excluye la opción de que los teletrabajadores participen presencialmente en estas actividades si así lo desean[577].

9.3.3. Derecho a la negociación colectiva

Conforme a lo dispuesto en el apartado 1 del artículo 37 de la Constitución Española, la ley asegura el derecho a la negociación colectiva laboral entre los representantes de los trabajadores y los empresarios, así como la validez vinculante de los convenios resultantes. En consonancia con este mandato constitucional, el Título III del Estatuto de los Trabajadores se dedica a regular las normas aplicables a la negociación colectiva. Este título abarca tanto la legitimación como el procedimiento necesario para la formalización de los convenios colectivos, proporcionando el marco legal para su adecuada ejecución y cumplimiento.

Bajo el principio de igualdad de trato entre teletrabajadores y trabajadores presenciales, que se establece en el artículo 4 de la Ley de Trabajo a Distancia, los teletrabajadores tienen el derecho de participar en la negociación de los convenios colectivos a través de sus representantes legales. Asimismo, sus condiciones laborales se rigen por lo dispuesto en el convenio colectivo sectorial o de empresa aplicable, de la misma manera

---

577 Meléndez Morillo-Velarde, L. (2021). "Los derechos colectivos de las personas que trabajan a distancia", *op. cit.*, 616-617.

que se aplica al resto de la plantilla que desempeña su labor de forma presencial en la empresa.

Además de lo ya mencionado, debido a las frecuentes referencias que hace la Ley de Trabajo a Distancia a la negociación colectiva para complementar y adaptar la regulación del teletrabajo a las características y necesidades específicas de cada sector o empresa, la regulación convencional del teletrabajo se ha convertido en un tema de gran actualidad. En esta línea, el reciente V Acuerdo para el Empleo y la Negociación Colectiva (V AENC), alcanzado por los agentes sociales, establece que los convenios o acuerdos colectivos deben incorporar y desarrollar los llamamientos a la negociación colectiva para la implementación del teletrabajo y su adaptación a las particularidades de cada sector o empresa. Esto fomentará la creación de una serie de convenios colectivos que desarrollen la normativa sobre el teletrabajo y que influyan directamente en las condiciones laborales de los teletrabajadores.

9.3.4. Derecho al conflicto colectivo y a la huelga

El conflicto colectivo se caracteriza como una discrepancia surgida por motivos laborales entre la empresa y su personal, que incide en los intereses generales de los trabajadores. Este tipo de conflicto puede manifestarse de dos formas principales: como un conflicto colectivo de interpretación y aplicación, ya sea de una norma legal o convencional, de pactos, acuerdos de empresa, o de una decisión o práctica empresarial de carácter colectivo; o como un conflicto de intereses, donde se busca modificar o reemplazar una normativa reguladora vigente[578].

---

578 Mercader Uguina, J. R., Muñoz Ruiz, A. B., Aragón Gómez, C., Nieto Rojas, P., Moreno Solana, A., Gimeno Díaz de Atauri, P. y Pérez del Prado, D. (2016). "Libertad sindical, representación en la empresa y conflictos colectivos". *Nueva Revista Española de Derecho del Trabajo,* (186), abril, 145-160.

En relación con el conflicto colectivo, el apartado 2 del artículo 37 de la Constitución Española reconoce el derecho de los trabajadores a tomar medidas en este sentido. Entre las principales medidas de conflicto colectivo que los trabajadores pueden adoptar se incluyen[579]: (1) el uso de los derechos constitucionales de libertad de expresión (artículo 20 CE), reunión y manifestación (artículo 21 CE) con fines conflictivos, como por ejemplo, la publicación de comunicados en los tablones de anuncios de la empresa o en medios de comunicación, la organización de ruedas de prensa y declaraciones públicas, y la realización de asambleas, concentraciones y manifestaciones; (2) la negativa de los trabajadores a realizar ciertas tareas para la empresa que son voluntarias, como las horas extraordinarias, o tareas habituales que no están contractualmente estipuladas, generalmente de carácter accesorio o complementario; (3) el boicot o el llamamiento a trabajadores y/o terceros para que se abstengan de establecer relaciones comerciales con la empresa en cuestión. Sin embargo, es importante destacar que no son consideradas medidas lícitas de conflicto colectivo acciones como el sabotaje[580] y las amenazas o coacciones[581], ya que estas constituyen conductas delictivas.

Indudablemente, una de las medidas más significativas en el ámbito del conflicto colectivo es el ejercicio del derecho de

---

https://e-archivo.uc3m.es/bitstream/handle/10016/24423/libertad_REDT_2016_186.pdf?sequence=1&isAllowed=y. Recuperado el 6 de julio de 2024.

579 Sanguineti Raymond, W. (2006). *La regulación de los conflictos laborales en España: entre la garantía de la autotutela y el fomento a los sistemas autónomos de solución*, 7. https://wilfredosanguineti.files.wordpress.com/2008/11/conflictos-mediacion-en-espana-wsanguineti1.pdf. Recuperado el 6 de julio de 2024.

580 Esto es, atentado contra las instalaciones o los bienes de la empresa.

581 Por ejemplo, piquetes coactivos, violentos e intimidantes contra aquellas personas trabajadoras que no quieran hacer la huelga, secuestro o retención de los directivos de la empresa.

huelga, reconocido como un derecho fundamental en el apartado 2 del artículo 28 de la Constitución Española. La doctrina científica define la huelga como una interrupción en el normal desarrollo de la vida social y, en particular, en el proceso de producción de bienes y servicios, que se realiza de manera pacífica y no violenta, a través de la coordinación de los trabajadores y otros participantes en dicho proceso. Su objetivo puede ser reivindicar mejoras en las condiciones económicas o laborales en general, y también puede constituir una protesta con impacto en otros ámbitos o esferas[582]. Por su parte, el Tribunal Constitucional, en su sentencia núm. 11/1981, de 8 de abril, ha subrayado que el derecho a la huelga no está necesariamente vinculado al conflicto colectivo, ya que se trata de un derecho autónomo que goza de un nivel superior de protección y garantías, a saber:

> *"[...] De todo este planteamiento se desprende que debe rechazarse la tesis de la reiteración parcial y que hay que propugnar la separación entre ambos preceptos, que se produce, con claridad, desde el punto de vista de los trabajadores y consiste básicamente en que: a) el artículo 37 les faculta para otras medidas de conflictos distintas de la huelga, de manera que la huelga no es la única medida de conflicto, y b) el artículo 28 no liga necesariamente la huelga con el conflicto colectivo. Es verdad que toda huelga se encuentra muy estrechamente unida a un conflicto colectivo, pero en la configuración del artículo 28 la huelga no es un derecho derivado del conflicto colectivo, sino que es un derecho de carácter autónomo. Además, las limitaciones que el artículo 37 permite son mayores que las que permite el artículo 28, ya que literalmente menciona las limitaciones que la Ley puede establecer"*[583].

El ejercicio y desarrollo del derecho al conflicto colectivo y del derecho a la huelga están actualmente regulados por una normativa preconstitucional, específicamente, el Real Decreto-ley 17/1977, de 4 de marzo, sobre relaciones de trabajo. La constitucionalidad de

---

582 Monereo Pérez, J. L. (2002). *Derecho de huelga y conflictos colectivos: estudio crítico de la doctrina jurídica.* Comares, 8.

583 STC 11/1981 de 8 de abril (TOL109.335).

este Real Decreto-ley fue examinada y confirmada por el Tribunal Constitucional en su sentencia núm. 11/1981, de 8 de abril. Esta revisión constitucional se llevó a cabo tras un recurso de inconstitucionalidad presentado por D. Nicolás Redondo Urbieta y otros cincuenta y un Diputados, representados por el comisionado D. José Vida Soria, *ex* rector de la Universidad de Granada.

Centrándonos ahora en el ámbito del teletrabajo, es menester subrayar que el artículo 19 de la Ley de Trabajo a Distancia no contempla disposiciones específicas sobre el ejercicio del derecho al conflicto colectivo y a la huelga. Esta omisión resulta especialmente relevante, dado que la modalidad de teletrabajo requiere, sin lugar a duda, una adaptación en su desarrollo. Recordemos que el Real Decreto-ley sobre relaciones laborales se orienta primordialmente hacia el ejercicio de estos derechos en el contexto del trabajo presencial, donde las personas trabajadoras se hallan concentradas en un mismo centro de trabajo. En consecuencia, se ha originado una serie de problemáticas en relación con la efectiva materialización de estos derechos:

- **Actuación de los piquetes informativos con respecto a las personas teletrabajadoras**: según el apartado 6 del artículo 6 del Real Decreto-ley sobre relaciones de trabajo, se reconoce la legitimidad de los piquetes informativos para que las personas trabajadoras en huelga puedan divulgar pacíficamente información sobre esta y recaudar fondos sin ejercer coacción alguna. No obstante, en el contexto del teletrabajo, surge la interrogante de si es viable dirigirse al domicilio de la persona teletrabajadora para llevar a cabo la labor informativa respecto a la convocatoria de huelga. La doctrina científica mayoritaria se ha inclinado por descartar esta posibilidad, argumentando la preeminencia del derecho a la inviolabilidad del domicilio, un principio constitucionalmente protegido. A pesar de ello, cabe señalar que las personas trabajadoras en huelga disponen de alternativas telemáticas para difundir y promocionar la huelga, recurriendo a medios digitales que respeten la privacidad y los derechos fundamentales de los teletrabajadores[584].

- **Forma de ejercicio del derecho de huelga en el contexto del teletrabajo**: de acuerdo con el apartado 1 del artículo 7 del Real Decreto-ley sobre relaciones de trabajo, el ejercicio convencional del derecho de huelga implica la cesación de la prestación de servicios por parte de los trabajadores afectados, sin que estos ocupen el centro de trabajo o sus dependencias. Sin embargo, esta forma de manifestación resulta inaplicable en el caso de las personas teletrabajadoras, dada su deslocalización. Ante esta situación, la doctrina científica propone alternativas para el ejercicio del derecho de huelga adaptadas al teletrabajo. Estas podrían incluir acciones como el apagado del equipo informático o videoterminal, la no contestación de llamadas telefónicas, el filtrado de mensajes provenientes de la empresa que exijan la prestación de servicios, y en general, el cese de cualquier actividad laboral relacionada con el teletrabajo. Estas medidas reflejan la adaptación necesaria del derecho de huelga a las nuevas formas de organización laboral, respetando el espíritu y la finalidad de este derecho fundamental[585].
- **Uso del esquirolaje tecnológico para reemplazar a las personas teletrabajadoras**: según el apartado 5 del Real Decreto-ley sobre relaciones de trabajo, en principio, la empresa no está autorizada a sustituir a los huelguistas por trabajadores que no estuvieran vinculados a ella en el momento de la comunicación de la huelga y mientras dure esta. Sin embargo, en el ámbito del teletrabajo, surge la posibilidad de que la

---

584 Basterra Hernández, M. (2021). "Los derechos colectivos en el trabajo a distancia: derechos de información, centro de trabajo, voto electrónico, negociación colectiva y huelga". *El trabajo a distancia en el RDL 28/2020,* Tirant lo Blanch, 336-337.

585 Romero Burillo, A. M. (2021). *El marco regulador del teletrabajo, op. cit.*, 122.

empresa recurra a medios tecnológicos avanzados para mitigar el impacto económico de la huelga[586].

En relación con esta cuestión, el Tribunal Constitucional se pronunció en su sentencia núm. 17/2017, de 2 de febrero. En esta sentencia, el Tribunal abordó la cuestión de la licitud de la sustitución de trabajadores en huelga mediante el uso de medios técnicos por parte de la empresa. La conclusión del Tribunal fue que tal práctica no constituye una vulneración del derecho fundamental a la huelga. Específicamente, el Tribunal sostuvo que:

> *"[...] No hay duda de que la libertad del empresario, por lo que respecta a sus facultades de organización y dirección de los trabajadores, queda restringida por el ejercicio del derecho de huelga, mas no hay precepto alguno que, durante este ejercicio, prohíba al empresario usar los medios técnicos de los que habitualmente dispone en la empresa para mantener su actividad. Una actividad que, como se ha dicho, es inherente a la lesividad del ejercicio de la huelga e instrumental al ejercicio del derecho al trabajo de aquellos trabajadores que han decidido no sumarse a la misma.*
>
> *De otra parte, exigir al empresario que no utilice medios técnicos con los que cuenta en la empresa supone imponer al empresario una conducta de colaboración en la huelga no prevista legalmente. La utilización de medios ya existentes en la empresa es compatible con el derecho de huelga y no puede extenderse, por vía analógica, a este supuesto la prohibición prevista en el art. 6.5 RDLRT, que se refiere al empleo de los recursos humanos en la empresa, pero no a la utilización de sus recursos materiales y tecnológicos"*[587].

A pesar del pronunciamiento del Tribunal Constitucional, y en mi opinión, es pertinente considerar cómo los avances tecnológicos, especialmente el uso de la inteligencia artificial, pueden influir en el derecho fundamental de huelga en

---

586 Poquet Catalá, R. (2020). *El teletrabajo: análisis del nuevo marco jurídico, op. cit.*, 137-141.

587 STC 17/2017 de 2 de febrero (TOL5.959.422).

el contexto del teletrabajo. En concreto, la implementación de tecnologías avanzadas para reemplazar a las personas teletrabajadoras durante una huelga podría constituir una vulneración significativa de este derecho. El uso de tales medios tecnológicos tiene el potencial de alterar de manera considerable el curso normal de una huelga, generando un desbalance en la correlación de fuerzas y limitando la capacidad efectiva de los trabajadores para ejercer su derecho a la huelga. En este sentido, se hace imperativo salvaguardar el derecho constitucional a la huelga frente a la irrupción disruptiva de las tecnologías en el ámbito laboral. La protección de este derecho fundamental debe considerar el impacto que las nuevas herramientas tecnológicas pueden tener en la dinámica de las relaciones laborales y, en particular, en el ejercicio del derecho de huelga. Es crucial que la legislación y la jurisprudencia evolucionen para abordar estas nuevas realidades, garantizando que el avance tecnológico no menoscabe los derechos laborales consagrados.

En conclusión, teniendo en cuenta las diversas lagunas jurídicas que se presentan respecto al ejercicio del derecho al conflicto colectivo y a la huelga en el marco del teletrabajo, resulta imperativo avanzar en la evolución de la normativa legal pertinente. Es esencial adaptar y actualizar la legislación para asegurar que el ejercicio de estos derechos se realice en condiciones de equidad, equiparando a los trabajadores a distancia con aquellos que desempeñan sus funciones de manera presencial. Esta actualización normativa debería contemplar las particularidades inherentes al teletrabajo, abordando aspectos como la actuación de los piquetes informativos, las modalidades de ejercicio del derecho de huelga en un entorno no presencial, y el uso de tecnologías avanzadas que podrían afectar la efectividad de las huelgas. La finalidad de estas reformas sería garantizar que todos los trabajadores, independientemente de su modalidad de trabajo, gocen de los mismos derechos y protecciones en el ámbito del conflicto colectivo y la huelga, preservando así la justicia y la equidad en el entorno laboral.

10. La seguridad y salud laboral en el teletrabajo

El teletrabajo, al igual que otras modalidades laborales, no está exento de riesgos ocupacionales. El uso intensivo de las tecnologías de la información y comunicación inherentes a esta forma de trabajo puede acarrear consecuencias adversas para la salud y el bienestar de los trabajadores, tanto en el plano físico como psicológico. Estos peligros se han evidenciado con mayor claridad durante la pandemia de COVID-19. Según el estudio de Eurofound denominado "*Vida, trabajo y COVID-19*"[588], se ha constatado una tendencia entre los teletrabajadores a exceder los límites máximos de la jornada laboral, impidiendo así el disfrute adecuado de los períodos de descanso que establece la ley. Además, el informe indica que el teletrabajo puede desencadenar efectos perjudiciales para la salud, como son los trastornos musculoesqueléticos, fatiga visual, cefaleas, ansiedad, depresión, estrés y la tensión psicológica, entre otros. También resalta que, con frecuencia, los espacios de trabajo domésticos se organizan de manera improvisada, sin cumplir necesariamente con los estándares de seguridad y ergonomía. Ante este escenario, es imperativo que las empresas implementen las medidas pertinentes para asegurar una protección efectiva de la seguridad y salud de los trabajadores en el ámbito del teletrabajo.

---

588 Fundación Europea para la Mejora de las Condiciones de Vida y de Trabajo. (2020). *Vida, trabajo y COVID-19*. Oficina de Publicaciones de la Unión Europea, 35-43. https://www.eurofound.europa.eu/es/publications/2020/vida-trabajo-y-covid-19 Recuperado el 7 de junio de 2024.

En el supuesto de no acatar las obligaciones vinculadas a la seguridad y salud en el trabajo, las empresas se enfrentan a graves consecuencias. De una parte, habrán de asumir responsabilidades económicas derivadas del abono de recargos en las prestaciones de la Seguridad Social, así como de las compensaciones por daños y perjuicios infligidos a los trabajadores. De otra parte, podrían incurrir en responsabilidades de carácter penal o administrativo, como resultado de la transgresión de los deberes de protección hacia la seguridad y salud de la plantilla.

Ahora bien, la responsabilidad empresarial en el teletrabajo es un tema complejo, especialmente cuando se considera la concurrencia de culpas entre la empresa y el trabajador. Las empresas están obligadas a cumplir con las normativas de seguridad y salud laboral, y el incumplimiento puede acarrear responsabilidades significativas. Sin embargo, si el trabajador no cumple con las medidas de seguridad, surge la cuestión de cómo esto afecta la responsabilidad de la empresa. El análisis de la concurrencia de culpas requiere considerar el grado de contribución del trabajador al daño sufrido y cómo esto puede moderar la responsabilidad de la empresa. El artículo 1103 del Código Civil permite a los tribunales moderar la responsabilidad basada en la equidad, ajustando la obligación de indemnizar según la culpa de ambas partes. Esto es particularmente relevante en el teletrabajo, donde las conductas imprudentes del trabajador, como la sobrecarga laboral y la falta de pausas, deben ser consideradas como imprudencia profesional no temeraria. Para mitigar riesgos, las empresas deben implementar medidas preventivas específicas para el teletrabajo, asegurando un entorno laboral seguro y saludable.

Por su parte, en el contexto del teletrabajo, la realización de inspecciones para la evaluación de la gestión preventiva de riesgos laborales puede enfrentarse a obstáculos notables. Entre estos, destaca la posible resistencia del trabajador a permitir el acceso a su domicilio para verificar la seguridad de su entorno laboral, amparándose en el derecho a la inviolabilidad del hogar consagrado en el art. 18.2 de la Constitución Española. A esto se suma la complejidad inherente al control de la gestión de los riesgos psicosociales vinculados al teletrabajo.

En definitiva, la promoción y protección del derecho a la salud, tanto a nivel internacional como europeo, es fundamental para garantizar el bienestar de las personas, un objetivo que ha cobrado mayor relevancia durante la pandemia de COVID-19[589]. Este contexto también ha resaltado la necesidad de adaptar las normativas laborales a las nuevas modalidades de trabajo, como el teletrabajo. A pesar de sus beneficios, el teletrabajo no está exento de riesgos ocupacionales que pueden afectar la salud física y psicológica de los trabajadores, como indica el mencionado estudio de Eurofound sobre el impacto de la pandemia. La responsabilidad de las empresas en este ámbito es crucial y compleja, dado que deben garantizar la seguridad y salud de sus empleados incluso en un contexto de teletrabajo.

10.1. LA PREVENCIÓN DE RIESGOS LABORALES EN EL TELETRABAJO

El artículo 15 de la Constitución Española consagra el derecho fundamental a la integridad física y moral de todas las personas. El artículo 40.2 insta a los poderes públicos a garantizar la seguridad y la higiene en el trabajo. Además, el artículo 43 reconoce el derecho de todas las personas a la protección de

---

589 Caballero Pérez, M. J. (2022). "El derecho a la salud en el Ámbito Internacional y de la Unión Europea. Tratamiento actual y desafíos futuros". *Revista de Derecho de la Seguridad Social. Laborum, Extra 4 (Ejemplar dedicado a: El modelo de atención sanitaria multinivel. La cohesión y calidad del Sistema Nacional de Salud y el avance de la revolución digital en la sanidad),* 80-81. https://revista.laborum.es/index.php/revsegsoc/article/view/629/723. Recuperado el 10 de junio de 2024.

la salud.[590] En consonancia con estos preceptos, el art. 4.2 del Estatuto de los Trabajadores afirma el derecho a la integridad física de los trabajadores y a una efectiva política de prevención de riesgos laborales. A nivel comunitario, la protección de la seguridad y salud laboral está regulada, entre otras, por la Directiva 89/391/CEE del Consejo, de 12 de junio de 1989, y la Directiva del Consejo, de 25 de junio de 1991, dirigida a los trabajadores con contratos de duración determinada o de empresas de trabajo temporal. En el ámbito nacional, las disposiciones esenciales en esta materia son la Ley 31/1995, de 8 de noviembre, de Prevención de Riesgos Laborales, y el Real Decreto 39/1997, de 17 de enero, que aprueba el Reglamento de los Servicios de Prevención.

Conforme a lo dispuesto en el art. 4 de la Ley de Prevención de Riesgos Laborales, se comprende por prevención de riesgos laborales el conjunto de actividades o medidas implementadas o planificadas en todas las etapas de actividad empresarial, destinadas a prevenir o atenuar los riesgos de que los trabajadores sufran daños asociados al trabajo, incluyendo enfermedades, patologías o lesiones originadas por o durante la actividad laboral. Importante es señalar que la Audiencia Nacional, mediante su sentencia número 104/2021, de 10 de mayo, ha reiterado la esencia de la prevención de riesgos laborales, fundamentándose en:

---

590 Es importante destacar que existen diferentes posturas doctrinales sobre los preceptos constitucionales de los que se deriva la normativa de prevención de riesgos laborales. Algunos intérpretes sostienen que esta normativa puede deducirse de los artículos 15, 40.2 y 43 de la Constitución. Otros, en cambio, limitan la derivación del sistema normativo de prevención de riesgos laborales al artículo 40.2 y, en algunos casos, también al artículo 43. Vida Soria, J. (2010). "El marco normativo de la prevención de riesgos laborales". *Manual para la formación en prevención de riesgos laborales. Programa formativo para el desempeño de las funciones de nivel básico (6.ª ed.).* Lex Nova, 116.

> *"Un principio general del derecho del trabajo es el que fijaba el Tratado de Versalles en su art. 427 proclamaba como un principio fundacional de la OIT que: "el trabajo no debe ser considerado simplemente como una mercancía o un artículo de comercio", y la razón de este principio es básica: la prestación laboral se realiza por seres humanos que no merecen ser tratados como simples máquinas y como sujetos de derechos fundamentales. De este principio emana la normativa de prevención riesgos laborales que consagra el art. 40.2 de la CE y desarrolla la Ley 31/1995 de 8 de noviembre de prevención de riesgos laborales, así como lo dispuesto en el art. 4.2 del Estatuto de los trabajadores que reconoce como derechos laborales de todo trabajador: d) A su integridad física y a una adecuada política de prevención de riesgos laborales y e) Al respeto de su intimidad y a la consideración debida a su dignidad, comprendida la protección frente al acoso por razón de origen racial o étnico, religión o convicciones, discapacidad, edad u orientación sexual, y frente al acoso sexual y al acoso por razón de sexo"*[591].

En cuanto a las principales obligaciones de la empresa en materia de prevención de los riesgos laborales, el artículo 15 de la Ley de Prevención de Riesgos Laborales consagra el deber empresarial de prevenir los riesgos laborales, estableciendo un mandato para evitar los riesgos donde sea posible, evaluar aquellos que no se puedan evitar y combatir los riesgos desde su origen. La empresa debe además adecuar el trabajo a la persona trabajadora, seleccionando equipos y métodos de trabajo que minimicen el trabajo monótono y repetitivo y sus efectos nocivos para la salud. Es esencial que la empresa proceda con la planificación preventiva, implementando medidas eficaces de prevención y protección, y proporcionando instrucciones pertinentes a su personal. En virtud de los artículos 23 y 16 de la misma Ley, se impone la obligación de formalizar y documentar el plan de prevención de riesgos laborales, que constituye la base del sistema de gestión preventiva en la empresa y define su política en esta materia.

---

591 SAN 104/2021 de 10 de mayo (TOL8.447.616).

Con respecto a los derechos y obligaciones de las personas trabajadoras en materia de prevención de los riesgos laborales, el artículo 14 de la Ley de Prevención de Riesgos Laborales garantiza a los trabajadores el derecho a una protección efectiva en seguridad y salud laboral. Este derecho abarca la información, consulta y participación, formación preventiva, la facultad de cesar actividades ante un peligro grave e inminente, y la vigilancia de su salud acorde con los riesgos del trabajo. Además, se incluye el acceso a los equipos necesarios y adecuados para salvaguardar su seguridad y salud en sus tareas. Por otro lado, el artículo 29 obliga a los trabajadores a acatar las medidas preventivas establecidas, utilizar correctamente equipos y herramientas, no desactivar dispositivos de seguridad, reportar situaciones de riesgo potencial, colaborar con las directrices de la autoridad competente en materia de seguridad y salud laboral, y contribuir con la empresa en el mantenimiento de un entorno laboral seguro.

En el contexto del teletrabajo, la cláusula 8ª del Acuerdo Marco Europeo sobre Teletrabajo estipula que la empresa debe proteger la salud y seguridad de los teletrabajadores, en línea con la legislación vigente. Debe, además, proporcionar información acerca de su política de salud y seguridad laboral, con un enfoque particular en los requisitos asociados con las pantallas de visualización. De manera concordante, el artículo 15 de la Ley de trabajo a distancia reconoce el derecho de los teletrabajadores a una protección adecuada en materia de seguridad y salud laboral, conforme a la Ley de Prevención de Riesgos Laborales y sus normativas derivadas. Por otro lado, tanto la Directiva del Consejo de 29 de mayo de 1990 sobre el trabajo con pantallas de visualización como el Real Decreto 488/1997, estipulan las responsabilidades empresariales para prevenir riesgos asociados a la visión[592], así como problemas físicos

---

592 En virtud de las definiciones contempladas tanto en la Directiva del Consejo, de 29 de mayo de 1990, como en el Real Decreto 488/1997, de 14 de abril, la pantalla de visualización se define como una pan-

y fatiga mental[593], determinando las medidas preventivas mínimas que las empresas deben adoptar para atenuar dichos riesgos[594].

Además de la normativa específica, es relevante señalar que el Instituto Nacional de Seguridad y Salud en el Trabajo[595] ha elaborado diversas Notas Técnicas de Prevención (NTP) [596], concebidas como instrumentos de apoyo técnico para facilitar el cumplimiento de las obligaciones empresariales en seguridad y salud laboral. En lo que respecta al teletrabajo, destacan las NTP 412 "*Teletrabajo: criterios para su implantación*" en el año 1996, en las que se establecen los criterios técnicos de seguridad y salud laboral a considerar para la implantación del teletrabajo; NTP 1122 "*Las Tecnologías de la Información y la Comunicación (TIC) (I): nuevas formas de organización del trabajo*" y NTP 1123 "*Las*

---

talla alfanumérica o gráfica, independientemente del método de representación visual utilizado.

593 Entre otras, la realización de un análisis de los puestos de trabajo con el fin de evaluar las condiciones de seguridad y de salud que ofrecen para las personas trabajadoras; la adopción de medidas oportunas para paliar los riesgos identificados; la información y formación a las personas trabajadoras.

594 A modo ilustrativo y no exhaustivo, proporcionar a las personas trabajadoras dispositivos correctores especiales para el trabajo de que se trata; realizar la vigilancia de la salud teniendo presente los riesgos para la vista y los problemas físicos y de carga mental, el posible efecto añadido o combinado de los mismos, así como la eventual patología acompañante

595 En virtud del art. 8 de la Ley de Prevención de Riesgos Laborales, el Instituto Nacional de Seguridad y Salud en el Trabajo constituye un órgano de carácter científico técnico especializado de la Administración General del Estado que tiene como misión el análisis y estudio de las condiciones de seguridad y salud en el trabajo, así como la promoción y apoyo a la mejora de las mismas.

596 Las Notas Técnicas de Prevención son guías de buenas prácticas elaboradas por el Instituto Nacional de Seguridad y Salud en el Trabajo. Sus indicaciones no son de cumplimiento obligatorio por parte de las empresas, salvo que estén recogidas en una disposición normativa vigente.

Tecnologías de la Información y la Comunicación (TIC) (II): factores de riesgo psicosocial asociados a las nuevas formas de organización del trabajo" en el año 2018, a través de las cuales se centran en el estudio del impacto psicosocial del uso de las Tecnologías de la Información y la Comunicación en el ámbito laboral; NTP 1.150 "*Riesgos ergonómicos en el uso de las nuevas tecnologías con pantallas de visualización*" en el año 2020 en la que se analizan los riesgos ergonómicos generados como consecuencia de trabajar con estos equipos y de las nuevas formas de organizar los trabajos como es el teletrabajo; y, por último, NTP 1165 "*Teletrabajo, criterios para su integración en el sistema de gestión de la SST*" en el año 2021, mediante la cual se pretende facilitar la integración de las actuaciones preventivas relacionadas con el teletrabajo en el sistema de prevención de la empresa.

Se expone a continuación un esquema que sintetiza las fases cruciales de la gestión preventiva de riesgos laborales asociados al teletrabajo. Dicha síntesis se alinea con las directrices estipuladas en la Ley de Prevención de Riesgos Laborales, en concordancia con el Reglamento de los Servicios de Prevención, la Ley de trabajo a distancia y las sucesivas Notas Técnicas de Prevención promulgadas por el Instituto Nacional de Seguridad y Salud en el Trabajo:

Figura 8. Etapas de la prevención de riesgos laborales en el teletrabajo

Fuente: Elaboración propia.

10.1.1. Identificación y evaluación de los riesgos laborales en el teletrabajo

Como punto inicial, la organización debe identificar los principales riesgos a los que se enfrentan los empleados en régimen de teletrabajo durante el desempeño de sus funciones. Es crucial determinar los factores causantes de estos riesgos y, si procede, las potenciales situaciones de emergencia vinculadas a ellos. Para ello, resulta esencial analizar la naturaleza y las condiciones en las que se ejecutan las diversas tareas laborales por parte del teletrabajador, así como el entorno donde estas se llevan a cabo. De igual manera, es imprescindible que la empresa recoja del teletrabajador toda información relevante que facilite dicho análisis, e incluya su perspectiva acerca de los riesgos y/o inconvenientes que podría implicar el teletrabajo[597].

Entre los principales riesgos laborales presentes en el teletrabajo, la doctrina científica mayoritaria[598] coincide en que se puede distinguir entre las siguientes tipologías de riesgos:

- **Riesgos ergonómicos**: se refiere a aquellos riesgos laborales asociados al uso prolongado de herramientas informáticas, como ordenadores de sobremesa o portátiles, en el desempeño laboral.

---

597 Instituto Nacional de Seguridad e Higiene en el Trabajo. (2012). *Guía Técnica para la mejora de la eficacia y calidad de las actuaciones de los Servicios de Prevención Ajenos (Criterios de calidad del servicio).* Ministerio de Empleo y Seguridad Social, 19. https://www.insst.es/documents/94886/96076/GuiaCriteriosCalidad/8f64f117-c49a-4444-8b1d-12ce04c112b5. Recuperado el 11 de junio de 2024.

598 Entre otros, Poquet Catalá, R. (2020). *El teletrabajo: análisis del nuevo marco jurídico, op. cit.*, 235–244; Luque Parra, M., Ginès i Fabrellas, A. y Peña Moncho, J. (2021). *Teletrabajo: estudio jurídico desde la perspectiva de la seguridad y salud laboral, op. cit.*, 135-143.

Entre los principales factores causantes de este riesgo se encuentran: (1) aquellos vinculados al entorno físico, como la configuración de la pantalla, teclado, otros dispositivos de entrada, documentos, el mobiliario de trabajo, la gestión de cables, software utilizado, así como la postura y movimientos repetitivos. Estos factores pueden desencadenar fatiga física o trastornos musculoesqueléticos; (2) aquellos otros relacionados con el ambiente laboral, incluyendo el espacio de trabajo, iluminación, reflejos, deslumbramientos, ruido, temperatura, emisiones y humedad. Estos pueden causar fatiga visual o problemas oculares, vértigos, mareos o cefaleas; así como (3) aquellos ligados a la carga mental, como la formación recibida, las dinámicas del trabajo cotidiano, la protección ocular, y la gestión de pausas y descansos. Estos factores pueden generar fatiga mental, nerviosismo, y problemas digestivos, entre otros[599].

- **Riesgos psicosociales**: se refiere a aquellos riesgos laborales que surgen de situaciones, eventos o estados ligados a la organización del trabajo y tienen un alto potencial de impactar negativamente en la salud mental del empleado[600].

---

599 Instituto Nacional de Seguridad e Higiene en el Trabajo. (2022). *Orientaciones para la gestión de los aspectos ergonómicos y psicosociales en situación de teletrabajo.* Ministerio de Trabajo y Economía Social, 57-109. https://www.insst.es/documents/94886/2927460/FINAL+-+En+linea+-+Orientaciones+teletrabajo+-+13-10-2022.pdf/b690077c-500f-d9a3-2f23-0eab202f92be?t=1666093088741. Recuperado el 11 de junio de 2024.

600 Instituto Nacional de Seguridad e Higiene en el Trabajo. (2010). *Factores y Riesgos Psicosociales: formas, consecuencias, medidas y buenas prácticas.* Ministerio de Trabajo e Inmigración, 17. https://www.insst.es/documents/94886/96076/Factores+y+riesgos+psicosociales%2C+formas%2C+consecuencias%2C+medidas+y+buenas+pr%C3%A1cticas/c4cde3ce-a4b6-45e9-9907-cb4d693c19cf Recuperado el 11 de junio de 2024.

A pesar de que no existe una clasificación unánime en la comunidad científica sobre los factores causantes de estos riesgos[601], se tiende a reconocer ciertos factores comunes.

En este contexto, optamos por la categorización del Instituto Nacional de Seguridad e Higiene en el Trabajo, como se detalla en su NTP 926 "*Factores psicosociales: metodología de evaluación*"[602].Estos factores incluyen: (1) **Tiempo de trabajo**, relacionado con la estructuración temporal de las tareas

---

601 A modo ilustrativo y no exhaustivo, cabe destacar que la categorización realizada por el Marco Europeo para la Gestión del Riesgo Psicosocial (PRIMA-EF, por sus siglas en inglés) comprenden los siguientes factores de riesgo psicosocial: contenido y características del trabajo; carga y ritmo de trabajo; tiempo de trabajo; participación y control; ambiente y equipos de trabajo; cultura de organización; relaciones personales en el trabajo; rol en la organización; desarrollo profesional; y la interacción vida personal – trabajo. *Vid.* PRIMA-EF. (2008). *Guidance on the European Framework for Psychosocial Risk Management: A Resource for Employers and Worker Representatives.* Organización Mundial de la Salud, 12. https://apps.who.int/iris/bitstream/handle/10665/43966/9789241597104_eng_Part1.pdf?sequence=1. Recuperado el 13 de junio de 2024.
En cambio, en la Guía electrónica para la gestión del estrés y los riesgos psicosociales elaborada por la Agencia Europea para la Seguridad y la Salud en el Trabajo identifican los siguientes factores causantes del riesgo psicosocial: exigencias excesivas; falta de autocontrol/autonomía; apoyo inadecuado; relaciones deficientes (incluyendo acoso); conflicto o falta de claridad de roles; gestión deficiente de los cambios; y violencia por parte de terceros. Disponible en: https://osha.europa.eu/es/tools-and-resources/e-guides/e-guide-managing-stress-and-psychosocial-risks Recuperado el 13 de junio de 2024.

602 El método de evaluación de los factores psicosociales FPSICO desarrollado por el Instituto Nacional de Seguridad y Salud en el Trabajo constituye una herramienta avanzada que permite realizar un diagnóstico del nivel de riesgo psicosocial existente en una empresa. Disponible en: https://www.insst.es/documentacion/catalogo-de-publicaciones/fpsico-factores-psicosociales-metodo-de-evaluacion-version-4.1 Recuperado el 13 de junio de 2024.

y su impacto en la vida social del empleado, incluyendo jornadas excesivas, descansos inadecuados, trabajo nocturno y falta de flexibilidad horaria.; (2) **Autonomía**, referente a la capacidad del empleado para gestionar y decidir sobre la organización y procedimiento de su trabajo; (3) **Carga de trabajo**, que trata sobre el nivel de demanda de trabajo a la que la persona trabajadora debe hacer frente (*e.g.* presión de tiempo, plazos estrictos, etc.); (4) **Demandas psicológicas**, que se refieren a las exigencias psicológicas que el trabajo implica para la persona (e.g. trato con personas, ocultación de emociones y sentimientos, situaciones de impacto emocional, etc.); (5) **Variedad / Contenido del trabajo**, que comprende la sensación de que el trabajo tiene un significado y utilidad en sí mismo para la persona trabajadora (e.g. monotonía, trabajo sin sentido, falta de variedad, tareas desagradables, etc.); (6) **Participación / Supervisión**, que se refieren a las dos dimensiones de control sobre el trabajo, esto es, la participación de la persona trabajadora en la realización del trabajo y la supervisión de la realización de la actividad laboral por parte de la empresa (*e.g.* escasa o nula participación en la toma de decisiones sobre cuestiones como las tareas a realizar, su orden, distribución de las mismas, procedimiento, resolución de incidencias, control de la empresa sobre el ritmo de trabajo y los horarios, etc.); (7) **Interés por la persona trabajadora / Compensación**, se refiere al grado en que la empresa muestra una preocupación de carácter personal y a largo plazo (*e.g.* escasa valoración social del trabajo, falta de promoción profesional, etc.); (8) **Desempeño de rol**, que se relaciona con los problemas que pueden derivarse de la definición de los cometidos de cada puesto de trabajo (*e.g.* ambigüedad o conflicto de rol, responsabilidad entre personas, etc.); y, por último, (9) **Relaciones y apoyo social**, que está relacionado con aquellos aspectos de las condiciones de trabajo derivadas de las relaciones que se establecen entre las personas en el entorno laboral (*e.g.* el aislamiento, la existencia de malas relaciones con los compañeros de trabajo, conductas inapropiadas como es el hostigamiento o acoso laboral, etc.).

Sin perjuicio de lo anterior, es preciso destacar estos factores no operan de manera aislada, sino que interactúan entre sí. Su presencia puede desencadenar efectos adversos en la salud y el bienestar de los trabajadores, incluyendo estrés laboral, tecnoestrés, violencia y acoso (incluido el ciberacoso), trastornos de salud mental[603] y problemas sociales y conductuales[604].

La figura siguiente ofrece un resumen de los riesgos laborales específicos inherentes al teletrabajo. Esta presentación incluye la clasificación de los riesgos, la identificación detallada de sus factores causantes y la exposición de los potenciales efectos que estos pueden tener en la salud y el bienestar del teletrabajador:

---

603 La protección de la salud mental en el teletrabajo es un aspecto de gran relevancia, considerando que el trabajo puede actuar tanto como un factor protector como un desencadenante de enfermedades mentales. Organización Mundial de la Salud. (2022). *Salud mental: fortalecer nuestra respuesta*. https://www.who.int/es/news-room/fact-sheets/detail/mental-health-strengthening-our-response. Recuperado el 3 de agosto de 2024.

604 En concreto, el teletrabajo puede propiciar la precarización del empleo, donde las empresas no cumplen con las normas y leyes laborales y no ofrecen recursos adecuados para una vida digna o protección social suficiente. Esta situación puede aumentar las posibilidades de deterioro de la salud mental de los trabajadores, especialmente en empleos precarios. Dictamen del Consejo Económico y Social Europeo sobre el Trabajo precario y salud mental, de 27 de abril de 2023. Disponible en: https://eur-lex.europa.eu/legal-content/ES/TXT/?uri=uriserv%3AOJ.C_.2023.228.01.0028.01.SPA&toc=OJ%3AC%3A2023%3A228%3AFULL Recuperado el 3 de agosto de 2024.

Figura 9. Riesgos laborales específicos del teletrabajo

Riesgos laborales específicos del teletrabajo						
	Riesgos ergonómicos			Riesgos psicosociales		
Factores causantes	**Factores relacionados con el entorno físico** (Pantalla, teclado y otros dispositivos de entrada de datos, documentos, mesa o superficie de trabajo, asiento de trabajo, cables,…)	**Factores relacionados con el entorno ambiental** (El espacio, la iluminación, reflejos, deslumbramientos, ruido, calor, emisiones, humedad)	**Factores relacionados con la carga mental** (La formación, el desarrollo del trabajo diario, la protección de los ojos y de la vista, las pausas y descansos)	Tiempo de trabajo	Autonomía	Carga de trabajo
				Demandas psicológicas	Variedad / Contenido	Participación / Supervisión
				Interés por la persona trabajadora / Compensación	Desempeño de rol	Relaciones y apoyo social
Efectos	• *Fatiga física* • *Trastornos musculo-esqueléticos* • …	• *Fatiga visual / ocular* • *Vértigos o mareos* • *Dolor de cabeza* • …	• *Fatiga mental* • *Nerviosismo* • *Problemas digestivos* • …	• *Estrés laboral o tecnoestrés.* • *Violencia y acoso en el trabajo, y especialmente, el ciberacoso.* • *Trastornos de salud mental.* • *Problemas en la salud social y conductual.* • …		

Fuente: Elaboración propia.

Tras la identificación de los principales riesgos laborales asociados al teletrabajo, la empresa debe abordar la evaluación de aquellos riesgos inevitables y los derivados de posibles situaciones de emergencia. Conforme al procedimiento estipulado en el artículo 5 del Reglamento de los Servicios de Prevención, esta valoración debe basarse en criterios objetivos y en los conocimientos técnicos actuales, o en consenso con los teletrabajadores. El objetivo es determinar la necesidad de evitar, controlar o mitigar dichos riesgos. Asimismo, el método de evaluación empleado debe ofrecer seguridad en sus resultados, y ante cualquier duda, se deben priorizar las medidas preventivas más efectivas en términos de prevención[605]. En este proceso, la evaluación de riesgos incluirá las mediciones, análisis o pruebas necesarias, siguiendo la metodología

605 De acuerdo con el Instituto Nacional de Seguridad y Salud en el Trabajo, esta exigencia constituye una manifestación del principio de precaución en virtud del cual, si una determinada situación de riesgo pudiera causar daños a las personas trabajadoras y no resulta posible determinar si está controlado, es preciso escoger a aquella medida que resulte más favorable desde el punto de vista de la prevención.

establecida[606], a menos que en operaciones, actividades o procesos específicos, la apreciación directa de un profesional acreditado permita llegar a conclusiones válidas sin recurrir a estas medidas.

En cuanto al alcance de la evaluación, el Instituto Nacional de Seguridad y Salud en el Trabajo ha establecido que la evaluación de riesgos debe abarcar todos los puestos de trabajo y sus respectivos riesgos dentro de la empresa. Esto incluye no solo los riesgos de seguridad y de higiene, sino también los ergonómicos y psicosociales. En el proceso de evaluación, es esencial considerar tanto las condiciones del puesto de trabajo como las características individuales de la persona que lo ocupa. Especial atención debe prestarse a la protección de trabajadores especial-

---

606 Sobre esto en particular, con carácter general se aplica la metodología establecida en la normativa aplicable, y, en caso de su ausencia, el apartado 3 del art. 5 del Reglamento de los Servicios de Prevención permite utilizar, si existen, los métodos o criterios recogidos en las Normas UNE, las guías del Instituto Nacional de Seguridad e Higiene en el Trabajo, del Instituto Nacional de Silicosis y protocolos y guías del Ministerio de Sanidad y Consumo, así como de Instituciones competentes de las Comunidades Autónomas, las Normas internacionales, o en defecto de los anteriores, las guías de otras entidades de reconocido prestigio en la materia u otros métodos o criterios profesionales descritos documentalmente. A modo ilustrativo y no exhaustivo, cabe destacar que el Instituto Nacional de Seguridad e Higiene en el Trabajo ha publicado unas directrices básicas para la evaluación de riesgos laborales, y, además, en su anexo contiene una recopilación exhaustiva de los diferentes criterios, métodos o instrumentos a considerar en el proceso de evaluación.
Vid. Instituto Nacional de Seguridad e Higiene en el Trabajo. (2022). *Directrices básicas para la evaluación de riesgos laborales.* Ministerio de Trabajo y Economía Social, 12-79. https://www.insst.es/documents/94886/2927460/Directrices+evaluaci%C3%B3n+de+riesgos.pdf/61c4ce0a-f418-669c-48e0-2e26ae360d9e?t=1644834107954. Recuperado el 19 de junio de 2024.

mente sensibles a ciertos riesgos laborales[607], según lo establecen los artículos 25 a 28 de la Ley de Prevención de Riesgos Laborales y el apartado 1, letra b, del artículo 4 del Reglamento de los Servicios de Prevención. Además, la evaluación debe tener en cuenta las posibles restricciones o limitaciones para ocupar el puesto de trabajo, ya sean por exigencias psicofísicas asociadas al mismo o por disposiciones específicas en la normativa[608].

En el contexto del teletrabajo, el artículo 16 de la Ley de Trabajo a Distancia enfatiza la necesidad de considerar los riesgos característicos de esta modalidad laboral en la evaluación de riesgos. Se debe prestar especial atención a los factores psicosociales, ergonómicos, organizativos y a la accesibilidad del entorno laboral efectivo. Para ello, es esencial considerar aspectos como la distribución de la jornada, los tiempos de disponibilidad, y la garantía de descansos y desconexiones durante la jornada laboral.

Además, la ley especifica que la evaluación de riesgos debe limitarse a la zona designada para la prestación de servicios, sin extenderse a otras áreas del hogar o lugar escogido para el tele-

---

607 En particular, la Ley de Prevención de Riesgos Laborales establece la protección específica de 4 grupos de trabajadores: (1) los trabajadores que, por sus propias características personales o estado biológico conocido, incluidos aquellos que tengan reconocida la situación de discapacidad física, psíquica o sensorial, sean especialmente sensibles a los riesgos derivados del trabajo; (2) las trabajadoras en situación de embarazo, parto y período de lactancia; (3) los trabajadores menores de edad; y por último (4) los trabajadores con relaciones de trabajo temporales o de duración determinada, así como aquellos contratados por empresas de trabajo temporal. Díaz Aznarte, M. T. (2010). "La protección preventiva de colectivos especiales de trabajadores". *Manual para la formación en prevención de riesgos laborales. Programa formativo para el desempeño de las funciones de nivel básico* (6.ª ed.). Lex Nova, 385.

608 Instituto Nacional de Seguridad e Higiene en el Trabajo. (2012). *Guía Técnica para la mejora de la eficacia y calidad de las actuaciones de los Servicios de Prevención Ajenos (Criterios de calidad del servicio), op. cit.*, 17-18.

trabajo. Según el Instituto Nacional de Seguridad y Salud en el Trabajo, en su NTP 1165 "*Teletrabajo, criterios para su integración en el sistema de gestión de la SST*", esta delimitación es crucial para determinar con precisión el alcance de la evaluación de riesgos y, por ende, el ámbito de aplicación de las medidas preventivas.

Por su parte, en el apartado 2 del mismo artículo, se establece que la empresa debe recopilar información sobre los riesgos a los que está expuesto el teletrabajador mediante un método fiable. La NTP 1165 del Instituto Nacional de Seguridad y Salud en el Trabajo aclara que el proceso para obtener esta información debe ser flexible, permitiendo la utilización de uno o varios métodos específicos, siempre y cuando el resultado final sea técnicamente confiable para la empresa.

Al margen de lo anterior, la doctrina científica subraya que, en el teletrabajo, la evaluación de riesgos laborales debe considerar la relevancia e incidencia de cada riesgo en función de su intensidad, medida en términos del porcentaje de la jornada laboral y su duración. Como se detalló en el Capítulo 2 del presente estudio, es esencial diferenciar entre las modalidades de teletrabajo: no regular (hasta el 29% de la jornada en un período de 3 meses), regular (entre 30% y 69% de la jornada en un período de 3 meses) e intenso (a partir del 70% de la jornada anual). Estas modalidades se correlacionan con niveles de riesgo leve, moderado y alto, respectivamente[609].

Finalmente, se plantea la cuestión de si la empresa pueda realizar una visita *in situ* en el domicilio de la persona teletrabajadora a fin de recabar la información necesaria para llevar a cabo la evaluación de riesgos laborales. A este respecto, la cláusula 8ª del Acuerdo Marco Europeo sobre Teletrabajo permite este acceso

---

609 Luque Parra, M., Ginès i Fabrellas, A. y Peña Moncho, J. (2021). *Teletrabajo: estudio jurídico desde la perspectiva de la seguridad y salud laboral*, *op. cit.*, 56-59.

dentro de los límites de la legislación y convenios colectivos nacionales. Si el teletrabajo se realiza en el domicilio del empleado, se requiere notificación previa y consentimiento del mismo.

En este mismo sentido, el artículo 16 de la Ley de Trabajo a Distancia contempla la posibilidad de que la empresa realice visitas *in situ*, pero establece que debe emitir un informe justificativo, que debe entregarse al trabajador y a los delegados de prevención, y obtener el permiso del trabajador si el lugar de trabajo es su domicilio o el de un tercero. En caso de que el trabajador no otorgue su permiso, ejerciendo su derecho a la inviolabilidad del domicilio establecido en el artículo 18.2 de la Constitución Española, la empresa deberá llevar a cabo la actividad preventiva basándose en la información recabada del trabajador y siguiendo las instrucciones del servicio de prevención.

Sin perjuicio de lo anterior, según el Instituto Nacional de Seguridad y Salud en el Trabajo, como se destaca en la NTP 1165, la evaluación de riesgos laborales en el teletrabajo puede realizarse sin necesidad de visitas presenciales al lugar de trabajo del empleado. Existen métodos alternativos menos intrusivos para obtener la información necesaria, como el uso de medios telemáticos para visualizar a distancia el lugar de trabajo, por ejemplo, mediante una cámara web de un teléfono móvil. También se puede solicitar al teletrabajador que realice mediciones sencillas, tome fotografías del lugar de trabajo, complete cuestionarios o participe en entrevistas telemáticas. Por lo tanto, se concluye que el proceso de evaluación de riesgos laborales es flexible en el contexto del teletrabajo, y que la realización de una visita *in situ* es un recurso extraordinario, cuya utilización debe justificarse adecuadamente. Ahora bien, es importante destacar que estas acciones por parte del teletrabajador no sustituyen las responsabilidades del servicio de prevención de la empresa. De acuerdo con el artículo 31, apartado 3, de la Ley de Prevención de Riesgos Laborales, no se contempla que el teletrabajador realice una autoevaluación de los riesgos laborales asociados a su puesto de trabajo.

10.1.2. Planificación de la actividad preventiva

Tras la identificación y evaluación de los riesgos laborales asociados al teletrabajo, el artículo 16, apartado 2, de la Ley de Prevención de Riesgos Laborales estipula que la empresa debe implementar las actividades preventivas necesarias para eliminar, reducir o controlar las situaciones de riesgo identificadas. Además, el artículo 20 de la misma ley requiere que la empresa adopte medidas de emergencia apropiadas en áreas como los primeros auxilios, la lucha contra incendios y la evacuación de los trabajadores.

A tal efecto, conforme al artículo 8 del Reglamento de los Servicios de Prevención, cuando la evaluación revele situaciones de riesgo, la empresa debe planificar las actividades preventivas adecuadas para eliminar o minimizar y controlar dichos riesgos, priorizándolos en función de su gravedad y del número de trabajadores expuestos. Según el artículo 9 de este reglamento, dicha planificación debe incluir los recursos humanos y materiales necesarios, así como la asignación de fondos económicos requeridos para lograr los objetivos propuestos. La planificación de la empresa debe abarcar un período específico, definiendo fases y prioridades basadas en la magnitud de los riesgos y el número de trabajadores afectados, además de un seguimiento y control periódico. Por lo tanto, basándose en los resultados del análisis y evaluación de riesgos, la empresa debe establecer las medidas preventivas adecuadas para prevenir o mitigar estos riesgos. En un sentido similar, el artículo 16, apartado 2, de la Ley de Trabajo a Distancia, indica que la empresa debe adoptar las medidas de protección más apropiadas en cada situación específica.

La Inspección de Trabajo y Seguridad Social ha categorizado las medidas preventivas que las empresas pueden implementar[610], distinguiendo entre los siguientes tipos:

---

610 Inspección de Trabajo y Seguridad Social. (2021). *Criterio técnico 104/2021, sobre actuaciones de la Inspección de Trabajo y Seguridad Social*

- **Medidas organizativas o primarias**: estas medidas están enfocadas en el origen del problema para eliminar o reducir el factor de riesgo asociado. Son consideradas prioritarias ya que impactan directamente en la organización del trabajo y abordan los riesgos en su fuente.
- **Medidas de afrontamiento o secundarias**: se centran en capacitar a los trabajadores para manejar los factores de riesgo a los que están expuestos. Incluyen acciones como la provisión de información y formación, el desarrollo y aplicación de procedimientos, protocolos u orientaciones, entre otros.
- **Medidas de rehabilitación o terciarias**: estas medidas se orientan a la recuperación y rehabilitación de los trabajadores que hayan sufrido daños en su salud debido a la exposición a riesgos laborales.

Por su parte, y centrando en el ámbito del teletrabajo, el Instituto Nacional de Seguridad y Salud en el Trabajo ha enfatizado la necesidad de establecer directrices específicas para gestionar adecuadamente aspectos como la organización y el tiempo de trabajo, así como la interacción con los equipos informáticos y de telecomunicación, prestando especial atención a los factores ergonómicos y psicosociales. En este sentido, el Instituto ha elaborado una serie de notas técnicas de prevención que proporcionan un conjunto exhaustivo de medidas para la eliminación, reducción o control de los riesgos laborales asociados al teletrabajo:

- Para la prevención de riesgos ergonómicos, la NTP 1.150 "Riesgos ergonómicos en el uso de las nuevas tecnologías con pantallas de visualización", publicada en 2020, detalla

---

en riesgos psicosociales, 14-15. https://www.mites.gob.es/itss/ITSS/ITSS_Descargas/Atencion_ciudadano/Criterios_tecnicos/CT_104_21.pdf Recuperado el 11 de agosto de 2024.

medidas preventivas contra la fatiga visual[611], los daños físicos[612] y la carga mental[613] durante el teletrabajo.

- Respecto a los riesgos psicosociales, la NTP 1.123 "*Las Tecnologías de la Información y la Comunicación (TIC) (II): factores de riesgo psicosocial asociados a las nuevas formas de organización del trabajo*" describe medidas para prevenir factores de riesgo como la falta de autonomía[614], la sobrecarga de trabajo[615] y los desafíos de conciliar la vida laboral y familiar[616].

---

611 Controlar las condiciones ambientales del lugar de trabajo, y fomentar la realización de pausas para la relajación del sistema ocular, entre otras.

612 Formar e informar sobre las posturas inadecuadas y fomentar la adopción de posturas adecuadas; facilitar elementos que permitan la adopción de posturas adecuadas; y promover cambios posturales: mesas ajustables en altura, empleo del teléfono móvil caminando, reuniones activas, entre otras.

613 Llevar a cabo una organización que determine la carga de trabajo adaptada a cada persona trabajadora, los tiempos de trabajo, los descansos y los mecanismos de comunicación, entre otras.

614 Proporcionar autonomía suficiente para que la persona trabajadora pueda planificar y priorizar sus tareas para alcanzar los objetivos marcados, establezca su ritmo de trabajo o sus pausas, entre otras.

615 Planificar el trabajo a realizar, la cantidad de trabajo previsible y el inesperado, así como el tiempo de dedicación y plazo de entrega del mismo; establecer prioridades de actuación en caso de recibir tareas no esperadas para evitar la sobrecarga de trabajo; así como fijar objetivos reales y alcanzables en la jornada laboral, entre otras.

616 Elaborar protocolos, instrucciones, circulares o guía de buenas prácticas en el manejo de las tecnologías de la información y comunicación para evitar su uso inadecuado una vez terminada la jornada laboral; Potenciar medidas para garantizar el derecho a la desconexión, limitando la posibilidad de usar el correo electrónico de la empresa a determinadas horas, así como garantizar la desconexión digital instalando sistemas de desconexión automática que inhabilite la recepción y envío de correos fuera de la jornada laboral, entre otras.

Sin perjuicio de lo anterior, es preciso destacar que el documento técnico "*Orientaciones para la gestión de los aspectos ergonómicos y psicosociales en situación de teletrabajo*", también elaborado por el Instituto, incluye recomendaciones detalladas para la gestión de estos riesgos en el teletrabajo, con información estructurada en sus capítulos 3 y 4 sobre las medidas a adoptar para prevenir estos riesgos en situaciones de teletrabajo[617].

10.1.3. Información y formación a las personas trabajadoras

La obligación de informar y formar a los trabajadores sobre prevención de riesgos laborales es un deber empresarial establecido en los artículos 18 y 19 de la Ley de Prevención de Riesgos Laborales. Según esta normativa, se requiere que las empresas proporcionen toda la información necesaria para proteger la seguridad y salud de los trabajadores durante su actividad laboral. Esto incluye detalles sobre los riesgos para la seguridad y la salud en el trabajo, tanto los que afectan a la empresa en su conjunto como los específicos de cada puesto de trabajo o función. También se deben comunicar las medidas y actividades de protección y prevención aplicables a estos riesgos, así como las medidas de emergencia adoptadas. Además, es responsabilidad de la empresa asegurar que los representantes de los trabajadores reciban información sobre los riesgos y medidas de mitigación que afecten a la empresa en general. Por otro lado, la información sobre riesgos específicos de cada puesto de trabajo o función, junto con las medidas de protección y prevención correspondientes, debe ser proporcionada directamente a cada trabajador. Asimismo, la empresa debe garantizar que cada trabajador reciba una formación teórica y práctica, tanto

---

617 Instituto Nacional de Seguridad e Higiene en el Trabajo. (2022). *Orientaciones para la gestión de los aspectos ergonómicos y psicosociales en situación de teletrabajo, op. cit.*, 57-109.

al momento de su contratación como ante cambios en sus funciones, la introducción de nuevas tecnologías o modificaciones en los equipos de trabajo. Esta formación debe ser suficiente y adecuada en materia de prevención de riesgos.

En el ámbito del teletrabajo, la información y formación adquieren una relevancia particular, dado que el trabajo se desarrolla fuera del centro de trabajo habitual de la empresa. Esto hace esencial una atención especial a los riesgos laborales específicos de esta modalidad de trabajo. En cuanto a la formación, el artículo 9, apartado 2, de la Ley de Trabajo a Distancia establece que la empresa debe asegurar la formación necesaria para el correcto desempeño de las actividades de teletrabajo, tanto al formalizar el acuerdo de trabajo a distancia como ante cambios en los medios o tecnologías empleados.

Además, según la doctrina científica, la empresa debe considerar varias apreciaciones al cumplir con su obligación de informar y formar a los trabajadores en teletrabajo[618]:

- La empresa debe proporcionar información completa sobre los riesgos laborales específicos del teletrabajo, incluyendo tanto riesgos ergonómicos como psicosociales.
- La información y formación sobre riesgos laborales en teletrabajo deben adaptarse a la intensidad y modalidad específica del trabajo a distancia, diferenciando entre teletrabajo no regular, regular e intenso.
- Es indispensable que la empresa proporcione a quienes inician el teletrabajo toda la información y formación necesaria en prevención de riesgos laborales, independientemente de si ya han recibido esta formación al inicio de

---

618 Luque Parra, M., Ginès i Fabrellas, A. y Peña Moncho, J. (2021). *Teletrabajo: estudio jurídico desde la perspectiva de la seguridad y salud laboral, op. cit.*, 182-186.

su relación laboral. Además, esta información y formación deben actualizarse cuando haya cambios en las características, forma o intensidad del teletrabajo.

- La empresa también debe garantizar que las personas en puestos de dirección reciban información y formación sobre los riesgos laborales específicos del teletrabajo y las medidas de prevención adoptadas, en línea con lo estipulado en la cláusula 10ª del Acuerdo Marco Europeo sobre Teletrabajo.

10.1.4. Seguimiento y vigilancia de la salud

Conforme al segundo párrafo del apartado 2 del artículo 14 de la Ley de Prevención de Riesgos Laborales, se establece que la empresa debe realizar un seguimiento constante de sus actividades preventivas. Este seguimiento tiene el objetivo de mejorar continuamente los procesos de identificación, evaluación y control de los riesgos que no se han podido evitar, así como de incrementar los niveles de protección existentes. En línea con esto, el segundo párrafo de la letra b) del apartado 2 del mismo artículo subraya la necesidad de que la empresa asegure la ejecución efectiva de las actividades preventivas planificadas, realizando un seguimiento continuo de estas.

Específicamente, el artículo 22 de la Ley de Prevención de Riesgos Laborales impone a las empresas la obligación de garantizar la vigilancia periódica del estado de salud de sus empleados, en relación con los riesgos inherentes al trabajo. La NTP 471 "*La vigilancia de la salud en la normativa de prevención de riesgos laborales*", emitida por el Instituto Nacional de Seguridad y Salud en el Trabajo en 1998, indica que la vigilancia de la salud busca la detección temprana de las repercusiones de las condiciones de trabajo sobre la salud, la identificación de trabajadores especialmente sensibles a ciertos riesgos y la adaptación del trabajo al individuo.

Ahora bien, cabe destacar que, aunque la vigilancia de la salud es un derecho del trabajador, no es una obligación general. El segundo párrafo del apartado 1 del artículo 22 de la Ley establece que esta solo puede llevarse a cabo con el consentimiento del trabajador. Sin embargo, esta voluntariedad se exceptúa en situaciones donde los reconocimientos médicos sean imprescindibles para evaluar los efectos de las condiciones de trabajo en la salud, para verificar si el estado de salud del trabajador representa un peligro para sí mismo, para otros trabajadores o para otras personas vinculadas a la empresa, o cuando una disposición legal lo exija en relación con la protección de riesgos laborales específicos y actividades de especial peligrosidad[619].

10.1.5. Revisión, mantenimiento y actualización

Es fundamental reconocer que las condiciones y circunstancias bajo las cuales se realiza la evaluación de riesgos laborales y la planificación de actividades preventivas pueden variar con el tiempo. Esto implica la necesidad de realizar controles y revisiones periódicas para prevenir nuevos riesgos laborales y aplicar mejoras. Por ello, la letra a) del apartado 2 del artículo 16 de la Ley de Prevención de Riesgos Laborales establece que la evaluación de riesgos debe actualizarse cuando cambien las condiciones de trabajo y someterse a revisión en caso de que se produzcan daños a la salud de los trabajadores.

---

619 A modo ilustrativo y no exhaustivo, el art. 36.4 del Estatuto de los Trabajadores establece la obligación de la empresa de garantizar que sus trabajadores nocturnos dispongan de una evaluación gratuita de su estado de salud, antes de su afectación a un trabajo nocturno y, posteriormente, a intervalos regulares. Asimismo, el art. 243 de la Ley General de la Seguridad Social exige a todas las empresas que hayan de cubrir puestos de trabajo con riesgo de enfermedades profesionales a practicar un reconocimiento médico previo a la admisión de los trabajadores que hayan de ocupar aquellos y a realizar los reconocimientos periódicos que para cada tipo de enfermedad se establezcan en las normas que establezca a tal efecto.

De manera similar, el artículo 6 del Reglamento de los Servicios de Prevención indica que la evaluación inicial de riesgo debe revisarse bajo ciertas condiciones, como la detección de daños a la salud de los trabajadores, la evidencia de que las actividades preventivas son inadecuadas o insuficientes, o por acuerdo entre la empresa y los representantes de los trabajadores. La Unión Sindical Obrera ha identificado situaciones específicas que requieren una revisión y/o actualización de la evaluación inicial de riesgos laborales[620], tales como:

- La adquisición y puesta en funcionamiento de nuevos equipos de trabajo o tecnologías.
- Cambios en las condiciones de trabajo o en los lugares de trabajo.
- La incorporación de trabajadores con características personales que los hagan especialmente sensibles al puesto.
- La ocurrencia de accidentes.
- La detección de deficiencias en la actividad preventiva.
- Disposiciones en legislaciones específicas.
- Acuerdos entre la empresa y los representantes de los trabajadores.

En definitiva, conforme al párrafo tercero de la letra b) del apartado 2 del artículo 16 de la Ley de Prevención de Riesgos Laborales, las actividades de prevención deben modificarse si se consideran inadecuadas para los fines de protección requeridos. Además, el apartado 3 del mismo artículo establece que, ante daños a la salud de los trabajadores o indicios de insuficiencia de las

[620] Unión Sindical Obrera. (2017). *Manual de Prevención de Riesgos Laborales*, 16. https://www.uso.es/wp-content/uploads/2015/12/MANUAL-DE-PREVENCI%C3%93N-DE-RIESGOS-LABORALES-web.pdf. Recuperado el 14 de junio de 2024.

medidas de prevención durante la vigilancia de la salud, la empresa debe investigar para identificar las causas de los accidentes.

10.2. EL RÉGIMEN DE RESPONSABILIDAD EMPRESARIAL EN MATERIA DE SEGURIDAD Y SALUD LABORAL EN EL TELETRABAJO

En el caso de que la empresa incumpla la normativa de prevención de riesgos laborales en el teletrabajo, las responsabilidades que traen consigo pueden ser muy severas, pues no sólo conlleva consecuencias económicas por el pago de los recargos de prestaciones o de las indemnizaciones por daños y perjuicios, sino también la exigencia de responsabilidades penales y/o administrativas. A este respecto, la doctrina científica ha identificado los siguientes tipos de responsabilidades[621]:

- **Responsabilidad en materia de Seguridad Social**: se trata de una consecuencia directa del incumplimiento empresarial de las obligaciones en prevención de riesgos laborales. Según el artículo 164 de la Ley General de la Seguridad Social, la empresa debe pagar un recargo de entre un 30% a un 50% sobre las prestaciones de Seguridad Social que reciba el trabajador debido a un accidente de trabajo o enfermedad profesional. Este recargo se aplica cuando la lesión se produzca por deficiencias en los equipos de trabajo o en las instalaciones, o por el incumplimiento de las medidas generales o particulares de seguridad y salud en el trabajo, considerando las características personales del trabajador, como edad y sexo.

  Asimismo, cabe destacar que el pago de este recargo no puede ser asegurado, siendo nulos de pleno derecho los

---

[621] Luque Parra, M., Ginès i Fabrellas, A. y Peña Moncho, J. (2021). *Teletrabajo: estudio jurídico desde la perspectiva de la seguridad y salud laboral, op. cit.*, 247-260.

pactos o contratos realizados para cubrirlo, compensarlo o transferirlo, tal como lo establece el apartado 2 del mismo artículo. Además, el apartado 3 indica que la responsabilidad de pagar este recargo es independiente y compatible con otras responsabilidades, incluso penales, que puedan surgir de la infracción.

Doctrinalmente, el recargo de prestaciones tiene una doble finalidad: punitiva o sancionadora, ya que se impone en función de la gravedad del incumplimiento empresarial y no puede ser asegurado; e indemnizatoria, ya que la cantidad abonada por la empresa es recibida por el trabajador accidentado o sus causahabientes.

Sin embargo, la doctrina jurisprudencial sostiene la naturaleza sancionadora del recargo[622] y ha venido exigiendo la concurrencia de los siguientes requisitos generales para su imposición, a saber: (1) que la empresa haya incumplido alguna medida de seguridad, general o especial, y que ello resulte cumplidamente acreditado; (2) que medie relación de causalidad entre la infracción y el resultado dañoso, lo que ha de resultar ciertamente probado, porque una obligada interpretación restrictiva por la naturaleza sancionadora de este recargo determina que esa relación de causalidad no se presuma; (3) que exista culpa o negligencia por parte de la empresa -a veces se requiere que sea exclusiva y otras veces se admite que sea compartida-, porque la responsabilidad no es objetiva; y, por último, (4) que esa culpa o negligencia sea apreciable a la vista de la diligencia exigible, que resulta ser la propia de un prudente empleador, atendidos criterios de normalidad y razonabilidad[623].

---

622 STS de 2 de octubre de 2000 (TOL4.964.291).

623 STSJ Galicia 645/2011 de 1 de febrero (TOL2.083.125).

- **Responsabilidad civil**: se trata de una responsabilidad de carácter económico, fundamentada tanto en el artículo 1101 del Código Civil como en el apartado 1 del artículo 42 de la Ley de Prevención de Riesgos Laborales[624].

  A este respecto, según la doctrina científica, para establecer la responsabilidad civil de la empresa, deben concurrir cuatro requisitos esenciales: (1) el incumplimiento de la normativa de seguridad y salud laboral por parte de la empresa; (2) la ocurrencia de un daño derivado de un accidente de trabajo o enfermedad profesional; (3) la presencia de dolo, culpa o negligencia por parte de la empresa; y, por último (4) la constatación de una relación de causalidad entre el incumplimiento empresarial y el daño sufrido por la persona trabajadora.

  Por tanto, la responsabilidad civil conlleva la obligación de la empresa de indemnizar por daños y perjuicios para compensar o reparar el daño sufrido por el trabajador o su familia. En cuanto a la valoración y cuantificación del daño, la doctrina jurisprudencial mayoritaria[625] suele aplicar, de manera analógica, los criterios del baremo de

---

624 En concreto, el art. 1101 del Código Civil dispone que quedan sujetos a la indemnización de daños y perjuicios causados los que en el cumplimiento de sus obligaciones incurrieren en dolo, negligencia o morosidad, y los que de cualquier modo contravinieren al tenor de aquéllas. Asimismo, el apartado 1 del art. 42 de la Ley de Prevención de Riesgos Laborales establece que el incumplimiento por los empresarios de sus obligaciones en materia de prevención de riesgos laborales dará lugar a responsabilidades civiles por los daños y perjuicios que puedan derivarse de dicho incumplimiento.

625 Entre otras, STS de 17 de febrero de 2015 (TOL4.786.198); STSJ Castilla y León de 9 de enero de 2020 (TOL7.864.234); y STSJ Navarra 147/2021 de 13 de mayo (TOL8.513.351).

indemnizaciones en accidentes de circulación[626]. Si el incumplimiento empresarial implica también una vulneración de los derechos fundamentales del trabajador, la doctrina constitucional respalda el uso del criterio de las sanciones pecuniarias establecidas en el Real Decreto Legislativo 5/2000, de 4 de agosto, que aprueba el texto refundido de la Ley sobre Infracciones y Sanciones en el Orden Social[627].

- **Responsabilidad administrativa**: se trata de una responsabilidad derivada de la comisión de infracciones previstas en la Sección 2ª del Capítulo II del Real Decreto Legislativo 5/2000, de 4 de agosto, por el que se aprueba el texto refundido de la Ley sobre Infracciones y Sanciones en el Orden Social, en la que se recogen las infracciones en materia de prevención de riesgos laborales, tipificadas a su vez como leves, graves y muy graves[628].

---

626 Anexo de la Ley 35/2015, de 22 de septiembre, de reforma del sistema para la valoración de los daños y perjuicios causados a las personas en accidentes de circulación, actualizado mediante la Resolución de 12 de marzo de 2025, de la Dirección General de Seguros y Fondos de Pensiones, por la que se publican las cuantías de las indemnizaciones actualizadas del sistema para valoración de los daños y perjuicios causados a las personas en accidentes de circulación.

627 STC 247/2006 de 24 de julio (TOL971.432).

628 A modo ilustrativo y no exhaustivo, constituyen infracciones leves aquellos incumplimientos de la normativa de prevención de riesgos laborales, siempre que carezcan de trascendencia grave para la integridad física o la salud de los trabajadores; son infracciones graves el incumplimiento de la obligación de integrar la prevención de riesgos laborales en la empresa a través de la implantación y aplicación de un plan de prevención, con el alcance y contenido establecidos en la normativa de prevención de riesgos laborales; y se califican como infracciones muy graves la no adopción de cualesquiera otras medidas preventivas aplicables a las condiciones de trabajo en ejecución de la normativa sobre prevención de riesgos laborales de las que se derive un riesgo grave e inminente para la seguridad y salud de los trabajadores.

Asimismo, las infracciones leves conllevan multas que varían desde 45 a 485 euros en su grado mínimo, de 486 a 975 euros en su grado medio, y de 976 a 2.450 euros en su grado máximo. Las infracciones graves son sancionadas con multas de 2.451 a 9.830 euros en su grado mínimo, de 9.831 a 24.585 euros en su grado medio, y de 24.586 a 49.180 euros en su grado máximo. Las infracciones muy graves implican multas de 49.181 a 196.745 euros en su grado mínimo, de 196.746 a 491.865 euros en su grado medio, y de 491.866 a 983.736 euros en su grado máximo.

La graduación de las sanciones se determina según varios criterios establecidos en el apartado 3 del artículo 39 de la misma ley, que incluyen: la peligrosidad de las actividades, la naturaleza de los riesgos, la gravedad de los daños potenciales o reales, el número de trabajadores afectados, las medidas de protección adoptadas, el cumplimiento de advertencias o requerimientos previos, la respuesta a las propuestas de los servicios de prevención y la conducta general del empresario en cuanto al cumplimiento de las normas de prevención de riesgos laborales.

- **Responsabilidad penal**: se trata de la responsabilidad derivada del delito contemplado en el artículo 316 del Código Penal. Este artículo establece penas de prisión de seis meses a tres años y multas de seis a doce meses en casos donde las empresas, estando legalmente obligadas, incumplen con la provisión de los medios necesarios para que los trabajadores realicen sus tareas con las adecuadas medidas de seguridad e higiene, poniendo en grave peligro su vida, salud o integridad física.

Asimismo, es importante destacar que este delito es considerado de riesgo y no de resultado. Esto significa que, para que se establezca la responsabilidad penal, no es necesario que se produzca un accidente de trabajo o una enfermedad profesional. Lo crucial es el incumplimiento de la obligación de proporcionar los medios necesarios para la seguridad y salud laboral de los trabajadores, y que este incumplimiento represente un peligro manifiesto para su vida, salud o integridad física[629].

Además, conforme al principio *non bis in idem*, cuando se da una identidad de sujeto, hecho y fundamento, los mismos hechos no pueden ser sancionados tanto penal como administrativamente. Este principio está reflejado en el apartado 3 del artículo 1 del Real Decreto Legislativo 5/2000, de 4 de agosto, que aprueba el texto refundido de la Ley sobre Infracciones y Sanciones en el Orden Social.

Además de las responsabilidades legales mencionadas anteriormente, el incumplimiento de las obligaciones empresariales en la prevención de riesgos laborales en el teletrabajo puede acarrear otras consecuencias negativas significativas: (1) **Extinción voluntaria indemnizada del contrato de trabajo**: según la letra c) del apartado 1 del artículo 50 del Estatuto de los Trabajadores, el trabajador puede optar por finalizar unilateralmente su relación laboral con la empresa, teniendo derecho a recibir las indemnizaciones previstas para los casos de despido improcedente. Esta opción se activa cuando el trabajador considera que la empresa no cumple adecuadamente con sus obligaciones en materia de seguridad y salud laboral; (2) **Aumento de la conflictividad laboral**: el incumplimiento empresarial en este ámbito puede generar frustración y resentimiento entre los trabajadores, lo que puede desencadenar un impacto negativo en la productividad, así como deteriorar el clima y el ambiente laboral. Esta situación puede llevar a un aumento de conflictos internos y tensiones en el lugar de trabajo.; y, por último, (3) **Daño a la reputación empresarial**:

---

629 Luque Parra, M. y Ginès i Fabrellas, A. (2016). *Teletrabajo y Prevención de Riesgos Laborales. Confederación Española de Organizaciones Empresariales*, 111. https://oiss.org/wp-content/uploads/2023/05/36-Teletrabajo.pdf Recuperado el 18 de junio de 2024.

la falta de cumplimiento de las normativas de seguridad y salud laboral puede resultar en una percepción negativa por parte de diversos grupos de interés, incluidos clientes, socios y el público en general. Esto puede dañar seriamente la imagen de la empresa, afectando su reputación y credibilidad en el mercado. Estas consecuencias adicionales subrayan la importancia de que las empresas cumplan diligentemente con sus obligaciones en materia de prevención de riesgos laborales, especialmente en el contexto del teletrabajo, donde las circunstancias y desafíos pueden ser diferentes a los del trabajo presencial.

10.3. LA CONCURRENCIA DE CULPAS Y SUS EFECTOS EN LA MODERACIÓN DE RESPONSABILIDAD EMPRESARIAL

Es indiscutible que las empresas tienen la obligación de asegurar el cumplimiento de las normativas de seguridad y salud laboral en el teletrabajo, y el incumplimiento de esta responsabilidad puede acarrear serias consecuencias en términos de responsabilidad en materia de Seguridad Social, civil, penal y administrativa. Sin embargo, surge una cuestión importante: ¿qué ocurre si es el propio trabajador quien incumple las medidas de seguridad establecidas por la empresa? Esta situación plantea el problema de la concurrencia de culpas entre el trabajador y la empresa, así como el posible impacto que esto tiene en la determinación y moderación de la responsabilidad empresarial[630].

---

630 García Quiñones, J. C. (2013). "La concurrencia de culpas entre trabajador y empresario en los accidentes de trabajo: configuración legal y tratamiento jurisprudencial". *Comunicación presentada al XXIII Congreso Nacional de Derecho del Trabajo y de la Seguridad Social "La responsabilidad civil por daños en las relaciones laborales"*, 3. https://www.ucm.es/data/cont/docs/795-2015-03-05-MX-3140N_20150304_162540.pdf. Recuperado el 19 de junio de 2024.

En este contexto, se debe considerar si la responsabilidad de la empresa puede verse atenuada o moderada debido a la negligencia o el incumplimiento por parte del trabajador. La evaluación de la concurrencia de culpas implica analizar en qué medida las acciones o la falta de acción del trabajador han contribuido al incidente o al daño sufrido, y cómo esto afecta la responsabilidad global asignada a la empresa. Es un aspecto complejo que requiere un análisis detallado de cada situación específica, considerando tanto las obligaciones legales de la empresa en materia de prevención de riesgos como el comportamiento y las responsabilidades del trabajador en el cumplimiento de las medidas de seguridad impuestas.

Como punto de partida para entender la responsabilidad en casos de negligencia en el teletrabajo, es crucial referirse al artículo 1103 del Código Civil. Este artículo establece que la responsabilidad derivada de la negligencia es aplicable en el cumplimiento de todo tipo de obligaciones y puede ser moderada por los tribunales según cada caso particular. El Tribunal Supremo ha resaltado que detrás de este precepto se encuentra el principio de equidad, a saber:

> *"[...]En efecto, conviene precisar que el alegado art. 1103 es uno de los casos en que, de acuerdo con lo previsto en el art. 3, párrafo 2, del propio Código, resulta posible que las resoluciones de los Tribunales descansen en la equidad, pues esa posibilidad de moderar que recoge y sanciona el art. 1103 del Código Civil se basa y fundamenta en la aplicación de la equidad, cuyo espíritu preside y justifica el precepto aunque en él no se mencione ni incluya el término «equidad», como el legislador hace en cambio en otros artículos análogos o en este sentido equiparables (así por ejemplo arts. 1154, 1690 del propio Código)".*[631].

[631] STS de 20 de junio de 1989 (TOL1.732.557), cuya doctrina reproducen las posteriores SSTS de 19 de febrero de 1990 (TOL1.729.286); 384/1993 de 20 de abril (TOL1.663.113); y 723/2005 de 29 de septiembre (TOL1.607.717).

Siguiendo la lógica de salvaguardar la equidad, la doctrina jurisprudencial del Tribunal Supremo ha establecido que cuando hay culpa concurrente del perjudicado, la obligación de reparar del causante de los daños debe ajustarse, tanto en intensidad como en cuantía. Esto implica que, si el perjudicado (en este caso, el trabajador) tiene una parte de responsabilidad en el daño sufrido, la responsabilidad del causante (la empresa) puede ser moderada. En este sentido, dispone que:

> *"[...] A tenor de la doctrina reiteradamente declarada por esta Sala, de la que son claro exponente, entre otras, las sentencias de 21 de junio de 1985 y 22 de abril de 1987, y determinada por la facultad moderadora que establece el art. 1103 del C. Civil, ya que cuando ambos agentes han incurrido en omisión de diligencia y sus respectivos comportamientos no llegaron a romper la relación de causalidad, sin erigirse ninguno de ellos en el único factor desencadenante del hecho dañoso, su actuación concomitante no elimina la obligación de indemnizar e impone una equitativa moderación y repartimiento del quántum a resarcir, atendidas las entidades igualitarias de las culpas concurrentes."*[632].

En el ámbito de la responsabilidad empresarial relacionada con la protección de la seguridad y salud laboral, la contribución de la persona trabajadora al incumplimiento de las medidas de seguridad puede influir en la determinación de la responsabilidad empresarial. Esto significa que la culpa concurrente del trabajador puede moderar la responsabilidad de la empresa en aspectos como el pago del recargo de prestaciones de la Seguridad Social o de las indemnizaciones por daños y perjuicios. En algunos casos, esta concurrencia de culpa podría incluso llevar a la exclusión total o parcial de la responsabilidad penal o administrativa de la empresa.

---

632 STS de 7 de junio de 1991 (TOL1.726.970), cuya doctrina reproducen las posteriores SSTS 441/1994 de 17 de mayo (TOL5.130.232); de 23 de febrero de 1996 (TOL1.669.256); de 30 de julio de 1998 (TOL2.709); y 1063/2002 de 6 de noviembre (TOL4.974.997).

Para entender mejor esta situación, es útil distinguir entre diferentes supuestos de imprudencia por parte del trabajador, que pueden variar en gravedad y en su impacto en la responsabilidad empresarial. Estos supuestos podrían incluir:

- **Dolo o imprudencia temeraria**: se produce cuando exista la culpa o negligencia exclusiva e inexcusable de la persona trabajadora en la producción del accidente de trabajo o enfermedad profesional. Según el Tribunal Supremo, en su sentencia de 16 de julio de 1985, la imprudencia temeraria se define como una conducta del trabajador que excede el comportamiento normal, corriendo un riesgo innecesario que pone en peligro conscientemente su vida o bienes[633].

  Asimismo, de acuerdo con el artículo 156, apartado 4, letra b, de la Ley General de la Seguridad Social, se excluyen del concepto de accidente de trabajo aquellos incidentes que sean resultado del dolo o de la imprudencia temeraria del trabajador accidentado. Es importante destacar que, en este contexto, el dolo o la imprudencia temeraria no se interpretan de la misma manera que en el ámbito penal. La concurrencia de estas conductas resulta en la pérdida de la protección cualificada que normalmente cubriría un riesgo específico[634].

---

633 STS de 16 de julio de 1985 (TOL2.313.294).

634 STS de 18 de septiembre de 2007 (TOL1.161.302). En el presente caso enjuiciado, un trabajador se dirigía desde su domicilio al centro de trabajo conduciendo un ciclomotor. Al llegar a una rotonda se detuvo ante una señal en rojo del semáforo, pero antes de que se encendiera la luz verde inició la marcha accediendo a vía preferente, resultando impactado por otro vehículo que circulaba en el cruce. El Tribunal considera que la señal luminosa del semáforo de color rojo presupone la detención obligatoria, precisamente para facilitar el paso de los vehículos que circulan por la vía preferente; los que se encuentren detenidos en el cruce no pueden reanudar la marcha hasta que se encienda la luz verde del semáforo. Por tanto, entiende que la persona trabajadora conocía perfectamente el peligro con-

- **Imprudencia profesional o no temeraria**: se refiere a situaciones donde ocurren distracciones o imprudencias leves por parte del trabajador que contribuyen a un accidente de trabajo o enfermedad profesional. La doctrina jurisprudencial del Tribunal Supremo establece una distinción clave entre este tipo de imprudencia y la imprudencia temeraria. A diferencia de la imprudencia temeraria, la imprudencia profesional no rompe el nexo causal entre la lesión y el trabajo. Surge como resultado de la rutina laboral y se relaciona con la confianza que genera la repetición de ciertas actividades[635].

Asimismo, el artículo 15, apartado 4, de la Ley de Prevención de Riesgos Laborales subraya que las medidas preventivas deben tener en cuenta las distracciones o imprudencias no temerarias que pudiera cometer el trabajador. Esto implica que la actividad preventiva de la empresa debe contemplar estos tipos de incidentes. En este mismo sentido se posiciona el Tribunal Supremo, al señalar que, aunque la imprudencia profesional o no temeraria no es suficiente para excluir completamente o alterar la atribución de responsabilidad a la empresa, sí permite moderar esta responsabilidad en función de las circunstancias específicas de cada caso[636].

---

creto en el que se encontraba y era previsible que la reanudación de la marcha cuando le estaba prohibida fácilmente podía desencadenar una colisión con otro vehículo. En consecuencia, el Tribunal ha calificado dicha conducta como temerariamente imprudente y, por tanto, queda excluido del concepto de accidente de trabajo, así como de la responsabilidad de la empresa.

635 STS de 18 de septiembre de 2007 (TOL1.161.302).

636 STS de 12 de julio de 2007 (TOL1.138.597). En este caso enjuiciado, un trabajador estaba realizando la actividad laboral en la máquina calandra realizando la tarea de control del proceso de laminado. En un momento determinado, al observar que en el extremo del cilindro de gofrar se había quedado adherida una cinta de plástico,

En el ámbito del teletrabajo, es importante considerar ciertas conductas de los teletrabajadores que podrían incumplir las medidas de seguridad establecidas por la empresa para prevenir riesgos ergonómicos y psicosociales. Estas conductas incluyen la adicción al trabajo, la sobrecarga laboral, la omisión de pausas de descanso, la falta de desconexión digital y el exceso de disponibilidad en beneficio de la empresa.

Según la doctrina científica, tales comportamientos deben ser clasificados como distracciones o imprudencia profesional no temeraria. Esto se debe a que estas conductas suelen derivarse de la rutina habitual del trabajo y de la confianza que el empleado tiene en su experiencia laboral. Por lo tanto, si una empresa busca exonerarse de responsabilidad por la imprudencia profesional o

procedió a retirarla con su mano derecha, la cual fue arrastrada y atrapada entre los dos cilindros de la máquina en funcionamiento. En la evaluación de riesgos efectuada por el Servicio de Prevención contratado por la empresa, se identifica como uno de los riesgos de la máquina litigiosa, el del atrapamiento por o entre objetos y advierte de la necesidad de dotar a la misma de dispositivos que garanticen su seguridad, dotándola de protección para impedir la accesibilidad a sus cilindros. Asimismo, la empresa había impartido instrucciones escritas a los trabajadores, y entre ellos al accidentado, en las que se indica la prohibición de intentar meter las manos en los cilindros del Laminador cuando se caiga un cuerpo extraño. Por su parte, a raíz del accidente sufrido por el trabajador accidentado, la Inspección de Trabajo practicó requerimiento a la empresa a efectos de proteger los cilindros de dicha máquina. Teniendo en consideración todas estas circunstancias, el Tribunal ha declarado la existencia de responsabilidad empresarial en el accidente de trabajo, al entender que la conducta del trabajador no reúne el carácter temerario, sino que se trata de una imprudencia profesional. Asimismo, a pesar de que la empresa había impartido instrucciones escritas a los trabajadores, se pone de manifiesto la existencia de una conducta omisiva por no llevar a la práctica la medida de protegerse el trabajador respecto de los cilindros de la máquina, lo cual justifica la no exoneración de responsabilidad empresarial en el recargo de prestaciones de Seguridad Social.

no temeraria de un teletrabajador, debe haber establecido todas las medidas preventivas necesarias para mitigar los riesgos laborales asociados al teletrabajo. Esto incluye medidas específicas destinadas a prevenir y anticipar las distracciones o imprudencias no temerarias que podría cometer el teletrabajador. Esto implica que las empresas deben ser proactivas en la implementación de políticas y prácticas que no solo cumplan con los estándares de seguridad y salud laboral, sino que también consideren las particularidades y desafíos del teletrabajo. De esta manera, se contribuye a un entorno de trabajo seguro y saludable, tanto física como psicológicamente, para los teletrabajadores.

10.4. EL DESARROLLO DE LA ACTUACIÓN INSPECTORA EN MATERIA DE PREVENCIÓN DE RIESGOS LABORALES EN EL TELETRABAJO

De acuerdo con la Ley 23/2015, de 21 de julio, Ordenadora del Sistema de Inspección de Trabajo y Seguridad Social, la Inspección de Trabajo y Seguridad Social se define en su artículo 1, apartado 2, como un servicio público encargado de supervisar el cumplimiento de las normas del orden social y de exigir las responsabilidades correspondientes. Esta entidad desempeña un papel crucial en la vigilancia y aseguramiento del cumplimiento de las legislaciones en el ámbito laboral, incluyendo la prevención de riesgos laborales. Asimismo, el artículo 12 de la misma ley otorga a la Inspección de Trabajo y Seguridad Social la función de inspección en materia de prevención de riesgos laborales. Esto incluye la vigilancia del cumplimiento de las normas y reglamentos técnicos que influyen en las condiciones de trabajo. Además, según el artículo 13, apartado 1, de la Ley, los inspectores de Trabajo y Seguridad Social tienen la autoridad para entrar libremente y sin previo aviso en cualquier centro de trabajo, establecimiento o lugar sujeto a inspección. Esta facultad permite a los inspectores realizar evaluaciones in situ en cualquier momento, garantizando así un mayor cumplimiento de las normativas laborales.

Sin embargo, la realización de inspecciones laborales en casos de teletrabajo, especialmente cuando se lleva a cabo desde el domicilio del trabajador, presenta desafíos particulares debido al derecho fundamental a la inviolabilidad del domicilio, tal como se establece en el artículo 18.2 de la Constitución Española. Este artículo garantiza que el domicilio es inviolable y establece que no se puede realizar ninguna entrada o registro en él sin el consentimiento del titular o una resolución judicial, excepto en casos de flagrante delito. En este contexto, el Tribunal Constitucional ha emitido pronunciamientos en relación con el derecho a la inviolabilidad del domicilio en el ámbito de las actuaciones inspectoras, específicamente en materia tributaria. La doctrina establecida por el Tribunal en estos casos es aplicable al ámbito del teletrabajo, señalando que:

> *"[...]Para la entrada y reconocimiento en el domicilio de las personas naturales, cuyas acepciones civil y fiscal coinciden sustancialmente (arts. 40 CC y 40.1 LGT) resulta imprescindible «la obtención del oportuno mandamiento» judicial si no mediara consentimiento del interesado. Lo dicho pone de manifiesto que la inviolabilidad del domicilio encuentra uno de sus límites en el supuesto de la función inspectora de la Hacienda Pública, con el respaldo legal suficiente, siempre que a su vez se recabe la autorización judicial"*[637].

Asimismo, el Tribunal Constitucional ha enfatizado en sus resoluciones que no se puede considerar como consentimiento tácito la simple falta de oposición a una intromisión en el domicilio, a saber:

> *"[...] Dicho en otros términos, es preciso el consentimiento de su titular para justificar la intromisión domiciliar ex art. 18.2 CE, no bastando su falta de oposición a la misma, por mucho que en determinados contextos la falta de oposición pueda ser indiciaria de la concurrencia de un consentimiento tácito"*[638].

---

637 STC 50/1995 de 23 de febrero (TOL82.790).

638 STC 209/2007 de 24 de septiembre (TOL1.155.260).

Así pues, la Inspección de Trabajo y Seguridad Social se enfrenta a desafíos significativos en el ámbito del teletrabajo, especialmente en lo que respecta a la realización de inspecciones en los domicilios de los trabajadores. Según el inciso final del apartado 1 del artículo 13 de la Ley 23/2015, de 21 de julio, Ordenadora del Sistema de Inspección de Trabajo y Seguridad Social, y la cláusula 8ª del Acuerdo Marco Europeo sobre Teletrabajo, se requiere el consentimiento expreso del trabajador o una autorización judicial para realizar inspecciones en un domicilio que también sirva como centro de trabajo.

Esto representa un gran reto para la Inspección de Trabajo y Seguridad Social en su función de comprobar el cumplimiento de la normativa sobre prevención de riesgos laborales en el entorno del teletrabajo. La necesidad de obtener consentimiento expreso o autorización judicial limita la capacidad de los inspectores para llevar a cabo investigaciones y comprobaciones de manera efectiva y operativa.

Ante esta situación, la doctrina científica aboga la necesidad de establecer nuevos mecanismos de control para facilitar la comprobación de la nueva realidad laboral, dotando a los inspectores de los instrumentos necesarios para que puedan llevar a cabo su labor de investigación y verificación del cumplimiento de las normas aplicables[639]. Ahora bien, en mi opinión, la Inspección de Trabajo y Seguridad Social debe poner en práctica el uso de las Nuevas Tecnologías de la Información y la Comunicación para desarrollar su actividad inspectora, y que podrá realizarse a través de los medios digitales que, mediante la videoconferencia u otro sistema similar, permitan la comunicación bidireccional

---

639 Fernández Orrico, F. J. (2000). "El uso del teletrabajo como relación laboral, y su conexión con la actuación de la Inspección de Trabajo, a la luz del artículo 18 de la Constitución"., *Descentralización productiva y nuevas formas organizativas del trabajo,* Ministerio de Trabajo y Asuntos Sociales, Subdirección General de Publicaciones, 990-997.

y simultánea de imagen y sonido, la interacción visual, auditiva y verbal entre el órgano inspector y la persona teletrabajadora en su domicilio, y garanticen la transmisión y recepción seguras de los documentos que, en su caso, recojan el resultado de las actuaciones realizadas, de modo que se aseguren su autoría, autenticidad e integridad[640]. Así, mediante el aprovechamiento de las nuevas tecnologías, la Inspección de Trabajo y Seguridad Social podría superar algunos de los obstáculos presentados por el teletrabajo, manteniendo su capacidad para verificar el cumplimiento de las normativas laborales, al tiempo que respeta los derechos fundamentales de los trabajadores en sus domicilios.

640 Este mecanismo ya había sido introducido en el ámbito tributario mediante la reforma operada por el Real Decreto-ley 22/2020, de 16 de junio, por el que se regula la creación del Fondo COVID-19 y se establecen las reglas relativas a su distribución y libramiento, a través del cual se introduce un nuevo apartado 9 en el art. 99 de la Ley 58/2003, de 27 de diciembre, General Tributaria con respecto al desarrollo de las actuaciones y procedimientos tributarios.

11. La problemática del teletrabajo transnacional

El estudio del régimen jurídico del teletrabajo transnacional ha suscitado un gran interés entre los juristas, debido a la existencia de numerosos problemas jurídicos que acarrea por la falta de una regulación específica sobre la materia y la ausencia de una armonización legislativa a nivel comunitario e internacional, los cuales ha propiciado la aparición y extensión del fenómeno de dumping social y ha provocado un cierto aumento de la precariedad laboral de los teletrabajadores transnacionales.

La doctrina científica ha realizado un intento de superar estos problemas mediante la aplicación e interpretación de las normas de Derecho Internacional Privado, y, sin embargo, no se consiguen resolver todos los problemas que se plantean, e incluso, puede llegar a generar otras cuestiones que termina afectando a la seguridad jurídica de las normas aplicadas. Por su parte, la negociación colectiva constituye un instrumento flexible y de adaptación más adecuado para asentar las reglas que con mayor eficacia puedan responder a las necesidades de los teletrabajadores y a las peculiaridades de cada empresa[641]. No obstante, la intervención de la negociación colectiva en materia de teletrabajo transnacional es escasa o nula.

Al margen de las definiciones de las distintas tipologías del teletrabajo transnacional ya expuestas en el Capítulo 2 del presente estudio, es preciso centrar el análisis de la problemática

---

641 Ministerio de Trabajo y Economía Social. (2022). *Teletrabajo y negociación colectiva*, XXXIII Jornada de Estudio sobre Negociación Colectiva, 13.

en el teletrabajo transnacional dependiente, ya que es el único supuesto en el que se puede identificar las notas características de un contrato de trabajo internacional[642], así como las dos partes concernidas en una prestación laboral virtual y transnacional, esto es, el teletrabajador transnacional y la empresa. En cuanto al teletrabajo transnacional en oficinas remotas en el exterior, y coincidiendo con alguna parte de la doctrina científica, cabe señalar que no estamos ante una modalidad de teletrabajo propiamente dicho, ya que en este caso no se cumple la característica esencial de realización de la prestación fuera de las instalaciones de la empresa, al asimilar las oficinas en el exterior de la empresa con sus centros de trabajo[643]. Con respecto al teletrabajo transnacional autónomo y subcontratado, es preciso destacar que no se puede atribuir la condición de teletrabajador a aquellas personas que trabajan por cuenta propia y sin estar sujeto a un contrato de trabajo, o a quienes trabajan para las empresas que asumen la posición de contratista, puesto que en estos casos no concurren las notas específicas de una relación laboral, esto es, la ajenidad del trabajo y la dependencia en el régimen de ejecución de este.

---

642 Se define el contrato de trabajo internacional como aquel contrato referido a la prestación de un servicio por cuenta ajena bajo la dirección de otro a cambio de una remuneración, concurriendo las notas definitorias de la relación laboral–personal, voluntario, dependiente y por cuenta ajena–y a las que habrá de añadirse la internacionalización de la prestación laboral. En este sentido se expone en Hierro Hierro, F. J. (2002). "Las nuevas perspectivas laborales en la sociedad de la información: el teletrabajo (un ejemplo a tener en cuenta)". *Scripta Nova: Revista Electrónica de Geografía y Ciencias Sociales*, 6, 2. https://raco.cat/index.php/ScriptaNova/article/view/59119. Recuperado el 10 de febrero de 2025.

643 En este sentido, Sanguineti Raymond, W., Sánchez Iglesias, A. L. y Ministerio de Trabajo y Asuntos Sociales. (2003). *Teletrabajo y globalización: en busca de respuestas al desafío de la transnacionalización del empleo*, *op. cit.*, 11.

11.1. EL TELETRABAJO TRANSNACIONAL Y EL RIESGO DE *DUMPING* SOCIAL

Con la implementación del teletrabajo transnacional, las empresas pueden incorporar en su plantilla personas teletrabajadoras que residen y prestan sus servicios en cualquier país del mundo distinto del de la sede de la empresa. Ciertamente, con la adopción de esta forma de organización de trabajo, se traduce en una minoración de los costes laborales y sociales de las empresas, al poder recolocar sus actividades productivas y empresariales en aquellos países donde estos costes resultan inferiores con respecto a los de un puesto de trabajo en el país de origen, o en Estados con unas normativas laborales o de Seguridad Social más laxas que las del país donde se encuentra ubicada la sede de la empresa.

En este contexto surge la noción de *dumping* social[644], un fenómeno que nace como consecuencia de la globalización y se

---

644 A pesar de la extensión en el uso de este término, lo cierto es que todavía no existe una definición clara y universalmente aceptada de dumping social. En este mismo sentido se posiciona Marianne Thyssen, Comisaria europea de Empleo, Asuntos Sociales, Capacidades y Movilidad Laboral, que en el 14 de agosto de 2015 respondió por escrito a una pregunta del Parlamento Europeo sobre definiciones (preguntas parlamentarias, 27 de mayo de 2015, E-008441-15), en la que afirmaba que no existe una definición del concepto de dumping social en la normativa comunitaria, si bien señaló que este término se utiliza generalmente para señalar la competencia desleal debido a la aplicación de diferentes salarios y normas de protección social a diferentes categorías de trabajadores, disponible en: https://www.europarl.europa.eu/doceo/document/E-8-2015-008441-ASW_EN.html. Recuperado el 13 de marzo de 2025. Sin perjuicio de lo anterior, según la definición recogida en el glosario de la Dirección General de Migración y Asuntos de Interior de la Comisión Europea, se define dumping social como "aquella práctica por la cual los trabajadores reciben salarios y/o condiciones de trabajo y de vida que son inferiores a las especificadas por la ley o los convenios colectivos en el mercado laboral pertinente, o que prevalecen allí". Disponible en:

refiere a aquellas prácticas empresariales de naturaleza abusiva y que persiguen la finalidad de eludir la legislación laboral nacional, las cuales permiten el desarrollo de una competencia desleal favoreciendo la reducción al mínimo de los costes laborales y sociales y, además, conducen a vulneraciones de los derechos de las personas trabajadoras y a su explotación. Asimismo, de acuerdo con el Informe sobre el dumping social en la Unión Europea[645], las principales repercusiones y consecuencias derivadas del *dumping* social se manifiestan en los siguientes tres aspectos:

- **Aspecto económico**: el uso de las prácticas de dumping social puede conducir a importantes distorsiones del mercado y de la competencia, las cuales perjudican a las empresas de buena fe, y en particular, a las pequeñas y medianas empresas.
- **Aspecto social**: el dumping social puede generar situaciones de discriminación y de desigualdad de trato entre las personas trabajadoras, así como privarles del ejercicio efectivo de sus derechos sociales y laborales, incluyendo aquellos otros derechos en materia retributiva y de protección social. Igualmente, puede conducir al aumento del número de puestos de trabajo precarios y un deterioro de los niveles de protección de los trabajadores y de la calidad del empleo en general.
- **Aspecto financiero y presupuestario**: el dumping social representa una amenaza grave para la hacienda pública y los sistemas nacionales de Seguridad Social, ya que las empresas que recurren a su uso tienden a no pagar los impuestos y las cotizaciones a la Seguridad Social por la elusión intencional de la normativa fiscal, laboral y de

https://home-affairs.ec.europa.eu/networks/european-migration-network-emn/emn-asylum-and-migration-glossary/glossary/social-dumping_en Recuperado el 13 de marzo de 2025.

645 Guillaume, B. (2016). *Informe sobre el dumping social en la Unión Europea (2015/2255(INI))*. Comisión de Empleo y Asuntos Sociales, 9.

Seguridad social. Para ello, estas empresas pueden no declarar la contratación del teletrabajador transnacional, utilizar un falso teletrabajador transnacional autónomo, o recurrir a la externalización o la subcontratación transnacional con fines elusivos de la legislación social y laboral del ámbito nacional, entre otras prácticas ilegales.

Sin perjuicio de lo anterior, las consecuencias directas del *dumping* social para aquellos países con alto nivel de protección social son la reducción del empleo y el empeoramiento de los salarios y las condiciones de trabajo de las personas trabajadoras, debido al afán de las empresas de reducir los costes del personal a través de la deslocalización transnacional de actividades productivas. Mientras que para los países con bajo nivel de protección social, el *dumping* social trae consigo un crecimiento de ofertas de empleo para su población, y, sin embargo, existen presiones a la baja en estos países de mantener salarios bajos y condiciones precarias, todo ello con el fin de preservar las controvertidas ventajas competitivas para las empresas[646]. Estas presiones propician, a su vez, una carrera internacional a la baja de la protección social de las personas trabajadoras, pues esta última constituye una estrategia utilizada por los países en vías de desarrollo o economías emergentes para atraer la inversión extranjera y aumentar las exportaciones. En palabras de Thibault Aranda, de ahí surge "un mercado internacional de la materia gris en vías de desarrollo y un terciario apátrida y nómada que distorsiona la competitividad y el normal funcionamiento de las empresas en el mercado"[647]. Ahora bien, los efectos que producen para estos países pueden ser muy negativos, tales como el escaso desarrollo del sistema de la Seguridad Social para impedir el aumento de

---

646 Sanguineti Raymond, W. (2005). "El derecho del trabajo frente al desafío de la transnacionalización del empleo: teletrabajo, nuevas tecnologías y *dumping* social", *op. cit.*, 112.

647 Thibault Aranda, J. (2001). *El teletrabajo: análisis jurídico-laboral, op.cit.*, 268.

los costes laborales y sociales, la limitación en el ejercicio de los derechos colectivos a fin de impedir la limitación de las presiones sindicales sobre la mejora de los salarios y condiciones de trabajo, la desatención en la prevención de los riesgos laborales y el consiguiente aumento de la siniestralidad laboral, así como la degradación y contaminación del medio ambiente[648].

Por su parte, es preciso destacar que el riesgo de *dumping* social es mayor cuando se traten de personas trabajadoras que prestan sus servicios desde países extracomunitarios, puesto que las condiciones laborales y sociales de estos países suelen ser inferiores y el sistema de protección social es insuficiente e ineficaz[649], y a las empresas les interesan contratar en estos países una mano de obra barata para desempeñar las tareas más elementales, tales como el control de la introducción y procesamiento de los datos, el control de las cámaras de seguridad, la gestión de las reservas de hoteles, la tramitación de las reclamaciones de los clientes, entre otros. Ahora bien, la mayor parte de estos empleos mantiene unos niveles muy bajos niveles de cualificación y apenas se ofrecen oportunidades de crecimiento, formación y desarrollo profesional para las personas contratadas, pues las empresas no tienen ninguna intención de mejorar las condiciones de trabajo y los salarios de las mismas. Todo ello conlleva al aumento de la desigualdad y polarización económica y social entre los diferentes países del mundo[650].

Coincidiendo con la mayoría de la doctrina científica, el teletrabajo transnacional es considerado como un mecanismo

---

648 Sanguineti Raymond, W. (2004). "El desafío de la transnacionalización del empleo". *Revista General de Derecho del Trabajo y de la Seguridad Social,* (6), 8. https://www.iustel.com/v2/revistas/detalle_revista.asp?id_noticia=402951. Recuperado el 19 de marzo de 2025.

649 Sierra Benítez, E. M. (2011). *El contenido de la relación laboral en el teletrabajo, op. cit.,* 109-110.

650 Sanguineti Raymond, W. (2004). "El desafío de la transnacionalización del empleo", *op. cit.,* 9-13.

facilitador del *dumping* social[651], ya que posibilita la reubicación de los puestos de trabajo en otros países donde los costes laborales y sociales son sustancialmente menores y donde las personas teletrabajadoras no disfrutan de los mismos niveles de protección social[652]. A su vez se propicia el desarrollo y consolidación del fenómeno conocido como la subcontratación a distancia del trabajo, en el que se externalizan todas aquellas actividades *non core* de las empresas. Sobre esto último, según el Informe del Consejo Económico y Social de España sobre el Futuro del trabajo[653], es previsible que la subcontratación de actividades mediante teletrabajo transnacional sea cada vez más, lo que puede generar otras problemáticas relacionadas con los límites de los marcos normativos nacionales y la legislación aplicable.

Ciertamente, el teletrabajo transnacional elimina las barreras geográficas y las distancias físicas, lo cual permite que las empresas contraten a personas teletrabajadoras en cualquier parte del mundo sin tener que realizar ningún desplazamiento. En este sentido, mediante el desarrollo del teletrabajo transnacional se consigue desplazar el trabajo de un país a otro en búsqueda de destinos siempre más baratos. Asimismo, este tipo de teletrabajo contribuye favorablemente al despliegue e implementación de

---

651 En este sentido, Sanguineti Raymond, W. (2007). "El teletrabajo: notas sobre su calificación y régimen jurídico", *op. cit.*, 293-302; Sierra Benítez, E. M. (2011). *El contenido de la relación laboral en el teletrabajo, op. cit.*, 86-87; Martín-Pozuelo López, A. (2022). "La vertiente internacional del Teletrabajo: el Teletrabajo Transnacional y sus problemas". *Las relaciones laborales internacionales.* Tirant lo Blanch,.305-306.

652 Organización Internacional del Trabajo. (2000). *La globalización de Europa. El trabajo decente en la economía de la información.* OIT, 49.

653 Informe 03/2018 sobre El futuro del trabajo, aprobado en sesión ordinaria del Pleno de 30 de mayo de 2018, 90.
Disponible en: http://www.ces.es/documents/10180/5182488/Inf0318.pdf/79443c12-b15b-850d-afbc-8ac0336193d1 Recuperado el 19 de marzo de 2025.

las estrategias de deslocalización productiva adoptadas por parte de las empresas, las cuales les proporcionan enormes ventajas competitivas derivadas de las diferencias en el nivel de protección social de los trabajadores[654]. Por ende, el teletrabajo transnacional se convierte, así mismo, en un instrumento de elusión que facilita una elección a la carta por parte de las empresas del nivel de protección social de las personas trabajadoras, privando a estas últimas de la tutela que les sería reconocida por la legislación laboral del país en el que su prestación es efectivamente aprovechada[655].

Finalmente, no hay que perderse de vista que en los últimos tiempos existe una tendencia creciente de descentralización de tareas profesionales intensivas en conocimiento, de manera que se descomponen determinados trabajos en microtareas[656] para que puedan ser ejecutadas telemáticamente por personas teletrabajadoras situadas en diferentes lugares del mundo. Esta tendencia ha dado lugar al nacimiento de un fenómeno de reciente expansión, conocido con el término en inglés *crowdsourcing*, que consiste en la externalización de microtareas a un grupo de personas indefinido y generalmente grande, mediante una convo-

---

654 Sanguineti Raymond, W., Sánchez Iglesias, A. L. y Ministerio de Trabajo y Asuntos Sociales. (2003). *Teletrabajo y globalización: en busca de respuestas al desafío de la transnacionalización del empleo, op. cit.*,14-15.

655 Sanguineti Raymond, W. (2005). "El derecho del trabajo frente al desafío de la transnacionalización del empleo: teletrabajo, nuevas tecnologías y *dumping* social", *op. cit.*, 111-112.

656 A modo ilustrativo y no exhaustivo, la descomposición del trabajo de gestión de marketing y comunicación en microtareas, tales como el análisis de opiniones y comentarios en las redes sociales, la creación y moderación de contenidos, la realización de encuestas de investigación, el etiquetado de imágenes, la captura de reacciones a campañas de marketing, la transcripción de documentos, la recopilación de datos, entre otros. Otro ejemplo consiste en la descomposición del trabajo de desarrollo de una aplicación informática o software en microtareas específicas de codificación y programación, el diseño de interfaz de usuario, el testeo del *software* desarrollado, así como la puesta en producción.

catoria abierta que normalmente se hace por Internet o a través de plataformas digitales de trabajo[657]. Este nuevo fenómeno no solo permite a las empresas subcontratar tareas a una mano de obra distribuida por todo el mundo y a un coste reducido, sino también conseguir que concluyan los encargos a un ritmo mucho más rápido que el modelo tradicional de subcontratación, al contener en estas plataformas unos algoritmos a través de los cuales se consiguen seleccionar aquellas personas trabajadoras más adecuadas para realizar las tareas objeto de contratación[658].

Ahora bien, es preciso destacar que en general las plataformas digitales de trabajo en línea no reconocen a las personas teletrabajadoras que realizan las microtareas encargadas como trabajadores asalariados dependientes, sino que les requieren que acepten la condición de trabajadores autónomos o contratistas independientes[659]. Esto último tiene una importante repercusión en el régimen jurídico laboral de las personas trabajadoras, ya que, por el hecho de que estas últimas trabajan

---

657 Organización Internacional del Trabajo. (2019). *Las plataformas digitales y el futuro del trabajo. Cómo fomentar el trabajo decente en el mundo digital.* OIT, 13. https://www.ilo.org/wcmsp5/groups/public/—dgreports/—dcomm/—publ/documents/publication/wcms_684183.pdf. Recuperado el 19 de marzo de 2025. El modelo de negocio de las plataformas digitales de trabajo consiste en cobrar una comisión a los clientes que publican tareas en las plataformas. Entre las principales plataformas digitales de trabajo que realizan la asignación de microtareas cabe destacar *Amazon Mechanical Turk* (AMT), *Clickworker, CrowdFlower, Upwork,* y *Microworkers.*

658 Organización Internacional del Trabajo. (2021). *Perspectivas Sociales y del Empleo en el Mundo 2021. El papel de las plataformas digitales en la transformación del mundo del trabajo.* OIT, 82-83. https://www.ilo.org/wcmsp5/groups/public/—dgreports/—dcomm/—publ/documents/publication/wcms_823119.pdf Recuperado el 19 de marzo de 2025.

659 Organización Internacional del Trabajo. (2019). *Las plataformas digitales y el futuro del trabajo. Cómo fomentar el trabajo decente en el mundo digital, op. cit.*,13.

como autónomos, a las empresas contratantes de las microtareas les eximen de toda responsabilidad laboral y social con respecto a estos trabajadores, pudiendo pagarles con una remuneración por debajo del salario mínimo interprofesional y sin ofrecerles unas mínimas condiciones de trabajo. Es más, cuando surja un litigio internacional con la empresa contratante, las personas teletrabajadoras ni siquiera puedan beneficiarse de los foros y normas de protección previstos en el Derecho Internacional Privado. En definitiva, se puede concluir que el teletrabajo transnacional favorece el desarrollo y expansión de *crowdsourcing*, que, sin duda alguna, constituye una nueva forma de *dumping* social.

En definitiva, aunque las empresas no consideran el teletrabajo transnacional como una estrategia de abaratamiento de los costes laborales, sino una estrategia organizacional trasnacional, de "*ajustes de costes*" de acuerdo con sus necesidades[660] y/o una estrategia de gestión de talento internacional[661], lo cierto es que constituye un mecanismo por excelencia de *dumping* social, cuyo fin primordial que se persigue con el desarrollo e implementación de esta modalidad de teletrabajo consiste en la obtención de ventajas competitivas a partir del aprovechamiento de las diferencias salariales entre los trabajadores de diferentes países y de la disparidad de cargas sociales existentes entre unas naciones y otras[662]. De hecho, cuando se encontraba en tramitación la nueva ley de trabajo a distancia, el presidente de la Confederación Española de Organizaciones Empresariales (CEOE), Antonio Garamendi, advirtió que en caso de que la nueva ley de trabajo a distancia lo haga poco favorable

---

660 De Juan Juan, A. y Caballero Savorido, J. M. (2022). *Tendencias estratégicas en la dirección internacional de personas: teletrabajo, brecha salarial, big data y nuevos roles.* Respuestas Memento Francis Lefebvre, 118-119.

661 En concreto, el acceso a perfiles profesionales altamente cualificados y escasos en el mercado, pero sin intención de desplazarse para trabajar en el país donde se encuentra ubicada la sede de la empresa.

662 Thibault Aranda, J. (2001). *El teletrabajo: análisis jurídico-laboral, op. cit.*, p. 263.

para las empresas, estas últimas terminarán contratando a teletrabajadores situados en el extranjero[663]. De ahí se infiere la verdadera intención de las empresas a la hora de adoptar el teletrabajo transnacional. Por su parte, con la creciente expansión del nuevo fenómeno *Crowdsourcing* a través de plataformas digitales de trabajo, las empresas pueden obligar a las personas teletrabajadoras a declarar su condición de autónomo, a someterse a una determinada jurisdicción y ley aplicable que resulten favorable para los empleadores, así como a aceptar unas condiciones retributivas inferiores a lo que marca la legislación laboral. Por consiguiente, todo ello ha supuesto la conversión del teletrabajo transnacional en un trabajo precario, entendido este último como aquella forma de empleo que no cumplen las normas y leyes nacionales e internacionales o que no ofrecen recursos suficientes para una vida digna o una protección social adecuada de las personas trabajadoras[664].

Conscientes de los efectos de la globalización y las repercusiones que suponen las prácticas del *dumping social*, las diferentes instituciones y organizaciones internacionales han contemplado un conjunto de medidas e iniciativas orientadas a evitar la expansión de estos fenómenos, entre las cuales destacan las siguientes:

- La Organización Internacional del Trabajo había adoptado por unanimidad una Declaración sobre la justicia social para una globalización equitativa en el pasado día 10 de junio de 2008, en virtud de la cual se establece la necesidad de adoptar y ampliar las medidas de protección social, con

---

663 Noticia de Expansión del día 26 de junio de 2020, "Garamendi advierte de las consecuencias de hacer "poco atractivo" el teletrabajo con la nueva ley",
Disponible en:
https://www.expansion.com/economia/2020/06/26/5ef5bfd3468aeb0a1e8b4596.html Recuperado el 30 de marzo de 2025.

664 Jiménez García, M. (2020). *Tres caras de la precariedad laboral. Un estudio económico, social y criminológico.* Dykinson, 20.

especial hincapié en la ampliación de la Seguridad Social a todas las personas trabajadoras, incluyendo medidas para proporcionar ingresos básicos a quienes necesiten esa protección, y la adaptación de su alcance y cobertura para responder a las nuevas necesidades e incertidumbres generadas por la rapidez de los cambios tecnológicos, sociales, demográficos y económicos; el establecimiento de condiciones de trabajo saludables y seguras, así como las medidas en materia de salarios y ganancias y de horas y otras condiciones de trabajo, destinadas a garantizar a todas las personas trabajadoras una justa distribución de los frutos del progreso y un salario mínimo vital para todos los que tengan empleo y necesiten esa clase de protección.

- En el informe sobre el dumping social en la Unión Europea, emitido por la Comisión de Empleo y Asuntos Sociales del Parlamento Europeo, se contempla una serie de medidas para la lucha contra el fenómeno de *dumping* social, entre las cuales destaca el reforzamiento de los controles e inspecciones de trabajo y la coordinación y cooperación entre los Estados miembros para el intercambio de información y datos, la puesta en marcha de una plataforma europea contra el trabajo no declarado a fin de prevenir e desincentivar la realización del trabajo no declarado, la extensión de la responsabilidad solidaria a toda la cadena de subcontratación, así como la regulación de la economía digital y colaborativa a fin de garantizar una competencia leal y la protección de los derechos de las personas trabajadoras.
- La Comisión Europea ha publicado una propuesta de Directiva relativa a la mejora de las condiciones laborales en el trabajo en plataformas digitales[665], a través de la cual se pretende

---

665 Propuesta de Directiva del Parlamento Europeo y del Consejo relativa a la mejora de las condiciones laborales en el trabajo en plataformas digitales, COM/2021/762 final, de 09 de diciembre de

mejorar las condiciones laborales y los derechos sociales de aquellas personas que trabajan a través de las plataformas digitales de trabajo, estableciendo una presunción *iuris tantum* de laboralidad. En concreto, se presumirá que la relación contractual entre una plataforma digital de trabajo que ejerce cierto nivel de control sobre determinados elementos de la ejecución del trabajo[666] y una persona que realiza trabajo en plataformas a través de dicha plataforma es una relación laboral, salvo prueba en contrario. De este modo, se consigue que los falsos autónomos que trabajen a través de plataformas digitales de trabajo sean reconocidos como trabajadores por cuenta ajena, disfrutando por tanto de mejores condiciones laborales, tales como el derecho a un salario mínimo estatutario o negociado colectivamente, la protección de la salud y la seguridad en el trabajo, la igualdad de retribución entre hombres y mujeres, el derecho a vacaciones retribuidas, así como un mejor acceso a la protección social contra accidentes laborales, desempleo, enfermedad y vejez.

2021. Disponible en: https://eur-lex.europa.eu/legal-content/EN/ALL/?uri=COM:2021:762:FIN Recuperado el 13 de noviembre de 2024.

666 A estos efectos, la propuesta de esta directiva establece como indicios de la existencia de control por parte de las plataformas digitales de trabajo sobre la ejecución del trabajo cuando se cumpla al menos dos de las siguientes condiciones: (1) cuando se determina efectivamente el nivel de remuneración o establece límites máximos para este; (2) cuando se exige a la persona que realiza trabajo en plataformas que respete normas vinculantes específicas en materia de apariencia, conducta hacia el destinatario del servicio o ejecución del trabajo; (3) cuando se supervisa la ejecución del trabajo o verifica la calidad de sus resultados, incluso por medios electrónicos; (4) cuando se restringe efectivamente la libertad, incluso mediante sanciones, de organizarse el propio trabajo, en particular la discreción de elegir las horas de trabajo o los períodos de ausencia, de aceptar o rechazar tareas, o de recurrir a subcontratistas o sustitutos; (5) cuando se restringe efectivamente la posibilidad de establecer una base de clientes o de realizar trabajos para terceros.

11.2. EL TELETRABAJO TRANSNACIONAL DESDE LA PERSPECTIVA DEL DERECHO INTERNACIONAL PRIVADO

La principal característica diferencial del teletrabajo transnacional con respecto a las demás tipologías del teletrabajo es la presencia de un elemento internacional. En particular, en el teletrabajo transnacional se puede apreciar la concurrencia de uno o varios elementos de extranjería (tales como el lugar de ejecución de la obligación en el extranjero, la residencia de las partes del contrato de trabajo en distintos Estados, la distinta nacionalidad de los contratantes, la celebración del contrato de trabajo en el extranjero, entre otros) que determinan su sujeción también a las normas del Derecho Internacional Privado. Por consiguiente, el teletrabajo transnacional es un concepto que convergen tanto el Derecho de Trabajo como el Derecho Internacional Privado.

A la hora de examinar las relaciones internacionales de trabajo desde la perspectiva del Derecho Internacional Privado, se analizan fundamentalmente la competencia judicial internacional y la ley aplicable a los litigios internacionales suscitados entre las personas trabajadoras y la empresa. Para ello se atendrán a las disposiciones generales y especiales contempladas en el Reglamento Bruselas I Bis[667] y el Reglamento Roma I[668]. Ahora bien, es preciso valorar la adecuación o idoneidad de las normas de Derecho Internacional Privado en el contexto de teletrabajo transnacional, ya que, debido a sus especificidades, la aplicación a rajatabla de estas normas puede dar lugar a resultados no de-

---

667 Reglamento (UE) n.º 1215/2012 del Parlamento Europeo y del Consejo, de 12 de diciembre de 2012, relativo a la competencia judicial, el reconocimiento y la ejecución de resoluciones judiciales en materia civil y mercantil, DO L 351 de 20.12.2012.

668 Reglamento (CE) n.º 593/2008 del Parlamento Europeo y del Consejo, de 17 de junio de 2008, sobre la ley aplicable a las obligaciones contractuales (Roma I), DO L 177 de 4.7.2008.

seables para la protección de las personas teletrabajadoras en su condición de parte débil de un contrato internacional de trabajo, tal y como veremos a continuación.

11.2.1. Atribución de la competencia judicial internacional

En cuanto a la atribución de la competencia judicial internacional, es preciso analizar, como punto de partida, los diferentes ámbitos de aplicación del Reglamento Bruselas I Bis, y en concreto, los siguientes[669]:

- **Ámbito espacial**: el Reglamento Bruselas I Bis se aplica en todos los territorios de los Estados miembros en los términos establecidos en el artículo 355 del Tratado de Funcionamiento de la Unión Europea, incluyendo a Dinamarca[670].
- **Ámbito temporal**: el Reglamento Bruselas I Bis se aplica a todas las acciones judiciales ejercitadas a partir del 10 de enero de 2015 (art. 66.1).
- **Ámbito material**: el Reglamento Bruselas I Bis se aplica a todos los litigios internacionales en materia civil y mercantil, excluyendo explícitamente de su ámbito de aplicación las materias fiscal, aduanera o administrativa, la responsabilidad del Estado por acciones u omisiones en el ejercicio de su autoridad (art. 1.1), así como otras materias específicas expresamente determinadas[671].

---

669 Calvo Caravaca, A. L. y Carrascosa González, J. (2017). *Derecho Internacional Privado. Volumen I.* Comares, 203-225.

670 En virtud del artículo 3 del Acuerdo de 19 de octubre de 2005 entre la Comunidad Europea y el Reino de Dinamarca relativo a la competencia judicial, el reconocimiento y la ejecución de resoluciones judiciales en materia civil y mercantil.

671 Entre otras, el estado y la capacidad de las personas físicas, los regímenes matrimoniales o los que regulen relaciones con efectos compa-

- **Ámbito personal**: el Reglamento Bruselas I Bis se aplica a los litigios derivados de los contratos internacionales que estén totalmente conectados con la Unión Europea. Con carácter general, se utiliza el criterio del domicilio del demandado en un Estado miembro para determinar si resulta aplicable o no las normas de competencia judicial internacional que recoge este Reglamento.

  Ahora bien, en el caso de que la parte demandada tenga su domicilio en un tercer estado, la competencia judicial internacional se regirá por los foros contenidos en las normas de los Estados miembros de producción interna, salvo que se traten de situaciones en las que un determinado Estado miembro goza de competencia exclusiva (art. 24); la existencia de una sumisión tanto expresa como tácita de las partes (arts. 25 y 26); o, en su caso, se trate de excepciones contempladas en los arts. 18.1 y 21.2 del Reglamento Bruselas I Bis para la protección de la parte más débil de un contrato internacional (esto es, los consumidores o los trabajadores).

Centrando ahora en lo que nos interesa, cabe destacar que los artículos 20-23 del Reglamento Bruselas I Bis establecen criterios de atribución de la competencia judicial internacional para dirimir los litigios internacionales suscitados en materia de contratos individuales de trabajo, todo ello con el fin de proteger a la parte más débil del contrato y evitar la aparición del fenómeno denominado *forum shopping*[672]. A partir del análisis

---

rables al matrimonio según la ley aplicable; la quiebra, los convenios entre quebrado y acreedores, y demás procedimientos análogos; la Seguridad Social (art. 1.2 del Reglamento Bruselas I Bis).

672 El *forum shopping* es una expresión que designa objetivamente la posibilidad de que existan varios tribunales estatales competentes para conocer de un mismo asunto; y subjetivamente, la facultad que ello otorga a los particulares de elegir el que más convenga a sus intereses. Esta elección está directamente relacionada con el derecho aplicable

de los citados artículos, se pueden extraer las siguientes reglas de atribución de la competencia judicial internacional:

- En el supuesto de que las personas trabajadoras sean la parte demandante, éstas se podrán presentar la demanda ante los órganos jurisdiccionales del Estado en el que esté domiciliada la empresa (art. 21.1.a). A este respecto, el art. 20.2 del Reglamento Bruselas I Bis asimila el concepto de domicilio de la empresa con la sucursal, agencia o cualquier otro establecimiento instalado en uno de los Estados miembros.

  Alternativamente, las personas trabajadoras podrán interponer la demanda ante los órganos jurisdiccionales del lugar en el que o desde el cual la persona trabajadora desempeñe habitualmente su trabajo o ante el tribunal del último lugar en que lo haya desempeñado (art. 21.1.b.i.). Ahora bien, en aquellos casos en los que no existe un único Estado miembro en el que el trabajador desarrolle habitualmente su trabajo, se podrá interponer subsidiariamente la demanda ante el órgano jurisdiccional del lugar en que esté o haya estado situado el establecimiento que haya empleado al trabajador (art. 21.1.b.ii.).

- Ante el caso de que sea la empresa la parte demandante, ésta sólo podrá demandar a los trabajadores ante el órgano jurisdiccional del Estado miembro en el que estos últimos tengan su domicilio, salvo que se trate de formular una reconvención, en cuyo caso se interpondrá ante el

---

al fondo del asunto, pues el sujeto acudirá al tribunal cuyo sistema de conflicto de leyes le facilite el acceso al ordenamiento que resulte más favorable a su pretensión.

Vid. Juárez Pérez, P. (2020). "*Bad forum shopping* y recurso de revisión: 'Causa causae est causa causati' (STS de 25 de noviembre de 2019)". *Cuadernos de Derecho Transnacional*, 1055. https://e-revistas.uc3m.es/index.php/CDT/article/view/5653. Recuperado el 26 de marzo de 2025.

órgano jurisdiccional que conozca de la demanda inicial presentada por la persona trabajadora. (art. 22).

- En aquellos supuestos en los que se pacten cláusulas de sumisión expresa, el Reglamento Bruselas I bis establece en su art. 23 que sólo tendrán efecto y prevalecerán sobre las reglas anteriores, siempre y cuando las mismas hayan sido pactadas con posterioridad al nacimiento del litigio o que habiendo sido pactadas con anteriores, permitan a la persona trabajadora formular demandas ante órganos jurisdiccionales distintos de los contemplados en el propio Reglamento.

Ahora bien, a la hora de adaptar las reglas de atribución de competencia judicial internacional al ámbito de teletrabajo transnacional, se aprecia la dificultad en la determinación del lugar habitual de trabajo a efecto de aplicación del foro de protección contemplado en el artículo 21.1.b del Reglamento Bruselas I Bis, esto es, el *locus laboris*[673]. Para la resolución de este problema, es preciso recurrir a la doctrina jurisprudencial del Tribunal de Justicia de la Unión Europea sobre la interpretación de este foro, a través de la cual se asienta una serie de criterios atributivos de competencia con respecto al trabajo cuya prestación se lleva a cabo en distintos lugares. A este respecto, conviene destacar que en la sentencia del caso Mulox[674], el Tribunal de Justicia había

673 Iriarte Ángel, J. L. (2018). "La precisión del lugar habitual de trabajo como foro de competencia y punto de conexión en los Reglamentos Europeos". *Cuadernos de Derecho Transnacional*, 483. https://e-revistas.uc3m.es/index.php/CDT/article/view/4385 Recuperado el 26 de marzo de 2025.

674 STJUE de 13 de julio de 1993, Mulox IBC Ltd contra Hendrick Geels, Asunto C-125/92, EU:C:1993:306. Este caso tiene origen en un litigio surgido entre una sociedad mercantil inglesa, Mulox IBC Ltd, con domicilio social en Reino Unido, y uno de sus antiguos empleados con domicilio en Francia, con motivo a la resolución del contrato de trabajo por parte de la primera. Este trabajador fue contratado por Mulox como Director de Marketing Internacional y sus principales funciones consiste en introducir los productos de la empresa en los

establecido como criterio de determinación del lugar habitual de trabajo aquel lugar en el cual o a partir del cual la persona trabajadora cumple principalmente sus obligaciones respecto a su empresa. Para la determinación de dicho lugar, se ha tenido en cuenta la circunstancia de que el desempeño de la misión confiada a la persona trabajadora por cuenta ajena se realizó desde un despacho situado en un Estado contratante, en el que el trabajador había establecido su residencia, desde el que desempeñaba sus actividades y al que regresaba después de cada uno de sus desplazamientos profesionales. Asimismo, en la sentencia del caso Rutten[675], el Tribunal de Justicia había reiterado como

diferentes países (entre otros, Alemania, Bélgica, Países Bajos y los países escandinavos) y también, en Francia. Ahora bien, el trabajador había establecido su despacho en su domicilio de Francia, desde el que desempeñaba sus actividades y al que regresaba después de cada uno de sus desplazamientos profesionales. Con la finalidad de reclamar indemnización por incumplimiento de plazo de preaviso y por daños y perjuicios a la empresa, el antiguo empleado interpuso la demanda ante los Tribunales de Francia, Sin embargo, la sociedad Mulox se opuso alegando que los órganos jurisdiccionales franceses no eran competentes para conocer este litigio internacional, ya que el lugar de cumplimiento del contrato de trabajo no se limitada al territorio francés y que dicha empresa tenía su domicilio social en el Reino Unido. Por consiguiente, la cuestión principal que se suscita en este caso consiste en determinar si los tribunales franceses gozan de competencia judicial internacional para conocer este asunto, considerando que solo una parte, eventualmente principal, de la obligación que caracteriza al contrato de trabajo haya sido cumplida en el territorio de dicho Estado.

675 STJUE de 9 de enero de 1997, Petrus Wilhelmus Rutten contra Cross Medical Ltd, Asunto C-383/95, EU:C:1997:7. La cuestión, en este caso, se suscitó en el marco de un litigio entre una persona trabajadora, Sr. Rutten, con domicilio sito en los Países Bajos, y la empresa inglesa domiciliada en Reino Unido en relación con el despido efectuado por parte de esta última. Este trabajador ejercía sus funciones no sólo en los Países Bajos, sino también en el Reino Unido, en Bélgica, en Alemania y en los Estados Unidos. Ahora bien, cabe destacar que el trabajador desempeñaba su trabajo desde el despacho instalado en su domicilio

criterio de determinación del lugar habitual de trabajo el lugar en el que se produce el cumplimiento de las obligaciones principales con la empresa, y que se asocia, a su vez, con el lugar en el que la persona trabajadora haya establecido el centro efectivo de sus actividades profesionales, en la medida en que éste era el lugar donde podía, con menores gastos, acudir a los Tribunales o defenderse ante los mismos. Por su parte, para la determinación concreta de dicho lugar, se ha considerado la circunstancia de que la persona trabajadora pasa la mayor parte de su tiempo de trabajo en uno de los Estados contratantes, donde posee un despacho desde el cual organiza sus actividades por cuenta de su empresa y al que regresa después de cada viaje profesional al extranjero.

Por consiguiente, siguiendo la doctrina elaborada por el TJUE, las reglas atributivas de competencia judicial internacional establecidas en el Reglamento Bruselas I Bis resultan aplicables al ámbito de teletrabajo transnacional, ya que se prevé que las partes fijen el lugar físico a través del cual la persona trabajadora ejecuta la prestación de sus servicios[676]. En este mismo sentido se posiciona la doctrina científica, decantando por atribuir la competencia judicial internacional a los órganos jurisdiccionales del *vero locus laboris*, esto es, lugar físico en el que la persona teletrabajadora prestan sus servicios y cumplen sus obligaciones principales con la empresa[677].

---

de los Países Bajos, al que regresaba después de realizar cada viaje profesional. A raíz del despido efectuado por la empresa, el trabajador Sr. Rutten interpuso la demanda ante los tribunales de los Países Bajos y la empresa inglesa se opuso por falta de competencia judicial internacional. Por tanto, en el presente caso se centra en analizar los diferentes criterios de interpretación del concepto de lugar habitual de trabajo a efecto de determinar la competencia judicial internacional en esta materia.

676 Gimeno Ruiz, A. (2021). "Teletrabajo y Competencia Judicial Internacional". *Diario La Ley*, n.º 9801, 4-5.

677 Sanguineti Raymond, W., Sánchez Iglesias, A. L. y Ministerio de Trabajo y Asuntos Sociales. (2003). *Teletrabajo y globalización: en busca de respuestas al desafío de la transnacionalización del empleo, op. cit.*, 69-70; Sierra

11.2.2. Determinación de la ley aplicable

Para la determinación de la ley aplicable a los contratos internacionales de trabajo, es preciso acudir a las normas previstas en el Reglamento Roma I, y antes de entrar en detalle, conviene recordar los diferentes ámbitos de aplicación de este Reglamento[678]:

- **Ámbito espacial**: el Reglamento Roma I se aplica en todos los territorios de los Estados miembros, exceptuando a Dinamarca.
- **Ámbito temporal**: el Reglamento Roma I se aplica a todos los contratos celebrados a partir de 17 de diciembre de 2009 (art. 29).
- **Ámbito material**: el Reglamento Roma I es aplicable a las obligaciones contractuales en materia civil y mercantil en las situaciones que impliquen un conflicto de leyes, excluyendo explícitamente de su ámbito de aplicación las materias fiscal, aduanera y administrativa (art. 1.1), así como otras materias específicas expresamente determinadas[679].
- **Ámbito personal**: A diferencia del Reglamento Bruselas I Bis, el Reglamento Roma I es un reglamento *erga omnes*, ya que

---

Benítez, E. M. (2011). *El contenido de la relación laboral en el teletrabajo, op. cit.*, 91-92; Martín-Pozuelo López, A. (2021). "El Real Decreto-Ley 28/2020 y el teletrabajo transnacional: ¿algo nuevo bajo el sol?". *Trabajo a distancia y teletrabajo: análisis del marco normativo vigente.* Aranzadi, 497; Martín-Pozuelo López, A. (2022). *El teletrabajo transnacional en la Unión Europea. Competencia internacional y Ley aplicable.* Tirant lo Blanch, 98.

678 Calvo Caravaca, A. L. y Carrascosa González, J. (2017). *Derecho Internacional Privado. Volumen II.* Comares, Granada, 950-951.

679 Entre otras, el estado civil y la capacidad de las personas físicas; las obligaciones que se deriven de relaciones familiares; las obligaciones que se deriven de regímenes económicos matrimoniales; las obligaciones que se deriven de letras de cambio (art. 1.2 del Reglamento Roma I).

la ley designada por dicho Reglamento se aplicará con independencia de que sea o no la de un Estado miembro (art. 2).

Adicionalmente, un aspecto relevante a considerar es la existencia de una vinculación hermenéutica o coherencia conceptual entre el Reglamento Roma I y el Reglamento Bruselas I Bis[680], todo ello con el fin de garantizar la coherencia entre ambos instrumentos normativos. En este sentido, a la hora de interpretar las disposiciones del Reglamento Roma I referentes al contrato individual de trabajo, es preciso considerar las interpretaciones efectuadas sobre las disposiciones del Reglamento Bruselas I Bis vinculadas a dicha materia.

Una vez asentado lo anterior, las reglas de determinación de la ley aplicable a los contratos internacionales de trabajo están reguladas en el art. 8 del Reglamento Roma I, en virtud del cual se reconoce preferentemente la autonomía de las partes para elegir la ley aplicable. Ahora bien, dicha autonomía está sometida a un condicionante, esto es, que la elección de la ley aplicable no puede tener por resultado el privar a la persona trabajadora de la protección que le aseguren las disposiciones que se aplican, a falta de elección de la ley por las partes, en virtud de los apartados 2, 3 y 4 del art. 8 del Reglamento Roma I, y en concreto, la ley del país en el cual o, en su defecto, a partir del cual el trabajador, en ejecución del contrato, realice su trabajo habitualmente o, en su defecto, la ley del país donde esté situado el establecimiento a través del cual haya sido contratado el trabajador; y finalmente, si del conjunto de circunstancias se desprende que el contrato presenta vínculos más estrechos con un país distinto del lugar habitual de trabajo o del establecimiento que contrató al trabajador, se aplicará la ley de ese otro país.

---

680 Iriarte Ángel, J. L. (2018). "La precisión del lugar habitual de trabajo como foro de competencia y punto de conexión en los Reglamentos Europeos", *op. cit.*, 485.

Al igual que en las disposiciones equivalentes del Reglamento Bruselas I Bis, se suscitan problemas de interpretación en relación con el *locus laboris*, esto es, el lugar habitual de trabajo. A este respecto, resulta interesante examinar las conclusiones del Abogado General sobre el caso Nogueira[681], en virtud de las cuales se recogen de manera sistemática los principales indicios pertinentes para identificar el lugar habitual de trabajo, y en concreto, los siguientes:

- Lugar desde el que la persona trabajadora comienza y finaliza su jornada laboral.

681 Conclusiones del Abogado General presentadas el 27 de abril de 2017 en el asunto Noguera, EU:C:2017:312. Disponible en: https://curia.europa.eu/juris/document/document.jsf?docid=190172&doclang=ES Recuperado el 26 de marzo de 2025. En este caso, la Sra. Nogueira y otros, de diferentes nacionalidades europeas, celebraron sendos contratos de trabajo con Crewlink, que es una empresa domiciliada en Irlanda. Esta empresa ponía los trabajadores contratados a disposición de Ryanair como personal de cabina. Según lo dispuesto en el contrato de trabajo, los aviones del cliente están matriculados en Irlanda y, dado que se ejercían sus tareas en estos aviones, su puesto de trabajo estará situado en Irlanda. Sin embargo, durante el transcurso del procedimiento, se ha puesto de manifiesto que, si bien el contrato de trabajo daba a la empresa la posibilidad de decidir trasladar a la Sra. Nogueira y otros a un aeropuerto distinto, en el presente asunto está acreditado que su única base mientras estuvo al servicio de la empresa irlandesa Crewlink fue el aeropuerto de Charleroi (Bélgica). En segundo lugar, cada uno de los trabajadores comenzaba su jornada de trabajo en el aeropuerto de Charleroi y volvía sistemáticamente a la base al final de cada jornada de trabajo. En tercer lugar, todos se habían visto obligados en algún momento a hacer guardias en el aeropuerto de Charleroi por si era necesario sustituir a algún empleado que no hubiera acudido al trabajo. Por tanto, la cuestión principal de este caso se centra en determinar la competencia judicial internacional y la ley aplicable al contrato internacional de trabajo en base a las circunstancias expuestas anteriormente.

- Lugar donde el trabajador recibe instrucciones y organiza su trabajo.
- Lugar en el que se encuentran las herramientas de trabajo utilizadas por el trabajador para la prestación de sus servicios.
- Lugar en el que está obligado a residir el trabajador en virtud del contrato suscrito.
- Lugar en el que la empresa ha puesto a disposición del trabajador una oficina.
- Lugar en el que la persona trabajadora pasa la mayor parte de su tiempo de trabajo.

Ahora bien, es preciso matizar que los indicios expuestos anteriormente son los que se han utilizado principalmente por la reiterada jurisprudencia del Tribunal de Justicia, si bien no son los únicos, ya que se deberá atender a las circunstancias que concurran en cada caso concreto para identificar el indicio más idóneo a efecto de determinación del lugar habitual de trabajo[682].

Ciertamente, la determinación de la ley aplicable en el ámbito del teletrabajo transnacional constituye la mayor preocupación de la doctrina científica, ya que una interpretación estricta de las normas contempladas en el Reglamento Roma I conduce a un aumento del riesgo de *dumping social*, pues la determinación de la ley aplicable basada en el lugar habitual de trabajo posibilita a la empresa a aplicar una ley que ofrece menor nivel de protección social que la del país donde se encuentra ubicada la sede empresarial.

Con el fin de combatir contra el problema de *dumping social*, una parte de la doctrina científica ha planteado la necesidad de redefinir la noción de *locus laboris* adaptándola a las particularidades específicas del teletrabajo transnacional, e identificar el lugar real

---

682 Iriarte Ángel, J. L. (2018). "La precisión del lugar habitual de trabajo como foro de competencia y punto de conexión en los Reglamentos Europeos", *op. cit.*, 487-488.

de prestación habitual de los servicios laborales, esto es, el *vero locus laboris*[683]. Para ello, se ha considerado que el lugar habitual de teletrabajo no debe asociarse al lugar donde se encuentra físicamente la persona trabajadora, sino al lugar donde se satisface el interés perseguido por la empresa, y, por tanto, donde debe entenderse cumplidas las obligaciones principales asumidas por el trabajador. Igualmente, se aprecia la circunstancia de que existe un contacto permanente entre la empresa y la persona teletrabajadora cuando el teletrabajo transnacional se desarrolla de manera interactiva y en tiempo real, de manera que no sólo permite la emisión de instrucciones y el control del cumplimiento de las obligaciones del trabajador, sino también la transmisión inmediata de sus resultados. Siguiendo a este razonamiento, el lugar habitual de trabajo no debe ser el lugar en que permanece la persona trabajadora, sino en el que la prestación de trabajo es dirigida y aprovechada. E incluso, se ha planteado asociar el verdadero lugar de trabajo con el lugar donde se ubica el ordenador central de la empresa desde el que se realiza la misma[684]. En definitiva, todas las anteriores apreciaciones conducen al mismo fin, esto es, la aplicación preferente de la ley del país donde se encuentra ubicada la empresa frente a la ley del lugar en que se encuentra físicamente la persona teletrabajadora.

Sin embargo, este planteamiento no ha sido acogido por otra parte de la doctrina científica, ya que supone un forzamiento de la interpretación de las disposiciones recogidas en el Reglamento Roma I que no responde a su fin[685]. En concreto, la redacción del

---

683 Sellas i Benvingut, R. (2000). "Teletrabajo transnacional y ley aplicable al contrato de trabajo comunitario". *Descentralización productiva y nuevas formas organizativas del trabajo.* Ministerio de Trabajo y Asuntos Sociales, Subdirección General de Publicaciones, 1133.

684 Sellas i Benvingut, R. (2001). *El régimen jurídico del teletrabajo en España, op. cit.*, 124-125.

685 Sanguineti Raymond, W. (2005). "El derecho del trabajo frente al desafío de la transnacionalización del empleo: teletrabajo, nuevas tecnologías y *dumping* social", *op. cit.*, 119.

art. 8 del Reglamento Roma I es muy clara, estableciendo que se rige por la ley del Estado a partir del cual la persona trabajadora, en ejecución del contrato, realice su trabajo habitualmente. En este sentido, no resulta relevante el país al que se envían los datos, ni tampoco el país donde radica la empresa que contrata al teletrabajador[686]. Asimismo, es preciso garantizar la coherencia en la interpretación del Reglamento Roma I con Reglamento Bruselas I Bis, por lo que no se puede mantener interpretaciones diferentes para un mismo término, toda vez que ello conduciría a la ineficacia del privilegio de dualidad de foros previstos en el Reglamento Bruselas I Bis[687]. Por su parte, no parece razonable que los trabajadores que prestan sus servicios en un mismo Estado se sometan a legislaciones diferentes, ocasionando un resultado discriminatorio entre los mismos e impidiendo al Estado organizar con efectividad las condiciones de su mercado laboral[688].

Como alternativa al planteamiento anterior, otra parte de la doctrina científica ha planteado la posibilidad de acudir a la cláusula de salvaguardia establecida en el art. 8.4 del Reglamento Roma I, en virtud de la cual se permite a los órganos jurisdiccionales no aplicar la ley del lugar donde se desempeña habitualmente el trabajo o la ley del establecimiento donde se contrató al trabajador, sino la ley de otro país cuando el conjunto de las circunstancias del caso pongan de manifiesto que el contrato internacional de trabajo presenta vínculos más estrechos con este otro país. A este respecto, cabe destacar que en la sentencia del caso Schlecker[689], el Tribunal de Justicia había pronunciado que

---

686 Calvo Caravaca, A. L. y Carrascosa González, J. (2017). *Derecho Internacional Privado. Volumen II, op. cit.,*1287.

687 Sierra Benítez, E. M. (2011). *El contenido de la relación laboral en el teletrabajo, op. cit.*, 92.

688 Thibault Aranda, J. (2001). *El teletrabajo: análisis jurídico-laboral, op. cit*, 267.

689 STJUE de 12 de septiembre de 2013, Anton Schlecker contra Melitta Josefa Boedeker, Asunto C-64/12, EU:C:2013:551 (TOL3.904.725). Este caso tiene origen en un litigio surgido entre una empresa alemana

en el supuesto de que un trabajador realice el trabajo en ejecución del contrato no sólo habitualmente sino también de manera duradera y sin interrupción en el mismo país, el juez nacional puede descartar la ley del país en que se realiza habitualmente el trabajo cuando del conjunto de las circunstancias resulte que dicho contrato presenta un vínculo más estrecho con otro país. Asimismo, entre los principales elementos significativos de vinculación, cabe destacar el país en el que la persona trabajadora paga sus impuestos y los tributos que gravan las rentas de su actividad y aquel en el que está afiliado a la Seguridad Social y a los distintos regímenes de jubilación, seguro de enfermedad y/o de incapacidad, así como aquellos otros parámetros relacionados con la fijación del salario u otras condiciones de trabajo.

Aplicando al ámbito del teletrabajo transnacional, se puede apreciar que, pese a la distancia existente entre las partes de la relación laboral, esta modalidad de teletrabajo presenta una vin-

---

Schlecker y su trabajadora Sra. Boedeker, residente en Alemania pero que trabajaba en los Países Bajos, en relación con la modificación unilateral del lugar de trabajo por parte del empleador y del Derecho aplicable al contrato de trabajo. La trabajadora emprendió diversos procedimientos judiciales en los Países Bajos y solicitó la aplicación del Derecho neerlandés como Derecho aplicable a su relación laboral, ya que este último le ofrece un mayor nivel de protección frente al Derecho alemán en materia de modificación unilateral del lugar de trabajo por parte del empleador. Sin embargo, la empresa alemana Schlecker se opuso alegando que el contrato de trabajo presentaba vínculos más estrechos con Alemania (entre otros, el hecho de que la empresa empleadora es una persona jurídica alemana, que la remuneración se pagaba en marcos alemanes -antes de la introducción del euro-, que el seguro de jubilación estaba suscrito ante un asegurador alemán, que la trabajadora había mantenido su domicilio en Alemania donde pagaba sus cotizaciones sociales, que el contrato de trabajo hacía referencia a disposiciones imperativas del Derecho alemán y que el empleador abonaba los gastos de desplazamiento de la trabajadora de Alemania a los Países Bajos), por lo que el Derecho aplicable debería ser el Derecho alemán.

culación más estrecha con el país del establecimiento del que el trabajador depende funcionalmente o donde se espera y manifiesta el resultado productivo, resultando insignificante el lugar físico de realización habitual del trabajo. Con este planteamiento, se pretende alcanzar el mismo resultado que la conclusión anterior, esto es, la aplicación al teletrabajo transnacional de aquella legislación que la empresa buscaba evitar[690]. No obstante, la doctrina científica ha señalado que esta solución puede atentar contra la seguridad jurídica y la certeza interpretativa de la propia ley aplicable, ya que se remite a una cláusula de escape de naturaleza generalista, abierta e indeterminada, cuya interpretación y aplicación depende en última instancia del criterio judicial[691].

Finalmente, merece especial atención el planteamiento de Sanguineti Raymond, en el que se propone la modificación del Reglamento Roma I, introduciendo un nuevo punto de conexión basado en el lugar virtual de trabajo, esto es, el *locus laboris virtual*[692]. De este modo se consigue resolver de forma clara y definitiva el problema de *dumping* social derivado del teletrabajo transnacional, dando una nueva interpretación de la noción del lugar habitual de trabajo adaptada al nuevo contexto tecnológico, y que coincide con el lugar de destino virtual o telemático

---

690 Sanguineti Raymond, W., Sánchez Iglesias, A. L. y Ministerio de Trabajo y Asuntos Sociales. (2003). *Teletrabajo y globalización: en busca de respuestas al desafío de la transnacionalización del empleo, op. cit.*, 71.

691 En este mismo sentido, Sanguineti Raymond, W., Sánchez Iglesias, A. L. y Ministerio de Trabajo y Asuntos Sociales. (2003). *Teletrabajo y globalización: en busca de respuestas al desafío de la transnacionalización del empleo, op. cit.*, 72; Martín-Pozuelo López, A. (2021). "El Real Decreto-Ley 28/2020 y el teletrabajo transnacional: ¿algo nuevo bajo el sol?", *op. cit.*, 491; Martín-Pozuelo López, A. (2022). *El teletrabajo transnacional en la Unión Europea. Competencia internacional y Ley aplicable, op. cit.*, 88.

692 Sanguineti Raymond, W. (2005). "El derecho del trabajo frente al desafío de la transnacionalización del empleo: teletrabajo, nuevas tecnologías y *dumping* social", *op. cit.*, 123-124.

de la prestación de servicios, lo cual supone la aplicación de la ley del país de la sede de la empresa. Asimismo, este nuevo punto de conexión garantiza su predictibilidad y estabilidad, favoreciendo de manera indirecta la igualdad de trato entre los teletrabajadores y los trabajadores presenciales, así como la libre circulación de las personas trabajadoras[693].

11.2.3. Reconocimiento y ejecución de las resoluciones judiciales internacionales

Con carácter general, se puede apreciar la existencia de una libertad de circulación de las resoluciones judiciales dentro de la Unión Europea, cuyo su reconocimiento y ejecución se rigen por lo dispuesto en los arts. 36 y siguientes del Reglamento Bruselas I Bis. A este respecto, cabe destacar que la principal novedad introducida por el Reglamento Bruselas I Bis ha sido la supresión del exequátur[694], pues en atención a lo establecido en los arts. 36.1 y 39 del Reglamento, las resoluciones judiciales dictadas en un Estado miembro serán reconocidas en los demás Estados miembros

---

693 Carrascosa Bermejo, D. (2022). "Teletrabajo internacional y legislación de Seguridad Social aplicable: estado de la cuestión y perspectivas en los Reglamentos de Coordinación de la UE". *Revista Internacional y Comparada de Relaciones Laborales y Derecho del Empleo,* 10(1), 230. https://ejcls.adapt.it/index.php/rlde_adapt/article/view/1153. Recuperado el 13 de noviembre de 2024.

694 El exequátur es concebido como un procedimiento procesal establecido para transformar la sentencia judicial extranjera en un título ejecutivo en el Estado miembro requerido. La parte interesada sólo podrá instar la ejecución material de la resolución judicial dictada por los tribunales de otro Estado miembro de la Unión Europea una vez que haya obtenido el exequátur en sentido favorable.
Vid. Rodríguez Vázquez, M. A. (2014). "Una nueva fórmula para la supresión del *exequátur* en la Reforma del Reglamento Bruselas I". *Cuadernos de Derecho Transnacional,* 334. https://e-revistas.uc3m.es/index.php/CDT/article/view/1920/913. Recuperado el 27 de marzo de 2025.

sin necesidad de procedimiento alguno y sin necesidad de una declaración de fuerza ejecutiva. Ahora bien, conviene matizar que los arts. 45 y siguientes del Reglamento Bruselas I Bis contempla una serie de circunstancias para denegar el reconocimiento y la ejecución de la resolución judicial, las cuales se constituyen como causas europeas de denegación del reconocimiento y ejecución[695].

Sin perjuicio de lo anterior, cuando se trate de resoluciones judiciales dictadas por los órganos jurisdiccionales de los terceros países, el régimen de reconocimiento y ejecución se determinará conforme a los diferentes instrumentos legales internacionales y vigentes en el Derecho nacional. Para el caso de España, el reconocimiento y ejecución de las resoluciones judiciales extranjeras y provenientes de terceros países se atendrá a lo dispuesto en los diferentes convenios bilaterales celebrados entre España y estos países sobre esta materia. Ante el supuesto de que no resulta aplicable ningún instrumento legal internacional, se aplicarán subsidiariamente las normas de producción interna[696] para verificar si la sentencia extranjera podrá o no ser reconocida y ejecutada en España.

Ciertamente, el reconocimiento y ejecución de las resoluciones judiciales puede constituir un obstáculo de orden procesal para los trabajadores transnacionales, ya que, pese a que disponga de una resolución judicial dictada a su favor, debe llevar a cabo

---

695 Entre otras, la vulneración del orden público del Estado miembro requerido, la lesión de los derechos de defensa de la parte demandada, así como la inconciliabilidad con una resolución dictada entre las mismas partes en el Estado miembro requerido, o, en su caso, con una resolución dictada con anterioridad en otro Estado miembro o un Estado tercero entre las mismas partes en un litigio que tenga el mismo objeto y la misma causa, cuando esta última resolución reúna las condiciones necesarias para su reconocimiento en el Estado miembro requerido.

696 En particular, los artículos 952-954 del Real Decreto de 3 de febrero de 1881 por el que se aprueba el proyecto de reforma de la Ley Enjuiciamiento civil.

un conjunto de trámites procesales para que pueda surtir efectos en el Estado miembro requerido, lo cual puede desincentivar el ejercicio de sus derechos ante los tribunales.

11.3. EL PAPEL DE LA NEGOCIACIÓN COLECTIVA EN EL CONTEXTO TRANSNACIONAL

En el ámbito nacional, la negociación colectiva constituye un instrumento primordial para regular las condiciones de trabajo de las personas trabajadoras, así como garantizar el respeto de sus derechos fundamentales en el seno de la empresa. Sin embargo, cuando se trasciende de las fronteras nacionales, como es el caso del teletrabajo transnacional, resulta conveniente analizar el papel que puede desempeñar la negociación colectiva transnacional como instrumento para la salvaguarda del conjunto de los derechos de los trabajadores a nivel global, así como la mejora de sus condiciones de trabajo.

Como punto de partida, es preciso señalar que no existe un marco legal a nivel internacional y comunitario que regule de manera integral la figura de la negociación colectiva transnacional, debido principalmente a la existencia de un conjunto de elementos impeditivos que dificultan su desarrollo, tales como las diferencias históricas, institucionales, económicas y culturales existentes entre los diferentes países, así como las diferentes estrategias de negociación colectiva de los interlocutores sociales[697]. Sin embargo, existen dos instrumentos que han fomentado la negociación colectiva a nivel europeo y transnacional, y en concreto, los comités de empresa europeos y los acuerdos colectivos transnacionales.

---

697 Ministerio de Trabajo, Migraciones y Seguridad Social. (2019). *La negociación colectiva en Europa. Una perspectiva transversal.* Informes y Estudios Relaciones Laborales, 441-442.

Entre las principales referencias normativas sobre la figura de los comités de empresa europeos, cabe destacar la Directiva 2009/38/CE del Parlamento Europeo y del Consejo, de 6 de mayo de 2009, sobre la constitución de un comité de empresa europeo o de un procedimiento de información y consulta a los trabajadores en las empresas y grupos de empresas de dimensión comunitaria, así como la ley 10/1997, de 24 de abril, sobre derechos de información y consulta de los trabajadores en las empresas y grupos de empresas de dimensión comunitaria, modificada por la Ley 10/2011, de 19 de mayo, como consecuencia de la trasposición de la mencionada Directiva. En estas normas se sientan las bases para la constitución un comité de empresa europeo o el desarrollo de un procedimiento de información y consulta a los trabajadores en cada una de las empresas de dimensión comunitaria[698] y en cada grupo de empresas de dimensión comunitaria[699].

En cuanto a las competencias del comité de empresa europeo y el alcance del procedimiento de información y consulta a los trabajadores regulado en la Directiva 2009/38/CE, quedan limitadas a las cuestiones transnacionales, entendidas estas últimas como aquellas que afectan al conjunto de la empresa o grupo de empresas de dimensión comunitaria o al menos a dos empresas o

698 Según la definición contemplada en el art. 2.1. a) de la Directiva 2009/38/CE, se define como empresa de dimensión comunitaria a toda empresa que emplee a 1.000 o más trabajadores en los Estados miembros y, por lo menos en dos Estados miembros diferentes, emplee a 150 o más trabajadores en cada uno de ellos.

699 De acuerdo con la definición prevista en el art. 2.1. c) de la Directiva 2009/38/CE, se define como grupo de empresas de dimensión comunitaria a todo grupo de empresas que cumpla las siguientes condiciones: que emplee a 1.000 o más trabajadores en los Estados Miembros; que comprenda al menos dos empresas miembros del grupo en Estados miembros diferentes y que al menos una empresa del grupo emplee a 150 o más trabajadores en un Estado miembro y al menos otra de las empresas del grupo emplee a 150 o más trabajadores en otro Estado miembro.

establecimientos de la empresa o del grupo situados en dos Estados miembros diferentes. Sin perjuicio de la voluntad de las partes y la autonomía colectiva con respecto a las atribuciones específicas del comité de empresa europeo y el procedimiento de información y consulta al mismo, en el Anexo I de la mencionada Directiva se contempla una especificación de lo que se entiende por estas cuestiones trasnacionales: la estructura; la situación económica y financiera; la evolución probable de las actividades; la producción y las ventas de la empresa o del grupo de empresas de dimensión comunitaria; la situación y evolución probable del empleo; las inversiones; los cambios sustanciales que afecten a la organización; la introducción de nuevos métodos de trabajo o de nuevos métodos de producción; los traslados de producción; las fusiones; la reducción del tamaño o el cierre de empresas, de establecimientos o de partes importantes de estos; y los despidos colectivos.

Por consiguiente, se puede apreciar que la obligación emanada tanto de la Directiva comunitaria como de la norma nacional de transposición contribuye positivamente a reforzar el derecho de los trabajadores o de sus representantes a que se les garantice la información y consulta en las empresas de dimensión transnacional, lo que a su vez contribuye a la extensión voluntaria de la representación de los trabajadores a las filiales no europeas a través de la creación de empresas mundiales[700]. Igualmente, la existencia de los comités de empresa europeos puede favorecer el desarrollo de buenas prácticas de negociación colectiva a nivel transnacional. Sin embargo, es preciso destacar que las normativas mencionadas anteriormente no reconocen en absoluto facultades de negociación a los comités de empresa europeos, sino tan sólo los derechos de información y consulta de las personas trabajadoras en las empresas y grupos de empresas de dimensión comunitaria,

---

[700] Ministerio de Trabajo, Migraciones y Seguridad Social. (2019). *La negociación colectiva en Europa. Una perspectiva transversal, op. cit.*, 444-445.

lo cual hace que el papel de la negociación colectiva transnacional quede constreñida a una mera concertación y diálogo social[701].

Sin perjuicio de lo anterior, lo cierto es que los comités de empresa europeos han actuado como fuerza motriz de la negociación colectiva de los llamados acuerdos colectivos transnacionales, que son aquellos acuerdos voluntarios firmados entre la dirección de una empresa multinacional y uno o más representantes de los trabajadores, a través de los cuales se gobiernan las relaciones laborales de carácter transnacional. Asimismo, cabe destacar que estos acuerdos están dotados de la eficacia jurídica propia del contrato que tiene fuerza de ley entre las partes. Por su parte, existe una tendencia creciente de que los acuerdos colectivos transnacionales dejan de ser meras declaraciones de intenciones, sino de manera progresiva se convierten en un instrumento negocial propio de la negociación colectiva transnacional y dotado de una serie de procedimientos y mecanismos de control, seguimiento y verificación en su implementación[702].

Finalmente, es preciso resaltar que el desarrollo de negociación colectiva a nivel transnacional y comunitario se encuentra con un fuerte obstáculo, esto es, el derecho a la libertad de establecimiento y a la libre prestación de servicios que garantiza la movilidad de las empresas en toda la Unión Europea. En este sentido, la doctrina jurisprudencial mantenida por el Tribunal de Justicia de la Unión Europea en las sentencias de los casos

---

701 Thibault Aranda, J. (2001). *El teletrabajo: análisis jurídico-laboral*, *op. cit.*, 271.

702 Ministerio de Trabajo, Migraciones y Seguridad Social. (2019). *La negociación colectiva en Europa. Una perspectiva transversal*, *op. cit.*, 444-455.

Laval[703] y Viking[704], ha puesto de manifiesto que la libertad de

---

703 STJUE de 18 de diciembre de 2007, Laval un Partneri Ltd contra Svenska Byggnadsarbetareförbundet, Svenska Byggnadsarbetareförbundets avdelning 1, Byggettan y Svenska Elektrikerförbundet, Asunto C-341/05, EU:C:2007:809 (TOL9.922.147). El litigio del presente caso se deriva que una sociedad letona Laval había desplazado a Suecia a unos treinta y cinco trabajadores para la construcción de un nuevo centro escolar en dicho territorio. En este contexto, se iniciaron las negociaciones para la adhesión de Laval al convenio colectivo de la construcción de Suecia, Dicha adhesión supone para los empresarios, incluidos los que desplazan trabajadores a Suecia, la obligación de cumplir todas las cláusulas de dicho convenio, si bien algunas normas se aplican caso por caso, en función, especialmente, de la naturaleza de la obra y del modo en que se realicen los trabajos. Adicionalmente, la adhesión al convenio colectivo de la construcción también conlleva para la empresa la aceptación de varias obligaciones de carácter pecuniario. Ante el fracaso de las negociaciones, las organizaciones sindicales pusieron en práctica una medida de conflicto colectivo contra la empresa Laval, consistente en el bloqueo de las obras a través de impedir la entrega de mercancías en el lugar de las obras, así como un boicot de todas las obras emprendidas por dicha empresa en Suecia. En este contexto, la empresa Laval presentó una demanda contra las organizaciones sindicales suecas por las medidas de conflicto colectivo adoptadas. En este caso, el Tribunal de Justicia de la Unión Europea ha pronunciado que, según jurisprudencia reiterada, la libre prestación de servicios implica, en especial, la eliminación de cualquier discriminación en perjuicio del prestador de servicios por razón de su nacionalidad o por el hecho de que esté establecido en un Estado miembro diferente de aquel en el que debe ejecutarse la prestación, salvo que la discriminación esté justificada por razones de orden público y de seguridad y salud públicas. Ahora bien, las medidas de conflicto colectivo no están justificadas al no responder a una razón de orden público, de seguridad pública o de salud pública, y en consecuencia, constituyen una discriminación hacia los prestadores de servicios establecidos en un Estado miembro diferente de aquel en el que debe ejecutarse la prestación.

704 STJUE de 11 de diciembre de 2007, International Transport Workers' Federation yt Finnish Seamen's Union contra Viking Line ABP y OÜ Viking Line Eesti, Asunto C-438/05, EU:C:2007:772 (TOL4.627.431).

prestación de servicios del Derecho Comunitario ha prevalecido sobre el derecho a la negociación colectiva y a adoptar medidas de conflicto colectivo de las personas trabajadoras a nivel transnacional. Por consiguiente, todo ello conduce a que la autonomía colectiva a nivel transnacional quede en un segundo plano en el contexto de las relaciones laborales trasnacionales[705].

En definitiva, una vez analizado el panorama actual de la negociación colectiva en el contexto transnacional, se puede apreciar

---

En este caso, el litigio surge entre una sociedad finlandesa Viking (empresa dedicada al transporte con los transbordadores y que explota siete buques) y el sindicato finlandés FSU debido al interés de la primera de cambiar su pabellón registrándolo en Estonia o en Noruega para poder celebrar un nuevo convenio colectivo con un sindicato establecido en uno de esos Estados, y de esta manera, conseguir pagar unos salarios inferiores a los que perciben las tripulaciones finlandesas. Sin embargo, el sindicato finlandés FSU se opuso radicalmente a esta propuesta justificando su postura con la necesidad de proteger los empleos finlandeses. Para reforzar su postura de negociación, el sindicato finlandés FSU anunció una medida de conflicto colectivo de huelga. Ante esta situación, la empresa Viking demandó a las organizaciones sindicales por vulneración de su derecho a la libertad de establecimiento y a la libre prestación de servicios. A este respecto, el Tribunal de Justicia de la Unión Europea ha declarado que las medidas de conflicto colectivo que tienen como finalidad conseguir que una empresa privada cuyo domicilio social se encuentra situado en un Estado miembro determinado celebre un convenio colectivo de trabajo con un sindicato establecido en ese Estado y aplique las cláusulas previstas por ese convenio a los trabajadores asalariados de una filial de dicha empresa establecida en otro Estado miembro, sí constituyen restricciones a la libertad de establecimiento, salvo que estén justificadas por la protección de una razón imperiosa de interés general, como la protección de los trabajadores, siempre y cuando se compruebe que son adecuadas para garantizar la realización del objetivo legítimo perseguido y que no van más allá de lo necesario para lograr este objetivo.

705 Correa Carrasco, M. (2019). "La negociación colectiva transnacional como instrumento de gobernanza mundial del trabajo del futuro". *Revista de Trabajo y Seguridad Social.* CEF, 77.

la existencia de debilidades manifiestas en cuanto a su eficacia y efectividad, toda vez que los comités de empresa europeos, como órganos de representación de los trabajadores que se crean en las empresas y grupos de empresas de dimensión comunitaria, carecen de facultades de negociación y su ámbito de actuación queda reducido a un mero derecho de información y consulta sobre las cuestiones transnacionales, lo que se traduce en una inoperancia de la negociación colectiva para regular las condiciones de trabajo de las personas trabajadoras transnacionales, evitando los fenómenos de *dumping* social entre los diferentes Estados, así como garantizar el respeto de sus derechos fundamentales en el seno de las empresas multinacionales.

11.4. HACIA LA CONSTRUCCIÓN DE UN NUEVO DERECHO TRANSNACIONAL DE TRABAJO

En el contexto de la transnacionalización del empleo, todavía queda un largo recorrido para prevenir los casos de abusos y combatir contra las consecuencias indeseables del *dumping* social, pues según el reciente informe de la Organización Internacional del Trabajo[706], se pone de manifiesto la existencia de importantes lagunas en la protección social de las personas teletrabajadoras.

Por ello, nos enfrentamos al reto importante de construir un nuevo derecho transnacional de trabajo para regular nuevas formas de trabajo que trascienden de las fronteras nacionales, como es el caso del teletrabajo transnacional, cuyo logro está supeditado a la convergencia de un amplio número de mecanismos reguladores de orígenes y naturalezas muy diversas, ya sea pública o privada, internacional o nacional, imperativa o

---

706 Organización Internacional del Trabajo. (2022). *El trabajo a domicilio: De la invisibilidad al trabajo decente, op.cit.*, 12.

voluntaria, unilateral o concertada, todo ello con el fin de paliar los desequilibrios sociales generados por la globalización[707].

Sin embargo, la construcción de un nuevo derecho transnacional de trabajo no es un proceso que se pueda llevar a cabo de la noche a la mañana. Es un desafío complejo que requiere un enfoque cuidadoso y coordinado entre diversas naciones. Como solución táctica, se propone implementar las siguientes reformas para salvaguardar los derechos e intereses de los teletrabajadores transnacionales, a saber:

- **Establecimiento de una normativa comunitaria integral que regule las normas específicas de Derecho Internacional Privado aplicables en materia laboral, y en su defecto, la alineación de las disposiciones del Reglamento Roma I con los foros especiales de protección contemplados en el Reglamento Bruselas I Bis**:

  Dada la complejidad y relevancia de los litigios laborales internacionales, y con el fin de dotar de una coherencia estructural a las normas de Derecho Internacional Privado en esta materia, así como alcanzar una mayor seguridad jurídica, se propone establecer una normativa comunitaria integral que regule de manera uniforme en todo el territorio de la Unión las cuestiones relativas a la determinación de la competencia judicial internacional y ley aplicable, así como el reconocimiento y la ejecución de resoluciones judiciales en materia laboral.

  En defecto de lo anterior, se propone modificar las reglas de determinación de la ley aplicable a los contratos internacionales de trabajo establecidas en el Reglamento Roma I

---

707 Sanguineti Raymond, W. (2021). "La construcción de un nuevo derecho transnacional del trabajo para las cadenas globales de valor". *XXIII Congreso Mundial de la Sociedad Internacional de Derecho del Trabajo y de la Seguridad Social*, 122-123.

asegurando la alineación con las normas de atribución de la competencia judicial internacional en virtud del Reglamento Bruselas I Bis, de manera que si la persona trabajadora decida interponer la demanda ante los órganos jurisdiccionales del Estado en el que esté domiciliada la empresa, se aplique la ley del país de la sede de la empresa; mientras que, para el caso de que el trabajador decida presentar la demanda ante los órganos jurisdiccionales del lugar en el que el trabajador desempeñe habitualmente su trabajo, se aplique la ley del país del lugar habitual de ejecución del trabajo.

De este modo, se garantiza la consistencia y coherencia de las soluciones jurídicas derivadas de la aplicación de las normas del Derecho Internacional Privado sobre los contratos internacionales de trabajo. Igualmente, se consigue potenciar la posición jurídica de los trabajadores transnacionales frente a la empresa, ya que los mismos gozan de privilegios de elección, tanto de los foros de competencia judicial internacional como de las leyes aplicables. Por su parte, al juez nacional le resultaría más fácil aplicar la legislación laboral nacional que una ley extranjera que la desconoce, por lo que se podrá alcanzar una solución judicial más exacta a la controversia que le sea planteada.

Ahora bien, esta propuesta también adolece de inconvenientes, como puede ser la falta de previsibilidad de los foros y de la ley aplicable a los contratos internacionales de trabajo, al depender su determinación de la discrecionalidad de las personas trabajadoras. No obstante, el objetivo último de las normas es evitar las prácticas abusivas por parte de las empresas y proteger a la parte más débil de un contrato internacional de trabajo, por lo que, en el fondo, este régimen propuesto tiene un carácter disuasorio.

- **Creación y desarrollo de una nueva normativa comunitaria para la protección de los teletrabajadores transnacionales, de forma análoga a la Directiva 96/71/CE sobre el**

desplazamiento de trabajadores efectuado en el marco de una prestación de servicios y a la Directiva 2014/67/UE relativa a la garantía de cumplimiento de la Directiva 96/71/CE, sobre el desplazamiento de trabajadores efectuado en el marco de una prestación de servicios:

Se considera oportuna la creación y desarrollo de una nueva normativa comunitaria análoga a la Directiva 96/71/CE sobre el desplazamiento de trabajadores efectuado en el marco de una prestación de servicio, en la que se establezcan las condiciones mínimas de trabajo y empleo a aplicar a los teletrabajadores transnacionales, entre las cuales destacan el tiempo máximo de trabajo; el tiempo mínimo de descanso y el derecho a la desconexión digital; las cuantías de salario mínimo; la salud, la seguridad y la higiene en el trabajo; así como la igualdad de trato y no discriminación[708].

Igualmente, se propone que en esta nueva normativa se incluyan disposiciones análogas a las contempladas en la Directiva 2014/67/UE relativa a la garantía de cumplimiento de la Directiva 96/71/CE, sobre el desplazamiento de trabajadores efectuado en el marco de una prestación de servicios, a fin de garantizar el cumplimiento normativo y reforzar el control administrativo y laboral para combatir contra abusos, elusiones y fraudes, sobre todo en aquellas situaciones en que los teletrabajadores transnacionales tengan dificultades para hacer valer sus derechos.

---

708 En este mismo sentido se posicionan los autores Sanguineti Raymond, Sierra Benítez y Martín-Pozuelo López. *Vid.* Sanguineti Raymond, W. (2005). "El derecho del trabajo frente al desafío de la transnacionalización del empleo: teletrabajo, nuevas tecnologías y *dumping* social", *op. cit.*, 122; Sierra Benítez, E. M. (2011). *El contenido de la relación laboral en el teletrabajo, op. cit.*, 95; y Martín-Pozuelo López, A. (2022). *El teletrabajo transnacional en la Unión Europea. Competencia internacional y Ley aplicable, op. cit.*, 99-103.

Ahora bien, es preciso señalar que esta nueva normativa comunitaria puede ser de difícil aprobación, ya que requiere un consenso necesario entre los diferentes Estados miembros de la Unión para su adopción, así como la colaboración de estos últimos para asegurar su implementación efectiva[709].

- **Atribución de mayores competencias a los comités de empresa europeos**:

  Se propone ampliar el espectro de competencias de los comités de empresa europeos, de manera que se les atribuyan facultades de negociación del régimen de teletrabajo transnacional en las empresas multinacionales y se les reconozcan facultades de vigilancia y control sobre la prestación de servicios bajo esta modalidad de trabajo. De este modo, se consigue convertir a la negociación colectiva internacional en un instrumento indispensable en la gestión y el desarrollo del teletrabajo transnacional.

- **Incorporación de normas reguladoras del teletrabajo transnacional en los acuerdos colectivos transnacionales y, en su defecto, el fomento de la autorregulación empresarial y la implementación de los procesos de diligencia debida:**

  Se propone regular los aspectos esenciales de la regulación del teletrabajo transnacional en los acuerdos colectivos transnacionales adoptados en el marco de la negociación colectiva a nivel transnacional, todo ello con el fin de combatir el fenómeno del *dumping social* y salarial, y evitar que las empresas deslocalicen ciertas actividades del proceso productivo hacia abajo costes laborales en otros países con menores derechos sociales.

---

709 Martín-Pozuelo López, A. (2022). *El teletrabajo transnacional en la Unión Europea. Competencia internacional y Ley aplicable, op. cit.*, 104-105.

En su defecto, se propone impulsar la adopción de normas de asunción voluntaria por parte de las empresas transnacionales, tales como los códigos éticos, los códigos de conducta y las políticas de responsabilidad social corporativa, a través de las cuales se asientan las condiciones mínimas de trabajo bajo la modalidad de teletrabajo transnacional[710], así como la implementación de los procesos de diligencia debida orientados a la prevención y mitigación de los impactos negativos derivados de la transnacionalización del empleo digital[711]. Asimismo, tal y como señala Thibault Aranda, "*en un terreno tan difícilmente transitable como el de las relaciones laborales internacionales, cualquier auxilio, por elemental que sea, debe ser bienvenido*"[712].

En definitiva, en el contexto de la transnacionalización del empleo, y ante las lagunas en la protección social de las personas teletrabajadoras, es imperativo avanzar hacia la construcción de un nuevo derecho transnacional de trabajo. Este nuevo marco debe regular formas laborales que trascienden fronteras nacionales, como el teletrabajo transnacional, mediante la convergencia de diversos mecanismos reguladores. A su vez, se requiere la inte-

---

710 En este mismo sentido se posicionan los autores Thibault Aranda, Sanguineti Raymond y Sierra Benítez. *Vid.* Thibault Aranda, J. (2001). *El teletrabajo: análisis jurídico-laboral, op. cit.*, 270-271; Sanguineti Raymond, W., Sánchez Iglesias, A. L. y Ministerio de Trabajo y Asuntos Sociales. (2003). *Teletrabajo y globalización: en busca de respuestas al desafío de la transnacionalización del empleo, op. cit.*, 92-94; y Sierra Benítez, E. M. (2011). *El contenido de la relación laboral en el teletrabajo, op. cit.*, 96-97.

711 Sanguineti Raymond, W. (2023). "La difícil problemática social y jurídica del teletrabajo transnacional". *Trabajo y Derecho: Nueva Revista de Actualidad y Relaciones Laborales,* (98), 7. https://wilfredosanguineti.wordpress.com/wp-content/uploads/2023/02/w-sanguineti-la-dificil-problematica-social-y-juridica-del-teletrabajo-transnacional-tyd-98.pdf. Recuperado el 6 de agosto de 2024.

712 Thibault Aranda, J. (2001). *El teletrabajo: análisis jurídico-laboral, op. cit.*, 271.

gración de normativas públicas y privadas, tanto internacionales como nacionales, y la armonización de disposiciones imperativas y voluntarias, así como de reglas unilaterales y concertadas. Esta convergencia normativa debe orientarse a paliar los desequilibrios sociales generados por la globalización y proteger a los trabajadores en un entorno laboral cada vez más dinámico y flexible.

12. El teletrabajo y la seguridad social

En el ámbito del Derecho de la Seguridad Social, definido por su naturaleza de derecho público imperativo e indisponible, queda excluida cualquier negociación individual que pueda alterar o socavar el cuerpo normativo que regula este sector. Dicho de otro modo, los convenios entre empresario y empleado no tienen la facultad de modificar las disposiciones imperativas establecidas por la legislación de Seguridad Social. Este marco jurídico establece un sistema protector, no sujeto a la autonomía de la voluntad, que salvaguarda derechos esenciales para el bienestar y la seguridad de los trabajadores, asegurando así la cobertura inalienable de asistencia y protección social frente a las contingencias que puedan afectar su calidad de vida.

La aplicación de la normativa de Seguridad Social al teletrabajo no presenta particularidades que difieran de las del trabajo presencial. A pesar de la reconfiguración de los espacios y modalidades laborales, la Seguridad Social se mantiene ajena a estas variaciones, enfocándose en la naturaleza de la relación laboral y no en la localización de la prestación de trabajo. Las disposiciones del Real Decreto Legislativo 8/2015, de 30 de octubre, por el que se aprueba el texto refundido de la Ley General de la Seguridad Social (en adelante, la Ley General de la Seguridad Social), siguen siendo plenamente aplicables al teletrabajador, sin distinción alguna respecto a su ubicación física durante la jornada laboral.

No obstante, el teletrabajo introduce complejidades en la verificación del cumplimiento de las obligaciones en materia de Seguridad Social. La dificultad para la Inspección de Trabajo de acceder al lugar donde se realiza el teletrabajo puede generar un ambiente propicio para la economía sumergida. La ocultación de relaciones laborales y la elusión del pago de las cuotas correspondientes a la Seguridad Social constituyen algunas de las prácticas fraudulentas que pueden surgir en este contexto, lo que compromete la sostenibilidad del sistema y perjudica la competencia leal. Además, el teletrabajo puede facilitar la compatibilización indebida de prestaciones con el trabajo y el fraude de los falsos autónomos. Estas situaciones suponen un beneficio económico inadecuado para el trabajador y una reducción de los ingresos para el sistema de Seguridad Social, lo que repercute en la calidad de la protección social.

Por su parte, la regulación de las contingencias profesionales en el ámbito del teletrabajo es otro aspecto complejo. La dificultad para determinar si un accidente ocurrido en el hogar del teletrabajador es de carácter laboral o doméstico ha dado lugar a un aumento de los litigios. La jurisprudencia ha variado significativamente al interpretar y aplicar la presunción *iuris tantum* de que las lesiones sufridas por los trabajadores durante el tiempo y en el lugar de trabajo se consideran accidentes laborales. La diversidad de situaciones y el análisis de cada caso concreto demuestran la necesidad de adaptar los criterios jurisprudenciales a las particularidades del teletrabajo.

Finalmente, en el contexto del teletrabajo transnacional, el desafío se centra en la aplicación de la legislación de Seguridad Social adecuada, teniendo en cuenta la posibilidad de doble cotización o la insuficiente protección social. La normativa española, que por defecto aplica la legislación nacional común, se encuentra en ocasiones en conflicto con la realidad del mercado laboral actual, que requiere de una perspectiva más globalizada. Los Reglamentos (CE) n.º 883/2004 y n.º 987/2009 ofrecen un marco legal para la coordinación de los sistemas de Seguridad Social en la Unión Europea, pero no contemplan específicamente las nuevas formas de prestación laboral que implica el teletrabajo. En este contexto, el entorno laboral contemporáneo, marcado por un creciente teletrabajo transfronterizo, demanda una interpretación y aplicación innovadora de la legislación de Seguridad Social, que equilibre adecuadamente la flexibilidad laboral y la protección social.

12.1. IMPLICACIONES DEL TELETRABAJO EN MATERIA DE SEGURIDAD SOCIAL

El actual marco normativo del teletrabajo no ha introducido modificaciones sustanciales en el ámbito del Derecho de la Seguridad Social. Según la Ley General de la Seguridad Social, que sigue siendo la normativa aplicable en este contexto, el teletrabajo se conceptualiza únicamente como una modalidad de organización laboral, y no como una categoría diferenciada dentro del sistema laboral. Por lo tanto, no se presentan particularidades específicas para el encuadramiento de los teletrabajadores en los distintos regímenes de la Seguridad Social, ni se modifican las obligaciones generales de cotización tanto para las empresas como para los trabajadores.

En este sentido, las normas y obligaciones relativas a la Seguridad Social permanecen constantes[713], independientemente de que el trabajo se efectúe en las instalaciones de la empresa o a distancia. Esta interpretación subraya la premisa de que, si bien el teletrabajo altera la dinámica organizativa y ejecutiva de las tareas laborales, no influye en la modificación de los derechos y obligaciones fundamentales de empleadores y empleados bajo el marco del Derecho de la Seguridad Social. En consecuencia, tanto las entidades empleadoras como los trabajadores deben continuar adheridos a las normativas existentes de cotización y beneficios, aplicables igualmente en los entornos laborales convencionales.

Sin embargo, un problema subyacente en este contexto es la posibilidad de una economía sumergida, donde se pueden dar prácticas de contratación que no cumplen con los mínimos legales, caracterizadas por un bajo coste y una protección insuficiente para los trabajadores, dificultando así su control e ins-

---

713 Poquet Catalá, R. (2020). *El teletrabajo: análisis del nuevo marco jurídico*, *op. cit.*, 147-148.

pección[714]. A partir de ahí, se pone de manifiesto la existencia de los siguientes tipos de fraudes a la Seguridad Social:

- **Fraude de cotizaciones a la Seguridad Social**: en el teletrabajo, dado que las actividades se realizan habitualmente en el domicilio del trabajador y la Inspección de Trabajo y Seguridad Social requiere consentimiento expreso o resolución judicial para entrar en estos domicilios, se facilita la economía sumergida. Esto puede llevar a que tanto empresas como trabajadores oculten su relación laboral, evadiendo así el pago de las cuotas correspondientes a la Seguridad Social. Esta situación perjudica la integridad del sistema de protección social y genera competencia desleal.
- **Fraude por compatibilización indebida de prestaciones con el trabajo**: se refiere a casos donde trabajadores en régimen de teletrabajo reciben prestaciones de la Seguridad Social[715] mientras simultáneamente perciben ingresos por una actividad laboral, incumpliendo las normativas de incompatibilidad entre ambos ingresos[716]. Esta práctica

---

714 Benito-Butrón Ochoa, J. C. (2000). "Teletrabajo y Seguridad Social". *Descentralización productiva y nuevas formas organizativas del trabajo.* Ministerio de Trabajo y Asuntos Sociales, Subdirección General de Publicaciones, 1113.

715 Entre otras, las prestaciones económicas en las situaciones de incapacidad temporal; nacimiento y cuidado de menor (prestación de maternidad o de paternidad); riesgo durante el embarazo; riesgo durante la lactancia natural; ejercicio corresponsable del cuidado del lactante; cuidado de menores afectados por cáncer u otra enfermedad grave; incapacidad permanente contributiva e invalidez no contributiva; jubilación, en sus modalidades contributiva y no contributiva.

716 A modo ilustrativo y no exhaustivo, el art. 213 de la Ley General de la Seguridad Social establece que el disfrute de la pensión de jubilación será incompatible con el trabajo del pensionista. Asimismo, el art. 282 de esta misma Ley dispone que la prestación y el subsidio por desempleo serán incompatibles con el trabajo por cuenta propia, aunque

resulta en un doble beneficio indebido, afectando negativamente al sistema de Seguridad Social.

- **Fraude de los falsos autónomos**: algunas empresas clasifican incorrectamente a los trabajadores como autónomos para reducir costes de cotización, ya que los trabajadores autónomos no cotizan por desempleo[717] y pueden beneficiarse de bonificaciones en sus primeros años de actividad[718]. Esta práctica lleva a una reducción en los costes laborales para la empresa, pero también conlleva una precarización del empleo, al pagar remuneraciones inferiores al salario mínimo y no ofrecer condiciones laborales adecuadas. Este fraude afecta tanto a los trabajadores, que se ven privados de derechos y protecciones laborales, como al sistema de Seguridad Social, que pierde ingresos significativos.

Así lo corrobora el Plan Estratégico de la Inspección de Trabajo y Seguridad Social 2021-2023[719], al considerar que el teletrabajo podría contribuir, en algunos casos, a precarizar las condiciones

---

su realización no implique la inclusión obligatoria en alguno de los regímenes de la Seguridad Social, o con el trabajo por cuenta ajena.

717 Conclusión alcanzada a partir del análisis de las bases y tipos de cotización a la Seguridad Social correspondientes al ejercicio 2025. Disponible en: https://www.seg-social.es/wps/portal/wss/internet/Trabajadores/CotizacionRecaudacionTrabajadores/36537#REDAutonomos Recuperado el 21 de marzo de 2025.

718 El Real Decreto-ley 13/2022, de 26 de julio, por el que se establece un nuevo sistema de cotización para los trabajadores por cuenta propia o autónomos y se mejora la protección por cese de actividad contempla que durante el periodo comprendido entre los años 2023 y 2025, la cuantía de la cuota reducida regulada en el artículo 38 ter de la Ley 20/2007, de 11 de julio, del Estatuto del trabajo autónomo, será de 80 euros mensuales.

719 Resolución de 29 de noviembre de 2021, de la Secretaría de Estado de Empleo y Economía Social, por la que se publica el Acuerdo de Consejo de Ministros de 16 de noviembre de 2021, por el que se aprueba el Plan Estratégico de la Inspección de Trabajo y Seguridad Social 2021-2023.

de trabajo. Por ello, se incluye en este Plan Estratégico la lucha contra la precariedad y el fraude en materia laboral y de Seguridad Social como uno de los objetivos estratégicos a alcanzar.

Ahora bien, en mi opinión, para combatir contra los dos primeros tipos de fraudes a la Seguridad Social (esto es, el fraude de cotizaciones a la Seguridad Social y el fraude por compatibilización indebida de prestaciones con el trabajo), se precisa una colaboración estrecha entre los organismos de control tributario y los de la Seguridad Social, de modo que la identificación de cualquier percepción dineraria no justificada conlleve la investigación de los distintos sujetos implicados en aras de verificar el cumplimiento de las obligaciones de cotización a la Seguridad Social. Para luchar contra el fraude de los falsos autónomos, se requiere la implicación y proactividad de las personas trabajadoras en la presentación de las correspondientes denuncias ante la Inspección de Trabajo y de la Seguridad Social. Sobre esto último, es preciso destacar que, gracias a la última reforma operada por el Gobierno mediante la aprobación de la Ley Orgánica 14/2022, de 22 de diciembre, de transposición de directivas europeas y otras disposiciones para la adaptación de la legislación penal al ordenamiento de la Unión Europea, y reforma de los delitos contra la integridad moral, desórdenes públicos y contrabando de armas de doble uso, se modifica el art. 311 del Código Penal añadiendo un nuevo párrafo que sanciona a quienes impongan condiciones ilegales a las personas trabajadoras mediante su contratación bajo fórmulas ajenas al contrato de trabajo, o las mantengan en contra de requerimiento o sanción administrativa.

Por último, es crucial destacar que cualquier reforma legislativa futura en materia del teletrabajo y de la Seguridad Social debe incorporar una evaluación de impacto de género. Este requisito legal es fundamental para asegurar que las nuevas disposiciones no solo respondan a las necesidades de flexibilidad laboral, sino que también contribuyan a la eliminación de desigualdades preexistentes, especialmente aquellas que afectan a las trabajadoras. En consecuencia, si se detecta que una propuesta legislativa podría intensificar la discriminación de género, es imperativo reorientar dicha propuesta para que su implementación tenga un efecto positivo y equitativo. La aplicación de esta perspectiva de género en la legislación y jurisprudencia en esta materia no debe ser vista como una acción excepcional, sino como la manifestación de un compromiso legal y ético para fortalecer la equidad y la justicia social en el ámbito laboral[720].

12.2. CONTINGENCIAS PROFESIONALES EN EL TELETRABAJO

Dentro del ámbito de protección del sistema de la Seguridad Social, los accidentes de trabajo en el contexto del teletrabajo han generado una problemática relevante, evidenciada por el aumento de litigios en tiempos recientes. La principal dificultad estriba en discernir si un accidente ocurrido en el hogar del teletrabajador debe considerarse de índole doméstica o laboral. Conforme al artículo 156, apartado 3, de la Ley General de la Seguridad Social, se establece una presunción *iuris tantum* de que las lesiones que sufran los trabajadores durante el tiempo y en el lugar de trabajo se consideran accidentes laborales[721].

Sin embargo, los fallos de Juzgados y Tribunales sobre esta materia han variado considerablemente, reflejando la complejidad de aplicar esta presunción a los accidentes ocurridos en el ámbito del teletrabajo. Estos pronunciamientos han abordado diversos aspectos, como:

---

720 Díaz Aznarte, M. T. (2022). "Reformas legislativas en materia de Seguridad Social y perspectiva de género: una asignatura pendiente". *Ganarse la vida: género y trabajo a través de los siglos,* Dykinson, 527-529.

721 Sierra Benítez, E. M. (2011). El contenido de la relación laboral en el teletrabajo, *op.cit.*, 100. Así también, Poquet Catalá, R. (2020). *El teletrabajo: análisis del nuevo marco jurídico, op. cit.*, 155.

- La sentencia núm. 20/2022, de 18 de enero, del Tribunal Superior de Justicia de Aragón, trata el caso de una profesora de educación primaria que, debido a la crisis del Covid-19 y la suspensión de la actividad lectiva presencial, estaba teletrabajando desde su domicilio. El 4 de junio de 2020, antes de una reunión programada para las 12.00 horas, la trabajadora comentó a su coordinador que sufría dolores en el brazo y en la espalda. Durante la reunión, un compañero observó que parecía aturdida, aunque la reunión transcurrió sin incidentes. Media hora después de finalizar la reunión, el hijo de la trabajadora llamó al Servicio de Emergencias al encontrar a su madre indispuesta. Cabe destacar que, en las 24 horas anteriores, la trabajadora había experimentado episodios de dolor torácico, que atribuyó a su artritis reumatoide.

  El caso plantea la cuestión de si el infarto de miocardio que causó la incapacidad temporal de la trabajadora debe considerarse un accidente de trabajo. El Tribunal Superior de Justicia de Aragón resolvió que sí debe calificarse como tal, argumentando que el episodio ocurrió mientras la trabajadora estaba realizando su actividad laboral en su lugar de trabajo, que en ese momento coincidía con su domicilio particular. El Tribunal subrayó que la presencia de síntomas previos y el hecho de que la emergencia se comunicara media hora después de la reunión no rompen el nexo causal entre el trabajo y la lesión.

  Esta decisión es significativa, ya que demuestra cómo los tribunales están abordando la interpretación de los accidentes de trabajo en situaciones de teletrabajo, reconociendo el domicilio como lugar de trabajo y manteniendo la presunción de nexo causal cuando los incidentes ocurren durante la jornada laboral, incluso si se manifiestan síntomas previos o el incidente ocurre poco después de finalizar una actividad laboral específica[722].

- La sentencia núm. 988/2022, de 25 de febrero, del Tribunal Superior de Justicia de Galicia, trata el caso de una trabajadora en régimen de teletrabajo durante la pandemia de Covid-19. El 15 de mayo de 2020, a las 9:15 horas, la trabajadora envió un correo electrónico a su jefe informando sobre la finalización de un encargo. Posteriormente, al manipular una segunda pantalla de su ordenador, experimentó un fuerte dolor en el hombro izquierdo y acudió a Ibermutua gallega, siendo dada de alta el 9 de julio de 2020.

  El Tribunal falló en contra de la trabajadora, determinando que no se podía calificar el incidente como un accidente de trabajo. La decisión se basó en la falta de evidencia que vinculase las lesiones sufridas en el hombro con su actividad laboral o con un accidente de trabajo. El Tribunal argumentó que, aunque la trabajadora estuviera teletrabajando, no había pruebas suficientes para establecer que la lesión en el hombro se originó o se agravó en su domicilio, ya que los correos electrónicos podrían haberse enviado desde cualquier lugar.

  Además, incluso si la lesión hubiera ocurrido en su domicilio, no se confirmó que sucediera en el espacio asignado para su trabajo. El Tribunal también señaló que no se pudo verificar con certeza que el accidente ocurriera mientras la trabajadora manipulaba una pantalla de ordenador, no descartando la posibilidad de que estuviera realizando una actividad no relacionada con su trabajo. Las discrepancias en las versiones presentadas por la trabajadora a la mutua y en su demanda también influyeron en el fallo[723].

---

722 STSJ Aragón 20/2022 de 18 de enero (TOL8.895.772).

723 STSJ Galicia 988/2022 de 25 de febrero (TOL8.906.346).

- La sentencia núm. 980/2022, de 11 de noviembre, del Tribunal Superior de Justicia de Madrid, analiza el caso de un trabajador que tenía un acuerdo para realizar teletrabajo desde su domicilio, establecido como su lugar de trabajo, con un horario flexible que incluía un período obligatorio de 8:30 a 14:30 horas. El 1 de marzo de 2020, el trabajador completó una autoevaluación sobre las condiciones preventivas de su espacio de teletrabajo. Durante una jornada laboral, alrededor de las 9:15 horas, el trabajador sufrió un accidente en su cocina, resultando en lesiones en su mano izquierda al caer una botella de agua que intentaba agarrar. A raíz de estas lesiones, se emitió una baja médica calificada como accidente no laboral, lo cual fue impugnado por el trabajador.

  El Tribunal falló a favor del trabajador, determinando que el accidente debía ser calificado como de trabajo. La decisión se fundamentó en que el accidente ocurrió dentro del horario laboral y en el espacio designado para el teletrabajo (el domicilio del trabajador). Además, el Tribunal aplicó la teoría de la "*ocasionalidad relevante*", tal como ha sido establecida por el Tribunal Supremo en sus sentencias núm. 897/2020, de 13 de octubre, y núm. 415/2021, de 20 de abril, entre otras[724]. Según esta teoría, la actividad que

---

[724] STS 897/2020 de 13 de octubre (TOL8.209.580) y STS 415/2021 de 20 de abril (TOL8.422.437). La teoría de la "*ocasionalidad relevante*" se caracteriza por una circunstancia negativa y otra positiva. En concreto, la circunstancia negativa es que los elementos generadores del accidente no son específicos o inherentes al trabajo, mientras que la positiva es que o bien el trabajo o bien las actividades normales de la vida del trabajo hayan sido condición sin la que no se hubiese producido el evento. En ambos casos, unas trabajadoras se accidentaron cuando salieron de la empresa dirigiéndose a tomar un café dentro del tiempo legalmente previsto como la pausa de descanso diario, habitualmente utilizado para una pausa para "tomar café", como

causó el accidente (beber agua en un lugar de fácil acceso) no se considera ajena a lo que podría ser una rutina laboral común. Por tanto, se concluyó que el accidente ocurrió en el curso de la actividad laboral del trabajador[725].

Esta sentencia subraya la importancia de considerar las circunstancias particulares de los accidentes en el contexto del teletrabajo y cómo las actividades cotidianas, como beber agua, pueden estar integradas en la rutina laboral. Así, demuestra la adaptación de la jurisprudencia a las realidades del trabajo a distancia, asegurando que los trabajadores teletrabajadores reciban la misma protección en cuanto a accidentes de trabajo que aquellos en entornos laborales tradicionales.

- La sentencia núm. 199/2021, de 12 de noviembre, del Juzgado de lo Social núm. 3 de Girona, trata el caso de una trabajadora que sufrió un ictus isquémico mientras teletrabajaba desde su domicilio. Este caso reveló que, el día anterior al incidente, la trabajadora había gestionado hasta 45 correos electrónicos y atendido unas 45 llamadas telefónicas, lo que indica una alta carga de trabajo.

  En esta situación, el Juzgado falló a favor de la trabajadora, reconociendo el incidente como un accidente de trabajo. La decisión se fundamentó en que la empresa no logró probar que el ictus isquémico no estuviera relacionado con el trabajo desempeñado por la trabajadora. Por lo tanto, se mantuvo la presunción *iuris tantum*, establecida

---

actividad habitual, social y normal en el mundo del trabajo. Ahora bien, el trabajo es la condición sin la cual no se hubiera producido el evento. Considerando que el nexo de causalidad nunca se ha roto, porque la pausa era necesaria, y la utilización de la pausa de descanso por las trabajadoras se produjeron con criterios de total normalidad, razón por la cual es preciso calificar estos accidentes como de trabajo.

725 STSJ Madrid 980/2022 de 11 de noviembre (TOL9.320.223).

en el apartado 3 del artículo 156 de la Ley General de la Seguridad Social, de que las lesiones sufridas por los trabajadores durante el tiempo y en el lugar de trabajo se consideran accidentes laborales.

Este fallo pone de relieve la aplicación de la presunción de accidente de trabajo en el contexto del teletrabajo y la responsabilidad de la empresa de demostrar lo contrario. En casos como este, donde no se puede desvirtuar claramente la relación entre el trabajo y el incidente, prevalece la protección de la trabajadora bajo la Ley General de la Seguridad Social. Este enfoque jurisprudencial subraya la importancia de considerar las cargas de trabajo y las circunstancias laborales en la evaluación de los accidentes en el teletrabajo, garantizando así la protección adecuada de los derechos y la salud de los trabajadores a distancia[726].

- La sentencia núm. 297/2022, de 26 de octubre, del Juzgado de lo Social núm. 1 de Cáceres, se refiere al caso de un trabajador que sufrió un accidente mientras teletrabajaba en su domicilio. El incidente ocurrió cuando el trabajador tropezó al salir del cuarto de baño para reanudar su actividad laboral, lo que resultó en un traumatismo en el codo y en la parrilla costal derecha.

  El núcleo del debate en este caso era determinar si el accidente sufrido en el domicilio del teletrabajador debía ser calificado como accidente de trabajo. El Juzgado falló a favor del trabajador, clasificando el incidente como un accidente laboral. La sentencia se basó en el entendimiento de que una visita al aseo para atender necesidades fisiológicas no invalida la presunción legal de que las lesiones sufridas durante el tiempo y lugar de trabajo son accidentes laborales. Además, el Juzgado destacó que, si

---

[726] SJS núm. 3 de Girona 199/2020 de 12 de noviembre de 2020.

> un incidente similar hubiera ocurrido en un entorno laboral convencional como una fábrica, oficina o tienda, no se cuestionaría su calificación como accidente de trabajo.
>
> Por lo tanto, la sentencia concluyó que el objetivo no es otorgar un trato preferencial a quienes teletrabajan, sino garantizar que no sufran desprotección. Esta decisión refleja un enfoque equitativo en el tratamiento de los accidentes de trabajo, independientemente de si ocurren en un entorno laboral tradicional o en el domicilio de un trabajador en régimen de teletrabajo[727].

Tras un exhaustivo análisis de la jurisprudencia relacionada con el teletrabajo, se puede concluir que para calificar un accidente como laboral en este contexto, deben concurrir varios elementos clave: (1) **Espacio físico designado**: el lugar donde ocurrió el accidente debe estar establecido como el espacio físico para realizar el teletrabajo. Esto significa que el accidente debe suceder en el área designada para las labores profesionales dentro del domicilio del trabajador.; (2) **Horario de trabajo**: es importante que el accidente ocurra durante el horario laboral establecido para el teletrabajo o en un momento cercano a la realización de una tarea laboral. Esto implica que el accidente debe suceder en un contexto temporalmente relacionado con la actividad laboral.; (3) **Relación causal con la actividad laboral**: Debe existir una conexión causal entre el accidente y la actividad laboral. Se analiza si el accidente ocurrió mientras el trabajador estaba desempeñando una función relacionada con su trabajo o si, por el contrario, estaba realizando una actividad no relacionada con sus obligaciones laborales.; y, por último, (4) **Presunción *iuris tantum***: se presume que los accidentes sufridos por los trabajadores en el ejercicio de su actividad laboral son accidentes de trabajo, a menos que se demuestre lo contrario. Esta presunción *iuris tantum* puede ser

---

727 SJS núm. 1 de Cáceres 297/2022 de 26 de octubre (TOL9.283.999).

desvirtuada, pero requiere de evidencia clara y convincente que muestre que el accidente no está relacionado con el trabajo.

Sin perjuicio de lo anterior, más allá de los accidentes físicos ocurridos en el domicilio de la persona trabajadora, la realidad del teletrabajo ha evidenciado con especial crudeza el auge de los riesgos psicosociales como consecuencia de una organización del trabajo intensiva en conexión digital, exigencias de disponibilidad permanente y aislamiento social. Estas circunstancias no siempre generan eventos traumáticos visibles, pero sí producen efectos acumulativos sobre la salud mental de los trabajadores, como el agotamiento emocional, el estrés crónico o la ansiedad persistente.

A pesar de ello, el sistema normativo español, en particular el Real Decreto 1299/2006, de 10 de noviembre, por el que se aprueba el cuadro de enfermedades profesionales en el sistema de la Seguridad Social y se establecen criterios para su notificación y registro, mantiene una exclusión estructural de estas patologías del cuadro de enfermedades profesionales, lo que obliga a canalizarlas, en el mejor de los casos, como accidentes de trabajo bajo el art. 156.2 e) del Real Decreto Legislativo 8/2015, de 30 de octubre, por el que se aprueba el texto refundido de la Ley General de la Seguridad Social. Esta reconducción forzosa no solo dificulta el acceso a la protección social, sino que también invisibiliza la naturaleza estructural y no puntual del daño.

Desde la doctrina científica se ha propuesto, por tanto, una reforma del cuadro profesional que incorpore explícitamente los trastornos derivados de riesgos psicosociales en contextos de trabajo a distancia, mediante un nuevo grupo en el Anexo II o una definición general que permita su evaluación y diagnóstico conforme a criterios médicos y organizativos actualizados[728]. Mientras no se produzca esta actualización normativa, la respuesta repa-

---

728 Montesdeoca Suárez, A. (2024). *La garantía del derecho a la seguridad y salud en el teletrabajo.* Tirant lo Blanch, 145-153.

radora frente a los daños psíquicos del teletrabajo permanecerá fragmentada, insuficiente y condicionada a la litigiosidad judicial.

12.3. EL RÉGIMEN JURÍDICO DE LA SEGURIDAD SOCIAL EN EL TELETRABAJO TRANSNACIONAL

La proliferación del teletrabajo transnacional, intensificada por la dinámica del mercado laboral global, plantea retos significativos en términos de legislación de Seguridad Social. Esta modalidad del teletrabajo, que trasciende las fronteras tradicionales, obliga a una reflexión profunda sobre el régimen jurídico de la Seguridad Social aplicable. En concreto, el incremento del teletrabajo transnacional ha exacerbado el riesgo de doble cotización, situación en la que un trabajador puede verse obligado a contribuir a los sistemas de seguridad social de dos jurisdicciones simultáneamente, debido a la falta de claridad o la ausencia de acuerdos específicos que regulen su situación. En otros casos, los trabajadores podrían enfrentarse a una protección social insuficiente o nula si la legislación aplicada no provee un soporte adecuado o si las leyes del país desde donde efectivamente se teletrabaja no ofrecen cobertura equivalente a la del país de origen del empleador[729]. Estos desafíos no solo afectan al trabajador, sino que también impactan la gestión empresarial, puesto que las empresas deben navegar a través de un mar de legislaciones para garantizar el cumplimiento de sus obligaciones en materia de Seguridad Social, evitando sanciones y asegurando el bienestar de sus empleados[730].

---

729 Martín-Pozuelo López, A. (2020). "El teletrabajo y el derecho internacional privado: el régimen particular del teletrabajo transnacional". *El teletrabajo.* Tirant lo Blanch,140-142.

730 Carrascosa Bermejo, D. (2023). "Seguridad Social en el teletrabajo internacional postpandémico y en el caso específico del nomadismo digital".

La inexistencia de una regulación específica en España sobre la Seguridad Social en contextos de teletrabajo transnacional revela una presunción territorialista obsoleta, que choca con la realidad del mercado laboral actual. Ante esto, la normativa española en materia de Seguridad Social suele aplicar la legislación nacional común por defecto[731], generando conflictos normativos en escenarios transnacionales. Por tanto, la legislación nacional no ofrece una solución definitiva a los dilemas surgidos del teletrabajo transnacional, y es en esta coyuntura donde se hace pertinente recurrir, a la aplicación de los Reglamentos de la Unión Europea y demás normativas internacionales[732] vigentes en materia de Seguridad Social.

Para la determinación de la ley aplicable a las relaciones laborales transnacionales en materia de Seguridad Social, hemos de acudir a lo establecido en el Reglamento (CE) n.º 883/2004 del Parlamento Europeo y del Consejo de 29 de abril de 2004, sobre la coordinación de los sistemas de seguridad social, así como el Reglamento (CE) n.º 987/2009 del Parlamento Europeo y del Consejo, de 16 de septiembre de 2009, por el que se adoptan las normas de aplicación del Reglamento (CE) n.º 883/2004, sobre la coordinación de los sistemas de seguridad social, a través de

---

LABOS. Revista de Derecho del Trabajo y Protección Social, 4(1), 67. https://doi.org/10.20318/labos.2023.7639. Recuperado el 20 de abril de 2024.

731 En concreto, el art. 7 de la Ley General de la Seguridad Social extiende la acción protectora de la Seguridad Social a los teletrabajadores que residan en España y que ejerzan su actividad en territorio nacional. En este sentido, la persona que teletrabaja en España debería estar de alta y cotizar al sistema español de Seguridad Social.

732 Entre otros, el Convenio Multilateral Iberoamericano de Seguridad Social, suscrito el 10 de noviembre de 2007 y efectivo desde el 1 de mayo de 2011, así como los más de veinte convenios bilaterales en materia de Seguridad Social con países fuera del entorno de la Unión Europea. Disponible en: https://www.seg-social.es/wps/portal/wss/internet/InformacionUtil/32078/32253 Recuperado el 21 de abril de 2025.

los cuales se proporciona un marco legal para la coordinación de los sistemas de Seguridad Social en la Unión Europea.

El art. 13 del Reglamento (CE) n.º 883/2004, al abordar la prestación de servicios de manera simultánea en varios Estados miembros propone que la legislación aplicable sea la del Estado miembro donde el trabajador resida y ejecute una parte sustancial de su actividad, o del Estado miembro donde se encuentre la sede o domicilio del empleador principal si no se realiza una parte sustancial de la actividad en el país de residencia. Asimismo, el art. 14 del Reglamento (CE) n.º 987/2009 establece que para determinar si una parte sustancial de la actividad se ejerce en un Estado miembro, se tiene en cuenta el tiempo de trabajo o la remuneración, así como el hecho de alcanzar un porcentaje no inferior al 25 % de la actividad laboral.

Sin embargo, esta normativa de coordinación comunitaria no ofrece respuestas específicas para el teletrabajo transnacional, manteniendo una orientación hacia la movilidad física del trabajador que no armoniza con la naturaleza del teletrabajo digital[733]. La principal problemática radica en la disparidad de criterios entre los sistemas de Seguridad Social de los distintos Estados. Mientras que en el ámbito laboral ordinario prevalece la norma de la *lex loci laboris*, que vincula la legislación de Seguridad Social al lugar físico donde se desempeña el trabajo, el teletrabajo transnacional introduce variables que perturban esta conexión directa. La legislación de Seguridad Social que tradicionalmente se aplicaría podría no corresponderse con las necesidades ni con la situación real del trabajador que opera desde un país diferente al de la sede de la empresa[734]. En este contexto, la necesidad

---

733 Carrascosa Bermejo, D. (2023). "Seguridad Social en el teletrabajo internacional postpandémico y en el caso específico del nomadismo digital", *op. cit.*, 61.

734 Martín-Pozuelo López, A. (2022). *El teletrabajo transnacional en la Unión Europea. Competencia internacional y Ley aplicable*, *op.cit.*,119-123.

de una normativa que responda eficazmente a estas nuevas modalidades laborales se hace patente, principalmente, cuando la legislación vigente en el país de residencia del teletrabajador difiere de la legislación en el país del empleador.

Ahora bien, la normativa de coordinación de Seguridad Social en el contexto del teletrabajo internacional sigue evolucionando para adaptarse a las nuevas formas de prestación laboral que desafían los paradigmas tradicionales. La Unión Europea, a través de la Comisión Administrativa para la Coordinación de los Sistemas de Seguridad Social, ha dado un paso significativo al publicar unas notas orientativas que buscan esclarecer la aplicabilidad de la legislación de Seguridad Social en estos supuestos, marcando un hito en el proceso de definición y regulación del teletrabajo transnacional.

En junio de 2022 la Comisión Administrativa adoptó una nota de orientación sobre el teletrabajo (CA 125/22), cuyo objetivo era interpretar el marco jurídico vigente para una situación especial de teletrabajo, lo que podría exigir un enfoque más flexible a fin de cumplir los objetivos generales del título II del Reglamento (CE) n.º 883/2004. En concreto, la Comisión Administrativa, en respuesta a la pandemia de COVID-19, emitió un conjunto de orientaciones sobre la legislación aplicable al teletrabajo, recomendando que el teletrabajo realizado en un Estado miembro diferente al del empleo habitual no debía cambiar la legislación aplicable. Estas orientaciones, que se extendieron inicialmente hasta el 30 de junio de 2022, y prorrogadas posteriormente hasta el 30 de junio de 2023, se implementaron por razones de fuerza mayor debido a medidas de contención y el cierre de fronteras. Sin embargo, tras la pandemia, el teletrabajo no solo continuó siendo una modalidad de trabajo viable, sino que también reveló beneficios como el ahorro de tiempo de transporte. Dado el aumento del teletrabajo y el trabajo híbrido, la Comisión vio necesario evaluar si el marco jurídico actual era adecuado para las nuevas formas de organización laboral en circunstancias normales. A este respecto, se reafirmó que el Reglamento (CE) n.º 883/2004 se aplicaría como antes de la pandemia, pero se necesitaba una interpretación común en todos los Estados miembros para adaptarse a la nueva realidad laboral.

En respuesta a la evolución del teletrabajo transfronterizo acelerada por la pandemia de COVID-19, la Comisión Administrativa tomó medidas para actualizar y clarificar cómo se aplica la legislación a los teletrabajadores que operan en más de un Estado miembro. Este ajuste normativo fue necesario para adaptarse a las nuevas modalidades de trabajo que se han generalizado, las cuales implican que un empleado puede estar físicamente en un país mientras su empleador está basado en otro.

Según esta nota de orientación sobre el teletrabajo (CA 125/22), el principio *lex loci laboris* consagrado en el art. 11 del Reglamento (CE) n.º 883/2004 es un pilar central de la legislación europea en materia de Seguridad Social. Este principio establece que la legislación aplicable a un trabajador es la del Estado miembro donde efectivamente realiza su trabajo. Sin embargo, el auge del teletrabajo transfronterizo ha planteado desafíos significativos para la aplicación tradicional de este principio, dado que el lugar de trabajo puede no ser fijo o único. En este contexto, la Comisión ha tenido que considerar cómo este principio se aplica cuando los trabajadores no se encuentran físicamente en las instalaciones del empleador, sino que trabajan de manera remota desde diferentes jurisdicciones. Para ello, la Comisión examinó las excepciones contempladas en los artículos 12 y 13 del Reglamento (CE) n.º 883/2004, que permiten cierta flexibilidad en la determinación de la legislación aplicable bajo circunstancias especiales:

- El art. 12 del Reglamento (CE) n.º 883/2004 proporciona una excepción al principio de *lex loci laboris,* permitiendo que un trabajador siga estando sujeto a la legislación del Estado miembro donde está asegurado, incluso si trabaja temporalmente en otro Estado miembro. Esta disposición ha sido tradicionalmente utilizada para facilitar la prestación transfronteriza de servicios y asegurar la estabilidad de la legislación de seguridad social aplicable, reduciendo la carga administrativa para las empresas. Con la interpretación revisada, el artículo 12 se extiende para incluir situaciones de teletrabajo transfronterizo acordadas entre empleador y empleado, siempre y cuando esta forma de trabajo no se convierta en el régimen habitual. Esto significa que, si el teletrabajo es ocasional o por un periodo determinado y no supera los 24 meses, el empleado puede continuar sujeto a la legislación del Estado miembro de origen. Esta flexibilidad beneficia tanto a empleadores como a empleados, promoviendo la eficiencia y reduciendo costes, sin diferenciar entre los intereses de una parte u otra para la ejecución del trabajo.

- El art. 13 del Reglamento (CE) n.º 883/2004 se aplica cuando el teletrabajo transfronterizo es parte del régimen habitual y se realiza en más de un Estado miembro. Según esta disposición, la legislación del Estado miembro de residencia del trabajador será aplicable si en este se lleva a cabo una parte sustancial de su actividad. Si no es el caso, se aplicará la legislación del Estado miembro donde se encuentre la sede social o el establecimiento del empleador. Para determinar qué constituye una parte sustancial, se utiliza un criterio indicativo del 25% en una evaluación global de las actividades del trabajador. Esta interpretación asegura que el teletrabajo no altera la aplicación de la normativa de seguridad social a pesar de las diferencias geográficas en la ubicación del trabajo, y, además, proporciona claridad y continuidad para los trabajadores que dividen su tiempo entre varias jurisdicciones, haciendo posible un enfoque más flexible y adaptado a las necesidades del trabajo moderno.

En paralelo, la Comisión Administrativa creó un grupo *ad hoc* para examinar la cuestión del teletrabajo y debatir más a fondo, entre otras cosas, la interpretación de los artículos 12, 13 y 16 del Reglamento (CE) n.º 883/2004. Sobre la base de las conclusiones alcanzadas por este grupo *ad hoc* sobre el teletrabajo, la

Comisión Administrativa consideró que era necesario introducir una modificación en el texto de la nota de orientación sobre el teletrabajo, razón por la que, en junio de 2023, la Comisión Administrativa adoptó una nueva nota orientativa sobre el teletrabajo aplicable a partir del 1 de julio de 2023 (CA 137/23).

Esta nueva nota reafirma el principio de *lex loci laboris* como el criterio principal para determinar la legislación de Seguridad Social aplicable a los trabajadores transfronterizos. No obstante, se introducen clarificaciones y permite excepciones en circunstancias específicas donde el trabajo no se realiza en un único país, especialmente en el contexto de los artículos 12 y 13 del Reglamento (CE) n.º 883/2004. Por su parte, la nueva nota pone un énfasis significativo en la utilización de acuerdos bajo el artículo 16 del Reglamento (CE) n.º 883/2004 para casos especiales, proporcionando un mecanismo formal para tratar situaciones laborales atípicas, lo que representa un avance en la personalización de la legislación de Seguridad Social para adaptarse a la diversidad de situaciones laborales modernas. En definitiva, mientras que las notas de orientación anteriores se adoptaron como medidas de emergencia en respuesta a la pandemia y buscaban mantener el *status quo,* la nueva nota busca activamente equilibrar la flexibilidad con la protección legal, adaptándose a la normalización del teletrabajo como un modo de empleo más regular y no solo como una respuesta a una emergencia sanitaria.

Finalmente, es preciso destacar que, desde el 1 de julio de 2023, está en vigor el Acuerdo Marco sobre la aplicación del artículo 16 (1) del Reglamento (CE) n.º 883/2004 en casos de teletrabajo transfronterizo habitual[735], suscrito por varios Estados miembros, entre los cuales se encuentra España. Este acuer-

---

735 La información detallada sobre este Acuerdo Marco se encuentra disponible en: https://socialsecurity.belgium.be/en/internationally-active/cross-border-telework-eu-eea-and-switzerland Recuperado el 25 de mayo de 2025.

do fue establecido en respuesta a la expansión del teletrabajo transfronterizo y tiene como objetivo adaptar los reglamentos existentes sobre la coordinación de los sistemas de seguridad social a las nuevas formas de trabajo.

En concreto, este Acuerdo marco ofrece la posibilidad de solicitar excepciones al umbral del 25% de trabajo realizado en el Estado miembro de residencia del trabajador. Según las normativas previas, superar este umbral podría implicar la aplicación de la legislación de seguridad social del Estado miembro de residencia. No obstante, con este acuerdo, en situaciones de teletrabajo transfronterizo donde el empleado trabaje para uno o más empleadores situados en otro Estado miembro y realice menos del 50% de su trabajo desde su Estado de residencia, se aplicará la legislación del Estado miembro donde se ubique la sede del empleador o empleadores. Esta medida es esencial para aquellas personas trabajadoras que requieren flexibilidad para trabajar desde un Estado miembro distinto al de la sede de su empleador, asegurando que su protección social no se vea afectada por su ubicación laboral. Además, reduce la carga administrativa para los empleadores y los empleados al mantener un marco legal consistente, sin cambios según el lugar de trabajo.

En definitiva, este Acuerdo marco representa un avance significativo hacia la armonización de las prácticas laborales modernas con los sistemas de seguridad social en Europa, buscando un equilibrio entre la flexibilidad laboral y la protección social adecuada en un mercado laboral cada vez más digitalizado y sin fronteras.

13. El impacto de las tecnologías disruptivas en el teletrabajo

En las últimas décadas, el mundo ha sido testigo de una serie de avances tecnológicos disruptivos que han reconfigurado no sólo nuestra manera de interactuar y comunicarnos, sino también las dinámicas y estructuras en el ámbito laboral. Estos avances, que en otro tiempo habrían sido catalogados como meras fantasías de la ciencia ficción, ahora delinean una realidad palpable que está moldeando el tejido socioeconómico y laboral de nuestra sociedad. Nos encontramos en medio de lo que muchos expertos habían denominado la cuarta revolución industrial[736], caracterizada por la confluencia de tecnologías disruptivas, la digitalización masiva y la interconexión global. Esta revolución, impulsada por la inteligencia artificial, la robotización avanzada, entre otras, está transformando no solo la producción y distribución de bienes y servicios, sino también la naturaleza misma del trabajo y las competencias requeridas para desempeñarse en el mercado laboral contemporáneo.

Inmersos en esta revolución, los procesos innovadores y el pensamiento económico capitalista han jugado un papel crucial, influyendo significativamente en las innovaciones tecnológicas y en la evolución del mercado laboral. La innovación, entendida como el motor del cambio económico y la destrucción creativa, se ha convertido en un elemento intrínseco al capitalismo, ge-

---

736 Schwab, K. (2016). *The Fourth Industrial Revolution: What it means and how to respond.* World Economic Forum. https://www.weforum.org/agenda/2016/01/the-fourth-industrial-revolution-what-it-means-and-how-to-respond/ Recuperado el 1 de octubre de 2024.

nerando un impacto profundo en la configuración del trabajo y en las relaciones laborales. Este fenómeno ha dado lugar a una reconfiguración de las expectativas y demandas en el ámbito laboral, donde la adaptabilidad y la capacidad de innovación se han convertido en habilidades clave. En este escenario, el mercado laboral se ha visto influenciado por corrientes del pensamiento económico neoclásico, que han dejado su huella en la forma en que entendemos y gestionamos el empleo y la productividad. La resultante de estos procesos es un tejido laboral en constante evolución, marcado por la innovación tecnológica y las transformaciones en las formas de trabajo[737]. Dentro de estas transformaciones, una modalidad que ha cobrado especial relevancia es el teletrabajo.

El teletrabajo, conceptualizado como la ejecución de tareas laborales desde una ubicación distinta a la oficina tradicional, ha sido una modalidad presente en alguna medida a lo largo de las décadas. Sin embargo, su adopción y relevancia han experimentado un ascenso notable en los últimos años, impulsados por la transformación digital y el desarrollo acelerado de las nuevas tecnologías de la información y comunicación. En este panorama, las tecnologías disruptivas, cimentadas en avances en la inteligencia artificial, la conectividad digital y la robotización, han desencadenado un impacto profundo en la sociedad, reestructurando cómo vivimos, nos comunicamos y trabajamos. En este marco, el teletrabajo se ha encontrado en el epicentro de estas transformaciones tecnológicas, expandiendo sus horizontes y enfrentando nuevos desafíos. La incursión de estas tecnologías disruptivas en el teletrabajo suscita interrogantes en torno a la privacidad, la seguridad de los datos, la formación continua y la adaptación de la normativa laboral.

A continuación, exploraremos cómo estas tecnologías están impactando el teletrabajo, analizando tanto sus beneficios como

---

737 Avendaño Martínez, F. (2023). *Capitalismo y Modelos de Negocio en la Revolución Digital y Transformación del Mercado de Trabajo.* Dykinson, 25-91.

los desafíos que presentan. Nos enfocaremos en cómo el metaverso, como una extensión digital inmersiva, está reformulando el entorno laboral del teletrabajo, proporcionando plataformas colaborativas y espacios virtuales que fomentan la innovación y la interacción. Asimismo, analizaremos cómo la Inteligencia Artificial está introduciendo nuevas herramientas y procesos en el teletrabajo, y cómo los trabajadores y las organizaciones están adaptándose a estos cambios, enfrentando desafíos como la privacidad de datos y la formación continua. También exploraremos cómo la robotización está influenciando las dinámicas del teletrabajo, los roles laborales, y cómo puede ser canalizada para mejorar la eficiencia y productividad, mientras se consideran las implicancias legales y éticas en este entorno evolutivo. Del mismo modo, reflexionaremos sobre la necesidad de adaptar nuestra normativa laboral para garantizar un futuro laboral equitativo, sostenible y en sintonía con estos avances tecnológicos.

13.1. EL METAVERSO: TRANSFORMANDO EL ENTORNO LABORAL DEL TELETRABAJO

El metaverso, un concepto que ha emergido con fuerza en los últimos años, se concibe como un espacio digital compartido, forjado a través de la convergencia de una realidad virtual mejorada y una presencia física virtualizada. Esta definición, de carácter eminentemente técnico, resalta la notable evolución de un concepto que, en tiempos pretéritos, no era más que un producto de la imaginación en el ámbito de la ciencia ficción, pero que hoy se ha materializado y ocupa un lugar preeminente en nuestra sociedad digital. En el contexto laboral, y en particular en el ámbito del teletrabajo, la trascendencia del metaverso es patente. Imagínese un espacio donde las reuniones de trabajo no se realizan en salas de conferencias, sino en islas flotantes o castillos virtuales. Esta es la promesa del metaverso: un espacio que combina elementos de redes sociales, realidad virtual y mundos en línea, proyectando el teletrabajo hacia una nueva dimensión, completamente innovadora. En consecuencia, las dinámicas laborales han sufrido una reconfiguración sustancial con la irrupción del metaverso, desafiando y redefiniendo la noción tradicional de teletrabajo.

Desde la perspectiva jurídica, el metaverso plantea una serie de retos sin precedentes para la legislación laboral española, en particular con respecto a la Ley 10/2021, de 9 de julio, de trabajo a distancia. Esta normativa, concebida en un contexto pre-metaverso, establece los derechos y deberes de las personas trabajadoras y las empresas en situaciones de teletrabajo, pero no contempla las particularidades de un entorno laboral virtualizado como el metaverso. De manera ilustrativa, aunque no exhaustiva, la ley enfatiza la importancia de proporcionar los medios, equipos, herramientas y consumibles necesarios para el desarrollo del trabajo a distancia, pero no aborda cómo se aplicaría esto en un entorno virtual, donde los recursos son digitales y la naturaleza del trabajo puede ser radicalmente diferente. Asimismo, la ley establece que los trabajadores a distancia tienen derecho a la desconexión digital, pero ¿cómo se garantiza este derecho en un entorno inmersivo y persistente como el metaverso? ¿Cómo se definen y se respetan los límites entre la vida laboral y personal en un espacio donde ambos ámbitos pueden coexistir de manera constante? Estas cuestiones no solo requieren una reflexión profunda, sino también una revisión y, posiblemente, una actualización de la Ley de trabajo a distancia para asegurar que los derechos de los trabajadores se mantengan protegidos en este nuevo paradigma laboral.

El metaverso también plantea una serie de desafíos sin precedentes para otras normativas tradicionales que regulan aspectos como la privacidad, la seguridad de los datos y los derechos fundamentales de los trabajadores[738]. Por ejemplo, la Ley Orgánica

---

[738] Arribas Sánchez, B. (2022). "Régimen jurídico del metaverso: Una aproximación europea" [en línea]. *Informática y Derecho: Revista Iberoamericana de Derecho Informático (segunda época), (12)*, 151-159.

3/2018, de 5 de diciembre, de Protección de Datos Personales y garantía de los derechos digitales en España, que regula la protección de datos personales, podría verse desafiada por la naturaleza inmersiva del metaverso, donde la línea entre datos personales y avatares virtuales es borrosa. De manera similar, la Ley 31/1995, de 8 de noviembre, de prevención de Riesgos Laborales, centrada primordialmente en los entornos laborales físicos, se ve desafiada por la naturaleza virtual del metaverso. Los riesgos psicosociales asociados al trabajo en este entorno digital, tales como el estrés, el aislamiento o la fatiga visual, demandan una atención especial y la implementación de medidas preventivas específicas. Esto implica no solo reconocer y clasificar estos riesgos, sino también desarrollar protocolos y guías de actuación para minimizar su impacto en la salud y el bienestar de los trabajadores. Todos estos vacíos legales exigen una reflexión profunda y propuestas concretas de nuevos marcos regulatorios que puedan abordar eficazmente estos desafíos, así como la adoptación de la legislación vigente a esta nueva realidad para garantizar un entorno laboral justo y seguro en el metaverso.

Desde la perspectiva sociológica, el metaverso, caracterizado por su naturaleza inmersiva y colaborativa, tiene el potencial de revolucionar la forma en que trabajamos. Puede contribuir significativamente al bienestar y la productividad de los trabajadores al ofrecer un entorno laboral más flexible. Esta flexibilidad puede traducirse en una mayor productividad y bienestar para los trabajadores, al permitirles diseñar su entorno de trabajo ideal. Sin embargo, no está exento de desafíos, pues la falta de interacción social directa, por ejemplo, puede llevar a sentimientos de aislamiento y desconexión. Además, la supervisión y evaluación del rendimiento laboral en un entorno virtual plantea cuestiones complejas que deben ser abordadas, pues, a modo de ejemplo,

---

https://revistas.fcu.edu.uy/index.php/informaticayderecho/article/view/3134. Recuperado el 5 de octubre de 2024.

la evaluación del rendimiento laboral en un entorno tan fluido puede ser complicada, lo que podría afectar la percepción de justicia y equidad en el lugar de trabajo. Sin duda, es esencial equilibrar las ventajas innegables del metaverso con los posibles inconvenientes para garantizar un entorno laboral óptimo.

Por su parte, el metaverso, al amalgamar la identidad digital con la personal, engendra profundos dilemas éticos y jurídicos. Así, surge la inquietud sobre hasta qué punto están legitimadas las empresas para monitorizar las acciones de una persona trabajadora en el metaverso y cómo se garantiza una protección eficaz frente a posibles situaciones de acoso o discriminación en este entorno virtual. En este sentido, se vuelve imperante reflexionar sobre el alcance de supervisión que las empresas pueden ejercer sobre las acciones de un empleado en el metaverso, y establecer mecanismos jurídicos robustos que aseguren que los trabajadores no sean objeto de acoso o discriminación en este entorno virtual.

En definitiva, el metaverso está reconfigurando el panorama del teletrabajo, pues no solo afecta la forma en que trabajamos, sino también cómo nos relacionamos y cómo percibimos nuestra identidad laboral. Puede fortalecer la cultura de una empresa al permitir la creación de espacios de trabajo colaborativos y personalizados. Sin embargo, también puede diluir el sentido de pertenencia si no se gestiona adecuadamente. En cuanto al bienestar, si bien el metaverso puede ofrecer un equilibrio más saludable entre trabajo y vida personal, también puede presentar riesgos, como la sobrecarga de trabajo, la falta de desconexión y otros riesgos para la salud mental y física. Es crucial abordar estos aspectos para garantizar que el metaverso se convierta en una herramienta que mejore, y no perjudique, el bienestar de los trabajadores.

13.2. ADAPTACIÓN Y DESAFÍOS DEL TELETRABAJO EN LA ERA DE LA INTELIGENCIA ARTIFICIAL

Bill Gates, una de las figuras más influyentes en el mundo tecnológico, ya venía proclamando que "La era de la IA ha comenzado". Esta afirmación, lejos de ser una mera predicción, se basa en evidencias concretas de los avances en el campo de la inteligencia artificial. Un ejemplo palpable de esto fue cuando un equipo de OpenAI presentó, en septiembre de 2022, a Gates las capacidades de ChatGPT, un modelo de lenguaje generativo que demostró habilidades de comunicación y comprensión sin precedentes. Este logro fue tan significativo que Gates lo consideró el avance tecnológico más importante desde la creación de la interfaz gráfica de usuario. Inspirado por este progreso, Gates reflexiona sobre el potencial transformador de la IA en los próximos cinco a diez años, equiparándolo a revoluciones tecnológicas como el microprocesador, la computadora personal, el internet y el teléfono móvil. Su visión es que la IA no solo cambiará la forma en que las personas trabajan y se comunican, sino que también tiene el potencial de abordar algunas de las inequidades más profundas del mundo, desde mejorar la educación hasta salvar vidas.[739] En los meses siguientes, la rápida evolución de soluciones basadas en inteligencia artificial generativa ha reafirmado la visión de Gates.

La Inteligencia Artificial ha inaugurado una revolución paradigmática en el escenario laboral contemporáneo, despojándose de su carácter de mera herramienta futurista para erigirse como una realidad omnipresente en el ámbito laboral. Su incursión ha transfigurado de manera profunda las herramientas y prácticas que articulan nuestra labor diaria. Desde asistentes virtuales que

---

[739] Gates, B. (2023). *The Age of AI has begun.* GatesNotes, 21 de marzo de 2023. https://www.gatesnotes.com/The-Age-of-AI-Has-Begun Recuperado el 5 de octubre de 2024.

gestionan agendas con precisión, hasta algoritmos avanzados que optimizan la distribución de tareas, la IA está redefiniendo con destreza la forma en que trabajamos. Una de las manifestaciones más notables y emblemáticas de esta revolución es la emergencia de herramientas innovadoras como ChatGPT, que han transformado la comunicación y la colaboración en entornos laborales. Estos sistemas, dotados de la capacidad de comprender y generar lenguaje humano, facilitan con distinción la interacción, la gestión de tareas y la toma de decisiones en el ámbito laboral, catalizando una eficiencia y efectividad renovadas.

La integración perspicaz de la IA en las herramientas laborales no solo ha elevado la eficiencia, sino que ha engendrado una simbiosis evolutiva que redefine las tareas y procesos laborales con una visión vanguardista. Por ejemplo, las herramientas de análisis predictivo, orquestadas por IA, ahora pueden anticipar con precisión las necesidades de un proyecto antes de que estas emerjan, permitiendo una gestión más proactiva y visionaria. Asimismo, las plataformas colaborativas potenciadas por IA están fomentando la innovación y la creatividad al entrelazar ideas y personas de manera más efectiva y sinérgica. Esta conjunción armoniosa entre la IA y el ámbito laboral presagia un horizonte de trabajo que no solo es más eficaz y productivo, sino también más enriquecedor y propicio para el florecimiento de la creatividad y la innovación. Se torna evidente que nos hallamos al umbral de una era donde la IA no solo facilitará una gestión laboral optimizada, sino que también propiciará una exploración más profunda y enriquecedora de las potencialidades humanas en el ámbito laboral.

La incursión de la Inteligencia Artificial en el ámbito laboral ha sido particularmente notable en el contexto del teletrabajo, desencadenando una serie de desafíos que exigen una reflexión detenida y una respuesta innovadora. Si bien la IA ha sido un catalizador de eficiencia y colaboración en entornos de teletrabajo, también ha planteado interrogantes sustanciales respecto a la gestión, supervisión y ética laboral en un entorno digital. Uno de los desafíos primordiales radica en la supervisión y evaluación del rendimiento laboral. La IA, con su capacidad para monitorizar y analizar grandes volúmenes de datos en tiempo real, puede ofrecer una supervisión continua del rendimiento de los empleados. Sin embargo, esta supervisión automatizada puede ser percibida como una intrusión a la privacidad del empleado, lo que exige un balance cuidadoso entre la supervisión necesaria y el respeto por la privacidad y autonomía del trabajador, y a su vez, implementar prácticas de privacidad por diseño y por defecto, asegurando que la protección de los datos personales se integre en el desarrollo y la implementación de sistemas de IA desde el principio[740].

Adicionalmente, la IA puede facilitar la automatización de muchas tareas rutinarias, permitiendo a los empleados centrarse en tareas más estratégicas y creativas. No obstante, también puede generar una sensación de despersonalización del trabajo y, en ciertos casos, puede llevar a la deshumanización del entorno laboral. La interacción humana, que es fundamental para la construcción de una cultura corporativa sólida y para el bienestar emocional de los empleados, puede verse amenazada si no se gestiona adecuadamente la integración de la IA en el mundo laboral. Asimismo, la IA también plantea desafíos en términos de equidad y transparencia. Los algoritmos que impulsan las herramientas de IA pueden estar sesgados y reflejar las desigualdades existentes en los datos de entrenamiento. Esto puede perpetuar o incluso exacerbar las desigualdades en el entorno laboral, lo que plantea la necesidad de un diseño ético y una revisión continua de los sistemas de IA utilizados en el teletrabajo. Es más, la IA posee el potencial de reflejar o incluso amplificar los sesgos inherentes en los datos con los que ha sido entrenada. En un entorno de teletrabajo, esto puede traducirse en prácticas discriminatorias inadvertidas, ya sea en la asignación de tareas,

---

740 Herrera de las Heras, R. (2022). *Aspectos Legales de la Inteligencia Artificial: Personalidad Jurídica de los Robots, Protección de Datos y Responsabilidad Civil.* Dykinson, 58-60.

en las evaluaciones de rendimiento o en las decisiones de promoción. Por tanto, garantizar una operación justa y equitativa de las herramientas de IA en el teletrabajo es fundamental para preservar un ambiente laboral inclusivo y libre de discriminación.

Por su parte, estos avances tecnológicos también presentan riesgos de control y manipulación más allá del entorno físico o digital de la empresa, extendiendo sus efectos al control biopolítico, donde se supervisa y regula no solo la actividad laboral, sino aspectos íntimos del ser humano, lo que puede erosionar derechos fundamentales como la autonomía mental y la libertad de pensamiento. Si estos sistemas de IA no se implementan adecuadamente, se corre el riesgo de que la tecnología no solo interfiera en los procesos laborales, sino también en las capacidades mentales y cognitivas de los empleados, afectando incluso su indemnidad mental, un concepto que abarca la protección frente a injerencias tecnológicas en la autonomía de pensamiento[741].

Todas estas cuestiones no son meramente retóricas, sino que demandan una exploración y respuesta meticulosa. En este contexto, resulta crucial establecer directrices y principios claros sobre cómo y en qué circunstancias se introduce la IA en el mundo laboral, asegurando que los sistemas y soluciones de IA no pongan en peligro, sino que aumenten, la participación y la capacidad de los trabajadores en el trabajo. Esto implica reconocer la importancia del control humano sobre la IA[742], garan-

---

741 Molina Hermosilla, O. (2023). "La indemnidad mental: nueva dimensión del derecho fundamental a la intimidad de las personas trabajadoras. Hacia el reconocimiento de Neuroderechos como Derechos básicos del ser humano". *Revista Crítica de Relaciones de Trabajo. Laborum, (6).* https://revista.laborum.es/index.php/revreltra/article/view/714. Recuperado el 20 de febrero de 2025.

742 El principio de control humano sobre la inteligencia artificial es un concepto que ha sido introducido y enfatizado en el Acuerdo Marco Europeo de los interlocutores sociales sobre Digitalización, destacando la impor-

tizando que los trabajadores tengan la capacidad de supervisar, intervenir y corregir las decisiones tomadas por los sistemas de IA. Asimismo, se fomenta un entorno de trabajo en el que la tecnología actúa como un complemento a las habilidades humanas, en lugar de reemplazarlas o minimizarlas.

De igual manera, resulta crucial fortalecer de manera contundente la salvaguarda de los derechos laborales, asegurando que los trabajadores se encuentren libres de cualquier forma de prejuicio y discriminación injustificada. En este sentido, la transparencia en el uso de la IA se erige como un pilar fundamental para cultivar un ambiente de confianza y responsabilidad, y, para ello, resulta primordial comprender el ciclo de vida completo de los sistemas de toma de decisiones automatizadas, desde su diseño y desarrollo hasta su implementación y uso continuo, para asegurar que se integren de manera efectiva y ética en el entorno laboral[743]. Asimismo, es esencial que se proporcionen oportunidades de formación continua que permitan a los trabajadores adaptarse y evolucionar junto con la tecnología emergente, asegurando así que la IA se utilice de manera que amplíe las capacidades humanas en lugar de suplantarlas.

Sin perjuicio de lo anterior, el propósito debe enfocarse en lograr una integración coherente entre el avance de las innovaciones tecnológicas en el ámbito laboral y la protección y profundización de los derechos fundamentales de los trabajadores. Este enfoque no solo debe contemplar el respeto a la intimidad física, sino también abarcar nuevas dimensiones de protección, como la indemnidad mental, estableciendo límites

---

tancia crucial de mantener la supervisión y la intervención humana en los procesos automatizados y decisiones tomadas por sistemas de IA. Disponible en: https://ec.europa.eu/social/main.jsp?catId=521&langId=en&agreementId=5665 Recuperado el 20 de febrero de 2025.

743 Palma Ortigosa, A. (2022). *Decisiones Automatizadas y Protección de Datos: Especial atención a los sistemas de inteligencia artificial.* Dykinson, 47-57.

claros en la utilización de neurotecnologías que puedan afectar la autonomía de pensamientos y emociones de los empleados[744]. A este respecto, es preciso destacar que uno de los puntos más relevantes del nuevo Reglamento de Inteligencia Artificial es la prohibición de los sistemas de IA que buscan detectar o deducir emociones en el lugar de trabajo. Según el Considerando 44 de este Reglamento, existen serias preocupaciones sobre la base científica de estos sistemas, dado que las emociones pueden variar significativamente según la cultura, el contexto e incluso entre individuos. Esta variabilidad, unida a la fiabilidad limitada de los sistemas de detección de emociones, puede resultar en resultados discriminatorios o invasivos que afecten negativamente a los trabajadores. En el contexto del teletrabajo, esta preocupación adquiere una mayor relevancia, ya que la monitorización a distancia mediante IA podría invadir la privacidad de los empleados, exacerbando el desequilibrio de poder entre empleadores y trabajadores. El uso de IA para evaluar el estado emocional de los trabajadores a partir de sus datos biométricos podría dar lugar a tratos perjudiciales o desfavorables, afectando negativamente a colectivos vulnerables o marginados. Por ello, el Reglamento establece en su art.5.1, letra f), que se prohíbe explícitamente la introducción en el mercado y el uso de estos sistemas de IA para inferir las emociones de una persona física en los lugares de trabajo, excepto cuando se empleen para fines médicos o de seguridad, como en el caso de sistemas de uso terapéutico o para la prevención de accidentes.

---

744 Molina Hermosilla, O. (2023). "La indemnidad mental: nueva dimensión del derecho fundamental a la intimidad de las personas trabajadoras. Hacia el reconocimiento de Neuroderechos como Derechos básicos del ser humano", *op.cit.*, 63-75.

13.3. IMPACTO DE LA ROBOTIZACIÓN EN EL TELETRABAJO

La irrupción de la robotización, entendida como la incorporación de robots y sistemas automatizados en el ámbito laboral, ha venido marcando un auge significativo en los últimos tiempos. Dentro del contexto del teletrabajo, esta tendencia se traduce en la automatización de una gama de tareas y procesos que, anteriormente, requerían intervención humana. Esta metamorfosis está reconfigurando roles y expectativas laborales a un ritmo sin parangón. Por ejemplo, en el dominio de la atención al cliente, los *chatbots* automatizados, impulsados por algoritmos de Inteligencia Artificial, están asumiendo las riendas de la atención inicial, relegando a los humanos a la resolución de casos más intrincados. En el ámbito de la gestión de proyectos, herramientas automatizadas tienen la capacidad de asignar tareas, monitorizar avances y generar informes con mínima o nula intervención humana. En el terreno de la contabilidad, los programas automatizados pueden manejar tareas como conciliaciones bancarias, cálculo de impuestos y generación de estados financieros, lo que cambia el papel del contable hacia un rol más consultivo y analítico[745].

Centrándonos en el ámbito del teletrabajo, la robotización despliega una amalgama de oportunidades y desafíos que están redefiniendo la esencia del entorno laboral remoto. La incorporación de sistemas automatizados y robots, facilitados por avances significativos en Inteligencia Artificial y otras tecnologías emergentes, está modulando nuevas dinámicas en cómo se realizan las tareas, cómo se gestionan los proyectos y cómo se interactúa en un entorno digital. Estos cambios no solo implican una trans-

---

745 Ballester Casanella, B. (2021). "Las diferentes formas en que se manifiesta la inteligencia artificial en la sociedad y en la economía", *La robótica y la inteligencia artificial en la nueva era de la Revolución Industrial 4.0: Los desafíos jurídicos, éticos y tecnológicos de los robots inteligentes.* Dykinson,323-327.

formación en las habilidades y competencias requeridas por los profesionales, sino que también plantean importantes cuestiones legales y éticas. Por ejemplo, la protección de los datos personales y la privacidad se vuelven aún más cruciales en un espacio donde las máquinas tienen acceso a grandes cantidades de información. Además, la gestión del tiempo y el equilibrio entre la vida laboral y personal se tornan aspectos clave a considerar, ya que las fronteras entre ambos ámbitos se difuminan. Por ello, es preciso revisar y adaptar los marcos normativos para garantizar un desarrollo equitativo y ético del teletrabajo en la era de la robotización.

En el plano positivo, la robotización está catalizando un incremento notable en la eficiencia y productividad. La automatización de tareas rutinarias y procesos repetitivos permite a los trabajadores liberar tiempo valioso que puede ser redirigido hacia actividades más estratégicas, creativas y enriquecedoras. Por ejemplo, la gestión automatizada de agendas, la asignación inteligente de recursos y la respuesta instantánea a consultas frecuentes mediante *chatbots*, son ejemplos palpables de cómo la robotización está optimizando el teletrabajo. Además, la robotización puede facilitar una toma de decisiones más informada y ágil. Los sistemas automatizados pueden procesar grandes volúmenes de datos a una velocidad y precisión que superan la capacidad humana, proporcionando *insights* valiosos que pueden guiar decisiones estratégicas en tiempo real. Esto es especialmente relevante en un entorno de teletrabajo, donde la coordinación eficaz y la toma de decisiones informada son cruciales para el éxito del proyecto.

Sin embargo, los desafíos surgen con vigor. La posibilidad de desplazamiento laboral representa una inquietud válida, suscitando cuestiones éticas y socioeconómicas acerca del porvenir del empleo y la estabilidad en el trabajo[746]. De hecho, ya se han

---

[746] Aghion, P., Antonin, C. y Bunel, S. (2019). "Sobre los efectos de la IA en el crecimiento y el empleo". *El Trabajo en la Era de los Datos.* BBVA, 9-17. https://www.bbva.com/wp-content/uploads/2024/07/BBVA-

presentado casos en los tribunales donde se intenta reemplazar puestos humanos con automatización y robotización, como lo evidencia la sentencia del Juzgado de lo Social n º 10 de Las Palmas de Gran Canaria de 23 de septiembre de 2019. En este caso particular, una empleada administrativa fue despedida bajo la justificación de la implementación de un software de Automatización Robótica de Procesos (RPA), argumentando que la tecnología había reducido la necesidad de mano de obra. Sin embargo, el tribunal concluyó que no se habían acreditado adecuadamente las causas alegadas para el despido, destacando la falta de evidencia que demostrara un cambio significativo en la eficiencia o en los servicios ofrecidos por la empresa tras la implementación del RPA. En otro caso similar, una empresa intentó justificar el despido de una empleada alegando causas técnicas y organizativas relacionadas con la automatización e informatización de los procesos. Sin embargo, el Tribunal Superior de Justicia de Andalucía (Granada), en su sentencia núm. 2609/2019, de 14 de noviembre, confirmó la improcedencia del despido, destacando la necesidad de una justificación clara y suficiente por parte de la empresa y protegiendo los derechos de la persona trabajadora. Todos estos casos ponen de manifiesto la tensión existente entre la adopción de nuevas tecnologías y la protección de los derechos laborales, subrayando la necesidad de un análisis cuidadoso y una justificación sólida cuando se toman decisiones que afectan el empleo y la estabilidad laboral de los trabajadores.

Por su parte, según un estudio reciente sobre los efectos de la holgazanería social en los equipos compuestos por humanos y

---

OpenMind-libro-2020-Trabajo-en-la-Era-de-los-Datos.pdf Recuperado el 12 de octubre de 2024.

Este estudio de investigación analiza los efectos de la robotización en el empleo, centrándose en el contexto francés entre los años 1994 y 2014, y se observa una tendencia general de reducción en la tasa de ocupación, siendo los trabajadores sin estudios los más afectados por la transformación tecnológica.

robots[747], se ha observado que la presencia de robots en el entorno laboral puede tener un impacto significativo en el rendimiento individual de los trabajadores. El resultado de este estudio sugiere los trabajadores pueden confiar excesivamente en la capacidad del robot para realizar tareas, lo que lleva a una disminución en su propio esfuerzo y atención[748]. Este hallazgo resalta cómo la integración de robots en los equipos de trabajo puede influir en la motivación y el compromiso de los empleados, planteando desafíos significativos en términos de ética laboral y estabilidad en el empleo. En este sentido, se hace evidente la necesidad de desarrollar estrategias y prácticas laborales que fomenten un equilibrio adecuado entre la eficiencia operativa y el bienestar de los empleados, asegurando que la tecnología actúe como un complemento y no como un sustituto del esfuerzo humano.

Ahora bien, es esencial no ver la robotización únicamente como una amenaza. La historia ha demostrado que la tecnología, aunque puede desplazar ciertos roles, también crea nuevos empleos y oportunidades. La clave está en la adaptabilidad y en la formación continua. Por ejemplo, mientras que un robot puede asumir tareas de análisis de datos, se necesitarán humanos para para interpretar y contextualizar esos datos, así como para tomar decisiones basadas en ellos. Asimismo, en el mundo del diseño y la creatividad, las herramientas automatizadas pueden ayudar en la realización de las tareas como diseño gráfico

---

747 Cymek, D. H., Truckenbrodt, A. y Onnasch, L. (2023). "Lean back or lean in? Exploring social loafing in human–robot teams". *Frontiers in Robotics and AI, 10.* https://doi.org/10.3389/frobt.2023.1249252. Recuperado el 29 de octubre de 2024.

748 En concreto, se observa que los participantes del estudio que trabajaron en conjunto con un robot en una tarea de inspección de defectos en placas de circuito mostraron una tendencia a invertir menos esfuerzo mental y atención, a pesar de mantener un nivel constante de esfuerzo físico.

básico, edición de video o generación de contenido, dejando a la mente humana centrarse en la ideación y conceptualización.

A medida que las máquinas asumen roles tradicionalmente humanos, es imperativo explorar estrategias para la reubicación laboral y la formación continua que permitan a los trabajadores adaptarse a las demandas cambiantes del mercado laboral. Adicionalmente, la robotización puede despersonalizar la experiencia laboral y diluir la interacción humana, aspectos que son vitales para el bienestar emocional y la construcción de una cultura organizacional sólida. En este contexto, es crucial encontrar un equilibrio entre la automatización y la interacción humana, asegurando que la tecnología actúe como un facilitador y no como un sustituto de la conexión humana.

En este nuevo paradigma, la formación y el reciclaje profesional se erigen como elementos cruciales. Las organizaciones tienen el imperativo de invertir en la capacitación de sus empleados, dotándolos con habilidades pertinentes para la era de la robotización. Esta inversión no solo reditúa en beneficio de los trabajadores, sino que también habilita a las empresas a mantenerse en la vanguardia competitiva en un mercado en perpetua evolución. En este sentido, es vital que tanto las organizaciones como los trabajadores adopten una postura proactiva, erigiendo la formación y la adaptabilidad como pilares fundamentales en esta nueva era laboral. Con la estrategia adecuada, la robotización puede transmutarse en una herramienta potente para amplificar la eficiencia, la productividad y, en última instancia, el bienestar de los trabajadores en el ámbito del teletrabajo.

En definitiva, la robotización es una realidad que no puede ser ignorada. Si bien presenta desafíos, también ofrece oportunidades inmensas para aquellos dispuestos a adaptarse y evolucionar. Desde la perspectiva jurídica, se exige una revisión y actualización de las normativas existentes para garantizar la protección de los derechos fundamentales de los trabajadores[749], la privacidad de los datos y la igualdad en el acceso a oportunidades laborales. Es esencial que tanto las organizaciones como los trabajadores adopten un enfoque proactivo, buscando la formación y la adaptabilidad como pilares fundamentales en esta nueva era laboral. Con la estrategia adecuada, la robotización puede ser una herramienta poderosa para mejorar la eficiencia, la productividad y, en última instancia, el bienestar de los trabajadores en el ámbito del teletrabajo.

13.4. REFLEXIONES Y PERSPECTIVAS DEL FUTURO

La era tecnológica en la que nos encontramos está reconfigurando de manera profunda y acelerada el mundo laboral. El teletrabajo, que ya era una tendencia en ascenso, ha visto cómo tecnologías disruptivas como el metaverso, la inteligencia artificial y la robotización están redefiniendo su esencia y sus límites, así como reconfigurando el panorama del teletrabajo, introduciendo tanto oportunidades sin precedentes como desafíos complejos.

En concreto, el metaverso, con su capacidad de crear entornos laborales virtualizados, está transformando la noción tradicional de “espacio de trabajo”, llevándola más allá de las barreras físicas y geográficas. Esta nueva dimensión del trabajo requiere una revisión y adaptación de la normativa laboral, garantizando que los derechos y deberes de los trabajadores se mantengan intactos en este nuevo entorno digital.

La inteligencia artificial, por su parte, ha demostrado ser una herramienta revolucionaria en el ámbito del teletrabajo. Su capa-

---

749 Rebollo Delgado, L. (2023). *Inteligencia artificial y Derechos fundamentales*. Dykinson, 51-89. Entre otros, el derecho a la igualdad, el derecho a la intimidad, la libertad ideológica, así como el derecho a la información y libertad de expresión.

cidad para automatizar tareas, ofrecer asistencia en tiempo real y analizar grandes conjuntos de datos ha mejorado la eficiencia y la productividad. Sin embargo, su integración también ha planteado cuestiones éticas y desafíos relacionados con la privacidad, la seguridad y la posible sustitución del trabajo humano. En este sentido, es fundamental que, mientras se adopta esta tecnología, se mantenga un enfoque humanista, donde la IA complemente y potencie las habilidades humanas, y no las desplace. De igual forma, es necesario que las empresas asuman la responsabilidad de formar y reciclar a sus trabajadores, garantizando que nadie quede atrás en esta transición tecnológica. El desafío radica en garantizar que la tecnología esté al servicio del ser humano, y no al revés.

La robotización, que representa la incorporación de sistemas automatizados en el trabajo, está redefiniendo roles y expectativas laborales. A medida que los robots y sistemas automatizados se vuelven más sofisticados, es probable que asuman roles más complejos en el ámbito laboral remoto. Sin embargo, es esencial que esta transición se realice de manera planificada y considerada, pues si bien puede mejorar la eficiencia y liberar a los humanos de tareas repetitivas, también plantea preocupaciones sobre el reemplazo de empleos y la necesidad de reciclaje y formación continua. Por ello, las propuestas deben ser visionarias, anticipando un futuro donde la tecnología y el trabajo coexistan de manera armoniosa, beneficiando tanto a las empresas como a los trabajadores. Al mismo tiempo, se exige una revisión profunda de las políticas de protección social, con el objetivo de mitigar los efectos adversos del desplazamiento laboral y garantizar una transición equitativa[750].

---

[750] Vida Fernández, R. (2024). "Renta básica y Seguridad Social: un diálogo crucial para la construcción de un nuevo sistema de protección social". *Revista de Derecho de la Seguridad Social. Laborum*, Extra 6 (Ejemplar dedicado a: Impacto de la sociedad digital en los sistemas de protección del Estado del Bienestar), 315-323. https://revista.laborum.es/index.php/revsegsoc/article/view/915/1116. Recuperado el 7 de mayo de 2025.

En definitiva, nos encontramos en una era de cambio y oportunidad significativos, impulsados por la rápida evolución de las tecnologías disruptivas que están transformando el teletrabajo. Estos avances tecnológicos están abriendo posibilidades que eran inimaginables hace apenas una década, redefiniendo las maneras en que trabajamos y colaboramos a distancia. Ante este panorama cambiante, es crucial que el Derecho no solo se mantenga al día, sino que también progrese al ritmo de estos cambios tecnológicos. La legislación y las normativas deben adaptarse para garantizar un equilibrio entre la innovación y la protección de los derechos fundamentales de los trabajadores. Esto implica asegurar que, mientras las empresas y los trabajadores aprovechan las ventajas de las nuevas tecnologías, también se mantienen las salvaguardias necesarias para proteger la salud, la seguridad y el bienestar de los empleados.

Además, es esencial que las empresas asuman una responsabilidad activa en la formación y el reciclaje de sus empleados. Esta inversión en el capital humano es fundamental para asegurar una transición justa y equitativa hacia esta nueva era laboral. Las empresas deben ser proactivas en proporcionar las habilidades y competencias necesarias para que sus trabajadores se adapten y prosperen en un entorno laboral en constante evolución.

Finalmente, para construir un futuro laboral que maximice los beneficios de las tecnologías disruptivas, es imperativo un enfoque colaborativo y progresista que equilibre la innovación con la protección y promoción del bienestar de los trabajadores. Solo así podremos asegurar un desarrollo sostenible y equitativo en el mundo del trabajo, donde tanto empleadores como empleados se beneficien de los avances tecnológicos, mientras se preservan los derechos y la dignidad laboral.

14. Conclusiones y propuestas de lege ferenda

La transformación digital ha reconfigurado profundamente las estructuras laborales, consolidando el teletrabajo como una modalidad esencial en el panorama actual. Esta modalidad laboral, impulsada significativamente por la pandemia de COVID-19, ha demostrado ser crucial para mantener la actividad económica y la estabilidad del empleo durante crisis sanitarias. Sin embargo, la implementación del teletrabajo no está exenta de desafíos, y es fundamental contar con un marco jurídico que garantice la protección de los derechos de los teletrabajadores, así como la seguridad jurídica tanto para los empleados como para los empresarios.

La evolución histórica del teletrabajo revela que el teletrabajo no es un fenómeno nuevo, sino una práctica que ha sabido adaptarse a las necesidades sociales y económicas cambiantes. Esta adaptación continua exige una legislación que no solo regule adecuadamente las modalidades actuales del teletrabajo, sino que también anticipe y responda a los avances tecnológicos futuros, como el uso del Metaverso y la inteligencia artificial en el entorno laboral. Por tanto, nuestro sistema legal debe adaptarse con agilidad a los cambios, abrazando los principios fundamentales que garantizan un entorno laboral justo y humano. Solo de esta manera podremos asegurar que la tecnología actúe como una fuerza transformadora que mejore la vida de las personas y promueva un futuro más equitativo y sostenible.

A lo largo del presente estudio, se ha puesto de manifiesto la importancia de una regulación clara y precisa, que elimine ambigüedades y proporcione un marco estable y seguro para todas las partes involucradas. La Ley 10/2021 de trabajo a distancia ha dado pasos importantes en esta dirección, pero aún existen áreas que requieren mayor claridad y desarrollo normativo. La protección de los derechos digitales laborales, la privacidad, la dignidad y el bienestar de los teletrabajadores son aspectos que deben ser abordados de manera integral. Asimismo, la perspectiva de género y la corresponsabilidad en las tareas domésticas y de cuidado son esenciales para garantizar la igualdad de oportunidades y prevenir la perpetuación de desigualdades.

En este contexto, la negociación colectiva es fundamental para adaptar las condiciones del teletrabajo a las diversas realidades de los sectores y empresas, asegurando que los derechos de los trabajadores se respeten y protejan adecuadamente. Los acuerdos individuales, por su parte, pueden complementar esta adaptación, permitiendo un grado de personalización que, siempre dentro del marco normativo, beneficie tanto a empleados como a empleadores.

Las conclusiones y propuestas presentadas a continuación subrayan la necesidad de un marco regulatorio que no solo se adapte a las nuevas formas de trabajo, sino que también anticipe futuros desarrollos tecnológicos y sociales. Es imperativo que la legislación sea dinámica, permitiendo una evolución continua que garantice un equilibrio justo entre la innovación y la protección de los derechos laborales. De esta manera, se puede construir un entorno laboral más equitativo, seguro y eficiente para todos.

(1) Mayor precisión en la definición del concepto de teletrabajo

La Ley 10/2021, de 9 de julio, de trabajo a distancia, ha sido un avance significativo en la regulación del teletrabajo en España. No obstante, la definición del teletrabajo contenida en el artículo 2.b) presenta áreas que pueden beneficiarse de una mayor precisión.

En particular, la definición actual del teletrabajo no enfatiza de manera suficiente el cambio organizacional que esta modalidad implica. El teletrabajo no se caracteriza únicamente por el uso de tecnologías de la información y la comunicación (TIC), sino que también conlleva una reorganización significativa de la estructura empresarial y una mayor flexibilidad en la ubicación del trabajador. Ignorar esta dimensión organizacional puede resultar en una implementación inadecuada del teletrabajo y en la falta de reconocimiento de sus desafíos y beneficios específicos.

Asimismo, la actual redacción del concepto de teletrabajo también resulta incompleta al no abordar adecuadamente cómo deben integrarse las TIC en el proceso laboral y en la estructura organizativa de la empresa. Aunque menciona el uso exclusivo o prevalente de estas tecnologías, no se especifica de qué manera estas deben facilitar la labor diaria y la comunicación entre el trabajador y la empresa. Esta omisión puede llevar a confusiones y a una aplicación inconsistente de las normas, dificultando la correcta implementación del teletrabajo y el cumplimiento de sus objetivos.

En consecuencia, es fundamental que la Ley ofrezca una definición más detallada y precisa del teletrabajo para garantizar una distinción clara entre esta modalidad y otras formas de trabajo a distancia. Esto contribuirá a una aplicación más uniforme de la normativa y protegerá adecuadamente los derechos de todas las partes involucradas. En este sentido, se propone la siguiente modificación de redacción de la letra b) del artículo 2 de la Ley 10/2021, de 9 de julio, de trabajo a distancia:

> *b) «Teletrabajo»: Se entiende por teletrabajo aquella modalidad de trabajo a distancia en la que el trabajador realiza sus actividades laborales predominantemente fuera de las instalaciones de la empresa, utilizando de manera exclusiva y prevalente tecnologías de la información y la comunicación (TIC) para la ejecución de sus tareas y la comunicación con la empresa. Esta modalidad implica un cambio organizacional del trabajo, permitiendo la flexibilidad en la ubicación del trabajador y la descentralización de la estructura empresarial.*

Esta nueva definición propuesta tiene como objetivo principal resolver las ambigüedades y deficiencias presentes en la normativa actual, proporcionando una mayor claridad y precisión en la definición de esta modalidad laboral. Al especificar que el teletrabajo implica un cambio organizacional del trabajo, se reconoce la transformación estructural que esta modalidad conlleva. Esto es crucial para una correcta adaptación de las empresas a las nuevas formas de organización del trabajo y para asegurar que los teletrabajadores cuenten con un marco normativo que refleje adecuadamente su situación laboral. Asimismo, la inclusión explícita de la flexibilidad en la ubicación del trabajador y la descentralización de la estructura empresarial subraya la importancia del cambio organizacional en el teletrabajo. Esta característica distintiva del teletrabajo permite una mayor adaptabilidad de las empresas y los trabajadores, promoviendo un entorno laboral más dinámico y resiliente.

En definitiva, esta propuesta de modificación busca proporcionar una definición del teletrabajo que refleje de manera más precisa sus características distintivas y su impacto en la organización del trabajo. Esto no solo mejora la claridad y la seguridad jurídica, sino que también facilita una mejor implementación y gestión del teletrabajo en el ámbito laboral. La nueva definición pretende garantizar una aplicación uniforme y justa de los derechos y obligaciones de los trabajadores y empleadores, promoviendo un entorno laboral más eficiente y adaptable a las necesidades del siglo XXI.

(2) Combatiendo los falsos autónomos en el teletrabajo

El fenómeno de los falsos autónomos constituye una problemática crítica en el contexto del teletrabajo. Este colectivo carente de independencia y autonomía reales se clasifica fraudulentamente en el marco del trabajo autónomo, quedando excluidos de las protecciones laborales y sociales propias del trabajo por cuenta ajena. Esta situación revela una brecha significativa en la cobertura de la normativa actual. Es importante considerar también la figura del trabajador autónomo económicamente dependiente (TRADE), que factura al menos un 75% de sus ingresos a un único cliente. Esta figura, regulada en la Ley 20/2007, del Estatuto del trabajo autónomo, establece criterios específicos para diferenciar entre un autónomo ordinario y un TRADE, lo cual puede ser relevante en el contexto del teletrabajo.

La Comisión Europea, mediante su propuesta de Directiva relativa a la mejora de las condiciones laborales en el trabajo en plataformas digitales, ha establecido una presunción *iuris tantum* de laboralidad para abordar este problema. Sin embargo, el teletrabajo introduce complejidades adicionales en la verificación del cumplimiento de las obligaciones en materia de Seguridad Social, dificultando la inspección y favoreciendo la economía sumergida.

Para combatir eficazmente el fraude de los falsos autónomos en el teletrabajo, se propone introducir el siguiente artículo en la Ley 10/2021, de 9 de julio, de trabajo a distancia:

> ***Artículo 1.bis. Presunción iuris tantum de laboralidad en el trabajo a distancia.***
>
> *1. A los efectos de la presente Ley, se considera que existe una relación laboral cuando el trabajador a distancia no posea la verdadera autonomía y dependencia propias de un trabajador autónomo ordinario ni cumpla con los requisitos establecidos para ser considerado un trabajador autónomo económicamente dependiente (TRADE).*
>
> *2. La carga de la prueba de la inexistencia de laboralidad recaerá en la empresa, quien deberá demostrar de manera inequívoca que el trabajador a distancia posee la autonomía y la dependencia características de un trabajador autónomo. Para ello, deberán acreditarse, entre otros elementos:*
>
> *a) La capacidad del trabajador para determinar sus propios horarios de trabajo sin la supervisión directa de la empresa.*
>
> *b) La libertad del trabajador para seleccionar y ejecutar sus tareas sin recibir instrucciones precisas del empleador.*
>
> *c) La ausencia de integración del trabajador en la estructura organizativa y productiva de la empresa.*
>
> *d) La realización de actividades laborales para múltiples clientes y no exclusivamente para un único empleador.*
>
> *e) La asunción por parte del trabajador de los riesgos y responsabilidades inherentes a su actividad profesional.*

La inclusión de una presunción *iuris tantum* de laboralidad en el teletrabajo es esencial para cerrar la brecha normativa que permite el fraude de los falsos autónomos. Esta medida garantizará que los trabajadores que no tienen verdadera autonomía sean reconocidos como trabajadores por cuenta ajena, otorgándoles los derechos laborales y sociales correspondientes.

(3) Establecimiento de requisitos y condiciones de acceso al teletrabajo

La adecuación de los puestos de trabajo y funciones es una cuestión central que la Ley 10/2021, de 9 de julio, de trabajo a distancia no aborda con la precisión necesaria. La normativa no define claramente cuáles son los puestos y tareas susceptibles de ser realizados mediante teletrabajo, delegando esta determinación a la negociación colectiva. Esta falta de orientación concreta puede llevar a interpretaciones dispares y aplicaciones inconsistentes en diferentes sectores y empresas. Además, la Ley no considera adecuadamente la evolución tecnológica, que ha transformado la viabilidad del teletrabajo en funciones tradicionalmente no aptas para esta modalidad.

Asimismo, la idoneidad de las personas trabajadoras para el teletrabajo también es un aspecto que la Ley deja insuficientemente regulado. La normativa no establece los requisitos mínimos que deben cumplir los trabajadores para acceder al teletrabajo, dejando esta evaluación completamente en manos de la negociación colectiva, lo que puede resultar en criterios dispares y subjetivos. Igualmente, no se aborda suficientemente cómo las circunstancias personales y el entorno de los trabajadores influyen en su capacidad para teletrabajar eficazmente.

Para abordar estas carencias identificadas y mejorar la implementación del teletrabajo, se propone la siguiente modificación de la Ley 10/2021, de 9 de julio, de trabajo a distancia, introduciendo los siguientes nuevos artículos:

Artículo 5.bis. Requisitos de los puestos de trabajo susceptibles de teletrabajo.

1. Los puestos de trabajo y tareas aptos para el teletrabajo deben ser aquellos en los que las personas trabajadoras puedan realizar las tareas necesarias para el cumplimiento de sus funciones en las mismas condiciones que en la modalidad presencial, utilizando predominantemente las Tecnologías de la Información y la Comunicación (TIC) y facilitando la comunicación y colaboración a distancia.

En ningún caso podrán desempeñarse en modalidad de teletrabajo aquellos puestos cuyo desempeño sólo quede garantizado con la presencia física de la persona trabajadora o que requieran de la disponibilidad para su prestación inmediata.

2. Las empresas deben revisar periódicamente la adecuación de los puestos de trabajo para el teletrabajo, adaptándose a los avances tecnológicos y a las nuevas formas de organización laboral.

Esta revisión debe incluir la evaluación continua de los métodos y herramientas que facilitan la colaboración y la productividad remota, permitiendo que las empresas se adapten en un plazo razonable a las innovaciones tecnológicas y a las cambiantes necesidades organizativas.

Artículo 5.ter. Requisitos y cualidades de los trabajadores para el teletrabajo.

Las personas trabajadoras que deseen acogerse al teletrabajo deben cumplir con una serie de requisitos mínimos que garanticen su capacidad para desempeñar sus funciones de manera eficaz y autónoma. Estos requisitos incluyen, con carácter general, los siguientes:

a) Haber superado la formación proporcionada por la empresa para el desempeño del puesto a distancia, asegurando que el trabajador comprende plenamente las responsabilidades y exigencias de este.

b) Poseer conocimientos suficientes en Tecnologías de la Información y la Comunicación (TIC), necesarios para ejecutar sus tareas y comunicarse eficazmente con la empresa y sus compañeros. La acreditación podrá realizarse mediante certificaciones, experiencia demostrable o formación de competencias digitales proporcionada por la empresa.

c) Contar con un entorno de trabajo en su domicilio u otro lugar adecuado, que cumpla con las normas de seguridad y salud laboral.

Cualquier requisito adicional específico que la empresa pretenda introducir deberá ser informado y consultado a los representantes legales de los trabajadores.

Esta propuesta de modificación de la Ley 10/2021, de 9 de julio, de trabajo a distancia, se fundamenta en la necesidad de proporcionar una regulación más clara y específica sobre los requisitos y condiciones de acceso al teletrabajo. Actualmente, la normativa vigente delega la determinación de los puestos y tareas aptos para el teletrabajo a la negociación colectiva, sin proporcionar criterios claros y objetivos. Esta falta de precisión puede resultar en interpretaciones dispares y aplicaciones inconsistentes entre diferentes sectores y empresas. Además, la Ley no considera adecuadamente la rápida evolución tecnológica, que ha ampliado las posibilidades de teletrabajo a funciones que anteriormente no eran consideradas aptas para esta modalidad.

La propuesta aborda esta laguna introduciendo el Artículo 5.*bis*, que establece criterios específicos para identificar puestos y tareas que pueden ser realizados mediante teletrabajo, garantizando que la adecuación de estos puestos se revise periódicamente en función de los avances tecnológicos y las necesidades organizativas cambiantes. Asimismo, se introduce el Artículo 5.*ter*, que define requisitos claros y generales para los trabajadores que deseen acogerse al teletrabajo, incluyendo la formación necesaria, conocimientos en Tecnologías de la Información y la Comunicación (TIC) y un entorno de trabajo adecuado.

Por su parte, esta propuesta de modificación también pone un énfasis especial en la participación activa de los representantes de los trabajadores en la organización del teletrabajo. Esta medida garantiza que las decisiones relacionadas con el teletrabajo no se tomen unilateralmente, sino que reflejen las necesidades y preocupaciones de los empleados. Al involucrar a los representantes de los trabajadores en este proceso, se promueve un entorno laboral más democrático y colaborativo, donde las políticas de teletrabajo se desarrollen de manera inclusiva y equitativa, beneficiando a todas las partes involucradas.

En definitiva, la propuesta de modificación de la Ley 10/2021 se justifica plenamente por la necesidad de proporcionar una regulación más detallada y adaptada a las realidades actuales del teletrabajo. Esta iniciativa contribuirá a una implantación más coherente y efectiva del teletrabajo, beneficiando tanto a las empresas como a los trabajadores y adaptándose a las continuas transformaciones del entorno laboral y tecnológico.

(4) Profundización en la regulación del derecho a la desconexión digital

La Ley 10/2021, de 9 de julio, de trabajo a distancia, reconoce el derecho a la desconexión digital como un elemento esencial para los trabajadores a distancia, particularmente en el contexto del teletrabajo. Este derecho está explícitamente regulado en el artículo 18, que establece que las personas que trabajan a distancia tienen derecho a la desconexión digital fuera de su horario laboral, en los términos establecidos en el artículo 88 de la Ley Orgánica 3/2018, de 5 de diciembre.

El derecho a la desconexión digital es crucial para proteger el equilibrio entre la vida laboral y personal de los trabajadores. En un entorno donde las tecnologías de la información y la comunicación permiten una conexión constante, es fundamental que los trabajadores tengan garantizado su tiempo de descanso sin interrupciones laborales. Este derecho no solo promueve la salud mental y el bienestar de los empleados, sino que también mejora la productividad y la satisfacción laboral a largo plazo.

A pesar de su reconocimiento legal, el establecimiento efectivo del derecho a la desconexión digital enfrenta varios desafíos. Uno de los principales problemas es la ausencia de mecanismos de control efectivos a través de los cuales se permitan a los trabajadores demostrar, en caso de ser necesario, que sus derechos no están siendo respetados. Estos mecanismos de control deben proporcionar una forma verificable de asegurar que la desconexión digital se cumple de manera adecuada y que los derechos laborales de los empleados están protegidos.

Además, la normativa actual no contempla medidas específicas de protección contra represalias, derecho a reparación, obligación de informar ni un régimen sancionador para las infracciones relacionadas con la desconexión digital. La ausencia de estas disposiciones crea un vacío legal que puede dificultar la efectiva aplicación del derecho a la desconexión digital y dejar a los trabajadores en una posición vulnerable frente a posibles abusos.

Por consiguiente, es fundamental que la Ley ofrezca una regulación más detallada y precisa del derecho a la desconexión digital para garantizar su efectivo cumplimiento y proteger adecuadamente los derechos de los trabajadores a distancia. Esto contribuirá a una aplicación más uniforme de la normativa y asegurará que los trabajadores puedan disfrutar de su tiempo de descanso sin interrupciones indebidas. En este sentido, se propone la siguiente modificación del artículo 18 de la Ley 10/2021, de 9 de julio, de trabajo a distancia:

> ***Artículo 18. Derecho a la desconexión digital.***
>
> *1. Las personas que trabajan a distancia, particularmente en teletrabajo, tienen derecho a la desconexión digital fuera de su horario de trabajo en los términos establecidos en el artículo 88 de la Ley Orgánica 3/2018, de 5 de diciembre.*
>
> *El deber empresarial de garantizar la desconexión incluye la limitación del uso de medios tecnológicos de comunicación y trabajo durante los periodos de descanso, el respeto a la duración máxima de la jornada laboral y el cumplimiento de cualquier límite y precaución en materia de jornada establecidos por la normativa legal o convencional aplicable.*
>
> *2. La empresa, previa audiencia de la representación legal de los trabajadores, elaborará una política interna empresarial en la que definirán las modalidades de ejercicio del derecho a la desconexión y las acciones de formación y de sensibilización del personal sobre un uso razonable de las herramientas tecnológicas que evite el riesgo de fatiga informática. En particular, se garantizará el derecho a la desconexión digital en los casos de trabajo a distancia, ya sea total o parcial, así como en el domicilio del empleado, cuando se utilicen herramientas tecnológicas con fines laborales.*
>
> *Los convenios o acuerdos colectivos de trabajo podrán establecer los medios y medidas adecuadas para garantizar el ejercicio*

efectivo del derecho a la desconexión en el trabajo a distancia y la organización adecuada de la jornada de forma que sea compatible con la garantía de tiempos de descanso.

3. Las empresas estarán obligadas a proporcionar información escrita, clara y adecuada a los representantes de los trabajadores sobre cómo ejercer su derecho a la desconexión. Esta información deberá incluir los procedimientos internos para reportar vulneraciones, los derechos y responsabilidades de los trabajadores y las medidas que la empresa ha implementado para garantizar el derecho a la desconexión digital. La información deberá ser entregada al trabajador al inicio de la relación laboral y deberá estar disponible de forma accesible en todo momento.

4. Las autoridades inspectoras prestarán medidas de protección concretas para asegurar que los trabajadores no enfrenten represalias por ejercer su derecho a la desconexión digital. Estas medidas deben garantizar que no se tomen decisiones desfavorables contra los empleados, como cambios negativos en sus condiciones laborales, obstáculos en su promoción profesional o cualquier otro tipo de penalización que pueda interpretarse como una represalia por desconectarse de los medios tecnológicos fuera de su horario laboral.

5. Se reconoce el derecho de los trabajadores a obtener reparación en caso de que se vulnere su derecho a la desconexión. Las empresas deberán establecer procedimientos claros y accesibles para que los trabajadores puedan presentar reclamaciones si consideran que su derecho a la desconexión ha sido vulnerado. Las reparaciones podrán incluir indemnizaciones económicas, medidas correctivas inmediatas y cualquier otra acción que se considere necesaria para restituir los derechos del trabajador afectado.

Adicionalmente a lo anterior, se propone tipificar explícitamente las siguientes infracciones relacionadas con el cumplimiento de las disposiciones del derecho a la desconexión digital dentro de los artículos 7 y 8 del Real Decreto Legislativo 5/2000, de 4 de agosto, por el que se aprueba el texto refundido de la Ley sobre Infracciones y Sanciones en el Orden Social:

Artículo 7. Infracciones graves.

Son infracciones graves:

[...]

> *15. El incumplimiento reiterado y deliberado por parte de la empresa de la obligación de limitar el uso de los medios tecnológicos de comunicación empresarial durante los periodos de descanso de los trabajadores, de acuerdo con lo dispuesto en el artículo 18.1 de la Ley 10/2021, de 9 de julio, de trabajo a distancia.*
>
> *16. La falta de adopción por parte de la empresa de una política interna dirigida a garantizar el ejercicio efectivo del derecho a la desconexión digital, conforme a lo establecido en el artículo 18.2 de la Ley 10/2021, de 9 de julio, de trabajo a distancia.*
>
> *17. La omisión de proporcionar información escrita, clara y adecuada a los trabajadores sobre cómo ejercer su derecho a la desconexión digital y los procedimientos internos para reportar vulneraciones, en los términos establecidos en el artículo 18.3 de la Ley 10/2021, de 9 de julio, de trabajo a distancia.*
>
> ***Artículo 8. Infracciones muy graves.***
>
> *Son infracciones muy graves:*
>
> *[…]*
>
> *21. La adopción de cualquier forma de represalia empresarial contra los trabajadores que ejerzan su derecho a la desconexión digital, incluyendo decisiones desfavorables en materia de empleo, condiciones laborales o promoción profesional, en contravención de lo previsto en el artículo 18.5 de la Ley 10/2021, de 9 de julio, de trabajo a distancia.*

Esta nueva regulación propuesta tiene como objetivo principal resolver las deficiencias presentes en la normativa actual, proporcionando una mayor claridad y precisión en la protección del derecho a la desconexión digital. Al especificar medidas de protección contra represalias, derecho a reparación, obligación de informar y un régimen sancionador, se fortalece la seguridad jurídica de los trabajadores y se promueve una aplicación más uniforme y justa de este derecho.

(5) Fomento de la igualdad de género y corresponsabilidad en el teletrabajo

La Ley 10/2021, de 9 de julio, de trabajo a distancia, establece importantes disposiciones sobre igualdad de trato y de oportunidades, y no discriminación para las personas que desarrollan trabajo a distancia. Sin embargo, a pesar de estos avances, la normativa actual no aborda de manera explícita la integración de la perspectiva de género y la corresponsabilidad en el teletrabajo.

Las mujeres suelen enfrentar una doble carga de trabajo, combinando las responsabilidades laborales con las tareas domésticas y de cuidado, lo que puede resultar en una sobrecarga significativa que afecta su bienestar y productividad. Esta situación se agrava en el contexto del teletrabajo, donde las fronteras entre el trabajo remunerado y las responsabilidades familiares pueden difuminarse, exacerbando las desigualdades de género preexistentes.

El artículo 4 de la Ley 10/2021 establece que las personas que trabajan a distancia deben gozar de los mismos derechos que las que trabajan de manera presencial, incluyendo igualdad de trato, retribución, y medidas contra el acoso y discriminación. Sin embargo, no se especifica cómo garantizar que estas disposiciones sean efectivas en el contexto del teletrabajo, especialmente en términos de corresponsabilidad y distribución equitativa de las tareas domésticas y de cuidado.

Por consiguiente, es crucial que la Ley 10/2021 de trabajo a distancia incluya de manera explícita la perspectiva de género y la corresponsabilidad en su regulación. Para ello, se propone la inclusión de un nuevo apartado en el artículo 4:

> ***Artículo 4. Igualdad de trato y de oportunidades y no discriminación.***
>
> *[...]*
>
> *6. Las empresas deberán adoptar medidas específicas para promover la corresponsabilidad en el teletrabajo, fomentando una distribución equitativa de las tareas domésticas y de cuidado. Estas medidas incluirán programas de formación y sensibilización sobre igualdad de género y corresponsabilidad, así como la implementación de políticas de conciliación flexibles que permitan a las personas teletrabajadoras adaptar sus horarios laborales a sus necesidades familiares.*
>
> *7. La empresa deberá promover que la distribución por géneros de las personas teletrabajadoras sea representativa de la distri-*

> *bución por géneros de la plantilla de la empresa. Para ello, se establecerán umbrales máximos de desviación entre ambas distribuciones, que no podrán superar los 10 puntos porcentuales. No se concederá el teletrabajo que impliquen una desviación de la distribución de la plantilla por encima del umbral establecido.*

Esta propuesta de modificación del artículo 4 tiene como objetivo garantizar que las empresas adopten medidas específicas para fomentar una distribución equitativa de las tareas domésticas y de cuidado entre los empleados teletrabajadores. Estas medidas deben incluir programas de formación y sensibilización sobre igualdad de género y corresponsabilidad, así como la implementación de políticas de conciliación flexibles que permitan a los trabajadores adaptar sus horarios laborales a sus necesidades familiares.

Además, la propuesta sugiere la introducción de umbrales máximos de desviación en la distribución por géneros de las personas teletrabajadoras respecto a la plantilla de la empresa. Esto busca prevenir desequilibrios significativos y garantizar una representación equitativa de géneros en el teletrabajo, evitando que la opción de teletrabajar agrave las desigualdades de género en la empresa.

Por consiguiente, la inclusión de estas medidas en la Ley 10/2021 es esencial para promover una verdadera igualdad de género y corresponsabilidad en el teletrabajo. Estas medidas garantizarán que las disposiciones sobre igualdad de trato y oportunidades sean efectivas y se traduzcan en mejoras tangibles en la vida laboral y personal de todos los trabajadores. Esto no solo contribuirá a reducir la sobrecarga laboral y doméstica que afecta especialmente a las mujeres, sino que también fomentará un entorno laboral más justo y equitativo.

(6) Modernización del sistema de control empresarial en el teletrabajo

El artículo 22 de la Ley 10/2021, de 9 de julio, de trabajo a distancia establece que las empresas pueden adoptar medidas de vigilancia y control, incluida la utilización de medios telemáticos, para verificar el cumplimiento de las obligaciones laborales de los trabajadores. Estas medidas deben aplicarse con la debida consideración a la dignidad del trabajador y teniendo en cuenta sus circunstancias personales, como la concurrencia de una discapacidad.

Sin embargo, la aplicación de Tecnologías de la Información y Comunicación y, más recientemente, de sistemas de IA como mecanismos de control, plantea desafíos éticos y legales considerables. La capacidad de la IA para monitorizar y analizar grandes volúmenes de datos en tiempo real puede mejorar la eficiencia y colaboración en el teletrabajo, pero también puede percibirse como una intrusión significativa en la privacidad de los empleados. Esto exige un balance cuidadoso entre la supervisión necesaria y el respeto por la privacidad y autonomía del trabajador.

La doctrina jurisprudencial y académica sostiene que las medidas de control son legítimas mientras no resulten inconstitucionales. Sin embargo, la ausencia de políticas internas claras y detalladas, la falta de una evaluación rigurosa de la necesidad y proporcionalidad de las medidas de control, y un enfoque tradicional en la supervisión laboral, evidencian una implementación deficiente del control empresarial en el teletrabajo. Esta deficiencia no solo afecta la protección de los derechos de los trabajadores, sino que también compromete la eficiencia y efectividad de las medidas de control adoptadas por las empresas.

En este contexto, se considera oportuno introducir la siguiente modificación en el redactado del art. 22 de la Ley 10/2021, de 9 de julio, de trabajo a distancia:

> ***Artículo 22. Facultades de control empresarial.***
>
> *1. Las empresas estarán obligadas a desarrollar y formalizar políticas internas específicas que regulen el uso de TIC y sistemas de IA como mecanismos de control en el trabajo a distancia y el teletrabajo. La participación activa de la representación legal de los trabajadores, mediante la emisión de informes preceptivos antes de la formalización de dichas políticas, garantiza una*

evaluación crítica y equilibrada de las medidas de control, fortaleciendo así la protección de los derechos de los empleados.

Asimismo, estas políticas deben ser claras, detalladas y comunicadas de forma previa y obligatoria a todos los trabajadores y sus representantes. Es imprescindible que estas políticas aseguren la transparencia total y el respeto absoluto a los derechos fundamentales de los empleados.

2. Antes de adoptar cualquier medida de control basada en la IA, las empresas deben realizar una evaluación exhaustiva de su necesidad y proporcionalidad. Los mecanismos de control deben ser adecuados, no invasivos y respetar la privacidad y dignidad de los trabajadores, cumpliendo estrictamente con los límites constitucionales impuestos por el respeto a los derechos fundamentales.

3. La supervisión del trabajo a distancia debe enfocarse en la consecución de objetivos y resultados empresariales, garantizando simultáneamente la protección de los derechos de los trabajadores. Las evaluaciones de desempeño deben basarse en el cumplimiento de metas y objetivos claros, previamente negociados y acordados colectivamente entre la empresa y la representación legal de los trabajadores. Es esencial que estas evaluaciones se realicen de manera justa y transparente, asegurando que el control no se convierta en una vigilancia intrusiva y constante, sino en un seguimiento respetuoso y equilibrado que valore y respete los derechos y la dignidad de los empleados.

4. Las empresas deberán implementar medidas técnicas y organizativas para proteger la información personal y sensible, garantizando que cualquier medida de control respete estrictamente la legislación de protección de datos y los derechos fundamentales de los trabajadores. Además, es fundamental realizar auditorías periódicas de los sistemas de control para asegurar su legalidad y eficacia.

La modernización del sistema de control empresarial en el teletrabajo, especialmente con la incursión de la IA, es imperativa para garantizar un desarrollo efectivo y justo de esta modalidad laboral. La falta de políticas internas claras y detalladas crea incertidumbre tanto para los empleadores como para los empleados, afectando la transparencia y la protección de los derechos fundamentales. Al desarrollar y comunicar políticas internas específicas, las empresas pueden establecer un marco claro y coherente para la adopción de medidas de control, promoviendo un entorno laboral más transparente y equitativo. Asimismo, la participación activa de los representantes de los trabajadores, mediante la emisión de informes preceptivos, asegura una evaluación crítica y equilibrada de las medidas de control, fortaleciendo la protección de los derechos de los empleados. Igualmente, la evaluación rigurosa de la necesidad y proporcionalidad de las medidas de control, especialmente aquellas basadas en IA, es crucial para evitar abusos y garantizar que estas medidas sean adecuadas y respetuosas de la privacidad y dignidad de los trabajadores.

Por su parte, enfocar la supervisión del teletrabajo en la consecución de resultados, garantizando simultáneamente la protección de los derechos de los trabajadores, no solo respeta la autonomía del trabajador, sino que también promueve un entorno laboral más productivo y motivador. La reformulación del modelo de gestión organizacional es necesaria para adaptar las empresas a las nuevas formas de trabajo y al uso de IA, siempre asegurando que estas tecnologías se utilicen de manera ética y justa. Adoptar un enfoque más flexible y descentralizado, negociado colectivamente con los representantes de los trabajadores, permite a las empresas aprovechar al máximo las ventajas del teletrabajo, mejorando la eficiencia y resiliencia organizacional, mientras se fortalecen los derechos y la dignidad de los empleados.

Finalmente, garantizar la protección de datos y los derechos fundamentales de los trabajadores es esencial para un despliegue justo y legal del teletrabajo. Las empresas deben tomar todas las medidas necesarias para proteger la información personal y sensible, y realizar auditorías periódicas para asegurar la legalidad y eficacia de sus sistemas de control.

(7) Potenciación del ejercicio de los derechos colectivos en el teletrabajo

La Ley 10/2021, de 9 de julio, de trabajo a distancia, presenta carencias importantes en cuanto al ejercicio de los derechos colectivos de las personas teletrabajadoras. Aunque el artículo 19 de la ley establece que estos trabajadores tienen los mismos derechos colectivos que sus compañeros presenciales, la normativa no ofrece detalles específicos sobre cómo se deben aplicar estos derechos en el contexto particular del teletrabajo. Esta omisión genera incertidumbre y dificulta el ejercicio efectivo de los derechos colectivos.

Una de las principales problemáticas es la falta de claridad sobre el sistema de adscripción de las personas teletrabajadoras a los centros de trabajo de la empresa. Sin criterios definidos, se complica la organización y coordinación entre teletrabajadores y empleados presenciales. Esta falta de adscripción clara afecta la cohesión organizativa y puede llevar a situaciones de desventaja para los teletrabajadores, quienes pueden sentirse aislados y desconectados del resto de la plantilla.

Asimismo, la legislación actual no contempla adecuadamente el derecho de voto virtual para las personas teletrabajadoras. Dada la naturaleza del teletrabajo y la dispersión geográfica de estos trabajadores, es esencial que se establezcan soluciones tecnológicas que permitan su participación activa y equitativa en los procesos electorales de la empresa. Sin este mecanismo, los teletrabajadores pueden verse impedidos de ejercer plenamente su derecho a voto, lo que compromete la democracia interna de la empresa.

Otra área crítica que requiere atención es la falta de una unidad electoral específica para las personas teletrabajadoras. La creación de esta unidad es fundamental para garantizar una representación adecuada y equitativa en los órganos de representación colectiva. Sin una unidad específica, los teletrabajadores pueden quedar subrepresentados, afectando negativamente su capacidad de influir en las decisiones que afectan sus condiciones laborales.

Finalmente, el derecho de huelga en el contexto del teletrabajo presenta una complejidad particular que no ha sido abordada de manera adecuada. La legislación actual está diseñada para empresas donde el personal se encuentra agrupado en un mismo centro de trabajo, lo cual no se ajusta a la realidad de los teletrabajadores dispersos geográficamente. Esta dispersión requiere una adaptación específica para asegurar que el derecho de huelga pueda ser ejercido en condiciones de igualdad y efectividad, garantizando así que los teletrabajadores no sean excluidos de este importante mecanismo de defensa de sus derechos laborales.

Considerando todo lo señalado anteriormente, se propone introducir los siguientes nuevos apartados en el art. 19 de la Ley 10/2021, de 9 de julio, de trabajo a distancia:

> ***Artículo 19. Derechos colectivos de las personas que trabajan a distancia.***
>
> *[...]*
>
> *4. Las empresas deberán establecer un sistema de adscripción claro y definido para las personas trabajadoras a distancia, que permita su vinculación adecuada a los centros de trabajo de la empresa. Este sistema deberá facilitar la integración y coordinación entre las personas trabajadoras a distancia y el resto del personal de la empresa, promoviendo la cohesión organizativa.*
>
> *5. Se creará una unidad electoral específica para agrupar a todas las personas trabajadoras a distancia. Esta unidad garantizará la participación equitativa y adecuada de estos trabajadores en los procesos electorales y en los órganos de representación colectiva.*

Asimismo, se propone modernizar la regulación contemplada en el Real Decreto 1844/1994, de 9 de septiembre, por el que se aprueba el Reglamento de elecciones a órganos de representación de los trabajadores en la empresa, introduciendo el sistema de votación telemática:

> ***Artículo 10. bis Votación telemática.***
>
> *1. Los electores que opten por la votación telemática podrán ejercer su derecho de sufragio utilizando sistemas electrónicos que garanticen la autenticidad y seguridad del proceso, mediante la utilización de la firma digital expedida por la Fábrica Nacional de Moneda y Timbre (FNMT) u otros certificados digitales reconocidos.*
>
> *2. La empresa deberá establecer una plataforma segura de votación telemática, accesible para todos los trabajadores, que cumpla con los estándares de seguridad y confidencialidad establecidos por la legislación vigente.*

> *3. Para votar telemáticamente, el elector deberá acceder a la plataforma de votación mediante su firma digital. Una vez autenticado, podrá seleccionar su opción de voto y confirmar su elección. La plataforma generará un recibo electrónico que servirá como comprobante de la emisión del voto.*
>
> *4. La plataforma de votación deberá garantizar el anonimato del voto, la integridad de los datos y la imposibilidad de modificar el voto una vez emitido.*
>
> *5. La empresa, junto con los representantes de los trabajadores, deberá supervisar y auditar el proceso de votación telemática para asegurar su transparencia y correcto funcionamiento.*
>
> *6. En caso de incidencias técnicas que impidan la correcta emisión del voto telemático, el trabajador podrá comunicarlo a la mesa electoral y, si no se resuelve a tiempo, tendrá derecho a emitir su voto por correo siguiendo el procedimiento establecido en el artículo 10.*
>
> *7. La votación telemática deberá estar disponible desde el inicio del proceso electoral hasta el cierre del periodo de votación, permitiendo a los trabajadores ejercer su derecho de sufragio de manera flexible y segura.*
>
> *8. Una vez finalizado el proceso de votación telemática, la mesa electoral procederá al escrutinio de los votos electrónicos de manera conjunta con los votos presenciales y por correo, garantizando la coherencia y validez de los resultados.*

Adicionalmente a lo anterior, se propone introducir los siguientes artículos en la regulación actual del derecho a la huelga contemplada en el Real Decreto-ley 17/1977, de 4 de marzo, sobre relaciones de trabajo. Esta propuesta se realiza sin perjuicio de su futura regulación mediante Ley Orgánica, al tratarse de un derecho fundamental constitucionalmente reconocido:

> ***Artículo siete bis.***
>
> *1. En el contexto del teletrabajo, el ejercicio del derecho de huelga se realizará mediante la cesación de cualquier actividad laboral relacionada con el teletrabajo. Esto incluirá, entre otras acciones:*
>
> *a) Apagado del equipo informático o videoterminal.*
>
> *b) No contestación de llamadas telefónicas.*
>
> *c) Filtrado de mensajes provenientes de la empresa.*
>
> *d) Suspensión de cualquier actividad laboral telemática.*

> *2. La empresa no podrá utilizar medios tecnológicos avanzados para sustituir a los teletrabajadores en huelga.*
>
> *3. Los piquetes informativos no podrán dirigirse al domicilio de los teletrabajadores para difundir información sobre la huelga. La divulgación de la información deberá realizarse mediante medios digitales que respeten la privacidad y los derechos fundamentales de los teletrabajadores.*
>
> *4. La utilización de tecnologías avanzadas para reemplazar a los teletrabajadores durante una huelga se considerará una vulneración del derecho fundamental a la huelga.*

La inclusión de estas nuevas disposiciones en la Ley es esencial para asegurar que los derechos colectivos de las personas trabajadoras a distancia sean ejercidos de manera efectiva y en igualdad de condiciones con el resto de los trabajadores. La especificación de un sistema de adscripción claro y la posibilidad de voto virtual garantizan una mejor integración y participación de los teletrabajadores en los procesos organizativos y democráticos de la empresa. Asimismo, la creación de una unidad electoral específica y la adaptación del derecho de huelga a las particularidades del teletrabajo son medidas fundamentales para proteger los derechos colectivos de estos trabajadores, promoviendo un entorno laboral justo y equitativo.

(8) Integración de las TIC y la IA en la prevención de riesgos laborales del teletrabajo

La Ley 10/2021, de 9 de julio, de trabajo a distancia, establece en su Sección 4.ª el derecho a la prevención de riesgos laborales para los teletrabajadores, conforme a la Ley 31/1995, de 8 de noviembre, de Prevención de Riesgos Laborales. No obstante, la normativa presenta carencias significativas en la gestión de los riesgos específicos asociados al teletrabajo, exacerbadas por la dependencia de las tecnologías de la información y la comunicación y la utilización intensiva de herramientas digitales.

El artículo 15 de la Ley 10/2021 garantiza la adecuada protección en materia de seguridad y salud laboral, mientras que el artículo 16 establece los requisitos para la evaluación de riesgos y planificación de la actividad preventiva, prestando especial atención a los factores psicosociales, ergonómicos, organizativos y de accesibilidad. Sin embargo, la evaluación de riesgos se limita a la zona habilitada para el teletrabajo y requiere el permiso del trabajador para visitas domiciliarias, lo que dificulta la obtención de información precisa y la implementación de medidas preventivas efectivas. Por su parte, la normativa actual no contempla la posible integración de las TIC y la inteligencia artificial en la prevención de los riesgos laborales derivados del teletrabajo ni establece métodos eficaces para la inspección y evaluación de los entornos laborales remotos.

Para superar estas deficiencias, se propone introducir un nuevo apartado en el art. 16 de la Ley 10/2021, de 9 de julio, de trabajo a distancia, de modo que integre de manera explícita las TIC y la IA en la prevención de riesgos laborales en el teletrabajo:

> ***Artículo 16. Evaluación de riesgos y planificación de la actividad preventiva.***
>
> *[…]*
>
> *3. Se promoverá el uso de tecnologías de la información y la comunicación y sistemas de inteligencia artificial como herramientas clave para la evaluación y gestión de los riesgos laborales en el teletrabajo. Estas tecnologías deberán cumplir con los estándares de seguridad y privacidad establecidos por la normativa vigente y serán utilizadas para:*
>
> *a) Evaluar las condiciones ergonómicas del teletrabajador de manera periódica, asegurando que su entorno de trabajo cumple con los requisitos de salud y seguridad sin implicar un control permanente.*
>
> *b) Evaluar los riesgos psicosociales del teletrabajador mediante un chat basado en inteligencia artificial, diseñado para identificar factores de estrés y otros riesgos psicosociales a través de interacciones regulares con los trabajadores.*
>
> *c) Facilitar la comunicación y colaboración entre el trabajador y la empresa, promoviendo un entorno de trabajo saludable y equilibrado. Esto incluye la gestión adecuada de la interacción*

> *laboral y el apoyo continuo para prevenir el estrés y otros problemas relacionados con el bienestar laboral.*
>
> *d) Proporcionar formación continua y personalizada a los teletrabajadores sobre la correcta utilización de su entorno de trabajo y las medidas de prevención de riesgos.*
>
> *e) Emitir alertas tempranas y recomendaciones personalizadas basadas en el análisis de datos recogidos mediante TIC e IA, permitiendo una intervención preventiva más eficaz.*

La integración de las TIC y la IA en la prevención de riesgos laborales es esencial para garantizar la seguridad y salud de los teletrabajadores. Las tecnologías propuestas permiten una gestión más proactiva y personalizada de los riesgos laborales, adaptándose a las necesidades específicas de cada trabajador y entorno laboral. Además, la utilización de tecnologías avanzadas permitiría obtener información precisa y fiable sin necesidad de visitas físicas, superando así las limitaciones actuales impuestas por la necesidad de consentimiento del trabajador para inspecciones domiciliarias. En definitiva, esta propuesta de modificación tiene como objetivo principal garantizar una protección más eficaz y adaptada a las nuevas realidades del teletrabajo, aprovechando las ventajas de las tecnologías avanzadas para mejorar la seguridad y salud laboral de los teletrabajadores, asegurando al mismo tiempo el respeto a sus derechos fundamentales.

(9) Necesaria regulación del teletrabajo transnacional

La regulación actual del trabajo a distancia en España, establecida por la Ley 10/2021, de 9 de julio, no aborda de manera específica el teletrabajo transnacional. Esta modalidad, caracterizada por la prestación de servicios desde un país distinto al de la sede del empleador, introduce una serie de complejidades jurídicas y laborales que quedan fuera del ámbito de la normativa vigente. La ausencia de una regulación específica y armonizada a nivel comunitario e internacional ha permitido que prácticas de *dumping social* proliferen, perjudicando tanto a los teletrabajadores como a las empresas que operan de buena fe. Estas prácticas generan distorsiones en el mercado y la competencia, y conducen a la explotación de los trabajadores y a la elusión de las normativas laborales y de seguridad social.

El marco normativo actual de Derecho Internacional Privado, aunque intenta resolver algunos de estos problemas, no siempre ofrece soluciones adecuadas y puede generar inseguridad jurídica. La Ley 10/2021 no establece normas claras sobre la competencia judicial y la ley aplicable en casos de teletrabajo transnacional, lo que deja a los trabajadores y empleadores en una situación de incertidumbre legal. La negociación colectiva, aunque constituye un instrumento normativo para adaptar las reglas a las necesidades específicas, es insuficiente en el ámbito transnacional debido a su escaso desarrollo y falta de directrices claras en la legislación actual.

Además, el régimen jurídico de la Seguridad Social en el teletrabajo transnacional plantea retos significativos. La falta de claridad en la legislación puede dar lugar a situaciones de doble cotización o a una protección social insuficiente para los trabajadores. La normativa de coordinación comunitaria actual, aunque útil, no ofrece respuestas específicas para el teletrabajo transnacional, ya que está orientada hacia la movilidad física del trabajador, lo que no se armoniza con la naturaleza del teletrabajo digital. La legislación española de Seguridad Social, al aplicar la normativa nacional común por defecto, genera conflictos normativos en escenarios transnacionales, y no proporciona una solución definitiva a los dilemas surgidos del teletrabajo transnacional.

Por consiguiente, la falta de una regulación específica en la Ley 10/2021 y en la normativa de Seguridad Social española deja a los teletrabajadores transnacionales en una posición vulnerable y expuesta a prácticas laborales injustas y a una protección social inadecuada. Esta situación subraya la necesidad urgente de desarrollar un marco normativo que aborde las especificidades del teletrabajo transnacional y garantice la protección de los derechos de los trabajadores en un entorno laboral globalizado y digitalizado. En este contexto, se propone introducir un nuevo Capítulo V en la Ley 10/2021, de 9 de julio, de trabajo a distancia que regule específicamente el fenómeno del teletrabajo transnacional:

> ***Capítulo V. El régimen jurídico del teletrabajo transnacional***
>
> ***Artículo 23. Teletrabajo transnacional.***
>
> *A los efectos de esta Ley, se entiende por teletrabajo transnacional aquella modalidad de trabajo a distancia en la que el trabajador realiza sus actividades laborales desde un país distinto al de la sede de la organización productiva, utilizando de manera exclusiva y prevalente tecnologías de la información y la comunicación (TIC) para la ejecución de sus tareas y la comunicación con la empresa.*
>
> ***Artículo 24. Competencia judicial internacional y ley aplicable en los casos del teletrabajo transnacional.***
>
> *1. En los casos de teletrabajo transnacional, la competencia judicial para la resolución de conflictos laborales se determinará de acuerdo con el Reglamento (UE) n.° 1215/2012 del Parlamento Europeo y del Consejo de 12 de diciembre de 2012, sobre jurisdicción y el reconocimiento y la ejecución de resoluciones judiciales en materia civil y mercantil (Bruselas I). En su defecto, la persona trabajadora podrá presentar la demanda ante el Juzgado en el que la empresa tenga su domicilio o en el que el trabajador habitualmente desempeñe su trabajo.*
>
> *2. La ley aplicable a las relaciones laborales en casos de teletrabajo transnacional se determinará conforme al Reglamento (CE) n.° 593/2008 del Parlamento Europeo y del Consejo de 17 de junio de 2008, sobre la ley aplicable a las obligaciones contractuales (Roma I).*
>
> ***Artículo 25. Sistema de Seguridad Social en el teletrabajo transnacional***
>
> *1. Los teletrabajadores transnacionales tendrán derecho a una protección social adecuada y no discriminatoria. Se garantizará que no existan situaciones de doble cotización y que el trabajador reciba una cobertura de seguridad social equivalente a la que tendría en el país del empleador.*
>
> *2. La coordinación de los sistemas de seguridad social en el teletrabajo transnacional se atenderá a las disposiciones de los Reglamentos (CE) n.° 883/2004 y (CE) n.° 987/2009 del Parlamento Europeo y del Consejo, sobre la coordinación de los sistemas de seguridad social en la Unión Europea, para asegurar la protección de los derechos de los teletrabajadores transnacionales.*

> ***Artículo 26. Cooperación internacional para la protección de los derechos laborales de los teletrabajadores***
>
> *1. En los casos de teletrabajo contratado a trabajadores residentes en España desde países extracomunitarios, se velará por que dichos trabajadores no sufran menoscabo de sus derechos laborales.*
>
> *2. Para asegurar el cumplimiento de los derechos laborales de los teletrabajadores residentes en España, se promoverá la colaboración entre las autoridades laborales españolas y las de los países extracomunitarios.*
>
> *3. Esta colaboración incluirá la implementación de mecanismos de cooperación y comunicación para supervisar y garantizar que las condiciones laborales de los teletrabajadores residentes en España sean respetadas conforme a la legislación española y los estándares internacionales.*

Esta propuesta de nuevo Capítulo en la Ley 10/2021 tiene como objetivo integrar y armonizar la normativa existente con las nuevas realidades del teletrabajo transnacional. Se busca garantizar la protección de los derechos de los teletrabajadores y promover una competencia justa y sostenible en el mercado laboral global.

La implementación de estas disposiciones permitirá abordar las lagunas jurídicas actuales, proporcionando un marco claro y coherente que regule el teletrabajo transnacional. Esto contribuirá a prevenir prácticas de *dumping social*, que actualmente proliferan debido a la falta de regulación específica, y asegurará que los teletrabajadores transnacionales reciban una protección social adecuada, evitando situaciones de doble cotización y garantizando una cobertura equivalente a la que tendrían en el país del empleador. Además, la propuesta fomenta una mayor seguridad jurídica para empleadores y trabajadores al establecer normas claras sobre la competencia judicial y la ley aplicable en casos de teletrabajo transnacional. Esto reducirá la incertidumbre legal y facilitará la resolución de conflictos laborales en un entorno cada vez más globalizado y digitalizado. En definitiva, esta propuesta busca no solo adaptar la normativa existente a las nuevas realidades del teletrabajo transnacional, sino también garantizar un entorno laboral que proteja los derechos de los trabajadores y promueva una competencia justa en un mundo cada vez más interconectado y digital.

***

Concluimos, por tanto, que el futuro del teletrabajo en España y en el ámbito internacional está intrínsecamente ligado a nuestra capacidad para prever y adaptarnos a las constantes transformaciones del mercado laboral y tecnológico. La acelerada evolución de las tecnologías de la información y comunicación plantea un doble desafío: por un lado, la necesidad de integrar estos avances de manera que potencien la eficiencia y la flexibilidad en el trabajo, y por otro, el imperativo de evitar que dichas tecnologías se conviertan en instrumentos de precarización laboral. En definitiva, es fundamental asegurar que la tecnología sea un vehículo de mejora laboral y no un medio de precarización, lo cual requiere un compromiso continuo con el desarrollo de un marco legal que sea justo, seguro y productivo. Solo a través de un enfoque legislativo que combine visión de futuro con adaptabilidad y justicia social, podremos garantizar que el teletrabajo contribuya efectivamente a la creación de un entorno laboral óptimo para todos.

Referencias bibliográficas

- Aghion, P., Antonin, C. y Bunel, S. (2019). "Sobre los efectos de la IA en el crecimiento y el empleo". *El Trabajo en la Era de los Datos.* BBVA. https://www.bbva.com/wp-content/uploads/2024/07/BBVA-Open-Mind-libro-2020-Trabajo-en-la-Era-de-los-Datos.pdf Recuperado el 12 de octubre de 2024.
- Alegre Nueno, M. (2021). "La prevención de riesgos laborales en el trabajo a distancia COVID-19", *El trabajo a distancia en el RDL 28/2020.* Tirant lo Blanch.
- Aliaga Casanova, A. C. (2001). "El teletrabajo, la necesidad de su regulación legal y el respeto a la intimidad". *La Ley: Revista Jurídica Española de Doctrina, Jurisprudencia y Bibliografía,* (6).
- Álvarez del Cuvillo, A. (2020). "La delimitación del derecho a la intimidad de los trabajadores en los nuevos escenarios digitales" [en línea]. *Temas Laborales: Revista Andaluza de Trabajo y Bienestar Social,* (151). https://dialnet.unirioja.es/descarga/articulo/7464154.pdf. Recuperado el 31 de julio de 2023.
- Alzaga Ruiz, I. (2021). "Derecho al abono y compensación de gastos". *El trabajo a distancia: una perspectiva global,* Aranzadi.
- Andrés, J. J., Olano Ocáriz, M., Lete Murugarren, A., CIDEC y España. Ministerio de Trabajo y Asuntos Sociales. (2001). *Perspectiva internacional del teletrabajo: nuevas formas de trabajo en la sociedad de la información.* Ministerio de Trabajo y Asuntos Sociales.
- Arribas Sánchez, B. (2022). "Régimen jurídico del metaverso: Una aproximación europea". *Informática y Derecho: Revista Iberoamericana de Derecho Informático (segunda época), (12),* 151-159. https://revistas.fcu.edu.uy/index.php/informaticayderecho/article/view/3134 Recuperado el 5 de octubre de 2024.
- Aksoy, C. G., Barrero, J. M., Bloom, N., Davis, S. J., Dolls, M. y Zarate, P. (2023). *Time Savings When Working from Home.* National Bureau of Economic Research. https://www.nber.org/system/files/working_papers/w30866/w30866.pdf. Recuperado el 14 de febrero de 2024.
- Avendaño Martínez, F. (2023). *Capitalismo y Modelos de Negocio en la Revolución Digital y Transformación del Mercado de Trabajo.* Dykinson.

- Ballester Casanella, B. (2021). "Las diferentes formas en que se manifiesta la inteligencia artificial en la sociedad y en la economía", *La robótica y la inteligencia artificial en la nueva era de la Revolución Industrial 4.0: Los desafíos jurídicos, éticos y tecnológicos de los robots inteligentes.* Dykinson.
- Basterra Hernández, M. (2021). "Los derechos colectivos en el trabajo a distancia: derechos de información, centro de trabajo, voto electrónico, negociación colectiva y huelga". *El trabajo a distancia en el RDL 28/2020,* Tirant lo Blanch.
- Beltrán de Heredia Ruiz, I. (2014). "Facultad de control empresarial y el derecho a la libertad informática de los trabajadores: un derecho fundamental (inexplicablemente) olvidado". *Internet, derecho y política una década de transformaciones: actas del X Congreso Internacional Internet, Derecho y Política.* Universitat Oberta de Catalunya.
- Benito-Butrón Ochoa, J. C. (2000). "Teletrabajo y Seguridad Social". *Descentralización productiva y nuevas formas organizativas del trabajo.* Ministerio de Trabajo y Asuntos Sociales, Subdirección General de Publicaciones.
- Blasco Pellicer, A. (2021). "El tratamiento procesal del trabajo a distancia". *El trabajo a distancia en el RDL 28/2020,* Tirant lo Blanch.
- Bras,A. y Schaefer.L. (2020). *La COVID-19 da un empujón al teletrabajo,* https://www.caixabankresearch.com/es/economia-y-mercados/mercado-laboral-y-demografia/covid-19-da-empujon-al-teletrabajo Recuperado el 21 de julio de 2024.
- Caballero Pérez, M. J. (2022). "El derecho a la salud en el Ámbito Internacional y de la Unión Europea. Tratamiento actual y desafíos futuros". *Revista de Derecho de la Seguridad Social. Laborum, Extra 4 (Ejemplar dedicado a: El modelo de atención sanitaria multinivel. La cohesión y calidad del Sistema Nacional de Salud y el avance de la revolución digital en la sanidad).* https://revista.laborum.es/index.php/revsegsoc/article/view/629/723. Recuperado el 10 de junio de 2024.
- Calvo Caravaca, A. L. y Carrascosa González, J. (2017). *Derecho Internacional Privado. Volumen I.* Comares.
- Calvo Caravaca, A. L. y Carrascosa González, J. (2017). *Derecho Internacional Privado. Volumen II.* Comares.
- Carrasco, R. y Salinas, J. M. (1994). *Teletrabajo.* Serie Monografías. Dirección General de Telecomunicaciones del Ministerio de Obras Públicas, Transportes y Medio Ambiente.
- Carrascosa Bermejo, D. (2021). "Derecho al registro horario adecuado y teletrabajo". *El trabajo a distancia: una perspectiva global,* Aranzadi.

- Carrascosa Bermejo, D. (2022). "Teletrabajo internacional y legislación de Seguridad Social aplicable: estado de la cuestión y perspectivas en los Reglamentos de Coordinación de la UE". *Revista Internacional y Comparada de Relaciones Laborales y Derecho del Empleo,* 10(1). https://ejcls.adapt.it/index.php/rlde_adapt/article/view/1153. Recuperado el 13 de noviembre de 2024.
- Carrascosa Bermejo, D. (2023). "Seguridad Social en el teletrabajo internacional postpandémico y en el caso específico del nomadismo digital". *LABOS. Revista de Derecho del Trabajo y Protección Social,* 4(1). https://doi.org/10.20318/labos.2023.7639. Recuperado el 20 de abril de 2024.
- Comisión Europea. (1994). *Crecimiento, competitividad, empleo: Retos y pistas para entrar en el siglo XXI – Libro blanco.* Oficina de Publicaciones, 116. https://op.europa.eu/es/publication-detail/-/publication/4e6ecfb6-471e-4108-9c7d-90cb1c3096af/language-es/format-PDF/source-search. Recuperado el 16 de febrero de 2023.
- Comisión Europea. (2022). *Nota orientativa sobre teletrabajo,* AC 125/22REV2, 13 de mayo de 2022, revisado el 7 y 14 de junio de 2022. https://ec.europa.eu/social/BlobServlet?docId=25818&langId=en. Recuperado el 10 de febrero de 2024.
- Comisión Europea. (2024). *Nota orientativa sobre teletrabajo aplicable a partir del 1 de julio de 2023,* CA 137/23.https://eur-lex.europa.eu/legal-content/ES/TXT/PDF/?uri=OJ:C_202400594. Recuperado el 20 de abril de 2024.
- Comisión Europea. (2024). *Estudio que explora el contexto social, económico y jurídico y las tendencias del teletrabajo y el derecho a desconectar, en el contexto de la digitalización y el futuro del trabajo, durante y después de la pandemia de COVID-19.* https://op.europa.eu/en/publication-detail/-/publication/f56e14ae-f2f7-11ee-8e14-01aa75ed71a1/language-en. Recuperado el 26 de mayo de 2024.
- Correa Carrasco, M. (2019). "La negociación colectiva transnacional como instrumento de gobernanza mundial del trabajo del futuro". *Revista de Trabajo y Seguridad Social.* CEF.
- Cremades Chueca, O. (2022). "Teletrabajo asalariado no regular y compensación de gastos: una propuesta interpretativa y aplicativa integradora de su régimen jurídico". *Iuslabor, (2),* 151-189. https://dialnet.unirioja.es/servlet/articulo?codigo=8503640 Recuperado el 1 de abril de 2024.
- Cruz Villalón, J. (2020). "Teletrabajo y coronavirus: de la emergencia a la permanencia". *Derecho de las Relaciones Laborales,* (4), 2 (Ejemplar dedicado a: El Derecho del Trabajo y de la Seguridad Social ante la Pandemia de COVID-19).

- Cymek, D. H., Truckenbrodt, A. y Onnasch, L. (2023). "Lean back or lean in? Exploring social loafing in human–robot teams". *Frontiers in Robotics and AI, 10.* https://doi.org/10.3389/frobt.2023.1249252. Recuperado el 29 de octubre de 2024.
- De Castro, E. (2020). "El control de la actividad laboral del teletrabajador". *Derecho del trabajo y nuevas tecnologías: estudios en homenaje al Profesor Francisco Pérez de los Cobos Orihuel (en su 25.º aniversario como catedrático de Derecho del Trabajo).* Tirant lo Blanch.
- De Juan Juan, A. y Caballero Savorido, J. M. (2022). *Tendencias estratégicas en la dirección internacional de personas: teletrabajo, brecha salarial, big data y nuevos roles. Respuestas Memento Francis Lefebvre,* 118-119.
- De la Puebla Pinilla, A. (2022). "Negociación colectiva y regulación del trabajo a distancia". *Teletrabajo y Negociación Colectiva: XXXIII Jornada de Estudio sobre Negociación Colectiva.* Ministerio de Trabajo y Economía Social. https://cpage.mpr.gob.es/producto/teletrabajo-y-negociacion-colectiva/. Recuperado el 28 de junio de 2023.
- De Val Arnal, J. J. (1998). "La necesidad de una regulación de teletrabajo". *Acciones e Investigaciones Sociales,* (7). https://dialnet.unirioja.es/descarga/articulo/170236.pdf. Recuperado el 8 de febrero de 2024.
- Díaz Aznarte, M. T. (2001). *El principio de condición más beneficiosa en el ordenamiento jurídico-laboral.* Bosch Casa Editorial.
- Díaz Aznarte, M. T. (2002). *Teoría general de la sucesión de normas en el tiempo (una reflexión crítica sobre los principios ordenadores de la eficacia temporal de las leyes).* Tirant lo Blanch.
- Díaz Aznarte, M. T. (2009). "La respuesta del ordenamiento jurídico-laboral a la situación de las trabajadoras víctimas de violencia de género". *La ley integral: Un estudio multidisciplinar.* Dykinson.
- Díaz Aznarte, M. T. (2010). "La protección preventiva de colectivos especiales de trabajadores". *Manual para la formación en prevención de riesgos laborales. Programa formativo para el desempeño de las funciones de nivel básico* (6.ª ed.). Lex Nova.
- Díaz Aznarte, M. T. (2013). "¿Sólo fue un sueño? La armonización de las responsabilidades profesionales y personales a la luz de las últimas reformas legislativas". *Relaciones Laborales, Revista Crítica de Teoría y Práctica,* (11), Wolters Kluwer.
- Díaz Aznarte, M. T. (2022). "Reformas legislativas en materia de Seguridad Social y perspectiva de género: una asignatura pendiente". *Ganarse la vida: género y trabajo a través de los siglos,* Dykinson.

- Díaz Aznarte, M. T. (2023). "Desigualdad por razón de género en materia de pensiones en el sistema público de Seguridad Social español". *La mujer, el trabajo y el Derecho del Trabajo, Revista de Derecho Laboral 2023-2,* Rubinzal-Culzoni Editores.
- Di Martino, V. y Wirth, L. (1990). "Teletrabajo: Un nuevo modo de trabajo y de vida". *Revista Internacional del Trabajo,* 109. http://www.ilo.org/public/libdoc/ilo/P/09645/09645(1990-109-4)469-497.pdf. Recuperado el 2 de febrero de 2023.
- Domínguez Morales, A. (2021). "Derechos colectivos de los trabajadores a distancia en el Real Decreto-Ley 28/2020 de 22 de septiembre: problemas de aplicación práctica". *Monográfico La nueva regulación del trabajo a distancia y del teletrabajo. Trabajo, Persona, Derecho, Mercado. Revista de Estudios sobre Ciencias del Trabajo y Protección Social,* 3(7-8). Editorial Universidad de Sevilla. https://revistascientificas.us.es/index.php/Trabajo-Persona-Derecho-Merca/article/view/17201/15562. Recuperado el 5 de julio de 2024.
- Durán Bernardino, M. (2022). "Configuración jurídica del derecho a la conciliación de la vida laboral, familiar y personal de las personas teletrabajadoras desde una perspectiva multinivel". *Teletrabajo y conciliación de la vida laboral, familiar y personal en clave de género.* Dykinson.
- Enrique de la Villa Gil, L. (2021). "La regulación del teletrabajo por la negociación colectiva". *La negociación colectiva como institución central del sistema de relaciones laborales: estudio en homenaje al profesor Fernando Valdés Dal-Ré.* Bomarzo.
- Escudero Rodríguez, R. (2000). "Teletrabajo", *Descentralización productiva y nuevas formas organizativas del trabajo.* Ministerio de Trabajo y Asuntos Sociales, Subdirección General de Publicaciones.
- Fabregat Monfort, G. (2016). *Nuevas perspectivas del poder de dirección y control del empleador.* Editorial Bomarzo.
- Farré, L. y González, L. (2020). *Las tareas domésticas y el cuidado de los hijos durante el confinamiento, una labor asumida principalmente por las mujeres.* Observatorio Social de La Caixa. https://elobservatoriosocial.fundacionlacaixa.org/-/las-tareas-domesticas-y-el-cuidado-de-los-hijos-durante-el-confinamiento-una-labor-asumida-principalmente-por-las-mujeres. Recuperado el 2 de junio de 2024.
- Fernández Avilés, J. A. (2022). "La nueva ordenación jurídica del teletrabajo en España (una visión de conjunto)". *Teletrabajo y conciliación de la vida laboral, familiar y personal en clave de género,* Dykinson.

- Fernández Orrico, F. J. (2000). "El uso del teletrabajo como relación laboral, y su conexión con la actuación de la Inspección de Trabajo, a la luz del artículo 18 de la Constitución"., *Descentralización productiva y nuevas formas organizativas del trabajo,* Ministerio de Trabajo y Asuntos Sociales, Subdirección General de Publicaciones.
- Fundación Europea para la Mejora de las Condiciones de Vida y de Trabajo. (2020). *El teletrabajo y el trabajo móvil basado en las TIC: trabajo flexible en la era digital.* Oficina de Publicaciones de la Unión Europea. https://www.eurofound.europa.eu/sites/default/files/ef_publication/field_ef_document/ef19032en.pdf. Recuperado el 31 de mayo de 2024.
- Fundación Europea para la Mejora de las Condiciones de Vida y de Trabajo. (2020). *Vida, trabajo y COVID-19.* Oficina de Publicaciones de la Unión Europea. https://www.eurofound.europa.eu/es/publications/2020/vida-trabajo-y-covid-19 Recuperado el 7 de junio de 2024.
- Fundación Europea para la Mejora de las Condiciones de Vida y de Trabajo. (2022). *El aumento del teletrabajo: impacto en las condiciones de trabajo y la normativa* [en línea]. Oficina de Publicaciones de la Unión Europea. https://www.eurofound.europa.eu/es/publications/2022/el-aumento-del-teletrabajo-impacto-en-las-condiciones-de-trabajo-y-la-normativa Recuperado el 2 de junio de 2024.
- Fundación Europea para la mejora de las condiciones de vida y de trabajo (2023). *El futuro del teletrabajo y el trabajo híbrido.* https://www.eurofound.europa.eu/es/publications/report/2023/the-future-of-telework-and-hybrid-work#tab-01 Recuperado el 03 de agosto de 2024.
- Gaeta, L. (1995). "Il telelavoro: legge e contrattazione". *Giornale di Diritto del Lavoro e di Relazioni Industriali,* (68), 4.
- García González, G. (2020). "La nueva regulación del trabajo a distancia y del teletrabajo entre lo simbólico y lo impreciso", *Trabajo y derecho: nueva revista de actualidad y relaciones laborales,* (72).
- García Miguélez, M.P. (2021). *El teletrabajo: antes, durante y tras el coronavirus.* Aranzadi.
- García Murcia, J. (2021), "El nuevo marco legal del trabajo a distancia", *El trabajo a distancia. Con particular análisis del Real Decreto-ley 28/2020, de 22 de septiembre,* LA LEY.
- García Quiñones, J. C. (2013). "La concurrencia de culpas entre trabajador y empresario en los accidentes de trabajo: configuración legal y tratamiento jurisprudencial". *Comunicación presentada al XXIII Congreso Nacional de Derecho del Trabajo y de la Seguridad Social "La responsabilidad civil por daños en las relaciones laborales".* https://www.ucm.es/data/cont/

docs/795-2015-03-05-MX-3140N_20150304_162540.pdf. Recuperado el 19 de junio de 2024.

- García Romero, B. (2012). *El teletrabajo.* Civitas.
- García Rubio, M. A. (2021). "El poder de dirección y control en el trabajo a distancia". *El trabajo a distancia en el RDL 28/2020.* Tirant lo Blanch.
- Gates, B. (2023). *The Age of AI has begun.* GatesNotes, 21 de marzo de 2023. https://www.gatesnotes.com/The-Age-of-AI-Has-Begun Recuperado el 5 de octubre de 2024.
- Gentilin, M. (2020). *Pasado, presente y futuro del Teletrabajo. Reflexiones teóricas sobre un concepto de 50 años.* https://www.researchgate.net/publication/340595406_Pasado_presente_y_futuro_del_Teletrabajo_Reflexiones_teoricas_sobre_un_concepto_de_50_anos Recuperado el 14 de enero de 2024.
- Gil Plana, J. (2021). "La promoción profesional del trabajador a distancia". *El trabajo a distancia: una perspectiva global.* Aranzadi.
- Gil Plana, J. (2021). "El tiempo de trabajo en el trabajo a distancia". *El trabajo a distancia: con particular análisis del Real Decreto-ley 28/2020, de 22 de septiembre,* LA LEY.
- Gimeno Ruiz, A. (2021). "Teletrabajo y Competencia Judicial Internacional". *Diario La Ley,* n.º 9801.
- Godino Reyes, M. (2020). *La nueva regulación del trabajo a distancia y el teletrabajo.* Francis Lefebvre.
- Godino Reyes, M. (2020). *Jornada de trabajo.* Francis Lefebvre.
- Gómez Abelleira, F. J. (2020). *La nueva regulación del trabajo a distancia.* Tirant lo Blanch.
- Gómez Abelleira, F. J. (2021). "Las modificaciones del acuerdo de trabajo a distancia y de las condiciones de trabajo y la ordenación de prioridades en el acceso al trabajo a distancia". *El trabajo a distancia: una perspectiva global,* Aranzadi.
- Gray, M., Hodson, N. y Gordon, G. (1995). *El teletrabajo. Aspectos generales.* Colección Fórum Universidad-Empresa. BT Telecomunicaciones, ECTF, Fundación Universidad-Empresa.
- Guillaume, B. (2016). *Informe sobre el dumping social en la Unión Europea (2015/2255(INI)).* Comisión de Empleo y Asuntos Sociales.
- Herrera de las Heras, R. (2022). *Aspectos Legales de la Inteligencia Artificial: Personalidad Jurídica de los Robots, Protección de Datos y Responsabilidad Civil.* Dykinson.

- Hierro Hierro, F. J. (2002). "Las nuevas perspectivas laborales en la sociedad de la información: el teletrabajo (un ejemplo a tener en cuenta)". *Scripta Nova: Revista Electrónica de Geografía y Ciencias Sociales, 6.* https://raco.cat/index.php/ScriptaNova/article/view/59119 Recuperado el 10 de febrero de 2025.
- Inspección de Trabajo y Seguridad Social. (2021). *Criterio técnico 104/2021, sobre actuaciones de la Inspección de Trabajo y Seguridad Social en riesgos psicosociales.* https://www.mites.gob.es/itss/ITSS/ITSS_Descargas/Atencion_ciudadano/Criterios_tecnicos/CT_104_21.pdf Recuperado el 11 de agosto de 2024.
- Instituto Nacional de Seguridad e Higiene en el Trabajo. (2010). Factores y Riesgos Psicosociales: formas, consecuencias, medidas y buenas prácticas. Ministerio de Trabajo e Inmigración. https://www.insst.es/documents/94886/96076/Factores+y+riesgos+psicosociales%2C+formas%2C+consecuencias%2C+medidas+y+buenas+pr%C3%A1cticas/c4cde3ce-a4b6-45e9-9907-cb4d693c19cf Recuperado el 11 de junio de 2024.
- Instituto Nacional de Seguridad e Higiene en el Trabajo. (2012). *Guía Técnica para la mejora de la eficacia y calidad de las actuaciones de los Servicios de Prevención Ajenos (Criterios de calidad del servicio).* Ministerio de Empleo y Seguridad Social. https://www.insst.es/documents/94886/96076/GuiaCriteriosCalidad/8f64f117-c49a-4444-8b1d-12ce04c112b5 Recuperado el 11 de junio de 2024.
- Instituto Nacional de Seguridad e Higiene en el Trabajo. (2022). *Directrices básicas para la evaluación de riesgos laborales.* Ministerio de Trabajo y Economía Social. https://www.insst.es/documents/94886/2927460/Directrices+evaluaci%C3%B3n+de+riesgos.pdf/61c4ce0a-f418-669c-48e0-2e26ae360d9e?t=1644834107954. Recuperado el 19 de junio de 2024.
- Instituto Nacional de Seguridad e Higiene en el Trabajo. (2022). *Orientaciones para la gestión de los aspectos ergonómicos y psicosociales en situación de teletrabajo.* Ministerio de Trabajo y Economía Social. https://www.insst.es/documents/94886/2927460/FINAL+-+En+linea+-+Orientaciones+teletrabajo+-+13-10-2022.pdf/b690077c-500f-d9a3-2f23-0eab202f92be?t=1666093088741. Recuperado el 11 de junio de 2024.
- Iriarte Ángel, J. L. (2018). "La precisión del lugar habitual de trabajo como foro de competencia y punto de conexión en los Reglamentos Europeos". *Cuadernos de Derecho Transnacional.* https://e-revistas.uc3m.es/index.php/CDT/article/view/4385. Recuperado el 26 de marzo de 2025.
- Jiménez García, M. (2020). *Tres caras de la precariedad laboral. Un estudio económico, social y criminológico.* Dykinson.

- Jover Ramírez, C. (2017). "El uso y abuso de las nuevas tecnologías durante el tiempo de trabajo y el poder disciplinario del empresario". *Nuevas tecnologías y nuevas maneras de trabajar: Estudios desde el Derecho Español y comparado.* Dykinson.
- Juárez Pérez, P. (2020). "*Bad forum shopping* y recurso de revisión: 'Causa causae est causa causati' (STS de 25 de noviembre de 2019)". *Cuadernos de Derecho Transnacional.* https://e-revistas.uc3m.es/index.php/CDT/article/view/5653. Recuperado el 26 de marzo de 2025.
- Jurado Segovia, A. (2021). "Trabajo a distancia y conciliación de la vida laboral y familiar a la luz de las recientes reformas normativas". *El trabajo a distancia: con particular análisis del Real Decreto-ley 28/2020, de 22 de septiembre,* LA LEY.
- Lacort, J. (2020). "Con la llegada del teletrabajo me hicieron instalar un programa para vigilar lo que hago con mi portátil". *Xataka.com,* 6 de mayo de 2020. https://www.xataka.com/empresas-y-economia/llegada-teletrabajo-me-hicieron-instalar-programa-para-vigilar-que-hago-mi-portatil?utm_source=feedburner&utm_medium=feed&utm_campaign=Feed%3A+xataka2+%28Xataka%29. Recuperado el 31 de julio de 2024.
- Lahera Forteza, J. (2020). "La falta de adaptación de los representantes de los trabajadores a la realidad empresarial y digital del siglo XXI". *Derecho del trabajo y nuevas tecnologías: estudios en homenaje al Profesor Francisco Pérez de los Cobos Orihuel (en su 25.° aniversario como catedrático de Derecho del Trabajo),* Tirant lo Blanch.
- Lahera Forteza, J. (2021). "El acuerdo individual y los requisitos formales del trabajo a distancia regular y estructural". *Trabajo a distancia y teletrabajo: análisis del marco normativo vigente.* Aranzadi.
- Llompart Bennàssar, M. (2021). "El impacto del trabajo a distancia en la representación y participación de los trabajadores en la empresa". *El trabajo a distancia. Con particular análisis del Real Decreto-ley 28/2020, de 22 de septiembre,* LA LEY.
- López Ahumada, J. E. (2019). "La exclusión del deber de sigilo de los representantes de los trabajadores de la noción de secretos empresariales: A propósito de la Ley 1/2019 de secretos empresariales". *Temas Laborales: Revista Andaluza de Trabajo y Bienestar Social,* (148), 41-66. https://dialnet.unirioja.es/descarga/articulo/7148603.pdf. Recuperado el 31 de julio de 2024.
- López Balaguer, M. (2020). "El control empresarial por videovigilancia en la LOPD". *Temas Laborales: Revista Andaluza de Trabajo y Bienestar*

Social, (151). https://dialnet.unirioja.es/descarga/articulo/7464159.pdf. Recuperado el 31 de julio de 2024.

- López Balaguer, M. (2021). "Voluntariedad del trabajo a distancia: el acuerdo de trabajo a distancia". *El trabajo a distancia en el RDL 28/2020.* Tirant lo Blanch.
- López de la Fuente, G. (2020). *La revolución tecnológica y su impacto en las relaciones de trabajo y en los derechos de los trabajadores: (cuestiones actuales y nuevos retos).* Tirant lo Blanch.
- Luque Parra, M. y Ginès i Fabrellas, A. (2016). *Teletrabajo y Prevención de Riesgos Laborales.* Confederación Española de Organizaciones Empresariales.https://oiss.org/wp-content/uploads/2023/05/36-Teletrabajo.pdf Recuperado el 18 de junio de 2024.
- Luque Parra, M., Ginès i Fabrellas, A. y Peña Moncho, J. (2021). *Teletrabajo: estudio jurídico desde la perspectiva de la seguridad y salud laboral.* Aranzadi.
- Makoto, N. y Mark, G. (2008). *Designing for Nomadic Work.* Department of Informatics, University of California. https://authentic.soe.ucsc.edu/publications/Su-Nomadic-DIS08.pdf. Recuperado el 14 de febrero de 2024.
- Maldonado Montoya, J. P. (2021). "Ordenación y desordenación del tiempo de trabajo en el trabajo a distancia". *El trabajo a distancia: una perspectiva global.* Aranzadi.
- Manacorda, P. M. (1991). "Las nuevas tecnologías electrónicas y el trabajo de las mujeres en Europa". En Castillo, J. J. (comp.) *La automación y el futuro del trabajo. Diseño del trabajo y cualificación de los trabajadores* (2.ª ed., pp. 421-458). Colección Informes, Serie General n.º 4. Centro de Publicaciones del Ministerio de Trabajo y Seguridad Social, Madrid, p. 440. (Reimpresión en castellano del original italiano de 1984: *Le nuove tecnologie elettroniche e il lavoro delle donne in Europa*, en G. Barile (a cura di), *Lavoro femminile, sviluppo tecnologico e segregazione occupazionale*, Milán, F. Angeli).
- Manzano Santamaría, N. (2018). *Las Tecnologías de la Información y la Comunicación (TIC) (I): nuevas formas de organización del trabajo.* Instituto Nacional de Seguridad, Salud y Bienestar en el Trabajo, Notas Técnicas de Prevención, núm. 1122. https://www.insst.es/documentacion/colecciones-tecnicas/ntp-notas-tecnicas-de-prevencion/32-serie-ntp-numeros-1101-a-1135-ano-2018/ntp-1122. Recuperado el 14 de febrero de 2025.
- Marín Moral, I. (2021). "El derecho a la formación en el trabajo a distancia". *El trabajo a distancia: una perspectiva global.* Aranzadi.
- Martín Flórez, L. (1995). "Outsourcing y teletrabajo: Consideraciones jurídico-laborales sobre nuevos sistemas de organización del trabajo". *Revista Española de Derecho del Trabajo* (REDT), (71).

- Martín-Pozuelo López, A. (2020). "El teletrabajo y el derecho internacional privado: el régimen particular del teletrabajo transnacional". *El teletrabajo.* Tirant lo Blanch.
- Martín-Pozuelo López, A. (2021). "El Real Decreto-Ley 28/2020 y el teletrabajo transnacional: ¿algo nuevo bajo el sol?". *Trabajo a distancia y teletrabajo: análisis del marco normativo vigente.* Aranzadi.
- Martín-Pozuelo López, A. (2022). "La vertiente internacional del Teletrabajo: el Teletrabajo Transnacional y sus problemas". *Las relaciones laborales internacionales.* Tirant lo Blanch.
- Martín-Pozuelo López, A. (2022). *El teletrabajo transnacional en la Unión Europea. Competencia internacional y Ley aplicable.* Tirant lo Blanch.
- Martínez Carrillo, C. F., Quintana Pineda, V., López de Llergo Pérez, C., Gerson Anzola, A. C. y Alcalde Justiniani, A. (2021). *Visiones del nuevo derecho del trabajo.* Tirant lo Blanch.
- Martínez Moreno, C. (2023). "La adaptación de la jornada con fines de conciliación en el RDL 5/2023: ¿El progreso de un derecho aún incompleto?" *Revista Derecho Social y Empresa,* (19). https://www.revistaderechosocialyempresa.es/_files/ugd/052395_8c63b1da364a4c45a3787ca444fa100e.pdf. Recuperado el 25 de mayo de 2024.
- Martínez Moreno, C. (2024). "Igualdad integral en el empleo". *IgualdadES,* (9). https://doi.org/10.18042/cepc/IgdES.9.03. Recuperado el 25 de mayo de 2024.
- Martínez Sánchez, R. (2012). "El teletrabajo como tendencia del mercado laboral ", *Retos: Revista de Ciencias de la Administración y Economía,* Vol. 2, (4). https://dialnet.unirioja.es/servlet/articulo?codigo=5966986 Recuperado el 14 de enero de 2024.
- Meléndez Morillo-Velarde, L. (2021). "Los derechos colectivos de las personas que trabajan a distancia". *El trabajo a distancia: una perspectiva global,* Aranzadi.
- Mella Méndez, L., Sierra Benítez, E. M., Cardona Rubert, M. B. y Cabeza Pereiro, J. (2017). *El teletrabajo en España: aspectos teórico-prácticos de interés.* LA LEY.
- Mercader Uguina, J. R. (2001). "Derechos fundamentales de los trabajadores y nuevas tecnologías: ¿hacia una empresa panóptica?". *Relaciones Laborales: Revista Crítica de Teoría y Práctica,* (1).
- Mercader Uguina, J. R., Muñoz Ruiz, A. B., Aragón Gómez, C., Nieto Rojas, P., Moreno Solana, A., Gimeno Díaz de Atauri, P. y Pérez del Prado, D. (2016). "Libertad sindical, representación en la empresa y conflictos colectivos".

Nueva Revista Española de Derecho del Trabajo, (186), abril. https://e-archivo.uc3m.es/bitstream/handle/10016/24423/libertad_REDT_2016_186.pdf?sequence=1&isAllowed=y. Recuperado el 6 de julio de 2024.

- Mercader Uguina, J. R. (2017). *El futuro del trabajo en la era de la digitalización y la robótica.* Tirant lo Blanch.
- Messenger, J. C. y Gschwind, L. (2016). "Three generations of Telework: New ICTs and the (R)evolution from Home Office to Virtual Office". *New Technology, Work and Employment,* 31(3). https://doi.org/10.1111/ntwe.12073 Recuperado el 20 de enero de 2024.
- Messenger, J. C. (2019). *Telework in the 21st Century. An Evolutionary Perspective.* OIT. https://labordoc.ilo.org/discovery/fulldisplay/alma995075493102676/41ILO_INST:41ILO_V1 Recuperado el 4 de mayo de 2024.
- Ministerio de Trabajo, Migraciones y Seguridad Social. (2019). *La negociación colectiva en Europa. Una perspectiva transversal.* Informes y Estudios Relaciones Laborales.
- Ministerio de Trabajo y Economía Social. (2022). *Teletrabajo y negociación colectiva,* XXXIII Jornada de Estudio sobre Negociación Colectiva.
- Molina Hermosilla, O. (2016). "Igualdad efectiva entre mujeres y hombres: De la conciliación a la corresponsabilidad social". *Revista de Antropología Experimental,* (16). https://revistaselectronicas.ujaen.es/index.php/rae/article/view/3283/2665. Recuperado el 20 de julio de 2024.
- Molina Hermosilla, O. (2023). "Inteligencia artificial, big data y derecho a la protección de datos de las personas trabajadoras". *Revista de Estudios Jurídico Laborales y de Seguridad Social (REJLSS),* noviembre-abril, (6). https://revistas.uma.es/index.php/REJLSS/article/view/16225. Recuperado el 10 de octubre de 2024.
- Molina Hermosilla, O. (2023). "La indemnidad mental: nueva dimensión del derecho fundamental a la intimidad de las personas trabajadoras. Hacia el reconocimiento de Neuroderechos como Derechos básicos del ser humano". *Revista Crítica de Relaciones de Trabajo. Laborum, (6).* https://revista.laborum.es/index.php/revreltra/article/view/714. Recuperado el 20 de febrero de 2025.
- Molina Navarrente, C. (2007). "Trabajadores en la frontera: comentario al estatuto del trabajo autónomo". *Revista de Trabajo y Seguridad Social. CEF,* (295).
- Molina Navarrete, C. (2018). "El derecho al secreto de las comunicaciones en la relación de trabajo: la dilución en «tópica» y «retórica» de

su tutela constitucional". *Trabajo y Derecho: Nueva Revista de Actualidad y Relaciones Laborales,* (7)

- Molina Navarrete, C. (2020). "Actualidad del derecho fundamental de la «dignidad de la persona» en el horizonte ensombrecido del estándar del «trabajo decente»: de la «trascendencia moral» a su «practicidad jurídica»". *Trabajo y Derecho: Nueva Revista de Actualidad y Relaciones Laborales,* (61).
- Monereo Pérez, J. L. (2002). *Derecho de huelga y conflictos colectivos: estudio crítico de la doctrina jurídica.* Comares.
- Montesdeoca Suárez, A. (2024). *La garantía del derecho a la seguridad y salud en el teletrabajo.* Tirant lo Blanch.
- Morata García de la Puerta, B. y Díaz Aznarte, M. T. (2013). "Reforma laboral en España: precariedad, desigualdad social y funcionamiento del mercado de trabajo". *Estudios Socio-Jurídicos,* 15(2).
- Moreno Vida, M. N. (2019). "Las facultades de control fuera de la jornada de trabajo: desconexión digital y control del trabajador" [en línea]. *Temas Laborales: Revista Andaluza de Trabajo y Bienestar Social,* (150).
- Mories Jiménez, M.T. (2023). *Fiscalidad del teletrabajo,* Tirant lo Blanch.
- Nilles, J. (1973). *The Telecommunications-transportation Tradeoff: Options for Tomorrow and Today.* Jala International.
- Observatorio Nacional de Tecnología y Sociedad. (2021). *Dossier de indicadores de teletrabajo y trabajo en movilidad en España y la UE.* Ministerio de Asuntos Económicos y Transformación Digital. https://www.ontsi.es/sites/ontsi/files/2021-08/dossier_ontsi_teletrabajo_junio2021.pdf Recuperado el 25 de abril de 2024.
- Observatorio Nacional de Tecnología y Sociedad (2022). *Datos de Teletrabajo. 2022.* https://www.ontsi.es/sites/ontsi/files/2023-04/flash-datos-de-teletrabajo-2022.pdf Recuperado el 03 de agosto de 2024.
- Observatorio Nacional de Tecnología y Sociedad (2022). *Radiografía del trabajo a distancia. Preferencias y posibilidades de la sociedad española.* https://www.ontsi.es/sites/ontsi/files/2022-05/flash_radiograf%C3%ADa_teletrabajo.pdf Recuperado el 3 de agosto de 2024.
- Olson, M. H. (1988). "Organizational barriers to telework", *Telework: Present Situation and Future Development of a New Form of Work Organization,* North-Holland.
- Organización Internacional del Trabajo. (2000). *La globalización de Europa. El trabajo decente en la economía de la información.* OIT.
- Organización Internacional del Trabajo y Fundación Europea para la Mejora de las Condiciones de Vida y de Trabajo. (2019). *Informe con-*

junto OIT-Eurofound: Trabajar en cualquier momento y en cualquier lugar: consecuencias en el ámbito laboral. OIT. https://www.ilo.org/wcmsp5/groups/public/—ed_protect/—protrav/—travail/documents/publication/wcms_712531.pdf. Recuperado el 12 de mayo de 2024.

- Organización Internacional del Trabajo. (2019). *Las plataformas digitales y el futuro del trabajo. Cómo fomentar el trabajo decente en el mundo digital* [en línea]. OIT. https://www.ilo.org/wcmsp5/groups/public/—dgreports/—dcomm/—publ/documents/publication/wcms_684183.pdf. Recuperado el 19 de marzo de 2025.
- Organización Internacional del Trabajo. (2021). *Perspectivas Sociales y del Empleo en el Mundo 2021. El papel de las plataformas digitales en la transformación del mundo del trabajo* [en línea]. OIT. https://www.ilo.org/wcmsp5/groups/public/—dgreports/—dcomm/—publ/documents/publication/wcms_823119.pdf. Recuperado el 19 de marzo de 2025.
- Organización Internacional del Trabajo. (2022). *El trabajo a domicilio: De la invisibilidad al trabajo decente.* OIT. https://www.ilo.org/wcmsp5/groups/public/—ed_protect/—protrav/—travail/documents/publication/wcms_848363.pdf. Recuperado el 8 de febrero de 2024.
- Organización Internacional del Trabajo. (2022). *El tiempo de trabajo y el equilibrio entre la vida laboral y personal en todo el mundo.* OIT. https://www.ilo.org/wcmsp5/groups/public/—ed_protect/—protrav/—travail/documents/publication/wcms_864222.pdf. Recuperado el 6 de mayo de 2024.
- Organización Mundial de la Salud. (2022). *Salud mental: fortalecer nuestra respuesta.* https://www.who.int/es/news-room/fact-sheets/detail/mental-health-strengthening-our-response. Recuperado el 3 de agosto de 2024.
- Ortiz Chaparro, F. (1995). *El teletrabajo: una nueva sociedad laboral en la era de la tecnología.* McGraw-Hill.
- Padilla Meléndez, A. (1998). *Teletrabajo: dirección y organización.* Ra-ma.
- Palma Ortigosa, A. (2022). *Decisiones Automatizadas y Protección de Datos: Especial atención a los sistemas de inteligencia artificial.* Dykinson.
- Pazos Pérez, A. (2017). "La utilización de internet en el ámbito laboral y el control empresarial". *Nuevas tecnologías y nuevas maneras de trabajar: Estudios desde el Derecho Español y comparado.* Dykinson.
- Pedrosa González, J. (2021). "La regulación convencional del Teletrabajo". *Monográfico La nueva regulación del trabajo a distancia y del teletrabajo. Trabajo, Persona, Derecho, Mercado. Revista de Estudios sobre Ciencias del Trabajo y Protección Social,* 3(7-8), 112. Editorial Universidad de Sevilla.

https://revistascientificas.us.es/index.php/Trabajo-Persona-Derecho-Merca/article/view/17240/15558. Recuperado el 5 de julio de 2024.

- Pérez Bilbao, J., Nogareda Cuixart, C. y Sancho Figueroa, T. (1997). *Teletrabajo: nuevas perspectivas en la organización.* Instituto Nacional de Seguridad e Higiene en el Trabajo.
- Peres Díaz, D. (2022). "Buenas prácticas empresariales para la conciliación de la vida laboral, familiar y personal y políticas de corresponsabilidad para las personas teletrabajadoras". *Teletrabajo y conciliación de la vida laboral, familiar y personal en clave de género.* Dykinson.
- Pérez de los Cobos Orihuel, F., "La modificación de las condiciones de trabajo en el contrato de trabajo a distancia", *El trabajo a distancia. Con particular análisis del Real Decreto-ley 28/2020, de 22 de septiembre, LA LEY.*
- Poquet Catalá, R. (2020). *El teletrabajo: análisis del nuevo marco jurídico.* Aranzadi.
- Pontier, M. (2014). "Télétravail indépendant ou télétravail salarié: quelles modalités de contrôle et quel degré d'autonomie". *La Revue des Sciences de Gestion,* 2014/1 (265). https://www.cairn.info/revue-des-sciences-de-gestion-2014-1-page-31.html. Recuperado el 3 de agosto de 2024.
- PRIMA-EF. (2008). *Guidance on the European Framework for Psychosocial Risk Management: A Resource for Employers and Worker Representatives.* Organización Mundial de la Salud. https://apps.who.int/iris/bitstream/handle/10665/43966/9789241597104_eng_Part1.pdf?sequence=1 Recuperado el 13 de junio de 2024.
- Purcalla Bonilla, M. A. (2019). "Control tecnológico de la prestación laboral y derecho a la desconexión de los empleados: notas a propósito de la Ley 3/2018, de 5 de diciembre". *Nueva Revista Española de Derecho del Trabajo,* (218).
- Rallo Lombarte, A. (2017). "De la 'libertad informática' a la constitucionalización de nuevos derechos digitales (1978-2018)". *Revista de Derecho Político UNED,* (100). (Ejemplar dedicado a: Monográfico con motivo del XL aniversario de la Constitución Española (I)).
- Real Academia Española. (2024). "La RAE presenta las novedades del «Diccionario de la lengua española», junto a una nueva imagen, en su actualización 23.8". Nota de prensa, 10 de diciembre. https://www.rae.es/noticia/la-rae-presenta-las-novedades-del-diccionario-de-la-lengua-espanola-junto-una-nueva-imagen. Recuperado el 11 de diciembre de 2024.
- Rebollo Delgado, L. (2023). *Inteligencia artificial y Derechos fundamentales.* Dykinson.

- Rodríguez Iniesta, G. (2015). "La determinación de la base de cotización tras las reformas llevadas a cabo por el RD-Ley 17/2003 y el RD 637/2014". *Revista de Derecho de la Seguridad Social,* (2). https://revista.laborum.es/index.php/revsegsoc/article/view/21. Recuperado el 1 de abril de 2024.
- Rodríguez Martín-Retortillo, R. M. (2017). "El control empresarial a través de medios de videovigilancia". *Nuevas tecnologías y nuevas maneras de trabajar: Estudios desde el Derecho Español y comparado,* 222-223. Dykinson.
- Rodríguez Sañudo, F. (1999). "La integración del teletrabajo en el ámbito de la relación laboral". *Trabajo subordinado y trabajo autónomo en la delimitación de fronteras del Derecho del trabajo.* Tecnos.
- Rodríguez Vázquez, M. A. (2014). "Una nueva fórmula para la supresión del *exequátur* en la Reforma del Reglamento Bruselas I". *Cuadernos de Derecho Transnacional.* https://e-revistas.uc3m.es/index.php/CDT/article/view/1920/913. Recuperado el 27 de marzo de 2025.
- Roig Berenger, R. y Pineda-Nebot, C. (2020). *"El teletrabajo y la conciliación: dos políticas públicas diferentes", GIGAPP estudios,* vol. 7, (187).
- Rojas Rosco, R., Moraleja Moraleja, E. y Gutiérrez Arranz, R. (2017). *Compliance Laboral.* Ediciones Lefebvre.
- Romero Burillo, A. M. (2021). *El marco regulador del teletrabajo.* Atelier.
- Rojas, R. (2022). "El metaverso y las relaciones laborales. Una realidad del futuro presente". *Expansión,* 4 de abril. https://www.expansion.com/juridico/opinion/2022/04/04/624ac65de5fdeacd708b459a.html. Recuperado el 21 de enero de 2024.
- Sala Franco, T., Todolí Signes, A. y Martín-Pozuelo López, Á. (2020). *El teletrabajo.* Tirant lo Blanch.
- Sánchez Trigueros, C. (2021). "Derecho a la desconexión digital". *El trabajo a distancia: una perspectiva global,* Aranzadi.
- Sanguineti Raymond, W., Sánchez Iglesias, A. L. y Ministerio de Trabajo y Asuntos Sociales. (2003). *Teletrabajo y globalización: en busca de respuestas al desafío de la transnacionalización del empleo.* Ministerio de Trabajo y Asuntos Sociales.
- Sanguineti Raymond, W. (2004). "El desafío de la transnacionalización del empleo". *Revista General de Derecho del Trabajo y de la Seguridad Social,* (6). https://www.iustel.com/v2/revistas/detalle_revista.asp?id_noticia=402951. Recuperado el 19 de marzo de 2025.
- Sanguineti Raymond, W. (2005). "El derecho del trabajo frente al desafío de la transnacionalización del empleo: teletrabajo, nuevas tecnologías y *dumping* social". *Revista Valenciana de Economía y Hacienda,* (13).

- Sanguineti Raymond, W. (2006). *La regulación de los conflictos laborales en España: entre la garantía de la autotutela y el fomento a los sistemas autónomos de solución.* https://wilfredosanguineti.files.wordpress.com/2008/11/conflictos-mediacion-en-espana-wsanguineti1.pdf. Recuperado el 6 de julio de 2024.
- Sanguineti Raymond, W. (2007). "El teletrabajo: notas sobre su calificación y régimen jurídico". *Foro Jurídico,* (07), 153. https://revistas.pucp.edu.pe/index.php/forojuridico/article/view/18468. Recuperado el 14 de febrero de 2024.
- Sanguineti Raymond, W. (2020). "¿La hora del teletrabajo?" *Trabajo y Derecho: Nueva Revista de Actualidad y Relaciones Laborales,* (66), 4. https://wilfredosanguineti.wordpress.com/wp-content/uploads/2020/06/tyd_66-2020_opinion-la-hora-del-teletrabajo-wsanguineti.pdf. Recuperado el 10 de noviembre de 2024.
- Sanguineti Raymond, W. (2020). "La noción jurídica de teletrabajo y el teletrabajo realmente existente". *Trabajo y Derecho: Nueva Revista de Actualidad y Relaciones Laborales,* (72). https://wilfredosanguineti.wordpress.com/wp-content/uploads/2020/12/la-nocion-juridica-de-teletrabajo-y-el-trabajo-realmente-exixstente-wsanguineti-td-72.pdf. Recuperado el 6 de agosto de 2024.
- Sanguineti Raymond, W. (2021). "La construcción de un nuevo derecho transnacional del trabajo para las cadenas globales de valor". *XXIII Congreso Mundial de la Sociedad Internacional de Derecho del Trabajo y de la Seguridad Social.*
- Sanguineti Raymond, W. (2021). "¿Derecho a la desconexión o deber de reconexión digital?" *Trabajo y Derecho: Nueva Revista de Actualidad y Relaciones Laborales,* (78). https://wilfredosanguineti.wordpress.com/wp-content/uploads/2021/06/w-sanguineti-derecho-a-la-desconexion-y-deber-de-reconexion-digital-td-78.pdf. Recuperado el 20 de agosto de 2024.
- Sanguineti Raymond, W. (2021). "Teletrabajo y tecnologías digitales en la nueva ley de trabajo a distancia". *Los nuevos derechos digitales de las personas trabajadoras en España.* LA LEY.
- Sanguineti Raymond, W. (2022). "Intimidad del teletrabajador y poder de control del empresario". *Trabajo y Derecho: Nueva Revista de Actualidad y Relaciones Laborales,* (85). https://wilfredosanguineti.wordpress.com/wp-content/uploads/2022/01/w-sanguineti-intimidad-del-teletrabajador-y-control-del-empresario-trabajo-y-derecho-2022-numero-85.pdf. Recuperado el 6 de agosto de 2024.

- Sanguineti Raymond, W. (2023). "La difícil problemática social y jurídica del teletrabajo transnacional". *Trabajo y Derecho: Nueva Revista de Actualidad y Relaciones Laborales*, (98). https://wilfredosanguineti.wordpress.com/wp-content/uploads/2023/02/w-sanguineti-la-dificil-problematica-social-y-juridica-del-teletrabajo-transnacional-tyd-98.pdf. Recuperado el 6 de agosto de 2024.
- Santos Fernández, M. D. (2004). "El Acuerdo marco europeo sobre teletrabajo: negociación colectiva y teletrabajo: dos realidades de dimensión comunitaria". *Trabajo: Revista Iberoamericana de Relaciones Laborales*, (14), Ejemplar dedicado a: Nuevas tecnologías. https://dialnet.unirioja.es/servlet/articulo?codigo=1146706&orden=333313&info=link. Recuperado el 24 de febrero de 2024.
- Schwab, K. (2016). *The Fourth Industrial Revolution: What it means and how to respond.* World Economic Forum. https://www.weforum.org/agenda/2016/01/the-fourth-industrial-revolution-what-it-means-and-how-to-respond/. Recuperado el 1 de octubre de 2024.
- Sellas i Benvingut, R. (2000). "Teletrabajo transnacional y ley aplicable al contrato de trabajo comunitario". *Descentralización productiva y nuevas formas organizativas del trabajo.* Ministerio de Trabajo y Asuntos Sociales, Subdirección General de Publicaciones.
- Sellas i Benvingut, R. (2001). *El régimen jurídico del teletrabajo en España.* Aranzadi, 36.
- Sempere Navarro, A. V. y San Martín Mazzuccconi, C. (2002). *Nuevas tecnologías y relaciones laborales.* Aranzadi.
- Sempere Navarro, A. V. y Kahale Carrillo, D. T. (2013). *Teletrabajo.* Ediciones Lefebvre.
- Sempere Navarro, A. V. (2021). "Presentación. Caracterización formal sobre la Ley de trabajo a distancia". *El trabajo a distancia: una perspectiva global.* Aranzadi.
- Serrano Olivares, R. (2018). "Los Derechos digitales en el ámbito laboral: comentario de urgencia a la Ley Orgánica 3/2018, de 5 de diciembre, de Protección de Datos Personales y Garantía de los Derechos Digitales". *IUSLabor. Revista d'anàlisi de Dret del Treball*, (3).https://www.raco.cat/index.php/IUSLabor/article/view/10.31009-IUSLabor.2018.i03.06 Recuperado el 31 de julio de 2024.
- Sierra Benítez, E. M. (2011). *El contenido de la relación laboral en el teletrabajo.* Consejo Económico y Social de Andalucía.

- Sierra Benítez, E. M. (2013). "La nueva regulación del trabajo a distancia". *Revista Internacional y Comparada de Relaciones Laborales y Derecho del Empleo,* 1(1). https://ejcls.adapt.it/index.php/rlde_adapt/article/view/84. Recuperado el 16 de febrero de 2024.
- Sierra Benítez, E. M. (2013). "El estado actual del teletrabajo en la Unión Europea". *Boletín ADAPT,* (18), 2. https://idus.us.es/items/c3354b5c-32a7-40d5-8d63-13689131045e. Recuperado el 25 de febrero de 2023.
- Thibault Aranda, J. (2001). *El teletrabajo: análisis jurídico-laboral.* 2ª ed. Actualizada, Consejo Económico y Social.
- Toffler, A. (1987). *La tercera ola.* Plaza & Janés.
- Unión de Asociaciones Familiares. (2021). *Corresponsabilidad y conciliación de la vida laboral, personal y familiar en España. Desigualdades y transformaciones después de la COVID-19.* https://unaf.org/investigacion/corresponsabilidad-y-conciliacion-de-la-vida-laboral-personal-y-familiar-en-espana-desigualdades-y-transformaciones-despues-de-la-covid-19/. Recuperado el 31 de mayo de 2024.
- Unión Sindical Obrera. (2017). *Manual de Prevención de Riesgos Laborales.* https://www.uso.es/wp-content/uploads/2015/12/MANUAL-DE-PREVENCI%C3%93N-DE-RIESGOS-LABORALES-web.pdf. Recuperado el 14 de junio de 2024.
- Ushakova, T. (2015). "El Derecho de la OIT para el trabajo a distancia: ¿una regulación superada o todavía aplicable?". *Revista Internacional y Comparada de Relaciones Laborales y Derecho del Empleo,* 3(4). https://ejcls.adapt.it/index.php/rlde_adapt/article/view/332. Recuperado el 22 de febrero de 2024.
- Ushakova, T. (2019). "Convenio sobre el trabajo a domicilio 1996 (núm. 177)". *Revista Internacional y Comparada de Relaciones Laborales y Derecho del Empleo,* 7, Extra 0 (Ejemplar dedicado a: Conmemoración del Centenario de la OIT, 2019). https://dialnet.unirioja.es/servlet/articulo?codigo=7257910&orden=0&info=link. Recuperado el 16 de febrero de 2024.
- Vida Fernández, R. (2022). "El rol de la representación legal de los trabajadores y de la negociación colectiva para la conciliación de la vida laboral y familiar de la persona teletrabajadora". *Teletrabajo y conciliación de la vida laboral, familiar y personal en clave de género,* Dykinson.
- Vida Fernández, R. (2023). "La regulación del teletrabajo en el empleo público. Coyuntura y perspectivas de futuro". *Revista de Estudios Jurídico Laborales y de Seguridad Social (REJLSS),* (6).

- Vida Fernández, R. (2024). "Renta básica y Seguridad Social: un diálogo crucial para la construcción de un nuevo sistema de protección social". *Revista de Derecho de la Seguridad Social. Laborum,* Extra 6 (Ejemplar dedicado a: Impacto de la sociedad digital en los sistemas de protección del Estado del Bienestar). https://revista.laborum.es/index.php/revsegsoc/article/view/915/1116 Recuperado el 7 de mayo de 2025.
- Vida Soria, J. (2010). "El marco normativo de la prevención de riesgos laborales". *Manual para la formación en prevención de riesgos laborales. Programa formativo para el desempeño de las funciones de nivel básico (6.ª ed.).* Lex Nova.
- Vila Tierno, F. (2023). "¿Debe considerarse el tiempo de espera como tiempo de trabajo?" *Revista de Jurisprudencia Laboral (RJL),* (2). https://www.boe.es/biblioteca_juridica/anuarios_derecho/abrir_pdf.php?id=ANU-L-2023-00000002347. Recuperado el 20 de enero de 2024.
- Vila Tierno, F. (2023). "La importancia de la conciliación en el seno de las empresas". *Revista de Estudios Jurídico Laborales y de Seguridad Social (REJLSS).*
- Vila Tierno, F. (2024). "Condición más beneficiosa. No existe por el solo hecho de haber estado abonando el plus de transporte a los trabajadores en situación de teletrabajo durante nueve meses y que lo venían percibiendo con anterioridad por su trabajo presencial". *Revista de Jurisprudencia Laboral (RJL),* (2). https://www.boe.es/biblioteca_juridica/anuarios_derecho/abrir_pdf.php?id=ANU-L-2024-00000002614 Recuperado el 30 de abril de 2024.
- Vila Tierno, F. (2024). "Nuevas obligaciones laborales, nuevas incertidumbres". *Revista de Estudios Jurídico Laborales y de Seguridad Social (REJLSS),* (8).
- Villar Cañada, I. M. (2020). "Mujer y Seguridad Social en España. ¿La introducción de las nuevas tecnologías en el trabajo como un elemento más de discriminación por razón de género?" *Revista Internacional y Comparada de Relaciones Laborales y Derecho del Empleo,* 8(4). https://ejcls.adapt.it/index.php/rlde_adapt/article/view/921. Recuperado el 2 de junio de 2024.
- Weijers, T., Meijer, R. y Spoelman, R. (1992). "Telework remains 'made to measure'. The large-scale introduction of telework in the Nederlands". *Futures,* 24(10).
- Wendell, J. (2000). *The Evolution of Telework in the Federal Government,* https://rosap.ntl.bts.gov/view/dot/14140 Recuperado el 14 de enero de 2024.

Jurisprudencia consultada

Sentencias del Tribunal de Justicia de la Unión Europea

- STJUE de 13 de julio de 1993, asunto C-125/92.
- STJUE de 9 de enero de 1997, asunto C-383/95.
- STJUE de 3 de octubre de 2000, asunto C-303/98 (TOL9.935.439).
- STJUE de 11 de diciembre de 2007, asunto C-438/05 (TOL4.627.431).
- STJUE de 18 de diciembre de 2007, asunto C-341/05 (TOL9.922.147).
- STJUE de 12 de septiembre de 2013, asunto C-64/12 (TOL3.904.725).
- STJUE de 10 de septiembre de 2015, asunto C-266/14 (TOL5.420.447).
- STJUE de 21 de febrero de 2018, asunto C-518/15 (TOL9.913.166).
- STJUE de 14 de mayo de 2019, asunto C-55/18 (TOL7.217.201).

Sentencias del Tribunal Europeo de Derechos Humanos

- STEDH de 2 de agosto de 1984 (TOL10.085.197).
- STEDH de 3 de abril de 2007 (TOL1.145.232).
- STEDH de 12 de enero de 2016 (TOL9.053.241).
- STEDH de 5 de septiembre de 2017 (TOL6.409.212).
- STEDH de 9 de enero de 2018 (TOL6.465.919).
- STEDH de 17 de octubre de 2019 (TOL7.523.518).

Sentencias del Tribunal Constitucional

- STC 11/1981 de 8 de abril (TOL109.335).
- STC 114/1984 de 29 de noviembre (TOL79.403).
- STC 53/1985 de 11 de abril (TOL79.468).
- STC 120/1990 de 27 de junio (TOL119.205).

- STC 254/1993 de 20 de julio (TOL82.275).
- STC 292/1993 de 18 de octubre (TOL82.313).
- STC 57/1994 de 28 de febrero (TOL82.465).
- STC 134/1994 de 9 de mayo (TOL82.540).
- STC 143/1994 de 9 de mayo (TOL82.549).
- STC 173/1994 de 7 de junio (TOL82.578).
- STC 50/1995 de 23 de febrero (TOL82.790).
- STC 98/2000 de 10 de abril (TOL2.076).
- STC 186/2000 de 10 de julio (TOL2.136).
- STC 290/2000 de 30 de noviembre (TOL2.770).
- STC 292/2000 de 30 de noviembre (TOL2.772).
- STC 229/2002 de 9 de diciembre (TOL224.810).
- STC 22/2003 de 10 de febrero (TOL239.218).
- STC 192/2003 de 27 de octubre (TOL319.140).
- STC 196/2004 de 15 de noviembre (TOL516.646).
- STC 247/2006 de 24 de julio (TOL971.432).
- STC 209/2007 de 24 de septiembre (TOL1.155.260).
- STC 26/2011 de 14 de marzo (TOL2.068.800).
- STC 241/2012 de 17 de diciembre (TOL2.727.060).
- STC 29/2013 de 11 de febrero (TOL3.238.776).
- STC 115/2013 de 9 de mayo (TOL3.752.363).
- STC 170/2013 de 7 de octubre (TOL3.992.610).
- STC 39/2016 de 3 de marzo (TOL5.690.325).
- STC 17/2017 de 2 de febrero (TOL5.959.422).
- STC 119/2021 de 31 de mayo (TOL8.486.034).
- STC 119/2022 de 29 de septiembre (TOL9.257.029).

Sentencias del Tribunal Supremo

- STS de 16 de julio de 1985 (TOL2.313.294).
- STS de 20 de junio de 1989 (TOL1.732.557).
- STS de 19 de febrero de 1990 (TOL1.729.286).
- STS de 7 de junio de 1991 (TOL1.726.970).

- STS de 13 de diciembre de 1991 (TOL232.740).
- STS de 29 de enero de 1992 (TOL5.137.098).
- STS de 24 de junio de 1992 (TOL232.153).
- STS de 384/1993 de 20 de abril (TOL1.663.113).
- STS 441/1994 de 17 de mayo (TOL5.130.232).
- STS de 23 de febrero de 1996 (TOL1.669.256).
- STS de 22 de abril de 1996 (TOL5.115.624).
- STS de 30 de julio de 1998 (TOL2.709).
- STS de 29 de diciembre de 1999 (TOL4.132.494).
- STS de 11 de marzo de 2000 (TOL4.965.878).
- STS 606/2000 de 19 de junio (TOL4.973.875).
- STS de 10 de julio de 2000 (TOL4.965.702).
- STS de 18 de septiembre de 2000 (TOL4.966.237).
- STS de 2 de octubre de 2000 (TOL4.964.291).
- STS de 1 de julio de 2002 (TOL4.964.127).
- STS 1015/2002 de 26 de octubre (TOL4.975.127).
- STS 1063/2002 de 6 de noviembre (TOL4.974.997).
- STS de 5 de diciembre de 2003 (TOL340.555).
- STS 2126/2005 de 11 de abril (TOL4.960.282).
- STS 723/2005 de 29 de septiembre (TOL1.607.717).
- STS de 12 de julio de 2007 (TOL1.138.597).
- STS de 18 de septiembre de 2007 (TOL1.161.302).
- STS de 26 de septiembre de 2007 (TOL1.153.301).
- STS 1091/2007 de 10 de octubre (TOL1.156.478).
- STS de 14 de noviembre de 2007 (TOL1.214.260).
- STS de 24 de septiembre de 2009 (TOL1.638.927).
- STS de 8 de marzo de 2011 (TOL2.074.769).
- STS de 6 de octubre de 2011 (TOL2.366.592).
- STS 528/2014 de 16 de junio (TOL4.438.005).
- STS de 17 de febrero de 2015 (TOL4.786.198).
- STS 246/2017 de 23 de marzo (TOL6.028.051).
- STS 338/2017 de 20 de abril (TOL6.085.273).
- STS 1044/2017 de 20 de diciembre ((TOL6.478.055).

- STS 119/2018 de 8 de febrero (TOL6.525.837).
- STS 489/2018 de 23 de octubre (TOL6.917.487).
- STS 792/2019 de 20 de noviembre (TOL7.628.238).
- STS 145/2020 de 14 de febrero (TOL7.832.472).
- STS 485/2020 de 18 de junio (TOL8.055.675).
- STS 766/2020 de 15 de septiembre (TOL8.100.760).
- STS 805/2020 de 25 de septiembre (TOL8.091.916).
- STS 897/2020 de 13 de octubre (TOL8.209.580).
- STS 415/2021 de 20 de abril (TOL8.422.437).
- STS 328/2021 de 22 de abril (TOL8.413.824).
- STS 1132/2021 de 18 de noviembre (TOL8.667.458).
- STS 514/2022 de 1 de junio (TOL9.009.888).
- STS 41/2023 de 18 de enero (TOL9.372.932).
- STS 565/2023 de 19 de septiembre (TOL9.723.893).
- STS 994/2023 de 22 de noviembre (TOL9.803.015).
- STS 43/2024 de 11 de enero (TOL9.845.870).
- STS 400/2024 de 27 de febrero (TOL9.950.599).
- STS 480/2024 de 19 de marzo (TOL9.965.846).
- STS 482/2024 de 19 de marzo (TOL9.965.725).
- STS 959/2024 de 26 de junio (TOL10.095.002).
- STS 164/2025 de 4 de marzo (TOL10.449.503).

Sentencias de la Audiencia Nacional

- SAN 94/1997 de 17 de julio.
- SAN 42/2004 de 31 de mayo (TOL496.599).
- SAN 207/2015 de 4 de diciembre (TOL5.634.987).
- SAN 25/2016 de 19 de febrero (TOL5.654.526).
- SAN 53/2017 de 17 de abril (TOL6.081.716).
- SAN 128/2017 de 18 de septiembre (TOL6.367.663).
- SAN 104/2021 de 10 de mayo (TOL8.447.616).
- SAN 117/2021 de 24 de mayo (TOL8.938.507).
- SAN 132/2021 de 4 de junio (TOL8.489.180).

- SAN 44/2022 de 22 de marzo (TOL9.803.015).
- SAN 99/2022 de 27 de junio (TOL9.121.820).
- SAN 117/2022 de 12 de septiembre (TOL9.228.635).
- SAN 144/2022 de 10 de noviembre (TOL9.289.614).
- SAN 165/2022 de 12 de diciembre (TOL9.365.218).

Sentencias de los Tribunales Superiores de Justicia

- STSJ Madrid 469/1999 de 30 de septiembre.
- STSJ Andalucía, Granada, 450/2002 de 5 de febrero (TOL151.669).
- STSJ Comunidad Valenciana 2716/2010 de 5 de octubre (TOL2.047.921).
- STSJ Galicia 645/2011 de 1 de febrero (TOL2.083.125).
- STSJ Castilla y León, Valladolid de 14 de noviembre de 2012 (TOL2.703.198).
- STSJ Cataluña 3613/2013 de 23 de mayo.
- STSJ Madrid 260/2014 de 21 de marzo (TOL4.181.246).
- STSJ Castilla-La Mancha 715/2014 de 17 de junio (TOL4.442.039).
- STSJ Andalucía, Granada, 1543/2014 de 4 de septiembre (TOL4.587.362).
- STSJ Madrid 823/2014 de 23 de septiembre (TOL4.573.303).
- STSJ Madrid 739/2014 de 29 de septiembre (TOL4.573.396).
- STSJ País Vasco 1757/2015 de 29 de septiembre (TOL5.551.731).
- STSJ Galicia 5538/2015 de 13 de octubre (TOL5.544.500).
- STSJ Castilla y León, Valladolid, de 3 de febrero de 2016 (TOL5.643.564).
- STSJ País Vasco 1171/2017 de 23 de mayo (TOL6.240.699).
- STSJ Andalucía, Granada, 1730/2017 de 12 de julio (TOL6.458.619).
- STSJ Asturias 3058/2017 de 27 de diciembre (TOL6.500.592).
- STSJ Islas Canarias, Las Palmas, 53/2018 de 26 de enero (TOL7.025.887).
- STSJ Andalucía, Granada, 2440/2018 de 25 de octubre (TOL7.002.907).
- STSJ Cataluña 136/2019 de 15 de enero (TOL7.074.445).
- STSJ Cataluña 2650/2019 de 23 de mayo (TOL7.342.776).
- STSJ Castilla y León de 9 de enero de 2020 (TOL7.864.234).
- STSJ Castilla-La Mancha 178/2020 de 6 de febrero (TOL8.284.247).
- STSJ Madrid 628/2020 de 8 de julio (TOL8.061.925).
- STSJ Madrid 203/2021 de 22 de marzo (TOL8.456.552).

- STSJ Andalucía, Sevilla 889/2021, de 25 de marzo (TOL8.767.357).
- STSJ Galicia de 25 de marzo de 2021 (TOL8.449.808).
- STSJ Cataluña 2105/2021 de 15 de abril (TOL8.538.651).
- STSJ Navarra 147/2021 de 13 de mayo (TOL8.513.351).
- STSJ Aragón 565/2021 de 21 de septiembre (TOL8.685.127).
- STSJ Aragón 20/2022 de 18 de enero (TOL8.895.772).
- STSJ Galicia 541/2022 de 3 de febrero (TOL8.817.082).
- STSJ Madrid 124/2022 de 11 de febrero (TOL8.829.621).
- STSJ Madrid 381/2022 de 20 de junio (TOL9.160.909).
- STSJ Galicia 988/2022 de 25 de febrero (TOL8.906.346).
- STSJ Asturias 850/2022 de 19 de abril (TOL8.971.725).
- STSJ Galicia 2093/2022 de 4 de mayo (TOL8.994.013).
- STSJ Madrid 329/2022 de 17 de mayo (TOL9.049.519).
- STSJ Madrid 980/2022 de 11 de noviembre (TOL9.320.223).
- STSJ Madrid 1038/2022 de 25 de noviembre (TOL9.342.262).
- STSJ Madrid 218/2023 de 1 de marzo.
- STSJ Madrid 575/2023 de 28 de septiembre (TOL9.738.610).
- STSJ Galicia 1158/2024 de 4 de marzo (TOL9.988.633).
- STSJ Galicia 1744/2024 de 11 de abril (TOL10.035.945).

Sentencias de los Juzgados de lo Social

- SJS núm. 3 de Girona 199/2020 de 12 de noviembre.
- SJS núm. 1 de Cáceres 297/2022 de 26 de octubre (TOL9.283.999).

Convenios colectivos consultados

Agencia de viajes

- Resolución de 23 de agosto de 2023, de la Dirección General de Trabajo, por la que se registra y publica el Convenio colectivo estatal del sector de Agencias de Viajes.

Asistencia Social

- Resolución de 19 de diciembre de 2022, por la que se ordena la inscripción, depósito y publicación del I Convenio Colectivo del Sector de Ayuda a Domicilio de la Comunidad Autónoma de Canarias.
- Resolución de 3 de septiembre de 2021, de la Dirección General de Trabajo, por la que se registra y publica el II Convenio colectivo de la Comisión Española de Ayuda al Refugiado.

Comercio

- Resolución de 8 de mayo de 2023, de la Dirección General de Trabajo de la Consejería de Economía, Hacienda y Empleo, sobre registro, depósito y publicación del convenio colectivo del Sector Comercio Vario, suscrito por la organización empresarial COPYME y por la representación sindical UGT y CC.OO. (código número 28000805011982).
- Resolución de 22 de abril de 2022, de la Dirección General de Trabajo de la Consejería de Economía, Hacienda y Empleo, sobre registro, depósito y publicación del convenio colectivo del sector de Comercio Piel, suscrito por Asociación de Comerciantes de Calzado de Madrid y por la representación sindical UGT y CC.OO. (código número 28000775011981).
- Resolución de 24 de marzo de 2023, de la Dirección General de Trabajo, por la que se registra y publica el XXVIII Convenio colectivo de Repsol Butano, SA.

Entidades Financieras

- Resolución de 3 de julio de 2024, de la Dirección General de Trabajo, por la que se registra y publica el Convenio colectivo para los establecimientos financieros de crédito.
- Resolución de 8 de julio de 2024, de la Dirección General de Trabajo, por la que se registra y publica el XXIII Convenio colectivo de las sociedades cooperativas de crédito.
- Resolución de 15 de septiembre de 2021, de la Dirección General de Trabajo, por la que se registra y publica el III Convenio colectivo de Kutxabank, SA.
- Resolución de 20 de diciembre de 2024, de la Dirección General de Trabajo, por la que se registra y publica el XXV Convenio colectivo del sector de la banca.

Fotografía

- Resolución de 23 de julio de 2022, de la Dirección General de Trabajo, por la que se registra y publica el Convenio colectivo para la industria fotográfica.

Industria de pastas alimenticias

- Resolución de 9 de marzo de 2023, de la Dirección General de Trabajo, por la que se registra y publica el XI Convenio colectivo nacional para las industrias de pastas alimenticias.

Industria textil

- Resolución de 12 de noviembre de 2021, de la Dirección General de Trabajo, por la que se registra y publica el Convenio colectivo general de trabajo de la industria textil y de la confección.

Industria química

- Resolución de 6 de febrero de 2025, de la Dirección General de Trabajo, por la que se registra y publica el XXI Convenio colectivo general de la industria química.

Oficinas y despachos

- Resolución de 27 de febrero de 2023, de la Dirección General de Trabajo, por la que se registra y publica el XX Convenio colectivo nacional de empresas de ingeniería; oficinas de estudios técnicos; inspección, supervisión y control técnico y de calidad.
- Resolución del 20 de enero de 2023, de la Delegación Territorial de Granada de la Consejería de Empleo, Empresa y Trabajo Autónomo de la Junta de Andalucía por la que se acuerda el registro, depósito y publicación del Convenio colectivo para el sector de oficinas y despachos 2021-2024 de Granada y provincia.
- Resolución de 12 de diciembre de 2022, de la Subdirección Provincial de Trabajo del Departamento de Economía, Planificación y Empleo en Huesca por la que se dispone la inscripción en el registro y publicación del Convenio Colectivo del VIII Convenio Colectivo de oficinas y Despachos de la provincia de Huesca (código de convenio número: 22000885012005).
- Resolución de 22 de julio de 2022, de la Dirección General de Trabajo de la Consejería de Economía, Hacienda y Empleo, sobre registro, depósito y publicación del Convenio Colectivo del Sector de oficinas y Despachos, suscrito por Confederación Empresarial de Madrid-CEOE (CEIM) y CC OO y UGT por la representación sindical (código número 28003005011981).
- Resolución de 30 de junio de 2022, de la Dirección General de Trabajo, por la que se registra y publica el III Convenio colectivo de Bureau Veritas Inversiones, S.L.

Prensa

- Resolución de 9 de enero de 2023, de la Dirección General de Trabajo, por la que se registra y publica el Convenio colectivo nacional de revistas y publicaciones periódicas 2022-2024.

Promoción inmobiliaria

- Resolución de 24 de marzo de 2023, de la Dirección General de Trabajo, por la que se registra y publica el V Convenio colectivo de Iberdrola Inmobiliaria, SAU.

Seguridad

- Resolución de 30 de noviembre de 2022, de la Dirección General de Trabajo, por la que se registra y publica el Convenio colectivo estatal de empresas de seguridad para el periodo 2023-2026.

Seguros

- Resolución de 15 de diciembre de 2021, de la Dirección General de Trabajo, por la que se registra y publica el Convenio colectivo general de ámbito estatal para el sector de entidades de seguros, reaseguros y mutuas colaboradoras con la Seguridad Social.

Telecomunicaciones

- Resolución de 29 de diciembre de 2021, de la Dirección General de Trabajo, por la que se registra y publica el Acuerdo de modificación del Convenio colectivo de Orange España Comunicaciones Fijas, SLU.
- Resolución de 16 de febrero de 2024, de la Dirección General de Trabajo, por la que se registra y publica el III Convenio colectivo de Telefónica de España, SAU; Telefónica Móviles España, SAU y Telefónica Soluciones de Informática y Comunicaciones, SAU.

Transportes

- Resolución de 23 de enero 2023 de la Subdirección Provincial de Trabajo de Zaragoza por la que se dispone la inscripción en el Registro y la publicación del convenio colectivo del sector de Transportes de Mercancías, Mudanzas, Guardamuebles y Logística de Zaragoza.
- Resolución de 31 de mayo de 2022, de la Dirección General de Trabajo, por la que se registra y publica la modificación del V Convenio colectivo de Compañía Logística Acotral, SA, y Acotral Distribución Canarias, SA.